中国海洋大学一流大学建设专项经费资助
山东省高等学校"儒家文化与文学关系研究"创新团队成果

儒文之间：
中国古代儒学与文学研究

韦春喜　主编

中国海洋大学出版社
·青岛·

图书在版编目(CIP)数据

儒文之间：中国古代儒学与文学研究 / 韦春喜主编.

青岛：中国海洋大学出版社，2024.9. — ISBN 978-7
-5670-3995-7

Ⅰ. B222.05；I206.2

中国国家版本馆 CIP 数据核字第 2024X82W49 号

RU-WEN ZHIJIAN：ZHONGGUO GUDAI RUXUE YU WENXUE YANJIU

出版发行	中国海洋大学出版社	
社　　址	青岛市香港东路 23 号	**邮政编码**　266071
出 版 人	刘文菁	
网　　址	http://pub.ouc.edu.cn	
电子信箱	flyleap@126.com	
订购电话	0532-82032573(传真)	
责任编辑	张跃飞	**电　　话**　0532-85901984
印　　制	青岛国彩印刷股份有限公司	
版　　次	2024 年 9 月第 1 版	
印　　次	2024 年 9 月第 1 次印刷	
成品尺寸	170 mm×230 mm	
印　　张	24	
字　　数	400 千	
印　　数	1～1 000	
定　　价	128.00 元	

发现印装质量问题,请致电 0532-58700166,由印刷厂负责调换。

序言 / Preface

　　儒家文化是中国传统文化的核心和思想基石,博大精深,独具风采,也是中华文化区别于欧美文化、印度文化、伊斯兰文化等世界其他文化体系的重要方面。儒家文化重视伦理道德,关注社会,具有鲜明的经世致用的特点。特别是自汉武帝实施以儒为本的思想文化政策后,儒家文化逐渐从私学状态走向官学状态,总体上具有了国家思想意识形态的性质,在古代政治统治、文化建设、道德伦理秩序与社会行为规范等方面发挥着极其重要的作用,成为古代社会的主导思想与显学。同时,为保障儒家思想在国家政治统治与文化建设中的核心地位,统治者多在人才选拔制度、官员选任制度、教育制度等方面强化士子对儒学的重视与推崇。基于这种政治、思想文化背景,古代士子多以儒家思想为指导,认真学习儒学典籍,导致了其知识体系与文学认知的儒学化。在长期的历史发展过程中,儒学为了满足国家政治发展需求、适应时代文化建设需要,一直处于不停的发展演变之中。这种发展演变必然会对学人、士子的著述、创作,乃至于对时代的文学气象、格局,都产生重要而深远的影响。在弘扬中华优秀传统文化的时代背景下,研究古代儒学及其对古代文学的影响是非常必要的。

　　基于上述认识,中国海洋大学中国古代文学学科以青年教师为主力组建了"儒家文化与文学关系研究"创新团队。2020年3月,在诸位老师的一致努力下,该团队获批"山东省高等学校优秀青年创新团队"。团队的获批为我们加强学术交流提供了良好契机,促使我们进一步思考学术交流的方式。就当前的研究主体而言，青年学者视野开阔，善于开拓创新，日渐成为学术研究的重要力量。在此情况下，如何实现青年学者之间的充分交流，更好地展示其学术成果，自然成为目前亟待解决的问题。立足这种认识，我和团队成员沟通后，打算成立山东省"儒学、经学与文学"青年学者论坛。论坛适当控制人数，不求规模，以 20 人左右为宜，追求会议交流的有效性；突破"学术身份"观念，不按照一般学术会议方式设置主旨发言环节，以"平等"交流为根本追求；论坛举办能够常态化，争取每年能够组织一次。这一想法得到省内青年同仁的积极支持。于是，经过认真筹备与组织，我们于 2020 年 6 月 20 日召开了首届山东省"儒学、经学与古代文学"青年学者论坛。除了本校中国海洋大学团队成员外，来自山东大学、山东师范大学、曲阜师范大学、青岛大学等十余所省内高校的青年学者参加了首届论坛。其后，我们相继于 2021 年 9 月、2022 年 12 月、2023 年 11 月举办了第二、三、四届山东省"儒学、经学与古代文学"青年学者论坛。经过连续几年的举办，该论坛已成为深受山东省内青年才俊认可的学术交流平台。

为了充分展现本论坛的学术交流成果，我们在充分尊重作者意愿的前提下把相关论文予以结集出版。《儒文之间：中国古代儒学与文学研究》即为首届与第二届论坛的论文精粹，共计 24 篇。根据其性质与内容，我们大体上把论文分为三类：中国古代儒学与经学研究、古代儒学与文学关系研究、儒学文化背景下的古代文学与文化研究。第一类主要侧重于儒学与经学本体研究，涉及《诗经》《仪礼》《周礼》等儒学经典，儒家文化背景下的言意之辨、经史之变，儒学发展与传播史视域下的儒士形象与身份，等方面的内容。第二类主要侧重于中国古代儒学的发展演变与文学关系研究，主要集中于魏晋易学与阮籍《咏怀诗》，南北朝儒学形态与萧梁皇权叙事，北朝礼制与北魏挽歌创作，"文""儒"分合趋势与南朝至隋唐时期的文学史建构，孝道伦理文化与经典名篇《游子吟》，宋代"东州逸党"、泰山学派及其文学影响，宋代《春秋》学、理学对史论体咏史诗的影响,等问题的分析。第三类关注范围上至先秦、下至晚清,涉及了《国语》《文心雕龙》《王渔洋诗钞》等相关典籍、著述与文集研究,探讨了明代民间戏剧生态与明廷戏曲文化定位、王士禛笔记小说、晚清时期的女子教育、中国文化土壤中的住世罗汉信仰等问题。这些论文内容非常丰富,论述深入,视角新颖,体现出鲜明的学科交叉融合的特点,比较集中地展现了山东省青年学者的学术兴趣与研究面向,反映了其在儒学、经学与文学关系研究方面的积极作为。需要说明的是,本辑所收录的论文在结集出版前大多已公开发表,这充分地证明了论坛成果的学术价值与意义。

《儒文之间:中国古代儒学与文学研究》能够顺利出版,得力于中国海洋大学文科处、"古代文学与传统文化研究"团队的大力支持、资助,在此表示诚挚的谢意。中国古代文学专业博士生刘国钦,硕士生赵子灵、刘子钰三人积极联系作者,承担了本书的校正、修订工作。在此,也向他们三位表示衷心的感谢。

对我供职的中国海洋大学而言,2024年是一个极具意义的年份,她即将于美丽的金秋十月迎来自己的百岁华诞。在此,谨以此书向中国海洋大学百年校庆献礼,祝愿她的明天更加辉煌灿烂!

韦春喜

2024 年 4 月 20 日

目录/Contents

儒学文化背景下的古代文学与文化研究

中国古代儒学
与经学研究

安大简《诗经·君子偕老》相关问题

史大丰*

摘　要:安大简《诗经·君子偕老》与《毛诗》本《君子偕老》文句上有差异,尤其是第二、三章,差异较大。简本《君子偕老》三章都应是七句的格式,在句数上是很整齐的,而《毛诗》三章的句数都不一样。简本第二章押韵情况是用第一句与第三句为韵,之后第四、五、七句为韵。

关键词:安大简;诗经;君子偕老

《毛诗》本《君子偕老》共三章:一章七句,二章九句,三章八句。安大简本《诗经·君子偕老》(下称"简本")也是三章,一章七句,二章六句,三章七句。① 除了第一章之外,另外两章在句数上有差距。这里面可能有传本的问题,也可能有抄手抄写时省略的问题,需要仔细分析。

一、第一章

先看看《毛诗》本和简本第一章的对照情况(表1)。

表1　《毛诗》本和简本第一章对照

《毛诗》本(七句)	简本(七句)
君子偕老,(幽部)	君子皆寿,(幽部)
副笄六珈。(歌部)	杯开六加。(歌部)
委委佗佗,(歌部)	蟜＝它＝,(歌部)
如山如河,(歌部)	女山女河,(歌部)
象服是宜。(歌部)	象备是宜,(歌部)
子之不淑,(觉部)	[子之不淑],(觉部)
云如之何?(歌部)	[员]女之可。(歌部)

---

　　*　史大丰,文学博士,枣庄学院副教授,山东省出土文献与文学研究基地成员,从事文化语言学研究。本文系国家社科基金重大项目"中华简帛文学文献集成及综合研究"(15ZDB065)、枣庄学院博士科研基金项目《战国秦汉字表》编纂与整理(1020706)阶段性成果。本文原刊于邬文玲、戴卫红主编《简帛研究》(二〇二二秋冬卷),广西师范大学出版社2023年版。
　　①　安徽大学汉字发展与应用研究中心编,黄德宽、徐在国主编《安徽大学藏战国竹简(一)》,中西书局2019年版,第129页。

根据此对比可知,二者排除通假字的因素之外,它们的文字基本上是相同的,用韵也都是歌部韵,并没有根本性的差别。其中"老"和"寿",整理者云:"《诗·鲁颂·闷宫》'三寿作朋',毛传:'寿,考也。'《说文·老部》:'考,老也。''寿'即'老'也。"①《尔雅·释诂》《玉篇》并云:"老,寿也",直接训"老"为"寿",比较直接。从读音上讲,"老"来纽幽部,"寿"禅纽幽部,都是舌音字,应该也有音近通假的因素。简本题目当为《君子皆寿》。

"不"字,整理者云:"'不'见于西周金文,金文'不不',旧多以为即传世文献之'丕显'。此诗'不'是'副'的异文,徐在国以为金文'不不'当读为'丕福'。"②其实,"不不"读为"丕福"释"大福"是有问题的。徐在国先生在其文中已经引了清代学者许瀚的说法。许瀚认为金文中的"不不"就是传世典籍中的"丕丕",此说应该是对的。郭沫若先生在《班簋》铭文考释中也引到许瀚之说,云:

> 不不字于它器尚有之,用例均与不显同,旧即释不为显。许瀚云:'《书·大诰》:'弼我丕丕基',《立政》:'以并受此丕丕基',《传》并训为'大大基',《尔雅·释训》'丕丕,大也。'谓此。疑此'不不'即丕丕,上丕借不,下丕作不以见重意。'(《攗》三之二《师虎簋》引)今案许说得之。近出《守宫尊》不否字作'不痞','否'可作痞,则'不'可作不矣。③

"不不"和"不显"都是周人的恒语,有相对固定的含义,不能分开说,金文中罕见"不""显"单独使用的情况就是明证。"不不"即后世典籍的"丕丕",就是"大"的意思,金文中常见的"不不休""不不鲁休"就是"大休""大鲁休"。徐在国文中引到的守宫盘(《集成》10168)"周师不(丕)痞,易(锡)守宫丝束"当读为一句,即"周师丕丕(大)锡守宫丝束"的意思。在本诗中"不"用为"副"的通假字,含义当从"副"训。"不显"也常见于《诗》之《雅》《颂》,《大雅·文王》:"有周不显",毛传:"不显,显也。显,光也",是光明、显耀之类的意思。

---

① 安徽大学汉字发展与应用研究中心编,黄德宽、徐在国主编《安徽大学藏战国竹简(一)》,中西书局 2019 年版,第 130 页注[一]。

② 徐在国《谈铜器铭文中的"不"》,《吉林大学纪念于省吾先生诞辰 120 周年、姚孝遂先生诞辰 90 周年学术研讨会论文集》,2016 年,第 54 页(安徽大学汉字发展与应用研究中心编,黄德宽、徐在国主编《安徽大学藏战国竹简(一)》,中西书局 2019 年版,130 页注[二])。

③ 郭沫若《两周金文辞大系图录考释(二)》,《郭沫若全集·考古编》第八卷,科学出版社 2002 年版,第 62 页。

二、第二章

从第二章开始，差距就十分明显。《毛诗》本、简本第二章对照情况如表 2 所示。

表 2　《毛诗》本和简本第二章对照

《毛诗》本（九句）	简本（六句）
玼兮玼兮，（支部）	砒亓易也，（支部）
其之翟也。（锡部）	轸颁女云，（文部）
鬒发如云，（文部）	不屑俵也。（微部）
不屑髢也；（支部）	玉倄象窅也，（锡部）
玉之瑱也，（真部）	易叔此也。（支部）
象之揥也，（锡部）	古然天也。（真部）
扬且之皙也。（锡部）	
胡然而天也？（真部）	
胡然而帝也？（锡部）	

简本六句，比《毛诗》少三句，而它最大的问题是用韵非常乱。如果非要强解，第一句和第三句只能用支、微合韵来解释；第四、五两句是锡、支对转为韵，末句本来该是韵脚的，却又是真部韵的"天"，显然也不对。看看《毛诗》本可知，它是以支、锡对转为韵，用韵很规整；再考虑到第一章两者的统一，可知简本的第二章必定出了问题。

简本"砒"字，整理者认为"疑从'石'，'斯'省声"[1]，当是对的。这个字应即"磃"字。《广雅·释诂三》云："磃，磨也。"《广韵·上平声·支韵》云："磃，磃磨"；《集韵·平声一·五支》云："磃，《博雅》：'磨也。'通作礹"。这里是"玼"的通假字。"翟""易"是通假字，简本开头"磃其易也"一句，《毛诗》本加了"兮"和"其之"等虚词扩成了两句。

"不屑俵也"句相当于《毛诗》本的"不屑髢也"。整理者云：

"俵"，从"人"，"衰"声，疑为"衰老"之"衰"的专用字。"俵"读为"髢"，上古音"衰"，属山组微部，"髢"属定组歌部，音近可通。[2]

　　① 安徽大学汉字发展与应用研究中心编，黄德宽、徐在国主编《安徽大学藏战国竹简（一）》，中西书局 2019 年版，第 130 页注[六]。

　　② 安徽大学汉字发展与应用研究中心编，黄德宽、徐在国主编《安徽大学藏战国竹简（一）》，中西书局 2019 年版，第 130 页注[八]。

据《说文解字》，"髢"是"鬄"的或体，"鬄"从"易"声，其古音应该是定纽锡部。《实用音韵学·三十韵部同韵字表》将"髢"归定纽支部，"鬄"归书纽锡部。① 二者韵部相近，《君子偕老》以之与支、锡部字为韵尤其明证。段玉裁于"髢"下注云：

> 鬄或从也声，古易声在十六部，也声在十七部，合韵最近。此字今音大计切，于也声得之，地亦也声。

段说十六部与十七部合韵最近，就是支部、歌部通转的现象。另外怀疑"髢"这个字本作"𪱷"，从"只"声，"只"也是支部字，因为"只""也"先秦文字中字形相近而讹变为从"也"声。

由此推之，"㒞"这个字很可能也是支部字，并非读若"衰"。Jdskxb 先生别寻解释，认为：

> 整理者隶定为"㒞"的字，对应今本作"髢"，整理者认为衰，山母微部，髢，定母歌部②（第 130 页注 8），实际上读音并不相近。疑释为"㒞"，端母月部。字形参看简 40 读为茁的那个字，只是写法稍微变异，一字应该没问题。二者读音可通。③

Jdskxb 先生认为"衰""髢"读音不近是对的，但认为是从"叕"声恐怕不对。单从字形上看，此字整理者认为从人从衰没问题。如果必定要说是抄手写错了字，它的"衰"旁也可能是"嗌"之误。"嗌"楚简文字写作"𤔲"（郭店·唐虞 19）、"𤔲"（清华三·说命下 3），与"𧘇（衰）"（郭店·成之 8）形相近，故有可能致笔误。"嗌"是影纽锡部字，与"鬄（髢）"从"易"（余纽锡部）声者相近，其整个字形应该是"㑊"，虽然不能明了它是什么字，但可读为"鬄（髢）"应该没问题。

"玉㑊象瑱也"的"㑊"字，整理者认为是"瑱"的异体④。ee 先生认为："所谓的'瑱'是从'人'从'玉'从'耳'的字，和'瑱'关系较远，直接释为'珥'似乎也可以。"⑤此说当是。这个字很可能是"珥"的繁构，从玉㑊声。《说文》："珥，瑱也"，

① 殷焕先、董绍克《实用音韵学》，齐鲁书社 1990 年版，第 192 页。
② 安徽大学汉字发展与应用研究中心编，黄德宽、徐在国主编《安徽大学藏战国竹简（一）》，中西书局 2019 年版，第 130 页注［八］。
③ 简帛网讨论帖《安大简诗经初读》，121♯发言，发表日期：2019-10-2，http：//www.bsm.org.cn/forum/forum.php? mod=viewthread&tid=12409&extra=&page=3。
④ 安徽大学汉字发展与应用研究中心编，黄德宽、徐在国主编《安徽大学藏战国竹简（一）》，中西书局 2019 年版，第 130 页注［九］。
⑤ 简帛网讨论帖《安大简诗经初读》，26♯发言，发表日期：2019-9-25，http：//www.bsm.org.cn/forum/forum.php? mod=viewthread&tid=12409&extra=&page=3。

"珥""瑱"义同互用。

现简本整理本第二章是六句,这可能是有问题的,程燕先生认为:

据安大简校对《毛诗》可知,第二章九句可缩减两句,变成七句;第三章八句亦可缩减一句,亦变成七句。如此这般的话,此诗三章,章七句,非常齐整。但令人生疑的是,安大简第二章竟然并非七句,而是六句,以"胡然而天也"收章。"天"上古韵部属真部,此章入韵的韵脚字为支锡部,而《毛诗》最后一句"胡然而帝也"韵脚"帝"恰属支部,非常合韵。所以我们怀疑安大简的抄手很可能脱漏了最后一句"胡然而帝也"。如果添上这一句,第二章也应该是七句。①

雨田先生也认为:

"古(胡)朕(然)天也"之后当有下句,其韵脚字为"帝",韵脚字当定为"易(瑒)""? 傪(鬢)""营(掃)""此(皙)""[帝]",锡部,整理者的韵脚字无法押韵。②

程燕先生和雨田先生的看法应该是合理的。不过程说抄手脱漏了"胡然而帝也"句可能有点冤枉他。从一章的"女之可"到"古然天也"是在第 88 简,此简首尾均有残缺,与完整的第 86 简和第 89 简比对可知,88 简末缺 8 字左右(图 1)。

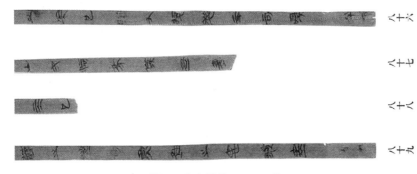

图 1　安大简第 86～89 简

整理者据文例补出第三章开头的"瑳其廛也蒙"五字,与缺文的数量并不相符,很可能"瑳"前还有"古然帝"或"古然帝也"。这样简本第二章应是:

---

① 程燕《由安大简〈君子偕老〉谈起》,徐在国主编《战国文字研究》第一辑,安徽大学出版社 2019 年版,第 76 页。
② 简帛网讨论帖《安大简诗经初读》,18 # 发言,发表日期:2019-9-24,http://www.bsm.org.cn/forum/forum.php? mod=viewthread&tid=12409。

　　碹亓易也，（支部）

　　轸頯女云，（文部）

　　不屑儇也。（支部）

　　玉偉象富也，（锡部）

　　易敱此也。（支部）

　　古然天也，（真部）

　　古然帝也。（锡部）

　　即如程燕先生所言，简本第二章和第一章、第三章一样都是七句，或者说简本《君子偕老》三章都是七句的格式，在句数上是很整齐的，而《毛诗》本三章的句数都不一样。简本第二章押韵情况是用第一句与第三句为韵，之后第四、五、七句为韵。

三、第三章

　　《毛诗》本和简本第三章如表 3 所示。

表 3　《毛诗》本和简本第三章对照

《毛诗》本（八句）	简本（七句）
瑳兮瑳兮， 其之展也。 蒙彼绉绨， 是绁袢也。 子之清扬， 扬且之颜也。 展如之人兮， 邦之媛也。	[瑳其廛也]， [蒙]皮璘衼， 是埶乐也。 子之清易， 易敱颜也。 廛女人也， 邦之旖可。

　　二者的差别主要在开头：《毛诗》本是"瑳兮瑳兮，其之展也"二句，简本此处缺文，根据字数整理者补作"瑳其廛也"一句，是；《毛诗》本加了几个虚词，把一句扩成了两句，比简本多了一句。简本第三章是七句，押阳部韵，唯独第三句，应该是韵脚，《毛诗》作"袢"，是入韵的；简本作"乐"，是不入韵的。整理者云：

　　　　简本"乐"字难解，《毛诗》作"袢"。《诗集传》："绁袢，束缚意。"此章押元部韵，"乐"字当入韵。上古音"乐"属来纽药部，与"袢"远隔，二者当非通假关系。

颇疑"乐"字原为"栾"字，二字因形近而相讹。"栾"古音属来纽元部，可读为"祥"。或疑简文"埶乐"读为"设乐"。①

"乐"作为韵脚字显然有误，因为它无论怎么说都无法入韵，而且文意也讲不通。

《说文》："祥，无色也。从衣半声。一曰《诗》曰：'是绁祥也。'读若普。"许慎读若"普"显然不是古音。段玉裁指出：

> 《毛诗》以展、祥、颜、媛为韵，则知"祥"当依《释文》符袁反，延读如字。"普"音于双声得之，许读如此。②

"普"是滂纽鱼部字，与展、颜、媛等元部字不韵，许读"祥"若"普"疑有讹误。11月2日在"安大简诗经读书班"微信群里讨论时，薛培武先生提出："简本的'乐'，和今本的'绊'，不知道是不是经过同义换读的过程。"笔者觉得其说有理。疑简本所据底本"绁祥"本是写作"埶般"，"祥""般"音同并纽元部相近。《尔雅·释诂》："般，乐也"，古书里常言"般乐"，如《孟子·公孙丑上》云："及是时般乐怠敖"，《尽心下》云："般乐饮酒"，《荀子·仲尼》云："般乐奢汰"。可能抄手是把底本的"般"认为是般乐之"般"而误书成了"乐"字。

"璅"字，整理者云：

> 上古音"刍"属初纽侯部，"翛"属心纽幽部，音近可通。"邹""由"古通（参《古字通假会典》第三六一页）。"由""悠"古通（参《古字通假会典》第七一八页）。"璅"从"玉"，"翛"声；"翛"又从"羽"，"攸"声。简本"璅"当从《毛诗》读为"绉"（李家浩、徐在国说）。③

《说文解字》云："绉，絺之细也。《诗》曰：'蒙彼绉絺。'一曰蹙也。"段玉裁改"蹙"为"戚"，注云：

> "戚"各本作"蹙"，蹙者，蹑也，非其义。盖本作"戚"，俗作"瘚"，又改为"蹙"耳，今正。郑《笺》云："绉絺，絺之蹙蹙者"，此郑说之异毛也。戚戚者，如今皱纱

然。上文云："緓，衣戚也。"《子虚赋》："襞积寨绉"，张揖注云："绉，戚也。"①

可见，《说文解字》言"一曰戚也"其实是声训，"绉"与"戚""鼜"音近也。《集韵·入声九·一屋》云："纀、縬、绉：侧六切，聚文也。或作縬、绉。""纀"从戚声，"戚"清纽觉部字；"縬"从秋声，"秋"清纽幽部字；"绉"从刍声，"刍"初纽侯部字，三字互为或体，说明"绉"古当亦读幽部或觉部音。

《诗经·豳风·鸱鸮》云："予尾翛翛"，毛传："翛翛，敝也。"（《类篇·羽部》作"翛翛，羽敝也。"）"璛"疑是"王（塛、璕）"的或体，《说文》："珛：朽玉也。从玉有声。读若畜牧之畜。"段玉裁本改作"玉，朽玉也。从王有点。读若畜牧之畜。"云：

各本篆文作"珛"，解云"从玉，有声"，今订正。《史记》"公玉带"，《索隐》曰："《三辅决录》注云：杜陵有玉氏，音肃。《说文》以为从王，音畜牧之畜。"此可证唐本但作"玉"，不作"珛"。《广韵·一屋》云："玉音肃。朽玉"，此《说文》本字；《四十九宥》云："珛音齅"，此从俗字。《玉篇》"玉"欣救、思六二切，此《说文》本字；"珛"许救切，引《说文》"朽玉也"，此后人据俗本《说文》所增。②

"王"音"畜"（觉部）、"肃"（觉部）、"齅"（幽部）。或作"玡"。《广韵》云："玡，朽玉也。"《集韵·入声九·一屋》云："玉、塛、璕：琢玉工。或作塛、璕、玉。"楚简文字或体从"翛"声（幽部），盖亦取其敝坏意，可读为"绉"。

该章最后一个"可"当是语气词"兮"，虽于文意无关紧要，但用得比较怪异，简本该诗全篇其他地方没有用"可（兮）"的，都是用"也"，《毛诗》本对应的该句是"邦之媛也"，怀疑简本底本本也是作"也"，抄手书作"可"。

要之，将简本《君子偕寿（老）》用相对通行的文字写出来，即如下：

第一章(七句)

君子皆(偕)寿,(幽部)

副开(笄)六加(珈)。(歌部)

蜗蜗(委委)它它(佗佗),(歌部)

女(如)山女(如)河,(歌部)

象备(服)是宜。(歌部)

[子之不淑],(觉部)

---

① (汉)许慎撰，(清)段玉裁注《说文解字注》,上海古籍出版社 1981 年版,第 632 页。

② (汉)许慎撰，(清)段玉裁注《说文解字注》,上海古籍出版社 1981 年版,第 11 页。

［员］女（如）之可（何）？（歌部）

第二章（七句）

硕（玭）亓易（翟）也，（支部）

轸（鬒）发女（如）云，（文部）

不屑草（髢）也。（支部）

玉珥象宫（搔）也，（锡部）

易（扬）戲（且）此（晢）也。（支部）

古（胡）然天也，（真部）

［古（胡）然宫（帝）也］。（锡部）。

第三章（七句）

［瑳其廛（展）也］，（元部）

［蒙］皮（彼）璚（绉）绤，（微部）

是勚（褻）般〈乐〉（祥）也。（元部）

子之清易（扬），（阳部）

易（扬）戲（且）颜也。（元部）

廛（展）女（如）人也，（真部）

邦之彦（媛）可（兮）。（元部）

简本三章都是七句，句数上比《毛诗》本简洁整齐。今本的文字，可能在流传中有所变异，大体内容二本并没有很大的差别。

《君子偕老》这篇，《诗序》认为："刺卫夫人也。夫人淫乱，失事君子之道，故陈人君之德，服饰之盛，宜与君子偕老也。"意思是说该诗是讽刺卫宣公夫人宣姜淫乱的。可是从全篇文意上看，就是在赞美一位可以与君子偕老（或寿）的女子服饰的华盛、容颜的美丽，看不出有讽刺的意思，反而很像是在某君子的婚礼上对新娘赞美之辞。

说该诗有讽刺的内容，大概是对第一章"子之不淑，云如之何"这句的理解不同。毛传认为是"有子若是，何谓不善乎"，意思是说有子若是很善，即很好。郑玄笺的意思则与毛传不同。其云："子乃服饰如是，而为不善之行，於礼当如之何！深疾之。"郑玄说疑非。这一章先说女子服饰的华丽美盛，然后说"子之不淑，云如之何"，意思是你这样如果还嫌不淑，还要怎么样呢？说明这女子是非常"淑"的，也是赞美的言辞，并不是讽刺的话。除此之外，通篇再找不到任何带有讽刺意味的词句，所以，此诗是不是讽刺卫夫人宣姜，恐怕还得存疑。

"鲁学"北渐与齐鲁古道

刘冰莉　赵睿才*

摘　要：齐鲁大地，海岱之间，古道众多。据严耕望先生考证"有东西两条重要之南北交通线"，现代考古发现也证实了此观点。春秋末发源于鲁的儒学在战国时期兴盛于齐，继而在西汉"罢黜百家，独尊儒术"后成为显学。这一过程背后有很多因素，本文仅从儒学传播的地理途径"齐鲁古道"入手，以孔子、孟子来往于齐鲁两地的行迹为中心，将史籍文献、历代地理变迁之大势以及迄今所存之历史遗迹等线索汇集一起，阐释齐鲁古道在"鲁学"北渐中的特殊意义。

关键词："鲁学"北渐；齐鲁古道；孔子；孟子

"鲁学"有广义与狭义之分：狭义的鲁学是指秦汉之际的经学流派，一般是与"齐学"相对而言；广义的"鲁学"是对鲁学术思想文化的统称。本文涉及的概念是前者，而且是"鲁学"的滥觞——从周公到孔子所创立的早期儒学。

春秋末发源于鲁的儒学在战国末兴盛于齐，继而在西汉成为"罢黜百家，独尊儒术"的显学，这一过程背后有很多因素，本文仅从儒学传播与齐鲁古道关系的角度作一探讨。

一、"鲁学"传播之概况

儒学具有开放性，从其产生的那天起就"礼失而求诸野"，不断从异质文化——"夷狄文化"中吸纳有益的养分，充实、丰富、发展自己。"鲁学"本身就是周文化与东夷文化的融合再生。孔子所创立"鲁学"的核心是"仁"与"礼"："礼"显然源自周的礼乐制度与文化典籍的沉淀，"仁"则取自东夷人的文化成分①。

---

　*　刘冰莉，山东青年政治学院文化传播学院副教授，研究方向为唐宋文学、区域文学。赵睿才，山东大学儒学高等研究院教授，研究方向为唐宋文化与文学、杜诗学。本文系山东省社会科学规划研究项目"基于明清方志的莱芜谷道文化研究"(19CDSJ20)阶段性成果。

　①　《说文解字注》曰："夷俗仁，仁者寿，有君子不死之国。"参见段玉裁撰，许惟贤整理《说文解字注》，凤凰出版社 2007 年版，第 261 页。

鲁学是讲孝悌忠信的"仁者型"文化，具有单一性和守常性；齐则因"太公至国，修政，因其俗，简其礼"①（《史记·齐太公世家》），形成重实用多变通的"智者型"文化，具有兼容性和开放性。同时，齐鲁文化有一个演变与融汇的过程，即孔子所谓"齐一变，至于鲁；鲁一变，至于道"②（《论语·雍也》），最终形成了以鲁文化为主齐文化为辅的文化体系，牟宗三先生称之为"仁智合一"③的文化体系。

"鲁学"经过孔子的丰富发展已成为当时的强势文化，有了扩散传播的可能。从时空维度来讲，"鲁学"的传播主要有两种方式：纵向时间来看，它的传播载体是人，是通过一代代人的流动实现传播；横向空间来看，主要是通过地域进行传播，由鲁国辐射向其他诸侯国。时间维度大体可以分为三个阶段：一是孔子周游列国时期；二是孔门弟子，主要是"七十子"散居各地讲学时期；三是孟子与荀子时期，此时"儒分为八"，孟子与荀子的学说为其中最盛者。空间维度看，儒学的传播主要有两个方向——"北渐"与"南传"，其传播范围主要是长江中下游与黄河中下游地区。其中，向黄河中下游的传播，即"鲁学"北渐，对儒学的发展具有非常意义。

孔孟与荀子对儒学的传播，下文将有专门论述。这里我们主要谈谈孔门弟子对儒学传播的贡献。"自孔子卒后，七十子之徒散游诸侯，大者为师傅卿相，小者友教士大夫，或隐而不见。故子路居卫，子张居陈，澹台子羽居楚，子夏居西河，子贡终于齐。如田子方、段干木、吴起、禽滑釐之属，皆受业于子夏之伦，为王者师。"④（《史记·儒林列传》）

子夏居西河开坛授学，弟子有数百人之多，使得鲁学在北方广泛传播，三为稷下学宫祭酒的荀子就诞生于此。荀子虽为赵人，但学术渊源却是"鲁学"，这是儒学北渐结出的最大硕果。子贡是一个颇具传奇色彩的人物，他利用自己出使各国的机会到处宣扬孔子的思想。"夫使孔子名布扬于天下者，子贡先后之也。"⑤（《史记·货殖列传》）子贡还擅长《春秋》⑥之学，他对"鲁学"北渐的推动是建立在深厚的学术基础之上的。当季氏"使闵子骞为费宰"时，闵子骞曰："善为

① （汉）司马迁《史记》卷三二，中华书局 1959 年版，第 1480 页。
② 杨伯峻译注《论语译注》，中华书局 2006 年版，第 70 页。
③ 详见牟宗三《历史哲学》，广西师范大学出版社 2007 年版。
④ （汉）司马迁《史记》卷一二一，中华书局 1959 年版，第 3116 页。
⑤ （汉）司马迁《史记》卷一二九，中华书局 1959 年版，第 983 页。
⑥ 《春秋繁露·序》载："孔子曰：'吾因其行事而加乎王心焉。'以为见之空言，不如行事博深切明。故子贡、闵子、公肩子，言其切而为国家贤也。"可见，子贡擅长《春秋》之学。

我辞焉！如有复我者,则吾必在汶上矣。"①(《论语·雍也》)何晏集解:"去之汶水上,欲北如齐。"从齐地所存的闵子骞遗迹来看,或许擅长《春秋》之学的闵子骞来齐地传学也未可知。澹台子羽居楚,"南游至江,从弟子三百人,设取予去就,名施乎诸侯"②(《史记·仲尼弟子列传》)。吴起为法家代表人物,但他的学术根源却是儒家。他先在鲁国求学于曾参,后于担任西河郡守期间向子夏学习儒家思想。吴起主张"绥之以道,理之以义,动之以礼,抚之以仁"③(《吴子兵法·图国》),这正是儒家的一贯思想。吴起尤精于《左传》,"左丘明传曾申,申传吴起,起传其子期,期传楚人铎椒,椒传赵人虞卿,卿传荀卿"④。可见,吴起也是"鲁学"北渐重要的一环。

从地域传播来看,"鲁学"最早传播于齐楚等周边国家,然后通过齐楚等向更远的地区扩散。楚地出土文献上博简和郭店简均有《子思子》佚文出现,说明战国初期子思的学术思想已经在楚广为流传。从传播学角度来看,同一文化区域内的传播较少发生变化,而跨文化传播则不可避免地发生变异。楚地盛行巫祀神秘之风,而子思思想中就有神秘性的特色,所谓"至诚如神",达到"至诚"就可以预卜吉凶,即"天人合一"。因此,楚地贵族墓葬出现《子思子》佚篇也说明了上层阶级对"鲁学"的接受是有侧重与选择性的。

"鲁学"既有直接性传播,亦有间接性传播,如"鲁学"南传入楚,为神秘莫测巫祀色彩较重的楚文化修订,再北传,就容易被同样充满神秘性的齐文化所接受,并进一步整塑为崇尚功利权变、开拓进取的齐学。

这种变异源自文化传播,是一个双向交融的过程,"齐学"对思想文化最大的贡献在于对"鲁学"的同化修订。可以说"齐学"是"鲁学"的地域变体,"鲁学"始自周公,传于孔子而盛,后由孟子承其传统,经荀子实现了"齐学"化,最终于汉代成为显学。

儒学源于鲁而盛于齐,也与齐国礼崇稷下学士有关。战国末,齐地的儒学已经胜于鲁地。"天下并争于战国,儒术既绌焉,然齐鲁之间,学者独不废也。于威、宣之际,孟子、荀卿之列,咸遵夫子之业而润色之,以学显于当世"⑤(《史记·儒林列传》)。

---

① 杨伯峻译注《论语译注》,中华书局 2006 年版,第 65 页。
② (汉)司马迁《史记》卷六七,中华书局 1959 年版,第 3786 页。
③ (战国)吴起著,邱崇丙译注《吴子兵法》,中国社会科学出版社 2005 年版,第 49 页。
④ (汉)刘向《别录》,转引自钱穆《先秦诸子系年考辨》,上海书店 1992 年版,第 177~178 页。
⑤ (汉)司马迁《史记》卷一二一,中华书局 1959 年版,第 3786 页。

从学术流派看，《穀梁传》《鲁论》和《鲁诗》是鲁学的代表，《公羊传》《齐论》和《齐诗》则为齐学的经典，齐学与鲁学几经争斗，因帝王的喜好，互有胜负。经继起的大儒张禹、郑玄的努力，齐鲁儒学合流，形成鼎盛之势。从这个意义上讲，"鲁学"北渐为儒学的发展做出了重要贡献。

二、齐鲁古道之钩稽

齐鲁大地，海岱之间，古道众多，但据严耕望先生考证"有东西两条重要之南北交通线"。东道——沂水、大岘山道①：东道南端起点为下邳（今江苏省邳州市），北经郯城故城（今山东省郯城县北）、临沂县（今山东省临沂市）、阳都故城（今山东省沂南县砖埠镇）、大岘山齐长城之穆陵关、临朐县（今山东省临朐县），终至青州治所益都县（今山东省青州市）。西道——徐兖北通郓齐道（南北交通主线）②：西道南端起点为彭城县（今江苏省徐州市铜山区），历沛县（今江苏省沛县）、邹山（今山东省邹城市东南 10 千米），至兖州瑕丘（今山东省济宁市兖州区）。从瑕丘北行有西、中、东三道：西道西北行经中都县（今山东省汶上县）、东平县（今山东省东平县），至黄河碻磝津（今山东省聊城市东阿县间）；中道由兖州北行经龚丘县（今山东省宁阳县）、肥城故城（今山东省肥城市）、长清县（今山东省济南市长清区南），终至历下邑（今山东省济南市）。东道由鲁城（今山东省曲阜市）东北循汶水河谷上行，经博邑（今山东省泰安市泰山区）、莱芜县（今山东省济南市莱芜区），东入莱芜谷，循谷东北行经莱芜故城（今山东省淄博市淄川区太河镇城子村），北逾原山马耳关至齐都临淄（今山东省临淄区齐都镇）。

东道以沂水为南北之通衢，所经区域四塞险固，多良田沃野，所以古国甚多，春秋时期有邳国、郯国、郚国、阳国等。西道（西线）由彭城至碻磝津一线地势平坦，且有清泗水道与之相辅，自古为南北交通主线，南北用兵与通使，多取此道。

春秋时期，泰山北为齐，南为鲁，两国间主要通道有两条，分别取泰山之东、西侧相通，即西道中线与东线。其中东线淄青道即《水经注》所记之莱芜谷道。泰山、鲁山、沂山自西而东横亘齐鲁大地，分山东为南北两部。莱芜谷道就是此东西横贯山脉在淄川、博山的断陉。西南段谷口在今山东省济南市莱芜区西南

---

① 严耕望《唐代交通图考》第六卷《河南淮南区·海岱地区南北交通两道》，上海古籍出版社 2007 年版，第 2111～2119 页。

② 严耕望《唐代交通图考》第六卷《河南淮南区·海岱地区南北交通两道》，上海古籍出版社 2007 年版，第 2119～2128 页。

约15千米处,东北段谷口在今山东省淄博市临淄区西南①,淄水东北流,由此谷口出山,口南谷中有莱芜故城。"谷长一百数十里,水流其中,道亦行其中,两壁连山,林木荫翳,甚为险峻。"②春秋鞌之战,齐侯败绩,由徐关(今山东省淄博市博山区东)入;齐国佐由庐(今山东省济南市长清区南)、谷(今山东省东阿县)回国,"齐侯与之盟于徐关",盖皆取此谷道东归。谷道经奉高故城、吴季札子墓、嬴县故城、原山、徐关、马耳关等至淄川,地势险峻,但为齐鲁交通的捷径。

近年来考古发现莱芜谷道附近有多处古战场遗迹,陈挈先生根据西周铜器、方鼎铭文并结合文献卜辞地名考证,认为这是周公东征之道,进而考证晚商商人东征也经此道。这条先秦即已存在的谷道,在不同的时期有不同的命名,"马陉在山东益都县城西南。一名夆中谷。亦名莱芜峪。又名长峪。"③"夆中峪:自临淄西南至莱芜,有长峪界两山间,长三百里。"④此谷春秋时称马陉、夆中峪,汉后称莱芜谷,后又称长峪。春秋时期著名的长勺之战、艾陵之战、夹谷会盟等都发生在莱芜谷道中。

《诗经》有两首讽刺文姜与齐襄公兄妹乱伦的诗:"南山崔崔,雄狐绥绥。鲁道有荡,齐子由归。"⑤(《诗经·齐风·南山》)"汶水汤汤,行人彭彭。鲁道有荡,齐子翱翔。"⑥(《诗经·齐风·载驱》)。方玉润评曰:"夫人(文姜)之疾驱夕发以如齐者,果谁为乎?为襄公也。"⑦以文姜急于幽会襄公的迫切心情而言,我们有理由相信她会选择莱芜谷道这条捷径,且诗中所言"汶水"(即汶河)就是莱芜谷道南段——汶水上游河谷⑧。《水经注·汶水注》亦载:"汶水又南径矩平县故城(今泰安宁阳县磁窑镇)东,而西南流,城东有鲁道,《诗》所谓鲁道有荡,齐子由

---

① 庞小霞根据严耕望先生文认为,莱芜谷口南莱芜故城的位置及莱芜谷东北段为淄水谷地,则东北端的谷口应在齐都的东南(不应为西南),因为齐都东南才是淄水。详见严耕望《唐代交通图考(六)》,"中央研究院"历史语言研究所2003年版,第2128~2135页;庞小霞《先秦时期齐鲁交通的考古学观察》,载《管子学刊》2018年第3期,第85页。

② 严耕望《唐代交通图考》第六卷《河南淮南区·海岱地区南北交通两道》,上海古籍出版社2007年版,第2128页。

③ 臧励和等编《中国古今地名大辞典》,商务印书馆香港分馆1931年版,第764页。

④ (清)顾祖禹撰,贺次君、施和金点校《读史方舆纪要》,中华书局2005年版,第1631页。

⑤ 高亨《诗经今注》,上海古籍出版社2009年版,第133页。

⑥ 高亨《诗经今注》,上海古籍出版社2009年版,第138页。

⑦ (清)方玉润撰,李先耕点校《诗经原始》,中华书局1986年版,第238页。

⑧ 莱芜谷由北段淄水上游河谷与南段汶水上游河谷两部分组成。《从征记》载:"汶水出莱芜县(莱芜故城)原山,入莱芜谷,出县,西南流。"此为牟汶水,因是大汶河的正源,多简称汶河、汶水。

归者也。今汶上夹水有文姜台①。"②此为出莱芜谷道南端赴鲁都曲阜的必经之处。

夹谷会中齐景公曾令"莱人以兵劫鲁侯"，杨伯峻先生《春秋左氏注》云："则夹谷本为莱人流落之地，齐侯可就地召用之。"③据王献唐先生考证莱芜谷是因莱族与牟族杂居得名（牟古读为重唇音，音与芜相似，转写为芜），而非《水经注·淄水注》所云："齐灵公灭莱，莱民播流此谷，邑落荒芜，故曰莱芜。"④黄巢兵败死于虎狼谷，据王献唐先生考证，虎狼谷亦为莱芜谷的转音，也即黄巢死于此谷道中。

郦道元《水经注》对谷道有优美的描述："自入莱芜谷，夹路连山百数里，水隍多行石涧中，出药草，饶松柏，林藿绵蒙，崖壁相望，或倾岑阻径，或回岩绝谷，清风鸣条，山壑俱响。"⑤清康熙九年（1670），蒲松龄南游，"从故乡走青石关，关距故乡六十余华里，由长峪道迤逦而来，接莱芜县界，两山壁立，连亘数里"，发出了这样的咏叹："身在瓮盎中，仰看飞鸟渡。南山北山云，千株万株树。"⑥莱芜谷道给予蒲松龄创作的灵感，"魏运旺，益都之盆泉人，故世族大家也……"（《聊斋志异·双灯》）盆泉即在莱芜谷道中。自青石关"经岩庄至沂州（今山东省临沂市），而在沂州阻雨，休于旅舍。有刘生子敬出同社王子章所撰桑生（名晓，字子明）传，约万余言，得卒读，遂作《志异·莲香》一篇"⑦。沂州位于齐鲁古道东道之南端，蒲松龄南下路线是先走莱芜谷道，在莱芜境内东下入西道南下至沂州。

此道至民国初仍在使用。口镇经和庄、青石关至博山一线，每日车推肩挑、骡驴驮运的商客络绎不绝。

据文献记载，延陵季子、孔子、孟子往来齐鲁间，多取莱芜谷道，所以我们认为"鲁学"北渐从而引发西汉儒风大炽的过程中，莱芜谷道起到了空间地理上的重要作用。

---

① 文姜台亦称文姜城，为文姜往返齐鲁间的行宫，其遗址位于今山东省泰安市岱岳区大汶口镇东北五百米处，据考古发现认定为春秋战国遗址。

② （北魏）郦道元著，陈桥驿注释《水经注》，浙江古籍出版社 2001 年版，第 389 页。

③ 杨伯峻编著《春秋左传注》（修订本），中华书局 2009 年第 3 版，第 1577～1578 页。

④ （北魏）郦道元著，陈桥驿注释《水经注》，浙江古籍出版社 2001 年版，第 352 页。

⑤ 《水经注》转引自南朝宋伍缉之《从征记》，（北魏）郦道元著，陈桥驿注释《水经注》，浙江古籍出版社 2001 年版，第 325 页。

⑥ 路大荒《蒲松龄年谱》，齐鲁书社 1986 年版，第 16 页。

⑦ 路大荒《蒲松龄年谱》，齐鲁书社 1986 年版，第 16 页。

三、齐鲁古道:"鲁学"北渐的重要通道

"古道"作为一个时空概念,是"往日的时间,现在的地点",我们可以就现存的景观对文化遗产进行解读阐释。儒学是中国思想史、文化史、学术史上巨大的时空存在,2 000多年来的儒学研究,也总是在时间与空间两大维度间展开。时空性是儒学与古道都具备的特性,所以我们研究儒学的传播与古道的关系也就有了学理基础。

"和而不同"是儒学的基本文化理念,从时间维度来讲,重在研究"和",从空间维度来讲,重在研究"不同"。在具体研究中,我们遵循"儒学空间维度的研究,应该是自然环境、物质生活、文化遗存与学人'心力之为'的有机结合,而非儒者个人或派别的简单的自然地理意义上的方位归属"①。

暴露于野外的古代遗址数量,越接近现代,越是成几何倍数下降。随着现代交通的发展,齐鲁古道逐渐淡出人们的视野,只留些许残迹于地表。所幸古籍文献中保存了很多相关记载,为我们的研究提供了帮助。

(一)孔子与齐鲁谷道

孔子一生除了办学与整理典籍,就是四处奔波,游说诸侯,传授学术思想。"孔子的儒学是在他周游列国的实践中动态地形成的,也是在他和来自各地的学生的互动中形成的,绝非限于曲阜一地而已"②。

鲁昭公二十五年(前517),鲁国发生内乱,孔子适齐,向齐景公说了一番"君君、臣臣、父父、子子"的道理,意图在齐推行儒家"仁"与"礼"的核心思想。齐景公有感于受大夫陈氏胁迫的自身遭遇,对此极为赞赏,欲以尼溪田封孔子,却被晏婴阻止:"今孔子盛容饰,繁登降之礼,趋详之节,累世不能殚其学,当年不能究其礼。君欲用之以移齐俗,非所以先细民也。"③(《史记·孔子世家》)

从晏婴阻止景公封赏孔子的理由,可以看出齐文化尚简约、随势变化、开拓创新、不墨守成规,显然对鲁文化因循守成多繁文缛节是轻视的。但富于开放精神的齐人并非一味排斥"鲁学"。鲁昭公二十六年(前516),大夫陈氏势力日益强大,直接威胁到君权,齐景公忧心忡忡,询问晏婴有何良策。晏婴对曰:"唯

---

① 何晓明《儒学研究的时间维度与空间维度》,载《华中师范大学学报》(人文社会科学版)2016年第4期,第115页。

② 陈来《儒学的普遍性与地域性》,载《天津社会科学》2005年第3期,第7页。

③ (汉)司马迁《史记》卷四七,中华书局1959年版,第2304页。

礼可以已之。在礼，家施不及国，民不迁，农不移，工贾不变，士不滥，官不滔，大夫不收公利。"①（《春秋左传注·昭公二十六年》）礼不仅被视为挽救齐亡的重要措施，还被看作是治国的根本。由此可见，晏子认可孔子倡导的"礼"，只是在接受的形式上具有了齐地尚简约权变的色彩。

记载孔子往来齐鲁的文献可追溯到秦汉，例如，"孔子之去齐，接淅而行；去鲁，曰：'迟迟吾行也，去父母国之道也。'"②（《孟子·万章下》）再如，"孔子适齐，过泰山之侧，有妇人哭于墓者而哀。夫子式而听之，曰：'此哀一似重有忧者。'"③又如《礼记》载孔子观季札长子葬礼："孔子曰：'延陵季子，吴之习于礼者也。'往而观其葬焉。其坎深不至于泉。其敛以时服。既葬而封，广轮掩坎，其高可隐也。既封，左袒，右还其封，且号者三，曰：'骨肉归复于土，命也。若魂气则无不之也，无不之也！'而遂行。孔子曰：'延陵季子之于礼也，其合矣乎！'"④

孔子适齐过泰山之侧当走西道之东线，即莱芜谷道，因为这条道路虽险峻却为齐鲁间的捷径。延陵季子（即季札）使齐也取此道。鲁昭公二十七年（公元前515）季札带长子出使齐国，由齐国返回途中，长子死，季札遂用周礼葬长子于齐鲁古道之侧。《礼记》《水经注》《从征记》等均载其墓在"嬴博之间"⑤。处于"嬴博之间"的今莱芜与泰安两地均有延陵季子长子墓，"嬴在莱芜，博在泰安，所谓其间，或泰或莱，均未可知"⑥。据现存最早的《莱芜县志》——嘉靖《莱芜县志》载："延陵季子长子墓在县西北三十里。吴季札使齐，其子死，葬于嬴博之间，即此。前有碑可考，近年间为水所没。"⑦明莱芜知县傅国壁就此曾有过一番考证："余近搜莱志，访耆硕，得兹地隶邑西北三十里许集名吐子口，则知为延陵季子葬子之地。吾孔子于斯焉，观之叹曰：'延陵季子之于礼也，其合矣乎！'孟止有亭，安仙有寺，贤哲芳迹，犹托以不朽。"⑧

傅国壁所考延陵季子长子墓址，位于今莱城区口镇垂杨村。明莱芜知县陈甘雨在此处立使齐伤感碑。今碑已不存，碑文收入嘉靖《莱芜县志》。碑文内容与《礼记》所载大致相同，文后有陈甘雨按语："按《礼记》注云，季子乃随时处中

---

① 杨伯峻编著《春秋左传注》（修订本），中华书局 2009 年第 3 版，第 1480 页。
② 杨伯峻译注《孟子译注》，中华书局 1960 年版，第 232 页。
③ 高志忠译注《孔子家语译注》，商务印书馆 2015 年版，第 264 页。
④ 陈戍国点校《周礼·仪礼·礼记》，岳麓书社 2006 年版，第 276 页。
⑤ 博即奉高故城（今山东省泰安市东北 8.5 千米）；嬴即莱芜故城。
⑥ 民国《莱芜县志》卷七，启明印刷社 1922 年版，第 7 页 a。
⑦ 嘉靖《莱芜县志》卷四，天一阁藏嘉靖刻本，第 7 页 a。
⑧ 民国《莱芜县志》卷三五，启明印刷社 1922 年版，第 2 页 b。

之道,盖旅葬之节,如此道杀,则从而杀者也。"①隆庆二年(1568),知县傅国璧立孔子观礼处碑,现保存于垂杨村中,碑阳有"孔子观礼处"五个楷书大字,笔力雄健。

傅国璧又在此处设垂杨书院,"环垂杨而观听者,童冠千余人。余亦欣然指授圣人之礼,明其所向,使人知自观焉。诸士子涌涌以为奇遇,其俊者数十辈,争欲从观礼处,诵习圣贤之书,以助化成天下之志,讵曰礼云乎哉。"②明清时期,莱芜书院之盛与孔子观礼有莫大渊源,"当其盛时,来学之士,往往至六七百人。人文蔚起,甲于他县,令人有武城弦歌之思焉"③。

儒家推崇的"三不朽"中,孔子于"立德、立言"方面自不必说,于"立功"则首推"相夹谷"的事功。孔子在夹谷会盟中的出色外交斡旋,不仅以礼却齐,而且使得"齐人来归郓、讙、龟阴之田"④(《左传·定公十年》)。历来对夹谷会盟的具体地址争论不休,但比较得到学界认可的莱芜说、博山说都认为在莱芜谷道上。⑤

孔子走西道也有史载,如《水经注·汶水注》:"乐正子春谓其弟子曰:'子适齐过肥,肥有君子焉'。"⑥严耕望先生据此认为是乐正子春弟子适齐过肥,笔者认为"子"应谓"孔子"。孔子视左丘明为君子,肥城因左丘明居住而被誉为"君子之邑"。孔子适齐过肥非齐鲁间通行的最佳路线,盖因左丘明在肥而特意绕路拜访。而在乐正子春的时代,左丘明早已过世,其弟子没有理由绕路过肥。光绪《肥城县志》载其邑古迹有晒书城(位于山东省肥城市桃园镇西里村东),在"县城西南三十里,相传孔子经游处"⑦。据传孔子曾在东里村北凤凰山下遇雨,书被淋湿,在此晒书,后人追思圣德,建祠塑像以祭祀。明嘉靖二十年(1541),扩建为大成书院,"书院秋色"为邑八景之一。

与肥城相邻的平阴县孔村镇西北约2千米处有一座孔子山(亦名紫盖山),山上有孔子教书堂遗址。邑人王纶诗曰:"当年尼父此经过,辙迹传来尚未磨。读罢残碑多感慨,古台荒草夕阳多。"⑧有关此处圣迹最早的文献记载是北宋的《名山志》:"紫盖山在平阴县,上有夫子教书堂。"

① 嘉靖《莱芜县志》卷七,天一阁藏嘉靖刻本,第31页b。
② 民国《莱芜县志》卷一二,启明印刷社1922年版,第6页b。
③ 民国《莱芜县志》卷一二,启明印刷社1922年版,第6页a。
④ 杨伯峻编著《春秋左传注》(修订本),中华书局2009年第3版,第1579页。
⑤ 详见毛清均的《夹谷会盟古址新考》、宣兆琦的《关于夹谷之会的几点辨析》等文。
⑥ (北魏)郦道元注《水经注》,陈桥驿注释,浙江古籍出版社2001年版,第374页。
⑦ 光绪《肥城县志卷》卷二,光绪十七年(1891)修,第7页a。
⑧ 光绪《平阴县志》卷六,光绪二十一年(1895)修,第62页a。

孔子山位于东平、平阴、肥城三县市交界处，齐鲁古道西道在兖州分为三线，中线恰从此穿过。孔村镇东南 5 千米处为左丘明故里都君庄（今山东省肥城市桃园镇衡鱼村），再向东不足 5 千米处是被孔子称为"被遗落的贤人"柳下惠所居的柳下（今山东省平阴县孝直镇中洼村）。因这两位贤人君子的原因，孔子在此处经过也是合乎情理的；从地理位置上看，"平阴古齐之西南境，与鲁西北境邻，距曲阜仅百余里，夫子马迹车辙几遍齐楚宋卫陈蔡之郊，矧此接壤之区，其为夫子游历所经无疑也"①。

圣迹所至开当地教化风气，"事有可传必实有可传，乃可以传后世而无愧，如吾邑城南孔村庄西有杏坛遗响，圣迹其传之也久矣"②。邑人国进写诗赞曰："荒山余古道，圣辙此经过。遗迹几千载，流光耿未磨。"③宋神宗熙宁五年（1072），在遗址处建"孔林书院"，明清时期皆有重修。乡人秉圣人遗泽，"每岁除夕间，有车马声自远而至，邑人必有登科第者，谓之'杏坛遗响'，为邑八景之一"④。平阴一域，亦"秦汉以降，政理混同，人情朴厚，俗尚文学"，"人务耕桑朴而不华得古风趣"⑤。

（二）孟子与齐鲁古道

孟子曾游历齐、鲁、宋、滕等国长达二十余年，并两度适齐⑥，在齐居住数年，其往来齐鲁间的行迹见于《孟子》以及滕州、汶上、莱芜、博山等地地方志中。

孟子适齐至少有一次是沿齐鲁古道西道北上临淄。"（孟子）处于平陆，储子为相，以币交，受之而不报……由平陆之齐，不见储子。"⑦（《孟子·告子下》）孟子适齐由平陆出发，而平陆位于齐鲁古道西道的北端，那么孟子应该是沿着此道北上至历下邑，然后东至齐都临淄。

平陆在今山东省汶上县西北。"汶上在古为厥国，于春秋为鲁中都，战国属齐为平陆"，孟子不仅把平陆作为去临淄的中转站，而且在平陆待了一段时间。万历《汶上县志》曾把孟子列入人物志中："孟子，名轲，邹人也，尝之平陆。"⑧平

---

① 嘉庆《平阴县志》卷二，嘉庆十三年（1808）修，第 34 页 a。
② 嘉庆《平阴县志》卷二，嘉庆十三年（1808）修，第 32 页 a。
③ 光绪《平阴县志》卷六，光绪二十一年（1895）修，第 62 页 a。
④ 光绪《平阴县志》卷六，光绪二十一年（1895）修，第 62 页 a。
⑤ 嘉庆《平阴县志》卷三，嘉庆十三年（1808）修，第 1 页 a。
⑥ 参见钱穆《先秦诸子系年》，孟子分别于齐威王与齐宣王两度适齐，第二次齐宣王时期曾因孟母卒，孟子扶柩返邹守孝三年，后又返回齐国。
⑦ 杨伯峻译注《孟子译注》，中华书局 1960 年版，第 282 页。
⑧ 万历《汶上县志》卷六，万历三十六年（1608）修，第 19 页 a。

陆对于孟子有特别的意义。一方面,他的弟子孔距心在平陆任大夫,虽然一见面,孟子就指摘其过失,但"他日,见于王曰:'王之为都者,臣知五人焉。知其罪者,惟孔距心'"①(《孟子·公孙丑下》),可见孟子对于这个弟子还是满意的。另一方面是因为孔子曾在此仕宦,"(鲁)定公以孔子为中都宰,一年,四方皆则之"②(《史记·孔子世家》)。"圣人之世虽远,而流风善政无不班班可考",清《汶水县志》中还有对孔子遗迹杏坛亭、钓鱼台的记载,并在孔子与群弟子讲习地旧址修建了圣泽书院③。孟子自称:"予未得为孔子徒也,予私淑诸人也"④(《孟子·离娄下》),以孟子对圣人的仰慕,在孔子仕宦过的地方居住一段时间,缅怀圣人的遗踪也是自然的事情了。

齐威王二十八年(前329),孟子作为稷下先生首次适齐⑤。在稷下学宫,孟子被认为是"守旧术,不知世务"。淳于髡以"嫂溺"是否该援手发问,与孟子展开"男女授受不亲"的著名辩论。孟子认为"男女授受不亲"是"礼"的规定,但"嫂溺"不可固守"礼"而袖手旁观,孟子思想也有了齐地权变的色彩。孟子游说齐王效法"先王",实行"仁政",但此时齐国正处于任用孙膑等大振国威之际,显然不可能接受孟子的思想,于是孟子离齐适宋。

齐宣王元年(前319),孟子再度来齐,这次受到了齐宣王的礼遇,被授予卿大夫之职,多次与齐王论政,如"尚贤""与民同乐"等都发生于这一时期。而此时,稷下学宫学术更为兴盛,孟子于是产生了在齐久居的念头,并于齐宣王二年(前318)把母亲由邹接至齐。孟子继续在齐国推行"仁政",但齐宣王急于称霸诸侯,不可能接受孟子的王道思想,于是孟子"浩然有归志",遂离齐。

对于孟子往返齐鲁通常所走路线,严耕望先生认为是齐鲁间的捷径——西道之莱芜谷道。明清时期古道上还有孟子经过的遗迹。据民国《莱芜县志》载:"孟游亭,孟子反齐止赢,则莱芜确为孟子往反之地,后人不能确指其处,故随在建亭以志景仰,然以地势考之,则在县东北者近是。盖莱邑当日为齐鲁孔道,两国之会在此,季札自齐聘郑亦道出于此。孟子自鲁返齐,舍是道将安出?而鲁在西南,齐在东北,意所经之路必由今泰安入邑西境,直走东北出长峪道(莱芜

---

① 杨伯峻译注《孟子译注》,中华书局1960年版,第94页。

② (汉)司马迁《史记》卷四七《孔子世家》,中华书局1959年版,第2244页。

③ 圣泽书院初为讲堂,建于北魏孝明帝孝昌二年(526);唐玄宗天宝十二载(753),刻吴道子所画"宣圣兖公小像"。

④ 杨伯峻译注《孟子译注》,中华书局1960年版,第193页。

⑤ 蔡德贵《孟子为稷下先生考》,《孟学研究》,山东人民出版社1998年版。

谷道），以至临淄邑南境。"①《孟子·公孙丑下》亦载："孟子自齐葬于鲁，反于齐，止于嬴。"②嬴在今山东省济南市莱芜区西北。孟子在邹为母守丧后返齐，于此停留，以全丧期之礼。另外，明莱芜知县陈甘雨废神观、立季孟行祠，以崇儒家礼教③。祠内《使齐伤感碑》记季札葬子事；《止嬴论谈碑》述孟子葬母事，后有陈甘雨按语曰："《邹书》注云：'孟子仕于齐，其用葬之美如此。'道隆则从而隆者也。"④"礼"为儒家的重要概念，从孟子葬母所用之礼，也可看出"鲁学"北渐的痕迹。

临淄故城（今山东省淄博市临淄区齐都镇）南有一座孟子山（在山东省淄博市淄川区东坪镇）。民国《续修博山县志》载："孟子山，县东北四十里，江西台庄南。山顶庙内多古碑，但字迹泯灭莫辨创于何年，俗传孟子至齐，曾游其上。"⑤孟子是否曾游此山已不得而知，但是细察孟子山的位置，发现它正靠近于莱芜谷道的北端。孟子喜游山水，在齐游牛山曾感叹："牛山之木尝美矣！"⑥（《孟子·告子上》）那么来往齐鲁途中，顺道游览此山也是极有可能的。

齐宣王不能用孟子的主张，于是"孟子去齐，宿于昼。有欲为王留行者，坐而言。不应，隐几而卧"⑦（《孟子·公孙丑下》）。孟子对齐宣王仍抱幻想，一连在齐地的昼邑住了三宿，见齐宣王没有挽留的意向，遂离齐返邹。这个"昼"地的具体位置，历来文献没有确切记载。有学者认为"昼"在今山东省淄博市东坪镇一带，依据为赵岐所言："齐西南近邑也"⑧，而且"昼"应该非常靠近长峪道（即莱芜谷道），距临淄不会很远⑨，"孟子一行完全可以通过'博山南下穿山进入鲁地东部'⑩这条道路往返齐邹之间"⑪。

---

① 民国《莱芜县志》卷五，启明印刷社 1922 年版，第 4 页 b。

② 杨伯峻译注《孟子译注》，中华书局 1960 年版，第 98 页。

③ 参见嘉靖《莱芜县志》："孟止亭，在县内东南隅射圃之西，孟子止于此。""季孟行祠，在县东南八里，旧为神观，庶民刘杲所建，嘉靖二十六年（1547）知县陈甘雨改祀季札孟子，有使齐伤感、止嬴论谈二碑，每岁春秋二祭。"

④ 嘉靖《莱芜县志》卷七，天一阁藏嘉靖刻本，第 32 页 a。

⑤ 民国《续修博山县志》卷二，1937 年修，第 17 页 b。

⑥ 杨伯峻译注《孟子译注》，中华书局 1960 年版，第 263 页。

⑦ 杨伯峻译注《孟子译注》，中华书局 1960 年版，第 106 页。

⑧ （清）阎若璩《四书释地》，转引自杨伯峻译注《孟子译注》，中华书局 1960 年版，第 107 页。

⑨ 《孟子山文化及其开发价值研究》课题组《孟子与孟子山》，《管子学刊》2004 年第 3 期。

⑩ 此即莱芜谷道的大体走向。

⑪ 《孟子山文化及其开发价值研究》课题组《孟子与孟子山》，《管子学刊》2004 年第 3 期。

"孟子去齐,居休"①(《孟子·公孙丑下》),"休"在何处呢? 道光《滕县志》载:"休城,县西二十五里。《通志》云:古邑名,孟子去齐,居休,即此。"②休城在齐鲁古道西道南端,"距孟子家约百里"③,从齐鲁古道走向看,邹地位于滕地的北方,所以县志撰者有疑惑:"休在邹南,岂孟子去齐,径适梁宋耶?"④据考,"孟子去齐之后,先至宋薛,然后至滕矣。故滕文章称过宋而见孟子也。去宋薛后盖尝归邹,故滕定章称然友之邹问于孟子也"⑤。钱穆先生认为,孟子在滕待了较长一段时间,"是孟子在滕先后有三年之久。方其去宋,固已有远行之志,而在滕淹留有如是之久者,亦滕文之贤有以使之然矣"⑥。

孟子在滕推行仁政,规划试行井田约有三年之久。至清代,滕地仍有孟子游历过的痕迹。"孟子之滕,馆于上宫(今废),或曰今庙是也,未详"⑦。清康熙词人曹贞吉有一首五古《过滕县见行井田处偶成》,其中有句曰:"经界犁然正,沟涂一一新。"赵俪生先生认为,17世纪的人尚可目睹井田遗迹,以此有力地驳斥了井田制并不存在不过是乌托邦的谬论。⑧

四、结语

从若干条齐鲁古道来看,莱芜谷道是齐鲁交通的捷径,它在"鲁学"北渐中充当着重要角色。出于上文所述某些特殊原因,孔子、孟子适齐也会选择齐鲁古道之西道,而齐鲁古道之东道则尚未见圣人所遗踪迹。

荀子是战国末期儒家学派的集大成者,虽为赵人,但三为稷下学宫祭酒,晚年又两任兰陵令,而兰陵(今兰陵县)位于齐鲁古道东道南端,东道北行终点为益都(今青州),益都北行不远即到达齐都临淄。"齐人或谗荀卿,荀卿乃适楚,而春申君以为兰陵令"⑨(《史记·孟子荀卿列传》),如果没有特殊事由,荀子由齐适楚(此时鲁已为楚所灭)所行应为齐鲁古道之东道;"(春申君)于是使人谢

① 杨伯峻译注《孟子译注》,中华书局1960年版,第110页。
② 道光《滕县志》卷五,道光二十六年(1846)修,第2页b。
③ (清)阎若璩《四书释地》,转引自杨伯峻译注《孟子译注》,中华书局1960年版,第111页。
④ 道光《滕县志》卷五,道光二十六年(1846)修,第2页b。
⑤ (清)崔述《孟子事实录》,转引自钱穆《先秦诸子系年考辨》,上海书店1992年版,第312页。
⑥ 钱穆《先秦诸子系年考辨》,上海书店1992年版,第316页。
⑦ 道光《滕县志》卷五,道光二十六年(1846)修,第6页a。
⑧ 赵俪生《〈中国土地制度史论要〉自序》,《赵俪生文集》第二卷,兰州大学出版社2002年版,第15页。
⑨ (汉)司马迁《史记》卷七四《孟子荀卿列传》,中华书局1959年版,第2852页。

孙子。孙子去之赵，赵以为上卿"，荀子去楚适赵，应该从兰陵西行到达齐鲁古道西道之滕州，然后北上直达赵国。这条路线路不仅最捷，而且平坦利于通行，为南北之通途。当然这仅仅是合乎情理的推测，荀子在齐鲁古道上的行踪尚未见于记载。

荀子罢官后，致身于讲学与著述，"春申君死而荀卿废，因家兰陵。李斯尝为弟子，已而相秦……于是推儒、墨、道德之行事兴坏，序列著数万言而卒。因葬兰陵"①（《史记·孟子荀卿列传》）。荀子对于兰陵文化的繁荣起到了重要作用，"兰陵多善为学，盖以孙卿也"，两汉魏晋时兰陵经学的发达造就了如兰陵萧氏、琅琊王氏等一批名门望族，究其文化渊源当与荀子在兰陵讲学有密切关系。

至今，兰陵文峰山还存有"荀子讲学处""荀子晒书台"等古迹。荀子既吸收了齐鲁文化的精华，又对齐鲁文化产生了深远的影响，可谓"稷下扇其清风，兰陵郁其茂俗"②（《文心雕龙·时序》）。荀子之后，他的弟子及其再传弟子如李斯、韩非、张仓、浮丘伯、贾谊等，或为能臣，或为经学大家，他们积极传授儒学经典，四处传播儒家思想，在他们的努力下，儒学在西汉终成显学，影响了我国两千多年的文化思想史。

---

① （汉）司马迁《史记》卷七四《孟子荀卿列传》，中华书局 1959 年版，第 2860 页。
② （梁）刘勰著，詹锳义证《文心雕龙义证》，上海古籍出版社 1989 年版，第 1661 页。

汉唐经学视域下的《仪礼》经义诠释与文本生成

——以"宿戒"厘定为例

郭超颖*

摘　要：汉末以来，《仪礼》诠释与建构进入全新模式，礼学开始跳脱《春秋》学统摄，寻求自我体系建设的突破，最终实现了内容与功能的分化：一方面是仪典构建原则重新厘定，另一方面是治世经义理据重新建构。这种诠释手法建立在仪节诠释的基础上，包含了文、事、义的重新整合，意在建构一套全新的社会性仪礼规范。郑玄对《仪礼》所记延请仪节的界定，是其校订经文、厘定礼义的典型案例，郑玄此举为社会生活建构起了通贯今古的实践法则。这种对规范法则的精细化处理在汉唐经学转型中具有代表意义。郑玄《仪礼注》所做的这些工作，是汉末经学开始走向社会仪制整体建设的重要体现，此尤应引起注意。

关键词：仪礼；郑玄；宿戒；经义；经学史

汉魏六朝是经典诠释发生重要变化的时代。其中，《仪礼》对汉唐经学建构的意义常为以往研究所忽视①，而事实上《仪礼》的文本定型与经义建构是诠释发生变化的关键所在——这尤其凸显于嘉礼仪制规范层面。"五礼"之中，嘉礼对于国家、社会的意义极重，它贯通社会各阶层，涵括丰富，人际交往、人生礼仪

　＊　郭超颖，博士，山东师范大学文学院副教授。本文系教育部人文社科青年项目"《仪礼》经文文例研究"（19YJC751006）阶段性成果。

　①　学界通常的印象是，该时期《周礼》《礼记》的地位在上升，《仪礼》《公羊传》《穀梁传》开始式微。而实际上，《仪礼》的社会功用得到了不断提升。对于《周礼》地位在汉末的提升，及其与中古政治制度的关系问题，学界一直着力很深，代表学者有陈寅恪、楼劲、阎步克等。相对来说，汉唐间《仪礼》学转型及其实质，以及《仪礼》学如何参与社会构建等问题的研究则欠缺较多。《周礼》投射的是国家制度的上层问题，而放置于广阔的历史层面，则需要《仪礼》涵括下的社会性建设的补足，这也是《仪礼》经义原理的系统建构问题。而且受"唐宋变革论"影响，唐宋这个节点长久被赋予标志性意义，这种说法描述出了唐宋至清的民间道德体系建设的现实，但对这个问题肇端的探讨也尚显薄弱，而这同样指向了汉末以来的《仪礼》诠释与建构。吴丽娱在《〈礼论〉的兴起与经学变异——关于中古前期经学发展的思考》一文中，开始揭示中古前期经学诠释的一种新趋向，即以追求礼义为中心，以经学原则指导现实应用的目的更明确（《文史》2021年第1辑）。实质上，《仪礼》的诠释是汉唐间经义问题最显著的征实。厘清《仪礼》经义诠释转型发展的源头和根本，对整个中古史礼学研究意义非常。

基本皆属嘉礼范畴。很长一段时间以来，礼学、礼制研究更重视丧祭而疏于嘉礼，这不足以呈现中国礼乐文明的真实全貌。贯穿嘉礼各礼仪的，有延请仪节的"宿戒"之例，对于理解中国古代的人际关系、理解礼仪中所蕴含的渐进之义都非常关键。所以，本文以嘉礼延请仪节为研究对象，借此阐明郑玄在刊定《仪礼》文本、整饬《仪礼》文例、构建《仪礼》礼义等方面所起的作用。

一、郑玄关于嘉礼"宿戒"仪节的体系构建

嘉礼作为"五礼"之一，在中国古代社会占据着非常重要的地位。《周礼·春官》曰："以嘉礼亲万民。""嘉，善也"（《尔雅》），"因人心所善者而为之制"①，其制作统括六大类：饮食之礼、婚冠之礼、宾射之礼、飨燕之礼、脤膰之礼、贺庆之礼。所相亲者，涉及家族宗亲、故旧朋友、四方宾客，以及男女成人成家。可见嘉礼通贯各个阶层，化于社会生活方方面面。《乾文言》云，"亨，嘉之会也"，"天能通畅万物，使物嘉美之会聚"②，君子法天之"亨"，则以嘉礼亲万民。这些都揭示了"美善"与"会聚"是嘉礼的主旨精神，而传统文化中人们对于社会生活最朴素的愿望也即在此。

郑玄以《周礼》纲目，把吉、凶、宾、军、嘉"五礼"直接界定在《仪礼》中，厘定《士冠礼》《乡饮酒礼》《乡射礼》《公食大夫礼》《燕礼》《大射仪》属于嘉礼；并根据嘉礼"好会之事"的性质，厘定出嘉礼中的通贯仪节——延请方式，故而"宿戒"的界定对于嘉礼范式建设具有典型意义。实质上，郑玄所做的这项系统工作对于中国古代社会意义非凡。该问题的切入点在于由训诂而开启了仪节范式与礼义界定。

"戒宾"这个概念直接出现在《仪礼》经文中，且不存在今古文问题。《士冠礼》云："主人戒宾，宾礼辞。"《乡饮酒礼》云："主人戒宾，宾拜辱。"《乡射礼》："主人戒宾，宾出迎。"按照郑玄《仪礼注》"警也，告也"③的解释，"戒"，就是告诫、相约之意，所以"戒宾"这概念易于理解，然不宜增附过多内容。

"宿宾"与"戒宾"相比，问题要复杂得多。《仪礼》文本有今古文的差异。郑

---

① （汉）郑玄注，（唐）贾公彦疏《周礼注疏》卷一八，（清）阮元校刻《十三经注疏》，中华书局1980年版，第760页。

② （魏）王弼注，（唐）孔颖达疏《周易正义》卷一，（清）阮元校刻《十三经注疏》，中华书局1980年版，第15页。

③ （汉）郑玄注，（唐）贾公彦疏《仪礼注疏》卷一，（清）阮元校刻《十三经注疏》，中华书局1980年版，第947页。

玄之前官方的文本一直都在今文系统内部的传布,至郑玄参校今古文,形成了一个全新的文本。郑玄在《特牲馈食礼》交代了"宿"的今古文问题,其注云:

> "宿"读为"肃"。"肃",进也。进之者,使知祭日当来。古文"宿"皆作"羞"。凡"宿",或作"速"。①

据郑玄记述,"宿宾"的"宿",古文皆作"羞",今文或作"速"。这存在两个问题。"羞"与郑玄所定"宿",取义并无差别。《尔雅·释诂》曰:"羞,进也。"《说文解字》曰:"羞,进献也。"但"宿"与"速"之义差别较大。《说文解字》曰:"速,疾也,从辵束声。遬,籀文,从敕。警,古文,从敕从言。""速"作"征召"义为经传常诂。如《需卦》"有不速之客三人来",马融注云"召也"(陆德明《释文》引)②。而"宿"与"佩""夙"通。《说文解字》云:"夙,早敬也。从丮,持事虽夕不休,早敬者也。""夙"作"早"义,《诗经》用例很多,利簋铭文"昏夙有商"亦证。也就是"宿"为望其早来。

郑玄既不取古文"羞",亦不取今文作"速"者,而是厘定出"宿宾"概念,以区别于今文相应处的"速宾",这样《仪礼》文本延请礼仪就有了"戒宾""宿宾""速宾"三个明确的仪节。三者各有其用,"宿宾"指戒后再次相邀。与"戒宾""宿宾"侧重告诫、预先之意不同,"速宾"即"召宾前来",也就是为礼当天前去相召,宾随而来。

在嘉礼延请仪节的细化与规范性处理后,郑玄根据《仪礼》十七篇的冠礼、饮酒礼、射礼、食礼各自性质等级不同,建构起组合性的延请新规范,分为以下三类情况。

先戒后宿。《士冠礼》属于此类。《士冠礼》曰:"筮于庙门……宗人告事毕。主人戒宾,宾礼辞,许……前期三日,筮宾,如求日之仪。乃宿宾。"③经文依次记"戒宾""宿宾",无"速宾"。"宿宾"必为"宿",其证是在冠日前二天(空一日)④,而非当日招请。郑玄给出的厘定是系统完整的。《士冠礼》是旬内筮。假设上

---

① (汉)郑玄注,(唐)贾公彦疏《仪礼注疏》卷四四,(清)阮元校刻《十三经注疏》,中华书局1980年版,第1179页。

② 惠栋就认为"不速"犹"不戒",且《泰》六四"不戒以孚","不戒"亦"不速"。"速"与"肃"通。惠氏解欠妥。《泰》六四主坤首,当上下交泰之时,四欲下复与阳求应;六五、上六不待六四相告诫,皆同志愿从其下复,故而称"不戒以孚",还是侧重相告沟通之意。不相与不相召请,尚有区别。

③ (汉)郑玄注,(唐)贾公彦疏《仪礼注疏》卷一,(清)阮元校刻《十三经注疏》,中华书局1980年版,第947页。

④ 下经又云"厥明夕",为期于庙门之外",再接后是冠日"夙兴设洗",则"宿宾"在冠前两日(空一天),也就是"筮宾"次日"宿宾"。

旬吉，冠日为柔日，则"戒宾""冠日"之间不少于三天；冠礼前三天（空二日）"筮宾"，筮得正宾，次日相邀，此即"宿宾"。若上旬不吉，在中旬或者下旬进行，则"筮日""戒宾"与"冠日"间隔较长。所以，筮得正宾之后，无论从敬重宾的情理来看，还是从间隔的时间长度来看，都需在为礼之近前再次相告。郑玄注云："宿者必先戒，戒不必宿。其不宿者为众宾，或悉来或否。"①这就是"戒宾"之后"宿宾"的意义，同时也是郑玄界定"宿""戒"的意义。

先戒后速。《乡饮酒礼》《乡射礼》属于此类。《乡饮酒礼》曰："主人戒宾，宾拜辱，主人答拜。乃请宾……羹定。主人速宾，宾拜辱，主人答拜，还，宾拜辱。"②经文无"宿宾"环节，且从"戒宾"至"速宾"之间只有"羹定"的时间点提示，显然是同天进行。郑玄注亦云"夙兴往戒，归而敷席"，戒、速在一天。活动前"戒宾"，当天羹定牲肉煮熟之时，主人亲自前往招请宾，即"速宾"，宾随后前来。《乡射礼》此处情况相同。《乡饮酒礼》《乡射礼》的《记》文交代"使能，不宿戒"，二礼之宾是处士贤者。郑玄云："能者敏于事，不待宿戒而习之"③。贤能之士，做事勤勉自警审，不必反复相邀。《尚书》云："日宣三德，夙夜浚明有家。"《墨子·尚贤中》云："贤者之治国也，蚤朝晏退""贤者之长官也，夜寝夙兴""贤者之治邑也，蚤出莫入"④，皆是申述贤者自勤勉。根据郑玄对二礼主旨的揭示，这里还有公私之分。冠礼是家礼，时间宜由主家出，受邀者为子弟加冠，沟通邀请之事需要郑重充分，如是诚意不失礼，无临时当天告请的情理。《乡饮酒礼》是受教法而颁行于基层组织的邦国典仪，时岁有常。《乡射礼》是会民习礼乐，行时有恒，且礼不是为宾而专设，故亦不事前再三相请。

从戒而来。《公食大夫礼》《燕礼》《大射仪》属于此类，为诸侯礼的告诫问题，涉及燕、飨⑤、食之礼。《公食大夫礼》是主国君为小聘使者举行的食礼。食

---

① （汉）郑玄注，（唐）贾公彦疏《仪礼注疏》卷一，（清）阮元校刻《十三经注疏》，中华书局 1980 年版，第 947 页。

② （汉）郑玄注，（唐）贾公彦疏《仪礼注疏》卷八，（清）阮元校刻《十三经注疏》，中华书局 1980 年版，第 980～981 页。

③ （汉）郑玄注，（唐）贾公彦疏《仪礼注疏》卷一三，（清）阮元校刻《十三经注疏》，中华书局 1980 年版，第 1009 页。

④ （清）孙诒让撰，孙启治点校《墨子间诂》卷二，中华书局 2011 年版，第 50 页。

⑤ 段玉裁认为《周礼》用字，凡祭享用"享"字，凡燕飨用"飨"字。《仪礼》用字，《聘礼》内臣享君中作"享"，《士虞礼》《少牢礼》"尚飨"中作"飨"。《左传》则皆作"享"，无作"飨"者。《毛诗》中，则献于神曰"享"，神食其所享曰"飨"。黄以周认为《仪礼》中，凡飨食人、飨食神与神来飨者皆作"飨"，惟"朝享"字作"享"，训为献。且朝享字作"享"，《尚书》《毛诗》《周官》《左传》《论语》皆同，亦不独《聘礼》为然。《左传》燕飨中亦作"飨"，详见黄以周撰，王文锦点校《礼书通故》卷二十四，中华书局 2007 年版，第 1065～1066 页。

礼,太牢而无饮酒。《公食大夫礼》曰:"使大夫戒,各以其爵……宾不拜送,遂从之。"《公食大夫礼·记》曰:"不宿戒。"郑玄注云:"食礼轻也。此所以'不宿戒'者,谓前期三日之戒,申戒为宿,谓前期一日。"《公食大夫礼·记》曰:"戒,不速。"郑玄注云:"食宾之朝,夙兴戒之,宾则从戒者而来,不复召。"从经文来看,宾随邀请者而来,邀请者不先返,原因在于食礼礼仪等级低。《公食大夫礼》曰:"大夫相食,亲戒速。"郑玄注云:"速,召也。先就告之,归具,既具,复自召之。"①主国大夫为使者举行食礼,亦不预先戒、宿,而是当日戒,准备妥当再去招致。按照郑玄的解释,这里的戒、速也是同一天。《燕礼》属大燕饮礼法,君为至尊,己臣子参与燕饮,主于饮酒燕欢。从经文来看,仅有"戒"。《燕礼》曰:"小臣戒与者。"郑玄注云:"小臣则警戒告语焉,饮酒以合会为欢也。"②经亦载为来聘使者举行燕礼的相戒之辞,公遣人传命相戒,介出门相辞,三请而宾亲见使者。使者致辞,宾曰:"君贶寡君多矣,又辱赐于使臣,臣敢拜赐命。"③从这些记录来看,为来聘之宾举行燕礼,同于食礼,仅从戒而来。

从冠祭之礼,到乡邦之礼,再到诸侯之礼,郑玄用恒定标准厘定出三个层级,并把它们都统摄到"嘉礼"之中,形成了一套完整可行的邀请规范。从表面上看,这些内容异常琐碎且似乎实无益处,其诠释也未偏重义理建设。实际上,也确实存在这种误读,如凌廷堪《礼经释例》否定郑玄区别"宿""速"的做法,认为"速"即"宿"④,仪节之设必有其义,环节相扣,义理契合,不认同"宿""速"相异。这相当于剔除一个仪节范式,也就带来了义理上的连锁变化。这种义理上的改动,关系匪浅。

中国传统文化重"请"。《穀梁传·定公元年》曰:"古之人重请。何重乎请?人之所以为人者,让也,请道去让也,则是舍其所以为人也,是以重。"⑤从重视延请,到规制出一套关涉社会生活的礼仪章法,正如《文心雕龙》所谓须"百虑之

① (汉)郑玄注,(唐)贾公彦疏《仪礼注疏》卷二六,(清)阮元校刻《十三经注疏》,中华书局1980年版,第1086页。

② (汉)郑玄注,(唐)贾公彦疏《仪礼注疏》卷一四,(清)阮元校刻《十三经注疏》,中华书局1980年版,第1014页。

③ (汉)郑玄注,(唐)贾公彦疏《仪礼注疏》卷一五,(清)阮元校刻《十三经注疏》,中华书局1980年版,第1024页。

④ (清)凌廷堪撰,彭林校点《礼经释例》卷二,北京大学出版社2012年版,第49~50页。

⑤ (晋)范宁注,(唐)杨士勋疏《春秋穀梁传注疏》卷一九,(清)阮元校刻《十三经注疏》,中华书局1980年版,第2443页。

笙蹄，万事之权衡"①，要求其论证在义理、文辞、实践中能够周密圆通。无疑，这种寄托于传注的"述经叙理"所反映出的汉唐经学与实践的问题，亟待进一步明确阐述。

二、从"无"到"有"与《仪礼》诠释理路生成轨迹

经学宏观的变动，是积微成势的推动结果。郑玄对"延请"仪节规范及仪礼的厘定反映着汉唐之间礼学诠释的总体走向问题，即诠释与经世如何完成。其中，《仪礼》经义诠释与文本定型格外关键。这是一个由"无"到"有"的过程。

郑玄礼学体系的完备，很容易使我们忽视两汉礼学走向的真实情况。如皮锡瑞的《经学历史》在经学史书写构建时就把汉末定为"经学中衰时代"，而所谓"郑学盛而汉学衰"恰是经学在实践发展中不断腾挪的活力展现。东汉中期之前，《仪礼》诠释尚不够系统，谈不上仪礼规范法则的建构。

首先，文本成熟度不高。熹平石经刊刻时，《仪礼》仅列今文系统之不同，此前如延熹校本亦今文。而最应认识到的是，文本界定反映着诠释体系的完善程度。《仪礼》今文有"宿""速"两辞，《士冠礼》《特牲馈食礼》《少牢馈食礼》界定为"宿"者或本作"速"，这与《仪礼·乡饮酒礼》《乡射礼》处的"速"明显不同。从文本来说，就存在义理上的纠葛与混沌。

其次，理论建设成熟程度不高。基于《仪礼》的仪礼章法建构是一个漫长过程。自上而下的等差制度确立与经义法则确立在历史上并非同步而成。"宿戒"是《乡射礼》的重要仪节，从保存下来的乡射仪节理论探讨来看，其理论建设远不够成熟。如《石渠礼议》，围绕《乡射礼》《大射仪》设定"合乐"仪节的理据②，戴圣认为"合乐"主要起到丰富仪节的作用，是否需要看节目总体体量需求。闻人通汉认为"合乐"性质在于聚合亲仁，这种精神适合施于乡民，而非诸侯。韦玄成认为乡人平时无乐，诸侯无故不撤乐，故前者需"合乐"，而后者非。由此可见，重要的"合乐"仪节其经义理据并不成型。西汉成帝时，杜子春解释《周礼》射人"以矢行告"，是"告白射事于王，王则执矢也"③。这与《大射仪》"大射正立

---

① （梁）刘勰著，詹锳义证《文心雕龙义证》卷四，上海古籍出版社1989年版，第696页。
② （唐）杜佑撰，王文锦、王永兴、刘俊文等点校《通典》卷七七，中华书局2015年版，第2105页。
③ （汉）郑玄注，（唐）贾公彦疏《周礼注疏》卷三〇，（清）阮元校刻《十三经注疏》，中华书局1980年版，第845页。

于公后,以矢行告于公,下曰留,上曰扬,左右曰方"①明显相违。这也说明"三礼"学尚无法融汇,而《仪礼》仪节诠释也没有形成成熟范式。汉章帝时期的白虎观议礼,是比较有意义的一个时间点,实际上《白虎通》亦不见载仪节规范义理的探讨。

再次,社会礼仪规范实践度并不高。"宿戒"作为语词,至晚在汉初就已存在。《史记·越王勾践世家》记载,陶朱公长子于楚国营救家弟,庄生受金后,对其妇曰"有如病不宿诫"②。又汉光武帝建武八年(32),光武下诏褒奖祭遵坚守驻地,提到"兵退无宿戒,粮食不豫具"③。从这两例可见,"宿戒"是笼统的先行告知意。虽然司马迁用了"宿诫"语词,但所谓"宿戒"的告请仪节,却没有直接体现在《史记》《汉书》中。

以上这些都指向一个需要再次申述的问题:礼仪制度实践法则建设,至汉章帝时期还没有完成。从西汉哀帝时刘歆首次发难为古文经争立博士,至东汉光武、章帝两朝今古文之争,所涉经籍为《左氏》《逸礼》《费氏易》《周官》《毛诗》《古文尚书》,而且除《左氏》外,其他几经正如皮锡瑞所言"虽不并行,未闻其相攻击"④。这一问题的另一面,是郑玄始全注《仪礼》十七篇,"以汉儒经学之盛,而注《仪礼》者,自后仓《曲台记》之后,惟郑君一人"⑤。关于《仪礼》诸篇,在郑玄之前,仅马融注《丧服》篇。所以,两汉《仪礼》学诠释尚在疏通文本,调整相关概念,配合《春秋》义。其中《丧服》篇关涉《春秋》决狱,是鲜活的,其他篇章则较为沉寂。由《礼纬》三种来看,其内容也是与今文经学血脉相通的五德终始、天人感应等思想,把它们结合起来,就可以推知仪典活动和理论建设的大概情形。

学界对这一前提的忽视,极易影响对其他问题的认知,如曹褒制礼失败的问题。汉章帝章和元年(87),曹褒受命制礼,其撰次天子至于庶人冠、婚、吉、凶终始制度,但以失败告终。曹褒是庆氏礼在东汉的传承者,这次失败固然有多方面原因,但其中最重要的是《仪礼》学尚没有完成文本与法则的系统建设。曹褒只能是"依准旧典,杂以《五经》谶记之文"。

章帝之后,援引古史,融古史入经义诠释,逐步成为今文经学、古文经学两

---

① (汉)郑玄注,(唐)贾公彦疏《仪礼注疏》卷一八,(清)阮元校刻《十三经注疏》,中华书局 1980 年版,第 1039 页。

② (汉)司马迁《史记》卷四一《越王勾践世家》,中华书局 2014 年版,第 2115 页。

③ (汉)刘珍等撰,吴树平校注《东观汉记》卷一〇,中华书局 2008 年版,第 375 页。

④ (清)皮锡瑞《经学通论·春秋》,中华书局 1954 年版,第 52 页。

⑤ (清)陈澧《东塾读书记》卷八,黄国声《陈澧集》(第 2 册),上海古籍出版社 2008 年版,第 153 页。

家各自努力的一种取向。崔寔的《四民月令》就是证实这种情势的文献。其一个显明特点即文本书写中的自觉意识。以郑玄厘定的"宿戒"体系为例，其牵扯《仪礼》经文"前期三日"等重要时间点。而有关这种"前期三日""前期七日"数日之法的文辞用法，《四民月令》与《礼记·月令》相比，恰好更接近《仪礼》，这是非常重要的一个问题。因为若三日、七日，暗合《周礼》前期十日散斋、致斋的表达意图，而这也是郑玄建构"宿戒"礼义的一部分。《礼记·月令》《吕记》只有"先立春三日"相类似，《逸周书·时训解》《淮南子·时则训》则无。也就是说，《四民月令》虽仿照《礼记·月令》等而成，但很明显吸收了《周礼》《仪礼》的仪节思路与语词、语义，而这又当是后面郑玄诠释的参照。同时崔氏此书看似为农事活动专书，实则关涉家族生活农产，牵扯宗族乡党，是社会生活生产礼事活动的章法指导，这是社会组织中礼制仪制建设的表征，反映出东汉中后期社会礼仪制度的生成。

　　与郑玄同时代的今古文经学家也持有相同观点。关于《左传·昭二十九年》"官宿其业"，服虔注云："宿，思也。今日当预思明日之事，如家人宿火矣。"①服虔此注饶有趣味。杜预注把"宿"解释为"安"，而服氏取其思预之义，也就是早之义，含有夙、肃之义。

　　何休对该问题同样颇为关注，甚至提出诸侯"朝宿邑"的含义也是因朝觐天子、入郊当有请告之意，而取"宿"的"宿戒"义项。《公羊传·桓公元年》经"郑伯以璧假许田"中的许田是鲁国国君朝觐天子时住止之邑。《公羊传》认为王城远郊，诸侯朝见天子，都有住止之邑。②何休《解诂》云："'宿'者，先诫之辞。"③在这里，何休并未把"宿"训解为过夜、住宿之意，而在于先告诫，因告诫至有住止之地，并取警戒义的"宿"命名为朝宿邑。而且何休还撰有《冠仪约制》，其中厘定：冠，前一日宿④，这个宿就有预备之意。只是在时间节点上与郑玄有差异，郑玄《仪礼注》根据《仪礼》经文实际记载情况，是前期两日宿，中间隔一天。

　　由服虔、何休对"宿戒"精神的诠释来看，东汉中期之后，仪节范式背后的理

---

① （晋）杜预注，（唐）孔颖达疏《左传正义》卷五三，（清）阮元校刻《十三经注疏》，中华书局1980年版，第2123页。

② （汉）何休注，（唐）徐彦疏《公羊注疏》卷四，（清）阮元校刻《十三经注疏》，中华书局1980年版，第2212页。

③ （汉）何休注，（唐）徐彦疏《公羊注疏》卷四，（清）阮元校刻《十三经注疏》，中华书局1980年版，第2212页。

④ （唐）杜佑撰，王文锦等点校《通典》卷五六，中华书局2015年版，第1586页。

论与规范化法则建设已悄然进行。这个范式的建构由郑玄最终完成,但其内部学理延展的走向是丰富而复杂的,它不仅是经典自身的一次整合,也是经学诠释的一次整合。

首先,郑玄融合"三礼",搭建"五礼"框架,凝练通贯性仪节,这就为实现《仪礼》十七篇自由灵活组合及实践提供了基础。《仪礼》所记古礼诸多久已不行,比如《特牲馈食礼》《少牢馈食礼》所载上古设尸享祭之礼,所以《仪礼》诠释构建必然不为复古,而是抽绎其中的原理法则。事实上,《特牲》《少牢》祭祀设尸,也记述了"宿戒"仪节,而且郑玄为此做出了相当多的工作①。这些工作的意义在于,尊重经典的同时,打通了礼典仪制的通贯性仪节及原理。《仪礼·特牲馈食礼》《少牢馈食礼》是士大夫祭礼,虽属吉礼,但具体到尸的延请,其理近似延请至为尊贵之宾,故与嘉礼延请仪节相类。在一定层面上,郑玄在构建《仪礼》仪礼规范原则时,有一种倾向性,即吉礼的"嘉礼化"问题。

其次,郑玄融汇"三礼"及《仪礼》今古文,校定《仪礼》文本,使其文、事、义三者兼备。"宿"字的直接来源是《周礼》,见《春官·大宗伯》《春官·大史》《春官·世妇》《春官·肆师》等。如《春官·大宗伯》曰:"凡祀大神,享大鬼,祭大示,帅执事而卜日,宿,视涤濯,莅玉鬯,省牲镬,奉玉齍,诏大号,治其大礼,诏相王之大礼。"郑玄注云:"宿,申戒也。"②"宿"字语义的直接来源是《礼记》。《礼记·曲礼》"主人肃客而入",郑注云:"肃,进也。进客谓道之。"③此本《雅》训。《礼记·祭统》"宫宰宿夫人",郑注云:"宿,读为肃。肃犹戒也,戒轻肃重也。"④郑玄依据延请需循序渐进且有轻重公私之别的经义,定为《周礼》"宿"字,取"肃"之义,这实质上就是他的学理依据。

《仪礼》学至郑玄建立起一个系统的诠释体系。郑玄处理《仪礼》十七篇今

---

① "宿戒"在祭祀问题中还存在诸多细节,从根本上牵涉两个系统:一是卜筮用日,二是数日之法。筮用日,郑玄据《礼记·曲礼》"凡卜筮日,旬之外曰'远某日',旬之内曰'近某日'。丧事先远日,吉事先近日",先区分了占筮日与所占筮日两个概念。前者,士是旬内筮,大夫旬外筮,大夫、士有区别;后者,丧事不宜急迫,吉事不宜拖延,大夫、士没有区别。具体来讲,士礼上旬之内预筮上、中、下三旬,不吉则更筮后月之上旬。大夫礼,今月下旬筮来月上旬。至于数日之法,分数来日之法与数往日之法。《仪礼》经文多"前期三日""前宿一日"这种表述,这是数往日之法,不连本日。《尚书》之"越三日""越七日",《左传·僖公二十四年》"命女三宿,女中宿至",数来日之法连本日。

② (清)孙诒让撰、王文锦、陈玉霞点校《周礼正义》卷三五,中华书局2013年第2版,第1404页。

③ (汉)郑玄注,(唐)孔颖达疏《礼记正义》卷二,(清)阮元校刻《十三经注疏》,中华书局1980年版,第1238页。

④ (汉)郑玄注,(唐)孔颖达疏《礼记正义》卷四九,(清)阮元校刻《十三经注疏》,中华书局1980年版,第1603页。

古文字例，这既是"三礼"体系融合建立的标志之一，也是经学内部文本的整合，更是《仪礼》礼义体系建立的完成。事实上，这几个层面也是相济而成的。在建构"宿戒"仪节时，郑玄对《士冠礼》经"乃宿宾"，《少牢馈食礼》经"乃遂宿尸"认为"遂"字之别，亦考量在内。《穀梁传》反复申述"遂，继事之辞"，郑玄在符合《仪礼》本经时间线前提下，也注重发挥《仪礼》的"比辞属事"文法，因此《仪礼》实现了文、事、义的结合兼备。对于仪节规范的诠释维度，郑玄也进行了系统建构，如上文提及的"合乐"问题，至此有了一个确定的体系可以挂靠。①饮酒礼与射礼不同。饮酒礼主欢，射礼主射事。②乡礼与诸侯礼不同。故《乡饮》《燕礼》有不同；《乡射》《大射》有不同。③程式仪节性质不同。仪节有始终，有隆杀，有正加，有摄厌；所属不同，作用不同。所以，分析仪节关键在于是否"当礼"。

三、礼义法则确立与《仪礼》文本的历史活力

自郑玄校订出礼仪规范与理论依据，这些原则就被引入各个领域的探讨中。而这种礼仪规范内容产生的效果也在很多层面开始显现，成为一种范式法则。郑玄对《仪礼》"宿戒"规范的界定，不仅在于文本的精细化、规则化处理，而且配合礼仪性质定位，为后世的践行推广提供了可能。

《三国志·何夔传》："夔迁太仆，太子欲与辞，宿戒供，夔无往意；乃与书请之，夔以国有常制，遂不往。"①

不同于《史记》《汉书》无"宿戒"仪节着墨，《魏书》这个用例值得重视。《礼记·少仪》曰："毋拔来，毋报往。"②郑玄注云："人来往所之，常有宿渐，不可卒也。"大体含义就是谒问之礼当循序渐进，不疾来疾往，"宿"在这里就是预先告诫之义。

郑玄在训解其他经典时，也揭示了人际交往的"宿渐"精神。贾公彦《仪礼疏》言"孺悲欲见孔子，不由绍介，故孔子辞以疾"③，这当是郑玄对《论语》"辞以疾"的理解④，疾在此是急速、疾来疾往之义。《仪礼·士相见礼》始欲相见，宾至

---

① （晋）陈寿撰，（清）陈乃乾校点《三国志》卷一二《何夔传》，中华书局 1959 年版，第 381 页。

② （汉）郑玄注，（唐）孔颖达疏《礼记正义》卷三五，（清）阮元校刻《十三经注疏》，中华书局 1980 年版，第 1512 页。

③ （汉）郑玄注，（唐）贾公彦疏《仪礼注疏》卷七，（清）阮元校刻《十三经注疏》，中华书局 1980 年版，第 975 页。

④ 《论语·阳货》曰："孺悲欲见孔子，孔子辞以疾。将命者出户，取瑟而歌，使之闻之。"何晏注、皇侃《论语集解义疏》皆不取此意，而训"疾"为疾病之意。

请见曰"某也愿见,无由达。某子以命命某见",郑玄注云:"'无由达',久无因缘以自达也。"故首次见面,有绍介是不急疾来,若不速之客,则没有给对方准备时间,是没有做到"宿渐"。又如,《邴原别传》记载,邴原欲远游学,诣安丘孙崧,"崧辞谢焉。又曰:'兖、豫之士,吾多所识,未有若君者;当以书相分。'原重其意,难辞之,持书而别。原心以为求师启学,志高者通,非若交游待分而成也。书何为哉? 乃藏书于家而行"①。这里的"待分而成"之"分"当为"介"②。孙崧殷勤为其作书,邴原认为求学不必凭绍介而成。李萧远《命运论》"不介而自亲"③,也可佐证拜谒仪节存在的渐进精神。

事实上,"宿渐"精神虽早见于《礼记》,但此前更侧重用于国家祭礼实践中。汉光武帝刘秀经过泰山,下诏祭山及梁父。梁松等认为《礼记》"齐将有事泰山,先有事配林"盖诸侯之礼,天子宜无即事之渐,不祭配林。④ 而郑玄界定之后,这种体现"宿渐"精神的"宿戒"仪节等成为一种较为具社会共识的交往规范,而且这种仪礼规范还因公私、缓急等得以涵括得更加全面,区分得更加精细。

在深刻认识郑玄的礼学、经学建构意义层面,学界早已达成共识,但关于具体意义何在则各有洞见。在经学与制度层面,如王葆玹指出郑玄自刘歆后将礼学变成政治制度之学,是中国礼学的大转折,并认为"在郑玄礼学兴盛之后,……但有一点是不变的,即礼节仪式往往被看成琐屑的、不重要的细枝末节"⑤。陈壁生指出"郑玄变《周礼》为'礼经',使'礼学'的意义,从以《仪礼》为中心的人生礼仪,革命性地转变为以《周礼》为中心的国家政教大典"⑥。在郑玄礼学理论与实践层面,加贺荣治、古桥纪宏等学者指出郑玄理论书斋化倾向问题。我们认为:在郑玄为代表的汉末经师努力下,嘉礼抑或是更易于为社会推广的礼仪规章开始逐渐丰富,中国古代礼制逐渐呈现国家典制与社会日用两层路线的平行发展。郑玄固然以《周礼》统摄"三礼",但就人际礼仪规范法则建立层面来说,《仪礼》礼义统摄"三礼"礼义,而且郑玄使其建构的礼义法则在一定程度上独立于经典之上,自此事理逻辑与礼义法则成为经典诠释发展中的主旨脉络。

---

① (晋)陈寿撰,(清)陈乃乾校点《三国志》卷一一《邴原传》,中华书局 1959 年版,第 351~352 页。

② 周一良《魏晋南北朝史札记》,中华书局 1985 年版,第 41 页。

③ (梁)萧统编,(唐)李善注《文选》卷五三,上海古籍出版社 1986 年版,第 2295 页。

④ (南朝宋)范晔《后汉书》卷九七《志》第七,中华书局 1973 年版,第 3162~3163 页。

⑤ 王葆玹《礼类经记的各种传本及其学派》,姜广辉《中国经学思想史》(第 2 卷),中国社会科学出版社 2003 年版,第 201 页。

⑥ 陈壁生《从"礼经之学"到"礼学"——郑玄与"礼"概念的转化》,《清华大学学报(哲学社会科学版)》2022 年第 1 期。

首先，规范性的仪节获得生命力。"分节"是《仪礼》研读的"三端"之一，这本已无奇，但这种自贾疏开始，后世不断因袭背后的学理依据却易为人忽视。这是因为自郑玄礼学建构之后，仪节因被赋予理据法则的"义"，而成为一种规制。具有稳定"义"的"仪"具备了区分、整合、因袭、改易的前提。如"宿戒"仪节，它在文献文本层面，因郑玄界定获得可以抽绎撮要的生命力，在实践层面也同时具有生命力。《大唐开元礼》云：亲王和百官一品以下，以及庶人加冠，前三日筮宾，前两日戒宾。① 《乡饮酒礼》并有戒宾之节。宋代人生礼仪或社会生活中，也见载"宿戒"仪节，《朱子家礼》规定冠、笄皆是前三日戒宾，前一日宿宾。明嘉靖《香山县志》所记乡饮酒仪节保留"戒宾"仪节，云："前期一日，主诣宾门，戒宾。"② 后世还有一种倾向，把"斋戒"体现出的肃整、宿渐精神与"宿戒"归并。晚明郝敬的礼学著述《仪礼节解》认为"戒"是指七日之散斋，"宿"是三日致斋。③ 不仅经学研究出现这样理解，明代语用也有其例。明代中期陆容所撰《菽园杂记》记载时苏州太守姚善好礼贤士，遣人请见当地名士钱芹，"继忠对使者云：'吾为郡民，有召，敢不赴？但吾心未宿戒，不可轻往，他日可也。'他日浣濯衣冠斋沐而往"④。这里"宿戒"显然是斋戒之意。这也可视为"宿戒"仪节与精神的一种传承与发展。郑玄开启的嘉礼厘定，在中古儒学发展情形下，呈现出民间礼仪日用体系的深化，如宋代的"四礼"（冠、昏、丧、祭）之学，明代复古思想潮下，宋纁的《四礼初稿》、吕坤的《四礼疑》、马从聘的《四礼辑》、韩承祚的《明四礼集说》、吕维祺的《四礼约言》、王心敬的《四礼宁俭编》，都是社会礼仪规约在日用上的发展。

其次，礼义法则理论继续得以深化探讨。由郑玄确立的礼仪规范法则，虽本寄托于"仪节"，但逐步被吸纳抽绎，成为魏晋南北朝时期探讨经义理据与规范原则的主体内容。在这一问题上，我们以往关注集中于丧祭，实际上嘉礼仪节的经义法则同样重要。永明九年，魏始通好，琛再衔命至桑乾，还为通直散骑侍郎。时魏遣李道固来使，齐帝燕之，琛于御筵举酒劝道固，道固不受，曰："公庭无私礼，不容受劝。"琛徐答曰："《诗》所谓'雨我公田，遂及我私'。"座者皆服，道固乃受琛酒。⑤ 李彪这里指出的是"尊前无私敬"的问题。此礼义精神体现

① （唐）杜佑撰，王文锦等点校《通典》卷一二八，中华书局 2015 年版，第 3280 页。
② 嘉靖《香山县志》卷七，《日本藏中国罕见地方志丛刊》，书目文献出版社 1991 年版，第 339 页。
③ （明）郝敬《仪礼节解》卷一六，《续修四库全书》（第 85 册），上海古籍出版社 2002 年版，第 776 页。
④ （明）陆容撰，李健莉校点《菽园杂记》卷七，上海古籍出版社 2012 年版，第 55 页。
⑤ （唐）姚思廉撰《梁书》卷二六《萧琛传》，中华书局 1973 年版，第 396 页。

《礼记·曲礼》"君所无私讳"①，而郑玄有"不敢伸其私恩"②、"尊不二"③、"不为私敬"④等礼义阐发。萧琛的回答虽引《诗》，但暗含着的是燕饮程式法则。按照郑玄对《燕礼》的建构，这里面含有三层意思：其一，饮酒礼重燕欢，有均惠旅酬之义。其二，非正主不领主人之义，《仪礼注》一般表述为"辟正主"，为礼执谦，"嫌自尊别"⑤、"不宜自尊别"⑥。但萧琛是梁帝指派的接待者，相当于《燕礼》篇中被君指定为行饮酒礼的主人，可自殊别，持酒敬远来之宾。其三，萧琛以君之酒劝客，可有惠从尊者来之义。郑玄《燕礼》原注为"明此劝惠从尊者来"⑦，是指旅酬受君赐酒者，不可先君饮，待君饮毕再饮，这一流程显示的是恩惠自君而来。

再次，嘉礼的体量得以大发展。南朝齐武帝永明年间（483—493）的尚书令徐孝嗣议冠昏"嘉礼实重，宜备旧章"⑧。梁司马褧传家业，善"三礼"，"天监初，诏通儒治五礼，有司举褧治嘉礼"⑨。从著述来看，《隋书·经籍志二》著录梁司马褧撰《嘉仪注》112卷、《录》3卷、《陈嘉礼》102卷。《旧唐书·经籍志·上》还著录司马褧撰《梁嘉礼》35卷《梁嘉礼仪注》21卷。《旧唐书·职官志二》载："凡五礼之仪，一百五十有二：一曰吉礼，其仪五十有五；二曰宾礼，其仪有六；三曰军礼，其仪二十有三；四曰嘉礼，其仪五十；五曰凶礼，其仪一十有八。"⑩秦蕙田《五礼通考》以古今州国都邑、山川地名，立《体国经野》一题，并载入《嘉礼》。清胡抡撰《礼乐通考》，《吉礼》《凶礼》各六卷，《宾礼》二卷，《军礼》一卷，《嘉礼》七卷。嘉礼比肩吉礼，非其他所能企及。嘉礼在于亲和，讲究民众亲友的参与性，

---

① （汉）郑玄注，（唐）孔颖达疏《礼记正义》卷三，（清）阮元校刻《十三经注疏》，中华书局1980年版，第1251页。

② （汉）郑玄注，（唐）贾公彦疏《仪礼注疏》卷三七，（清）阮元校刻《十三经注疏》，中华书局1980年版，第1141页。

③ （汉）郑玄注，（唐）孔颖达疏《礼记正义》卷二，（清）阮元校刻《十三经注疏》，中华书局1980年版，第1238页。

④ （汉）郑玄注，（唐）孔颖达疏《礼记正义》卷二，（清）阮元校刻《十三经注疏》，中华书局1980年版，第1240页。

⑤ （汉）郑玄注，（唐）贾公彦疏《仪礼注疏》卷一二，（清）阮元校刻《十三经注疏》，中华书局1980年版，第1001页。

⑥ （汉）郑玄注，（唐）贾公彦疏《仪礼注疏》卷一二，（清）阮元校刻《十三经注疏》，中华书局1980年版，第1003页。

⑦ （汉）郑玄注，（唐）贾公彦疏《仪礼注疏》卷一五，（清）阮元校刻《十三经注疏》，中华书局1980年版，第1023页。

⑧ （梁）萧子显撰《南齐书》卷九《礼志上》，中华书局1972年版，第147页。

⑨ （唐）姚思廉撰《梁书》卷四〇《司马褧传》，中华书局1973年版，第567页。

⑩ （后晋）刘昫等《旧唐书》卷四三《礼志二》，中华书局1975年版，第1829页。

冠婚聚饮，迎来送往，在社会礼仪中最为日常所需。嘉礼仪节的精细界定，体现的整体学术走向是：社会礼仪制度在各个层面上的进一步完善与推行。我们知道，"礼制下移"是唐宋社会变迁研究领域的一个重要议题。若以此为视阈，则这个问题的关键点在郑玄为代表的汉末经师对嘉礼条理与细微的界定。与两汉《春秋》学范畴下的《仪礼》学诠释相比，此时的礼学才在新意义上走向程式化、制度化。郑玄融通诸经，以《仪礼》为模本，建构起一套礼仪规范法则，以"义"代"仪"，形成了一套以为时用的礼仪规范践行体系，逐渐开创了以"三礼"为中心的礼学理论系统诠释。这就实现了《仪礼》文本在后世的创造性转化、创新性发展。

综上所述，两汉《仪礼》学在汉初诸子学落寂之后，步入了《春秋》学范畴；自东汉中期开始，《仪礼》开始逐步从《春秋》义中独立，从名物制度逐步转向经义探讨。经义不仅包括目的和意义，还包括原因与依据，也就是可以实践的理据法则。《仪礼》文本的厘定同时是经义建构的过程，文本生成在语言、经学、实践三个维度层面展开。《仪礼》开始化整为零，由"经"到"践行"，真切融入家国生活各个层面。其实用性在扩展，其政治哲学意义上的神圣性在弱化，影响日益深远。若舍弃"义"的衡准，文本处理就会成为纯粹的技术处理。这种技术操作甚至只对其本身的学科逻辑负责。舍弃"事"，就可能走向缺乏事实基础的泛泛之论。郑玄礼学的特点在于推动上下礼仪典制的系统规范建立，并创制礼的规范法则与原理，这才是"礼是郑学"的真正含义。汉唐之间，《周礼》地位的上升，是国家典制体系性实践的选择，也是《仪礼》《礼记》长期参与融合形成的结果，《仪礼》学在此起到了画龙点睛的作用。①

---

① 关于汉末以来《周礼》学大兴的原因，其中有一类观点认为应归功于郑玄《周礼注》的突出贡献或强化作用，这种认识从明代即有，如柯尚迁《周礼全经释原》持此观点。此类观点一是过于强调郑玄的作用，二是过于侧重汉末节点，而未能把两汉"三礼"间的融合与发展动态作为一个整体来审视。

陆机史学与经史之变

徐昌盛*

摘　要：陆机是西晋最杰出的文学家，也是卓越的史学家，是孙吴学者文史融合特点的代表。文史融合是东汉以来经史分离的产物。虞翻《易》注和韦昭《国语解》的以史注经，是经史分离、史学独立进程的表现。

关键词：陆机；史学；文史融合；经史分离

陆机是"太康之英"（钟嵘《诗品》），属于文学家的杰出代表，入晋后任著作郎，参与《晋帝纪》《惠帝起居注》《晋惠帝百官表》的写作和晋书限断的讨论，又有《洛阳记》和《吴书》（未成），具有杰出的史学才能和卓越的史学成就。陆机兼具文学家和史学家的身份，与孙吴史家善文的传统有关，属于经史分离时期文史融合的表现。东汉的史学地位提高，兰台东观的史臣参与官修史书的写作，自然需要兼备写作才能。东汉文章的写作主体是史学家，这构成了东汉文史融合的基本特色。同时，孙吴学者虞翻《易》注和韦昭《国语解》体现了以史注经的新特点，说明文史融合与经史分离、史学独立的过程密切相关。

一、陆机的史学才能及其成就

陆机入晋之后担任著作郎，又与陆云反复讨论《吴书》的修撰，并且有多部史著问世，具有卓越的史学才能，是西晋重要的史学家。

陆机于晋惠帝元康八年（298）担任著作郎，始到职即撰《顾谭传》。王隐《晋书》说："陆士衡以文学为秘书监虞濬所请，为著作郎。"[①]陆机《吊魏武帝文》"序"云："元康八年，机始以台郎出补著作，游乎秘阁。"[②]虞濬与陆机曾为太子府同僚，对陆机文才颇了解，故请陆机为著作郎。刘知幾肯定了陆机的史学才能，《史通·外篇·史官建置》说："旧事，佐郎职知博采，正郎资以草传，如正、佐有

＊　徐昌盛，文学博士，山东大学文学院副教授、博士生导师。本文系国家社科基金后期资助一般项目"三国吴地文化与文学"（21FZWB075）阶段性成果。

① （唐）徐坚等《初学记》卷一二《著作郎》，中华书局 2004 年版，第 299 页。

② （清）严可均《全上古三代秦汉三国六朝文·全晋文》卷九九，中华书局 1958 年版，第 2029 页。

失，则秘监职思其忧。其有才堪撰述，学综文史，虽居他官，或兼领著作。亦有虽为秘书监，而仍领著作郎者。若中朝之华峤、陈寿、陆机、束皙，江左之王隐、虞预、干宝、孙盛，宋之徐爰、苏宝生，梁之沈约、裴子野，斯并史官之尤美，著作之妙选也。"①陆机与《后汉书》的作者华峤、《三国志》的作者陈寿并列，共同被刘知幾视为西晋史学的重要代表。

陆机参与了《晋书》的讨论。晋惠帝登基后，组织了第二次《晋书》限断的讨论。第二次议立《晋书》限断主要由秘书监主持和领导。王隐《晋书》说："陆士衡以文学为秘书监虞濬所请，为著作郎，议《晋书》限断"②，则议《晋书》限断，最早由秘书监虞濬负责，陆机提出了具体的限断意见。《晋纪》说："束皙字广微，秘书监贾谧请为著作郎，难陆士衡《晋书》限断"③，则贾谧接任秘书监，延请束皙任著作郎，对陆机的限断进行驳难。值得注意的是，议立《晋书》限断不过一两年间，陆机为虞濬所请，有所议论，而贾谧旋接虞濬秘书监，便请束皙难陆机，其中定有委曲。笔者认为应该与断定晋朝开始的时间有关。陆机作《晋书限断议》，出于尊吴的目的，以为《晋书》当以灭吴胜利后的晋武帝太康元年（280）开始纪元，实际上体现的是汉吴晋传统。贾谧请著作佐郎束皙作《难陆机〈晋书〉限断》，要求以晋武帝泰始元年（265）为《晋书》之始，肯定了汉魏晋传统。第二次议立《晋书》限断很有影响，朝廷三公也进行过问，各种意见针锋相对，但贾谧"请从泰始为断"的意见占有主流地位。《晋书·潘岳传》载："（贾）谧《晋书》限断，亦（潘）岳之辞也"④，那么贾谧的意见来自潘岳。其他有从正始起年和嘉平起年的议论，延续了晋武帝时的议立《晋书》限断意见，一从司马懿任太傅辅政，一从诛灭曹爽集团后总执军政大权开始，都考虑到司马氏实际掌权的情况。贾谧以泰始为晋开元，考虑到禅代之后，才有了晋朝的声名，这种意见获得了广泛的认同。

陆机的《晋书限断议》尚存片段。《初学记》卷二一载："三祖实终为臣，故书为臣之事，不可如传，此实录之谓也；而名同帝王，故自帝王之籍，不可以不称纪，则追王之义。"⑤陆机以司马懿、司马师、司马昭未登帝位，仍以传的写法，但

① （唐）刘知幾著，（清）浦起龙通释，王煦华整理《史通通释》卷一一《史官建置》，上海古籍出版社2009年版，第287~288页。

② （唐）徐坚等《初学记》卷一二《著作郎》，中华书局2004年版，第299页。

③ （唐）徐坚等《初学记》卷一二《著作郎》，中华书局2004年版，第299页。

④ （唐）房玄龄等《晋书》卷五五《潘岳传》，中华书局1974年版，第1504页。

⑤ （唐）徐坚等《初学记》卷二一《史传》，中华书局2004年版，第503页。

又名同帝王,亦可名纪,便是以传写纪的手法。陆机的议论应该也是修撰《吴书》的思路,而陈寿《吴书》也是这样处理的,孙坚、孙策是传体,而孙权虽名曰传,实为纪体,属于以纪写传的手法。刘知幾《史通·本纪》说:"陆机《晋书》,列纪三祖,直序其事,竟不编年。年既不编,何纪之有?"[①]刘知幾未能理解陆机处于正朔交替时代的特殊环境而不得不采取调和的方法,因此批评了以传写纪的处理方法。

陆机在史学方面多有建树,还有《晋帝纪》四卷、《惠帝起居注》、《洛阳记》一卷。《晋书·贾谧传》载,贾谧"起为秘书监,掌国史"[②]。贾谧职掌国史,应该只是领导性工作,他的议立《晋书》限断是由潘岳执笔,后来陆机转投贾谧,其撰《晋帝纪》等史著,很可能是在其幕下完成。陆机对《汉书》也很熟悉,与左思等人共讲《汉书》于朝廷,并写有《讲〈汉书〉诗》,曰:"税驾金华,讲学秘馆。有集惟髦,芳风雅宴。"[③]陆机的《汉书》学问,当然与孙权的重视与张昭、张休、韦昭等杰出学者延续的传统有关。

陆机既是文学家又是史学家,这种文史兼擅的才能,是孙吴文史融合学术特点的产物。

二、孙吴史家的文学才能与文史融合

孙吴到底有多少史学家,他们的著录情况又是如何呢? 我们结合《隋书·经籍志》的"史部"著录,再根据《三国志·吴书》的记载,按照卒年为序,尽可能全面地记录吴国的史学家[④];同时,为了讨论史学家与文学家的关系,再根据《隋书·经籍志》的"集部"著录和史书的记载,记录这些史学家的文学行迹。

孙吴的史学家,可以明确的有 15 人,兹列表如表 1。

表 1　孙吴史学家

姓名	生卒年	籍贯	史学作品	文学作品
唐固	？—225	吴郡丹阳	《隋书·经籍志一》载:"《春秋外传国语》二十一卷,唐固注。"	

---

① (唐)刘知幾著,(清)浦起龙通释,王煦华整理《史通通释》卷二,上海古籍出版社 2009 年版,第 34 页。
② (唐)房玄龄等《晋书》卷四〇《贾谧传》,中华书局 1974 年版,第 1173 页。
③ 逯钦立《先秦汉魏晋南北朝诗·晋诗》卷五,中华书局 2017 年版,第 678 页。
④ 主要根据史学著作确定,但丁孚、项峻虽参与了第一次《吴书》的修撰,但《三国志》明言他们并非史才,又无史学作品,故不收录,专门从事天文、历法、星象等技术工作的太史令、丞、郎也不收录。

续表

姓名	生卒年	籍贯	史学作品	文学作品
士燮	137—226	苍梧广信	《交州人物志》 《春秋左氏经注》十三卷 《隋书·经籍志一》载："《春秋经》十一卷，吴卫将军士燮注。"	《隋书·经籍志四》载："梁有《士燮集》五卷，亡。"
张温	193—230	吴郡吴县	《隋书·经籍志二》载："《三史略》二十九卷，吴太子太傅张温撰。"	《自理》 《隋书·经籍志四》载："吴辅义中郎将《张温集》六卷。"
虞翻	164—233	会稽余姚	《川渎记》 《隋书·经籍志一》载："《春秋外传国语》二十一卷，虞翻注。"	《隋书·经籍志四》载："后汉侍御史《虞翻集》二卷，梁三卷，录一卷。"
谢承	190？—240？	会稽山阴	《隋书·经籍志二》载："《后汉书》一百三十卷，无帝纪，吴武陵太守谢承撰。" "《会稽先贤传》七卷 谢承撰。"	《三夫人箴》 《隋书·经籍志四》载："《谢承集》四卷，今亡。"
陆凯	198—269	吴郡吴县	《隋书·经籍志二》载："《吴先贤传》四卷，吴左丞相陆凯撰。"	《吴先贤传赞》《上书谏吴主皓》《重表谏起宫》。又，《隋书·经籍志四》载："吴丞相《陆凯集》五卷，梁有录一卷。"
韦昭	203—273	吴郡云阳	《后汉书》《三吴郡国志》 又《隋书·经籍志二》载："《吴书》三十五卷，韦昭撰。本五十五卷，梁有，今残缺。""《汉书音义》七卷，韦昭撰。""《春秋外传国语》二十二卷，韦昭注。"	《云阳赋》《因狱吏上辞》《博弈论》《吴铙歌》十二曲。又，《隋书·经籍志四》载："又有《韦昭集》二卷，录一卷，亡。"

续表

姓名	生卒年	籍贯	史学作品	文学作品
华覈	219—278	吴郡武进	《吴书》	《与薛莹诗》《车赋》《奏荐陆胤》《谏吴王皓盛夏兴工疏》《奉诏草对》。又,《隋书·经籍志四》载:"又有东观令《华覈集》五卷,录一卷,亡。"
薛莹	220?—282	沛郡竹邑	《吴书》《条例吴事》《后汉记》《荆扬已南异物志》。又《隋书·经籍志二》载:"《后汉记》六十五卷,本一百卷,梁有,今残缺。晋散骑常侍薛莹撰。"	《献诗》《答华永先诗》《后汉纪赞》。又,《三国志·吴书·薛莹传》载:"太康三年卒,著书八篇,名曰《新议》。"《隋书·经籍志四》载:"晋散骑常侍《薛莹集》三卷。"
万震			《隋书·经籍志二》载:"《南州异物志》一卷,吴丹阳太守万震撰。"	《南州异物志赞》
徐整			《三五历记》《通历》《杂历》。又,《隋书·经籍志二》载:"《豫章列士传》三卷,徐整撰。"	
张胜			疑有《桂阳先贤记》	《隋书·经籍志四》载:"《桂阳先贤画赞》一卷,吴左中郎张胜撰。"
顾启期			《隋书·经籍志二》载:"《娄地记》一卷,吴顾启期撰。"	
朱育		会稽山阴	《隋书·经籍志二》载:"《会稽土地记》一卷,朱育撰。"	
朱应			《隋书·经籍志二》载:"《扶南异物志》一卷,朱应撰。"	

在上述史学家中，根据《隋书·经籍志》的著录，同时有史部著作和集部著作的有士燮（《交州人物志》《左传注》《士燮集》）、张温（《三史略》《张温集》）、虞翻（《川渎记》《国语注》《虞翻集》）、谢承（《后汉书》《会稽先贤传》《谢承集》）、陆凯（《吴先贤传》《陆凯集》）、韦昭（《吴书》《国语注》《韦昭集》）、薛莹（《后汉记》《吴书》《薛莹集》）等 7 人，属于史学家能文的杰出代表。另外，华覈也参与了《吴书》的编纂，《隋书·经籍志四》有《华覈集》。尽管《吴书》署名韦昭，但华覈也应当在列。如此，就《隋书·经籍志》的记载，孙吴同时兼具史学家和文学家身份的士人，证据确凿的有上述 8 人，另外，万震、张胜等 2 人当然也是文学家，其他 5 人暂无显证。总之，孙吴的史学家同时也是文学家的判断，应该是成立的。

值得注意的是，根据卒年排列的情况来看，除了籍贯不明的史学家外，我们发现士燮、张温、虞翻、谢承是孙吴前期人，陆凯、韦昭、华覈、薛莹是孙吴后期人。除了薛莹是薛综后人，属于侨寓学者的后裔（后来改籍江东），余则皆为本土学者。因此，在史学领域，本土学者占据了主要的地位。

三、经史分离与文史融合

孙吴史学家同时是文学家，反映了东汉以来文史融合的现状。史学家善文是东汉史学的重要特点，既证明了东汉史学地位的提高，又反映了经史分离的时代趋势。

东汉时期，文章写作是史官的主要工作之一。《汉书·兒宽传》载："汉之得人，于兹为盛。儒雅则公孙弘、董仲舒、兒宽，笃行则石建、石庆，质直则汲黯、卜式，推贤则韩安国、郑当时，定令则赵禹、张汤，文章则司马迁、相如，滑稽则东方朔、枚皋，应对则严助、朱买臣……"[1]班固将善于写作史书的司马迁与擅长写作辞赋的司马相如并称，将他们视为汉代文章的杰出代表。王充《论衡·别通》说："兰台之史，班固、贾逵、杨终、傅毅之徒，名香文美，委积不绌，大用于世"[2]，东汉兰台史官的文章著述是王充赞美的对象。三国魏代的严苞，史载"黄初中，以高才入为秘书丞，数奏文赋，文帝异之"[3]，其中所谓的高才即是文章写作的才能。刘劭《人物志·流业》说"能属文著述，是谓文章，司马迁、班固是也"[4]，刘劭

---

① （汉）班固《汉书》卷五八《式兒宽传》，中华书局 1962 年版，第 2634 页。
② （汉）王充著，黄晖校释《论衡校释》卷一三，中华书局 1990 年版，第 604 页。
③ （晋）陈寿著，（南朝宋）裴松之注《三国志》卷一三《魏书·孙叔然传》裴注引，中华书局 1982 年版，第 421 页。
④ （魏）刘邵著，（西凉）刘昞注《人物志》卷上，中国书店 2019 年影印明隆庆刊本，第 37～38 页。

提及的文章家是司马迁和班固。刘劭又说"文章之材,国史之任也"①,即说擅长文章写作的人,方能担当起国史的责任。《后汉书·文苑传》载李尤从小以文章著名,"和帝时,侍中贾逵荐尤有相如、扬雄之风,召诣东观,受诏作赋,拜兰台令史……所著诗、赋、铭、诔、颂、《七叹》、《哀典》凡二十八篇"②,亦可知史官擅长文章,当时的史官和文章家本为一体。

东汉史官任职资格的制度规定了国史入职的文章才能。东汉的修史地点,前期在兰台,后来在东观。兰台、东观都是藏书之所,朝廷"征调担任各种官职的名儒硕学,入直东观亦即国家图书馆,从事撰述国史"③。这样的职能,也在汉末曹魏的秘书机构中延续。曹魏设立的著作省是明确的专职修史机构。李林甫《唐六典》记载:"至魏明帝太和中,始置著作郎及佐郎,隶中书省,专掌国史。"④据此可知,著作郎和佐著作郎的设置,就是服务于国史的修撰。西晋的著作机构负责国史的编撰,《旧唐书·经籍志》载为贾充等人所撰的《晋令》说"国史之任,委之著作,每著作郎初至,必撰名臣传一人"⑤,又说"著作郎掌起居集注,撰录诸言行勋伐旧载史籍者"⑥。关于著作机构的人员组成,根据《晋书·职官志》的记载,"著作郎一人,谓之大著作郎,专掌史任,又置佐著作郎八人。著作郎始到职,必撰名臣传一人⑦,即是说著作郎到岗任职前,首先必须撰写一篇名臣传记,用以考察其能否胜任史官工作。著作机构主要负责国史的修撰,因此遴选史臣时强调史才文笔,始到职即撰名臣传记,便是出于检验的需要。这是史官制度层面的规定。晋惠帝元康八年(298),时任秘书监虞溥以陆机为著作郎。陆机始到职,即撰一篇本乡先贤《顾谭传》,借此来证明自己的著史才华。

东汉初期的兰台,既负责管理秘府的图书,又是文章著述的场所。刘知幾《史通·史官建置》说:"汉氏中兴,明帝以班固为兰台令史,诏撰《光武本纪》及

① (魏)刘邵著,(西凉)刘昞注《人物志》卷上,中国书店 2019 年影印明隆庆刊本,第 40 页。

② (南朝宋)范晔著,(唐)李贤等注《后汉书》卷八〇上《文苑列传》,中华书局 1965 年版,第 2616 页。

③ 周一良《魏晋南北朝史学发展的特点》,周一良《魏晋南北朝史论集》,北京大学出版社 2010 年版,第 342 页。

④ (唐)李林甫,陈仲夫点校《唐六典》卷九《中书省·史馆》"史官"条,中华书局 2014 年版,第 281 页。

⑤ (唐)刘知幾著,(清)浦起龙通释,王煦华整理《史通通释》卷九《覈才》引,上海古籍出版社 2009 年版,第 231 页。又《晋令》,《隋书·经籍志四》载为四十卷。

⑥ (唐)刘知幾著,(清)浦起龙通释,王煦华整理《史通通释》卷一一《史官建置》引,上海古籍出版社 2009 年版,第 296 页。

⑦ (唐)房玄龄等《晋书》卷二四《职官志》,中华书局 1974 年版,第 735 页。

诸列传、载记。"①又说："斯则兰台之职，盖当时著述之所也。"②东汉学者中，杨终、杜抚、班固、贾逵等都以校书郎的身份在兰台参与校书修史。汉章帝之后，东观的藏书丰富，取代兰台成为修史的场所。刘知幾《史通·史官建置》说："自章、和已后，图籍盛于东观。凡撰汉记，相继在乎其中，而都为著作，竟无它称。"③杜佑《通典·职官八》说："汉之兰台及后汉东观，皆藏书之室，亦著述之所。多当时文学之士，使雠校于其中，故有校书之职。后于兰台置令史十八人，又选他官入东观，皆令典校秘书，或撰述传记。"④《东观汉记》是当朝史，凝聚了东汉几代史官的心血。根据吴树平的研究，东汉明帝时期，班固任兰台令史，与陈宗、尹敏、孟异等共同撰成《世祖本纪》；班固又独自撰述了光武帝功臣和平林、新市、公孙述事，作列传、载记二十八篇奏上；其他尚有杜抚、马严、刘复、贾逵四人。东汉章帝时，撰有《显宗纪》，具体撰写人物不详。到了东汉安帝时期，邓后下诏令刘珍、刘騊駼、李尤、刘毅、王逸等人修撰国史，除了"名臣列士"之外，还撰有纪、表，以及《儒林》《外戚》等类传，时间的断限是起自建武、迄于永初。东汉顺帝时期，命伏无忌、黄景等继续修史，形成《诸王》《王子》《功臣》《恩泽侯表》《南单于》《西羌传》《地理志》等篇章。东汉桓帝时期，当时参与撰史的除伏无忌和黄景之外，还有边韶、崔寔、朱穆、曹寿、延笃、邓嗣等人，此次增补了孝穆、孝崇二皇及《顺烈皇后传》，又增安思等后入《外戚传》，增崔篆诸人入《儒林传》，并作《百官表》和孙程、郭愿、郑众和蔡伦等人的传记。东汉灵帝、献帝时期，马日磾、蔡邕、杨彪、卢植等学者又接武前人，蔡邕完成《朝会志》《车服志》，又续成《十志》。⑤ 据此可知，参与《东观汉记》修撰的史学家，前后可考者至少有25人。东观史臣善于著述，引起了研究者的注意。胡宝国教授说："东观作者还有一个特点，即不少人好为文章。如班固'能属文诵诗赋'，刘珍'著诔、颂、连珠凡七篇'，李尤'少以文章显，和帝时，侍中贾逵荐尤有相如、扬雄之风，召诣东观，受诏作赋，拜兰台令史'，刘毅'少有文辩称，元初元年，上《汉德论》并《宪论》

① （唐）刘知幾著，（清）浦起龙通释，王煦华整理《史通通释》卷一一《史官建置》，上海古籍出版社 2009 年版，第 286 页。

② （唐）刘知幾著，（清）浦起龙通释，王煦华整理《史通通释》卷一一《史官建置》，上海古籍出版社 2009 年版，第 286 页。

③ （唐）刘知幾著，（清）浦起龙通释，王煦华整理《史通通释》卷一一《史官建置》，上海古籍出版社 2009 年版，第 286~287 页。

④ （唐）杜佑《通典》卷二六《职官八》"秘书监"条，中华书局 2016 年版，第 729 页。

⑤ 吴树平《〈东观汉记〉的撰修经过及作者事略》，吴树平《秦汉文献研究》，齐鲁书社 1988 年版，第 110~124 页。

十二篇。时刘珍、邓耽、尹兑、马融共上书称其美',边韶'以文章知名……著诗、颂、碑、铭、书、策凡十五篇',刘复'好学,能文章',延笃'能著文章,有名京师',蔡邕所著诗赋等'凡百四篇'。据《隋书·经籍志》载,东观学者中,班固、贾逵、刘騊駼、刘珍、李尤、王逸、边韶、延笃、崔寔、卢植、蔡邕等皆有文集传世。"①我们尚可补充一例,即朱穆,《隋书·经籍志》著录有别集二卷,录一卷。那么参与《东观汉记》编撰的 25 人中,其中有 12 人在《隋书·经籍志》中著录有别集,比例是 12/25。何况刘毅、刘复等人,虽然未能见到别集著录,但史传已明确称其善于文章,自然也该归入文章家之列。再检刘跃进的《秦汉文学编年史》,这 25 位史臣中,有文学活动的有班固、尹敏、贾逵、刘珍、李尤、刘毅、王逸、伏无忌、黄景、边韶、崔寔、朱穆、曹寿、延笃、蔡邕、卢植等 16 人,比例是 16/25。总而言之,参与编写《东观汉记》的史臣多数是文章家。

史官善写文章不仅是国史修撰的必需,而且是陪侍应对的需要。史官常随皇帝出驾,主要任务是记言载事,有时不免要应命弄文,因此善属文章是史官的必备才能。袁宏《后汉纪》载:"上美防功,令史官为之颂"②,马防有功劳,皇帝赞美嘉奖,则需史臣撰文;再如班彪"每行巡狩,辄献上赋颂"③,皇帝出巡狩猎,史臣要献赋颂;又如北海王刘睦,《后汉纪》载:"睦少好学,世祖器之。上为太子时,数侍宴会,入则谈论接席,出则游观同舆,甚见亲礼……能属文,善史书,作《春秋指义》《终始论》及赋颂数十篇"④,刘睦常常与太子相处,参加宴会,有时要吟诗作赋。史官的这些行为实际上是文学活动。因此汉代史官需要随驾赋颂,若非擅长属文,则殊难胜任。

东汉的史学家主要是文学家,体现了文史融合的特点,为孙吴文史的发展提供了资源。

四、以史解经与经史分离

以史解经是汉末以来的新风气。虞翻是易学世家,主要以易学著名,他的《易注》具有以史解经的新特点。《国语》本是经学《春秋》的附庸,在孙吴时期得到了广泛的关注,其中以韦昭的《国语注》最为著名。韦昭不仅采取了经学集解的诠释法,而且泛引史实,也呈现出以史解经的特点。

---

① 胡宝国《经史之学》,胡宝国《汉唐间史学的发展》(修订本),北京大学出版社 2014 年版,第 42 页。
② (晋)袁宏《后汉纪》卷一一《孝章皇帝纪上》,中华书局 2002 年版,第 213 页。
③ (南朝宋)范晔著,(唐)李贤等注《后汉书》卷四〇下《班彪传》,中华书局 1965 年版,第 1373 页。
④ (晋)袁宏《后汉纪》卷一〇《孝明皇帝纪下》,中华书局 2002 年版,第 194～195 页。

虞翻是孙吴的重臣，也是著名的易学家。会稽虞氏是著名的易学世家，从虞光、虞成、虞凤、虞歆到虞翻，五世治孟氏《易》。虞翻曾将自己所注的《易注》寄给了孔融，孔融获得后回信赞美道："闻延陵之理乐，睹吾子之治《易》，乃知东南之美者，非徒会稽之竹箭也。"①

虞翻创造了以史解《易》的方式②。虞翻《易注》常常提到商周的历史，尤其是商周鼎革的历史，并且注意总结教训与经验。《明夷卦》中的《象》辞说："以蒙大难，文王以之"，虞翻注称："三喻文王。'大难'谓坤，坤为弑父。迷乱荒淫，若纣杀比干。三幽坎中，象文王之拘羑里。震为诸侯，喻从文王者。纣惧出之，故'以蒙大难'，得身全矣。"③又曰："内难而能正其志，箕子以之"，虞翻注称："箕子，纣诸父，故称'内难'。"④《杂卦》曰："君子道长，小人道消也。"虞翻注称曰："谕武王伐纣。"⑤《未济卦》曰："有孚于饮酒，无咎。濡其首，有孚失是。"虞翻注称："谓若殷纣沉湎于酒，以失天下也。"⑥《革卦》曰："九四。悔亡，有孚，改命吉。"虞翻注称："《传》以比桀纣。汤武革命，顺天应人，故'改命吉'也。"⑦《革卦》曰："九五。大人虎变，未占有孚。"虞翻注称："《传》论汤武以坤臣为君。"⑧《系辞下》曰："作《易》者，其有忧患乎。"虞翻注称："庖牺则天八卦，通为六十四，以德化之。'吉凶与民同患'，故'有忧患'。"⑨武丁曾经发动了大规模的讨伐鬼方的战争，体现在《易》中，如《既济卦》曰："九三。高宗伐鬼方，三年克之，小人勿用。"虞翻注曰："高宗，殷王武丁。鬼方，国名。乾为高宗，坤为鬼方，乾二之坤五，故'高宗伐鬼方'。坤为'年'，位在三，故'三年'。坤为'小人'，二上克五，故'三年克之，小人勿用'。"⑩《既济卦》曰："六四。繻有衣袽，终日戒。"虞翻注曰："离为日，坎为盗，在两坎间，故'终日戒'。谓伐鬼方，三年乃克，旅人勤劳，衣服皆败，鬼方之民，犹或寇窃，故'终日戒'也。"⑪虞翻有时也引用《左传》的内容。如《震卦》曰："六三。震苏苏，震行无眚。"虞翻注曰："《春秋传》曰'晋获秦谍，六

---

① （晋）陈寿著，（南朝宋）裴松之注《三国志》卷五七《吴书·虞翻传》，中华书局1982年版，第1320页。
② 参见张涛、任利伟《汉唐时期的以史解〈易〉》，《史学史研究》2016年第1期。
③ （清）李道平《周易集解纂疏》卷五《下经·明夷》，中华书局1994年版，第344页。
④ （清）李道平《周易集解纂疏》卷五《下经·明夷》，中华书局1994年版，第344页。
⑤ （清）李道平《周易集解纂疏》卷一〇《杂卦》，中华书局1994年版，第736页。
⑥ （清）李道平《周易集解纂疏》卷七《下经·未济》，中华书局1994年版，第539～540页。
⑦ （清）李道平《周易集解纂疏》卷六《下经·革》，中华书局1994年版，第441页。
⑧ （清）李道平《周易集解纂疏》卷六《下经·革》，中华书局1994年版，第442页。
⑨ （清）李道平《周易集解纂疏》卷九《系辞下》，中华书局1994年版，第660页。
⑩ （清）李道平《周易集解纂疏》卷七《下经·既济》，中华书局1994年版，第530页。
⑪ （清）李道平《周易集解纂疏》卷七《下经·既济》，中华书局1994年版，第531～532页。

日而苏'也。"①此来自《春秋左传正义·宣公八年传》曰:"晋人获秦谍,杀诸绛市,六日而苏。"②

《易》是儒家最重要的经典,虞翻以史注经的方法不是孤立的存在,后来韦昭《国语解》广泛采取以史注经的方法,成为三国时期集注类著作最杰出的代表。

众所周知,史部著作在《汉书·艺文志》中未能独立成类,主要附于《六艺略》"春秋类"之后,是经学的附庸。《汉书·艺文志》"春秋"类载《国语》二十一篇,现存最早的注本便是韦昭的《国语解》。《左传》是《春秋》"三传"之一,《国语》是《春秋》"外传",二者分属于《春秋》的内、外传。这种说法本是就经学而言,但内、外传本质上是史书。当时人视《左传》和《国语》是《春秋》之传,《左传》《国语》已经具有了以史解经的特点,是汉末以来以史解经思潮的来源。另外,东汉开始,古文经学日益得到人们的重视,魏代的古文经学取得了学官的地位,孙吴在《尚书》《诗经》《春秋》上都以古文经学为主,因此《左传》也反映了学术变迁的影响。孙吴统治者对《国语》与《左传》的重视,也促成了它们的流传。孙坚曾请高岱讲《左传》。孙权曾劝吕蒙"宜学问以自开益",所举书中有《左传》《国语》和"三史",而且这三者是作为与《孙子》《六韬》等兵书一起需要急读的著作③。孙吴最高统治者重视史书,自然是认为它们能够为治国用兵提供借鉴。那么,韦昭注《国语》注重制度和史事,应该有为政治军事服务的使命。

韦昭《国语解》保存了不少汉代以来的名家如郑众、贾逵、虞翻、唐固等的注解,尤其注重名物制度与史实,是一部集解性质的注本。

《国语》虽然有《春秋》"外传"的名义,但韦昭说"其文不主于经,故号外传",韦昭注《国语》已注意到它的史学品质,韦昭回顾了《国语》的注释过程,前汉有贾谊、司马迁和刘歆,后汉有郑众、贾逵,但两人的注释有所未尽,三国时期的虞翻和唐固的注释又各各不同。因此韦昭的解"因贾君之精实,采虞、唐之信善,亦以所觉增润补缀,参之以《五经》,检之以《内传》,以《世本》考其流,以《尔雅》齐其训,去非要,存事实,凡所发正三百七事"④,采撷各家注释的精华并进行了增补,又参考了经史书籍,删除烦冗,存其事实。《国语解》不同于一般注疏的注

---

① (清)李道平《周易集解纂疏》卷六《下经·震》,中华书局1994年版,第457页。

② (清)阮元校刻《春秋左传正义》卷二二《宣公八年》,《十三经注疏(清嘉庆刊本)》,中华书局2009年版,第4068页。

③ (晋)陈寿著,(南朝宋)裴松之注《三国志》卷五四《吴书·吕蒙传》,中华书局1982年版,第1274~1275页。

④ 徐元诰《国语集解》附录《国语解叙》,中华书局2002年版,第595页。

释训解和串释大意，着重强调了《左传》《世本》，有"存其事实"的动机，因此它对名物、制度和史事的考证，显示出史注的面貌，有着强调史学的学术自觉。

史注形式的来源，最早当然是《春秋左氏传》。《左传》是通过叙述历史事实来解释《春秋》，而《公羊传》《穀梁传》则是以问答的形式发挥微言大义。而孙吴史注最直接的来源，应是汉末应劭的《汉书注》。应劭是已知的第一个注《汉书》的学者，范晔《后汉书》载："凡所著述百三十六篇。又集解《汉书》，皆传于时。"①应劭熟悉汉代律令典制和人物、名物、时俗。范晔《后汉书》载："（建安）二年（197）……时始迁都于许，旧章堙没，书记罕存。劭慨然叹息，乃缀集所闻，著《汉官礼仪故事》，凡朝廷制度，百官典式，多劭所立。"②《隋书·经籍志二》载有应劭的《汉书集解音义》二十四卷、《汉官》五卷、《汉官仪》十卷、《汉朝议驳》三十卷。司马彪《续后汉书》说："朝廷制度，百官仪式，所以不亡者，由劭记之。"③因此，应劭是汉末重要的历史学家，注《汉书》长于考据名物典制和史实地理。《四库全书总目提要》说裴松之"其初意似亦欲如应劭之注《汉书》，考究训诂，引证故实"，四库馆臣说裴松之"引证故实"的方法是来自应劭《汉书注》，实际上是汉末以来以史注经方法的延续。

《国语》以史注经的体例，学者归纳为以下两点。一是辨明史实。《晋语》载："文公即位二年……作三军。"韦昭注曰："唐尚书云：立新军之上下也。昭谓：此章言文公之初，未有新军。"《吴语》载："王總其百执事"。韦昭注曰："贾侍中云：王，往也。百执事，百官也。昭谓：王，阖闾也。贾君以为告天子不宜称王，故云往也。下言夫概王，不避天子。故知上王为阖闾也。"二是注意年代的对照和史事的呼应。"史注的特点非常鲜明"④，正是受其影响，"在年代上，凡《周语》中的纪年可与《春秋》鲁纪年对照者，总是加以注明。鲁国之外其他诸侯的纪年，总是注明周纪年与鲁纪年。在史事上，注意与《春秋》《左传》相照应，与本书前后相照应。此外还详于古今地的对照"⑤。

韦昭《国语注》采取东汉的郑众、贾逵和三国时期的虞翻、唐固的注释，使用了集解注书的方法。韦昭的集解法实际上受到了何晏《论语集解》的影响。何

① （南朝宋）范晔著，（唐）李贤等注《后汉书》卷四八《应劭传》，中华书局 1965 年版，第 1614 页。
② （南朝宋）范晔著，（唐）李贤等注《后汉书》卷四八《应劭传》，中华书局 1965 年版，第 1614 页。
③ （晋）陈寿著，（南朝宋）裴松之注《三国志》卷二一《魏书·应场传》裴注引，中华书局 1982 年版，第 601 页。
④ 孙钦善《中国古文献学史》（修订本），中华书局 2015 年版，第 235 页。
⑤ 孙钦善《中国古文献学史》（修订本），中华书局 2015 年版，第 235 页。

晏等人①首创注释中的集解之体,《论语集解》是汉魏人注解《论语》的集成之作。《论语集解序》说:"安昌侯张禹本受《鲁论》,兼讲《齐》说,善者从之,号曰《张侯论》,为世所贵。包氏、周氏《章句》出焉。《古论》唯博士孔安国为之训解,而世不传。至顺帝时,南郡太守马融亦为之训说。汉末,大司农郑玄就《鲁论》篇章,考之《齐》《古》,为之注。近故司空陈群、太常王肃、博士周生烈,皆为《义说》。前世传受师说,虽有异同,不为训解,中间为之训解,至于今多矣。所见不同,互有得失。今集诸家之善,记其姓名,有不安者,颇为改易,名曰《论语集解》。"②汉魏以来,对于《论语》的解释,一方面是齐学、鲁学和古学师承不同,说法多异;另一方面是师说传授时有异同,渐至纷乱,这是《论语集解》的编纂动机。孙钦善指出"总的看来,新注是注重训解和串释的……但也有阐发义理的地方。新注在阐发义理时,或据儒家思想立说……或据道家思想立说,援道入儒"③,注释训解是全书的基本形式,属于汉代以来的旧学,其中间有阐发义理的地方,则是受到时代风气的影响。但《论语集解》仍属于传统的经学著作,许抗生指出"何晏虽说崇尚《老子》的贵无思想,然而他还没有全用《老子》的思想来解释孔丘的《论语》,他作的《论语集解》基本上还没有玄学化"④。

何晏《论语集解》成书于魏齐王正始年间(240—249)。时虞翻已逝,他的注释不会受到新方法的影响;而韦昭尚壮,他在《国语解》的序言中明确表示是集合众人注而成一家。

集解注书的方法从经学转向史学,体现了经史分离的时代趋势。史学原是经学的附庸,东汉班固以刘向、刘歆《七略》《别录》为基础编撰的《汉书·艺文志》,将史部书籍系于《六艺略》"春秋类"之下,一般认为史部书籍稀少,不足构成一家,但逯耀东认为"《汉书·艺文志》不另立史部,和史学著作篇帙的多寡无关……是因为当时史的独立概念还没有形成,经史没有分立,史学只不过是依

---

① 《论语集解序》说"光禄大夫关内侯臣孙邕、光禄大夫臣郑冲、散骑常侍中领军安乡亭侯臣曹羲、侍中臣荀𫖮、尚书驸马都尉关内侯臣何晏等上",则从事这一工作的绝非何晏一人,是群体性工作,也颇能说明集解注经的流行风气。

② 刘宝楠《论语正义》卷二四《论语序》,中华书局1990年版,第779~786页。又周生烈《义说》当是《论语》的《义例》,裴松之注称"何晏《论语集解》有(周生)烈《义例》",见《三国志》卷一三,《魏书·王肃传》,第420页。

③ 参见孙钦善《中国古文献学史》(修订本),中华书局2015年版,第208~209页。

④ 许抗生《三国两晋玄佛道简论》,齐鲁书社1991年版,第39~40页。

附于经学下的一个旁支而已"①。到了魏晋时期，史学开始渐渐脱离经学而独立发展。西晋荀勖撰《中经新簿》已将史学列为丙部，与甲部经学、乙部子学、丁部集学等并列，单独列为一类。逯耀东说："荀勖的《新簿》不仅分划出甲、乙、丙、丁：经、子、史、集的范围，而且将史部书籍自《春秋类》摘出独立成为一部，这的确是中国目录学史发展过程中新的里程碑。后来到东晋初年李充以荀勖的《新簿》加以调整，将史部和子部对换，成为经史子集的分类形式，四部分类的版型由此初定。"②而魏晋以后"经史"并称，"说明史学不仅不再是经学的附庸，而且已升格到和经学同等的地位，并且成为专家之学，与经学一样成为教授与学习的现象"③。胡宝国也指出，西晋人频繁使用"经史"一词，也意味着经与史的分离，而晋代之后，人们已经清晰地认识到经学与史学的区别，无论是官学和私学，史学都成为独立教授的门类④。宋文帝设立儒、玄、史、文四馆，从制度上确立了史学的地位。

---

① 逯耀东《〈隋书·经籍志·史部〉形成的历程》，氏著《魏晋史学的思想与社会基础》，中华书局2006年版，第24页。

② 逯耀东《〈隋书·经籍志·史部〉形成的历程》，氏著《魏晋史学的思想与社会基础》，中华书局2006年版，第48页。

③ 逯耀东《经史分途与史学评论的萌芽》，氏著《魏晋史学的思想与社会基础》，中华书局2006年版，第180页。

④ 参见胡宝国《经史之学》，氏著《汉唐间史学的发展》（修订本），北京大学出版社2014年版，第30～31页。

论颜子的德行及其孔门地位的确立

颜　健　常　昭*

摘　要：颜子在孔门弟子中位居七十二贤之首，受到历代帝王的推崇。颜子在孔门弟子中发挥着重要作用。颜子卓冠贤科，德行第一，在孔门弟子中起着榜样示范作用；颜子使门人益亲，起到了稳定人心、团结孔门的作用；颜子知无不言、谏诤同窗，与其他孔门弟子是真正的君子之交；颜子躬自厚德、薄责于人、率先垂范、勇于践行，得到了孔门其他弟子的认可。

关键词：颜子；孔门弟子；地位

颜子(前521—前481)，名回，字子渊，亦称颜渊，春秋末期鲁国人，是孔门七十二贤之首，被后世尊为"复圣"。颜子在孔门弟子中发挥着重要作用。颜子卓冠贤科，德行第一，在孔门弟子中起着榜样示范作用；颜子的到来使门人益亲，起到了稳定人心、团结孔门的作用；颜子知无不言、谏诤同窗，与其他孔门弟子是真正的君子之交；颜子躬自厚德、薄责于人、率先垂范、勇于践行，得到了孔门其他弟子的认可。

一、卓冠贤科，德行第一

颜子卓冠贤科，德行第一，在孔门众多弟子中起到了榜样示范作用。孔子曾称赞颜子有四种品德："回有君子之道四焉：强于行义，弱于受谏，怵于待禄，慎于治身。"[1]孔子赞扬颜子实行道义时很坚定，接受劝谏时很虚心，得到官禄时很戒惧，立身行事时很谨慎，认为这是君子的四种品德。有人问孔子颜子是什么样的人？孔子回答说："仁人也，丘弗如也。"[2]孔子赞扬颜子为"仁人"，并自认为在这方面不如颜子。曾子在一旁陪侍，听闻老师如此夸赞颜子，认为自己最

---

* 颜健，《济宁学院学报》编辑部编审，主要研究方向为中国传统家风家训和复圣文化。常昭，济南大学副教授，博士，主要研究方向为中国古代文学与文化。本文系山东省社会科学规划研究项目"宋代文学圣贤意识的复兴研究"(14CWXJ02)阶段性成果。

① 杨朝明、宋立林主编《孔子家语通解》，齐鲁书社2013年版，第186页。

② 何宁撰《淮南子集释》，中华书局1998年版，第1287页。

终也赶不上颜子。曾子曰："参昔常闻夫子三言，而未之能行也。夫子见人之一善，而忘其百非，是夫子之易事也；见人之有善，若己有之，是夫子之不争也；闻善必躬行之，然后导之，是夫子之能劳也。学夫子之三言，而未能行，以自知终不及二子者也。"①这一方面说明了曾子的谦逊反省精神；另一方面也反映了孔子教育弟子闻善则喜、见贤思齐的道德追求。

在孔门中，以能言善辩、智力超群著称的子贡独服颜子。当孔子问子贡对颜子的评价："子谓子贡曰：'女与回也孰愈？'对曰：'赐也何敢望回？回也闻一以知十，赐也闻一以知二。'子曰：'弗如也，吾与女弗如也。'"②子贡对颜子的悟性高度评价，在孔子和子贡二人看来，颜子悟性极高，能闻一知十、触类旁通，既非常人所及，连他们二人也自愧弗如。卫国将军文子问子贡说："吾子所及者，请问其行！"子贡对曰："夫能夙兴夜寐，讽诵崇礼，行不贰过，称言不苟，是颜回之行也。孔子说之以诗曰：'媚兹一人，应侯慎德''永言孝思，孝思惟则。'若逢有德之君，世受显命，不失厥名，以御于天子，则王者之相也。"③文子向子贡咨询孔门弟子的品行。子贡最为佩服的就是颜子，并且引用孔子称赞的话来进一步证明：如果颜子遇上有德行的君王，就会世代享用帝王封赐的美名，名号永远不会丧失；如果被君主任用，就会成为君王的辅佐。这是老师对颜子的评价，也是子贡所认可的，可见颜子在孔门师友中的地位。

颜子曾经问于孔子说："小人之言有同乎君子者，不可不察也。"孔子回答说："君子以行言，小人以舌言。故君子于为义之上相疾也，退而相爱；小人于为乱之上相爱也，退而相恶。"④颜子通过自己的观察，发现小人在说话上与君子所说的一样，甚至比君子说得还漂亮，所以不能不对人们的言语进行分析与考察。孔子进一步指出，应该如何从言语上分辨君子与小人呢？他认为君子是用行动说话，行动是一切最好的说明；小人是只说空话，将漂亮的言辞一直挂在口头上，心口不一，言行相违。所以，孔子强调"仁者，其言也讱"⑤，君子"先行，其言而后从之"⑥。颜子与夫子的对话说明要善于分辨君子和小人：君子以行言，小人以舌言。

---

① 杨朝明、宋立林主编《孔子家语通解》，齐鲁书社 2013 年版，第 186 页。
② 杨朝明主编《论语诠解》，山东友谊出版社 2013 年第 2 版，第 74 页。
③ 杨朝明、宋立林主编《孔子家语通解》，齐鲁书社 2013 年版，第 134 页。
④ 杨朝明、宋立林主编《孔子家语通解》，齐鲁书社 2013 年版，第 230 页。
⑤ 杨朝明、宋立林主编《孔子家语通解》，齐鲁书社 2013 年版，第 213 页。
⑥ 杨朝明、宋立林主编《孔子家语通解》，齐鲁书社 2013 年版，第 26 页。

颜子的德行深孚众望,在孔门中起到了榜样示范的作用。宗圣曾子临终时曾说:"微乎!吾无夫颜氏之言,吾何以语汝哉!"①他告诫自己的儿子曾元、曾华应多向颜子学习。可见,曾子临终前,还念念不忘颜子。颜子是古今无两的仁人,他秉持君子之道,以闻一知十之资,夙兴夜寐,讽诵崇礼,行不贰过,称言不苟,不仅曾子、子贡等孔门高足认为不及颜子,就连孔子也自认为"弗如"。

二、自吾有回,门人益亲

颜子从学孔子之初,在孔门中起到了团结门人的作用。在孔子晚年,有人诽谤孔子,借以压低孔门,他据理力争、严词批驳,起到维护孔门整体的作用。颜子的到来,为什么能够使"门人益亲"? 其主要原因有三。

1. 颜子虚心好学、闻一知十,从不争强好胜

子路、颜渊浴于洙水,见五色鸟,颜渊问子路。曰:"荧荧之鸟。"后日,颜回与子路又浴于泗水,更见前鸟,复问:"由,识此鸟否?"子路曰:"同同之鸟"。颜回曰:"何一鸟而二名?"子路曰:"譬如丝绢,煮之则为帛,染之则为皂。一鸟而二名,不亦宜乎?"②

众所周知,颜子年少孔子 30 岁,子路年少孔子 9 岁,颜子比子路年少 21 岁。颜子 13 岁从学孔子,当他进入孔门时,子路已经师从孔子数年,是孔子门下的大师兄。这段对话发生在颜子与子路之间,时间应该是颜子刚入孔门不久,子路十分喜欢这位德行出众、才华超群的小师弟,于是带着颜子到曲阜周边游玩一下,感受一下自然。由于颜子此时还是一个少年,社会阅历不深,见识还不是十分广泛,见到自己不知之物、不懂之事随时向这位大师兄请教。这里有个问题,即颜子已经问过子路了,应该知道此鸟之名,为什么会再次发问呢?是忘记了,还是对子路的回答表示怀疑? 以颜子的智慧,忘记是不可能的,怀疑也是没有根据的。可能是由于鸟儿羽毛、体形、神态的有所不同,于是再次向子路发问:"何一鸟而二名?"子路辩解道:"譬如丝绢,煮之则为帛,染之则为皂。一鸟而二名,不亦宜乎?"③一物而有二名的多了,同一种鸟两个名字不也很正常吗? 显示了这位大师兄的"机智"。经过两次发问,颜子便知道"一鸟二名"之

---

① (清)王聘珍撰,王文锦点校《大戴礼记解诂》卷五《曾子疾病第五十七》,中华书局 1983 年版,第 96 页。

② 颜健《复圣颜子》,齐鲁书社 2023 年版,第 18 页。

③ 马骕著,王利器整理《绎史》卷九五《春秋第六十五·孔门诸子言行》,中华书局 2002 年版,第 2403~2404 页。

事。这体现了颜子的虚心好学的品格、体察入微的观察力以及与子路和谐的同窗关系。颜子进入孔门之后，诚如杨朝明先生所言，颜子的仁德影响了同门中的许多人，使得孔门弟子团结得更加紧密，所以孔子说："自吾有回，门人益亲。"

2. 颜子知无不言、实言以告，从不以智骄人

子路与颜子同是孔门高足，二人虽然性格、志趣、优长、境界等方面有着诸多不同，但是二人还是成为知无不言的好朋友。后来，颜子学业精进，日进无疆，远远超过大师兄子路。子路对颜子信任有加，逢疑必去请教。子路就要离开父母之邦鲁国，他前往颜子处告别。大师兄与小师弟依依惜别，临行前对颜子说："你有什么话赠给我吗？"颜子说："我曾经听说过这样的话：离开自己的国家，要到祖坟上祭祀、哭泣然后再出发；返回到自己的国家时，就不要哭泣，恭敬地省视先人的坟墓之后就可以回家了。"①

颜子对卫国的政治情况比较了解，他深知卫国政局复杂，更兼知孔悝、太子蒯聩、卫出公等人复杂的关系，预料子路此次赴卫凶多吉少。当子路向颜子辞行，索要颜子赠言的时候，颜子告诉他："去国则哭于墓而后行。"②（《礼记·檀弓下》）人生旅途，充满艰险，离家远游，许多事情难以预测，甚至可能往而不返。颜子以其闻一知十的智慧，更兼知微知彰、洞察毫末的睿智，深知子路此去可能是永去。在颜子看来，子路此次哭墓可能是最后一哭，如果子路万幸回国，就可展墓而入。颜子很早之前就告诉过子路："力猛于德，而得其死者，鲜矣！盍慎诸焉。"③

3. 颜子维护师门、大局为重，从不强调自我

在孔子晚年，颜子声望日隆，地位日渐显著，但他从不张扬自我，依然与同门共同维护孔门群体。叔孙武叔，鲁国三桓之一，虽然身为大夫，但此人一向好搬弄是非、道人长短，甚至肆意诋毁他人。即使是孔子，他也不放过。《论语·子张》记载："叔孙武叔语大夫于朝曰：'子贡贤于仲尼。'子服景伯以告子贡。子贡曰：'譬之宫墙，赐之墙也及肩，窥见室家之好。夫子之墙数仞，不得其门而入，不见宗庙之美，百官之富。得其门者或寡矣。夫子之云，不亦宜乎！'叔孙武叔毁仲尼。子贡曰：'无以为也！仲尼不可毁也。他人之贤者，丘陵也，犹可踰也；仲尼，日月也，无得而逾焉。人虽欲自绝，其何伤于日月乎？多见其不知量

---

① 王文锦译解《礼记译解》，中华书局 2016 年版，第 129 页。
② 胡平生、张萌译注《礼记》，中华书局 2018 年版，第 213 页。
③ 杨朝明、宋立林主编《孔子家语通解》，齐鲁书社 2013 年版，第 229 页。

也.'"①这一段恰恰说明叔孙武叔喜好论人长短,故意挑拨师徒关系,受到子贡的严词批驳。

叔孙武叔大概是出于对颜子仰慕,而到颜子那里寻求支持。颜子说:"你这是自招其辱,你应该从我的行为中有所收获。我听夫子说:'揭发别人的缺点,并不能美化自己;散布别人的错误,并不能说明自己正确。'所以君子攻击自己不好的地方,但不攻击别人不好的地方。"颜子明确指出,诋毁别人,枉议他人是非短长,是自招其辱! 一个有修养的人,应该经常反省自己的不足,而不是一味批评别人的缺点。颜子对他的教诲是非常深刻的。颜子的话,也许对今天的每一位都有意义,那就是"君子攻其恶,无攻人之恶"②。在孔子晚年,颜子等孔门高足对孔门倍加维护,颜子与众同门的关系相处也非常融洽,大家共同学于孔门、维护孔门。

三、益者三友,谏诤同窗

颜子曾对勇猛刚直的子路提出批评,忠心劝谏。子路天性好勇。孔子曾批评子路,说他好勇超过自己,这样的勇就没有什么可取之处了。子路曾问孔子"子行三军,则谁与?"③其实是让孔子承认,如果领兵作战,冲锋陷阵,非他莫属。子路是孔门力量的象征,勇敢的标志。颜子是孔门仁的象征,德行的标志。颜子曾就子路的血气之勇提出建议:"力猛于德,而得其死者,鲜矣! 盍慎诸焉。"④儒家崇尚德行,并不是不要勇敢,而是德行胜过勇敢,而不是勇敢胜于德行。颜子告诉他这位师兄,勇敢超过德行,而得以寿终正寝者是非常少的,故他劝子路要小心、谨慎从事。《论语·先进》有言:"子路,行行如也","若由也,不得其死然"⑤。行行,就是刚强的样子。孔子对子路的悲剧命运是有预感的,他深知一个暴虎冯河、死而无悔的人,往往会太刚而易折的,即"不得其死然"。颜子对子路有同样的预感,认为他力猛于德,不会得到善终,劝他小心、留神。后来,子路果然死于卫国之难。力与德的关系是人类永恒的话题。在处理这一关系时,儒家主张王道,反对霸道;主张以德服人,反对以力服人。颜子的"力猛于德,不得其死然",可以说开儒家王霸之辩先河。面对纷纷攘攘的当今世界,究竟是选择

① 杨朝明主编《论语诠解》,山东友谊出版社 2013 年第 2 版,第 347~348 页。
② 杨朝明、宋立林主编《孔子家语通解》,齐鲁书社 2013 年版,第 231 页。
③ 杨朝明、宋立林主编《孔子家语通解》,齐鲁书社 2013 年版,第 116 页。
④ 杨朝明、宋立林主编《孔子家语通解》,齐鲁书社 2013 年版,第 229 页。
⑤ 杨朝明主编《论语诠解》,山东友谊出版社 2013 年第 2 版,第 195 页。

"远人不服，则修文德以来之"的王道，还是选择以拳头解决问题崇尚武力的霸权主义，其答案不言自明。

颜子也曾对"孔门十哲"之一的宰予提出善意批评。宰予字子我，又称宰我，是孔门言语科高足，位列十哲。孟子说"宰我、子贡，善为说辞"，又说宰予"智足以知圣人"①。宰予是孔门中个性鲜明，好抒己见，性情豪放之人。因为古时夜间没有现代照明设备，往往要点灯熬油，所以白天的时间格外珍贵。但宰予公然在白天睡觉，被孔子发现并予以严厉责备，以至于"朽木不可雕也"成为比喻学生难以教化的典型用语。颜子与宰予曾就三年之丧的问题发生争论。宰予为了证明一年之丧的合理性，举例说从天上的日月星辰到地上的万物，从天上的百鸟到地上的黍稷，一年之内都已过了一个轮回，那么就死去的人而论，经过一年，也已经腐烂了，所以一年的丧期就足够了，不认可为父母守丧三年的旧制。

对于宰予的变革主张，颜子指出，宰予只知其一，而不知其他；只知赤手空拳与老虎搏斗有危险，不知徒步涉水渡过黄河更艰险！三年之丧是礼的规定，而礼的意义在于返本报始。鹿生三年，乳角始褪；人生三年，才离开父母怀抱。既然我们得父母三年之爱，理应对父母怀三年之哀。即使宰予你聪明善辩，难道能仅凭你的善辩就能废除尧、舜的制度，禹、汤的典章，文、武、周公的法典，进而更改圣人的礼仪制度吗？更何况，父母对子女而言，如同天地；父母之丧，如同天崩地坏。为父母守丧三年，难道不是很应该吗？颜子的话并没有使宰予心悦诚服，于是他继续向孔子申明自己的观点——只需为父母守丧一年，结果被孔子斥为"予之不仁也"！

四、躬自厚德，薄责于人

儒学是"修己安人"之学。孔子说："躬自厚而薄责于人，则远怨矣。"②颜子之行正如夫子所言，律人必先律己，责人薄而责己厚，这样就可以避免别人的怨恨了。有一次，孔子问子贡，他与颜子相比，怎么样？子贡回答说，自己远不如颜子，颜子具有"闻一知十"的才能，而自己不过"闻一知二"罢了。子贡是孔门言语科的高足，具有杰出的外交才华，曾多次顺利完成出使任务。他还是孔门弟子中最富有的人，据说他长于货殖，家累千金。旧时，中国商人常常在自己的店铺内悬挂八个大字的楹联"陶朱事业，端木生涯"，端木指的就是子贡，因为他

① （战国）孟轲著，方勇译注《孟子》，中华书局2015年版，第50页。
② 杨朝明主编《论语诠解》，山东友谊出版社2013年第2版，第280页。

复姓端木,名赐,子贡是他的字。孔子也说他"货殖焉,亿则屡中"①。颜子曾对子贡说:"吾闻诸夫子:身不用礼,而望礼于人;身不用德,而望德于人,乱也。夫子之言不可不思也。"②意思是:我听老师说,自己不躬行礼仪而希望别人遵循礼仪,自己不践行仁德而希望别人践行仁德,这样就彻底乱了套。老师所说的话,我们不能不认真思考啊!颜子向子贡转述孔子的话,一个人在德行方面只有率先垂范、勇于践行,才能得到他人的认可。

《论语·泰伯》这样记载曾子评价颜子:"以能问于不能,以多问于寡;有若无,实若虚,犯而不校,昔者吾友尝从事于斯矣。"③曾子进一步界定"君子"和"士"说:"可以托六尺之孤,可以寄百里之命,临大节而不可夺也。君子人与?君子人也。"又说:"士不可以不弘毅,任重而道远。"④在颜子论个人与他人的关系的基础上,曾子讲到个人与国家、与天下的关系,"君子"可以担当挽救国家命脉的重任,在生死存亡关头保持志节,"士"以天下早日实现仁德作为自己的责任和使命。从以上可以看出,正是在颜子的基础上,曾子总结出中国传统儒家"君子"和"士"的思想精髓。

与孔子几乎同时的晏子是齐国著名的贤相,历仕灵公、庄公、景公三世。在《晏子春秋》中,他称赞颜子说:"臣闻仲尼居处惰倦,廉隅不正,则季次、原宪侍……德不盛,行不厚,则颜回、骞、雍侍。"⑤可见,当时颜子就被世人视为德行的楷模,在齐鲁之间声名远播。《孟子·公孙丑上》有言:"子夏、子游、子张皆有圣人之一体,冉牛、闵子、颜渊则具体而微。"⑥意思是子夏、子游、子张都各有孔子的一些长处;冉有、闵子、颜渊大体接近孔子。所以孔子视颜渊为最赏识、最得意的弟子。颜子的早逝让孔子极为痛心,而颜子对孔子也最为敬仰:"颜渊喟然叹曰:'仰之弥高,钻之弥坚。瞻之在前,忽焉在后。夫子循循然善诱人。博我以文,约我以礼,欲罢不能。既竭吾才,如有所立卓尔。虽欲从之,末由也已。'"正是由于颜子的好学深思、勤勉乐道以及与孔门众弟子的"切磋"与"琢磨",从而成就了他"德行第一"的美名,成为七十二贤之首。

---

① 杨朝明主编《论语诠解》,山东友谊出版社 2013 年第 2 版,第 199 页。
② 杨朝明、宋立林主编《孔子家语通解》,齐鲁书社 2013 年版,第 231 页。
③ 杨朝明主编《论语诠解》,山东友谊出版社 2013 年第 2 版,第 138 页。
④ 杨朝明主编《论语诠解》,山东友谊出版社 2013 年第 2 版,第 139 页。
⑤ 张纯一撰,梁运华点校《晏子春秋校注》,中华书局 2014 年版,第 133 页。
⑥ (战国)孟轲著,方勇译注《孟子》,中华书局 2015 年版,第 50 页。

得意忘言到寄言出意：
言意之辨由哲学入诗学的进路

魏学宝*

摘 要：言意之辨这个话题可以追溯到夫子"予欲无言"。此后在哲学领域中，言意之辨成为探讨思维与表达、认知与表现的关系的重要话题，在魏晋玄学中，该话题成为显著讨论的对象。在哲学领域中的探讨，诚然强调语言对于达意的局限性，但各种语境下的论述似乎也透露出穷尽语言能指的努力，言不尽意并非言不达意，此中区别不得不察。郭象"寄言出意"构建了言意之辨从哲学领域到诗学视阈的过渡，并由此生成言尽意余的审美取向的相关讨论与表述。历来学人多关注"意余"，而忽视"言尽"。如果借用"寄言出意"的认知路径，"言尽"似乎并非仅仅暗示语言的有限性；最大可能发挥语言能指功效，创造千人千面的所指阐释，似乎亦是此中暗示之意。这正是数千年来语言艺术不断发展创新的不竭动力。

关键词：言意之辨；寄言出意；言尽意余

　　语言是人类最重要的交际工具，是人们进行沟通的主要表达方式，是人们分享认知、传递情感、交流思想的媒介。虽然任何能够助益于交际的符号和行为均可称为宽泛意义上的语言，但就历史发展来看，显然表现为文字符号、语音的狭义的语言在保存和传递人类文明成果时起到了无可替代的厥功至伟的作用。因为语言是认知、情感、思想的载体，所以它不是单纯的符号、语音，而是具有文化性和民族性的表意工具。可以这样说，语言是一个民族的重要文化特征。

　　既然语言承载了认知、情感、思想，那么语言实际上是认知、情感、思想交流表达的工具。但语言的文字符号、语音有其表意特征，这是客观存在的，即今天我们常言的语言能指。但认知、情感、思想的细微、深刻不见得是语言能指所能

---

　　* 魏学宝，文学博士，中国石油大学（华东）文法学院副教授，研究领域为魏晋南北朝唐宋诗歌艺术与诗学理论。

完整、完全地表达的，往往语言能指和所指之间存在偏差，有的时候甚至存在鸿沟，否则就不会有误读、误解这种情况的出现。因此语言作为具象的表意外壳，与抽象的所表达之意形成了矛盾，即言意矛盾。这一矛盾已引起学界的充分关注与讨论。

在这个话题的讨论中，学界多关注于"言不尽意"之"不尽意"与"言尽意余"中的"意余"两大问题。由于中国哲学、中国诗学往往徜徉两端，故而任何对其中一端的过度关注、阐释，往往会挂一漏万，往往背离历史的真实。

一、言意矛盾的早期哲学探索

首先我们需要明确的一个前提是言意之辨作为认识论领域的一个话题，是伴随着人对外物的认知、体悟、描述产生的。很显然，先民对自然万物的认知伴随着人类诞生而产生，但对此的体悟和描述，即人类的思维能力和语言表达能力的生成、发展、完善是一个漫长的历史过程，甚至今天依然是发展着的一个环节。所以言意之辨或者说言意矛盾问题首先是一个认识论领域的问题，也就是说是一个哲学话题。

《论语·阳货》载："子曰：'予欲无言。'子贡曰：'子如不言，则小子何述焉？'子曰：'天何言哉？四时行焉，百物生焉。天何言哉？'"①天地运行，四时更替，冬去春来，万物萌生，一切皆自然而然。这一切天无言而作。以此类推，人应无言。历来学者多从中得出结论，夫子主张言不尽意。诚然，夫子尚言："刚毅木讷，近仁。"②（《论语·子路》）"仁者，其言也讱。"③（《论语·颜渊》）不过，我们对"予欲无言"的理解应当回到当时的语境。孔子弟子子贡云："子如不言，则小子何述焉？《论语·述而》载孔子之语云："述而不作，信而好古，窃比我于老彭。"④述是阐述，作是创始。夫子不敢言创始，只敢说是阐释，但他的话语对于弟子而言就成为创始，成为"作"，成为"述"的对象，而后世的"述"对前人"作"的阐释必然是"述"者的阐释，与"作"者原意未必乃至必然不一致。因此"予欲无言"表达的是对阐释的不信任；若以此类推，"予欲无言"又似乎含有对天意阐释的不自信。因而"予欲无言"之旨涉及后世言意之辨，但并非全然是语言与意旨的矛盾，而是"作"与"述"的矛盾，而这一矛盾对于后世文学艺术的阐释问题影响深

① 杨伯峻译注《论语译注》，中华书局 1980 年第 2 版，第 187～188 页。
② 杨伯峻译注《论语译注》，中华书局 1980 年第 2 版，第 143 页。
③ 杨伯峻译注《论语译注》，中华书局 1980 年第 2 版，第 124 页。
④ 杨伯峻译注《论语译注》，中华书局 1980 年第 2 版，第 66 页。

远。关于"予欲无言"问题，我们最后还需要注意的是，夫子虽然"予欲无言"，但孔门四科中依然有"言语"一科，此中达者有宰我(宰予)、子贡。因此不能将"无言"绝对化，否则《论语》中记载的夫子之言就无从解释了，夫子删定诗书礼乐就无从谈起了。"予欲无言"只是对后世阐释的不信任，而非真实的"无言"。

真正涉及言意矛盾或者言意之辨的，应该是《易传·系辞》。《系辞》虽云孔子所撰，但并不为学界所认同。对此，高亨指出："《系辞》所引孔子之言二十九条均不见他书，自非实录，当是作者伪托。""《系辞》亦当作于战国时代。"①高亨的判断得到学界的普遍认可，因此本文将《系辞》作为战国时期的著作予以讨论。

《系辞上》云：

> 子曰："书不尽言，言不尽意，然则圣人之意其不可见乎?"子曰："圣人立象以尽意，设卦以尽情伪，系辞焉以尽其言。"②

这里透露了一个重要信息，言意关系问题作为哲学问题、认识论问题已经或者说早已呈现在世人面前。需要注意的是"书不尽言，言不尽意，然则圣人之意其不可见乎"这段文字表述本身是有逻辑矛盾的。书的规模有限，无法将所有的语言予以呈现；语言表达是有局限性的，无法将圣人之意全部表达，因此从这个角度推断，不是"圣人之意不可见"，而是"圣人之意不可全见"，"言不尽意"并不意味着"言不达意"，所以后边"立象""设卦""系辞"目的是"尽"，而不是为了"见"。从这点出发，我们才能更好或者真正理解《易传》言意关系的讨论：很显然，"意"是认识的终极目标，而"言"是达到这一终极目标的路径、方法，终极目标固然神圣，但路径、方法亦非常重要。所以《系辞下》称赞《易》"其称名也小，其取类也大，其旨远，其辞文，其言曲而中"③，高度肯定了语言的达意功能和作用。达意涉及了思维与表现的问题，即语言还能够展现思维者的性格、状况。"将叛者其辞惭，中心疑者其辞枝，吉人之辞寡，躁人之辞多，诬善之人其辞游，失其守者其辞屈。"④(《系辞下》)，这种情见乎词的看法再次印证着言达意的观点，同时对后世创作与人品关系奠定了理论基础。

综上而言，我们通过对《易传·系辞》的论述，需要明确：首先，先哲意识到"言不尽意"的问题，即言意矛盾，或者语言有局限性的问题，所以无论如何都不

---

① 高亨《〈周易大传〉通说》，见高亨《周易大传今注》，齐鲁书社 2009 年版，第 4～5 页。
② 高亨《周易大传今注》，齐鲁书社 2009 年版，第 483 页。
③ 高亨《周易大传今注》，齐鲁书社 2009 年版，第 516 页。
④ 高亨《周易大传今注》，齐鲁书社 2009 年版，第 531 页。

能从中导出"言尽意"的认知①；其次，"言不尽意"非"言不达意"，虽然终极目标神圣，但路径方法亦非常重要，语言、表达具有无限可能，虽不能完全到达彼岸，却是不可或缺的舟筏，言不尽意，但言可达意；再次，在"立象""设卦""系辞"的表述中暗示出对"言尽意"的苦苦求索，而力图弥合表达与思维，描述与认知鸿沟的努力一直在路上，这也是几千年来人类语言艺术不断向前发展的原始推动力。

老子、庄子为代表的道家学派在言意关系问题上也颇多论述，《老子》第一章开篇明义，便云："道可道，非常道；名可名，非常名。"②《庄子·知北游》亦云："道不可闻，闻而非也；道不可见，见而非也；道不可言，言而非也。"③此处所云并非严格意义上的言意关系，而是言道关系，并且这种表述重心似不在言不可以言道，而在于道可不言说，强调"道"的形而上特征。《老子》第二十五章云："有物混成，先天地生，寂兮寥兮，独立而不改，周行而不殆，可以为天地母，吾不知其名，强字之曰'道'，强为之名曰'大'。"④"道"作为哲学中的终极本原概念，是形而上的、抽象的；而语言是形而下的，是具象的，因此凡是以具象语言所描述的均非真正意义上形而上的"道"。如此似乎进入了一个死胡同，即道不可以言说，言说不可以明道。果真如此的话，《老子》五千言、《庄子》"无端崖之辞"真成了无妄之言了。老庄尤其是庄子的言意之辨中，似乎充满了对语言的不信任感。《知北游》云："夫知者不言，言者不知，古圣人行不言之教。"⑤《天道》云："斫轮，徐则甘而不固，疾则苦而不入。不徐不疾，得之于手而应于心，口不能言，有数存焉于其间。臣不能以喻臣之子，臣之子亦不能受之于臣，是以行年七十而老斫轮。古之人与其不可传也死矣，然则君之所读者，古人之糟魄已夫！"⑥其主观的思维认知、情感情绪的确惝恍迷离，有具体能指的语言去描述这种思维认知、情感情绪时，的确显得苍白，乃至无力，这是语言的局限。庄子在《寓言》《天下》中提到"寓言""重言""卮言"三言来调和这一矛盾，此三言之内涵可参照历代庄子注释。由此三言，可以进一步明晰道不可言，但非言无以明道，言是明道

---

① 王锺陵《关于言、意之辨》，古代文学研究编委会编《古代文学理论研究丛刊》第八辑，上海古籍出版社1983年版；王锺陵《哲学上的"言意之辨"与文学上的"隐秀"论》，《古代文学理论研究丛刊》第十四辑，上海古籍出版社1989年版。

② 陈鼓应《老子注译及评介》，中华书局1984年版，第53页。

③ （清）郭庆藩撰，王孝鱼点校《庄子集释》，中华书局1961年版，第757页。

④ 陈鼓应《老子注译及评介》，中华书局1984年版，第163页。

⑤ （清）郭庆藩撰，王孝鱼点校《庄子集释》，中华书局1961年版，第731页。

⑥ （清）郭庆藩撰，王孝鱼点校《庄子集释》，中华书局1961年版，第491页。

必经之途。

明了这一点，我们就可以更好理解《庄子·外物》所言：

> 荃者所以在鱼，得鱼而忘荃；蹄者所以在兔，得兔而忘蹄；言者所以在意，得意而忘言。①

历代注家学人多由此阐发言不尽意，但这段话强调目标的神圣性同时，亦不自觉中强调了路径的重要性，只是提醒世人勿规规于路径、方法，类似后世禅宗所言的"舍筏登岸"。虽然"意"不同于"道"，但"道"终究会生成人们主观认识的"意"，必然生成思维中的主观认知，因此"道不可言"到"得意忘言"，依然可以归入思维与表现的讨论，即我们一开始所言的言意之辨。

二、魏晋玄学与言意之辨

玄学是魏晋南北朝时期流行的社会思潮。玄学之"玄"字取自《老子》第一章"玄之又玄，众妙之门"。两汉经学、纬学"寓天道于物理"②，在天人合一、天人感应的号召下，寻求现世伦理道德、政治规范的自然天地支持，从本质上讲，视角是现世的，乃至功利的。而魏晋玄学则不然。玄学探讨的是哲学的、形而上的、抽象的话题，如本末有无、自然名教、言意之辨。魏晋玄学以《老子》《庄子》《周易》为经典，其理论多以注经方式进行阐述，代表名家有荀粲、王弼、竹林名士等。需要注意的是玄学与道家学派有关联，但并不一致。玄学更多的是继承了道家学派有关天地本源的哲学探讨，现实中崇尚清谈。

言意之辨是魏晋玄学的重要命题，"玄学之统系，有赖于言意之辨"③。荀粲（209—238）倡"言不尽意"，云："理之微者，非物象之所举也，今称立象以尽意，此非通于意外者也，系辞焉以尽言，此非言乎系表者也。"④（《三国志·魏书·荀彧传》注引《晋阳秋》）否定《系辞》"立象以尽意，立言以尽象"，认为象外之意、系表之言是不能用语言表达的。严格意义上说，荀粲提倡的不是"言不尽意"，而是语言不能表意，彻底否定语言的功能，由此从子贡所言"夫子之言性与天道，不可得而闻也"⑤（《论语·公冶长》）判定六经为"圣人之糠秕"⑥。

---

① （清）郭庆藩撰，王孝鱼点校《庄子集释》，中华书局 1961 年版，第 944 页。
② 汤用彤《魏晋玄学流别略论》，氏著《魏晋玄学论稿及其他》，北京大学出版社 2010 年版，第 35 页。
③ 汤用彤《魏晋玄学流别略论》，氏著《魏晋玄学论稿及其他》，北京大学出版社 2010 年版，第 21 页。
④ （晋）陈寿撰，（南朝宋）裴松之注《三国志》卷一〇，中华书局 1964 年版，第 319～320 页。
⑤ 杨伯峻译注《论语译注》，中华书局 1980 年第 2 版，第 46 页。
⑥ （晋）陈寿撰，（南朝宋）裴松之注《三国志》卷一〇，中华书局 1964 年版，第 319～320 页。

王弼(226—249)作为曹魏时期重要的玄学家，在言意之辨这一问题上没有荀粲这么偏激，其《周易略例·明象》云：

> 夫象者，出意者也。言者，明象者也。尽意莫若象，尽象莫若言。言生于象，故可寻言以观象；象生于意，故可寻象以观意。意以象尽，象以言著。故言者所以明象，得象而忘言。象者所以存意，得意而忘象……是故存言者，非得象者也；存象者，非得意者也。象生于意而存象焉；则所存者乃非其象也。言生于象而存言焉，则所存者乃非其言也。然则，忘象者，乃得意者也；忘言者，乃得象者也。得意在忘象，得象在忘言。①

显然王弼是用庄子"得意忘言"来阐释《系辞》"立象以尽意"。"象者出意""言者明象"，"出"即明的意思。由此形成"意""象""言"三者的互动。对于"象"而言，"意"是目的，"象"是手段；同理对于"言"而言，"象"是目的，而"言"是手段。王弼一方面强调了"出意""明象"的重要性，同时并未否认"象"和"言"手段方法的价值："意以象尽，象以言著"。虽然这一段论述的最终指向仍然是"得意在忘象，得象在忘言"，但从这种哲学探究的路径而言，"得"的路径的价值与"得"的结果并无价值高低，这应是此句言外之意。后世学者多云王弼强调"得意忘言"，是"言不尽意"论者，但细究其论，恐难如此简单定论。

显然"如同一切争辩论辩，其所以有价值的前提条件，就是彼此分歧的认识和绝不苟同的精神，'辨''辩'的本质就是矛盾对立"②，我们关注"言不尽意"论时，既然强调"言意之辨"，"言尽意"亦是绕不开的话题。《世说新语·文学》载："王丞相过江左，止道声无哀乐、养生、言尽意三理而已。"③王丞相为东晋初年重臣王导，刘孝标注"言尽意"为欧阳建《言尽意论》。欧阳建(？—300)，西晋名士，死于八王之乱，著有《言尽意论》，其论在略述此前"言不尽意"后，辩曰：

> 诚以理得于心，非言不畅；物定于彼，非言不辩。言不畅，志则无以相接；名不辩，物则鉴识不显。鉴识显而名品殊，言称接而情志畅。④

除了言志，欧阳建又引入了名物概念。如果说言志是表述与思维的关系的话，名物则是主观指称与客观外物的关系。抛却名物关系不谈，单纯言志关系，

---

① （魏）王弼著，楼宇烈校释《王弼集校释》，中华书局 1980 年版，第 691 页。
② 韩经太《诗艺与"体物"——关于中国古典诗歌的写真艺术传统》，《文学遗产》2005 年第 2 期。
③ 余嘉锡《世说新语笺疏》，中华书局 1983 年版，第 211 页。
④ （唐）欧阳询撰，汪绍楹校《艺文类聚》卷一九，中华书局 1982 年版，第 348 页。

欧阳建论述切中肯綮。言与志，表述与思维并非截然割裂。没有语言，志是无法表达，更谈不上显豁。所以《言尽意论》又云："言因理而变。此犹声发响应，形存影附，不得相与为二。"当然需要辨明的是，言可畅志，言可明理，但就此推导出"言尽意"这一结论，显然于逻辑亦是不通的。因此欧阳建的《言尽意论》的贡献不在于论证了"言尽意"，而是在"言不尽意"的背景中论证强调的"言"的重要性。

总结魏晋玄学与言意之辨，无论是"言不尽意"，还是"言尽意"，言意的矛盾毋庸置疑。面对思维的无限性，语言是比较无力与苍白的，其能指具有有限性。但离开语言的能指，思维将变得不可捉摸，无法显现。言意之辨最终呈现于世人面前的除了玄理的研讨外，对于文学艺术而言，言意二者不可偏废，不可强调一端而将另一端弃之如敝屣，相反，二者形影相随，不可分割。

三、寄言出意与言意矛盾的诗学走向

言意之辨不单纯是哲学思辨的一个话题，同时又隐喻儒道之争，而玄学整体上有意识调和儒道之争，阮修以"将无同"概括"老庄与圣教同异"而博得"三语掾"之美誉[1]（见《世说新语·文学》）。实际上，儒学经典与道家经典相互抨弹非常明显，《庄子》中非难孔子，《孟子》中攘斥杨朱。"此类文句，甚为难通。"解决之道便是言意层面上的"寄言出意"，通过对《庄子》的注释会通儒道[2]。

"寄言出意"出自郭象（252—312）注《庄子·山木》：

> 夫庄子推平于天下，故每寄言以出意，乃毁仲尼，贱老聃，上掊击乎三皇，下通病于一身也。[3]

"出"自然是明的意思，"寄"则有寄托、假借之意。此句意谓对《庄子》的理解应当采用"得意忘言"的方式，不可固执地陷入语言陷阱，而是透过表象的语言去理解语言之外的真意。郭象利用"寄言出意"的方式解读庄子，以"内圣外王"寻求儒道会通。不经意之间，"寄言出意"也架构了由哲学到文学或者诗学的言意矛盾讨论的桥梁。

郭象"寄言出意"论已经跳出言意本身的讨论与"言尽意""言不尽意"之间

---

① 余嘉锡《世说新语笺疏》，中华书局 1983 年版，第 207 页。

② 汤用彤《魏晋玄学流别略论》，氏著《魏晋玄学论稿及其他》，北京大学出版社 2010 年版，第 27～28 页。

③ （清）郭庆藩撰，王孝鱼点校《庄子集释》，中华书局 1961 年版，第 699 页。

的争论,已不再完全是表述与思维关系问题的哲学探讨,而是进入接受者阅读、阐释、接受的路径描述之中,蕴含着对创作方法的指喻。由此,我们可以从哲学层面的言意矛盾探讨进入到文学层面的言意关系讨论。

陆机在《文赋》中比较早地从文学创作角度探讨了言意关系,在探讨中充满了焦虑与不安。其云:"每自属文,尤见其情,恒患意不称物,文不逮意。盖非知之难,能之难也。"①显然,这里讲了创作过程:从外在的"物"到创作者内在的"意",然后用语言表达此"意"。这个过程中,创作主体之情志认知与所描述的外在万物有一定的差距,语言表述与主体情志认知亦有不小的鸿沟,由此"意不称物,文不逮意"。当然陆机感到此中的困难,但并未有"言不尽意"的失望,而是认识到"非知之难,能之难也",尽可能完全地达意,这是创作者能力的问题。陆机创作《文赋》的目的不外乎将自己创作甘苦与经验呈现在世人尤其是创作者面前,期待一起克服"言不尽意"这一困难。

齐梁时期,刘勰撰《文心雕龙》系统探讨文学创作的原则、技巧、方法,同时涉及文体论、接受论、文学史论等,由此《文心雕龙》也成为中国文学批评史上不可多得的体大虑周之作。该著《序志》篇阐发作《文心雕龙》的初衷、主旨,其云"言不尽意,圣人所难"②似乎亦回应了此前的言意之辨。当然在《神思》篇有更为详尽的描述:"至于思表纤旨,文外曲致,言所不追,笔固知止。至精而后阐其妙,至变而后通其数,伊挚不能言鼎,轮扁不能语斤,其微矣乎!"③在《夸饰》篇,刘勰对此思表文外进行了更为明确的理论阐述:"夫形而上者谓之道,形而下者谓之器。神道难摹,精言不能追其极;形器易写,壮辞可得喻其真。"④刘勰从创作的角度,依据当时玄学思辨,将客观万物分为形而上和形而下,形而上者,除了玄学中所云的"无""体"外,还包括《神思》中所言的"精微",这是语言很难描摹的。但可贵的是,刘勰并未止此,他明确提出言辞可以描写、描述形而下之器,"壮辞可得喻其真",形而下之器物可以通过语言做到曲近肖貌。不过值得注意的是,"壮辞可得喻其真"之"真"字很难归入此所言的"形而下"。这实际上引出一个问题即"形而上"如何描述、如何得知。显然"形而上"并非孤立的存在,它依据"形而下"而存在,而让人感知,"形而上"三字本身就是形而下的,这也正是玄学中所言的"体用一如"。因此针对子贡所言"夫子之言性与天道也,

---

① (晋)陆机撰,金涛声点校《陆机集》,中华书局1982年版,第1页。
② (梁)刘勰著,范文澜注《文心雕龙注》,人民文学出版社1958年版,第727页。
③ (梁)刘勰著,范文澜注《文心雕龙注》,人民文学出版社1958年版,第495页。
④ (梁)刘勰著,范文澜注《文心雕龙注》,人民文学出版社1958年版,第608页。

不可得而闻"，刘勰则根据上半句云："夫子文章，可得而闻，则圣人之情，见乎文辞矣。"①（《征圣》）与"性与天道"类似的"圣人之情"可以通过文辞来展现，如果按照"得意忘言"的哲学路径和"寄言出意"的接受者方法的话，"性与天道"隐藏在"夫子文章"中，和"圣人之情"类似，亦可以体察到。

虽然刘勰认识到了语言、思维之间存在的矛盾，认为有限的语言难以完全描述精微的思维，但我们也要看到他更大程度上讲求的语言、思维的统一性。例如，他在《征圣》篇提出："志足而言文，情信而辞巧，乃含章之玉牒，秉文之金科矣。"②他认为文（修饰之意）之言、巧之辞可以表达抽象之情志，因此创作者和接受者通过文本显现出如下的互动过程："缀文者情动而辞发，观文者披文以入情，沿波讨源，虽幽必显。"③（《知音》）创作者通过文字显现自己内在情志，接受者通过文字寻求创作者的主观情志，"虽幽必显"显现了对文字的自信。

不过这种自信依然不能掩盖此前所提到的表述与思维的矛盾问题，一方面语言可以表现思维，另一方面"言不尽意"。为此，刘勰提出"隐秀"概念来调和这一矛盾："隐也者，文外之重旨也；秀也者，篇中之独拔者也。隐以复意为工，秀以卓绝为巧。"④南宋张戒《岁寒堂诗话》卷上引刘勰："情在词外曰隐，状溢目前曰秀。"⑤我们已经无法判断张戒所引是否为刘勰的原文，亦无法肯定今本所见《隐秀》即为刘勰原文，但"隐秀"概念还是比较清晰的，尤其是张戒所引。"情在词外"即"文外之重旨"，"复意"即文章情感的表达并非仅仅是文字的字面意思，而是有含蓄不尽之意。这含蓄不尽之意一方面是文字所无法全部表述的；另一方面对于创作者而言，恐怕他也说不清这含蓄不尽的情感思绪；再一方面亦给接受者留下巨大的艺术留白，由接受者在接受的过程中进行艺术的再创造，寻求艺术体悟过程的审美快感。"状溢目前"即"篇中之独拔""卓绝"，实事求是讲，今本《文心雕龙》于"秀"的描述更侧重于其样态的描述而非内涵的断定，不过"状溢目前"依然可以使我们明了，"秀"要求语言文字简约明了，一目了然，其所指与字面之能指最大可能程度接近，让接受者在阅读这一诉诸理性的接受过程如同视听闻触一样，可瞬间感知。关于这种观念，北宋梅尧臣用"含不

① （梁）刘勰著，范文澜注《文心雕龙注》，人民文学出版社1958年版，第15页。
② （梁）刘勰著，范文澜注《文心雕龙注》，人民文学出版社1958年版，第15页。
③ （梁）刘勰著，范文澜注《文心雕龙注》，人民文学出版社1958年版，第715页。
④ （梁）刘勰著，范文澜注《文心雕龙注》，人民文学出版社1958年版，第632页。
⑤ 丁福保辑《历代诗话续编》，中华书局1983年版，第456页。

尽之意，见于言外；状难写之景，如在目前"①（张戒《岁寒堂诗话》卷上引）两句予以生动概括，认为景色或客观外物描摹贵在显豁明朗，意绪或主观情志重在含蓄蕴藉。但是考虑到中国古典文学尤其是抒情文学中，景色一般不作为独立的描述客体，情感一般不会进行直白的抒发，将迂曲之情寓于出色的景色描写中是一种常态，即寓情于景。如此看来，钟嵘《诗品》"言有尽而意无穷"②句虽为"兴"体定义，但亦可以作为"隐秀"的一种描述。

言尽意余是中国诗词创作、审美中的重要审美取向。此前学界多重视"意余"，强调含蓄蕴藉，强调水中之月、镜中之像，这自然是此中应有之意，但还需要注意"言尽"二字恐怕不能仅仅理解为语言能指有限，还应包括穷尽一切可能，尽最大限度做大"状溢目前"，没有这个"尽"，"意"将成为无源之水、无本之木；当然如无"不尽之意"，"言"则沦落为无聊之文或繁词寡义的文字。此外"言尽"还应包涵语言简约，但简约不是简陋，而是包蕴丰富，言约而义丰，也即"言尽意余"之"意"。

言意矛盾随着言意之辨进入到中国哲学的视野，又很自然地进入诗学探讨的领域。在以诗歌为代表的文学创作以及绘画等其他艺术领域，含蓄蕴藉是普遍的审美追求，因此言尽意余的审美取向为众人所熟知，不过我们提请注意的是言尽意余是两端，即"言尽"和"意余"，"意余"自是重点，但亦不应忽视"言尽"之内涵，一方面自可以解释语言有限，另一方面亦需要注意的是语言达意功能的穷尽式发挥，并非随随便便的语言均有"意余"之效。"殿前作赋声摩空，笔补造化天无功。"③（李贺《高轩过》）在此情况下，我们在感受不尽之意味的同时，也应当看到创作者在语言上的艰辛付出与天才创造。

---

① 丁福保辑《历代诗话续编》，中华书局 1983 年版，第 456 页。

② （梁）钟嵘著，曹旭集注《诗品集注》，上海古籍出版社 1994 年版，第 39 页。

③ （唐）李贺著，（清）王琦等注《李贺诗歌集注》卷四，上海人民出版社 1977 年版，第 291 页。

明代求新求变思潮下的《周礼》学研究路径

张　帅[*]

摘　要：在阳明心学、疑古思潮以及经世致用思想影响下，明代《周礼》学研究相对发达，其主要研究的热点议题有两点：一是《冬官》未亡说，二是《周礼》真伪说。明代《周礼》学研究的新方向有三方面：一是明显受理学、心学影响；二是读书人有较强的家国情怀，比较重视将《周礼》研究与现实社会相联系；三是诠释经典通俗易懂，择善而从。

关键词：明代《周礼》学；《冬官》；理学；心学

皮锡瑞在《经学历史》中曾称"故论经学，宋以后为积衰时代"[①]，"论宋、元、明三朝之经学，元不及宋，明又不及元"[②]。此论有失公允。在明代朱子理学与阳明心学交替影响，儒生普遍有"国事家事天下事，事事关心"的参与意识；反映在学术上，明代的经学既重视思想的研究，好出新意，又有比较明显的现实关怀的意识，提倡学以致用。特别是在明代的礼学研究领域，相对于《仪礼》《礼记》，《周礼》作为有关制度之书，更容易与社会相联系，更容易受当时的学术思潮的影响。明代《周礼》学相对发达，一方面沿袭了前代《周礼》学的某些特质，另一方面又有鲜明的时代特点。张学智的《明代三礼学概述》[③]、杨艳秋的《明代三礼学论略》[④]等文都对明代《周礼》学进行了一些探讨，但由于写作体例与篇幅限制，对明代《周礼》学的研究还没有全面展开。本文将从明代《周礼》学研究的热点以及明代《周礼》学所呈现的新方向进行讨论。

一、明代《周礼》学研究的热点

受宋代疑经思潮的影响，明代许多礼学家对有关《周礼》的两个重要问题展

---

[*]　张帅，曲阜师范大学孔子文化研究院副教授，研究方向为礼学。
[①]　(清)皮锡瑞《经学历史》，中华书局 1959 年版，第 275 页。
[②]　(清)皮锡瑞《经学历史》，中华书局 1959 年版，第 283 页。
[③]　张学智《明代三礼学概述》，《中国哲学史》2007 年第 1 期。
[④]　杨艳秋《明代三礼学略论》，《山西大学学报》(哲学社会科学版)2014 年第 5 期。

开讨论:一是《周礼》之《冬官》篇是否亡佚的问题,二是有关《周礼》的真伪问题。

(一)明代有关《冬官》未亡说的讨论

1. 赞同《冬官》未亡说

从宋代俞庭椿开始,许多礼学家开始怀疑《周礼》之《冬官》未亡,而是窜入其他几官之中,王与之、丘葵、"吴澄"①都持此论。明代持此说学者为数不少,如何乔新、柯尚迁、郝敬等人。

《四库提要》评价何乔新《周礼集注》:"是书谓《冬官》不亡,大约沿俞庭椿、王与之、丘葵及晏璧伪托吴澄之说,臆为窜乱……是皆妄取前人谬戾之论,割裂倒置,踵其失而加甚。故前后义例,率不能自通,徒为谈《周礼》者所诟病耳。"②可见《四库提要》直接否定何乔新等人的《冬官》未亡说。何乔新本人在其书的序文云:"夫《冬官》未尝亡也,何必以千金购之?胡为以《考工记》补之?"③这说明何氏本人则对《冬官》未亡说深信不疑。何氏在《秋官》之后,又专门列《冬官》一章,在《冬官》篇首云:

司空掌土之官,凡所以兴地利、奠民居、制封域、别丘甸、治沟洫、设坛墠、筑城郭、令力役作器物,皆其职也。遭秦焚书,简编渐滥,《冬官》之属,杂出于他官,而杂于《司徒》者尤多,汉兴得诸煨烬之余,诸儒考古不深,遂谓《冬官》亡矣。河间献王购以千金不可得,以《考工记》补之。夫工作什器,司空之事耳,岂足以当司空之全职哉?④

也就是说何乔新认为《冬官》一职,因秦火,多错入他官,尤其杂于《司徒》为多。其在《地官》篇首云:

愚按:《周礼》得于秦火之余,简编朽折散乱,六官之文互相错杂而《地官》所属,半为《冬官》之文,盖编书者以司空掌邦土,而土即地也,故凡山川土地稼穑之事,悉归诸《地官》,以此致误,而《冬官》阙焉。汉儒承讹,踵谬莫觉其非,其所训释不过随文生义而已。⑤

何氏在此解释了原属于《冬官》的官职错杂于《地官》的原因,即秦火导致竹

---

① 之前被认为是吴澄所著的《周礼考注》已被《四库全书总目提要》鉴定为明人晏璧所作。
② (清)永瑢等撰《四库全书总目》,中华书局1965年版,第182页。
③ (明)何乔新《周礼集注》,《四库全书存目丛书·经部》第81册,齐鲁书社1997年版,第174页。
④ (明)何乔新《周礼集注》,《四库全书存目丛书·经部》第81册,齐鲁书社1997年版,第388页。
⑤ (明)何乔新《周礼集注》,《四库全书存目丛书·经部》第81册,齐鲁书社1997年版,第227页。

简错乱，杂入他官之文多属于《冬官》，而编书者在重新编订《周礼》时误将《冬官》杂入《地官》。何氏在确定《冬官》的属官时，并非一味地照搬前人，如《地官》开篇，何氏云：

> 地，众也，谓万民也，地官掌教以尽民之性、成民之德，使之克绥厥猷，故谓之司徒……至宋淳熙间，临川俞庭椿始悟《冬官》不亡而删《地官·封人》《载师》以下二十三官归诸《司空》，又取《掌土》之职见于他官者以补之，作《复古编》，朱子深取其说。嘉熙间永嘉王次点又作《周礼补遗》，多祖俞氏之说，而《司徒》《司空》之职掌稍正矣。至元临川吴幼清又删《乡师》以下凡非教师者尽归之《司空》，以为《司空》未尝亡而《司徒》之文实亡，其存者仅数章耳。愚按：尝合三家之说而轴绎之，司徒掌邦教之官固也。然先王未必因一事设一官，司马掌兵而兼论其材任官之事，司寇掌刑而兼除妖鸟、驱猛兽之事，六官之兼理者多矣，司徒之职，实兼教养……顾去圣既远，无所就质，姑取俞氏、王氏之说，依贾、郑之本，还遂人以下附于《司徒》之后，以俟后之君子云。①

从上文可见，有关《地官》所掌之职官，俞庭椿、王与之、"吴澄"所作改动甚大，与世传《周礼》相差其远，"吴澄"甚至认为《冬官》未亡而《地官》实亡。何氏修正了这三人的观点，即世传《地官》中相当一部分职官应属于《冬官》。不过何氏对这种做法非常谨慎。在他看来，依据《地官》兼具教养之职这一原则，凡是能体现教养之功的，都应仍留于《地官》之中。最后他综合俞、王、"吴"之说，又依郑、贾之本对《地官》属职作出了相对保守的调整，将遂人以下官职仍附于《司徒》之后。

柯尚迁亦主张冬官未亡说，不过对前儒《冬官》未亡之说进行改进，相对他人《冬官》未亡之说，似更能自圆其说。柯氏在其书《周礼全经释原》序云：

> 今观遂人以下《地官》之半实《冬官》也，不知何人次于掌节之后，而《大司空》之职举而杂于《大司徒》之中，遂起千古不决之疑，无乃战国诸侯之所乱乎？②

柯氏又云：

> 《周礼》三百六十属，见于小宰丝毫不可增减也。先儒以合六官所统为三百六十官，故参差不齐，移易经文之原起于此。今以属首宰夫下大夫四人，倍至上

---

① （明）何乔新《周礼集注》，《四库全书存目丛书·经部》第81册，齐鲁书社1997年版，第227～228页。

② （明）柯尚迁《周礼全经释原》，上海古籍出版社1987年影印文渊阁《四库全书》本，第485页。

士八人,中士十有六人,则二十八人矣,加以旅下士,三十有二人,则六十人矣。他官不称旅也。合六官则为全经,读《周礼》者必先明乎此,则六官统纪斯正,而无疑于微细诸职矣。①

可见,柯氏是将《地官·遂人》以下之职归为《冬官》。柯氏之所以这样划分,一个很重要的原因是遂人后面的职官遂师"下大夫四人,上士八人,中士十有六人,旅下士三十有二人",人数正好六十人,且有"旅下士"一语。检《周官》之通例,凡有"旅下士"之职官都是第三个,如《天官》第一职官为太宰,第二为小宰,第三为宰夫,宰夫"下大夫四人、上士八人、中士十有六人。旅下士三十有二人"合六十人,《春官》《夏官》《秋官》皆同。而《地官》除第三职官乡师"下大夫四人、上士八人、中士十有六人。旅下士三十有二人"合六十人外,遂人之后的遂师也是"下大夫四人、上士八人、中士十有六人。旅下士三十有二人"合六十人。柯氏依此例判定遂人其实就是《冬官》之小司空,其后之官职乃由《冬官》错入《地官》,可以说这是柯氏最能自证其说之发现。

另外一位礼学家郝敬虽也认同《冬官》未亡说,但他阐释《冬官》未亡之缘由则不同于上述学者。郝氏在《周礼完解》云:

盖是书取法天地四时,天地之运成于五,五为参两之合,天惟五行,人惟五事,是书六官以配天辰十二,省《司空》官属以法五行而用五数,非阙也。曰:然则宜散《天官》于五官可也? 以《冬官》分寄何也? 曰:冬官主事,而四时惟冬无事,万物冬藏,故其官为司空……阳分六官以成岁序,阴省《冬官》以法五行,亦盖天所以能为万物主者,唯其不显;君所以能为万民主者,唯其不测,不则之谓神,不显之谓德。故《乾元》用九潜而勿首,此作者之意,而世儒以为错简,正附其云雾中矣。②

郝敬用阴阳五行之说来阐发他的观点,即《冬官》不亡的原因并非俞庭椿等人所谓《周礼》错简之说。郝敬认为《冬官》是作者有意安排散于五官之中的,是为了法五行之数。

一般认为《冬官》未亡的学者也都认同《考工记》为汉人所补,而郝敬则认为《考工记》非汉人所补。郝氏云:

《周礼》非阙也,而世儒以为阙也;《考工记》非补也,而世儒以为补也。非阙

---

① (明)柯尚迁《周礼全经释原》,上海古籍出版社 1987 年影印文渊阁《四库全书》本,第 503 页。
② (明)郝敬《周礼完解》,《四库全书存目丛书·经部》第 83 册,齐鲁书社 1997 年版,第 1 页。

而使人疑其为阙、非补而使人疑其为补，是书所以奇也。五官之文直而正，《考工》之文曲而奇，人疑其裁自两手而不知其同也。是书所以愈奇也。世儒谓汉儒补记，谓《周公》作五官。夫五官非圣人之作，而记亦非汉儒所以补，其诸六国处士之学，其纵横之言乎？①

从上文可以看出，在郝氏看来《考工记》原来就在《周礼》之中，认为五官与《考工记》都是六国处士之学，属于纵横家之言。

其他持《冬官》未亡说的明代学者及其著述如下。

（1）舒芬著《周礼定本》四卷。该书主要遵循俞庭椿《冬官》未亡之说，又在参考伪本吴澄《周礼考注》的基础上，增加了某些个人见解。②

（2）陈深著《周礼训隽》二十卷。该书继承了俞庭椿之说，割裂五官，凑成《冬官》。③

（3）金瑶著《周礼述注》六卷。该书认为《周礼》为汉儒所窜改，并本伪本吴澄《周礼考注》及何乔新《周礼集注》之说，认为《冬官》未亡，并在《冬官》之后，附有《改官议》《改文议》两篇文章，评论二书得失。④

（4）徐即登著《周礼说》十四卷。《四库提要》称："其书前十三卷解五官，不载《考工记》，末一卷为《冬官阙疑》。盖亦取俞庭椿之说，但尚未敢改经耳。然明言某官移易为最允，某官移易为未协，已毅然断为当改矣，何阙疑之云乎！"⑤这说明徐即登《周礼说》虽然未必直接改经，但是仍然认为冬官未亡，其他五官之职需要调整。

2. 反对《冬官》未亡说

针对元明两代《冬官》未亡、《周礼》乱简之说甚盛，王应电在其书《周礼传》自序云：

后之学礼者吾惑焉，诵其文不究于用，泥其名不揆诸道，类以当世之弊政而释先王之良法，致后之瞽蒙圣经是疑，而或知其分不知其合，见其异不见其同，乃欲析其合同而化理者，分隶以补《冬官》之缺，纷纷臆见，人自为书。⑥

---

① （明）郝敬《周礼完解》，《四库全书存目丛书·经部》第 83 册，齐鲁书社 1997 年版，第 1 页。
② （清）永瑢等撰《四库全书总目》，中华书局 1965 年版，第 182 页。
③ （清）永瑢等撰《四库全书总目》，中华书局 1965 年版，第 183 页。
④ （清）永瑢等撰《四库全书总目》，中华书局 1965 年版，第 183 页。
⑤ （清）永瑢等撰《四库全书总目》，中华书局 1965 年版，第 184 页。
⑥ （明）王应电《周礼传》，上海古籍出版社 1987 年影印文渊阁《四库全书》本，第 4 页。

可见王氏并不为当时这种流行的观点所左右,并批评当时武断地割裂《周礼》原文以补《冬官》的做法,坚持自己的学术观点,认为《冬官》已亡,此书弃后人所补《考工记》不录,专解古经,而在其所著此书之《翼传》中,王氏专门写有一章《冬官补义》,据己之意以补《冬官》。

还有如下学者反对《冬官》未亡。

(1)孙攀著《古周礼释评》六卷。该书是在朱申《周礼句解》的基础上稍加订补,并加以注音与评语。《四库提要》称其书最大优点是"惟当明之季,异学争鸣,能不删削经文,亦不窜乱次序,兢兢守郑、贾之本,犹此胜于彼焉"①。

(2)郎兆玉著《古周礼》六卷。该书以《古周礼》为名,明显就是为了反对俞庭椿等人擅改《周礼》经文的做法。②

(3)郭良翰著《周礼古本订注》六卷。《四库提要》云:"是编自序云俞庭椿、王与之、丘葵、吴澄、何乔新五家补本,分割殊甚。不知《冬官》可以不补,五官必不可淆。五官自存,《冬官》自阙,何必强臆以乱成经! 因取古本订正之。"③该书也以《周礼》古本自名,反对明人乱改经文之举。

(4)王志长著《周礼注疏删翼》三十卷。该书以郑、贾之说为根本,同时采用宋以后多家之说。《四库提要》对其评价较高,称其"俞庭椿、邱葵以后复各骋臆见,窜乱诸职,沿及明代,弥逐颓波,并经文亦非其旧。志长能恪遵古本,亦为力遏横流,在经学荒芜之日,临深为高,亦可谓研心古义者矣"④。

(二)明代有关《周礼》真伪的讨论

有关《周礼》的真伪,历来争议很大。郑玄、刘歆等认为《周礼》是周公致太平之书,何休认为是战国阴谋家之书,宋代胡安国、胡宏父子认为是刘歆伪造的。明代继承宋代疑经思潮,《周礼》真伪的问题仍是讨论的热点。何乔新认为《周礼》并非伪书,乃周公致太平之书,他在《周礼集注序》云:

《周礼》一书,周公致太平之法也;非周公之法,乃文武之法也;非惟文武之法,乃尧舜禹汤之法也……甚者或以为战国阴谋之书,或以为汉儒附会之说。呜呼! 使战国有是法则为三代矣,使汉儒有是学尚可谓之汉儒哉?⑤

---

① (清)永瑢等撰《四库全书总目》,中华书局1965年版,第184页。
② (清)永瑢等撰《四库全书总目》,中华书局1965年版,第184页。
③ (清)永瑢等撰《四库全书总目》,中华书局1965年版,第184页。
④ (清)永瑢等撰《四库全书总目》,中华书局1965年版,第155页。
⑤ (明)何乔新《周礼集注》,《四库全书存目丛书·经部》第81册,齐鲁书社1997年版,第173页。

柯尚迁在《周礼全经释原》将《周礼》提到了很高的地位，柯氏云：

是四经皆出于《周礼》者也。邵子曰："天之四府者时也，阴阳升降于其间矣。"圣人之四府者，经也，礼乐污隆于其间矣。是知《周礼》《仪礼》者，四经之本也，命之曰全经，夫岂苟哉？

《周礼》所以合《仪礼》为六经者，何也？《礼记·经解》叙六经为《诗》《书》《易》《春秋》《礼》《乐》。《乐》，无经，今配礼为六何也？记曰：乐由阳来，礼自阴作。盖礼体虽阴而用则阳，乐体虽阳而用则阴，阳能统阴，故礼必兼乐。《周礼》有大司乐属于礼官，乐之本也。乐之用，则在《仪礼》，故郊庙、燕飨、乡射、饮酒，必用乐，乐之声虽自阳来，而用则从于礼而为阴，无礼则无乐矣，故乐不成经，从于二礼称六经云。①

可见柯氏之论颇新，他认为《周礼》也为经，为六经之一，因为《周礼》有大司乐，为乐之本，而《仪礼》为乐之用，并认为《周礼》《仪礼》并为其他四经之本。

郝敬则贬低《周礼》地位，认为《周礼》非经，也非周公致太平之书，郝氏在《周礼完解》云：

凡读书明白易简者，圣贤之大道也。其烦琐隐僻者，百家之小术也。《周礼》与大道相违远矣。六经言道德，是书专言名法，六经之辞易简，是书之辞冗僻。

《周礼》不可为经也，不在五官之错乱，而况五官本无错乱。今儒者急议改订，苟改订矣，《周礼》可遽行乎？如《司徒》乡老一职，而公卿大夫至下士凡一万八千七百五十一人，一市之中商贾几何？司市官属凡一百四十二人，一商之肆，自肆长至史二百有十人。行此法也，骚扰烦苛民其能堪乎？②

从引文可以看出，郝敬认为《周礼》设官繁杂，官多民少，不合常情，不可当为经来看待。

二、明代《周礼》学研究的新方向

受心学的影响，明代礼家更注重对《周礼》思想的阐发，呈现了与其他朝代不同的特征。明代读书人更强烈的社会参与意识，促使礼家特别注意将《周礼》研究与社会现实相结合，并在诠释《周礼》时摒弃门户之见，追求通俗易懂，择善而从。

---

① （明）柯尚迁《周礼全经释原》，上海古籍出版社 1987 年影印文渊阁《四库全书》本，第 503 页。
② （明）郝敬《周礼完解》，《四库全书存目丛书·经部》第 83 册，齐鲁书社 1997 年版，第 4 页。

(一)明代《周礼》学所受理学与心学的影响

明代前期,程朱理学为诸儒所尊。至明中后期,王阳明心学影响甚大,明代礼学家都必然受到理学或心学的影响,如《周礼沿革》之著者魏校就服膺程朱理学。据《明史·儒林传一》载:

> 校私淑胡居仁主敬之学,而贯通诸儒之说,择执尤精……荀子论性恶,杨子论性善恶混,韩子论性有三品,众言淆乱,必折之圣。若谓夫子"性相近"一言,正论性之所以得名,则前后说皆不谬于圣人。而孟子道性善,反为一偏之论矣。孟子见之分明,故言之直捷,但未言性为何物,故荀、杨、韩诸儒得以其说乱之。伊川一言以断之,曰:"性,即理也",则诸说皆不攻自破矣。①

从上文可见,魏校私淑理学家胡居仁,其论"性"之真义,驳荀、杨、韩诸说,推崇程颐"性即理"之说,礼学家王应电等是他的学生。另一些学者在其阐释《周礼》时明显表现出其受心学的影响,主要有唐枢、柯尚迁等人。

唐枢著作除总集《木钟台集》外,其他著作在《四库全书总目》中大多有提要。其中《嘉禾问录》之提要云:"枢于嘉靖壬庚、癸巳间讲学嘉兴,其门人录为此编。初名《四书杂问》,邑令周显宗改题今名。其言格致心性诸说,率宗王守仁之绪论。"②又《积承录》之提要云:"卷首即拈'真心'二字立义,盖其宗旨如此。"③《酬物难》之《提要》云:"其立名,本之韩非《说难》,皆以阐明心学。"④从《嘉禾问录》的提要可见唐枢宗王阳明学说,而《积承录》之提要又着重指出唐枢有"真心"之论。而据《明史》记载唐枢并非王守仁门人,而是师承湛若水,《明史·唐枢传》云:"枢少学于湛若水,深造实践。又留心经世略,九边及越、蜀、滇、黔险阻厄塞,无不亲历。蹞屝茹草,至老不衰。"⑤又据《明史·儒林传二》载:"湛氏门人最著者,永丰吕怀、德安何迁、婺源洪垣、归安唐枢。怀之言变化气质,迁之言知止,枢之言求真心,大约出入王、湛两家之间,而别为一义。垣则主于调停两家,而互救其失。皆不尽守师说也。"⑥可见唐枢师承湛若水,又受王守仁心学的影响。有关唐枢的学术思想,黄宗羲在《明儒学案》中有更详细的评述:

---

① (清)张廷玉等《明史》卷二八二《儒林传一》,中华书局1974年版,第7251页。
② (清)永瑢等撰《四库全书总目》,中华书局1965年版,第1070页。
③ (清)永瑢等撰《四库全书总目》,中华书局1965年版,第1070页。
④ (清)永瑢等撰《四库全书总目》,中华书局1965年版,第1070页。
⑤ (清)张廷玉等《明史》卷二〇六《唐枢传》,中华书局1974年版,第5441页。
⑥ (清)张廷玉等《明史》卷二八三《儒林传二》,中华书局1974年版,第7267页。

先生初举于乡，入南雍，师事甘泉，其后慕阳明之学而不及见也，故于甘泉之随处体认天理、阳明之致良知两存而精究之，卒标"讨真心"三字为的……此"讨真心"之言不得已而立，苟明得真心在我不二不杂，王、湛两家之学俱无弊矣。然真心，即良知也，讨即致也，于王学尤近。①

黄宗羲认为唐枢之"讨真心"论乃综合王、湛二人之说，更接近于王守仁的学说。又其《景行馆论》之提要云："嘉靖十七年（1538），浙人辟景行馆延枢讲学。枢因作论三十一篇，其门人钱镇叙而梓之。枢平日专以讨真心为教，故论中首及此旨。是时尚在枢罢官讲学之初，其说未尽流于禅，故持论尚不甚诡于正云。"其《因领录》之提要云："其提倡禅宗，悍然无忌，又不止于阳儒而阴释矣。"从四库馆臣为他的这两本书所作提要可以看出，唐枢好谈禅理。

尽管《周礼》一文偏重制度，留给经学家进行哲理思辨的空间并不多，但作为对心学浸淫较深并有自己理论独创的唐枢，仍用其心学思想对《周礼》中的一些问题做出解释。如：

问：公孤不列职守，何故？曰：公孤以道重，天子不得而臣，诸侯亦不得友……若公孤则论道格心以正治原。②

从此文可以看出，三公所论之"道"乃"格心"而得，此"格心"应合唐枢提出的"讨真心"之说。

除以"心学"解《周礼》之外，唐枢在此书中还常大谈"道"与"性"，体现出宋明理学家的共同特点。如：

问：六官之治皆和布以为民极，天之立君惠，利民生，却似大司徒一典已尽。曰：天官行意，地官尽实，以下四官辅翼此而已。先王所以仁天下，只有教养使之赡其生而复其性，有不率而防之，有不解而明驱之，有不能而处导之。中间却非一人可办，直须详列百僚，以收吏治。故必天官惟急，四官惟明，莫非行得大司徒一典。③

又如：

问：王与后何以不设医？曰：王与后以道自律，顾调于未病之先，只有食医

---

① （清）黄宗羲《明儒学案》，中华书局1985年版，第950页。
② （明）唐枢《周礼因论》，《续修四库全书》第78册，上海古籍出版社2002年版，第94页。
③ （明）唐枢《周礼因论》，《续修四库全书》第78册，上海古籍出版社2002年版，第96页。

掌和王之六食、六饮、六膳、百羞、百酱、王珍之齐，故曰："君子之食，恒放焉。"养道以为学也。①

以上两则材料中所谓"赡其生而复其性""以道自律""养道以为学"就是以宋明理学家常用的"道"与"性"之说来解《周礼》的。

因唐枢偏好谈禅，所以其书中也不可避免地染上了一些佛学的色彩。如：

问：九两何义？曰：两故化两则无我，无我然后能平天下，故曰得民曰系邦国之民。②

这里面提到了"无我"之语，就带有明显的佛学色彩。

柯尚迁之《周礼全经释原》也有明显心学色彩。柯氏云：

心也者，道之管也。道与心一，斯心与政一矣；心与政一，斯法与礼一矣；法与礼一，然后谓之王制也。心与政一，然后谓之王道也；道与心一，然后谓之天德也。故程子曰："有天德斯可与语王道。"张子曰："不闻性与天道而言制作者，末矣。"是以君子格物以诚意，慎独以养心，则天德具矣。立诚以动物，由心以行政，顺应以平施，则王道行矣；则地稽天，损益因礼，变通宜民，则制作协乎自然矣。故能会心、政、礼、法为一道，则成周之治夫岂远哉。③

柯氏从心出发，认为只有心与道统一，才能心与政统一，才能法与礼统一，最后才能建立完备的制度，所以要做到成周之治，必须以心为本，才能接近成周之治。可见柯氏创造性地将心学应用于礼学。

（二）明代《周礼》学比较注重现实关怀

《周礼》原本就是一本有关政治制度的书，所以也被称为《周官》，后世的学者在解读《周礼》时，很容易与现实政治制度相比较。明代儒生的社会参与意识更强，他们在研究《周礼》时，大多表现出强烈的现实关怀情结，在论述自己的观点时，多对现实政治制度提出自己的见解。

何乔新通过《周礼集注》的解读，来表达他对现实问题的看法。如《天官·内宰》"内宰：下大夫二人，上士四人，中士八人，府四人，史八人，胥八人，徒八十人"条，何氏曰：

---

① （明）唐枢《周礼因论》，《续修四库全书》第78册，上海古籍出版社2002年版，第95页。
② （明）唐枢《周礼因论》，《续修四库全书》第78册，上海古籍出版社2002年版，第95页。
③ （明）柯尚迁《周礼全经释原》，上海古籍出版社1987年影印文渊阁《四库全书》本，第484页。

内宰掌宫禁之事，嫔御阉寺皆在所统以下，大夫为之，其任亦重矣。愚谓成周内宰、宫正、宫伯皆士大夫为之而又统于大宰，非若后世用奄竖而大臣不得与闻宫禁之事也。汉初大长秋、中常侍犹参用士人，东京以降，尊用宦者而人君燕游居养大臣不复知矣，有志于格心训士者宜致思焉。①

从何氏之论可以看出，他认为依《周礼》，内宰任重，由大夫任之，成周内宰、宫正、宫伯都由士大夫担任，由太宰统一管理，即士大夫可以参与宫禁之管理，他认为后世宦官垄断宫禁之事弊端很大，并希望能引起当时负责选拔人才之士的反思。

王应电在《周礼传》中认为《周礼》本是一部系统的制度之书，所以学者在对《周礼》进行解读时，很容易与现实的社会制度联系起来。王应电师承魏校。魏校治《周礼》，就有强烈的现实关怀。王应电继承了他老师的学风，如"以九职任万民"条，王氏曰：

九职既任，即《大学》所谓生之者众，为之者疾也，何忧乎贫？今民之无职者多矣：一曰佛，二曰老，三曰冗兵，四曰冗吏，五曰游民，六曰作无益之工，七曰通异物之商，宜乎民之困穷而无以为生矣！抑不特此风俗奢僭于下，赋役岁增于上，而纵贪污官吏日夜疾视其民而敛之，若仇不至于大坏不止也。善乎节卿郑氏之论曰：先王制民之产以厚其生，既而听民自为生，下则困之使民无以为生。呜呼，天之立君以为民，夫何使之至于此极也？大有为之君听民自为生不止也，其当制民之产哉！②

王应电在此段论述中一是指出历代社会食利者众多的现象，即"一曰佛，二曰老，三曰冗兵，四曰冗吏，五曰游民，六曰作无益之工，七曰通异物之商"，王氏认为这必然会导致"民之困穷而无以为生"的窘境，而"纵贪污官吏日夜疾视其民而敛之"；二是王应电难能可贵地提倡"天地立君以为民"这样一种民本思想，认为君王对待百姓不止听民自生，还要制民之产以助民生。

柯尚迁在《周礼全经释原》云：

原曰：巫者所以通神明、去不祥、迎福、禳灾者也，曷可少之……虽然，今之巫觋固非古矣。特以今之设官自汉以来皆阙此职，故淫祀谄祭无所不至，邪诞妖妄诳惑愚民以至于今，杂乱极矣，神、人举不得其所矣。夫幽之与明，犹阴之

---

① （明）何乔新《周礼集注》，《四库全书存目丛书》第 81 册，齐鲁书社 1997 年版，第 181 页。
② （明）王应电《周礼传》，上海古籍出版社 1987 年影印文渊阁《四库全书》本，第 10 页。

与阳,不可偏去者也。是宜以今之巫觋之实理,正以古人之法,则其礼仪事务必有所当讲者;理幽之道得,则理人之道可无憾也。奚可以今之巫觋皆非实理,而为正道所绝哉。①

柯氏认为《周礼》中巫觋之职并非后世淫巫、左道、治符水、厌胜之旁门左道,当今正是因为缺少了专门管理巫觋的官职,故而没有控制好淫巫等邪术的泛滥,神与人都不能得其所。

(三)明代《周礼》诠释力求通俗易懂、择善而从

《周礼》郑玄注与贾公彦疏是诠释《周礼》的经典。对待郑注与贾疏,明代礼学家不是一味盲从,多是择善而从,诠释经典注重通俗易懂,多无学派成见。

王应电《周礼传》多直接引用郑玄之说。如"以宾礼亲邦国,春见曰朝,夏见曰宗,秋见曰觐,冬见曰遇"条,王氏云:

郑氏云:朝犹朝也,取其来之早。宗尊也,取其尊王。觐之言勤也,取其勤王事。遇,偶也,若不期而遇。按:朝、宗、觐、遇,王朝定名,诸侯来者,随所值之时,即用其礼。《汉书》吴王不朝,使人为秋请,是也。若拘以四方之说,岂东方无觐,而西方无朝乎?②

除了直接引用郑注之外,还有尽量用通俗的语言来阐释郑玄观点的。如"以肆献祼享先王,以馈食享先王,以祠春享先王,以禴夏享先王,以尝秋享先王,以烝冬享先王"条,王氏云:

人死而魂灵之游变曰鬼。宗庙之祭,四时一举。主祭夫高、曾、祖、祢之四亲庙与夫祖之始受命、宗之有功德而不毁者,祭必于四时取夫疏数之中也。三年一祫主,陈夫毁庙之主而合祀之也;五年一禘主,追祭夫祖之所自出而以祖配之也。③

其中"三年一祫主,陈夫毁庙之主而合祀之也;五年一禘,主追祭夫祖之所自出而以祖配之也"之说即遵从郑玄"三年一祫,五年一禘"之说。

王氏于《周礼》用功颇深,在训释经文时虽以郑注为主,但不等于一味述郑,而时有不同于郑注的创见。如"以吉礼事邦国之鬼神示,以禋祀祀昊天上帝,以

① (明)柯尚迁《周礼全经释原》,上海古籍出版社 1987 年影印文渊阁《四库全书》本,第 802~803 页。
② (明)王应电《周礼传》,上海古籍出版社 1987 年影印文渊阁《四库全书》本,第 132~133 页。
③ (明)王应电《周礼传》,上海古籍出版社 1987 年影印文渊阁《四库全书》本,第 132 页。

实柴祀日月星辰，以槱燎祀司中司命飌师雨师"条，王应电云：

> 天之灵曰神，天神之祭莫尊于昊天上帝，其次祀日日月星辰。星谓木、火、土、金、水之五星，辰谓日、月五星，所会之十二次也。"小祀日司中"而下，旧解文昌第四星为司命，第五星为司中。愚谓虚宿下有司命星，主人之寿夭，名义甚正。司中无考，岂天枢北极，主天之中气，故祀之欤？若文昌六星自主天子文德，不当与此混也。①

按：有关司中、司命之星，郑玄注云："司中、司命，文昌第五、第四星"，而王应电则认为司命星主人之寿夭，司中星可能是北极星，而文昌六星主天子文德，故而王氏认为郑玄观点有误。

柯尚迁在《周礼全经释原》对郑玄之说多提出不同见解。如"若邦凶荒则以荒辩之法治之，令移民通财纠守缓刑，凡以财狱讼者正之，以傅别约剂"条，柯尚迁在《周礼全经释原》云：

> 释曰：郑氏曰：辩当为贬，犹朝士之凶荒虑刑贬，谓国事有所贬损，作权时法也。愚谓当如字。荒辩之法，即移民通财，民可移则移之以就谷，或通财移谷以赒之，即梁惠王所谓河内凶则移其民于河东，移其粟于河内。此即古荒辩之法也。②

可见郑玄认为"荒辩之法"中的"辩"乃贬之通假字，而柯氏则认为"辩"字应如字，所谓"荒辩之法"即移民以通财。

总之，在朱子理学与阳明心学、疑古思潮以及经世致用思想影响下，明代《周礼》学表现出明显的时代特色与独特的研究路径。从这些方面看来，在明代《周礼》学领域，明代经学不但不是极衰时代，而是取得了其他时代所不及的成就，体现了明代经学研究所应有的精神风貌。希望本文的研究有助于我们更加客观地认识与看待明代经学。

---

① （明）王应电《周礼传》，上海古籍出版社 1987 年影印文渊阁《四库全书》本，第 131 页。
② （明）柯尚迁《周礼全经释原》，上海古籍出版社 1987 年影印文渊阁《四库全书》本，第 92 页。

从传教士到儒者：卫礼贤的身份转变研究

石飞飞*

摘　要：卫礼贤从传教士到儒者身份的转变，目前学界多归因于他对《论语》等中国典籍的译介。实际上，在中国的二十余年，卫礼贤完成了传教士到汉学家再到儒者的转变。这不仅是受周馥、劳乃宣、辜鸿铭、蔡元培等人影响的结果，也与20世纪初叶世界格局急剧变化及西方现代性危机凸显的现实背景密切相关。作为一位儒者，卫礼贤重塑孔子的圣人形象、在西方世界传播儒家经典，对之加以创造性阐释和当代价值重构，确实无愧于张君劢"孔子的信徒"的赞誉。

关键词：卫礼贤；儒家思想；礼贤书院；尊孔文社；中国学院

卫礼贤（1873—1930）最为学界所熟知的是他对中国典籍的译介，如张大英《德国来青传教士卫礼贤与中国典籍译介》（中国海洋大学出版社2018年版）较为全面地梳理了卫礼贤的典籍译介情况。基于其对大量的中国典籍的译介这个事实，卫礼贤被称为翻译巨匠或西儒，如张西平《中国文化典籍德文翻译的巨匠——卫礼贤》（刊于潘世伟、黄仁伟、乔兆红《中国学》（第5辑），上海人民出版社2014年版）、郭汉城《西儒卫礼贤易论举要》（社会科学文献出版社2014年版）等。有鉴于此，学界对他的研究主要围绕其对儒家学说的推广与跨文化阐释等方面来立论，如孙立新《卫礼贤对孔子学说的跨文化阐释及其当代意义》（《复旦学报》（社会科学版）2016年第6期）、方厚升《"儒者"卫礼贤的文化使命：重估儒学》（《孔子研究》2021年第1期）等。

目前，学界尚未充分关注卫礼贤的身份转变问题。如果我们结合卫礼贤的生平，就会发现其身份转变附着在他与周馥、劳乃宣、辜鸿铭等人的交游中。这种转变也不是一蹴而就的：筹建、管理礼贤书院时期的卫礼贤，因为与周馥等人的交游，名声大振，在对传教工作的思考中开始将目光投向孔子及其儒学思想；

---

　　* 石飞飞，中国海洋大学博士研究生，研究方向为唐宋文学及地方文化。本文系中央高校基本科研业务费专项"从传教士到儒者：卫礼贤的身份转变研究"（202261091）阶段性成果。

尊孔文社时期的卫礼贤，则在劳乃宣的协助下对孔子及儒家思想有了更为深入的接触，逐渐跻身汉学家之列，在研究儒家经典的同时，开始反思西方的文化，并为之提供妙药良方；中国学院时期的卫礼贤在与中西方学者的交游中，搭建起文化交流的桥梁，平等看待东西方的文化，可以说已经是一名典型的儒者。在筹建组织和频频交往中的身份转变，又与中国的变革、世界局势的动荡、西方的文化反思发生着如影随形的联系。基于这种情况，本文在前人研究基础上，拟以卫礼贤的身份变迁为中心，梳理变迁的轨迹，也分析这种变迁与时代转型、个人交游间的密切关系。

一、传教士与礼贤书院(1899—1912 年)

1899—1912 年，卫礼贤以一名传教士的身份，积极准备并投身筹办礼贤书院。此时，清朝逐步走向瓦解，义和团运动将矛盾转向对西方宗教的敌视，中德双方的局势也剑拔弩张。在岳父克里斯托夫·布卢姆哈特和牧师花之安的影响下，在与贡生臧毓臣、举人邢克昌、山东巡抚周馥等人的交游中，在接触并逐步翻译中国典籍中，礼贤书院的影响力逐渐扩大。同时，卫礼贤开始重新审视自己传教士的身份。

1899 年之前，卫礼贤仅仅是一名毕业于神学校的普通牧师，在德国小城市的教堂从事枯燥乏味的日常事务。但是，同善会①为青岛(当时处于德占初期)寻找牧师的一则招聘广告，改变了卫礼贤的人生轨迹。随着在青岛筹建运行礼贤书院、翻译中国典籍、调停高密铁路事件，传教士卫礼贤逐渐进入中国民众和海外汉学家的视野。

来华前以及来华初期，卫礼贤认为传教士的身份是神圣且严肃的。1899 年1 月，卫礼贤被同善会选中拟派往青岛。在接受岗前培训时，他看到在中国工作的传教士身穿中式服装演讲，"感到这种做法既可笑又有失尊严"②。在到达青

---

① 成立于 1884 年的同善会，主张"首先在东亚的文明古国中传播一种'非教条主义的基督教伦理'。倡导当地的宗教和文化研究，并试图通过慈善和文化活动对它产生'间接的'影响。""同善会"1929 年改名为"德国东亚传教协会"(简称 DOAM)，卫礼贤的传教工作在"德国东亚传教协会"的相关文件中有记录。参看〔德〕吴素乐著，任仲伟译《卫礼贤——传教士、翻译家和文化诠释者》，转引自任继愈主编《国际汉学》(第 12 辑)，大象出版社 2005 年版，第 14～15 页。

② 见卫礼贤的家信(SNRW)，参看〔德〕吴素乐著，任仲伟译《卫礼贤——传教士、翻译家和文化诠释者》，转引自任继愈主编《国际汉学》(第 12 辑)，大象出版社 2005 年版，第 16 页。

岛的最初几年里，"他对新环境仍然完全采取了欧洲中心主义的态度"[①]。我们在卫礼贤《中国心灵》一书中，也可以发现蛛丝马迹，如，"我的任务是呵护在'殖民地'的德国人的灵魂，并督建校舍"[②]；在华传教士"把培训公务员和护士的学校，作为自己崇尚的目标"[③]。卫礼贤当时的工作职责主要包括呵护德国人灵魂、督建校舍，筹办医院，而"西方传教士发展文化教育事业主要表现为设立教堂、开办学校、设立报馆、开办医院等"[④]，其传教士身份一目了然。

卫礼贤对传教士身份的认知，与他的岳父克里斯托夫·布卢姆哈特和牧师花之安的影响有关，而且这种认知伴随了卫礼贤很长时间。"在布卢姆哈特身上，我看到了自由而强劲的精神，任何心胸狭窄和严格划一，不论虔诚宗还是正统派或其他，都跟他格格不入。"[⑤]布卢姆哈特是虔诚且理性的牧师，直到 1919 年去世前，一直通过书信指导卫礼贤的思想及传教工作。他在 1901 年 1 月 21 日写给卫礼贤的信中说："你眼下处在传教历史的转折点……一旦你开始给人洗礼，相信我，这些受洗者当中，必定会有不实、谄媚和谋利之徒……"[⑥]这种冷静的心态也感染着卫礼贤，促使他不执着于给中国人洗礼，而是关注中国人的心灵。花之安（1839—1899）是德国传教士，被誉为"19 世纪最高深的汉学家"，1898 年至青岛传教，在中国以"文字传教"[⑦]为工作重点长达 30 余年，著有《儒教汇纂》《中国宗教导论》等。花之安曾在 1893 年的世界宗教大会的会前宣讲中说："假使孔子看到今天遍布世界的铁路、火轮船，一定会慨叹如今中国的古代精神呈现于西方世界，正如一千年前它曾经出现在中国那样。"[⑧]由其宣讲之辞可见，他充分注意到了孔子以及中国古代精神的时代意义。在卫礼贤的眼中，花之安是如"慈父般"的朋友，花之安对儒家思想的关注也感染着卫礼贤。受布卢姆哈特和花之安的影响，卫礼贤在来到青岛之初，就决定不负时光，成就

---

① 参看〔德〕吴素乐著，任仲伟译《卫礼贤——传教士、翻译家和文化诠释者》，转引自任继愈主编《国际汉学》（第 12 辑），大象出版社 2005 年版，第 16 页。

② 〔德〕卫礼贤著，王宇洁、罗敏、朱晋平译《中国心灵》，国家文化出版公司 1998 年版，第 3 页。

③ 〔德〕卫礼贤著，王宇洁、罗敏、朱晋平译《中国心灵》，国家文化出版公司 1998 年版，第 176 页。

④ 王建军《中国教育史新编》，广东高等教育出版社 2014 年版，第 175 页。

⑤ 见卫礼贤日记，转自蔡晓滨《卫礼贤与青岛》，青岛出版社 2018 年版，第 27 页。

⑥ Rich A(Hrsg.). *Christoph Blumhardt，Chrisms in der Welt*. Zürich：Zwingi Verlag：61，1958. 转引自徐若楠《中西经典的会通：卫礼贤翻译思想研究》，上海译文出版社 2018 年版，第 59 页。

⑦ "文字传教"的基本策略包括兴学、译述、出版、研究等。

⑧ Ernst Faber，"Genesis and Development of Confuciannism"，John H. Barrows，ed.，*The World's Parliament of Religions*，Chicago：The Parliament Publishing Company，1983，p.1353. 转引自潘静如《"现代性"与"科学帝国主义"初体验》，《文学遗产》2012 年第 2 期，第 187 页。

一番事业。筹建礼贤书院、研读中国典籍即是。

礼贤书院的筹建，也与当时中国的时代背景密切相关。1901 年 7 月，礼贤书院开始招生，《胶澳发展备忘录(1900 年 10 月—1901 年 10 月)》"同善会 教育活动"条曰：

> 同善会有两位神学家传教士，一位德国医生。在本报告年度内，其活动主要限于青岛。只是在拳民动乱以及德国分遣队进军高密期间，其活动随之延伸到那里。利用由该传教会支配的一笔可观的款项并通过开办一所野战医院，某些困境得到了缓和，并使民众除了惧怕德国人的武器外，也产生了某些信任。沙窝(scha wo)的一所学校和高密的一所流动医院都计划改为永久性的，它们是该传教会在这一地区的常驻机构。该传教会已动工在青岛兴建一所校舍，拥有 30 名学生和 4 名教师的德华学校已在 7 月 20 日开学。建立这所学校的意图是，除了培养学生掌握良好的中国古文知识，还尽可能教他们学习全面的德国学校课程。①

同善会此时派在青岛的传教士中，"在拳民动乱以及德国分遣队进军高密期间，其活动随之延伸到那里"的事迹，与卫礼贤一致。因此，卫礼贤是上述"两位神学家传教士"其中之一。这段文字对礼贤书院的办学意图以及卫礼贤在华的传教工作等，都有较为全面的记载。"拳民动乱"指义和团不满于在华传教士的行为，于 1900 年发动的诸多破坏运动；"德国分遣队进军高密"指德国人修建胶济铁路遭到高密当地民众强烈抵抗，德国军队拟进行武力镇压一事。"德华学校"就是"德华神学校"，也被称为礼贤书院。② 礼贤书院的筹办和运行，因为符合同善会资助文化交流的传教方式，得到了同善会的资金等方面的支持，但这也决定了礼贤书院必须符合教会的办学意图，即"除了培养学生掌握良好的中国古文知识，还尽可能教他们学习全面的德国学校课程"。面对当时的义和团运动、中西文化冲突，卫礼贤不是一个旁观的传教士，而是以传教士的身份，见证、参与、思考着发生的一切。

值得一提的是，在以礼贤书院为主阵地、积极与中国人士交往的过程中，卫

---

① 青岛市档案馆编《青岛开埠十七年——〈胶澳发展备忘录〉全译》，中国档案出版社 2007 年版，第 145 页。

② "德华神学校后来发展成为同善会在保护区教育活动的中心……根据卫礼贤的中文名字，这所学校也被称为'礼贤书院'，虽然这一名称泛指包括后来附设的小学和师资班在内的整个学校"。见王镇《德占时期青岛新式教育的发展》，中国海洋大学硕士学位论文，2008 年，第 25 页。

礼贤开始对自己传教士的身份进行反思。《中国心灵》(1926 年版)指出,很多人对在华传教士的评价并不高,甚至认为他们是"粗鲁无用的家伙,传教士的工作也是虚假的仁爱"[①],但是随着交往的加强,这种印象得以改观。"他们和中国各阶层的人士广泛交往,人们对传教士也不得不刮目相看了。"[②]其实,早在来华传教初期,卫礼贤就注意"和中国各阶层的人士广泛交往",这在与周馥的交往中体现得尤为突出。

卫礼贤与周馥(1837—1921)之间的交游,促使礼贤书院名声大振。1902年,时任山东巡抚的周馥,是第一个来到德国统治下青岛的清朝高官。当时中德双方的局势剑拔弩张,"几乎使坐镇济南府的山东巡抚和青岛的德国总督之间不可能有任何交往"[③],"当时的中国巡抚周馥打破了禁令,对青岛进行了一次访问"[④]。德国殖民当局虽然很紧张,在做好一定的防御措施后,接受了本次访问。卫礼贤一直没有忘记自己传教士的职责。为了扩大学校的影响力,他看准时机,"说服了总督府,将礼贤书院列为周馥访问项目之一"[⑤],并精心准备迎接周馥。从卫礼贤与周馥的记载来看,此次访问应该比较顺利,"巡抚来到青岛后,他那率真坦诚和健康的幽默感立刻扫去了人们心中的疑云",而且使得"青岛和济南府之间开始了友好的睦邻交往"。[⑥] 周馥回济南后,在光绪二十八年(1902)十一月二十四日给皇帝的奏折中写道:"初八日到胶州澳,德国武官都沛禄派员迎接,礼貌周备,供张颇盛。"[⑦]周馥访问礼贤书院时,允诺该校学生可参加山东大学堂考试。[⑧] 1904 年,山东巡抚周馥派人到礼贤书院"挑选了几名学生到济南山东大学堂参加会考,(学生)谭玉峰竟在所有考生中名列榜首,被奏准为优贡生"[⑨]。这使礼贤书院在全国声名鹊起。

实际上,作为一名传教士,卫礼贤在运作礼贤书院时,开始接触臧毓臣和邢克昌等诸多前清贡生、举人。在他们的帮助下,卫礼贤着手翻译中国典籍,不断接受儒家思想,这也是促使他反思自己传教士身份的重要因素。当大多数传教

---

① 〔德〕卫礼贤著,王宇洁、罗敏、朱晋平译《中国心灵》,国家文化出版公司 1998 年版,第 176 页。
② 〔德〕卫礼贤著,王宇洁、罗敏、朱晋平译《中国心灵》,国家文化出版公司 1998 年版,第 176 页。
③ 〔德〕卫礼贤著,王宇洁、罗敏、朱晋平译《青岛的故人们》,青岛出版社 2007 年版,第 90 页。
④ 〔德〕卫礼贤著,王宇洁、罗敏、朱晋平译《青岛的故人们》,青岛出版社 2007 年版,第 90～91 页。
⑤ 蔡晓滨《卫礼贤与青岛》,青岛出版社 2018 年版,第 119 页。
⑥ 〔德〕卫礼贤著,王宇洁、罗敏、朱晋平译《青岛的故人们》,青岛出版社 2007 年版,第 91 页。
⑦ 〔德〕卫礼贤著,王宇洁、罗敏、朱晋平译《青岛的故人们》,青岛出版社 2007 年版,第 90 页。
⑧ 教会学校的学历得到中国官方的认可,实属罕见,对于教会学校的生源和学生数量有着重要影响。
⑨ 蔡晓滨《卫礼贤与青岛》,青岛出版社 2018 年版,第 130 页。

士还在努力发现"儒家思想中的许多缺点，并且希望能够像对其他宗教一样对它进行攻击、诋毁"①时，卫礼贤却认为："中国人的眼光并不停留在自己带有偶然性的小我上，而是深入人类的根底。他们听天由命地生活着，并且因此而成为自主者，不为表面的波涌而动摇。"②同时也逐渐对当时急功近利的布道方式表示不满，"欧洲人……在采取攻势，在彻底败坏远东的伟大文化方面无所不用其极。一种文化也可能被致命的环境和建议所毒害"③。在筹建、运营礼贤书院的过程中，卫礼贤对中国精神的肯定以及对传教布道方式进行了不断反思，逐渐将视野投向孔子及儒家思想。

总之，卫礼贤与周馥、臧毓臣和邢克昌的结识源于礼贤书院，礼贤书院的筹建与运营又成为卫礼贤学习、传播中国典籍的主阵地，也是其重新审视自己传教士身份的重要媒介。正如叶隽所言："如果没有传教士的经历，很难建构起他日后如此饱满丰硕的人生履历……应当认识到，因为传教任务而展开的一系列在华活动，对卫礼贤作为一名文化人物的成型，具有重要意义。"④

二、汉学家与尊孔文社(1913—1921 年)

20 世纪初叶，中国面临着现代转型的艰难探索。1912 年清朝灭亡，面对西方的坚船利炮，一批文人志士勇立潮头，试图从思想根源寻找民族发展的良方，思想界围绕"孔子"及儒家思想，展开了激烈争论。卫礼贤在了解孔子及儒家思想的基础上，结合时代变化，筹建了尊孔文社，以此为阵地开展了系列崇儒尊孔活动。此时，西方随着世界范围内工业革命极速发展和资本主义生产方式的确立，现代性危机日益凸显，正经历着文化反思的痛苦。

早在筹组尊孔文社之前，卫礼贤就发表过推崇孔子的文章，如他在《孔子的意义》(1909 年)中指出：孔子"影响了整个东亚，加起来约三分之一的世界人口，而且持续至今，他宣扬的道德理想与其他世界性的宗教相比也毫不逊色"⑤。卫礼贤不仅呼吁中国人"必须维持孔子的影响，因为它给中国带来了幸福，是维持

---

① 〔德〕卫礼贤著，王宇洁、罗敏、朱晋平译《中国心灵》，国家文化出版公司 1998 年版，第 178 页。

② 〔德〕卫礼贤《东方和西方》，载鲍吾刚选编《卫礼贤——两个世界的使者》，杜塞尔多夫、科隆，1973 年，第 187～188 页。转引自蒋锐《卫礼贤论中国文化》，《德国研究》2006 年第 4 期，第 60 页。

③ 〔德〕卫礼贤著，王宇洁、罗敏、朱晋平译《中国心灵》，国家文化出版公司 1998 年版，第 11 页。

④ 叶隽《主体的迁变：从德国传教士到留德学人群》，上海外语教育出版社 2008 年版，第 87 页。

⑤ 〔德〕卫礼贤《孔子的意义》，《传教消息与宗教学杂志》(第 24 卷)1909 年第 3 期。

社会秩序的积极力量"①，而且号召欧洲承认孔子的功绩，即"没有谁比他更适合成为中国精神的象征。我们在评价他时忽略这一点，那么，当我们认识到他做出了如此伟大的贡献时，我们将陷入尴尬"②。但到底如何实施尊孔行为，当时的卫礼贤尚未有答案。

上海孔教会的成立，为卫礼贤筹组尊孔文社提供了样板和学理支持。1912年中华民国临时政府成立后，政治体制发生了变革，孔子及儒学的地位大不如前。面对西方的入侵和社会的动乱，一批前清遗老、文人儒士等组织了一批尊孔复古的团体，试图从传统儒家思想中寻找救治社会疾病的良方，孔教会便是其中影响较大的尊孔复古组织。1912年，由康有为提倡，其门人麦孟华、陈焕章等筹办，在沈曾植、梁鼎芬、姚菊坡等前清遗老的协助下，孔教总会于1912年10月7日在上海山东会馆宣布成立。③ 康有为主张定孔教为国教，尊孔子为教主。④ 不久后，孔教会呈现"沈乙庵主持于中，陈重远号召南北"，姚菊坡与姚东木等人率江浙人士，以左右之的态势。⑤ 据孔教会的宣传阵地之一《孔教会杂志》记载：

> 尉礼贤君者，德国之神道学博士也。旅华十余年，在青岛创办礼贤书院，成绩久著。尉君……此次来沪，欲于本会有所尽力，特订期与沈乙庵君（沈曾植）、陈重远君（陈焕章）相见。本月初九日，尉君如期至沈宅，极言孔教之不可不保存，且述仰慕之意。乙老（沈曾植）询以礼贤书院之课程，尉君……以四书五经为主。且言近日中国学校废止读经，实为莫大之祸……陈君（陈焕章）乃赠以本杂志一册，乙老又取《孔教论》四册赠之。尉君批阅会章，当即担任在青岛组织支会……（尉君）将行，以钞票二十元交陈君，以为其入会费、常年费及定阅三年之杂志也。今年阙里大会，尉君亦将赴会，云孔教行于欧洲大陆之机，将以尉君

---

① Wilhelm, "Der Konfuzianismus im neuen China", *ZMR*, 1912, S. 340. 转引自方厚升《君子之道：辜鸿铭与中德文化交流》，厦门大学出版社 2014 年版，第 300 页。

② Wilhelm, "Die historische Bedeutung des Konfuzius", *ZMR*, 1912, S. 270-271. 转引自方厚升《君子之道：辜鸿铭与中德文化交流》，厦门大学出版社 2014 年版，第 300 页。

③ 参看中国孔子基金会编《中国儒学百科全书》，中国大百科全书出版社 1996 年版，第 874 页。《沈曾植年谱长编》也有相关记载：民国元年壬子(1912)，沈曾植 63 岁，"春，公与姚文栋、陈焕章、姚丙然、李宝沅、麦孟华等谋发起孔教会"。见许全胜《沈曾植年谱长编》，中华书局 2007 版，第 364 页。

④ 康有为《孔教会序二》，《孔教会杂志》第 1 卷第 2 期，1913 年 3 月，第 5～14 页。他的观点在其政论文中也有体现，见汤志钧编《康有为政论集》，中华书局 1981 年版，第 279～283 页。

⑤ 李礼《觉醒的年代：1919 年前后的中国》，山西人民出版社 2021 年版，第 210 页。

为先导矣。[1]

"尉礼贤"即"卫礼贤"。1913年4月，卫礼贤曾因孔教会与沈曾植、陈焕章交流过，双方在"孔教之不可不保存"方面达成高度共识。在阅读沈乙庵相赠的《孔教论》后，卫礼贤当即担任在青岛组织孔教会支会，同时在临行前缴纳了入会费。以沈乙庵、陈重远为代表的孔教会也鼓励、认可卫礼贤的尊孔行为，同时，也对卫礼贤传播儒家文化寄予厚望。回青岛后，卫礼贤于同年成立了尊孔文社[2]，尊孔文社很快便成为卫礼贤与清朝儒士交游的主阵地。此时，因青岛"远离中国革命风暴、位于山海之间、风景如画、寂静"，大批清朝儒士移居青岛。[3] 这种局面与德国当局采取的措施有一定关系，"只要逃亡过来的各党派人士遵从该地的规则和法律，他们就会得到保护……在青岛以友好的方式接待了第一位客人以后，其他人接踵而至"[4]。德国政府的政策支持，促使更多的前清遗老落地青岛。有学者统计，"民初青岛逊清遗老有一百三十余位，其中亲王、大臣、总督、巡抚多达几十位"[5]。当时的官员大多通过以儒学为主要内容的科举考试走向仕途，且不乏饱学之士。卫礼贤有机会接触的逊清遗老人数之众、国学素养之高，由此可见一斑。卫礼贤在《青岛的故人们》一书中曾言及成立尊孔文社的目的："我们的想法是为了将来，挽救已处于极度危险境地的中国文化财富。我们希望通过翻译、讲座和出版的方式，在东西方文化之间架起一座桥梁。"[6]研究儒学是为了沟通东西方，促进相互间的理解。

卫礼贤不仅亲历了中国人面对坚船利炮时的反思与求索，也意识到以往西方对孔子及儒学的轻视，他抱着极高热忱与逊清遗老交游，试图让孔子的圣人地位以及儒学得到世界范围内的接受，进而缓解西方的现代性危机。他在《在胶州租借地的晚清官员印象记》中说："那时的青岛便提供了一个了解古老文化的特征和典型的机会……来自各地的学者们与政客们汇聚一堂，追溯往事，很

---

① 《本会记事·总会》，《孔教会杂志》第1卷第3期，1913年4月。

② 孙立新《近代中德关系史论》，商务印书馆2014年版，第213页。

③ 〔德〕卫礼贤著，王宇洁、罗敏、朱晋平译《青岛的故人们》，青岛出版社2007年版，第121页。此外，劳乃宣年谱中也说："山东青岛为德国租借地，国变后，中国遗老多往居之。"见（清）劳乃宣《韧叟自订年谱》，《桐乡劳先生（乃宣）遗稿》，桐乡卢氏校刻，沈云龙《近代中国史料丛刊第36辑》，文海出版社1998年版，第19页。

④ 〔德〕卫礼贤著，王宇洁、罗敏、朱晋平译《青岛的故人们》，青岛出版社2007年版，第96～97页。

⑤ 刘庆《逊清遗老复辟及社会活动述论——基于1912—1922年青岛的考察》，《甘肃社会科学》2018年第2期，第133页。

⑥ 〔德〕卫礼贤，王宇洁、罗敏、朱晋平译《青岛的故人们》，青岛出版社2007年版，第120～121页。

多内容堪称是高水平的中国历史。"①卫礼贤对这种聚会称赞颇高，"那时学者和艺术家们时常聚集一起，比如诗人王羲之所描写的兰亭的著名学者聚会"②。在卫礼贤看来，自己与这些前清遗老的交游如同兰亭集会一样，高雅且有意义，评价不可谓不高。其与劳乃宣交游，在劳乃宣的帮助下翻译《孟子》等中国典籍，巩固了他汉学家的地位。

为了给尊孔文社聘任饱学儒士，也为了更好地完成与德国迪德里希斯出版社签订的"中国的宗教和哲学"系列翻译作品，③卫礼贤通过周馥认识了前清学部副大臣（相当于现在的教育部副部长）、京师大学堂监督劳乃宣。据《清史稿》载："乃宣诵服儒先，践履不苟，而于古今政治、四裔情势靡弗洞达，世目为通儒。"④在"通儒"劳乃宣的协助下，卫礼贤对中国儒家思想及孔子有了更深刻的理解。同时，卫礼贤还聘请劳乃宣为尊孔文社的主持人。据《胶澳志》，劳乃宣"辛亥以后，侨居青岛，尝主德人尉（卫）礼贤所立之尊孔文社，事讲论经义，一时寓公子弟多以就业"⑤。卫礼贤的尊孔行为得到中国人的认可。臧毓臣曾这样评价："卫君最好学，手不停挥，目不停览，虽炎夏不避，危坐译读晏如也，是故精通华语及文义。"⑥卫礼贤对中国经典的研究成就，不仅得到劳乃宣等中国人的认可，而且得到了欧洲人的关注。据吴素乐的研究，当时"德语文学界的知名人士"如阿尔冯斯·帕盖特、沙龙哲学家赫尔曼·格拉夫·凯瑟琳、宗教学家和自由的神学家鲁道夫·奥托等，都曾在 19 世纪一二十年代在青岛与卫礼贤见过面，卫礼贤"被人看作是汉学家，而不是传教士"⑦。卫礼贤于 1920 年夏天回到德国后，不断以汉学家的身份受邀到各地做讲座。"这位因翻译工作而成名的

---

① 〔德〕卫礼贤著，鹏程译《在胶州租借地的晚清官员印象记》，刘善章、周荃主编《中德关系史译文集》，青岛出版社 1992 年版，第 308 页。

② 〔德〕卫礼贤著，王宇洁、罗敏、朱晋平译《中国心灵》，国家文化出版公司 1998 年版，第 136 页。

③ 随着卫礼贤《诗经》《大学》《论语》等译作在欧洲的传播，德国迪德里希斯出版社看到卫礼贤所翻译的中国经典的价值，于 1911 年与卫礼贤达成出版协议，围绕"中国的宗教和哲学"出版 10 部由他翻译的中国经典著作，包括先前已经出版的《论语》。这一时期，卫礼贤除继续坚持办学外，更多关注学术翻译，译介了诸多中国典籍。详见张东书《两个世界之间的文化桥梁——卫礼贤和迪德里希斯出版社》，张西平主编《国际汉学》（第 20 辑），大象出版社 2010 年版，第 114～128 页。

④ 赵尔巽《清史稿》卷四七二《劳乃宣传》，天津古籍出版社 2000 年版，第 648 页。

⑤ 赵琪修、袁荣叟纂《胶澳志》卷一〇《人物志》，胶澳商埠局 1928 年版，第 15 页 b。

⑥ 《礼贤中学校二十五周年纪念册》（内部资料），转引自张大英《德国来青传教士卫礼贤与中国典籍译介》，中国海洋大学出版社 2018 年版，第 121～122 页。

⑦ 〔德〕吴素乐著，任仲伟译《卫礼贤——传教士、翻译家和文化诠释者》，转引自任继愈主编《国际汉学》（第 12 辑），大象出版社 2005 年版，第 24 页。

人物受到了整个德语界文化和教育协会的邀请……在柏林等地做报告。1921年秋季，他还在苏黎世的心理学俱乐部作了关于《易经》的专题报告。1920—1921年，他几乎都在旅途之中。"①由上可知，卫礼贤身份的转变以及在海外汉学界取得的长久影响力，与尊孔文社的筹建以及这时期与劳乃宣等饱学之士的交游有一定的关系。

表面上看，尊孔文社只是卫礼贤学习、研究儒学的一个机构。在与劳乃宣等人接触后，卫礼贤对孔子、儒学的认识水平提高了，翻译儒学经典之作的深度也大有长进，特别是这一时期在劳乃宣的协助下翻译的《孟子》，为卫礼贤后面的汉学研究奠定了良好基础。卫礼贤翻译的中国经典"成为德国有文化的中产阶级崇尚的书籍，在精神躁动、寻求出路的 20 世纪 20 年代，德国的中产阶级曾特别热衷于'东方智慧学说'"②。实际上，尊孔文社不仅仅是学习研究儒学的组织，他还浓缩着中国文人儒士的经世精神与心路历程。卫礼贤对引导西方重新估价孔子地位及儒家思想起到积极作用，也激发了西方人了解儒家思想及孔子的兴趣。卫礼贤在交游中理解、反思，逐渐成为一名汉学家。

三、儒者与中国学院（1922—1930 年）

从 1922 年卫礼贤再次返回中国到 1930 年他在德国去世的这段时间，东西方社会的现代性危机日益凸显，双方均在进行思想文化层面的深度探索。卫礼贤以中国的东方学社和西方的中国学院为阵地，在与中外学者的交游中，实现了从汉学家到儒者的身份转变。

与第一次来中国不同，卫礼贤于 1922 年初以"科学参赞"（1921 年底，柏林外交部任命威廉为德国驻北京公使馆科学参赞）的身份重新来到中国。"他说服同善会对他在北京成立'东方学社'的计划感兴趣……该研究所不再像以前的'李希霍芬研究所'那样具有浓厚的德意志民族色彩，而是致力于国际间的文化交流。"③关于东方学社成立的初衷，我们可以从卫礼贤于 1920 年底写给朋友伯伊的信中得到某些线索："我也总在想着北京学社的事。真要能做成的话，那就太好了。这个想法是恰逢其时，这类机构早晚会出现。我相信，人类发展的最终方向，就是人的交往变得相互交错，那时就需要有这样的机构，消除国家间

---

① 〔德〕吴素乐著，任仲伟译《卫礼贤——传教士、翻译家和文化诠释者》，转引自任继愈主编《国际汉学》（第 12 辑），大象出版社 2005 年版，第 25 页。
② 〔德〕施寒微著，彭蓓译《卫礼贤与中国》，《江海学刊》2023 年第 3 期。
③ 〔德〕吴素乐著，任仲伟译《卫礼贤——传教士、翻译家和文化诠释者》，第 25 页。

的误解和恶意。"①卫礼贤所谓的"恰逢其时"应该与中国爆发的"五四"运动以及中德国际关系有一定关系。在 1921 年《中德协约及其其它文件》签订后，卫礼贤更加积极谋划。此时，正是新文化运动风生水起之际，"卫礼贤博士固深爱旧中国，然亦未尝不爱新中国。与中国新少年常多为缘"②。这种认识与交流，为其日后在西方建立中国学院奠定了良好基础。再次返回中国的卫礼贤，已经逐渐抛弃传统的传教士的身份了，转而致力于东西方之间关于科学、文学、文化、宗教间的深度交流。

1923 年，德国"由于经济危机……精简外交人员。没有外交官正式职位的威廉也于 11 月被解雇了。但此时，他已经签订了一年的合同，在由蔡元培重组的北大德语系担任讲师，所以他留在了北京"③。1924 年，卫礼贤回到德国法兰克福大学哲学系任教，"以讲座和练习课的形式教授中国国情和中国研究"④。次年，卫礼贤成立法兰克福中国学院。中国学院每年都会邀请中西方著名学者以中国文化为主题进行研讨和交流，不仅有黑塞、荣格、凯瑟琳等西方学者，还有胡适、梁启超等中国学者，卫礼贤继续担任中国与欧洲"精神交流的使者"。值得注意的是，此时的卫礼贤也面临着文化冲突带来的困扰。荣格曾多次前往中国学院去听卫礼贤开讲。荣格回忆："听了他的讲座后，我曾试图让他注意威胁着他的危险。我说给他的话是：'我亲爱的威廉，请不要误解我的话，不过我有种感觉，就是西方的东西正再次拥有你，你对你那次将东方介绍给西方的旅行变得越来越不忠诚了。'他回答说，'我认为你说得对——这儿好像有什么东西正强烈地攫住我。可又能怎么办呢？'"⑤这种困扰的背后，实则是其中国之心与其西方头脑间的矛盾，因为卫礼贤不可避免地要面临重新被西方同化的处境，对此，卫礼贤的中国心是不接受的。作为好友的荣格对此也很清楚，他在书

① Wilhelm R., *Brief von Richard Wilhelm an Friedrich Boie vom 20.12.1920.* ABAdW: NL Wilhelm, 1920, 11/246. 转引自徐若楠《中西经典的会通：卫礼贤翻译思想研究》，上海译文出版社 2018 年版，第 40 页。东方学社筹建和运行的具体细节，详见《中西经典的会通：卫礼贤翻译思想研究》的第 39~56 页。

② 石坦安《石坦安君特撰行述·德国著名汉学家卫礼贤博士逝世》，《大公报》1930 年 3 月 17 日。

③ 〔德〕吴素乐著，任仲伟译《卫礼贤——传教士、翻译家和文化诠释者》，转引自任继愈主编《国际汉学》（第 12 辑），大象出版社 2005 年版，第 26 页。

④ 法兰克福歌德大学，校长文件，Abt.1；51.Fol.1. 转引自〔德〕吴素乐著，任仲伟译《卫礼贤——传教士、翻译家和文化诠释者》，任继愈主编《国际汉学》（第 12 辑），大象出版社 2005 年版，第 30 页。

⑤ 〔瑞士〕荣格著，刘国彬、杨德友译《卫礼贤》，《回忆·梦·思考——荣格自传》附录，辽宁人民出版社 1988 年版，第 604 页。

信中对卫礼贤说："我想，由于这是一次被动的被同化，即是说，是一次对环境影响的屈服，因此会产生相对而言属于无意识冲突的危险，一种他身上西方和东方精神之间的抵触。"①众所周知，卫礼贤在思想传承方面，受到中国精神的影响似乎更大些，在他与中西方学者的讨论中，卫礼贤与歌德、黑塞、荣格等人都意识到了东方精神对于解救西方现代性危机的重要性。

中国学院的筹建与运营对卫礼贤的影响体现在诸多方面，最主要的是建立了中西方学者交流以及直面中西文化差异的平台，重新界定了儒家思想的含义与精神。其实，与异乡华侨辜鸿铭的交游也影响着卫礼贤对儒家思想的接受，而卫礼贤对辜鸿铭态度的转变，在一定程度上反映了卫礼贤对儒家思想的新认识。卫礼贤与辜鸿铭（1857—1928）的相识比较早。辜鸿铭于清光绪十一年（1885）留学归国，此时正值中法战争；后长期任职于张之洞幕府，担任总督衙门洋文案。1902 年，辜鸿铭曾以湖广总督张之洞幕僚身份赴青岛，拜会胶澳总督特鲁泊。此时卫礼贤已参与过高密铁路事件调停，也筹建了礼贤书院，翻译了一定数量的中国典籍，在青岛有一定的影响力。二人当时是否见过面，我们目前已无从知晓。但是我们根据辜鸿铭写给卫礼贤的 21 封信②，可以发现诸多信息：

给您回过上封信后，又收到两封来信。您为犬子承担了不少麻烦，我要表达诚挚的谢意……很高兴得知您正在进行的出版计划，这会使欧洲人更好地了解中华文明……问题是怎么做才能使欧洲人了解中华文明的价值。答案显然是：让欧洲人了解中国文学。（上海，1910 年 6 月 10 日）

将汉语译成欧洲语言时，需要略加解释。但问题是，您可能或者说不应该做过度的诠释。在译文中，恐怕您已扩展了原文本身的内容，因此，您为了阐释原文的思想，就客观上自己写作出原文之外的文本。我个人认为，如果能仅是通过翻译原文而达到阐释思想的目的，那样也许会更好。（上海，1910 年 9 月 24 日）

在上海的许多外国朋友都取笑我，说我对于满清王朝是一种狂热的愚忠。他们不知，我的忠诚不仅是对于皇室忠诚，因为我世代受恩于她，更是对中国宗

---

① 〔瑞士〕荣格著，刘国彬、杨德友译《卫礼贤》，《回忆·梦·思考——荣格自传》附录，辽宁人民出版社 1988 年版，第 604 页。

② 魏汉茂《卫礼贤（1873—1930）：在中国的传教士以及中国精神文化的传播者》一书收录 1910 年 6 月 10 日至 1914 年 7 月 6 日间，辜鸿铭写给卫礼贤的 21 封信（第 283～316 页，其中 20 封为英文，1 封为德文）。

教的忠诚，对中华文明的忠诚。一场殊死的搏斗已经展开，一方是对忠义廉耻、责任义务的信仰，另一方是崇尚利益和野心的现代欧洲式信仰。（上海，1912年2月22日）①

由上我们可以发现，早在1910年6月10日，辜鸿铭就已给卫礼贤写回信，二者的交流的内容不仅涉及生活，也时常讨论文学作品的翻译。由"给您回过上封信后，又收到两封来信"，我们基本可以肯定，二人早在1910年6月前就已经相识。二人在传播中华优秀传统文化的重要性方面，有一致的观点，但是二人就如何翻译中国经典并没有达成一致，这在辜鸿铭1910年9月24日写给卫礼贤的信中我们便可发现。结合此后的翻译情况来看，卫礼贤似乎并不认同辜鸿铭对翻译中国典籍方法的建议。从1912年2月22日写给卫礼贤一封长信来看，辜鸿铭认为，他所坚守的不仅是清朝的统治，更是对中华文明、对忠义廉耻、责任义务信仰的守护。需要我们追问的是，卫礼贤又是如何看待辜鸿铭的呢？他的身份转变又与辜鸿铭有怎样的关系呢？

在卫礼贤的眼中，辜鸿铭的"活力和刚健的耐久力丝毫不比任何欧洲人差……谈话的火焰就好像是闪开的火化一样迸射……这位东方哲人的心灵和头脑中充满了各种各样的思想和感觉，包括整个世界的历史和神圣的创造计划，以及远东的精神和西方的野蛮掠夺"②。从中我们不难发现卫礼贤对辜鸿铭的推崇。但是，随着卫礼贤对中国典籍更深入的理解和更多的阐释，他与辜鸿铭在中国典籍译介方面的冲突变得更加明显。"进入20世纪20年代以后，他在一些评论文章中提及辜鸿铭时，由衷的赞美之词已消失不见，批评色彩开始鲜明起来。"③在卫礼贤《中国心灵》一书中也有相关描写：辜鸿铭"虽然受过欧式教育，但执着于中国古代传统，激烈反对一切外国的东西"④。委婉指出了辜鸿铭做法的极端。此外，卫礼贤在1929年发表《中国人是一个正在消亡的文化民族吗？》中说："尽管政治局势非常悲惨，但文化传统并未中断。前几个世纪人文传统最后的代表人物在新的时代里依然是领袖。我在这里举几个例子：康有为、梁启超、章太炎、蔡元培。"⑤民族领袖的名单中已不包括辜鸿铭。也就是说，

---

① 辜鸿铭著，吴思远编译《辜鸿铭信札辑证》，凤凰出版社2018年版，第113～114页。

② 〔德〕卫礼贤著，王宇洁、罗敏、朱晋平译《青岛的故人们》，青岛出版社2007年版，第131页。

③ 方厚升《君子之道：辜鸿铭与中德文化交流》，厦门大学出版社2014年版，第247页。

④ 〔德〕卫礼贤著，王宇洁、罗敏、朱晋平《中国心灵》，国家文化出版公司1998年版，第25页。

⑤ Wilhelm，"Sind die Chinesen ein sterbendes Kulturvolk?"，*Sinica*，1929，S.204. 转自方厚升《君子之道：辜鸿铭与中德文化交流》，厦门大学出版社2014年版，第249页。

在卫礼贤看来，辜鸿铭虽然在维护中国传统价值观方面有着不可磨灭的贡献，但不可否认，他对外来文明的一味排斥的态度导致他最终被新时代所淘汰。

表面上看，卫礼贤与辜鸿铭的冲突是不同的翻译理念和方法，但实际上对儒家思想当代价值的不同理解才是深层分歧所在。与辜鸿铭的偏执不同，卫礼贤后期的翻译之作往往关注时代需求，带有较浓厚的时代色彩。以荣格为代表的学者看到卫礼贤对中国精神的继承，认为："在种种刺耳喧嚣的欧洲式的说教声中，能听到卫礼贤这位从中国归来的使者的质朴的语言，不啻一种福音。中国思想能如草木一般随处生根，能够用平易的语言表达深刻的东西。卫礼贤的思想显然受到了这种熏陶，他使我们看到了在伟大的真理和深刻的大道中所蕴含的某种质朴的东西，他给西方的土壤移植了一株金华的嫩苗，使我们对于生命和道有了一种新的感受，使我们整日处于顽冥乖戾的紧张情绪得到了一定的解脱。"①凯泽林也称赞说："迄今为止，被授予中国人称号的只有卫礼贤，他的每一个字都让人感到他已尽得中国古典学者真传，是中国精神熏陶出来的，他在内心深处真正认同的是中国。"②但是，也有人对卫礼贤以文化平等的视角向西方传播孔子及儒学思想表示不满，称卫礼贤"作为彻头彻尾的现代人，从陈旧的矿井中淘挖古代智慧的金子，再将它转铸成可流通的硬币，有时在现代中国人眼中又显得过于中国式了，不能无条件认可他"③。卫礼贤的中国之心与其欧洲头脑之间的矛盾，一直困扰着他。但是，卫礼贤一直将中国精神用德语和德国人能够接受的方式表达出来，扩大了儒家思想在德国的影响。

其实，卫礼贤挖掘中国智慧的目的是"在古代中国和现代欧洲的精神之间搭建起一座桥梁，发掘出中国精神所蕴含的独特精神和普世价值"④。因为他认为"中国智慧成为现代欧洲的拯救者"⑤，"那正是我们所需要的和古老的中国所能给予我们的东西。仅靠模仿不能帮助我们。我们无须外在的、人工的方法去理解对我们陌生的事物，而是要发现我们自己，我们必须发现自己的深度，继续找寻喷涌生命之泉的源头。在我们所能理解的范围内，平静地接近向我们开放

① 〔瑞士〕荣格《纪念卫礼贤》，《荣格全集》卷一五。转自申荷永、高岚《荣格与中国文化》，首都师范大学出版社2018年版，第70页。

② H. Keyserling, *Das Erbe der Schule der Weisheit*, Wien: Verlag der Palme, 1981, S.910. 转引自方厚升《"儒者"卫礼贤的文化使命：重估儒学》，《孔子研究》2021年第1期。

③ Heinrich Hackmann, *Welt des Ostens*, Berlin: Verlag von Karl Curtius, 1912, S.434. 转引自方厚升《"儒者"卫礼贤的文化使命：重估儒学》，《孔子研究》2021年第1期。

④ 徐若楠《中西经典的会通：卫礼贤翻译思想研究》，上海译文出版社2018年版，第173页。

⑤ 〔德〕卫礼贤著，王宇洁、罗敏、朱晋平译《中国心灵》，国家文化出版公司1998年版，第290页。

的真正神秘力的最深层领域是可能的。这给了我们勇气去拒绝一切外在的东西，放弃一些发生在生存外壳上的无足轻重的举止。我们将学会变成为婴儿，去找寻哺育、安慰我们的母亲，她赐予我们力量从内部去影响事物，这使我们不至于在寻求成功的同时失去自我"①。卫礼贤的确做到了，在华任教的德国哲学博士石坦安（按：斯坦恩的另外一种译法）也看到了卫礼贤在这方面的贡献，说："（卫礼贤）非欲以汉学家自见。实欲矫正当时欧洲人（尤其德国人）对于中国人民之误解。实欲使德国人得知中国之真象及中国古昔高尚之文明，博士之工作，足使德国人耳目一新，如获异宝。此德国人所当永远感念不忘者。"②卫礼贤不仅是东西方沟通桥梁的搭建者，也见证了东西方文化间的交流碰撞。面临西方现代性危机，卫礼贤发掘儒家思想的现代意义，这是他向东方传统文化寻求的一剂良方。

从荣格纪念卫礼贤的文章中也可以看到，卫礼贤成功了。1930 年 5 月，荣格在德国慕尼黑"卫礼贤纪念会"上致辞，曰："卫礼贤一生的工作对我无比重要，因为其有力阐明并证实了我为医治欧洲人心灵痛苦所探索、奋斗、思考以及实践的内容。对我来说，这是难以忘怀的经历，听其用清晰的语言，讲述那些我曾隐约在我们欧洲无意识中发现的事情。我真的感觉他充实丰富了我，在我看来，仿佛我从他那里获得的教益要远远多于任何其他人。"③荣格的这篇祭文，明确表述了卫礼贤与中国文化的深层关系，也清醒看到了卫礼贤在传播中国文化方面的重要意义。

至此，卫礼贤在东方学社不仅接触了蔡元培、康有为等中国学者，同时也邀请了泰戈尔、杜威、罗素、杜里舒来华讲学，在东西交流史上留下重要一笔。④ 在法兰克福中国学院，他一如既往的同中国学者、汉学家保持密切交游，邀请胡适、伯希和在中国学院做学术讲座，也曾试图为蔡元培在法兰克福大学谋求一份教职，陪同徐志摩在欧洲旅行。徐志摩曾在《小花篮——送卫礼贤先生》的诗序中写道："卫礼贤先生，通我国学，传播甚力，其生平所最崇拜者，孔子而外，其

---

① 〔德〕卫礼贤著，王宇洁、罗敏、朱晋平译《中国心灵》，国家文化出版公司 1998 年版，第 291 页。

② 石坦安《石坦安君特撰行述·德国著名汉学家卫礼贤博士逝世》，《大公报》1930 年 3 月 17 日。

③ 〔瑞士〕荣格《纪念卫礼贤》，《荣格全集》第 15 卷，转自申荷永、高岚《荣格与中国文化》，首都师范大学出版社 2018 年版，第 70 页。

④ 徐若楠《中西经典的会通：卫礼贤翻译思想研究》，上海译文出版社 2018 年版，第 44 页。

邦人葛德(歌德)是,今在北大讲葛德"。[1] 卫礼贤所扮演的不仅仅是传教士或者汉学家的身份,而是以包容、平等之姿态,致力于东西文化交流的儒者形象。正因为如此,卫礼贤被誉为"两个世界的使者"。

四、结语

无论是刚到中国时以传教士身份筹建礼贤书院,还是带着汉学家的光环组织尊孔文社,抑或是以儒者胸襟建立中国学院,卫礼贤生命中的重要事业,都与儒家思想发生着密切关系。正如他在《中国心灵》前言所说:"我有幸在中国度过了生命中二十五年的光阴……过去的二十五年之所以特别重要,原因就在于这是一个新旧交织的时代。我见识过旧中国,它的一切那时看来还将世世代代延续下去;我也目睹了它的崩溃,看着新生活的萌芽怎么从废墟中生长出来。"[2]卫礼贤在从传教士到汉学家再到儒者的身份转变过程,承载着义和团运动、辛亥革命、第一次世界大战、新文化运动、"五四"运动等中西方风云变幻之际的历史记忆。这种时代变化,也促使他重新思考自己的身份。卫礼贤以真诚开放的心态与山东巡抚周馥、前清遗老劳乃宣、进步思想领袖蔡元培、儒家思想捍卫者辜鸿铭等人交游,既传递了朋友、师生间的珍贵情谊,也在交流中促进了东西方文化的交流与碰撞。卫礼贤通过文学作品译介在东西方间架起的沟通桥梁,是真实历史境况的时代阐释。犹如张君劢先生的评价:"卫礼贤不是文化研究者,而是一个文化经历者,一个文化领会者。"[3]卫礼贤将对儒家思想的理解,推广到对社会文化的认识,他以平等开放的胸襟在理解、接受、传播儒家思想,阐释着社会关怀和政治想象。目前,我们正处在百年未有之大变局中,如何在人类文明发展的大潮流中坚守文化自信恰是当下亟待解决的问题,而卫礼贤身份的转变,或许可以为我们提供某些借鉴和思考。

---

① 徐志摩《小花篮——送卫礼贤先生》,《晨报副刊》1923 年 3 月 23 日。见梁仁《徐志摩诗全编》,浙江文艺出版社 1990 年版,第 55～57 页。

② 〔德〕卫礼贤著,王宇洁、罗敏、朱晋平译《中国心灵》,国家文化出版公司 1998 年版,前言第 1～2 页。

③ 张君劢《世界公民卫礼贤》,见孙立新、蒋锐主编《东西方之间——中外学者论卫礼贤》,山东大学出版社 2004 年版,第 28 页。

中国古代儒学
与文学关系研究

南宋理学史学观念对史论体咏史诗的影响

韦春喜[*]

摘　要：在理学成为社会化思潮，且重视历史研治、教育的条件下，以理学史学观为指导进行史论诗创作成为士子的必然选择。具体而言，因以史经世、探究治乱的理学史学观有其独特性，南宋史论诗多以道观史，行道则兴，废道则衰，成为基本的史论立场，呈现出一种"道理"品格；史论诗掀起了评论上古历史、圣君的潮流，而对三代以降的君主持法甚严，形成了强烈的历史批判思潮。本着识统察机、以心论史的史学观，史论诗既注重历史态势的总体把握，更强调从机微之处、人的心理意识方面探讨历史发展，表现出深邃的历史洞察力和新的历史探索视角。受义理史学观影响，史论诗形成了儒学义理化、道德化特征，同时扩大了历史人物关注层面，鸿儒大隐特别是社会底层人物成为关注对象，反映了史学从政治性史学向社会文化史学的性质转变。在注重正统的史学观影响下，史论诗很少涉及少数民族政权，促成了以三国人物、事件为题材关注点的史论热潮，以民族英雄作为史论对象，体现出鲜明的民族主义意识。

关键词：南宋；理学；史学观；史论诗

　　史论诗是我国古代咏史诗的重要一类，是指对历史事件、人物主要采取议论手法，表达对历史的评论、反思的一种咏史类型。这类诗歌在中晚唐时期开始产生[①]。到了宋代，在宋型文化精神的浸润影响下，其创作蔚为大观。由于重在历史评论、反思，属于史学批评的范畴，它必然和史学观念紧密相关，而史学观念又是当时的社会思想在历史领域的一种反映。在此情况下，研究南宋时对士子产生深刻思想影响的理学与史论诗的关系，是可行的。从目前研究现状看，史学、文学界对"史论"的关注多限于正史史家之论与史论文，很少涉及史论诗，而哲学界多侧重理学哲理思想的论述，很少关注理学对一种文体的影响。

---

　　* 韦春喜，中国海洋大学文学与新闻传播学院教授，主要从事古代制度与文学、思想文化与文学研究。

　　① 关于产生原因，可参见拙作《试论中晚唐史论体咏史诗产生的历史文化原因》[《四川大学学报》（哲学社会科学版）2009 年第 1 期]一文。

基于此,本文试就南宋理学史学观与史论诗的关系略做探讨。

一、从少数学人之思到社会化思潮——理学影响史论诗创作的必然性

在崇尚理性、注重文史的时代文化下,宋代史论风尚很浓厚,史论诗创作非常丰富。这就涉及以何种史学观审视历史的问题。作为一种思想文化范型,理学也有其史学观念、意识。这种史学观要对史论诗产生影响,前提是众多的史论作家必须对它持接受态度。

作为宋代文化思想的重要组成部分,理学在北宋中叶即已形成。周敦颐、二程、张载等人通过自身的努力,构建了一套较完整的思想体系。但是,思想的形成是一事,能否产生广泛的社会影响又是一事。这就涉及理学思想的接受问题。公允而论,北宋中叶后,王安石的新学适应当时社会现实需要,并通过把持科场,成为官方支持下的主流思想,为士子所崇尚。魏泰《东轩笔录》卷六载:"王荆公在中书,作新经义以授学者,故太学诸生几及三千人,以至包展锡庆院、朝集院,尚不能容。"①《宋史·王安石传》载:"初,安石训释《诗》《书》《周礼》,既成,颁之学官,天下号曰'新义'。晚居金陵,又作《字说》,多穿凿傅会。其流入于佛、老。一时学者,无敢不传习,主司纯用以取士,士莫得自名一说,先儒传注,一切废不用。"②与王学接受的盛行相比,虽然二程等理学家向统治者极陈其主张,"务以诚意感动人主","极陈治道","未有一语及于功利",但均被神宗以"此尧、舜之事,朕何敢当"③谢绝。可以说,因空谈心性道德,从而与统治者注重现实利益的政治策略相背,理学颇显冷落。哲宗初年,范祖禹在考官陈瓘面前谈到程颢时,陈竟然问:"伯淳(程颢字)谁也?"④又《宋史·陈襄传》载:"时学者沉溺于雕琢之文,所谓知天尽性之说,皆指为迂阔而莫之讲。四人者(指陈襄等人)始相与倡道于海滨,闻者皆笑以惊。"⑤特别是徽宗年间,统治者利用元祐党禁问题,对理学极力打压。"崇宁二年,范致虚言程颐以邪说诐行惑乱众听,而

---

① (宋)魏泰《东轩笔录》卷六,《宋元笔记小说大观》,上海古籍出版社 2001 年版,第 2723 页。
② (元)脱脱等撰《宋史》卷三二七《王安石传》,中华书局 1985 年版,第 10550 页。
③ (清)黄宗羲原著,(清)全祖望补修,陈金生、梁运华点校《宋元学案》卷一三《明道学案》,中华书局 1986 年版,第 538 页。
④ (宋)朱熹《伊洛渊源录》卷三,上海古籍出版社 1987 年文渊阁《四库全书》影印本,第 435 页。
⑤ (元)脱脱等撰《宋史》卷三二一《陈襄传》,中华书局 1985 年版,第 10419 页。

尹焞、张绎为之羽翼，事下河南府体究，尽逐学徒，复隶党籍。"①可见，在北宋时，理学仅是少数学人之思，在理学之士内部进行传授。它并未获得社会的整体认可与接受，没有成为盛行于世的社会思潮。

宋室南渡后，面对混乱的政治时局，从学理上反思宋室巨变的文化原因，以维系人心，加强思想统治，成为一种必然的文化选择。高宗绍兴元年(1131)，"直龙图阁沈与求试侍御史。上尝从容言王安石之罪，在行新法。与求对曰：'诚如圣训。然人臣立朝，未论行事之是非，先观心术之邪正。扬雄名世大儒，乃为《剧秦美新》之文；冯道左右卖国，得罪万世。而安石于汉则取雄，于五代则取道，是其心术已不正矣。施之学术，悉为曲说，以惑乱天下，士俗委靡，节义凋丧，驯致靖康之祸，皆由此也。'"②绍兴五年(1135)，兵部侍郎王居正请对高宗。"上曰：'安石之学，杂以伯道，取商鞅富国强兵。今日之祸，人徒知蔡京、王黼之罪，而不知天下之乱，生于安石。'居正对曰：'祸乱之源，诚如圣训，然安石所学得罪于万世者，不止此。'因为上陈安石训释经义无父无君者一二事。上作色曰：'是岂不害名教，孟子所谓邪说者，正谓是矣！'"③在反思王学之失的文化潮流中，理学因其注重道德修养、伦理秩序的特质，符合了当时重新确立、强化国家权威和社会秩序的文化要求，从而很快受到了统治者的重视。在统治者"选从程氏学士大夫，渐次登用"④的政策下，不少理学之士渐次步入朝廷，成为一股重要的政治力量。在与反理学力量的长期斗争中，到了理宗时期，理学被确认为官方思想，获得了绝对的政治优势。

这里有个问题，一种思想被推尊为官方思想，但如果不被社会广泛接受，那么它仅是具有政治象征意义的符号而已。它还必须采取系列举措，以便获得社会的广泛认同，确立文化霸权地位。

适应这种要求，随着一些理学家渐次被朝廷起用，理学通过介入科举的方式，完成了向社会的渗透。在高宗以前，宋廷主要以王学取士。有鉴于大量士子学习王学的既定事实，高宗采取了理学、王学并存的取士政策。绍兴十四年(1144)，高宗与力主王学的秦桧交谈时说："王安石、程颐之学，各有所长。学者

---

① (清)黄宗羲原著，(清)全祖望补修，陈金生、梁运华点校《宋元学案》卷一五《伊川学案》，中华书局1986年版，第591页。
② (宋)李心传《建炎以来系年要录》卷四六，上海古籍出版社1992年版，第636页。
③ (宋)李心传《建炎以来系年要录》卷八七，上海古籍出版社1992年版，第231页。
④ (宋)胡寅撰，尹文汉校点《斐然集》卷一九《鲁语详说序》，岳麓书社2009年版，第375页。

当取其所长,不执于一偏,乃为善学。"①二十六年,高宗采纳了叶谦亨的建议:"愿诏有司精择而博取,不拘一家之说,使学者无偏曲之弊,则学术正而人才出矣。"②"至是,诏自今毋拘一家之说,务求至当之论。道学之禁稍解矣。"③这种政策为士子学习理学,使理学从单纯的学术形态走向社会的广泛学习,提供了可能。事实上,秦桧死后的高宗时期,在学术上唯一能和理学相抗衡的王学日趋衰微,理学已成为当时的显学。《宋史·王居正传》载:"居正既进其书七卷(指《书辨学》《诗辨学》等),而杨时《三经义辨》亦列秘府,二书既行,天下遂不复言王氏学。"④所言似涉夸张,但理学的显行则是事实。到孝、光年间,理学已为多数士子接受。陈亮在《送王仲德序》中说:"二十年之间(按:指孝宗隆兴以来),道德性命之说一兴,迭相唱和,不知其所从来,后生小子读书未成句读,执笔未免手颤者,已能拾其遗说,高自誉道,非议前辈,以为不足学矣。"⑤宁宗庆元三年(1197),臣僚上言:"近日伪学(指理学)荒诞迂阔之说遍天下,高官要职无非此徒……三十年来,伪学显行,场屋之权,尽归三温人,预说试题,阴通私号,所谓状元、省元与两优释褐者,若非私其亲故,即是其徒。"⑥由这些史料可见当时理学在科场中的盛行以及士子对它的崇奉。理宗以后,理学成为官方学术,完全占领了科举阵地,相关理学著作成为科考内容。周密《癸辛杂识》后集"太学文变"条云:"淳祐甲辰,徐霖以书学魁南省,全尚性理,时竞趋之,即可以钓致科第功名。自此,非《四书》《东西铭》《太极图》《通书》《语录》不复道矣。"⑦又《续集》下"道学"条引沈仲固之语云:"士子场屋之文,必须引用(《四书》、语录等)以为文,则可以攫巍科,为名士。否则立身如温国,文章气节如坡仙,亦非本色也。于是天下竞趋之。"⑧虽然宁宗时曾有"庆元党禁"事,但禁时从庆元元年(1195)开始,到宁宗嘉泰二年(1202)始弛,为时较短,没有产生致命影响。

与此同时,理学家也在积极探寻思想传播方式,建立传播阵地。其中,发挥书院的传播功能,是完成理学社会化渗透、认同相当有效的举措。书院是晚唐

① (宋)李心传《建炎以来系年要录》卷一五一,上海古籍出版社1992年版,第107页。
② (宋)李心传《建炎以来系年要录》卷一七三,上海古籍出版社1992年版,第434页。
③ (元)脱脱等撰《宋史》卷一五六《选举走二》,中华书局1985年版,第3630页。
④ (元)脱脱等撰《宋史》卷三八一《王居正传》,中华书局1985年版,第11737页。
⑤ (宋)陈亮《龙川集》卷一五,上海古籍出版社1987年影印文渊阁《四库全书》本,第632页。
⑥ (宋)李心传《道命录》卷下七,王云五主编丛书集成初编本《道命录》,商务印书馆1936年版,第75页。据李心传按语,此奏乃宗正寺主簿杨寅轮对时所上。
⑦ (宋)周密《癸辛杂识》,《宋元笔记小说大观》,上海古籍出版社2001年版,第5739页。
⑧ (宋)周密《癸辛杂识》,《宋元笔记小说大观》,上海古籍出版社2001年版,第5806页。

五代时出现的一种独特的教育组织形式，到北宋时有了一定发展。但当时的理学家传播意识淡薄，没有充分认识到书院传播思想的积极作用。到南宋时，理学家纷纷创建或讲学书院，教授理学课程与知识，如张栻的城南书院、朱熹的考亭书院、吕祖谦的丽泽书院、真德秀的明道书院等。当时的书院遍布全国各地，打破了官府对异地入学和身份规定的限制，生徒可以自由择师从学，也不限制院外人士听讲。同时，书院的知识传授并非仅仅围绕科举，而是开启智慧，发扬道德，"养其心，立其身，而宏大其器业"①，极大满足了下层士子、民众对知识的渴求，促进了理学的社会化、民间化。如孝宗乾道三年(1167)，朱熹、张栻在岳麓书院会讲时，"学者云集，至千余人，日俟公馀质所疑，论说不倦⋯⋯一时舆马之众，饮池水立涸"②。陆九渊在家乡江西金溪辟槐堂书屋，在贵溪筑象山精舍。"学者辐辏愈盛，虽乡曲长老亦俯首听诲，言称先生⋯⋯听者贵贱老少，溢塞涂巷，从游之盛，未见有此。"③纵使不甚知名的书院，人数也相当惊人，"士之自远而至者，常数千百人，诵弦之锵，灯火之光，简编之香，达于邻曲。其子弟服食仁义，沉酣经训，往往多为才且良者"④。

理学是一种综合性思想，涉及哲学、政治、教育、历史等诸方面。但相对而言，北宋理学家多不太关注史学，虽然他们在表述思想时透露出这样或那样的历史观念与意识。到南宋时，为适应当时重新确立、强化国家权威和社会秩序的文化要求，一些理学家开始对史学表现出强烈兴趣，希望通过对历史的分析，为解决现实政治、文化等问题提供指导。其中，胡安国的《春秋传》首开此风，"顾其书作于南渡之后，故感激时事，往往借《春秋》以寓意"⑤。其后，张栻《诸葛忠武侯传》《经世纪年》，朱熹《通鉴纲目》《宋名臣言行录》，吕祖谦《大事记》《东莱博议》，张洽《春秋集传》《续通鉴长编事略》，等等，都是反映理学史学观的代表著述。特别是，理学家在传授理学知识时，往往把历史学习作为一项基本教育内容。如吕祖谦的《东莱博议》既成书于丽泽书院期间，同时也是书院的主要教材。又，宋徐元杰《楳埜集》卷一一载延平郡学及书院诸学的规定："晚读《通

①　(宋)袁燮《絜斋集》卷一〇《东湖书院记》，上海古籍出版社 1987 年影印文渊阁《四库全书》本，第122 页。

②　(清)赵宁纂修《长沙府岳麓志》卷三《书院》，赵所生、薛正兴主编《中国历代书院志》，江苏教育出版社 1995 年版，第 4 册，第 206 页。

③　(宋)杨简《象山先生行状》，(宋)陆九渊著，钟哲点校《陆九渊集》，中华书局 1980 年版，第 390 页。

④　(宋)杨万里《廖氏龙潭书院记》，(宋)杨万里撰，辛更儒笺校《杨万里集笺校》，中华书局 2007 年版，第 3111 页。

⑤　(清)纪昀等《钦定四库全书总目·经部二十七·春秋类二》，中华书局 1997 年版，第 345 页。

鉴纲目》,须每日为课程,记其所读起止。"①《景定建康志》卷二十九载明道书院的基本规程:"每旬山长入堂,会集职事生员授讲、签讲、覆讲如规。三八讲经,一六讲史,并书于讲薄。每月三课,上旬经疑,中旬史疑,下旬举业。"②毫无疑问,在讲授时,以理学史学观来审视历史,成为理学教育的必然选择。这很容易培养士子的理学历史观念与意识。

综上所述,在重新确立、强化国家权威和社会秩序的文化要求下,通过科举与书院,理学已成为士子乃至下层民众崇奉的知识体系,成功实现了向社会特别是民间社会的普及。而这种社会普及性恰恰是判断一种思想是否有文化影响力,能否变成社会主流思潮的根本条件。在理学已成为一种社会化思潮,弥漫于士林民间,且又注重历史知识、强调历史学习的情况下,以理学的眼光审视、评论历史自然也就成为当时的社会风尚,士子以理学史学观为指导进行史论诗创作也就成为必然。

二、以史经世、探究治乱的理学史学观与史论诗

所谓以史经世,是指通过对历史的总结、梳理、诠释等,以发挥历史对现实政治的规范、垂戒、资治等作用。这种史学意识在宋代以前特别是唐代时已表现出来。到北宋时,随着文治社会的建立,这种意识更加强烈。《资治通鉴》就典型体现了这种意识。到了南宋时,面对局促一隅、秩序混乱的社会局面,理学家在积极构建适应时代文化需要的思想体系的同时,也对历史具有的经世致用功能给予了充分重视。南宋初的理学家胡寅在《寄张相》说:"某学业未成,方幸闲处,得以讨论古昔,冀他日或有万一,可为世用。"③在注解《尚书》时又说:"臣所以本原古训,贯以时事,谈经尚论而无益于今,则腐儒而已。"④中期著名理学之士真德秀在《周敬甫晋评序》中,认为"性命道德之学"与"古今世变之学"是"儒者之学"的两个方面,"善学者本之以经,参之以史,所以明理而达诸用也⋯⋯不达诸事,其弊为无用"⑤。可见,理学以史经世的意识是很强烈的。

---

① 徐元杰《楳埜集》卷一一《延平郡学及书院诸学榜》,上海古籍出版社 1987 年文渊阁《四库全书》影印本,第 776 页。

② (宋)马光祖修、(宋)周应合纂《景定建康志》卷二九《儒学志》二,《宋元方志丛刊》,中华书局 1990 年版,第 2 册,第 1813 页。

③ (宋)胡寅撰,尹文汉校点《斐然集》卷一八,岳麓书社 2009 年版,第 348 页。

④ (宋)胡寅撰,尹文汉校点《斐然集》卷二二《无逸传》,岳麓书社 2009 年版,第 427 页。

⑤ (宋)真德秀《西山文集》卷二八,上海古籍出版社 1987 年文渊阁《四库全书》影印本,第 436 页。

出于这种意识，南宋理学很注重古今盛衰治乱的总结，希望通过历史发展演变的探讨，以史为鉴、为法，为政治文化建设提供治国为政之道。胡宏《皇王大纪序》云："愚承先人之业，辄不自量，研精理典，泛观史传，致大荒于两离，齐万古于一息，根源开辟之微茫，究竟乱亡之征验。事有近似古先而实怪诞鄙悖者，则裁之削之；事有近似后世而不害于道义者，咸会而著之；庶几皇帝王伯之事可以本始百世诸史乎！"①朱熹答门人云："大而天地万物之理，以至古今治乱兴亡事变，圣贤之典策，一事一物之理，皆晓得所以然，谓之道。"②吕祖谦云："看《左传》须看一代之所以升降，一国之所以盛衰，一君之所以治乱，一人之所以变迁。"③受这种意识影响，南宋士子在读史、评史，咏赞古人古事时，往往从各个方面总结历史兴废治乱的原因、规律，史论诗也因此形成了以盛衰治乱为关注点的风尚。如陈造《读晋史二首》其一云："司马家儿转首亡，奸欺三叶是余殃。区区牛氏何关汝，覆面犹须泪满床。"其二云："只知成济犯乘舆，刘石凶威更有余。狼顾魂灵应自反，尚将鬼责怖公间。"④"牛氏"事指："初，《玄石图》有'牛继马后'，故宣帝深忌牛氏，遂为二榼，共一口，以贮酒焉，帝先饮佳者，而以毒酒鸩其将牛金。"⑤"狼顾"事指："帝（晋宣帝司马懿）内忌而外宽，猜忌多权变。魏武察帝有雄豪志，闻有狼顾相，欲验之。乃召使前行，令反顾，面正向后而身不动。"⑥公间是指贾充，为拥立司马氏的主要人物，因其父贾逵为曹魏忠臣，故易为司马氏猜忌。联系这些史实可知，《读晋史》深刻指出了晋朝速亡的根本原因在于统治者以猜忌杀戮为事，以奸术治国而不重外患。又如刘克庄《秦纪》云："土广曾吞九云梦，民劳因起一阿房。人皆怜楚三户在，天独知秦二世亡"⑦，认为秦国一统后，不恤民情，过度劳役、压迫民众，是其灭亡的主因。可以说，在兴亡治乱原

---

① （宋）胡宏著，吴仁华点校《胡宏集》，中华书局 1987 年版，第 164～165 页。

② （宋）黎靖德编《朱子语类》卷八六，中华书局 1986 年版，第 2218 页。

③ 吕祖谦《左氏传说·看左氏规模》，黄灵庚主编《吕祖谦全集》，浙江古籍出版社 2008 年版，第 7 册，第 1 页。

④ 北京大学古文献研究所编《全宋诗》，北京大学出版社 1998 年版，第 28202 页。又，陈造（1133—1203），字唐卿，"身笃操修，道兼体用"（《钦定四库全书总目》，中华书局 1997 年版，第 2149 页）。由其"夫求天理者于人事"（陈造《江湖长翁集》卷二三《送赵节推介卿序》）、"私克于理，理澈于思"（《江湖长翁集》卷二三《送程总郎序》）等言，可知他深受理学影响。

⑤ 房玄龄等撰《晋书》卷六《元帝纪》，中华书局 1974 年版，第 157～158 页。

⑥ 房玄龄等撰《晋书》卷一《宣帝纪》，中华书局 1974 年版，第 20 页。

⑦ 北京大学古文献研究所编《全宋诗》，北京大学出版社 1998 年版，第 36739 页。又，刘克庄深受理学影响，与朱熹高第多有交游，并师事大儒真德秀。可详参王宇《刘克庄与南宋学术》第四章《刘克庄与程朱理学》（中华书局 2007 年版）。

因的探究上,陈、刘二人的史论诗是很深刻的。

须注意的是,总体上讲,理学对社会盛衰治乱的探索,是与其历史发展哲学观、进程论以及社会理想建构论密切相关的。立足于"道"这个哲学本体,理学认为历史的演变实际上是"道"的演变,治乱兴废是"道"的显晦强弱在社会发展中的体现。对此,理学家多有表述。胡宏云:"时之古今,道之古今也。"①朱熹云:"易,变易也,随时变易以从道也。易也,时也,道也,皆一也。自其流行不息而言之,则谓之易,自其推迁无常而言之,则谓之时,而其所以然之理,则谓之道。时之古今,乃道之古今。时之盛衰,乃道之盛衰。"②罗点上书孝宗云:"儒者之道,与天地相为终始,与古今相为表里,与风俗相为盛衰,与治乱相为升降。"③以这种历史哲学意识为指导,在继承二程历史观的基础上④,以朱熹为代表的南宋理学家多把社会历史的发展分为王道(三代时期)、霸道(三代以后)两大阶段。王道时期,天理流行,尧、舜等圣人以道治政,社会一片和谐气象。三代以后,统治者以智、法把持天下,物欲横行。在这里,王道社会已不是历史的客观状态,而是在遵循古代"崇古""重古"的文化心理下,对理想社会图景的一种建构。而开创这种理想社会图景的尧、舜等圣君则成为理学国君形象的完美化身。应当说,这些认识都集中体现了理学对社会政治建设终远目标的积极思考,反映了"渐复三代"⑤、"致君尧舜之上"⑥的经世用意。对比而言,传统史家往往善于在具体历史事实的分析中,总结经世为政之道以规谏现实,很少涉及理想社会形态的构建,而理学作为系统化的思想体系,则把这种构建作为自身相当重要的文化使命,并以之来引导现实,以期完成社会的渐次变革与转换。这是理学的史学经世观值得关注的方面。

本着上述历史认识、观念,南宋士子在进行史论诗创作时,表现出值得注意的倾向。一方面,以"时之古今,道之古今"的历史哲学意识为指导,士人在探究

---

① (宋)胡宏《知言》,胡宏著、吴仁华点校《胡宏集》,中华书局 1987 年版,第 10 页。

② (宋)朱熹《晦庵集》卷三九《答范伯崇同吕子约蒋子先》,上海古籍出版社 1987 年影印文渊阁《四库全书》本,第 137 页。

③ (宋)袁燮《絜斋集》卷一二《罗公行状》,上海古籍出版社 1987 年影印文渊阁《四库全书》本,第 154 页。

④ 关于二程的历史观,可参见吴怀祺《中国史学思想通史·宋辽金卷》第一编第二章,黄山出版社 2002 年版。

⑤ (宋)朱熹编《伊洛渊源录》卷六《横渠先生行状》,上海古籍出版社 1987 年影印文渊阁《四库全书》本,第 456 页。

⑥ (宋)朱熹《晦庵集》卷二三《辞免两次除授待职名及知江陵府奏状》,上海古籍出版社 1987 年影印文渊阁《四库全书》本,第 494 页。

治乱时，往往以"道""理"作为着眼点，以道观史，"行道多兴，废道则衰"，成为基本的史论立场，史论诗也因此呈现出一种"道理"品格。如于石《读史七首》其六云："莫言世事祇如棋，千载是非人共知。吾道废兴时泰否，人才进退国安危。诗书未火秦犹在，党锢无钩汉亦衰。覆辙相寻多不悟，抚编太息此何时。"[1]金朋说《五季梁主》："弑君杀父乱纲常，弟戮其兄促灭亡。上下交征仁义绝，背违天理应难昌。"[2]这些都透露出很强的以道观史的史学意识和"道理"品格。另一方面，由于史料缺乏，上古历史多微茫难知，因此中晚唐以来，史论诗多以春秋战国以后的历史为探究对象，很少涉及上古史。到了南宋时，由于"三代"已成为理学表达社会理想的历史符号，致君尧舜成为士子的自觉追求，在此情况下，上古史走进了士子的视野，史论诗创作掀起了评论上古历史、圣君的潮流。如，王十朋有《伏羲》《神农》《黄帝》《唐尧》《夏禹》《启》《少康》《成汤》《周文王》等；杨简创作了《历代诗》，其中包括《三皇五帝》《夏》《商》《西周》等诗；陈普有《尧舜之道陈王》《尧舜之道孝悌》《禹汤文武周公》等诗。这些作品多以颂扬远古、上古的"盛世"气象，探讨圣君为政之道为重点内容，反映了理学以三代为法、以圣王为期的史学思想。仅以《尧舜之道陈王》为例："自贼其君固不恭，责难陈善乃为忠。要知尧舜夫何道，只在常言仁义中。"[3]在封建政权过渡之际，统治者往往自相残害，后继之君往往抓住前君的过错进行打击、迫害。此诗实际上就针对这个问题表达识见，明显表现出以尧舜为法的经世用意。

在以人治、专制为特征的封建社会，国家的治理在很大程度上取决于君主。同时，君主作为最高统治者，也具有国家政体象征意义。这导致了士子在探究兴废治乱、以史经世时，往往以君主作为重点的思索对象。这在中晚唐史论诗中已得到鲜明体现[4]。宋代也是如此。但是，由于倡导的"道""理"具有崇高性，三代圣王已成为理学社会政治理想的远古投影，始终以超越现实的姿态而存在，而三代以下已沦为霸道社会。当理学立足于这些前见，对三代以降人物特别是君主进行历史认知时，往往持法甚严，形成了一股强烈的历史批判思潮。且不论陈后主、隋炀帝等昏庸无能、残暴奢华之辈，纵使是汉文帝、唐太宗等有为之君，也往往少有是处。例如对于唐太宗，北宋司马光认为："太宗文武之才，高出前古，驱策英雄，网罗俊乂，好用善谋，乐闻直谏，拯民于汤火之中，而措之

---

① 北京大学古文献研究所编《全宋诗》，北京大学出版社 1998 年版，第 44147 页。
② 北京大学古文献研究所编《全宋诗》，北京大学出版社 1998 年版，第 32209 页。
③ 北京大学古文献研究所编《全宋诗》，北京大学出版社 1998 年版，第 43779 页。
④ 关于此点，可参见拙作《中晚唐史学精神与史论体咏史诗》，《史学史研究》2010 年第 1 期。

衽席之上。使盗贼化为君子,呻吟转为讴歌。衣食有余,刑措不用。突厥之渠,系颈阙庭;北海之滨,悉为郡县。盖三代以还中国之盛未之有也。"①而朱熹则认为:"太宗之心,则吾恐其无一念之不出于人欲也,直以其能假仁借义以行其私。"②在鲜明的评价对比中,可以看出理学强烈的历史批判意识。在此影响下,与北宋以前褒贬相兼的史论态度相比,南宋史论诗在评论君主,进行国家治乱之思时,纯以贬抑立意,带有极强的批判性。如,范成大史论组诗《读唐太宗纪》共五首,其一云:"宫府相图势不收,国家何有各身谋。纵无管蔡当时例,业已弯弓肯罢休。"其二云:"弟兄相残斁天伦,自古无如舜苦辛。掩井捐阶危万死,不闻亲杀鼻亭神。"其三云:"佐命诸公趣夜装,争言社稷要灵长。就令昆季尸神器,未必唐家便破亡。"③陈普《唐太宗》云:"文皇仁义播敷天,李氏无伦三百年。末路荒唐如炀帝,蜀江更起度辽船。"自注云:"唐太宗进锐退速,才及五伯,一退即死,又贻国家无穷之祸。由其不知正心养气故也。"④这些作品对唐太宗的批判非常苛刻,极尽贬抑的背后,实际上反映了理学历史批判思潮对史论诗创作的影响。

三、识统察机、以心论史的理学史学观与史论诗

历史的演变是很复杂的。如何把握前代的兴废存亡,更好地发挥历史的经世作用,这是值得关注的。对此,理学家表现出深入的思考。朱熹《资治通鉴纲目序例》云:"岁周于上而天道明矣,统正于下而人道定矣。大纲概举而监戒昭矣,众目毕张而几微著矣。"⑤他在谈读史之法时说:"读史当观大伦理、大机会、大治乱得失。""人读史书,节目处须要背得,始得。如读《汉书》高祖辞沛公处,义帝遣沛公入关处,韩信初说汉王处,与史赞《过秦论》之类,皆用背得,方是。"⑥吕祖谦《读史纲目》云:"读史先看统体,合一代纲纪风俗消长治乱观之。如秦之暴虐,汉之宽大,皆其统体也。复须识一君之统体,如文帝之宽,宣帝之严之类。统体盖谓大纲,如一代统体在宽;虽有一两君稍严,不害其为宽;一君统体在严,

---

① (宋)司马光《稽古录》卷一五,上海古籍出版社 1987 年影印文渊阁《四库全书》本,第 500 页。
② (宋)朱熹《晦庵集》卷三六《答陈同甫》,上海古籍出版社 1987 年影印文渊阁《四库全书》本,第 18 页。
③ 北京大学古文献研究所编《全宋诗》,北京大学出版社 1998 年版,第 25782 页。
④ 北京大学古文献研究所编《全宋诗》,北京大学出版社 1998 年版,第 43847 页。又,陈普为南宋后期理学家,字尚德,号惧斋,《宋元学案》卷六四有传。
⑤ (宋)朱熹《御批资治通鉴纲目》,上海古籍出版社 1987 年影印文渊阁《四库全书》本,第 3 页。
⑥ (宋)黎靖德编《朱子语类》卷一一,中华书局 1986 年版,第 196~197 页。

虽有一两事稍宽，不害其为严。读史自以意会之可也。至于战国、三分之时，既有天下之统体，复有一国之统体，观之亦如前例……既识统体，须看机括。国之所以兴所以衰，事之所以成所以败，人之所以邪所以正，于几微萌芽时察其所以然，是谓机括。"①在这里，虽然朱、吕二人在史学观念上有一定区别，但在如何把握历史的发展变化方面，却有一致之处。二人所说的"大纲""统体"，是指每个历史时期表现出的总体性的盛衰、宽严、治乱等特点。而所谓的"大机会""节目处""机括""几微"等，是指引发、造成某种历史状况、态势的关键与触发点，以及一些能深刻反映、见证政治变化与时代兴衰的"小"的历史因素、事件等。要对历史有全面深入的把握，必须把这二者有机结合起来。

受这种史学观影响，南宋士子在创作史论诗时，首先，善于从总体上把握某一时期、阶段的历史态势、风貌，形成了一种历史总述之风。如曾极《大唐》："仁义晋阳主，神功致太平。子孙承事业，妇寺窃权衡。府卫兵先坏，租庸调不行。未几三百载，逆贼入宫城。"②应当说，此诗的史论并不是很新颖独到，但是对唐代发展态势、兴亡演变的把握是符合历史真实的。中允无奇的史论背后实际上蕴含了理学追求"大纲""统体"的史学意识。

其次，南宋史论诗往往善于探寻治乱兴亡的关键点、触发点，从机微之处探讨历史的发展，表现出深邃的历史洞察力。如项安世《宣帝》云："宣皇开口嫌俗儒，要知不是憎诗书。多文少实果何取，国家弃尔如粪土。卓然高见亦大奇，惩羹不谓真吹虀。汉家德意自此尽，王业岂是元成衰。"③按《汉书·元帝纪》："（元帝）壮大，柔仁好儒。见宣帝所用多文法吏，以刑名绳下……尝侍燕从容言：'陛下持刑太深，宜用儒生。'宣帝作色曰：'汉家自有制度，本以霸王道杂之，奈何纯任德教，用周政乎！且俗儒不达时宜，好是古非今，使人眩于名实，不知所守，何足委任！'乃叹曰：'乱我家者，太子也！'"④一般认为西汉的衰微始于元帝时，而项安世却另有深识。他由宣帝父子间的谈话这一"机括"，认为宣帝轻儒，不重

---

① （宋）吕祖谦《东莱吕太史别集》卷一四《读书杂记》三，黄灵庚主编《吕祖谦全集》，浙江古籍出版社 2008 年版，第 1 册，第 561 页。

② 北京大学古文献研究所编《全宋诗》，北京大学出版社 1998 年版，第 31520 页。又，曾极，字景建，曾滂之子。滂首师陆九龄，为陆九渊爱重。极"绍其家学"，应为理学之士。事见《宋元学案》卷五七《梭山复斋学案·曾先生滂附子极》。

③ 北京大学古文献研究所编《全宋诗》，北京大学出版社 1998 年版，第 27372 页。又，项安世（1129—1208），字平甫，号平庵，为理学之士。据《宋史》卷三九七，他曾"坐学禁久废"，与朱熹深有交往。宁宗时，朱熹落职罢祠，他"率馆职上书留之"。《宋元学案》列之于《晦翁学案表》。

④ （汉）班固《汉书》卷九《元帝纪》，中华书局 1962 年版，第 277 页。

文德之教,必然导致王业大衰。汉朝衰微之势,实际上是由宣帝肇起的。又,陈普《咏史》卷上《商鞅》云:"此天此地此经文,学者何尝溺所闻。尽道李斯焚典籍,不知吹火是商君。"自注云:"商君说孝公变法,首云:'常人安于故俗,学者溺于所闻。'坑焚之祸已兆于此。"①由这两首诗可以看出,注重机微的史学观念使史论诗多能烛幽探微,打破历史常见的束缚,反思翻案,具有深邃的历史洞察力。

再次,从小的历史因素出发,探讨、论述时代的兴衰治乱。萧立之著有《开元天宝杂咏》,《全宋诗》辑为 18 篇,均以开元天宝时的小事、小物为题,如《移春槛》篇云:"东来西去木为轮,异草名花易地春。未必乾坤关气数,世间何事不由人。"关于"移春槛"事,一般人多不了解。于此,萧氏自注云:"杨国忠子弟每春至,求名花异木植于槛中,板为底,木为轮,使人牵之。所至槛在目前,即便欢宴,目为移春。"②萧诗前二句即咏此事,三四句发为深论:杨国忠作为统治阶层的主要人物,如此华奢之能事,国家焉能不衰。可知乾坤、社会的"气数"是由人决定的。由"移春槛"这样小的历史因素,引发出深刻的国家衰败之思,是很难得的。其他如韩淲《明皇揽镜而言吾虽瘠天下肥矣》、曾极《孙陵鹅眼钱》、杨修《焚衣街》等,仅通过题目,就可看出诗人们的着眼点,都是能印证时代兴废治乱的小的历史因素、事件。共同的趋向背后实际上反映了一种史学意识对史论诗创作的影响。

众所周知,理学构建了精湛深微的心性学理体系。但其构建目的并不是形成一种与社会现实脱节的纯粹形上之学,而是希望把它贯彻于现实生活与经史典籍的研治之中。《朱子语类》卷九云:"学者吃紧是要理会这一个心,那纸上说底,全然靠不得。或问:'心之体与天地同其大,而其用与天地流通'云云。先生曰:'又不可一向去无形迹处寻,更宜于日用事物、经书指意,史传得失上做工夫。即精粗表里,融会贯通,而无一理之不尽矣。'"③可以看出,朱熹认为"心"不应是空洞无著的哲理范畴。它一方面应贯彻于现实生活中的每一处;另一方面也要在经书大义,特别是在历史人物传记的研治中体现出来。本着这种思想,以朱熹、张栻为代表的理学家,在评价历史人物时多以心性作为着眼点。朱熹

---

① 北京大学古文献研究所编《全宋诗》,北京大学出版社 1998 年版,第 43794 页。

② 北京大学古文献研究所编《全宋诗》,北京大学出版社 1998 年版,第 39176 页。又,萧立之(1203—?),字斯立,号冰崖。据清厉鹗《宋诗纪事》卷六六,萧立之为宋理宗淳祐庚戌(1250)进士,应是活动于理宗以后时期的人士。此时理学已为官学,为士子崇尚,又据其"向来濂溪卜庐山,莲花峰下溪之源"(《寄题李叔谊莲峰书院》)、"稍解忍饥知道进,未能守口坐诗狂"(《书罢偶成》)等诗句,可知他服膺理学。

③ (宋)黎靖德编《朱子语类》卷九,中华书局 1986 年版,第 152 页。

在评价刘邦、项羽时说："汉高祖见始皇出，谓：'丈夫当如此耳！'项羽谓：'彼可取而代也！'其利心一也。"①张栻在史论文《张子房平生出处》云："五世相韩，笃《春秋》复仇之义，始终以之。其狙击秦政，非轻举也。其复仇之心，苟得以一击而遂焉，则亦慊矣。此其大义根心，建诸天地而不可泯者也。"②可以看出，这是一种典型的以心论人、以心论史的史学观念、方法。而吕祖谦所谓"史，心史也。记，心记也"③则是对此种观念、方法的集中概括。在理学以前，古代史学在涉及以历史人物为核心的史论时，往往多表现为天命论、人事论等。随着理学一派的产生、壮大，以朱熹为代表的人士拈出不为传统儒学所重的"心"字，思虑经营，形成了从人的主观、心理意识入手的方法，对丰富史学研治方式做出了贡献。

随着理学成为主导性社会思潮，上述观念与方法也必然会被南宋士子接受，史论诗自然也会表现出新的创作倾向，即在评价历史人物，把握社会治乱兴废时，善于从"心"即人的内心欲望、情感念虑等角度进行认知、审视。范成大《重读唐太宗纪》，徐钧《虞世基》《宋璟》，陈普《汉高帝八首》其二、《谢安十首》其三，罗公升《燕城读史》其四、《曹操疑冢》，艾性夫《项羽庙》，陆文圭《读史》，等等，均是从"心"的角度进行史论的。仅以陈普《谢安》、陆文圭《读史》为例。陈作云："临安猿鹤共清吟，犹作投机叩齿音。商鞅禹文无辨别，冶城数语是何心。"自注云："安石东山，即幼舆之丘壑，居丧不废琴瑟，盖其家风久矣。冶城之工，讳王羲之之言，以商鞅拒之。鞅诚无益矣，夏禹、文王亦为滞于事物而不达乎。诐淫邪遁之言也。生于其心，发于其政，害于其事，此安石相业所以终愧于古人歟。"④按《世说新语·言语》："王右军与谢太傅共登冶城。谢悠然远想，有高世之志。王谓谢曰：'夏禹勤王，手足胼胝；文王旰食，日不暇给。今四郊多垒，宜人人自效。而虚谈费务，浮文妨要，恐非当今所宜。'谢答曰：秦任商鞅，二世而亡，岂清言致患邪？'"⑤此诗就此史实而发论。联系诗注可知，诗人认为谢安内心淫邪不正，心系清谈而不以国事为念，导致了东晋偏居江南而国运不昌，其相业自然愧于前人。陆诗云："魏延及杨仪，两人蜀俊乂。各怀专妒心，曲

① （宋）黎靖德编《朱子语类》卷一三六，中华书局 1986 年版，第 3244 页。

② （宋）张栻《南轩先生文集》卷一六，（宋）张栻撰，邓洪波校点《张栻集》，岳麓书社 2010 年版，第 635 页。

③ （宋）吕祖谦《左氏博议》卷一，黄灵庚主编《吕祖谦全集》，浙江古籍出版社 2008 年版，第 6 册，第 241 页。

④ 北京大学古文献研究所编《全宋诗》，北京大学出版社 1998 年版，第 43841 页。

⑤ （南朝宋）刘义庆著，（梁）刘孝标注，余嘉锡笺疏《世说新语笺疏》（修订本），上海古籍出版社 1993 年版，第 129 页。

直竟谁在。孔明惜其才,未尝辄偏废。渭南反斾归,师在千里外。朝臣意左右,魏为杨所害。杨亦不得死,晚用姜维辈。蜀竟以是亡,束手付邓艾。艾复矜其功,受制于钟会。四人共一律,皆以专妒败。家国莫不然,呜呼可为戒。"①其认为魏延、杨仪等蜀将各怀专妒之心,既给自己带来危害,也导致了蜀汉的灭亡;其后平蜀的邓艾、钟会因居功自傲的矜心或别有异志的野心而旋遭杀戮。国亡身败的结局都源于"心"的作用。

历史的发展是时势、现实、自然等多重因素合力的结果,南宋以前的史论诗也多从这些方面进行论述。如杜牧是中晚唐史论诗的代表作家,其《赤壁》云:"折戟沉沙铁未销,自将磨洗认前朝。东风不与周郎便,铜雀春深锁二乔。"②北宋王安石《乌江亭》云:"百战疲劳壮士哀,中原一败势难回。江东子弟今虽在,肯为君王卷土来?"③杜诗认为若无东风之便,赤壁之战的胜方将是曹操,强调了自然因素对历史的影响。王诗则从时势角度分析了项羽兵败乌江是历史的必然。然而,在理学产生以前,人们对历史发展因素的思考很少注意"心"即心理、意念等主观因素。事实上,由于人是历史活动的主体,人的现实行为多取决于思想意识,因此"心"对社会历史的发展起着关键作用。对此,理学有深刻认识。程颢云:"一心可以丧邦,一心可以兴邦,只在公私之间尔。"④朱熹云:"盖天下之大本者,陛下之心也……天下之事,千变万化,其端无穷,而无一不本于人主之心者……故人主之心正,则天下之事无一不出于正,人主之心不正,则天下之事无一得由于正。"⑤真德秀云:"盖治乱之源,在人主之一心"⑥"人君心正则治,心不正则乱,故曰治之在心。"⑦这些都指出了统治者的主观意图与社会历史发展的关系,极为肯定"心"的重大社会作用。上述以陈普《谢安》、陆文圭《读史》为代表的史论诗之所以从"心"出发,以心论史,都源于理学重视"心"这一历史因素的思想。同时,由陈、陆之作也可看出,由于以心论史是一种新方法、观念,这

---

① 北京大学古文献研究所编《全宋诗》,北京大学出版社 1998 年版,第 44521 页。

② (唐)杜牧著,冯集梧注《樊川诗集注》,上海古籍出版社 1962 年版,第 271 页。

③ (宋)王安石著,(宋)李壁注,高克勤点校《王荆文公诗笺注》,上海古籍出版社 2010 年版,第 1279 页。

④ (宋)程颢、(宋)程颐撰《二程遗书》,上海古籍出版社 2000 年版,第 180 页。

⑤ (宋)朱熹《晦庵集》卷一一《戊申封事》,上海古籍出版社 1987 年影印文渊阁《四库全书》本,第 181 页。

⑥ (宋)真德秀《大学衍义》卷三一《逸欲之戒》,上海古籍出版社 1987 年影印文渊阁《四库全书》本,第 794～795 页。

⑦ (宋)真德秀《大学衍义》卷一《帝王为治之序》,上海古籍出版社 1987 年影印文渊阁《四库全书》本,第 509 页。

有助于从新的视角反思、认识历史人物，把握历史的治乱兴废。

四、标崇义理、维护正统的理学史学观与史论诗

南宋理学家多具有强烈的社会忧患意识，他们认为当前的社会"行义凋损，政事殆废，风俗薄恶，人民嚣顽。子弟变父兄者有之，为王臣而从盗贼有之，为诸生而献敌廷者有之，卒弑其守者有之，民杀其令者有之……上下习以为常，恬不知怪，而三纲绝息，人道大坏"①。由于人的行动取决于思想，要改变这种社会现实，就必须弘扬儒家经学大义，端正人心，强化伦理规范，以达到社会现实秩序的重建与稳定。

从这种现实文化需要出发，理学家在审视历史时，极力强调以经为本，要善于透过历史的表层现象，深察其中的儒学义理。早在北宋时，一些有识之士在思考治史目的、方法时，开始突破传统史学的求真观，认识到了史学与义理的关系。范祖禹曾明确提出，治史必须"稽其成败之迹，折以义理"②。到南宋时，治史阐明义理的意识已成为当时思想界的主流。胡寅撰有《读史管见》，具体论述了经理与史事的辩证关系："夫经所明者，理也。史所记者，事也。以理揆之事，以事考诸理，则如影响之应形声，有不可诬者矣。"③其侄胡大壮为此书作序，进一步发挥胡寅的思想："后圣明理以为经，纪事以为史。史为案，经为断。史论者，用经义以断往事者也。"④其后，朱熹指出："凡读书，先读《语》《孟》，然后观史，则如明鉴在此，而妍丑不可逃。""读书既多，义理已融会，胸中尺度一一已分明，而不看史书，考治乱，理会制度典章，则是犹陂塘之水已满，而不决以溉田。若是读书未多，义理未有融会处，而汲汲焉以看史为先务，是犹决陂塘一勺之水以溉田也。其涸也可立而待也。"⑤朱熹认为在经史关系上，应先经后史，以经统史；在充分把握儒学义理的基础上，研治历史。同时，义理也须通过对历史的研治得以体现，这样才能发挥义理规范世教、褒贬善恶的社会作用，否则就会因空洞而失去自身的意义。

---

① （宋）胡宏《易俗》，胡宏著，吴仁华点校《胡宏集》，中华书局 1987 年版，第 208 页。

② （宋）范祖禹《范太史集》卷一三《进唐鉴表》，上海古籍出版社 1987 年影印文渊阁《四库全书》本，第 198 页。

③ （宋）胡寅《致堂读史管见》卷一六，《续修四库全书》，上海古籍出版社 2002 年版，第 19 页。

④ （宋）胡大壮《读史管见序》，胡寅《致堂读史管见》，《续修四库全书》，上海古籍出版社 2002 年版，第 409 页。

⑤ （宋）黎靖德编《朱子语类》卷一一，中华书局 1986 年版，第 195 页。

基于这种思想意识，南宋士子在涉足历史人物、事件，进行史论诗创作时，往往以理观史，注意阐发史实背后的经学义理，以忠孝仁义、善恶忠奸等为探讨、辨析的中心，并借此昭示王道秩序、纲常伦理，教化示人。可以说，以义理评判人物、事件成为南宋史论诗的基本思想倾向，儒学义理化、道德化成为其主要特征。如刘宰《读〈公孙弘卜式儿宽传〉》："儒雅弘宽世所宗，汗青中介牧羊翁。史家有意君知否，未必文华胜朴忠。"①诗题所言史传是指《汉书》卷五十八。传中的公孙弘、儿宽、卜式为汉武帝时人。其中，前二人善经术文学，居官甚高，但二人或"不肯庭辩"，唯以希顺上指为事，或"久无有所匡谏于上"。儿宽则以田畜牧羊为事，"不习文章"②，但却输财助边，心系国家。刘诗即就此而发，赞扬卜式之"忠"，三、四句可视为以理观史观念的直接表述。又如，林同选择古代以孝著称的人物，著成《孝诗》一卷。此卷纲目鲜明，分"圣人之孝十首""贤者之孝二百四十首""仙佛之孝十首""妇女之孝二十首""夷狄之孝十首"等。同时，为方便了解，林同在诗题下以自注形式对所论人物的孝行、事迹进行介绍。仅以《李孝女》诗为例，其注云："安禄山乱，被劫徙它州。闻父亡，从间道奔丧。既至，父已丧，庐墓终身。"诗云："奔丧脱贼手，庐墓至终身。此大丈夫事，谁云一妇人。"③可以看出，这是典型的"史为案，经为断"的撰述体例，反映出作者通过具体史实探求义理的意识。毫无疑问，通过分目、体例可知，林同实际上是希望通过不同群体人物的选择、评论，为社会各阶层垂范孝法大义，宣扬事亲之道。

同时，注重义理的史学观对当时的历史人物关注层面也产生了很大影响。虽然北宋时期，以司马光为代表的史学家具有重视道德礼制的倾向，但其"鉴于往事，有资于治道"④的意识，使北宋史学在很大程度上是政治史学。这导致了北宋史学的人物关注层面主要集中于政治、军事性等人物。而到了南宋时，张栻、朱熹等理学家则力图重建当时的思想、社会秩序，并希冀通过人的儒学性文化人格的重塑，由修身出发达到平治天下的社会目标。这就必须思索人的社会存在意义。从哲学角度上，每个人在社会当中都有存在意义。但这种意义绝不仅是一种政治价值。毕竟，对于一般人而言，因建功立业而得以展现的政治价

① 北京大学古文献研究所编《全宋诗》，北京大学出版社 1998 年版，第 33350 页。又，刘宰，字平国，主要活动于光宗至理宗时期。据《宋史》卷四〇一本传可知，理学为其"平生所学"。

② （宋）班固《汉书》卷五八，第 2619、2633、2628 页。

③ 北京大学古文献研究所编《全宋诗》，北京大学出版社 1998 年版，第 40637 页。

④ （元）胡三省《新注资治通鉴序》，（宋）司马光著，（元）胡三省音注《资治通鉴》，中华书局 1956 年版，第 28 页。

值不具有普遍性。在很大程度上，人的价值存在是获得当时传统文化认可的伦理、道德、风俗性存在。这种主导意识决定了史学从政治性史学向社会文化史学——也即目前学界认可的义理史学的性质转变，从而也导致了历史人物关注层面的丰富与扩大。这种史学一方面对政治人物如汉文帝、唐太宗、魏徵等保持着浓厚兴趣，以探究社会历史的兴废盛衰；另一方面，因伦理道德广存于社会的不同阶层、群体，于政治性人物之外，寻求其他阶层、群体人物从而更好地彰显义理，自然成为史学的必然趋势。在此情况下，硕儒鸿德、高士大隐，特别是社会底层的贞女烈妇、孝子奇男，均成为史论诗新的关注对象。这是南宋史论诗非常值得注意的变化，如杨万里《读严子陵传》、金朋说《闵子骞》、徐钧《陶潜》、薛季宣《孔子》、赵师秀《徐孺子宅》、舒岳祥《伯夷》、史吉卿《严子陵钓台》等，都侧重于道德隐逸之士，赞扬他们鄙弃名利的人格精神。而苗昌言《唐孝子张常洧义台》、许及之《题曹娥庙》、杜范《曹娥》、曾原一《题贤女祠》、姜特立《朝云》、陈郁《读唐子西漂母传》、赵葵《贞义女咏》等，均以社会底层人物为关注对象。如杜作："举世贪生不足评，舍生取义亦难明。娥知有父不知死，当日何心较重轻"①，高度评价曹娥的义事。而姜作则以苏轼遭谪时紧随左右的侍女朝云为关注人物，通过对比"当时士大夫，反眼相背负"，赞扬她"孰料祸患中，义行唯姜妇"②。一直以来，因囿于政治功业价值标准，古代史学很少关注社会底层人物。而注重义理的史学意识则把这类人物纳入了人们的视野，肯定其价值。这是理学对古代史学的贡献。上述以杜作、姜作为代表的史论诗就证明了这一点。

要对某时期的历史人物做出合理评价，还涉及一个根本前提，即他所处的国家、政权能否获得后世的文化认同，以及他本人与这个国家、政权的关系。这就涉及正统论问题。相对而言，北宋欧阳修、司马光、苏轼等有识之士多以"居正""一统"作为判断"正统"的主要标准；在评价历代王朝的合法性、正当性时，既注重"或以至公，或以大义，得天下之正，合天下于一"③，也注重"兴者以力"④

---

① 北京大学古文献研究所编《全宋诗》，北京大学出版社1998年版，第35303页。
② 北京大学古文献研究所编《全宋诗》，北京大学出版社1998年版，第24199页。
③ （宋）欧阳修《原正统论》，洪本健校笺《欧阳修诗文集校笺》，上海古籍出版社2009年版，第1550页。
④ （宋）欧阳修《魏论》，洪本健校笺《欧阳修诗文集校笺》，上海古籍出版社2009年版，第1560页。

和"功业之实"①；在"居正"与"一统"不能兼备的情况下，更重"一统"。到了南宋时，随着政权偏居一隅，国力武功衰弱，被视为文化中心的中原之地为外族所占。在此社会形势下，较之北宋，此时期的正统之辨也发生了深变。在"居正"和"一统"观念上，更强调"居正"，更关注政权存在的道德义理性因素。这种观念在三国正统公案得到集中体现。在北宋时，欧阳修、司马光等史家多本着上述正统观念以曹魏为正统。而到南宋时，张栻则认为："汉献之末，曹丕虽称帝，而昭烈以正义立于蜀，诸葛亮相之，则汉统乌得为绝？故献帝之后，即系昭烈年号，书曰蜀汉。逮后主亡国而始系魏。"②张栻认为刘备以诛贼复汉为己任，以正义立于蜀，承续了汉统，因此三国应以蜀汉为正统。其后，朱熹进一步强化了这种认识，而对司马光以魏为正统的史学观很不满意。《朱子语类》卷一百五载："问纲目主意。曰：'主在正统。'问：'何以主在正统？'曰：'三国当以蜀汉为正，而温公乃云，某年某月"诸葛亮入寇"，是冠履倒置，何以示训？……'"③其后，受张、朱等人影响，在三国何者为正的问题上，人们多正蜀而闰魏。如黄震在编撰《古今纪要》时认为："作史者以编年之法论，则献帝之汉既灭，当以昭烈之汉继之，昭烈之汉既灭，始当不得已而属之吴魏。"④基于这种认识，他不仅改蜀名为汉，而且把吴、魏附于蜀汉之后。另外，较之北宋，随着中原被异族统治，南宋正统思想更强调"夷夏之辨"，"尊王攘夷"的特征较为突出，南宋正统论也因此带有了强烈的民族色彩。如郑思肖明确提出："尊天王，抑夷狄，诛乱臣贼子，素王之权，万世作史标准也。"⑤

基于上述正统之辩，南宋史论诗出现了值得注意的创作趋势与特征。

第一，虽然理学家对历代政权、王朝孰为正统的认识有一定的差别，如朱熹在《资治通鉴纲目·凡例》中将周、秦、汉、晋、隋、唐等列为正统，而周密在《癸辛杂识·后集·论正闰》中则认为"三代而下，独汉、唐、本朝可当正统"⑥。这在史论诗中也有反映，如方回《东晋》："刘琨劝进岂无闻，王猛临终亦有云。秽史汝

---

① （宋）司马光《资治通鉴》卷六九，（宋）司马光著，（元）胡三省音注《资治通鉴》，中华书局1956年版，第2187页。

② （宋）张栻《南轩集》卷一四《经世纪年序》，上海古籍出版社1987年影印文渊阁《四库全书》本，第537页。

③ （宋）黎靖德编《朱子语类》卷一〇五，中华书局1986年版，第2637页。

④ （宋）黄震《古今纪要》卷四，上海古籍出版社1987年影印文渊阁《四库全书》本，第73页。

⑤ （宋）郑思肖《心史·古今正统大论》，饶宗颐《中国史学上之正统论·资料一》，上海远东出版社1996年版，第123页。

⑥ （宋）周密《癸辛杂识》，《宋元笔记小说大观》，上海古籍出版社2001年版，第5761页。

能诬正统，老伧谁实苤余分。山阴禊事流觞帖，彭泽归来植杖文。二物万年终不泯，可能草木张吾军。"自注云："魏收撰《元魏书》，目东晋为僭，晋宋以下为岛夷，世称秽史。故不得不与之辨。"①又透露以东晋为正统的思想。但总体而言，十六国、北朝等少数民族政权既无"正"，也无"统"。这导致了南宋士子除极少数作家外，很少关注这类政权。可以说，史论诗在极度繁荣的背后，很少涉及这些政权的历史人物、事件，其根本原因即在于此。

第二，受三国正统公案的影响，史论诗形成了以三国人物、事件为题材关注点的史论热潮，贬曹拥刘成为基本的思想立场，如王十朋《魏武帝》《吴大帝》《蜀先主》，项安世《读〈三国志〉》，陈造《曹魏二首》，薛季宣《读〈三国志〉》，刘克庄《曹孟德》《孙伯符》《刘玄德》《魏志》，陈杰《先主》《曹操》，徐钧《昭烈帝》《文帝》等。仅以徐钧二诗为例。徐钧精于史学，据《资治通鉴》所记事实，为史咏一千五百三十首，今存《史咏集》二卷。在进行三国史论时，以"续后汉"称蜀政权，后附"曹魏孙吴"。仅由这种史论体例，即可看出他以蜀汉为正统的意识。其《昭烈帝》云："崎岖蜀道谩三分，势去英雄挽不能。若使人心似西汉，未输光武独中兴。"《文帝》云："才输十倍德何如，窃位称尊启帝图。自料孔明非可敌，终身不敢瞰成都。"②尊刘贬曹的史论立场是极鲜明的。值得注意的是，在三国诸人物中，诸葛亮成为史论诗关注的核心，如陈长方、陈杰、徐钧均有同题《孔明》，金朋说、刘黻、方一夔均有同题《诸葛武侯》，其他又有陈普《诸葛孔明》八首、陆游《谒诸葛丞相庙》、项安世《次韵颜运使伏龙山诸葛祠堂》二首、程洵《用韵题诸葛武侯祠》二首等。在理学极其严厉的历史批判思潮中，大多数统治阶层人物多受贬责，而诸葛亮则独享高评："我从古人中，不数管晏辈。纷纷春秋后，仅有孔明在。"（《方一夔《诸葛武侯》》）③士子之所以趋同性、集体性地评论、咏赞诸葛亮，其原因在于，在乱世之中，他力扶刘氏，忠心为国，在注重正统的史学观下，已成为臣子形象的道德化身与历史符号。

第三，以正统论尊王攘夷思想为指导，南宋史论诗多对篡伪政权、人物以及农民起义极尽批判、讽刺，如金朋说《武则天》云："唐代司晨有牝鸡，灭残宗室殆无遗。若非仁杰擎天力，李鼎将移属武媚。"④乐雷发《陈胜吴广》云："假号偷名

---

① 北京大学古文献研究所编《全宋诗》，北京大学出版社 1998 年版，第 41456 页。
② 北京大学古文献研究所编《全宋诗》，北京大学出版社 1998 年版，第 42846 页。
③ 北京大学古文献研究所编《全宋诗》，北京大学出版社 1998 年版，第 42240 页。
④ 北京大学古文献研究所编《全宋诗》，北京大学出版社 1998 年版，第 32207 页。

只可怜,枉抛钱镈弄戈铤。陇头燕雀应相笑,鸿鹄元来是项燕。"①前诗批判武则天篡唐之事;后诗则讽刺陈胜、吴广的农民起义"假名偷号",无起义的正统资格。同时,在宋金、宋元斗争的现实环境下,出于攘夷目的,士子多注重选择为民族、国家利益而忠义感人、勇于斗争的历史人物,史论诗形成了一股评论、颂扬民族英雄的潮流。这样,西晋灭亡后坚持抵抗匈奴、羯族的刘琨,志在恢复的祖逖,安史之乱期间的张巡、许远、颜真卿、颜杲卿,北宋庆历前后抚边抗夏的范仲淹、韩琦,南宋初年的抗金领袖岳飞等,走进了史论视野。如喻良能《题旌忠庙次王龟龄韵》,通过对比南宋初年"建炎多难谁奋躬,开门纳降何匆匆"的妥协退让的民族政策,高度评价张巡、许远:"矢死不降有二公,青史皎皎书其忠……抽砖击敌甘命终,愿以颈血污刃红。精诚贯日亘云穹,上彻九重达尧聪。诏令血食居镇东,激昂臣子忠勇风。"②又,文天祥被元兵俘虏期间,作有《颜杲卿》诗:"常山义旗奋,范阳哽喉咽。胡雏一狼狈,六飞入西川。哥舒降且拜,公舌膏戈铤。人世谁不死,公死千万年。"③两诗都以民族英雄作为史论对象,体现出强烈的民族主义意识与情怀。与中晚唐、北宋相比,这种意识与情怀是南宋史论诗值得注意的特征。

① 北京大学古文献研究所编《全宋诗》,北京大学出版社 1998 年版,第 41329 页。
② 北京大学古文献研究所编《全宋诗》,北京大学出版社 1998 年版,第 26943 页。
③ 北京大学古文献研究所编《全宋诗》,北京大学出版社 1998 年版,第 43048 页。

齐鲁文化传统的碰撞与融合

——论北宋前期"东州逸党"与泰山学派的关系及其文学影响

樊庆彦*

摘　要：北宋前期，齐鲁大地出现了"东州逸党"与泰山学派两个文人集团，风格迥然不同，地位高下有别，却又因存在时间大体相同，活动区域彼此交叉，而不可避免地相互渗透和影响，其间既有交游唱和，又存在矛盾差异，这反映了齐、鲁两种文化传统的碰撞与融合，不仅共同推动了北宋诗文革新运动，对宋诗的发展做出了一定贡献，也影响了其后以"济南二安"为代表的山东作家的文学创作。

关键词：北宋前期；"东州逸党"；泰山学派；齐鲁文化；"济南二安"

在文化繁荣的北宋前期①，齐鲁大地上几乎同时出现了两个风格迥异的文人集团——"东州逸党"与泰山学派。"东州逸党"是由范讽、石延年、刘潜、李冠、王樵、贾同、李芝等人组成的文人小群体，②主要活跃于今山东济南、淄博一带。其成员多不循陈规，放浪诗酒，普遍具有好侠任气的特点，努力通过文学复古改变诗风。从时间上看，"东州逸党"从宋仁宗明道元年（1023）开始发展壮大，在仁宗景祐年间（1034—1038）形成高潮，最终消亡于仁宗庆历元年（1041），仅仅存在十八年的时间，堪称"昙花一现"③。而在景祐二年（1035），石介于京东路奉符（今山东省泰安市）创建泰山书院，并敦请孙复主持教学。两人携手开门聚徒，传道授业，刻苦自励，积极入世，坚持儒学复兴重振士风，泰山学派也就此形成。其成员有文彦博、姜潜、刘牧、祖无择、张洞、吕希哲、莫说、何群、范纯仁等人，彼此之间又相互举荐和扶持，因而泰山学派影响颇大，对宋代理学的形成

---

*　樊庆彦，山东大学文学院教授、博士生导师，主要研究方向为宋元明清文学。

①　本文所谓的"北宋前期"，是从文学发展史意义上来说，指宋朝建立到诗文革新运动之前的这一段时期。

②　所谓"东州"，指北宋前期行政区划上的京东路诸府州、军、监。据《宋史》卷85《地理志》，宋太宗至道三年（997）分全国政区为路，京东路主要包括今山东省及豫东、苏北一带。参见崔海正《北宋"东州逸党"考论》，《武汉大学学报》（人文科学版）2003年第4期；马银华《"东州逸党"诗人群创作考论》，《河北学刊》2009年第4期。

③　参见程杰《北宋京东文人群体及其诗文革新实践》，《文学遗产》1996年第3期。

发挥了重要的作用①。直至庆历二年(1042),孙复赴京任校书郎、国子监直讲,书院停办,泰山学派也在历经八年之后而风流云散了。由于"东州逸党"与泰山学派风格大相径庭,地位也高下有别,因此学界很少将二者并列进行观照。但是两派主要活动时间大体相同,区域彼此交叉重合,不可避免地相互渗透和补充,其间既有交融又存在矛盾,共同推动了宋代文学的转变和发展。本文拟就二者关系及其文学影响作一探讨。

一

"东州逸党"之得名,盖源于宋人颜太初所做同题五言诗。《宋史·颜太初传》有载:"山东人范讽、石延年、刘潜之徒豪放剧饮,不循礼法,后生多慕之,太初作《东州逸党》诗,孔道辅深器之。"②颜太初乃颜渊四十七世孙,《宋史》本传称其"慷慨好义,喜为诗,多讥切时事",他在诗中将"逸党"人物与魏晋玄谈之士相比附,指斥其行为放浪,创作粗俗,越礼犯分,有违道统。而"深器之"的孔道辅乃孔子四十五世孙,与颜太初一样,皆为鲁地礼法名儒,受泰山学派影响颇深。又《宋史·范正辞传》附《范讽传》云:"讽类旷达,然掉阄图进,不守名检,所与游者辄慕其所为,时号'东州逸党'。山东人颜太初作《逸党》诗刺之,而姜潜者又尝贻书以疏其过云。"③姜潜乃泰山学派石介之门人。石介曾致书知徐州的孔道辅举荐姜潜,将其与颜太初相提并论④。石介还批评李冠"刚褊自伐"⑤。另被孔道辅称为"天子御史"的庞籍曾数劾范讽:"放纵不拘礼法,苟释不治,则败乱风俗,将如西晋之季,不可不察。"⑥这与颜太初所言如出一辙,且最终导致范讽、石延年等获罪。庞籍与范仲淹交厚,而范氏对泰山学派中人多有教诲,其子纯仁亦是学派重要成员之一,故而颜太初、孔道辅、姜潜、庞籍等人都与泰山学派有着或多或少的关联。这也从侧面证明了"东州逸党"与泰山学派两个文人团体之间不可避免地存在着矛盾或冲突。

① 参见仝晰纲《泰山学派的缔结及其时代精神》,《山东师范大学学报》(人文社会科学版)2002年第6期。

② (元)脱脱等《宋史》卷四四二《颜太初传》,中华书局1977年版,第13086～13087页。

③ (元)脱脱等《宋史》卷三〇四《范讽传》,中华书局1977年版,第10064页。

④ 参见(宋)石介著,陈植锷点校《徂徕石先生文集》卷一四《上孔徐州书》,中华书局1984年版,第171页。

⑤ (宋)石介著,陈植锷点校《徂徕石先生文集》卷一四《上王沂公书》,中华书局1984年版,第166页。

⑥ (宋)李焘《续资治通鉴长编》卷一一六"景祐二年二月丁卯"条,上海古籍出版社1986年版,第1043页。

从区域文化的时代演进来看，宋初"东州逸党"与泰山学派之间的矛盾，实际上反映了古代齐鲁文化发展中两种固有的传统——齐学与鲁学在历史上的相斥和冲突。钱穆先生认为："各地文化精神之不同，穷其根源，最先还是由于自然环境有分别，而影响其生活方式。再由生活方式影响到文化精神。"①齐鲁大地钟灵毓秀，群星璀璨，文化学术历史悠久，赓续绵延，早在商周开始，就已经奠定了齐、鲁两种文化传统对立的基础。齐之地"修道术，尊贤智，赏有功……好经术，矜功名，舒缓阔达而足智。其失夸奢朋党，言与行缪，虚诈不情，急之则离散，缓之则放纵。"②齐重霸业，以谋略与武功征伐四方。齐人尚武、务实，勇猛且多智谋。齐学开放、活泼，讲究功利实用而富于创造性，以战国时代邹衍的"阴阳五行说"和"大九州"学说为早期代表。鲁之地"其民有圣人之教化"，"其民好学，尚礼义，重廉耻"，其后虽"俗俭啬爱财，趋商贾，好訾毁，多巧伪，丧祭之礼文备实寡，然其好学犹愈于它俗"③。鲁重王道，以礼法与文治抚御万民。鲁人好文、蹈虚，坚忍而重气节。鲁学稳定、扎实，注重"义利之辨"而更具有保守性，以孔子的儒学理论体系为代表。二者相互制约、渗透，至汉代并显于世而互有消长，赋予了齐鲁文化丰富的内涵，但统治阶级仍以齐化的儒学为治国大纲。魏晋南北朝时期，关注自我、放浪越礼行为日益明显，儒学转而衰颓，历经隋唐五代亦无起色，到了北宋前期，已经"天下之不尚儒久矣"④，这也预示着儒学必将发生变革，且最终孕育形成了统摄佛道的新儒学——理学的体系。此时齐学与鲁学的界限已不甚分明，不过两种文化传统的抗衡仍时有所表现⑤。"东州逸党"与泰山学派虽同处齐鲁大地，但分别集中活动于齐、鲁两个区域，代表了齐文化和鲁文化两种品格和精神，它们之间毕竟还是有着相对的差异，最明显的区别是两者在思想观念上的不同。

宋代前期儒学统治松弛，释、道日益炽盛，三教并兴，其间既互相斗争而又彼此容受，对齐鲁文化产生了重要影响。朝廷因循守旧、不思进取的社会态势，使得"以天下为己任"的"东州逸党"的出现成为可能。这是一群积极入世的高士、博学多才的奇人，他们满怀报国壮志，钦慕古人实现建功立业之理想，不愿

① 钱穆《中国文化史导论·弁言》，商务印书馆 1994 年版，第 2 页。
② （汉）班固《汉书》卷二八《地理志下》，中华书局 1962 年版，第 1661 页。
③ （汉）班固《汉书》卷二八《地理志下》，中华书局 1962 年版，第 1662 页。
④ （宋）司马光著，李之亮笺注《司马温公集编年笺注》（第五册）卷六四《颜太初杂文序》，巴蜀书社 2009 年版，第 110 页。
⑤ 参见张富祥《宋初"东州逸党"与齐鲁文化遗风》，《山东师大学报》（社会科学版）1991 年第 1 期。

身处平庸,好言天下大事,不屑世俗之琐为,却又不为时用,故内心充满不平之气,以纵游狂饮为高,表现出逸于礼法之外的狂狷之态。因而在他们身上也不可避免地有着儒、释、道三家思想的影子,其间虽有个体的差异,却都因诗人们自身的豪爽性格而显得超迈旷达,在一定程度上带有游侠豪士作风和北方尚武精神。如其中的刘潜,喜诵李冠《六州歌头》咏项羽词,被时人径称为"大侠"①。石曼卿"读书通大略",于天下承平之时,"尝上言天下不识战三十余年,请为二边之备"②。宋仁宗康定元年(1040),石氏与吴安道奉使河东,虽"饮酒吟诗若不为意",却于山川形势、兵民刍粮纤悉备知,被同事叹为"天下之奇才"③。从地缘来看,他们主要在青、济、郓、齐一带活动。刘潜、石延年、张方平等人还西行关洛,或北上河朔,身受豪迈放逸之风的沾溉,自然激发出"慷慨悲歌之士"的英雄气概。尤其是石延年,由于世居幽燕,又曾游历西北,颇具清正刚直之品节,为人所称赏,到了京城之后亦多乐于相交④。如欧阳修《释惟俨文集序》《释秘演诗集序》便曾载其与释秘演汴京纵游之事,相国寺杭人释惟俨也喜欢与之交游。⑤而《渑水燕谈录》则载曰:

王樵,字肩望,淄川人也。性超逸,深于《老》《易》,善击剑,有概世之志。庐梓桐山下,称淄右书生,不交尘务。山东贾同、李冠皆尊仰之……其后,高弁知州事,范讽为通判,相与就见之。李冠以诗寄之曰:"霜台御史新为郡,棘寺廷评继下车。首谒梓桐王处士,教风从此重诗书。"晚自号"赘世翁",为赞,书其门曰:"书生王樵,薄业寡志,无益于人,道号'赘世'。"豫卜地为茔,名茧室,中垒石榻,刻铭其上,曰:"生前投躯,以虞不备;殁后寄魄,以备不虞。"后感疾,即入茧室中,自掩户,乃卒。命以古剑为葬。著《游边集》二卷、《安边》三策、《说史》十篇,皆已散失。⑥

可见"东州逸党"中人追求性情自由,注重抒发自身生命感悟,不再倾心于传统的章句注疏,如石延年、王樵便"不治章句"⑦,刘颜亦"学不专章句"⑧,从而

① (宋)陈师道《后山诗话》,中华书局1985年版,第7页。
② (元)脱脱等《宋史》卷四四二《石延年传》,中华书局1977年版,第13070~13071页。
③ 参见(宋)王辟之撰,吕友仁点校《渑水燕谈录》卷四《才识》,中华书局1981年版,第41页。
④ 参见程杰《北宋诗文革新研究》,文津出版社1996年版,第94页。
⑤ 参见(宋)欧阳修撰,李逸安点校《欧阳修全集》卷四三,中华书局2001年版,第609~612页。
⑥ (宋)王辟之撰,吕友仁点校《渑水燕谈录》卷四《高逸》,中华书局1981年版,第51页。
⑦ (宋)欧阳修撰,李逸安点校《欧阳修全集》卷二四《石曼卿墓表》,中华书局2001年版,第373页。
⑧ (元)脱脱等《宋史》卷四三二《刘颜传》,中华书局1977年版,第12831页。

形成了独树一帜的文学风格。

　　而泰山学派则排斥佛老，捍卫儒学的正统地位。孙复倡导《道统》，面对佛老对儒学的冲击而作《儒辱》，号召人们对佛道鸣鼓而攻之，极力阐扬孔子之道。石介则"尤勇攻佛老"[1]，著有《怪说》《中国论》《辨惑》《读原道》《尊韩》等，竖起"先王之道""夷夏之辨"两面旗帜，抨击佛老为"妖妄怪诞之教"[2]，力倡儒学，以恢复道统，振兴士气，让儒家士大夫积极参与一系列变革，承担应负的责任，发挥其应有的作用。泰山学派的"道统"论正适合宋代统治者加强中央集权的需求，对维护大一统及抵御外患具有重要的现实意义，故其主张得到当时名臣范仲淹等人的支持。泰山学派与宋代理学也是渊源颇深。黄震认为"泰山三先生"在理学形成发展中据开创之功："宋兴八十年，安定胡先生，泰山孙先生，徂徕石先生，始以师道明正学，继而濂、洛兴矣。故本朝理学虽至伊洛而精，实自三先生始，晦庵有'伊川不敢忘三先生'之语。"[3]实际上是肯定了泰山学派在理学形成中的地位和作用。他们创建泰山书院，讲学授徒，努力探索弘扬光大儒学的途径，力倡恢复先秦儒家的干政职能，强调探求儒家经典的宏旨大义，对改变视教育为利禄之途的传统体制发挥了重要作用。孙复在《中秋歌》中提出"金水性相生，五行分其事。则知天地间，相感各以类""自昔诗家流，吟皆不到此。徒能状光彩，岂解原终始"[4]，认为天地间万事万物有其规律和顺序，并且皆相呼应，而诗歌创作只注重表面雕琢却无法表达真正的内涵。石介则多鼓励及缅怀道合之人，如其在拜孙复为师后谈及传道授业之场景："先生居前三子后，恂恂如在汾河湄。吁嗟斯文敝已久，天生吾辈同扶持。"[5]在《寄明复熙道》中，石介既以"四五十年来，斯文何屯蹇。仁义仅消亡，圣经亦离散"表达了对复兴儒道的担忧，又通过"二贤信命世，实为有道见。天使扶斯文，淳风应可谊"[6]对孙复、士建中二人皆重道统、志同道合的友谊表示赞叹。泰山学派的诗歌多以说理、劝诫为主，成为发扬道统、振兴儒学的武器，并开启了"义理之学"之先河。

①　(宋)欧阳修撰，李逸安点校《欧阳修全集》卷三《重读徂徕集》，中华书局 2001 年版，第 46 页。
②　(宋)石介著，陈植锷点校《徂徕石先生文集》卷五《怪说·下》，中华书局 1984 年版，第 63 页。
③　(清)黄宗羲原著，(清)全祖望补修，陈金生、梁运华点校《宋元学案》卷二《泰山学案》，中华书局 1986 年版，第 73 页。
④　北京大学古文献研究所编《全宋诗》卷一七五，北京大学出版社 1991 年版，第 1987 页。
⑤　(宋)石介著，陈植锷点校《徂徕石先生文集》卷二《乙亥冬冬富春先生以老儒醇师居我东斋济北张洞明远楚丘李缊仲渊皆服道就义与介同执弟子之礼北面受其业因作百八十二言相勉》，中华书局 1984 年版，第 19 页。
⑥　(宋)石介著，陈植锷点校《徂徕石先生文集》卷三《寄明复熙道》，中华书局 1984 年版，第 27 页。

　　两派的区别还与各自的宗派观念有关。"东州逸党"成员关系松散,多是彼此齐名或互相尊仰,群体之间没有明确师承,也没有统一的活动场所和创作地点,有的只是相似的人生经历和相近的创作风格。他们皆性格豪逸,心怀大志,不畏权贵,敢于谏言,且多怀才不遇或仕途不顺。范讽曾为朝中重臣,权御史中丞,后被贬武昌军节度行军司马。石延年任馆阁校理。范讽被贬黜,石延年亦坐与讽善而落职通判海州。石氏后隐于酒,释秘演等隐于浮屠。刘潜卓逸超凡,受到石延年、张方平等人的赞赏。但范讽作为"东州逸党"的精神领袖,石延年作为其中文学成就最高者,并没有利用二人产生的效应建立起来一个统一的团体,也没有像泰山学派那样利用学院广收门徒,形成规模。范讽与李冠、刘颜等同道中人皆不曾见面,他们之间的交游显得比较随性,诗歌创作也较为自由,表达个人好尚,偏于情感抒发,但这种放逸行为并不符合当时文坛复古求雅、重振士风的发展趋势。仁宗康定元年(1040)前后,随着其代表人物范讽、石延年、刘潜相继去世,"东州逸党"也迅速走向消亡。

　　反之,泰山学派则具有鲜明的宗派意识。石介与孙复共建泰山书院,以之为依托,教授学术,广纳门徒。文彦博、吕希哲、张洞、姜潜、祖无择、绕子仪、李蕴、莫说、杜默、何群等都是孙复、石介的门人,追随其左右,逐渐形成派系。可以说泰山书院是因人而得盛名,泰山学派因人而得以传承。泰山学派在建立时便以孙复为学术中心,举其为"泰山先生"。孙复讲学时注重于阐发儒经义理,即以自己的理解进行释经,这种新的治学方法,对后世学风影响颇大。石介凭借自身人脉与交际能力,进一步发展壮大了泰山学派。其成员在泰山书院传道授业,他们及后学又积极入世,仕途上相互举荐与扶持。石介与欧阳修之间书信往来频繁,大力举荐有才后学,如其《赠张绩禹功》云:"禹功气奔壮,今方二十二。前去吾之年,犹有十四岁。今读禹功文,魂魄已惊悸。"①《招张洞明远》云:"暂到东山慰愁抱,春秋之学说深微。"②他为推官以后,立即作《上韩密学经略使书》,向韩琦推荐孙复及其弟子③;当范仲淹用兵西夏时,又作《上范经略书》,极力推荐了五名泰山门人④。在石介的广泛宣传与推动下,"能使鲁人

---

① (宋)石介著,陈植锷点校《徂徕石先生文集》卷二《赠张绩禹功》,中华书局1984年版,第17页。

② (宋)石介著,陈植锷点校《徂徕石先生文集》卷四《招张洞明远》,中华书局1984年版,第50页。

③ 参见(宋)石介著,陈植锷点校《徂徕石先生文集》卷一六《上韩密学经略使书》,中华书局1984年版,第186页。

④ 参见(宋)石介著,陈植锷点校《徂徕石先生文集》卷一七《上范经略书》,中华书局1984年版,第199页。

皆好学"①，泰山书院培养的大批人才进入仕途，泰山学派与外界的交往日益增多，由文学流派逐渐向党派发展，这一点也与"东州逸党"明显不同。

宋代前期齐鲁大地学风兴盛，开启了重振儒学的序幕，其中泰山学派功不可没。不过对于石介来说，齐、鲁学统难以割裂，这也导致了他既极力支持庆历新政，又试图恢复"道统"的矛盾心理。相对来说，"东州逸党"的学风更接近于齐学的本色，如果结合"逸党"人物的文学创作来看会更为明显。在复兴儒学的背景下，对"文"进行新的规范和价值构设成为重建"道统"的核心内容，以颜太初、石介、姜潜等为代表的儒生表现出强烈的身份认同和"以道自任"意识，掀起一股打压魏晋以来追求诗文艺术化的高潮。故而范讽、石延年、刘潜等人聚饮时表现出的文人作风也很容易引起泰山学派的警觉和排斥。②

二

"东州逸党"与泰山学派尽管存在着差异与矛盾，但据石介《徂徕石先生文集》及黄宗羲、全祖望《宋元学案》，从孙复游者有王曾、蔡齐、孔道辅、李迪、范仲淹、张方平、士建中、祖择之等，其中王曾、李迪均为"东州逸党"同调；孙复门人有石介、刘牧、姜潜、张洞等；与石介交游者有石曼卿、张方平、杜默等人，石曼卿为"东州逸党"的主要人物，张、杜亦是其同调；石介门人有：马默、何群、苏唐询、徐遁、高拱辰等。"东州逸党"和泰山学派之间也交游唱和，从而形成了一种水乳交融的奇妙而又复杂的文化现象。

不唯如此，"东州逸党"与泰山学派都积极入世，在政治上有着共同的目标。"东州逸党"之学多尊崇"不肯枉尺直寻"的孟子，如贾同"以著书扶道为己任，著《山东野录》篇，颇类《孟子》"③。高弁"性孝友，所为文多祖《六经》及《孟子》，喜言仁义"④，与李迪、贾同等人相友善，石延年、刘潜、刘颜皆出其门下。"逸党"成员在《宋史》中大都列入《儒林传》，并未脱离儒学的轨道，具有强烈的参政意识，但却政治失意，仕途蹉跎，不为世用，"如田诏君谅，贾殿丞同，高端公弁，刘节推

---

①　（宋）欧阳修撰，李逸安点校《欧阳修全集》卷二《读张李二生文赠石先生》，中华书局 2001 年版，第 25 页。

②　参见徐波《北宋"东州逸党"及相关问题考论——〈东州逸党诗〉与士大夫阶层的分野》，《励耘学刊》2020 年第 1 期。

③　（宋）王辟之撰，吕友仁点校《渑水燕谈录》卷一《谠论》，中华书局 1981 年版，第 6 页。

④　（元）脱脱等《宋史》卷四三二《高弁传》，中华书局 1977 年版，第 12831 页。

颜,皆连蹇当时,至老不达"①。石延年虽"负高世之志",却"与时不合",遂颓然自放②。范讽被贬后,旷达怀远,纵酒交游,而"所与游者,辄慕其所为"③,这也在客观上推动了"东州逸党"的形成。刘潜《水调歌头·落日塞垣路》则云:

落日塞垣路,风劲戛貂裘。翩翩数骑闲猎,深入黑山头。极目平沙千里,惟见雕弓白羽,铁面骏骅骝。隐隐望青冢,特地起闲愁。汉天子,方鼎盛,四百州。玉颜皓齿,深锁三十六宫秋。堂有经纶贤相,边有纵横谋将,不作翠蛾羞。戎虏和乐也,圣主永无忧。④

这首词显然不只是借古抒怀,也饱含着对当朝"圣主"的隐忧,充满了作者因无能为力而产生的无可奈何之感。纵酒狂歌的背后是"逸党"人物意欲有所作为的豪情,这种积极入世的思想不但符合"东州逸党"的精神追求,而且代表了当时士人普遍的心理状态和创作风格。自宋真宗执政后期开始,积贫积弱的局面即日渐形成。士大夫们处在此种形势下,一方面总摆脱不了拨乱反正的宏愿,希望能通过群体的努力,做出一番修齐治平的大业;另一方面,在强烈的"忧患意识"背后,也容易滋生出漫无节制的享乐思想。但直到庆历新政前夕,其中的大多数人仍止于空发慨叹,以酒浇愁而已。由此不难理解为什么"东州逸党"的交游会令众人一呼百应,在当时政坛、文坛上掀起波澜,靡然向风。

泰山学派以振兴儒学为己任,通过设院授徒加强教育,宣传伦理纲常规范,全力维护儒家道统,这也是出于为宋代社会政治服务的考虑。但是,他们在研究儒家传统经典时,又能抛开前人成说,表现出独立的见解。孙复著有《春秋尊王发微》,敢于冲破传统训诂注经思想的束缚,注重探寻其中的义理。欧阳修认为:"先生治《春秋》,不惑传注,不为曲说以乱经,其言简易……得于经之本义为多。"⑤石介认为自韩愈之后数百年,各家注疏已严重背离先儒经典,不足为解经的凭据。泰山学派对汉唐注疏的认识,推动了宋代疑经、改经学风的形成,逐渐使汉唐注疏之学转向义理之学。而且,泰山学派推崇孟子。孙复把孟子看作是"道统"链条中继绍孔子的首要人物:"孔子既没,千古之下,攘邪怪之说,夷奇险

---

① (元)脱脱等《宋史》卷三〇四《范讽传》,中华书局 1977 年版,第 10064 页。
② (宋)欧阳修撰,李逸安点校《欧阳修全集》卷二四《石曼卿墓表》,中华书局 2001 年版,第 373 页。
③ (元)脱脱等《宋史》卷三〇四《范讽传》,中华书局 1977 年版,第 10064 页。
④ 唐圭璋编《全宋词》卷一一,中华书局 1965 年版,第 113 页。
⑤ (清)黄宗羲原著,(清)全祖望补修,陈金生、梁运华点校《宋元学案》卷二《泰山学案》,中华书局 1986 年版,第 101 页。

之行,夹辅我圣人之道者多矣。而孟子为之首,故其功钜。"①石介亦视孟子为孔子之后"道"的承继者。他认为,尧、舜、禹、汤、文王、武王、周公、孔子之道,本是一个有机的整体,但孔子之后,"道"的发展出现断接,至孟子始又发扬光大②。石介在当时政局及学术界都颇具影响,以其为核心的泰山学派的尊孟言行直接影响到这一时期的学术取向,孟子的地位亦不断提高。宋神宗元丰年间(1078—1085),《孟子》一书也由"子"入"经"。至南宋时,朱熹把孟子与孔子相提并论,将《论语》《孟子》与《大学》《中庸》合编为《四书》。两人的思想学说合称为"孔孟之道"。这在政治上为宋王朝巩固王权,加强中央集权统治提供了理论依据。

"东州逸党"和泰山学派在对待宋初诗风改革的态度上也是一致的。受晚唐五代浮艳之风的影响,北宋初期盛行的"白体""晚唐体""西昆体",或追慕白居易而趋于浅易流俗,或推崇贾岛而务求清奇僻苦,或学习李商隐而滑向雕采巧丽,创作内容大都是唱和酬答之作,颂扬圣明,粉饰太平,难以于唐诗之外另辟新境。这既不符合统治者的希望,发挥文学明道致用的功能,配合中央集权的措施,更好地宣传儒家思想,以巩固王朝政权,也无法满足社会中下层士子的参政要求,希望文学能反映现实,以推动政治改良和社会发展。故而石介、石延年等带领"东州逸党"及泰山学派成员奋起疾呼,力矫文弊。前者是以放逸的形式追求革新,后者则打着复古的旗号寻求新变。复古是一种创作主张和旗号,革新则是创作目的,以复古寻求新的变化是诗文革新运动的实质。无论是"东州逸党"人物石延年,还是泰山学派领袖石介,都是对于一度中断了的中唐韩、柳古文传统的继承和发扬,两者名虽相反,内容则无甚差别。故而"东州逸党"和泰山学派的出现,其精神实质上的相通之处在于不满诗坛现状,试图寻求新的出路。

"东州逸党"和泰山学派的交融,首先缘于二者共通的人格品质。齐、鲁文化虽各有特点,但在同一区域经过多年的发展,常常同时存在于齐鲁文人身上,互为渗透补充。"东州逸党"尚武好侠、任气使性的特点形成,与他们普遍居住于古齐地,即山东济、郓、青、淄一带不无关系。高弁曾知淄州,范讽亦任职此地通判。淄州为齐国故都,有着深厚的历史人文底蕴。面对辉煌的历史,"东州逸党"成员及其同调创作的诗歌作品,与齐地的大气恢宏特点相契合,如张方平

---

① 四川大学古籍研究所编《全宋文》卷四〇一,巴蜀书社 1990 年版,第 269 页。

② (宋)石介著,陈植锷点校《徂徕石先生文集》卷五《怪说·下》,中华书局 1984 年版,第 63 页。

《登泰山天平顶》登高怀古，展现出慷慨豪迈的风貌。同时，北宋初期儒学呈现复兴的势头，山东不仅是传统儒学的发源地，更是儒学传统保持最好的地区，泰山学派以东岳泰山为中心构成的文化空间，精神气貌与泰山的庄严峻方彼此融合，呈现出志存高远和敢于直言的特点。如石介"笃学有志尚，乐善疾恶，喜声名，遇事奋然敢为"①，曾作《泰山》诗言其威仪，题《庆历圣德颂》指斥当朝奸佞。其门人马默"性刚严疾恶"，"遇事辄言无顾"②。张洞"得《春秋》最精……出三家之异同而独会于经"③，曾上书废除科举制。何群"喜激扬论议"，"与人言未尝下意曲从"④，批评科举专以文辞取人，并上书罢科举。泰山学派这种追求独立之人格与"东州逸党"之豪迈气魄多相契合。

自古文人相轻亦相惜，"东州逸党"和泰山学派的交融离不开二者之间主要人物的交往，其中的关键人物是"泰山学派"宗主石介。石介具有强烈的政治欲望，一生刚直不阿，致力于"道统"的继承和阐扬，自谓"勇过于孟轲"⑤，"见天下之有未得其治，则愤闷发于内而言语形于外"⑥，其为人和作风，在许多方面与"逸党"人物极为相近。仁宗天圣七年（1029），青年时期的石介游历河朔，满怀激情作《过魏东郊》，追慕古文改革家柳开，颂誉其"事业过皋夔，才能堪相辅"，不仅道统方面"著作慕仲淹，文章肩韩愈"，武略方面亦是"帐下立孙吴，尊前坐伊吕。笑谈韬钤间，出入经纶务"。这反映了石介不唯具有齐鲁之邦的古文传统，而且不乏北方豪侠之气概。"匈奴恨未灭，幽州恨未复"⑦更是表现了他对于国家、民族命运的极度关注和历史责任的自觉性。欧阳修评论其曰："貌厚而气完，学笃而志大，虽在队亩，不忘天下之忧。"⑧石介与范讽交往甚多，其《徂徕石先生文集》中存有三封给范讽的书信。仁宗明道二年（1033），仁宗亲政，斥后

---

① （清）黄宗羲原著，（清）全祖望补修，陈金生、梁运华点校《宋元学案》卷二《泰山学案》，中华书局1986年版，第103页。

② （元）脱脱等《宋史》卷三四四《马默传》，中华书局1977年版，第10946页。

③ （宋）石介著，陈植锷点校《徂徕石先生文集》卷一四《与张洞进士书》，中华书局1984年版，第164页。

④ （元）脱脱等《宋史》卷四五七《何群传》，中华书局1977年版，第13435～13436页。

⑤ （宋）欧阳修撰，李逸安点校《欧阳修全集》卷三四《徂徕石先生墓志铭》，中华书局2001年版，第506页。

⑥ （宋）石介著，陈植锷点校《徂徕石先生文集》卷一七《上颍州蔡侍郎书》，中华书局1984年版，第205页。

⑦ （宋）石介著，陈植锷点校《徂徕石先生文集》卷二《过魏东郊》，中华书局1984年版，第20页。

⑧ （宋）欧阳修撰，李逸安点校《欧阳修全集》卷三四《徂徕石先生墓志铭》，中华书局2001年版，第506页。

党,起用李迪为相,范讽为御史中丞,范仲淹任谏官。石介曾在《上范中丞书》中对范讽表示祝贺:"惟中丞大节直道,危言敢谏,能守正不挠,自结明主,简在帝心,符于物望"①,又在《上郭殿院书》中对皇帝"革故鼎新"的行为大加颂扬,称赞范讽"忠亮骨鲠"②。石介的书信对友人的极力推崇,虽然不无政治上的攀附意识,但是可以看出其对于友人的真挚情谊以及有志之士能被朝廷所重用的喜悦之感。石介、范讽相近的治世观念和政治窘遇,也为引领"东州逸党"和泰山学派之间的相交提供了可能。

石介与石延年相交甚笃,可谓真正的诗友。景祐二年(1035),石延年因受范讽牵连被贬出京,下迁海州通判,赴任途中拜访石介。据石介《与士熙道书》载:"四月十八日石曼卿学士来"③,这是两人的第一次会晤。他们一起畅谈理想、纵论人生,非常欢快,也加深了彼此之间的了解。石介作《读石安仁学士诗》以献之:"齐梁无骏骨,李杜得秋毫。后世益纂组,变风堪郁陶。奔遒少骧逸,秃冗如牛毛。试看安仁咏,秋负有怒涛。"④他在授徒讲学时,更把石曼卿作为年轻人学习诗歌创作的标榜:"曼卿续得少陵弦,弦绝年来又一年。惊起听君讽新句,洒如开集味遗篇。一家气骨疑无偶,万丈光芒欲拂天。好向风骚尤着意,他时三个地诗仙。"⑤在石介不遗余力地宣扬下,石延年及"东州逸党"的知名度得以不断提高。

宋初文坛和政界的一些重要人物,如范仲淹、欧阳修等人,不仅与"东州逸党"有来往,同时与泰山学派相交,对两派的发展联系起到一定的推动作用。如李迪与范讽为知交,而孙复又是李迪之侄婿。石延年和欧阳修是从事文学革新志同道合的朋友,彼此在文学见解上很是契合。欧阳修追慕韩愈,而把石延年比作卢仝。石延年早亡,欧阳修为其写《墓表》,范仲淹有《送石曼卿》诗,将其比作西汉贾谊:"英气飘飘酒满颜。"⑥又在《祭石学士文》中称赞石延年:"曼卿之诗,气雄而奇,大爱杜甫,独能嗣之。"⑦正是因为石延年继承了杜甫写实的风骨,

---

① (宋)石介著,陈植锷点校《徂徕石先生文集》卷一二《上范中丞书》,中华书局1984年版,第130页。

② (宋)石介著,陈植锷点校《徂徕石先生文集》卷一二《上郭殿院书》,中华书局1984年版,第133页。

③ (宋)石介著,陈植锷点校《徂徕石先生文集》卷一六《与士熙道书》,中华书局1984年版,第189页。

④ (宋)石介著,陈植锷点校《徂徕石先生文集》卷四《读石安仁学士诗》,中华书局1984年版,第37页。

⑤ (宋)石介著,陈植锷点校《徂徕石先生文集》卷四《郑师易秀才诗奔腾遒壮殆有石曼卿学士风骨作四韵以勉之》,中华书局1984年版,第49页。

⑥ 北京大学古文献研究所编《全宋诗》卷一六六,北京大学出版社1991年版,第1889页。

⑦ 四川大学古籍研究所编《全宋文》卷三九一,巴蜀书社1990年版,第84页。

诗歌具有豪迈恢宏的特点,因此受到欧、范的推崇,使得"东州逸党"的影响力也逐渐扩大。范仲淹早年曾在"东州逸党"的主要活动地淄州刻苦攻读,应受到齐地风俗影响。入仕后曾任谏官,为范讽下属,二人应有来往,政见亦多相合。晚年居青州,更以传道授业为己任,对山东学子多有提点教诲。朱熹《三朝名臣言行录》曰:"文正公门下多延贤士,如胡瑗、孙复、石介、李觏之徒,与忠宣游。昼夜肄业,置灯帐内,夜不分寝。"①故而石介、孙复等人建立的泰山学派,无论是思想还是学术方面的建树,应该都与范仲淹有着不可割舍的联系。在范仲淹、石介、孙复等儒士的不断推动与发展下,北宋士阶层逐步崛起。石介与欧阳修不仅同为天圣八年(1030)进士,而且在仁宗景祐元年(1034)同为馆阁校勘。后两人皆被贬,终又晤于开封。经历相似,意气相投,故互视为知己,经常书信往来。石介倡导儒学,抨击"西昆体"、佛教时文,欧阳修屡次致书表示赞赏和肯定②。从景祐年间到庆历新政,石介与欧阳修从思想交流的互相支持发展到政治关系的盟友。范仲淹和欧阳修等人在泰山学派与"东州逸党"之间建立了一道交流的桥梁,对于加强二者的联系颇有帮助。

总而言之,正是北宋初期亟须革新求变的文学生态,及二者一致的政治理想与共通的人格品质,使得放浪诗酒、不循礼法的"东州逸党"和儒雅博重、倡导仁义的泰山学派,彼此之间能够交融同存。

三

"东州逸党"与泰山学派之间虽然地位和影响力相差悬殊,观点主张和风格特性也多有不同,但作为北宋前期的文人团体,他们的相交互渗和共同努力反映了此际文坛的观念与趋尚,对于宋代文学发展有着殊途同归的时代意义,也呈现出齐鲁文化的独有特色与价值旨归。

"东州逸党"和泰山学派出现稍晚于"白体""晚唐体""西昆体",能够感受到这些文学流派风行一时的轰动影响,也看到了它们沿袭晚唐五代绮靡文风所带来的缺陷,竭力纠偏补弊,倡导复古反骈,所以他们在诗歌由"唐音"向"宋调"的嬗变过程中,在确立散体文正宗地位的进程中,从一定程度上为宋学的构建起到了铺垫作用,成为诗文革新运动的先声。

北宋诗文革新运动的成就和影响,在理论上主要体现在"道"与"文"的关系

---

① 丁传靖辑《宋人轶事汇编》卷八,商务印书馆 1958 年版,第 317 页。
② 参见(宋)欧阳修撰,李逸安点校《欧阳修全集》卷六八,中华书局 2001 年版,第 991~993 页。

方面,这与"东州逸党"和泰山学派的风格和主张基本一致。"东州逸党"对于"道"与"文"二者之间的相互作用并没有过多的阐释,但他们也崇尚儒家经世致用,著书立说不为空言,与当时的"西昆体"迥然不同。在石延年的诗歌中也表达出试图改变前期诗风的看法,如《送穷》一诗提出"我心忧道不忧贫"①,《筹笔驿》一诗提出"惟思恢正道"②,都可以看出他渴望通过改革来恢复道统及诗歌风雅传统的意愿。石介对于石延年"自任以古道,作之文,必经实不放于世"赞赏有加,极力称颂的原因在于石延年诗歌创作的本源就是切于世用,即"诗之源,施之于用"③,达到诗歌为社会服务的目的。泰山学派作为具有浓厚儒学思想的文人群体,受到儒学复古与唐代诗文运动的双重影响,继承和发扬了诗学"美刺"理论,自觉倡导诗歌创作关注现实的干政功能,务求诗歌关涉政治教化,发挥讽喻劝诫作用,以使其与明道致用之古文相提并论。石介继承和发展了韩愈的道统说,几乎言必称"道",在此基础上提出"道始于伏羲氏……而成终于孔子……大明于吏部(韩愈)"④,并且排出了一个比韩愈还要详尽得多的儒家"道统"的名单,即"三才九畴五常之道"⑤。其所著《怪说》《中国论》,排斥佛老以维护儒家伦理道德,认为孔子之道是"万世常行不可易之道也"⑥,表现了对儒家思想的坚守。他所认为的好文章也是内容上必须"本于教化仁义,根于礼乐刑政",形式上要"有三代两汉遗风"⑦。虽然这种激直的文学观及创作对文风的变化产生过一定的积极影响,但是因抨击"西昆体"而全面摒弃诗文文采的创作理念,未免矫枉过正,流于险怪艰涩,而被人讥为"太学体"。总之,"东州逸党"与泰山学派都强调诗文创作要为现实政治服务,重视诗歌的社会功能和政治作用,他们的这些探索可以视为北宋诗文革新运动的前奏和序章。

"东州逸党"与泰山学派对于宋诗的发展也做出了一定贡献,他们在继承唐诗的基础上,扩大了宋诗表现的题材内容,深化了宋诗的内涵。宋初诗坛声势

① 北京大学古文献研究所编《全宋诗》卷一七六,北京大学出版社 1991 年版,第 2008 页。

② 北京大学古文献研究所编《全宋诗》卷一七六,北京大学出版社 1991 年版,第 2004 页。

③ (宋)石介著,陈植锷点校《徂徕石先生文集》卷一八《石曼卿诗集序》,中华书局 1984 年版,第 212～213 页。

④ (宋)石介著,陈植锷点校《徂徕石先生文集》卷七《尊韩》,中华书局 1984 年版,第 79 页。

⑤ 参见全晰纲《略论石介的排佛老、斥时文思想》,《河南师范大学学报》(哲学社会科学版)1996 年第 3 期。

⑥ (宋)石介著,陈植锷点校《徂徕石先生文集》卷一《庆历圣德颂并序》,中华书局 1984 年版,第 7 页。

⑦ (宋)石介著,陈植锷点校《徂徕石先生文集》卷一二《上赵先生书》,中华书局 1984 年版,第 136 页。

最盛的"西昆体"虽反对"白体"的浅俗平易,并着意改变"晚唐体"的幽深枯寂之感,着力展现北宋统一帝国的堂皇气象,在当时"耸动天下"①,独领风骚,却因只专注于模仿李商隐诗歌的艺术外貌,注重用典,堆砌辞藻,题材范围狭窄,内容贫乏,语言晦涩,而缺少玉谿体的情感蕴含,缺乏自立精神。这也给后人留下了继续探索的机会和可能,两派都看到了此时的宋诗缺乏唐诗,特别是盛唐诗歌中追求远大理想的积极昂扬的精神而力图有所改变。"东州逸党"诗人们的放逸个性表现在创作上,同样是以恣意纵情、气魄宏大见长,呈现出一种不同于宋初诗风的新气象。泰山学派也不同程度地受到"东州逸党"诗人的影响,诗中所表达的内容虽有说理和教化的成分,语言平实雅洁,但因齐鲁文化的浸染,仍遮蔽不住洒脱豪迈的色彩。在宋仁宗时期,豪放诗已成为山东诗坛的主流,主要有张方平、石延年、刘潜、李冠、范讽、石介、杜默等人,早期以"东州逸党"中人为代表,后期则以泰山学派的石介及其弟子们最为突出。②

"东州逸党"善为咏物和咏怀之作,咏物诗风多清新自然,咏怀则有豪迈放逸之感。如领袖人物范讽所作《题济南城西张寺丞园亭》:"园林再到身独健,官职全抛梦乍醒。唯有南山与君眼,相逢不改旧时青。"③此时作者自给事中谪官,数年后方归济南,已经人到暮年,丧母的哀痛尚未过去,回想官场中被排挤闲置的境遇,如梦初醒,因而感慨只有故土的山水与家乡的亲朋好友才能"青眼相加"、不离不弃。这首诗直抒胸臆,平淡自然,但"全抛"一词已见出诗人放下官场羁绊的洒脱,内心充满对乡里温情的感激。又如李迪《登经阁》云:"一雨初晴万象新,绿芜红树静无尘。楼高地迥出天半,剩见河阳十里春。"④石延年亦有残句:"台高地迥出天半,瞭见皇都十里春"⑤,或为二人唱和之作。通过对大自然的赞美,抒发诗人向往怡然清净、远离尘嚣的愿景。而石延年爱好诗酒风流,喜欢借助《红梅》《竹》《墨竹》《丛菊》等,以"四君子"的品节特点隐喻自己的人格追求。另如《赠刘潜归陶丘》云:"丈夫未大用,身与仁义闲。可宜更聚散,风尘摧厥颜。君今归柯泽,路出梁宋间。芒杨有吾庐,亲老待我还。羡子先谐愿,思亲

① (宋)刘克庄《后村诗话·前集》卷二,中华书局1983年版,第22页。
② 参见范学辉《试论北宋山东地区的诗歌创作》,王志民主编《齐鲁文化研究》第三辑,山东文艺出版社2004年版,第237页。
③ 北京大学古文献研究所编《全宋诗》卷七三,北京大学出版社1991年版,第833页。
④ 汤华泉《全宋诗辑补》,黄山书社2016年版,第393页。
⑤ 汤华泉《全宋诗辑补》,黄山书社2016年版,第496页。

头鬓斑。"①又如《偶成》二首云："力振前文觉道孤，耻同流辈论荣枯。动非仁义何如静，得见机关不似无。孔孟也宜轻管晏，皋夔未必失唐虞。侯王重问吾何有，且自低心混世儒。""年去年来来去忙，为他人作嫁衣裳。仰天大笑出门去，独对春风舞一场。"②特别是"仰天大笑出门去"之句，可谓酣畅淋漓，洒脱旷达，生动形象地展现了石延年的个性诗风。正如欧阳修在《哭曼卿》诗中所谓："作诗几百篇，锦组聊琼琚。时时出险语，意外研精粗。穷奇变云烟，搜怪蟠蛟鱼。"③而苏舜钦亦在《石曼卿诗集序》中称之"振奇发秀""气横意举"，并且推其为"诗之豪者"。④

从范讽、石延年的诗作来看，其朴直质实之风，与当时典丽整饬的"西昆体"已大异其趣，透露出诗文革新的内在因子。"东州逸党"掀起的诗风变化，在一定程度上复归了建安风骨，为宋初诗坛注入了气势与力量。他们的诗歌"或为童牧饮，垂髫以相嬉。或作概量歌，无非市井辞。或作薤露唱，发声令人悲。或称重气义，金帛不为赀。或曰外形骸，顶踵了无丝"⑤，继承了建安风骨慷慨悲壮的情感基调。而前代特别是唐代诸公如李白、杜甫、白居易、韩愈等人对魏晋诗风的大力倡导与创作尝试，也为"东州逸党"中人提供了学习模拟的范本。因此，范讽于"西昆体"盛行之际，其诗摈弃雕金镂玉，避免堆砌典故，表达真实心境，呈现出放逸狂疏之感；石延年之作则气势雄豪，其诗风的形成，延续了杜诗中沉郁顿挫的一面，而其中奇险雄怪的特征显然也受到了韩孟诗派的影响。当然，石延年、刘潜等不循礼法、豪放剧饮的行为，也是借此张扬个性与宣泄内心不平的外在形式。由此可见，"东州逸党"不仅学到了魏晋诗风，行事作风也向此际文人靠近，诗歌中的慷慨之气以及放荡不羁的人生态度颇具魏晋士人的风流之姿。

石介作为北宋诗文革新运动前期大力批判"西昆体"的先锋健将，虽执着于儒家之道，却又由于不得中行而思狂狷，以为狂者有进取精神，遂"得沽激好名躁进之论"⑥。他亦将诗歌作为武器，敢于直截了当地评论时政，大胆发表个人

---

① 北京大学古文献研究所编《全宋诗》卷一七六，北京大学出版社 1991 年版，第 2001 页。
② 北京大学古文献研究所编《全宋诗》卷一七六，北京大学出版社 1991 年版，第 2003 页。
③ (宋)欧阳修撰，李逸安点校《欧阳修全集》卷一《哭曼卿》，中华书局 2001 年版，第 19 页。
④ (宋)苏舜钦撰，沈文倬校点《苏舜钦集》卷一三《石曼卿诗集序》，上海古籍出版社 1981 年版，第 165 页。
⑤ 北京大学古文献研究所编《全宋诗》卷二二六，北京大学出版社 1991 年版，第 2648 页。
⑥ (宋)石介著，陈植锷点校《徂徕石先生文集》卷一四《上王沂公书》，中华书局 1984 年版，第 166 页。

政治见解,这与"东州逸党"的豪放诗风颇为相合。石介的多篇诗作,皆以当时具体的政治大事为题材,来表现诗人的忧国忧民之忧。其《西北》曰:"吾尝观天下,西北险固形。四夷皆臣顺,二鄙独不庭。吾君仁泰厚,旷岁稽天刑。蘖芽遂滋大,蛇豕极膻腥。渐闻颇骄蹇,牧马附郊坰。吾恐患已深,为之居靡宁。堂上守章句,将军弄娉婷。不知思此否,使人堪涕零。"①表达了诗人对西北边防局势日益紧张的严重担忧,并对当时上恬下嬉、尸位素餐的社会现实表示了强烈的不满。其《闻子规》自称:"我本鲁国一男子,少小气志凌浮云。精诚许国贯白日,有心致主为华勋。位卑身贱难自达,满腹帝典与皇坟。"②虽然关心国家前途命运,却也难掩"位卑身贱"的无可奈何之感。而最有名的作品是他在庆历新政期间所作的 960 字四言长诗《庆历圣德颂》。作者爱憎分明,"别白邪正甚详"③,既辛辣讽刺了墨守成规、思想僵化的旧党官僚,也热情歌颂了锐意进取、厉行变革的领袖人物,如隐斥权臣夏竦为"大奸",称赞范仲淹、富弼是"一夔一契",为"欲使陛下功德炜炜昭于千古"④,希望士人能够挺身自任,树立应有的责任担当意识,发挥干政功能,勇于为社会服务。这首诗甫一问世,便震动了北宋朝野上下:"由是谤论喧然,奸人嫉拓,相与挤之,欲其死而后已。"⑤

在石延年、石介等人的身体力行下,北宋诗风革新初起时,与在当时文坛大行其道的"太学体"相对应,并有着内在联系的以道学先导者和新进的士阶层为基本队伍的复古放逸之风的一时兴盛,有时甚至达到了"粗豪"的程度:"皇祐已后,时人作诗尚豪放,甚者粗俗强恶,遂以成风。"⑥这虽然是就整个北宋诗风而言,而地处山东的"东州逸党"与泰山学派,则在这个问题上表现得最为明显。如石介的门人杜默,"晚节益纵酒落魄,文章尤狂鄙"⑦,其诗风亦甚为"粗豪",并因多不合律而受到苏轼的诋讽:

石介作《三豪》诗,略云:曼卿豪于诗,永叔豪于文,杜默字师雄者豪于歌也。永叔亦赠默云:赠之三豪篇,而我滥一名。默之歌少见于世,初不知之,后闻其

① (宋)石介著,陈植锷点校《徂徕石先生文集》卷二《西北》,中华书局 1984 年版,第 17 页。

② (宋)石介著,陈植锷点校《徂徕石先生文集》卷二《闻子规》,中华书局 1984 年版,第 21 页。

③ (宋)王辟之撰,吕友仁点校《渑水燕谈录》卷三《奇节》,中华书局 1981 年版,第 29 页。

④ (宋)石介著,陈植锷点校《徂徕石先生文集》卷一《庆历圣德颂并序》,中华书局 1984 年版,第 8 页。

⑤ (宋)王辟之撰,吕友仁点校《渑水燕谈录》卷三《奇节》,中华书局 1981 年版,第 29 页。

⑥ (宋)魏泰撰,李裕民点校《东轩笔录》卷一一,中华书局 1983 年版,第 128 页。

⑦ (宋)胡仔纂集,廖德明校点《苕溪渔隐丛话·前集》卷二五,人民文学出版社 1962 年版,第 174 页。

篇,云学海波中老龙,天子门前大虫,皆此等语,甚矣介之无识也。永叔不欲嘲笑之者,此公恶争名,且为介讳也。吾观杜默豪气,正是京东学究饮私酒食瘴死牛肉醉饱后所发者也。作诗狂怪,至卢全、马异极矣,若更求苟,便作杜默。①

苏轼揶揄地指出杜默作诗之"苟",已逾唐人卢全、马异而至于狂怪奇涩之境地,且此种"豪气"属于"京东学究"之通病,其影响之大,即便当时身在西京的欧、苏、梅也多少染有此风,致使"山东腐儒漫侧目,洛阳才子争归趋"②。由此可以看出是风在山东已臻于其极。

综上可见,"东州逸党"与泰山学派在北宋初期的山东文坛影响显著,也是宋诗发展过程中不可或缺的环节。前者"重文",注重抒发个人感情,重视创作的文学性;后者"重道",讲求经世致用,认为政治教化才是文学作品真正的意义所在。虽然二者之间存在诸多差异和矛盾,但更重要的则是两派文人对北宋文坛共同的努力和推动。他们都试图以一种完全不同于当时盛行的"西昆体"的力量和特色廓清文坛痼疾,在旧的诗风正待扫涤,新的诗风尚未形成之际,这种尝试可以视为革新的开端。他们的主张和创作与其后的诗文革新运动有着一致性和延续性,不仅在一定程度上改变了宋初的不良诗风,进而对当时的士风产生了积极影响。不过此后欧阳修、梅尧臣、苏舜钦等诸家也看到了"逸党"诗和"太学"体存在的弊端,在理性批判的同时努力超越前代,终于使得北宋诗文革新运动走上了健康发展的道路。

四

"东州逸党"与泰山学派的相交互渗和共同努力对于齐鲁文化及文学所产生的影响,流风尚远,余韵悠长,不仅表现在文学思潮和文学体裁等方面,也表现在后来的山东作家身上,"济南二安"李清照(号易安居士)与辛弃疾(字幼安)就是其中的代表。

李清照家学渊源,"父祖皆出韩公(琦)门下"③。尤其是其父李格非,"幼时俊警异甚,有司方以诗赋取士,先生独用意经学,著《礼记说》至数十万言,遂登

---

① (宋)苏轼撰,屠友祥校注《东坡题跋》卷三《评杜默诗》,上海远东出版社 1996 年版,第 134～135 页。

② (宋)梅尧臣著,朱东润校注《梅尧臣集编年校注》卷二一《四月二十七日与王正仲饮》,上海古籍出版社 1980 年版,第 561 页。

③ (宋)李清照著,徐培均笺注《李清照集笺注》卷二《上枢密韩公工部尚书胡公(并序)》,上海古籍出版社 2002 年版,第 220～221 页。

进士第",又"以文章受知于苏轼"①。"在新旧党争此起彼伏的时期,他独立不迁,不投机取巧,不趋炎附势,不随俗浮沉,孤高耿介,清廉自守"②。他喜欢与朋友寒夜座谈,饮酒诵诗,放浪形骸,笑傲自若。晁补之在《与李文叔夜谈》中推许其为品行高尚的嵇康与辞赋竞爽的枚乘③。但李格非始终拥有一片报国忠心,虽被窜逐岭表,仍然作《初之象郡》,感叹曰:"心知禹分土,未尽舜所陟。吾迁桂岭外,仰亦见斗极。"④这些都对李清照影响颇深。

在李清照身上,能够看到儒家传统文化浸染的印痕。她坚持词"别是一家"之论,继承南唐以来传统的抒情词风,以柔婉蕴藉为当行本色,创造了"易安体"。她笔下既有青春少女"绣面芙蓉一笑开,斜飞宝鸭衬香腮,眼波才动被人猜"⑤的娇丽妩媚、矜持含蓄;也有孤身思妇"东篱把酒黄昏后,有暗香盈袖。莫道不销魂,帘卷西风,人比黄花瘦"⑥的哀婉凄切、风流蕴藉;还有高雅才媛"微风起,清芬酝藉,不减荼蘼。渐秋阑、雪清玉瘦,向人无限依依"⑦的冰清玉洁、超逸脱俗。这是对女性的真正认可与充分肯定,而将宋词之美提高到了新的境界。

李清照性格刚正,关心国家命运,显然也受到了泰山学派的影响,与孙复的"尊王攘夷"论和石介《中国论》振兴中国、抵御外侮的主张一脉相通。对兵败乌江自刎身死的项羽,她十分钦佩和推崇:"生当作人杰,死亦为鬼雄。至今思项羽,不肯过江东。"⑧情辞慷慨,势如千钧,呈现出作者的气节风骨。对南宋统治者的苟安行径,她深致不满:"南渡衣冠少王导,北来消息欠刘琨。"⑨"南游尚怯吴江冷,北狩应悲易水寒。"⑩对卖国求荣建立伪楚、伪齐政权的张邦昌、刘豫之流,她将其喻为篡汉称帝的王莽:"两汉本继绍,新室如赘疣。"⑪必欲除之而后快。她还为同签书枢密院事韩肖胄、工部尚书胡松年使金作诗送行:"不乞隋珠

---

① (元)脱脱等《宋史》卷四四四《李格非传》,中华书局 1977 年版,第 13121 页。

② 徐培均《试论李清照的父亲李格非》,《上海社会科学院学术季刊》1985 年第 2 期。

③ 北京大学古文献研究所编《全宋诗》卷一〇三一,北京大学出版社 1991 年版,第 12818 页。

④ (宋)李清照著,徐培均笺注《李清照集笺注》附录一《李清照年谱》,上海古籍出版社 2002 年版,第 422 页。

⑤ (宋)李清照著,徐培均笺注《李清照集笺注》卷一《浣溪沙》,上海古籍出版社 2002 年版,第 11 页。

⑥ (宋)李清照著,徐培均笺注《李清照集笺注》卷一《醉花阴》,上海古籍出版社 2002 年版,第 53 页。

⑦ (宋)李清照著,徐培均笺注《李清照集笺注》卷一《多丽》,上海古籍出版社 2002 年版,第 37 页。

⑧ (宋)李清照著,徐培均笺注《李清照集笺注》卷二《乌江》,上海古籍出版社 2002 年版,第 238 页。

⑨ (宋)李清照著,徐培均笺注《李清照集笺注》卷二《佚句》,上海古籍出版社 2002 年版,第 256 页。

⑩ (宋)李清照著,徐培均笺注《李清照集笺注》卷二《佚句》,上海古籍出版社 2002 年版,第 258 页。

⑪ (宋)李清照著,徐培均笺注《李清照集笺注》卷二《咏史》,上海古籍出版社 2002 年版,第 217 页。

与和璧，只乞乡关新信息……欲将血泪寄山河，去洒东山一抔土"①，表达了自己抗敌复国的强烈愿望和对沦陷故乡的深切思念。在南渡流寓江浙的艰难岁月里，又逢元宵："中州盛日，闺门多暇，记得偏重三五。铺翠冠儿，捻金雪柳，簇带争济楚。如今憔悴，风鬟雾鬓，怕见夜间出去。"②今昔对比，怎不令她感怀故国，倍加思亲？南宋末年刘辰翁诵此词亦"为之涕下"，"辄不自堪"，并依声和作，抒其"悲苦"之情。③

　　齐鲁文化也对辛弃疾一生的个性气质和文化品格的形成打下了坚实基础。正如《美芹十论》开篇所述："臣之家世，受廛济南，代膺阃寄，荷国厚恩。大父臣赞以族众拙于脱身。被污虏官。留京师，历宿亳，涉沂海，非其志也。每退食，辄引臣辈登高望远，指画山河，思投衅而起，以纾君父所不共戴天之愤。"④辛弃疾因父早逝，自幼由其祖父辛赞抚养。辛赞被迫仕金，却时刻不忘家国，教诲他要志存高远，恢复中原。因而铸成了辛弃疾"尚气节""誓不为金臣子"之决心⑤，并以狂士祢衡自寓："当年众鸟看孤鹗。意飘然，横空直把，曹吞刘攫。"⑥（《贺新郎·韩仲止判院山中见访，席上用前韵》）可以见出他忠贞不渝的爱国情怀。

　　辛弃疾坚定抗金的雄心壮志与其所受儒家教育有着密切关联。他尊尚"真儒"精神："算平戎万里，功各本是，真儒事，公知否？"⑦（《水龙吟·甲辰岁寿韩南涧尚书》）始终把儒家经典奉为圭臬，被罢官家居时曾作《读〈语〉〈孟〉二首》："要识死生真道理，须凭邹鲁圣人儒。""屏去佛经与道书，只将《语》《孟》味真腴。"⑧当朝权臣韩侂胄诬斥南宋理学为"伪学""逆党"，"六经、《语》《孟》《大学》《中庸》之书为世大禁"⑨，朱熹被落职罢祠。辛弃疾虽与朱熹哲学思想不尽相同，但对其备极推崇，相交甚笃："历数唐虞千载下，如公仅有两三人。"⑩（《寿朱晦翁》）朱

---

① （宋）李清照著，徐培均笺注《李清照集笺注》卷二《上枢密韩公工部尚书胡公（并序）》，上海古籍出版社 2002 年版，第 221 页。

② （宋）李清照著，徐培均笺注《李清照集笺注》卷一《永遇乐》，上海古籍出版社 2002 年版，第 150 页。

③ 参见（宋）刘辰翁著，吴企明校注《须溪词》卷二《永遇乐并序》，上海古籍出版社 1998 年版，第 345 页。

④ （宋）辛弃疾著，徐汉明校注《辛弃疾全集校注》，华中科技大学出版社 2012 年版，第 767 页。

⑤ 参见（元）王恽《玉堂嘉话》卷二《辛殿撰小传》，余来明、潘金英校点《翰林掌故五种》，武汉大学出版社 2009 年版，第 16 页。

⑥ （宋）辛弃疾著，徐汉明校注《辛弃疾全集校注》，华中科技大学出版社 2012 年版，第 42 页。

⑦ （宋）辛弃疾著，徐汉明校注《辛弃疾全集校注》，华中科技大学出版社 2012 年版，第 215 页。

⑧ （宋）辛弃疾著，徐汉明校注《辛弃疾全集校注》，华中科技大学出版社 2012 年版，第 720 页。

⑨ （清）王懋竑撰，周茶仙点校《朱子年谱》卷下，吴长庚主编《朱陆学术考辨五种》，江西高校出版社 2000 年版，第 831 页。

⑩ （宋）辛弃疾著，徐汉明校注《辛弃疾全集校注》，华中科技大学出版社 2012 年版，第 761 页。

熹亦称赞"辛弃疾颇谙晓兵事"①。宋宁宗庆元六年(1200)三月,朱熹去世,时"伪学禁方严,门生故旧至无送葬者。弃疾为文往哭之曰:'所不朽者,垂万世名。孰谓公死,凛凛犹生!'"②其所彰显的真挚情谊及大无畏精神,令人肃然起敬。

但由于宋廷主和派当权,辛弃疾倾其全力奋斗半生,却未能实现北伐中原、统一祖国的政治理想,还不断受到官场中人的猜忌排挤乃至诬陷迫害,只能担任一些无关轻重的"佐贰之职"。他有志难伸,块垒难平:"不念英雄江左老,用之可以尊中国。"③(《满江红·倦客新丰》)"把吴钩看了,阑干拍遍,无人会,登临意。"④(《水龙吟·登建康赏心亭》)辛弃疾被迫在带湖隐居,表面上诗酒自适,淡泊潇洒,但他实"意不在作词",而仅是借以作为自己壮怀的"陶写之具",每在宾朋"嬉笑""行乐"之间,或在"醉墨淋漓之际"⑤,其内心之真情就会从笔端流露出来,感叹功业无成:"可怜白发生!"虽然因此而痛苦寂寞,但向以"以气节自负,以功业自许"的辛弃疾,仍然执着地追求恢复大业:"了却君王天下事,赢得生前身后名。"⑥(《破阵子·为陈同甫赋壮词以寄之》)他曾先后给宋孝宗上书《美芹十论》,给宰相虞允文上书《九议》,全面深刻地分析了当时的敌我形势和进取方略,提出了一系列具体的自治强国计划和措施,尽管最终未受到统治集团的重视,其经纶之才和家国之情却获得了广大士人的共鸣和赞誉。

而"济南二安"又都置身于"东州逸党"的特有环境之中,不拘形检、通脱任情等特点在二人身上也鲜明地体现出来。生长于相对自由开明的书香门第的李清照,不甘心于遵守女箴闺范。她刚强自信,开朗疏放,好饮酒,"性喜博"⑦,丝毫不以自己身为女子而自卑气短,甚至颇具争强好胜之心。她与丈夫赵明诚烹茶猜书,"中即举杯大笑,至茶倾覆怀中,反不得饮而起"⑧,可见其角胜后兴奋不已的神情。她的《词论》,在男性统治的世界里指点江山,历评诸大家之短,以才华争锋,率直大胆又多中肯綮,彰显出奇才异士的恣肆,洋溢着不拘封建礼法

---

① (宋)朱熹著,(宋)黎靖德编《朱子语类》卷一一○《论兵》,崇文书局 2018 年版,第 2051 页。
② (元)脱脱等《宋史》卷四○一《辛弃疾传》,中华书局 1977 年版,第 12165 页。
③ (宋)辛弃疾著,徐汉明校注《辛弃疾全集校注》,华中科技大学出版社 2012 年版,第 176 页。
④ (宋)辛弃疾著,徐汉明校注《辛弃疾全集校注》,华中科技大学出版社 2012 年版,第 213 页。
⑤ (宋)辛弃疾著,徐汉明校注《辛弃疾全集校注》,华中科技大学出版社 2012 年版,第 949 页。
⑥ (宋)辛弃疾著,徐汉明校注《辛弃疾全集校注》,华中科技大学出版社 2012 年版,第 384 页。
⑦ (宋)李清照著,徐培均笺注《李清照集笺注》卷三《打马图经序》,上海古籍出版社 2002 年版,第 340 页。
⑧ (宋)李清照著,徐培均笺注《李清照集笺注》卷三《金石录后序》,上海古籍出版社 2002 年版,第 310 页。

的精神。她的词中经常出现醉酒的形态描摹，如"昨夜雨疏风骤，浓睡不消残酒"①（《如梦令·昨夜雨疏风骤》），"莫许杯深琥珀浓，未成沉醉意先融"②（《浣溪沙·莫许杯深琥珀浓》），"金尊莫诉连壶倒，卷起重帘留晚照"③（《木兰花令·沉水香消人悄悄》），均可见出"东州逸党"的流风余韵。

辛弃疾亦有"东州逸党"遗风。"豪放惟幼安称首"，④其词"慷慨纵横有不可一世之概"⑤，中有一首题为"舟次扬州和人韵"的《水调歌头》⑥，即是和刘潜词韵而作，其词意和声气亦与刘词浑然相通。他的豪放经常借助酒表现出来："少年横槊，气凭陵、酒圣诗豪余事。"⑦（《念奴娇·双陆和坐客韵》）"少日春怀似酒浓，插花走马醉千钟。"⑧（《定风波·暮春漫兴》）"少年使酒，出口人嫌拗。"⑨（《千年调·庶庵小阁名曰厄言作词以嘲之》）另如"挥羽扇，整纶巾，少年鞍马尘"⑩（《阮郎归·耒阳道中为张处父推官赋》），"破敌金城雷过耳，谈兵玉帐冰生颊"⑪（《满江红·汉东流水》），"壮岁旌旗拥万夫，锦错突骑渡江初"⑫（《鹧鸪天·壮岁旌旗拥万夫》），寄寓了辛弃疾的生活感受和理想抱负，体现了他突出的独特个性，充溢着强烈的爱国精神，迸发出动人心魄的强大力量。这样鲜明的艺术形象是其他词人作品中所没有或绝少有的。

对于南宋王朝的伤心与失望，也让两人都产生了避世思想。李清照在青州屏居时曾建归来堂，堂名源于陶渊明《归去来兮辞》，可见其对于出世思想的认同。她的《渔家傲·天接云涛连晓雾》词和《晓梦》诗都比较清晰地表现出游仙的思想。南渡后的《钓台》一诗更是鲜明地表达了对东汉隐士严光的崇敬之情。李清照对隐逸思想的汲取主要是基于不满丑恶现实，厌倦俗世纷扰，力图摆脱羁绊，而愿闭于深闺，在诗思虚静中愉悦心神，追求个性自由和单纯生活的精神

---

① （宋）李清照著，徐培均笺注《李清照集笺注》卷一《如梦令》，上海古籍出版社 2002 年版，第 14 页。

② （宋）李清照著，徐培均笺注《李清照集笺注》卷一《浣溪沙》，上海古籍出版社 2002 年版，第 6 页。

③ （宋）李清照著，徐培均笺注《李清照集笺注》卷一《木兰花令》，上海古籍出版社 2002 年版，第 82 页。

④ （清）王士禛《花草蒙拾》（词话丛编本），中华书局 1986 年版，第 685 页。

⑤ （宋）辛弃疾著，徐汉明校注《辛弃疾全集校注》，华中科技大学出版社 2012 年版，第 954 页。

⑥ （宋）辛弃疾著，徐汉明校注《辛弃疾全集校注》，华中科技大学出版社 2012 年版，第 105 页。

⑦ （宋）辛弃疾著，徐汉明校注《辛弃疾全集校注》，华中科技大学出版社 2012 年版，第 65 页。

⑧ （宋）辛弃疾著，徐汉明校注《辛弃疾全集校注》，华中科技大学出版社 2012 年版，第 373 页。

⑨ （宋）辛弃疾著，徐汉明校注《辛弃疾全集校注》，华中科技大学出版社 2012 年版，第 337 页。

⑩ （宋）辛弃疾著，徐汉明校注《辛弃疾全集校注》，华中科技大学出版社 2012 年版，第 628 页。

⑪ （宋）辛弃疾著，徐汉明校注《辛弃疾全集校注》，华中科技大学出版社 2012 年版，第 173 页。

⑫ （宋）辛弃疾著，徐汉明校注《辛弃疾全集校注》，华中科技大学出版社 2012 年版，第 908 页。

要求："作诗谢绝聊闭门,燕寝凝香有佳思。静中吾乃得至交,乌有先生子虚子。"①这与传统的隐士心态实无区别。②

辛弃疾作为热心事功、气壮如山的英雄人物,本欲大有作为,却不料君王听信谗言,给予他投闲置散的处分,迫使他成为僵卧孤村的隐士,愤恨叹息,彻夜难眠。在读到《史记·李将军列传》时,越发觉得自己与飞将军李广何其相似:"落魄封侯事,岁晚田园。"赋闲失意之余,他停息了"弓刀事业",将注意力转向了山水田园:"谁向桑麻杜曲,要短衣匹马,移往南山。看风流慷慨,谈笑过残年。"③(《八声甘州·故将军饮罢夜归来》)转而追求"诗酒功名",常以酒为伴,自称"身世酒杯中"(《浪淘沙》)④。直到病逝前,仍在念叨"安乐窝中泰和汤"(《洞仙歌·丁卯八月病中作》)⑤,以寻求一点精神安慰和心灵寄托。这也颇似于"东州逸党"中人。

总而言之,李清照、辛弃疾的成长过程、生活阅历、人品文风,足以说明他们所受到的"东州逸党"和泰山学派的浸润与熏染。二人具有非凡的学养才情,也怀有真挚的爱国情操,不是古板的道统传人,亦非狂放的诗酒之徒,他们的作品带有文化寻根的意味。这正好和齐鲁之风相衬托。儒风温柔敦厚,齐风豪放进取。"济南二安"将二者有效地调和统一,呈现出齐鲁文化刚柔相济的特征。

① (宋)李清照著,徐培均笺注《李清照集笺注》卷二《感怀》,上海古籍出版社 2002 年版,第 211 页。
② 参见张忠纲、綦维《李清照的女性意识》,《文史哲》2001 年第 5 期。
③ (宋)辛弃疾著,徐汉明校注《辛弃疾全集校注》,华中科技大学出版社 2012 年版,第 270 页。
④ (宋)辛弃疾著,徐汉明校注《辛弃疾全集校注》,华中科技大学出版社 2012 年版,第 587 页。
⑤ (宋)辛弃疾著,徐汉明校注《辛弃疾全集校注》,华中科技大学出版社 2012 年版,第 301 页。

"文""儒"分合与南朝至初唐时期的文学史观建构

——基于"文人"阶层形成的历史视角

李 伟[*]

摘 要:自屈原、宋玉开启了"文人"阶层形成的历史进程,以楚辞为代表的重视审美的特点就被视为"文""儒"分流的重要标志,这在汉魏六朝至初唐时期表现得尤为突出。加之"文人"注重创作个性抒发和文学审美特征的趋势日益显现,这深刻影响了南朝时期的裴子野、沈约、刘勰等著名文士的文学史观念。他们所建构的各具理论特色的文学史谱系,鲜明地透露出"文人"视角下的从"文""儒"分流到"文""儒"相合的历史趋势;而且裴、沈、刘的文学史观"同中有异"和"异中有同",这种差异性与共通性,对"初唐四杰"的文学史观念、盛唐文学高潮的到来和中唐文学复古思潮的滥觞产生了深远的理论影响。因此,重视"文人"创作个性和文学审美特征,以及由此带来的"文""儒"分合的理论框架,是更为符合历史实际地深入理解唐前文学史观念发展嬗变的关键。

关键词:文人;文;儒;南朝

中西"文学"观念的差异源自不同的文化背景,相对于西方较为系统严密的分科体制而言,我国对"文学"的认识更具有浑融性、多义性和复合性的特点,这与儒学文化的传统影响尤为密切①。因此,欲探究我国"文学"观念的衍生嬗变

---

* 李伟,文学博士、博士后,山东师范大学文学院教授、博士生导师。本文系为山东省社科规划重点项目"南北朝地域文化整合与文学观念嬗变"(22BZWJ02)阶段性成果,并受到泰山学者工程专项经费(tsqn20171207)和山东省高校青年创新团队建设(2020RWC005)的支持。

① 我们现在所熟知的"文学"概念源自近代以来西方文化的传入,即英文"Literature"的译名,这在鲁迅先生的《门外文谈》中有着较为清晰地表述。而如果把"文学"的概念重现复归到中国和西方的文化传统中,则都显示出这一概念演变的历史复杂性。西方文化传统中的"文学"概念之嬗变,呈现出由泛化而趋向狭义的发展路径。近代以来转译而来的"文学"概念则是这种趋向的结果,与我国悠久传统中的"文学"含义更是扞格难通。因此,无论从西方的传统出发,还是回归我国的文化传统,对"文学"的理解和认识都需要将其放在一定的文化历史语境中加以审视,才能分析其确切的内涵。关于这一点,可参阅张伯伟的《重审中国的"文学"概念》[《中山大学学报》(社会科学版)2021年第4期]。至于"文学"概念在我国传统中的产生,则不能不关注其与儒学文化的深层关联,这方面可参阅夏静《中国思想传统中的文学观念》,生活·读书·新知三联书店2017年版。

历程,则不得不回到儒学文化与"文学"观念由共生而发生分离的汉魏六朝时期①。将概念的复杂演变与其产生的文化传统并而通观,即将"文学"之"文"与儒学传统的内在关联贯穿于汉唐文学的整体发展中,可以概括为"文"与"儒"的分合关系。"文学"之"文"从先秦时代的儒学文化中孕育而出,到汉代则逐渐从文章学术的传统中开始发展其独立审美的意义,而后汉代的经学一统被魏晋玄学思潮逐渐取代,"文学"自觉的观念成为这一时期文学批评的重要表现。此前这些"文""儒"相分的趋向在南朝时期直接反映于《文心雕龙》和《诗品》这样的文论巨著中,而且以沈约、颜之推、萧子显为代表的一批文士,开始自觉反思当时文学发展的态势,他们通过回溯前代文学史发展,总结经验教训,力图寻绎出能够正确推动文学创作的规律。这种趋势一直延续到初唐时期而不曾消歇,因此在这段时期积累了数量可观的有关文学史建构的文论批评史料,成为后世辨析时人文学批评观念的重要基础。

前人对此多有研究,其中以葛晓音先生的《论南北朝隋唐文人对建安前后文风演变的不同评价——从李白〈古风〉其一谈起》最有代表性。她重点梳理了南北朝隋唐时期的文人有关前代文学评论的材料,指出"中国古典文论对建安前后文风的变化自觉地进行沿波讨源始于南北朝",并分出了左、中、右三派文学观念,将这些观念置于南北朝至唐代的文学史发展线索中予以深刻地考察,揭示造就盛唐诗歌高潮的理论原因和历史渊源。② 纵观南北朝至初唐时期的文论材料,葛先生所谓时人之"自觉地沿波讨源"其实正是一种文学史谱系的建构努力,即通过对前代创作得失的总结和评判来展示个人的文学观念,当然其中也必然涉及时代风气和文化品格的影响。综合南朝至初唐时期文学史谱系建构的诸多材料,有关视角设定和框架体系等问题一直未得到后世充分地发掘。因此,本文拟对南北朝至初唐时期的文论材料进行仔细梳理,以"文人"阶层形成的视角切入,着眼于"文""儒"分合的框架,辨析当时文学史观念的异同,总结内在的规律,以求对此时期的文学批评走向有更为深切的认识。

---

① 汉魏六朝时期是我国"文学"概念从孕育其产生的文化传统中逐渐分离而后重又复归的重要历史阶段。关于分离的过程,鲁迅先生将之概括为"文学自觉";而对于重又复归的阶段,则是南朝后期一直延续至中唐韩、柳所倡导的古文运动。总体而言,在这段漫长的历史时期中,"文学"与儒学传统呈现出由合到分而再次合流的发展轨迹。因此,审视这一时期的"文""儒"分合不仅对理解我国传统中的"文学"概念具有重要的意义,更是从一个宏观历史视野中勾勒汉唐文学和文化发展的内在脉络。

② 葛晓音《论南北朝隋唐文人对建安前后文风演变的不同评价——从李白〈古风〉其一谈起》,氏著《汉唐文学的嬗变》,北京大学出版社1990年版,第37~55页。

一、问题的提出

初唐时期,以"四杰"为代表的文人群体在诗文创作中通过题材的开拓和境界的扩展,初步具备了脱离六朝余绪而开启唐诗气象的自觉意识。前辈学者对此问题的探讨已显深入,但值得注意的是,"初唐四杰"除了创作上的推陈出新外,在文学史观念上也有了更为明晰而个性的表述。如杨炯在《王子安集原序》中明确指出:

> 大矣哉,文之时义也。有天文焉,察时以观其变;有人文焉,立言以重其范。历年滋久,递为文质,应运以发其明,因人以通其粹。仲尼既没,游、夏光沬、泗之风;屈平自沉,唐、宋弘汨罗之迹。文儒于焉异术,辞赋所以殊源。逮秦氏燔书,斯文天丧;汉皇改运,此道不还。贾马蔚兴,已亏于雅颂;曹王杰起,更失于风骚。儴偬大猷,未悉前载。洎乎潘陆奋发,孙许相因,继之以颜谢,申之以江鲍。梁魏群才,周隋众制,或苟求虫篆,未尽力于丘坟;或独徇波澜,不寻源于礼乐。[1]

他在此将"文"之意涵追溯至天人之际的哲学范畴,明显受到了儒家《周易》思想中的"刚柔交错,天文也;文明以止,人文也。观乎天文以察时变,观乎人文以化成天下"。这种以宏阔的文化观念看待"文"的发生意义在中古时代并不稀见,关键是杨炯以"文儒于焉异术"标明了从儒学的礼乐文化到屈原的楚辞创作是文学史上的一次重大转折,这是他文学史观中的颇为引人注目之处。

纵观"初唐四杰"的文学史观念,杨炯这种"文儒于焉异术"的认识并非孤立的存在,在卢照邻和王勃的文章中也曾出现过类似的表述。如卢照邻在《驸马都尉乔君集序》中曾有如下表述:

> 昔文王既没,道不在于兹乎? 尼父克生,礼尽归于是矣。其后荀卿、孟子,服儒者之褒衣;屈平、宋玉,弄词人之柔翰。礼乐之道,已颠坠于斯文;雅颂之风,犹绵连于季叶。痛乎王泽既竭,诸侯为麋鹿之场;帝图伊梗,天下作豺狼之国。秦人一灭旧章,大愚黔首,群书赴火,化昆岳之高烟;儒士投坑,变蓬莱之巨壑。乐沉于海,河间王初眷眷于古篇;礼失诸夷,叔孙通乃区区于绵蕞。安国讨论科斗,五典叶从;史迁祖述获麟,八书爱创。衣冠礼乐,重闻三代之风;玉帛讴歌,无坠六经之业。郁其兴咏,大雅于是为群。[2]

---

[1] （唐）王勃著,（清）蒋清翊注《王子安集注》,上海古籍出版社 1995 年版,"王子安集注卷首"第 61 页。

[2] （唐）卢照邻著,李云逸校注《卢照邻集校注》,中华书局 1998 年版,第 301～311 页。

王勃在《上吏部裴侍郎启》中亦有相似的观念：

夫文章之道，自古称难。圣人以开物成务，君子以立言见志。遗雅背训，孟子不为；劝百讽一，扬雄所耻。苟非可以甄明大义，矫正末流，俗化资以兴衰，家国由其轻重，古人未尝留心也。自微言既绝，斯文不振。屈宋导浇源于前，枚马张淫风于后。谈人主者，以宫室苑囿为雄；叙名流者，以沈酗骄奢为达。故魏文用之而中国衰，宋武贵之而江东乱。虽沈谢争骛，适足兆齐梁之危；徐庾并驰，不能止周陈之祸。于是识其道者，卷舌而不言，明其弊者，拂衣而径逝。潜夫昌言之论，作之而有逆于时；周公孔氏之教，存之而不行于代。天下之文，靡不坏矣。国家应千载之期，恢百王之业，天地静默，阴阳顺序。方欲激扬正道，大庇生人，黜非圣之书，除不稽之论。牧童顿颡，思进皇谟；樵夫拭目，愿谈王道。崇大厦者，非一木之材；匡弊俗者，非一日之卫。众持则力尽，真长则伪销，自然之数也。①

上述两条材料中，卢照邻是从礼乐之"道"的角度肯定了自文王、孔子到孟、荀的创建延续之功，并将包含"文"之意涵的"斯文"等同于"礼乐之道"，进而把象征"礼乐之道"的雅颂传统与屈原、宋玉开创的楚辞对立起来，认为"词人之柔翰"是对礼乐之道的"颠坠"。而王勃则是从追溯"文章之道"开端，以"立言"的三不朽传统定义了"斯文"之道，指出屈原、宋玉"导浇源于前"是背离了周孔之教和礼乐斯文，而且此后文风滑向形式主义的弊端愈演愈烈，都应归咎于屈原和宋玉。

综观杨、卢、王三人的文学史观念，他们都不约而同地将从以"斯文"所代表的礼乐之道到屈原、宋玉的楚辞创作看作文学史的重大转折，换言之就是将儒学所代表的礼乐之"文"视为最理想的文学时代，而屈原和宋玉的楚辞则是导致后世文风浮靡的源头。如能回归到儒学提倡的礼乐文化，则文风变革可以重新走上正确的道路。其中，卢照邻在《驸马都尉乔君集序》中特别指出屈原和宋玉的"词人"身份，认为正是由于作为"词人"的屈宋过分关注文章词采的末流，为以后的文风树立了反面的典型，才导致此后的文风背离雅颂斯文代表的礼乐之道。综合上述观念，"初唐四杰"中的这三位明确以儒学之"文"作为文章之道的基础和典范，以文采绝艳的屈宋楚辞作为后世文风日益沉沦的渊源，这种文学史观的框架，用杨炯的话来概括，就是"文儒于焉异术"，即由"儒"到"文"的转

---

① （唐）王勃著，（清）蒋清翊注《王子安集注》，上海古籍出版社 1995 年版，第 129～130 页。

变，标识了文学史上礼乐传统中"斯文"之道的没落和重视词采风气的流行。而这一转折的关键就是屈原和宋玉作为"词人"的身份，成为后世文风偏于文采一路的先导，这就构成了上述"文儒于焉异术"转变的文学史观的独特视角。综言之，即王、杨、卢等人眼中的文学史嬗变是基于"文人"创作视角的"文"从"儒"的传统中逐渐独立的历史过程，当然这一过程在他们看来是导致文风浮靡的根源，因此他们又急切地希望通过倡导回归礼乐之道的儒学传统而达到文风革新之效。

二、"文人"阶层的形成及其创作个性之评论

之所以在"初唐四杰"这里出现如此一致的文学史观，并关注到屈宋作为"文人"在文风转变中的先导作用，是由于"文人"阶层在先秦至汉魏六朝时期逐渐形成，他们以创作诗文等审美性文体为典型特征，并形成了具有独立特点的思想创作个性。因此，欲探寻他们文学史观中为何强调屈、宋代表的楚辞在"文""儒"分流中的转折意义，则必然要回顾屈、宋等人所开启的"文人"阶层逐渐形成的历史进程，以及"文人"身上所具有的独特个性。

在我国文学创作实践中，"文"所代表的特征内涵非常广泛，至少包含华彩纹饰、辞章之美、礼乐大道和文教传统等四个层次，贯穿其中的核心，则是以讲求审美为外在表现的文化表现。[①] 而就中国早期思想文化传统的发展而言，崇尚审美的"文"与"儒"的关系至为密切，无论是作为纹饰镂采之"文"，还是以文章写作为重点的"文"，都与早期儒学思想中的"尚文"特征密切相关，至于礼乐大道和文教传统则更是儒家思想哲学的应有之义。因此，"文"与"儒"在文化上的紧密联系在先秦时期就显得非常突出，而且《论语》中孔门四学中专以"文学"一科代指从事文字写作与文献整理之人。虽然《论语》中的"文学"未必与现代意义上的"文人"完全对等，但写作文章已是包括其中的重要内容了。这一点到

---

① 郭绍虞先生对"文"与"文学"在不同历史时期的含义做过较为细致的辨析。参阅郭绍虞《文学观念与其含义之变迁》(见氏著《照隅室古典文学论集》上编，上海古籍出版社 1983 年版，第 88~104 页)和《从"文"和"文学"的含义说明现实主义和反现实主义的斗争》(见氏著《照隅室古典文学论集》下编，上海古籍出版社 1983 年版，第 66~86 页)中的相关内容。最近的研究成果见夏静《中国思想传统中的文学观念》，生活·读书·新知三联书店 2017 年版。她在本书的《释"文"》一节中指出："'文'处于人文知识系统结构的最基础层面……'文'观念所具有的原初性成为文学理论范畴构成的核心语素并生成古人谈文论艺的基本语式。"她认为"文"的本意由外在"错画"文饰含义，引申为藻饰、章采、仪式、声容以及《礼》《乐》《诗》《书》等古代文献乃至文化传统中各种具体可感形式；由内在"文德"含义，演绎出德行、礼文、人文、文教、章法、文学、文物、文质等抽象范畴乃至文化传统内在精神品格。参阅夏静《中国思想传统中的文学观念》，生活·读书·新知三联书店 2007 年版，第 3 页。

了战国时代的韩非子那里，就有了明确地观念。他在《五蠹》中指出："儒以文乱法，侠以武犯禁，而人主兼礼之，此所以乱也。夫离法者罪，而诸先王以文学取；犯禁者诛，而群侠以私剑养。"①当然这里透露出鲜明的批判态度，但韩非子将"文学"与儒士之"文"紧密相连，这也从反面足以说明此时的写作者身份与儒学"尚文"特征的密切关系。

由于"文"的特点包孕于早期儒学的思想传统中，因此"儒士"在先秦时代被视为写作文章之人的代名词。但他们并非以创作文章作为唯一的职业，而是更关心礼乐教化的实际功用。如果追溯专事写作并以创作美文为职业的"词人"在我国历史上出现，则是以屈原、宋玉等楚辞作家的出现为标志。这也正是"初唐四杰"为何以原始儒学到屈原的发展变化作为文风大变标志的根本原因，他们强调的正是屈宋所代表的"词人"身份深刻改变了此前"文"包孕于"儒"的文化传统，从而导致偏于审美性文章创作得到不断发展。

就文学史的发展实际而言，屈原、宋玉等楚辞作家确实较为接近现代意义上的"文人"观念，故而"初唐四杰"把他们视为"词人"而与传统儒学明确区分。屈、宋所引领的辞赋创作传统为我国"文人"在秦汉时代的逐渐独立开辟了道路，特别是司马相如等汉赋大家与屈、宋等人存在着千丝万缕的渊源联系，这不仅体现于赋体文学渊源于楚辞的传统认识②，更由于汉赋家与屈、宋身上所共同具有的"词人"身份③。对于孔子所代表的儒家学派到秦汉时代知识人的发展脉络，许倬云先生曾说："孔子开启了中国文化的重大突破，将承袭过去贵族礼制的内容，赋予全新而普世的意义。继踵而至的诸子百家，不仅继续开拓新的思想主题及思维过程，而且在社会功能上派衍为诸种不同的角色，有横议的处士，有参政的士大夫，有重语言文辞的文人学士，也有隐逸的处士。"④由此可见，以读书为立身之本的知识人在我国秦汉时代的发展，大多渊源于孔子的儒学传统，其中就包括重视语言文辞的"文人"。可以说，秦汉时代是我国"文人"从传统知识人群体中逐渐独立出来的关键时期，而且在此后的魏晋南北朝时期，"文

---

① 〔日〕太田方撰《韩非子翼毳》，中西书局 2014 年版，第 715 页。

② （梁）刘勰《文心雕龙·诠赋》云："赋也者，受命于诗人，拓宇于楚辞也。"

③ 扬雄在《法言·吾子》中尝曰："诗人之赋丽以则，辞人之赋丽以淫。"这说明在汉代，把那些以创作审美性文章的作家看作"辞人"，而与强调中和之道的"诗人"式作家区分开来。

④ 许倬云《历史分光镜》，上海文艺出版社 1998 年版，第 80 页。关于唐前"文人"发展的历程，参阅拙著《汉唐文学的多维文化透视》（山东教育出版社 2021 年版，第 2～8 页）中的相关内容和拙文《文儒》（《光明日报》2018 年 1 月 8 日）。

人"身份中重视语言文辞的特点日益加强，这与当时"文学自觉"的趋势是一致的。需要指出的是，"文人"在秦汉魏晋南北朝时期并未获得如现代意义上职业作家那样的专门身份，他们始终都具有身份的"复合性"特点，这是由脱胎于"士"阶层的历史所决定的①，只不过这时的"文人"确实是以写作文章并重视文辞之美作为突出特点，这是决定他们不同于其他类型知识人的突出要素。

汉魏之际，曹丕在著名的《典论·论文》中两次以"文人"指称建安七子，而曹丕的好友吴质也曾多次用"文人"的称呼代指同时代的诗人和文学家，可见以"文人"称呼文学家在建安时代是较为普遍的现象，甚至有当代学者把"文人"阶层的出现就划定为建安时期，而此后很长一段时期的文学艺术的高度成就源自"文人"群体对文学自觉观念的认识越来越深入，这种趋势对此时的书法、绘画、雕塑等艺术的创作都产生了深刻的影响。② 因此，这一观念确实能从总体上反映出"文人"群体和阶层的出现和扩展成为促使汉魏六朝时期文学创作得到充分发展的关键因素。到了南朝后期，梁元帝萧绎在《金楼子·立言下》中尝言：

> 古人之学者有二，今人之学者有四。夫子门徒，转相师受，通圣人之经者，谓之儒。屈原、宋玉、枚乘、长卿之徒，止于辞赋，则谓之文。今之儒博穷子史，但能识其事，不能通其理者，谓之学。至如不便为诗如阎纂，善为章奏如伯松，若此之流，泛谓之笔。吟咏风谣，流连哀思者，谓之文。③

萧绎通过分析"文人"发展演变的历程来阐释自己心目中"文"之含义，其中从儒学到屈、宋的变化是萧绎眼中早期"儒""文"分流的关键，最初的辞赋家就是早期的"文人"。到了他自己生活的时代，"儒"之中又分化出"挹源知流"而"不能通其理"的"学"，"文"之中则出现了"不便为诗"和"善为章奏"的"笔"，因此萧绎将"文"的含义限定在以"绮縠纷披，宫徵靡曼，唇吻遒会，情灵摇荡"为特征。在萧绎看来，"文人"之"文"是在"情灵摇荡"的状态下创作的具有"绮縠纷

---

① 于迎春《论汉代"文人"的复合性》，《中国典籍与文化》2019 年第 2 期，第 128~136 页。

② 马良怀《魏晋文人讲演录》，广西师范大学出版社 2009 年版，第 77~106 页。该书第七讲《邺下群体与文人阶层的产生——邺下文人（一）》中云："活跃于邺下的文人构成了我国历史上第一个成熟的文人群体，它的出现标志着文人作为一个阶层正式产生。"盛源、袁济喜的《华夏审美风尚史》第四卷《六朝清音》亦有类似的认识。该书第三章《重"气"时尚引发的审美新风气》中明确指出："'文学的自觉'的一个首要的前提条件是文人或曰文士角色的产生，而文士角色的出现，并不仅仅标志着社会分工的变化以及知识阶层的分化，其同时也体现了人对自身价值实现的一种肯定。没有大量的文士出现，是不可能出现文学的繁荣的。"（北京师范大学出版社 2016 年版，第 35 页）

③ （梁）萧绎撰，陈志平、熊清元疏证校注《金楼子疏证校注》，上海古籍出版社 2014 年版，第 770 页。

披,宫徵靡曼,唇吻遒会"的作品,这种颇具审美特征之作是"文人"艺术个性的集中体现。

"文人"阶层作为一个具有鲜明特色的群体登上历史舞台,他们身上所具有的创作个性便成为此时文学批评中讨论的重点,这在南朝文学批评中可谓是见仁见智,各有不同。赞同者以萧子显为代表,他在《南齐书·文学传论》中明确指出:"文章者,盖情性之风标,神明之律吕也。蕴思含毫,游心内运,放言落纸,气韵天成。"①这就是大力提倡文章创作是文人作家个人"情性"的体现,基于作家个性的抒发才能"气韵天成",这实际是对创作主体个性在文章写作中发挥关键作用的高度肯定。正是由于如此看重"文人"个性,萧子显才会有"若无新变,不能代雄"的观念,即每位有成就的"文人"都是文学新变的积极推动者,他们标志着一代文学的最高成就。与萧氏的观念相反的是,以颜之推为代表批评"文人"品行中太过强调自得之见的"轻薄"问题,而且这种"轻薄"就是来自"文人"创作文章中形成的过分关注自我心灵抒发所带来的习惯之弊。他在《颜氏家训·文章》中曾曰:

> 然而自古文人,多陷轻薄……每尝思之,原其所积,文章之体,标举兴会,发引性灵,使人矜伐,故忽于持操,果于进取。今世文士,此患弥切。一事惬当,一句清巧,神厉九霄,志凌千载,自吟自赏,不觉更有傍人。②

以"轻薄"批评"文人",显然是一种基于道德评判的文化观念。在颜之推看来,文章创作本来是抒发性情之举,但若陷于优劣短长的比较,就会出现"使人矜伐"的问题,不仅无法做到客观评价,甚至会影响创作的态度和表现。这一点早在汉魏之际的曹丕那里已有所提示。他在《典论·论文》中指出了"观古今文人,类不护细行,鲜能以名节自立"和"文人相轻,自古皆然"的道理,这与颜之推对"文人"道德风操的批评如出一辙。在颜之推的"文人"举例中,居于前两位的正是屈原和宋玉,即"屈原露才扬己,显暴君过;宋玉体貌容冶,见遇俳优"。通过总结此前文人的品格,颜之推得出了"学问有利钝,文章有巧拙"的认识,文章创作在一定程度上确实需要有赖于于先天的才华,"必乏天才,勿强操笔",否则"拙文研思,终归蚩鄙"。

不论萧子显对"文人"情性的肯定,抑或是颜之推批判"文人"看重自我个性

---

① (梁)萧子显撰《南齐书》卷五二《文学传》,中华书局1972年版,第907页。
② (北齐)颜之推著,王利器集解《颜氏家训集解》,中华书局1993年版,第237～238页。

而导致的自负倾向，其实都透露出"文人"在创作中非常强调自我个性的表现，这一点便成为南朝时期很多文士总结创作经验时特别重视之处。其中以萧纲的"文章且须放荡"之论最为典型。此种"文人"创作观念的时代背景当与萧子显的"新变"文学观密切相连，极力将"道德"与"文章"创作剥离开来，就创作而论创作，可谓是"文学自觉"发展到极致的一种时代观念。① 正因为这种观念的流弊影响了梁陈时代的文学风气，此后一直到初唐时期的有识之士批判南朝文学之声不绝如缕，如刘勰在《文心雕龙·程器》中指出："……文举傲诞以速诛，正平狂憨以致戮，仲宣轻脆以躁竞，孔璋偬恫以粗疏，丁仪贪婪以乞货，路粹哺啜而无耻，潘岳诡祷于愍、怀，陆机倾仄于贾、郭，傅玄刚隘而詈台，孙楚狠愎而讼府，诸有此类，并文士之瑕累。"②《梁书·文学传论》曰："魏文帝称古之文人，鲜能以名节自全。何哉？夫文者妙发性灵，独拔怀抱，易邈等夷，必兴矜露。大则凌慢侯王，小则憷薆朋党；速忌离訧，启自此作。若夫屈、贾之流斥，桓、冯之摈放，岂独一世哉？盖恃才之祸也。"③可见，南朝后期至初唐时代，以呼吁"道德"品格而除"文人"无行之弊的观念日益成为共识。

三、南朝时期"文人"视角下的文学史谱系构建

对"文人"个性的认识观念日渐清晰，某种意义上代表着审美意义之"文"逐渐脱离"儒"的藩篱而自成一系，魏晋六朝时期"文学自觉"的历史进程在很大程度上也囊括了这一方面的内容，那么这种趋势对此后的文学评论和文学史谱系的建构必然产生深远影响。纵观南朝时期的文学批评资料，基于"文人"视角而构建文学史谱系的努力成为此时文士总结文学创作经验的重要方式，而隐含其中的则是如何处理"文"与"儒"关系问题，这以齐梁时期的沈约、裴子野和刘勰等人具有代表性。

先看裴子野和他所写的《雕虫论》。裴子野作为梁代的著名文士，"家传素业，世习儒史，苑囿经籍，游息文艺"。不仅学植深厚，而且颇具"文人"个性。《梁书》本传中尝载："子野为文典而速，不尚丽靡之词。其制作多法古，与今文体异，当时或有诋诃者，及其末皆翕然重之。或问其为文速者，子野答云：'人皆成于手，我独成于心，虽有见否之异，其于刊改一也。'"④裴氏身上明显带有传承

---

① 参阅仲瑶《"立身先须谨慎，文章且须放荡"观念溯源》，《文学遗产》2017 年第 4 期，第 20～28 页。
② （梁）刘勰著，范文澜注《文心雕龙注》，人民文学出版社 1958 年版，第 719 页。
③ （唐）姚思廉撰《梁书》卷五〇《文学传下》，中华书局 1973 年版，第 727～728 页。
④ （唐）姚思廉撰《梁书》卷三〇《裴子野传》，中华书局 1973 年版，第 443 页。

自家学渊源的儒学和史学传统，这是造成其文风上"不尚丽靡之词"和"多法古"的重要原因。在南朝流行绮丽文风的大趋势下，裴子野的这种风格确属罕见，但他并非没有受时风的影响，例如他在回答时人"为文速"的问题时就表明自己"我独成于心"的观念，强调不受外界影响的独特个性，这显然是一种重视个体创作的"文人"态度，可谓濡染了南朝文学风气的某些特征。因此，裴子野及其文学观念彰显的应该是坚持自己独立个性且不同流俗的"文人"特质。我们只有注意到裴氏的这种观念特点，再反观其《雕虫论》的内容，才能有更深一层的理解。《雕虫论》原文如下：

> 古者四始六艺，总而为诗，既形四方之风，且彰君子之志，劝美惩恶，王化本焉。后之作者，思存枝叶，繁华蕴藻，用以自通。若悱恻芬芳，楚骚为之祖；靡漫容与，相如和其音。由是随声逐影之俦，弃指归而无执，赋诗歌颂，百帙五车，蔡邕等之俳优，扬雄悔为童子，圣人不作，雅郑谁分？其五言为家，则苏李自出；曹刘伟其风力，潘陆固其枝叶。爰及江左，称彼颜谢，箴绣鞶帨，无取庙堂。宋初迄于元嘉，多为经史，大明之代，实好斯文。高才逸韵，颇谢前哲，波流相尚，滋有笃焉。自是闾阎年少，贵游总角，罔不摈落六艺，吟咏情性，学者以博依为急务，谓章句为专鲁，淫文破典，斐尔为功。无被于管弦，非止乎礼义。深心主卉木，远致极风云，其兴浮，其志弱。巧而不要，隐而不深。讨其宗途，亦有宋之风也。若季子聆音，则非兴国；鲤也趋室，必有不敢。荀卿有言："乱代之征，文章匿而采。"斯岂近之乎！[①]

这篇文章历来被认为是南朝时期复古文学史观的代表性作品，曹道衡先生与日本学者林田慎之助对此曾有深入地研究。[②] 需要指出的是，除了前人已经阐发的裴子野文学观念的历史渊源外，裴子野在《雕虫论》中体现出的更为重要的思想是将儒家六艺作为文学的时代典范，而从屈原、宋玉到司马相如的楚辞和汉赋被看作是"虽声逐影之俦，弃指归而无执"，这明显是贬低"悱恻芬芳"和"靡漫容与"的楚辞和汉赋。其后的五言诗发展，在裴子野看来，虽有曹植、刘桢

---

① （清）严可均辑《全上古三代秦汉三国六朝文》，中华书局1983年版，第3262页。
② 参阅曹道衡《关于裴子野诗文的几个问题》，见氏著《中古文学史论文集》，中华书局2002年版，第296～305页；〔日〕林田慎之助，陈曦钟译，周一良校《裴子野〈雕虫论〉考证——关于〈雕虫论〉的写作年代及其复古文学论》，古代文学理论研究编委会编《古代文学理论研究》（第六辑），上海古籍出版社1982年版，第231～250页。其中，曹道衡先生的文章是针对林田慎之助之作的进一步研究，两人都认为裴子野是齐梁时期复古文学观的代表，裴氏的思想中具有浓重的正统儒家思想，文学观念受到汉儒诗教说以及扬雄、蔡邕等汉代文人的影响，这是其《雕虫论》总体思想的文化渊源所在。

和潘岳、陆机等著名诗人的创作，但到齐梁时代，其总体趋势是"摈落六艺，吟咏情性"。可见以儒学六艺经典为理想文学时代的思想占据了裴子野文学史观的核心位置，屈宋为开端的楚辞标志着偏于审美性特色的文学创作传统逐渐形成，这是对六艺经典的背离，以此为业的"文人"在文章创作中"深心主卉木，远致极风云，其兴浮，其志弱"，这样的"吟咏情性"显然不被裴子野所认同。通过批判当时"文人"的"以博依为急务，章句为专鲁"的不良倾向，裴子野意在指出"文""儒"分流所带来的创作弊端，因此才有将"文"拉回到儒学经典以改良文风的建议。这种借助"文""儒"分合的框架来建构文学史观的做法在前代文学批评中极为少见，却成为南朝齐梁时代的共识。不唯裴子野如此，时代相近的沈约、刘勰等人也亦如是。

与裴子野的观念形成对比的是同时代的沈约。有关他在南朝齐武帝永明年间(483—493)修撰的《宋书·谢灵运传论》是南朝文学批评的著名篇章，前人多关注其中有关沈约对"永明体"诗律学思想的阐发，以及沈约对前代文学创作发展的精辟评论。除了在诗学思想中强调"一简之内，音韵尽殊；两句之中，轻重悉异"的重要意义外，沈约在此文中发掘前代文学史发展历程的视角具有很强的新颖性，特别是他的"同祖风骚论"。沈约以"民禀天地之灵，含五常之德，刚柔迭用，喜愠分情。夫志动于中，则歌咏外发"作为开篇，其实暗含着他是以创作主体的视角切入，高度重视"人"的情感酝酿对于文学创作的重要作用，由此才得出"虽虞夏以前，遗文不睹，禀气怀灵，理或无异"的观点，即上古三代的好文章虽然保留无多，但必定是"禀气怀灵"之作，都是发自古人真情的好作品。有了这一层铺垫，沈约就继续以"文人"和情感的角度进入文学史谱系的构建，梳理出屈原、宋玉、贾谊、王褒、刘向、扬雄、张衡等楚辞到汉赋大家的序列，指出这一趋势是"情志愈广"，"递相师祖"即他们构成了一个典型的文章创作典范家的谱系。到了建安七子则是"以情纬文，以文被质"，他们都是为文发自性情的文士。说到这里，沈约就以一段话作结：

自汉至魏，四百余年，辞人才子，文体三变。相如巧为形似之言，班固长于情理之说，子建、仲宣以气质为体，并标能擅美，独映当时。是以一世之士，各相慕习，源其飚流所始，莫不同祖《风》《骚》。徒以赏好异情，故意制相诡。①

这里就能明确看出沈约文学史思想的三大特点。一是强调"辞人才子，文

①（梁）沈约撰《宋书》卷六七《谢灵运传》，中华书局1974年版，第1778页。

体三变",总结司马相如、班固、曹植、王粲等人的创作个性。这凸显出沈约文学史思想中深刻的"文人"视角,文学作品首先是作者个性的抒发和彰显。二是文学史的源头是"同祖《风》《骚》",把《诗经》和《楚辞》视为启发后世文学的源头活水。联系本文开篇的"周室既衰,风流弥著,屈平宋玉导清源于前,贾谊相如振芳尘于后",沈约实际特别指出了屈原、宋玉在文学史上的崇高地位,不仅具有政治理想的"高义",更有文采艺术的"英辞",关键是"自兹以降,情志愈广",为审美化的文学创作指明了方向。三是在凸显作家创作个性的同时,沈约又表达出某种隐忧:"徒以赏好异情,故意制相诡"。这指出了某些作家由于极度在意彰显艺术个性而误入创作的歧路,属于"过犹不及"的问题了,因此沈约才突出"同祖风骚"的文学史意义,即作家要汲取前代文学创作的经验,使自己的作品臻于艺术规则的平衡,不可误入歧路。

沈约的《宋书·谢灵运传论》无疑是南朝时代运用"文人"视角建构文学史谱系的典范,将"文人"、屈原和文学史的作家序列统一于"文学自觉"的历史进程中,这就突出了屈原在"文人"阶层显现过程中和由先秦儒学转向偏于审美风格的文学创作演进中的双重影响,透露出沈约文学史思想中对文学审美本质特征的深刻探索。更为关键的是,沈约并未如裴子野那般,彻底贬低屈、宋的楚辞的文学史功绩,而是将之与《诗经》代表的儒学经典并称,这种"文""儒"相合的观念显然是更高层次的结合,是建立于重视文学审美和"文人"创作个性的基础之上,正确处理了儒学经典与楚辞在文学史发展中的关系,是一种尊重文学本质规律的文学史观。沈约的这种认识与齐梁时期颇为流行的"新变"文学观有相通之处,即萧子显在《南齐书·文学传论》中提出的"若无新变,不能代雄"的认识,非常强调"文人"创作中重视主体个性和审美特色的推陈出新,这是促使南朝文学从"永明体"发展到"宫体诗"的理论动力。

介于裴子野的复古论与沈约的"同祖风骚"论之间的是刘勰的《文心雕龙》。作为我国文学批评史上罕见的"弥纶群言"的著述,刘勰在《文心雕龙》中形成的文学史观念颇为复杂。50篇的内容中,刘勰通过开篇"文之枢纽"的《原道》等五章构成其文学观念的基础;此后的20篇为俗称的"文体论",几乎囊括了所有以文字为媒介的文章和著述创作;再其后的25篇则是后世褒贬不一的刘勰的"创作论"。从创作中的"神思"到文学发展与时代演变关系的"时序"等,举凡创作心态、批评鉴赏和文学史观念等,都在刘勰的《文心雕龙》之中。刘勰关注的是"为文之用心",因此一切以文字表达为基础的创作都是他所探索的对象,这是《文心雕龙》文学观念颇为复杂的根本原因。刘勰的文学史观散见于《文心雕龙》的许多篇章中。其中，《通变》篇是较为集中的体现，所谓"通变"的文学史观①。用刘勰自己的话来表述，就是"斯斟酌乎质文之间，而隐括乎雅俗之际"。带着这样的判断标准，刘勰将前代文学史简约化为了一条线性发展的过程：

> 摧而论之，则黄唐淳而质，虞夏质而辨，商周丽而雅，楚汉侈而艳，魏晋浅而绮，宋初讹而新。从质及讹，弥近弥澹，何则？竞今疏古，风昧气衰也。②

在这段文学史评论中，刘勰以"商周丽而雅"为文学发展的最佳阶段，此前过于质朴，此后则是沿着靡丽的文风越走越远。可见，作为儒学经典之一的《诗经》就是"商周丽而雅"的代表，而屈原、宋玉开启的楚辞对应的是"楚汉侈而艳"，刘勰在此也显然注意到了屈、宋及楚辞在文学史发展中的转折意义，而且他把这一转折视为引导后世文风弊端的前奏，显示出鲜明的否定文学审美特性的倾向。刘勰此种文学史观念具有总体性的特征，而在《文心雕龙》中还有大量的材料可以说明刘勰还是很重视文学审美性的，如《丽辞》《声律》等篇目都是刘勰吸收当时文学审美经验而作的。刘勰的文学评论之所以会出现如此巨大的反差，正是由于他在《文心雕龙》中文学史观念具有复杂与多元的特色。关于这一点，郭绍虞先生曾在《〈文选〉的选录标准和它与〈文心雕龙〉的关系》一文中有精彩的阐释：

> 我觉得《文心雕龙》之论文质至少有两种含义。一种是包括刘勰整个的理论主张的，一种是就一般的所谓文质讲的。就刘勰整个的理论主张而言，应当就《文心雕龙》的论文纲领讲起。《文心雕龙·序志篇》说："盖文心之作也，本乎道，师乎圣，体乎经，酌乎纬，变乎骚，文之枢纽亦云极矣。"这即《文心雕龙》全部理论的纲领，但是可以约为文质两类。所谓"道""圣""经"是属于"质"一方面的，所谓"纬"与"骚"，又是属于"文"一方面的。正因为他有尚质的一面，所以此后古文家的论调，很和刘勰的主张相一致；又正因他有重文的一面，所以《文心雕龙》又涉及"丽辞""声律"各方面的问题，并不完全否定当时的骈文。这是《文心雕龙》所以能"弥纶群言""唯务折衷"，而全面地论述文艺理论的原因。③

郭绍虞先生通过对"文质论"的分析指出了刘勰文学观念中的多层次性，

---

① 关于"新变"与"通变"文学观的比较，可参阅傅刚先生的《〈昭明文选〉研究》中《"新变"与"通变"——齐梁时期的两种批评观》（中国社会科学出版社 2000 年版，第 101～121 页）的内容。
② （梁）刘勰著，范文澜注《文心雕龙注》，人民文学出版社 1958 年版，第 520 页。
③ 郭绍虞《照隅室古典文学论集》下编，上海古籍出版社 1983 年版，第 156～157 页。

《通变篇》中的文学史观显然是总体性的"文质论"在《文心雕龙》中的表现,其根源在于刘勰《文心雕龙》中"征圣宗经"观,即他把儒学经典视为文学创作的典范,因而具有浓重的复古特征。关于这种倾向,钱穆先生曾有论述:"他(刘勰)讲文学,便讲到文学的本源,学问中为什么要有文学?文学对整个学术上应该有什么样的贡献?他能从大处会通处着眼。他是从经学讲到文学的,这就见他能能见其本原、能见其大,大本大原他已把握住。固然此下像韩愈、柳宗元、欧阳修这些人出来,提倡古文,反对骈文,实际上他们讲文学的最高价值,并不能超出刘勰的《文心雕龙》之上。"①可见,刘勰的"通变"文学史观虽具有复古特点,但与裴子野的《雕虫论》中承继汉儒诗教说的传统观念并不一致。同时虽然《文心雕龙》中弥漫的"征圣宗经"观让刘勰的文学史观更多地成为唐宋之际文学复古论的滥觞,但他与沈约、萧子显的"新变"文学观都有重视文学审美的某些共性,这无疑为此后的时代继续探索文学审美开辟了道路。

通过对裴子野、沈约和刘勰文学史观的分析,可以看出南朝后期错综复杂的多元文学批评观念既是对过往文学嬗变历程的理论总结,更是对未来文学发展的期待和展望,而"文""儒"分合的演变关系是时人构建文学史观的基本框架。重视"文人"创作个性与"文"之审美特征已经普遍渗透于南朝后期的文学批评观念中,"文"所代表的正是魏晋以来"文学自觉"进程而形成的审美硕果,意味着不能为儒学文化传统所框范的美感经验。总体而言,"文""儒"相分是汉魏以来文学批评中深入挖掘文学审美的历史前提,这无疑对沈约、刘勰等人构建融审美要素于历史进程的文学史观具有重要意义。而裴子野以"儒"节"文"的文学史观则是象征着儒学文化传统对文学审美的惯性约束,当然仅仅简单的回复到汉儒诗教说的认识传统,无法真正解决"文""儒"相分所带来的一系列矛盾冲突。这其实一方面体现出突破儒学的"文"之审美已深刻影响了南朝的文学观而不容忽视,另一方面则是需要有人能够站在更圆融的文化立场去解决"文""儒"相分的内在文化矛盾,而这正是刘勰在《文心雕龙》中提出以"原道""征圣""宗经"为基础,又融合"正纬"和"辨骚"的总体文学史观的深层用意所在,即以"文""儒"融合的大文学史观预示了未来文学发展的主流方向。其中既重塑了儒学经典所代表的文化传统根基,又借鉴了汉魏六朝以来"文"之审美经验的各种元素。这种充满思辨张力的文学史观深刻影响了唐以后文学史的理论观念,尤其是中唐古文革新时期韩、柳等人所倡导的文道关系。

---

① 钱穆《中国史学名著》,生活·读书·新知三联书店 2000 年版,第 131 页。

四、余论

"文人"阶层的形成是汉魏六朝文学得到充分发展的重要时代因素之一，文学创作的繁荣局面、文学批评观念的深入探讨和文学审美的日益自觉，无不与"文人"阶层及其对创作个性的提倡和张扬有关。正所谓利弊相连，"文人"阶层的创作个性一方面推动了文学审美的新变，同时这也导致对"文人"个性无行的批判随之而来，这种发展中的矛盾是影响此时文学史谱系建构的观念基础和切入视角。

裴子野、沈约和刘勰是南朝时代文学史谱系建构的代表性文士，其文学史观念也各具面貌。传统的"复古"与"创新"之论已难以完全概括他们的理论建树，若以"新变"与"通变"来分野他们的文学史观，也不足以揭示他们认识中的以"文人"视角切入而形成的批评理念。① 超越上述明显带有后见之明的历史观念的表象而另辟蹊径，真正深入到当时人的思想观念中对"文"与"儒"的总体看法，寻求一种更为符合历史实际的认识框架去理解他们文学史谱系的建构则至为关键。

南朝至初唐时代确是文学批评史上观念极为复杂的时期，但复杂之中有其历史共性，那就是以"文""儒"分合的框架去建构自己心目中理想的文学史，并能为未来的文学发展提供可资借鉴的理论资源，是当时富有远见卓识的文士所共同具有的思想底蕴。其中，从裴子野到刘勰的复古文学观是"同中有异"，即从简单的发挥汉儒诗教说到通过以儒学为根基去吸收此前所有的文学创作经验，建构起"弥纶群言""征圣宗经"的文学史谱系。儒学经典的介入，不仅可以让文学在继续审美创新的基础上能够有所发展，还能陶冶创作主体的道德修养，从根本上解决"文人"个性无行的弊端。② 这是对南朝后期至初唐的史学家和文学家不断呼吁提升"文人"品行的回应，置于这种文学史发展链条中，"初唐

---

① "新变"文学观发展到南朝后期，确实带来了一定的流弊。如萧纲在《与湘东王书》中明确批判了京师文风过于质朴的问题："若以今文为是，则古文为非，若昔贤可称，则今体宜弃，俱为盍各，则未之敢许。又时有效谢康乐、裴鸿胪文者，亦颇有惑焉。何者？ 谢客吐言天拔，出于自然，时有不拘，是其糟粕。裴氏乃是良史之才，了无篇什之美。是为学谢则不屈其精华，但得其冗长，师裴则蔑绝其所长，惟得其所短，谢故巧不可阶，裴亦质不宜慕。"萧纲此种重今薄古的观念是"新变"文学观发展的极致，他不仅批评裴子野的文风，连谢灵运的诗歌也不入其法眼。对萧纲文学观的分析，可参阅傅刚先生《〈玉台新咏〉与南朝文学》中《南朝文学与徐体文风的形成》(中华书局 2018 年版，第 4～42 页)的内容。

② 参阅曹道衡先生《曹丕和刘勰论作家的个性特点与风格》，见氏著《中古文学史论文集》，中华书局 2000 年版，第 154～167 页。

四杰"的文学史观便不难理解了。与此同时,刘勰的文学史观对于盛中唐之际形成的文学复古思潮具有启发意义,通过注重"文人"的道德修养来改良文风走向,这正是盛唐至中唐韩、柳所积极倡导的文学革新的重要精神内涵。

如果说裴子野所代表文学史观具有"文""儒"相分的特征,完全忽视文学的审美性,那么沈约与刘勰观念中的"异中之同"则代表的是"文""儒"合流的新趋向,这是在尊重文学审美基础上的合流。屈、宋开启了"文人"阶层形成的历史进程,楚辞则预示了文学审美从儒学传统中分离的趋势,经历了汉魏六朝时期漫长的发展,"文学自觉"代表了文学审美日益被接受,并深刻融入文学创作和文学批评的观念中。正因为有了这样的时代铺垫,沈约和刘勰文学史观中的"文""儒"合流才有更加深刻的时代意义,那就是并非如汉儒那般将文学拉回到儒学传统的简单回复,而是基于文学审美和尊重"文人"个性的新型文学史观,同时又能积极融合"文"与"儒"在文化审美特征上的共通性。其中,沈约的"同祖风骚"论,①不仅将儒学经典与楚辞并称,而且深入辨析历代文学创作经验的得失利弊,这种"文""儒"相合的新型风雅观正是解决南朝后期文风流弊,并超越"初唐四杰"时代而推动盛唐文学高潮到来的深层理论渊源。而刘勰在《文心雕龙》中所形成的"原道""征圣""宗经"为基础而又融合"正纬""辨骚"的总体文学史观,重塑了儒学经典的传统根基,从更宏观的文化立场强化了"儒"对"文"的总体性约束,这对中唐以后古文运动思潮中的文道关系有着至为深远的影响。因此,借助"文人"身份形成与发展的历史视角,重审"文""儒"分合对我国中古时期文学批评的深刻影响,不仅可以让我们从更为符合历史实际的角度去理解时人的文学史观念,而且可以更为全面地认识和理解"文学"观念的古今之别、中西异同和内涵嬗变,这也为当代中国哲学社会科学理论话语建构提供可资借鉴的传统思想资源。

---

① 日本学者林田慎之助曾撰文称道沈约的《宋书·谢灵运传论》是"文学史自觉",而且更为重视文学审美性在文学史发展的重要意义,参阅林田慎之助撰、曹旭翻译的《〈宋书·谢灵运传论〉和文学史的自觉》,发表于《铜仁学院学报》2014年第2期,第11~18页。就时代的总体性而言,沈约所生活的南朝时代确实是"文学自觉"的关键时期,唐前对文学史观念的总体性看法多渊源自这个时期。因此从这个意义上来说,本文是对林田慎之助观点的进一步发挥。

《游子吟》阐释接受史与孝道伦理文化

刘　磊[*]

摘　要：《游子吟》由隐到显、由冷到热的价值发现过程，不仅和作者孟郊的地位相关，而且与宋元以来以孝道为核心的伦理文化有密切关系。《游子吟》在中晚唐五代并未引起特别注意；北宋中叶开始被发现；南渡后阐释逐步深化，并发生了突显其教化意义的伦理转向；元以后，接受逐渐趋于普及，但有时被过度诠释。

关键词：孟郊；《游子吟》；阐释史；孝道；伦理

唐代诗人孟郊（751—814）的《游子吟》是传诵千古的诗歌名篇："慈母手中线，游子身上衣。临行密密缝，意恐迟迟归。谁言寸草心，报得三春晖。"[①]这首诗从游子的角度，对母爱进行了深情热烈的赞颂，引发了历代无数读者的强烈共鸣。1992 年香港曾举办"最受欢迎的唐诗选举"，《游子吟》名列榜首[②]，堪称实至名归。梳理此诗的阐释接受史（尤其是元代以前），我们可以发现，《游子吟》一诗由隐到显、由冷到热的价值发现过程，不仅和作者孟郊的地位相关，而且与宋元以来以孝道为核心的伦理教化思想有密切关系。探讨这一问题，对如何更好地传承中华传统文化很有借鉴参考意义。

一、孟郊对乐府旧题《游子吟》的主题创新

《游子吟》是乐府旧题，属杂曲歌辞。宋郭茂倩《乐府诗集》卷六七孟郊《游子吟》题下注云："汉苏武诗曰：'幸有弦歌曲，可以喻中怀。请为游子吟，泠泠一何悲。'又有《游子移》，亦类此也。"[③]托名苏武、李陵的苏李赠答诗，是今见《游子吟》作为乐府篇名的最早出处。这说明至迟在汉晋之际，就有以《游子吟》为篇名的诗歌在流传了。孟郊之前或同时期的《游子吟》诗，今存者尚有南朝宋刘义

---

　　*　刘磊，济南大学文学院教授，主要研究方向为中国古代文学与文论。
　　①　（唐）孟郊撰，华忱之、喻学才校注《孟郊诗集校注》卷一，人民文学出版社 1995 年版，第 14 页。
　　②　见金开诚《漫谈香港的"唐诗选举"》，《群言》1993 年第 1 期。
　　③　（南朝宋）郭茂倩编《乐府诗集》卷六七，中华书局 1979 年版，第 971 页。

恭(413—465)《游子吟》(《乐府诗集》卷六七)、顾况(727—815)《游子吟》、李益(748—829)《游子吟》等。举后二首诗如下:

> 故枥思疲马,故巢思迷禽。浮云蔽我乡,蹀躞游子吟。游子悲久滞,浮云郁东岑。客堂无丝桐,落叶如秋霖。艰哉远游子,所以悲滞淫。一为浮云词,愤塞谁能禁……(顾况《游子吟》)

> 女羞夫婿荡,客耻主人贱。遭遇同众流,低回愧相见。君非青铜镜,何事空照面。莫以衣上尘,不谓心如练。人生当荣盛,待士勿言倦。君看白日驰,何异弦上箭。(李益《游子吟》)①

此外,盛唐诗人储光羲(约706—763)的诗句"不见长裾者,空歌游子吟"(《霁后贻马十二巽》)、"恻恻苦哉行,呱呱游子吟"(《升天行贻卢六健》)也提到了"游子吟"。考察上述这些诗篇诗句,可以发现《游子吟》主题基本都是表现游子漂泊在外的羁旅之苦和对家乡、亲人的思念,曲调哀伤深沉,并未集中凸显母爱主题。因此,孟郊《游子吟》借乐府旧题自抒胸臆,集中抒写母爱,赋予这一诗题全新的情感内涵,属"旧题写新事"的创新之举。这一做法,既有孟郊本人的品行经历特点,也受到了中唐时期儒学复古倾向和新乐府创作风气的影响。

孟郊事母至孝。韩愈《贞曜先生墓志铭》说孟郊"年几五十,始以尊夫人之命来集京师,从进士试,既得,即去。间四年,又命来选,为溧阳尉,迎侍溧上"②。孟郊在洛阳应铨选是在唐德宗贞元十六年(800),选为溧阳县尉后,有了较稳定的生活环境和条件,就把老母接到溧阳奉养。近代学者多认为,《游子吟》就作于这一时期。《全唐诗》在《游子吟》题下有:"自注:迎母漂上作。"③按:"漂",应为"溧"之误。这个题下注,系承明代胡震亨而来。《孟郊诗集校注》附录华忱之《孟郊年谱》云:"明胡震亨《唐音统签·丁签》载此诗,题下多'自注:迎母溧上作'七字。宋明以来东野集诸刻本俱无。胡氏当有所本。清陈鸿寿《溧阳县志》卷九《职官志》孟郊传注引《溧阳旧志》载此诗也题作《迎母濑上》……知东野当于本年或次年迎养其亲于任所。本诗或即那时所作。"④范新阳《孟郊诗研究》认同此说⑤。也有学者持不同看法。施蛰存《唐诗百话》认为:"看诗意却不对头。

---

① 以上二诗皆见(南朝宋)郭茂倩编《乐府诗集》卷六七,中华书局1979年版,第971~972页。
② (唐)韩愈撰,马其昶校注,马茂元整理《韩昌黎文集校注》卷六,上海古籍出版社1986年版,第446页。
③ (清)彭定求等《全唐诗》(增订本)卷三七二,中华书局1999年版,第6册,第4193页。
④ (唐)孟郊撰,华忱之、喻学才校注《孟郊诗集校注》附录,人民文学出版社1995年版,第564页。
⑤ 范新阳《孟郊诗研究》,中国社会科学出版社2014年版,第47页。

诗意分明是儿子出门旅游，临行时母亲为他缝制衣服，儿子有感而作。看来这个注不很可信。"[1]韩泉欣《孟郊集校注》亦持是论[2]。"迎母溧上作"之说确实可疑。诗意不合倒在其次，关键是文献依据问题。孟郊自唐至北宋的诗歌流传比较混乱，北宋中叶才由宋敏求编定《孟东野诗集》，为后世孟集祖本。华忱之云："宋明以来东野集诸刻本俱无"，笔者翻检《文苑英华》《唐文粹》本亦俱无，说明这个题下自注出现得较晚，很可能是南宋以后《游子吟》流行起来后，好事者据韩愈《贞曜先生墓志铭》"迎侍溧上"之说而妄加上去的。华忱之据《溧阳旧志》猜测胡震亨"当有所本"，恐怕也很难成立。陈鸿寿《溧阳县志》修于嘉庆年间（1796—1820），序言中说"溧阳之有志，自宋始，凡数修而迄于乾隆之八年（1743）"，其所据"旧志"，应为乾隆时期（1736—1795）所修，其最早渊源亦不过南宋。因此，还是以孟郊别集为准，更稳妥。

虽然我们怀疑《游子吟》不是作于孟郊"迎母溧上"时，但丝毫不影响对孟郊"事母至孝"品行的认可。孟郊一生漫游各地，尤其是中年登第以前，有过很长一段时间坎坷不平、出仕无门的寒士生活。最后奉母命应进士试，46 岁方登第。每次临出行前，母亲为其缝制衣装，针脚细密，寄寓早日还家之意。我们可以想象，每逢此时，年岁老大而事业无成的孟郊，面对慈母的一片深情，内心感激、愧疚交加，感受一定是非常复杂的。

《游子吟》属古体乐府。盛唐至中唐时期，儒学复古倾向日趋明显，古体乐府诗歌创作的风气也比较兴盛。孟郊无论是诗歌观念还是创作特点，都有明显的复古倾向。他诗歌中有大量歌颂崇尚古道古风的文字，如"君存古人心，道出古人辙。尽美固可扬，片善亦不遏"（《投所知》）[3]。他在《吊元鲁山十首》其七中对元德秀的古朴雅正诗风给予高度评价："箫韶太平乐，鲁山不虚作。千古若有知，百年幸如昨。谁能嗣教化，以此洗浮薄。"[4]《孟东野诗集》十卷中，卷一、卷二皆为乐府，共计 69 首，其中有不少作品，明显在宣扬儒家教化观念。如与《游子吟》同被清代蘅塘退士选入《唐诗三百首》的《列女操》："梧桐相待老，鸳鸯会双死。贞妇贵殉夫，舍生亦如此。波澜誓不起，妾心井中水"[5]就属此类。此诗为《唐诗三百首》"乐府"类首篇，同时也居《孟东野诗集》之首，可见其受重视程度。

---

① 施蛰存《唐诗百话》，华东师范大学出版社 2001 年版，第 443 页。
② （唐）孟郊著，韩泉欣校注《孟郊集校注》卷一，浙江古籍出版社 1995 年版，第 11 页。
③ （唐）孟郊撰，华忱之、喻学才校注《孟郊诗集校注》卷三，人民文学出版社 1995 年版，第 115 页。
④ （唐）孟郊撰，华忱之、喻学才校注《孟郊诗集校注》卷一〇，人民文学出版社 1995 年版，第 464 页。
⑤ （唐）孟郊撰，华忱之、喻学才校注《孟郊诗集校注》卷一，人民文学出版社 1995 年版，第 1 页。

因此,孟郊得到的当时诗友和晚唐人的评价,大多和"古"相关。如:"行身践规矩,甘辱耻媚灶。孟轲分邪正,眸子看瞭眊。"(韩愈《荐士》)"孟生江海士,古貌又古心。"(韩愈《孟生诗》)"君生衰俗间,立身如礼经。"(张籍《赠孟郊》)"孟之诗,五言高处,在古无二,其有平处,下顾两谢。"(李观《上梁补阙荐孟郊崔弘礼书》)"素坚冰蘗心,洁持保坚贞。修文返正风,刊字齐古经。"(刘言史《初下东周赠孟郊》)等。

中唐时期包括孟郊在内的诗人,表现儒家伦理的古乐府诗较多,孟郊《游子吟》作为其中普通一首,并未引起特别关注。由于受韩愈等人的赞扬推崇,孟郊生前诗名较高,诗篇传播范围较广,很可能也有各种作品小集在读者当中流传,但都看不到《游子吟》的踪迹。王建《哭孟东野二首》其二云:"老松临死不生枝,东野先生早哭儿。但是洛阳城里客,家传一本杏殇诗。"①贾岛《哭孟郊》:"冢近登山道,诗随过海船";《吊孟协律》:"集诗应万首,物象遍曾题。"②这些悼诗说明孟郊诗在当时的广泛传播,其中提到了孟郊哀悼儿子夭折的《杏殇》诗。唐末邵谒《览孟东野集》诗云:"蚌死留夜光,剑折留锋铓。哲人归大夜,千古传圭璋。圭璋遍四海,人伦多变改。"③邵谒着重从社会伦理影响方面赞扬孟郊诗,《游子吟》虽属此类,但更具体的信息,也无可得知。

晚唐诗人创作的《游子吟》同题诗,今存陈陶(约 812—885)、聂夷中(837—871 后)的两首。陈陶的诗,仍与南朝、初盛唐人所作的《游子吟》主题近似,借羁旅之愁抒发人生失意之感,看不出受到孟郊的什么影响。聂夷中《游子吟》云:"萱草生堂阶,游子行天涯。慈亲倚门堂,不见萱草花。"此诗又重见于孟郊集中④。究竟是聂夷中受孟郊影响而作被错收入孟集,还是孟郊诗在流传过程中错系于聂夷中名下,已难详知。

现存各种唐人选唐诗中,除选录范围较广的五代韦縠《才调集》外,其余皆未选孟郊诗;《才调集》选孟郊诗亦仅一首《古结爱》。王安石《唐百家诗选》是北宋最著名的诗歌选本,也没选孟郊《游子吟》。

---

① (唐)王建撰,尹占华校注《王建诗集校注》,巴蜀书社 2006 年版,第 373 页。这首诗中的"本"字,明胡震亨《唐音统签》卷三五二作"首"。

② 以上二诗分别见(唐)贾岛撰,齐文榜校注《贾岛集校注》,人民文学出版社 2001 年版,第 107、141 页。

③ (清)彭定求等《全唐诗》(增订本)卷六〇五,中华书局 1999 年版,第 7049 页。

④ 聂诗见《全唐诗》卷六三六;孟诗见《孟郊诗集校注》卷三,人民文学出版社 1995 年版,第 113 页。《文苑英华》卷二〇七将此诗作聂诗(中华书局 1966 年版,第 1025 页)。

总的来看，中唐经晚唐五代，直到北宋前期，人们以"高古"评孟诗，且多与对其人格品行的评价杂糅在一起。《游子吟》淹没在孟郊几百首思苦语涩的诗篇中，并未引起诗人和诗评家们的特别注意。

二、北宋：孟郊诗和《游子吟》的价值发现

北宋中叶，孟郊诗歌和《游子吟》的价值开始逐步被发现。主要有两个标志性事件。

一是孟郊诗集得到了比较系统的整理。

孟郊诗歌在中晚唐五代时期的具体流传情况不得而知。我们只能根据一些零星记载，知道孟郊有一些散篇、小集在流传。北宋刘攽《中山诗话》云："孟东野诗……今世传郊集五卷，诗百篇。又有集号《咸池》者，仅三百篇，其间语句尤多寒涩，疑向五卷是名士所删取者。"①《咸池集》应该就是孟诗小集之一，系据韩愈"作诗三百首，窅默咸池音"（《孟生诗》）而得名。北宋中叶，宋敏求（1019—1079）根据当时所见的各种孟集异本，重新加以整理编次，为孟郊诗编成了首个完备本。诗集后序云："东野诗，世传汴吴镂本五卷，一百二十四篇；周安惠本十卷，三百三十一篇；别本五卷，三百四十篇；蜀人蹇濬用退之赠郊句纂《咸池集》二卷，一百八十篇；自余不为编秩，杂录之，家家自异。今总括遗逸，摘去重复，若体制不类者，得五百一十一篇……合十卷。"②可见宋氏见到的各本卷数、诗篇数量的差异相当大，缺失、重复情况严重，体例颇为混乱，这又可证明中晚唐时期孟集流传的非系统性。

二是苏轼（1037—1101）对孟郊诗歌的标志性评价，影响后人深远。

孟郊的诗歌在中唐得到了很高的评价，但是自晚唐以后，贬斥的意见居多。即使是对韩孟诗派整体上非常推崇的欧阳修、梅尧臣，在单论孟郊时，也是不喜欢其"苦涩"诗风的。但是，这些人对孟郊的评论较为零碎，缺乏系统性，影响不大。

苏轼对孟郊的总体评价，一言以蔽之曰"寒"。《祭柳子玉文》云："元轻白俗，郊寒岛瘦。嘹然一吟，众作卑陋。"以"寒"评孟，以"瘦"评贾，并与元、白之"轻""俗"并列，总以"众作卑陋"作结，可见含有贬义；但就对其诗风特点的总体把握看，"寒""瘦"二字又是十分切当的。二字一方面概括了孟诗意境凄清造语

① （宋）刘攽《中山诗话》，（清）何文焕编《历代诗话》，中华书局 1981 年版，上册，第 288 页。
② （唐）孟郊撰，华忱之、喻学才校注《孟郊诗集校注》附录，人民文学出版社 1995 年版，第 694 页。

寒涩与贾诗题材狭窄情感单一的不同点，一方面将孟、贾身世与创作紧密结合起来，将人和诗打成一片，颇为有见。但"寒"字毕竟太简练，苏轼对孟郊诗更具体、充分的评价，见于《读孟郊诗二首》：

夜读孟郊诗，细字如牛毛。寒灯照昏花，佳处时一遭。孤芳擢荒秽，苦语余诗骚。水清石凿凿，湍激不受篙。初如食小鱼，所得不偿劳。又似煮蟛蜞，竟日持空螯。要当斗僧清，未足当韩豪。人生如朝露，日夜火消膏。何苦将两耳，听此寒虫号。不如且置之，饮我玉色醪。

我憎孟郊诗，复作孟郊语。饥肠自鸣唤，空壁转饥鼠。诗从肺腑出，出辄愁肺腑。有如黄河鱼，出膏以自煮。尚爱《铜斗歌》，鄙俚颇近古。桃弓射鸭罢，独速短蓑舞。不忧踏船翻，踏浪不踏土。吴姬霜雪白，赤脚浣白纻。嫁与踏浪儿，不识离别苦。歌君江湖曲，感我长羁旅。①

这两首诗中，苏轼对孟郊的主要看法如下。一是孟郊诗虽然有些好处，但更多的是"寒虫号"般的"苦语"，诗味浅薄，读起来"所得不偿劳"，在阅读心理上处于一种压抑状态。这可看作是对"寒"字的进一步解释。后人往往认为苏轼不喜孟诗，其根据主要在于此。个中缘由，既有审美立场的差异，也有二人性格和人生态度的相左。二是苏轼虽然不喜读孟诗，但却非常理解他的创作处境，客观上揭示了孟郊的创作心理。苏轼一生多历苦难，虽然表面豪放豁达，内心也常充满苦闷，故对孟郊的创作情境颇能理解，对孟郊发自内心肺腑的穷苦之言也多能体悟，并在一定程度上肯定了孟诗抒写内心情感的艺术价值。三是苏轼对孟郊所作古体及其表现的古朴特点的评价，从"尚爱铜斗歌"至篇终，是对孟郊《送淡公十二首》第三、四、五、六诸首的概括。在苏轼看来，这些诗"鄙俚颇近古"，即不假雕琢、朴质自然，由此可见苏轼对自然古朴一类诗的喜好。

此外，苏轼还有几处对孟郊诗的评价。"白露入肝肺，夜吟如秋虫。坐令太白豪，化为东野穷。"(《中秋月寄子由三首(其一)》)以孟郊之"穷"来映衬自己喜好的李白之"豪"，褒贬之意自然可见。"小诗试拟孟东野，大草闲临张伯英。"(《赠葛苇》)"长笑右军称草圣，不如东野以诗鸣。乐天自爱吟淮月，怀祖无劳听角声。"(《次韵致远》)"诗如东野不言寒，书似留台差少肉。"(《书林逋诗后》)②总之，都是以"寒""穷""小诗""以诗鸣"之类的字词来形容孟诗，指出了其审美特

① (宋)苏轼撰，(清)王文诰辑注，孔凡礼点校《苏轼诗集》，中华书局1982年版，第796~797页。
② 以上四诗分别见(宋)苏轼撰，(清)王文诰辑注，孔凡礼点校《苏轼诗集》，中华书局1982年版，第860、1372、1255、1344页。

色，其中虽有讥嘲孟诗寒苦的诙谐之意，但也不无自我解嘲、同病相怜的成分。

总体来看，苏轼在感性上不喜欢孟郊诗的"寒"，却又能从理性上予以理解，可谓"了解之同情"。苏轼尽管不喜孟郊诗，但是他对孟诗特点的把握较之前人更加准确、深入，因此成为孟郊诗歌的经典评论，给予后人极大影响。

以上两个标志性事件中，孟郊诗集的编定刊刻，大幅提高了孟郊诗的传播面和影响力；苏轼对孟郊的经典评价，则进一步引发了人们对孟郊诗的注意和阅读兴趣，为孟郊诗歌艺术的深入阐释提供了讨论平台。在这种背景之下，《游子吟》终于被诗人们发现了。

今见最早在诗歌中化用《游子吟》诗句的，是北宋诗人文同（1018—1079）："高堂今远郡，须念报春晖"（《送夏殿直》），"壮岁虽可恃，荣科亦宜早。勉自报春晖，高堂亲髮老"（《送杨议卿赴举》）①都以"报春晖"喻报答母爱。这种比喻结构，我们今天在孟郊之前的诗歌中还没有发现，应是化自《游子吟》。无独有偶，文同稍后的诗人孔武仲（1042—1097）的"薄宦牵率不得已，此心何以报春晖"（《次韵和堂父发越州》），黄裳（1044—1130）的"锦衣养志归来早，报了春晖已独贤"（《陈达野母氏恭人挽辞》）②，也化用了"报春晖"句。北宋末年诗人李新（1062—？）有一首诗，题为："彦升索《春晖亭诗》。予昔登亭上，见凡赋诗，率比兴于寸草，如东野初语。予疑命名者意在春晖育物如慈母之贤，欲彦升朝夕视亭名，必有得矣。今无负于春晖，予是以有作也。"③从诗题中可见，当时化用孟郊《游子吟》"比兴于寸草"者，已是普遍现象，李新在此更是明确点出"命名者意在春晖育物如慈母之贤"。类似之例还有李纲（1083—1140）的"区区一寸心，未报三春晖"（《读东坡和渊明贫士诗寄诸子侄云重九俯迩樽俎萧然今余亦有此叹因次其韵将录寄梁溪诸弟以发数千里一笑》其一）④等。以上几位，都是与宋敏求、苏轼同时期的诗人。上述诗例说明，孟郊《游子吟》至迟在北宋后期，已在文人中产生较大影响，"谁言寸草心，报得三春晖"已成为歌颂母爱的名句，常被诗人化用。这些作品对母爱主题的表现，都还处于个人情感的层面，比较自然，并未产生附比经义的倾向。

---

① 文同二诗分别见北京大学古文献研究所编《全宋诗》，北京大学出版社 1992 年版，第 5341、5356 页。

② 孔武仲、黄裳二诗分别见北京大学古文献研究所编《全宋诗》，北京大学出版社 1992 年版，第 16 册，第 10902、11109 页。

③ 北京大学古文献研究所编《全宋诗》，北京大学出版社 1992 年版，第 14156 页。

④ 北京大学古文献研究所编《全宋诗》，北京大学出版社 1992 年版，第 17699 页。

三、南宋:《游子吟》的进一步阐释与伦理转向

南渡之后,《游子吟》的关注度和阐释又有新的进展。曾季狸(生卒年不详,南宋前期人)针对苏轼《读孟郊诗二首》中的观点,做出了重要纠正与补充,首次总结《游子吟》的艺术风格为"精确宛转":"五十以后,因暇日试取细读(孟郊诗),见其精深高妙,诚未易窥,方信韩退之、李习之尊敬其诗,良有以也。东坡性痛快,故不喜郊之词艰深……孟郊诗精深难窥耳。孟郊如《游子吟》《列女操》《薄命妾》《古意》等篇,精确宛转,人不可及也。"①显而易见,曾季狸将《游子吟》与《列女操》等表现伦理纲常的诗歌并列,在"精确宛转"特点之外,伦理主题和高古意境也是其重要着眼点。

南宋后期,在社会文化层面,孟郊和《游子吟》也开始渐渐扩大影响。宋理宗景定年间(1260—1264),马光祖在建康府学建立"先贤祠",孟郊作为建康府"先贤"(孟郊曾任溧阳尉,溧阳县在南宋属建康府)被供奉其中,与李白、颜真卿等大家同列,这在一定程度上反映了孟郊在当时声名的高涨和地位的提高。其中的《孟郊赞词》云:

> 扰扰今人中,贞曜心独古。披搜三百篇,顿挫五七语。其中春草心,浩荡报慈母。原道接圣传,当时一韩愈。驺蛮互前后,云龙相上下。永怀洁其长,畴若视所与。一尉何荒凉,千年仰清苦。②

这首赞词中具体涉及孟郊诗歌之语,仅"披搜三百篇,顿挫五七语。其中春草心,浩荡报慈母"四句,前两句为总括,后两句指《游子吟》。这反映了在当时大多数读者看来,《游子吟》在孟郊诗歌的序列中已居于首要位置。而在府学"先贤祠"如此重要的宣扬教化之地,孟郊的入享和对《游子吟》"浩荡报慈母"的价值强调,无疑显现出南宋后期对《游子吟》在伦理方向的诠释有了新的提升。

大约与此同时,刘辰翁(1232—1297)在诗歌评点中又将《游子吟》的诗艺和教化地位推到了更高的层次:"全是托兴,终之悠然不言之感。复非睍睆寒泉之比。千古之下犹不忘,谈诗之尤不朽者。"③"睍睆寒泉"典出《诗经·邶风·凯风》,是一首儿子歌颂母亲并自责的诗。刘辰翁强调《游子吟》"托兴""悠然"的

---

① (宋)曾季狸《艇斋诗话》,丁福保辑《历代诗话续编》,上海古籍出版社 1983 年版,第 324 页。

② (宋)马光祖修,(宋)周应合纂《景定建康志》卷三一《儒学志四》,《宋元方志丛刊》影印本,中华书局 1990 年版,第 1853 页。

③ (明)高棅《唐诗品汇》卷二〇《五古》,上海古籍出版社 1982 年版,第 232 页。

高古、含蓄、语浅情深等特点，认为它已然超越《诗经》，可谓一种极高评价。不过，刘辰翁并未滑向完全以伦理教化解诗的极端，他同时也对《游子吟》的艺术特质作了精到总结："若平生父子兄弟、家人邻里间，意愈近而愈不近，著力政难。有能率意自道，出于孤臣怨女之所不能者，随事纪实，足称名家。即名家尤不可得，或一二语而止。如孟东野'慈母手中线''归书但云安'，极羁旅难言之情……古今甚深密义，得之浅易。"①（《陈生诗序》）从艺术形式来讲，《游子吟》篇幅短小，语言平易、简洁、明快但意蕴深厚、情韵悠长，这正是其成为传世名篇的内在原因。

四、《游子吟》的接受普及与过度诠释

自北宋后期以来，经南宋至元代，《游子吟》已经越来越超出一首纯粹诗歌的意义，成为赞颂母爱、抒发游子情怀的情感代码，渗透到读者深层的内心世界，许多人以"春晖""春草""草心"等命名建筑物（春晖堂、春晖楼、春草轩、春晖亭……），用以纪念母亲、表达思忆之情，并留下很多诗作和记述文章。较早者如南渡前后的汪藻（1079—1154）"雌剑忽先收夜气，寸荄犹欲报春晖"（《挽靖安县君》）②、吕本中（1084—1145）"寸草仰生活，春晖常照临。不知欲报德，何以见此心"（《报晖庵》）③，较晚者如元代吴师道（1283—1344）"草心何此报春晖？游子远游归更迟。甘旨高堂日娱养，愿君不识孟郊诗"（《春晖堂》）④，不胜枚举。

宋末元初之际，南宋遗民们化用《游子吟》"报春晖"之典，借母爱为喻，隐约表达排斥异族侵略、怀念故国的主题，以及寻求精神庇护与寄托的诉求。这样就使《游子吟》的意蕴有了更进一层的诠释，超越了"孝"的层面，上升到民族自尊、家国情怀的高度，从而有了更丰富的历史文化内涵。如：

我行荒野间，风埃苦浩浩。嗟汝后生者，惟恐不见老。世事如霜木，颜色尽枯槁。愁来不即死，反为命所恼。今人真小儿，语话尚痴倒。不辨亲与仇，得食即为好。焉知父母心，茹痛伤怀抱！难报三春晖，满地皆芳草。（郑思肖《苦怀六首》其一）⑤

---

① （宋）刘辰翁《刘辰翁集》，江西人民出版社 1987 年版，第 205 页。

② 北京大学古文献研究所编《全宋诗》，北京大学出版社 1992 年版，第 16544 页。

③ 北京大学古文献研究所编《全宋诗》，北京大学出版社 1992 年版，第 18202 页。

④ （元）吴师道《礼部集》卷九，上海古籍出版社 1989 年影印文渊阁《四库全书》本，第 1212 册，第 88 页。

⑤ 北京大学古文献研究所编《全宋诗》，北京大学出版社 1992 年版，第 43424 页。

篋中出故衣，络纬声四壁。昔年慈母线，一一手所历。眷眷游子心，恻恻虚堂夕。逝水不返流，孤云杳无迹。空令揽衣人，一线泪一滴。衣弊奈有时，母恩无穷期。终怜寸草心，何以报春晖？朝寒纵砭骨，念此不忍披。且复返所藏，永寄霜露思。①（林景熙《故衣》）

前诗揭示了南宋亡国之后许多愚民丧失民族气节、苟且偷生的真实情景，抒发诗人郑思肖内心的悲愤和怀念故国之情。此诗以"茹痛伤怀抱"的"父母心"喻故国，以"满地皆芳草"喻遗民百姓，较之孟郊原诗"谁言寸草心，报得三春晖"更翻转一层，主题新变的同时，也加深了情感力度。后诗表面借"故衣"引发思念慈母之情，实际暗藏着感怀故国的深沉、悲痛情感。章祖程评之曰："此篇虽明思亲之意，然而思君之义亦不外是。"②

在元代，由于理学思想的强化，文人们以《游子吟》的感怀母恩主题为切入点，对其中的儒家伦理纲常内涵给予了空前重视。今见元代为"春晖堂"题记作诗者，大部分是深受理学思想浸染的士人，如程钜夫、任士林、刘岳申、吴师道、李存、郑元祐等。郑元祐（1292—1364）《春晖堂记》云：

至乎唐之诗人，其于三百篇虽未必一本乎性情之正，然有关乎世教，则其义一也。故孟贞曜之诗曰："难将寸草心，报答三春晖。"其曲尽人情，发明人子之于父母，恩犹天地，深婉微密，亦何异乎"欲报之德，昊天罔极"者乎！去之数百年，讽咏叹息，要与《蓼莪》《陟岵》相表里，是则诗之为教，有关乎人心俗化如此。③

这段话将"人子之于父母恩"视为天经地义之理，肯定《游子吟》"曲尽人情""讽咏叹息""关乎人心俗化"的特点，将《游子吟》和《诗经》中类似主题的作品并列，以示对《游子吟》地位的重视。但与刘辰翁"复非睨睆寒泉之比"的观点相比，元代理学家们显然有将《游子吟》经义化的倾向，多了一些迂腐之气。明末钟惺评《游子吟》："仁孝之言，自然风雅。"④《唐风定》评曰："仁孝蔼蔼，万古如新"⑤都是沿着这个方向，从道德伦理角度置评的。

---

① （宋）林景熙撰，陈增杰校注《林景熙诗集校注》，浙江古籍出版社1995年版，第3页。

② 章祖程《白石樵唱注》卷一评，转引自（宋）林景熙撰，陈增杰校注《林景熙诗集校注》，浙江古籍出版社1995年版，第4页。

③ 李修生主编《全元文》，江苏古籍出版社1998年版，第38册，第684页。

④ （明）钟惺、谭元春《唐诗归》卷三一，上海古籍出版社2002年《续修四库全书》影印本，第1590册，第199页。

⑤ 转引自陈伯海主编《唐诗汇评》，浙江教育出版社1995年版，第1868页。

较之元代、明代诸人，清代贺裳(生卒年不详，康熙初年人)对《游子吟》评价更极致："真是《六经》鼓吹，当与退之《拘幽操》同为全唐第一。"①韩愈《琴操十首·拘幽操》有"臣罪当诛兮，天王圣明"之句。沈德潜(1673—1769)《唐诗别裁》也评《游子吟》云："即'欲报之德，昊天罔极'意，与昌黎之'臣罪当诛，天王圣明'，同有千古。"②贺裳、沈德潜两家之说，将《游子吟》与韩愈《拘幽操》同列，将二者分别作为"孝"与"忠"的注脚和传声筒，成为经义附庸，偏离了诗歌艺术的轨道，今天看来有"过度诠释"之嫌。不过，以明清时期读者对《游子吟》的热衷和赞扬，这个"全唐第一"的评价倒是并不过分。清乾隆年间，蘅塘退士孙洙编选《唐诗三百首》收入《游子吟》，更使其成为家喻户晓的名篇。

综观宋代以来《游子吟》阐释中伦理教化的转向和发展过程，其背后的社会文化原因，是不断强化的伦理道德观念、愈演愈烈的崇孝之风、统治者"移孝入忠"的思想倡导，以及民间教化引导、孝文化民间传播的加强。这些社会思想文化因素，是诗歌发挥"兴观群怨"功能的基础，但如果在创作或阐释中过了"度"，那就可能成为禁锢文学作品艺术创新的一条枷锁。

① (清)贺裳《载酒园诗话又编》"孟郊"条，郭绍虞《清诗话续编》，上海古籍出版社 1983 年版，上册，第 352 页。

② (清)沈德潜《唐诗别裁》，岳麓书社 1998 年版，第 96 页。

宋代史学精神与史论诗

韦春喜*

摘　要：文史通融、富有历史学识的主体文化特征，使宋代士子可以把宋代的史学思想、精神渗透到史论诗的创作中。具体而言，受以史为鉴、探求治道的史学精神影响，宋代史论诗体现出强烈的史鉴意识，重视人在历史活动中的作用，尤其强调从君主角度探寻兴亡之因。注重史料选择，重在把握关系国家治乱兴衰，具有垂法训诫意义的事件与人物，题材选择具有典型性、趋同性。疑经辨伪、不拘成说的史学精神，使史论诗敢于怀疑传统经史之义，注重历史的细致辨析，表达己见，促成了翻案体的盛行。适应重建思想秩序的时代要求，伴随着新儒学的建构，宋代史学完成了指导思想的儒家化，以理观史成为宋代士子的着眼点，史论诗的内蕴也因此上升到哲学层面，体现出鲜明的历史哲学性质；多从义理角度评价人物，发明史义，在历史认知上有鲜明的道德化、义理化倾向；褒儒颂隐成为基本的题材倾向。特别是在探求义理时，始终以尊王为本，具有鲜明的正统意识，形成了鲜明的褒贬之风。

关键词：宋代；史学精神；史论诗

　　史论诗是我国古代咏史诗的重要一类，是指对历史事件、人物主要采取议论手法，评论、反思历史的一种咏史类型的诗。这类诗歌在中晚唐时期开始产生[①]。到了宋代，在宋型文化精神的浸润影响下，其创作颇为繁盛，成为宋代咏史诗的主要样式。由于重在评论、反思历史，属于史学批评的范畴，史论诗创作必然和当时的史学精神、思想紧密相关。就目前研究现状而言，史学、文学界对"史论"的关注多限于正史史家之论与史论文，很少涉及史论诗，对它与史学精神的关系更是很少涉及。基于此，本文试图就宋代史学精神对史论诗的影响略做探讨。

---

　　*　韦春喜，中国海洋大学文学与新闻传播学院教授，主要从事中国古代制度与文学、思想文化与文学研究。
　　①　关于产生原因，可参见拙作《试论中晚唐史论体咏史诗产生的历史文化原因》一文[《四川大学学报》(哲学社会科学版)2009 年第 1 期]。

一、宋代士子对史学的接受——史学精神对史论诗产生影响的前提

从本质上讲，文学与史学属于不同门类。由于史论诗的创作主体多是文人士子，在此情况下，要探讨宋代史学精神对它的影响，必须理清此时期士子对史学的接受情况。

宋朝建立以后，依靠兵变夺得帝位的宋太祖，为防止武人跋扈割据以至篡位，避免北宋重蹈五代短命王朝的覆辙，开启了抑武崇文、以文治国的国家文化策略。但是，士子应当具备怎样的文化知识才能够达到以文治国的政治目的，是需要思考的问题。自唐代以来，士子竞逐于雕文琢句以显示文采风流，社会形成了崇尚华丽文采而不根实学的文学风尚。这种风气一直延续到晚唐五代。陶谷、李煜等人实际上就是这种文风、士风的代表。《东轩笔录》卷一载：陶谷"自五代至国初，文翰为一时之冠"，自以为"宣力实多"。然太祖却说："颇闻翰林草制，皆检前人旧本，改换词语，此乃俗所谓'依样画葫芦'耳，何宣力之有？"[1]又《石林燕语》卷四载："江南李煜既降，太祖尝因曲燕问：'闻卿在国中好作诗'，因使举其得意者一联。煜沉吟久之，诵其咏扇云：'揖让月在手，动摇风满怀。'上曰：'满怀之风，却有多少。'他日复燕煜，顾近臣曰：'好一个翰林学士。'"[2]从宋太祖讽刺嘲谑的口吻中，可以看出他对华文浮辞之士的不满。再联系宋太祖对秦王侍讲的所言之辞："帝王之子，当务读经书，知治乱之大体，不必学作文章，无所用也。"[3]这里所说的文章，即指那些没有实际功用而徒具文采的浮文。毫无疑问，在统治者心中，纯粹以声律辞采为知识才能的人士是不符合以文治国的文化策略要求的。

要实现以文治国的目的，必须让士子通过相关文献典籍的学习，始终维护封建君权统治和文化伦理秩序，实现社会的长久稳定；在极为丰富历史资源中，寻求到经邦治国的智慧、方法，解决社会政治和生活中的各种问题。太宗所谓："夫教化之本，治乱之原，苟非书籍，何以取法？"[4]实际就道出了这种思考。由于学习儒经能够培养士子的道德意识，端正思想立场，而学习历史知识，以史为法、为鉴，更具有现实操作性与实效性。因此，统治者在贯彻以文治国的策略

---

① （宋）魏泰《东轩笔录》卷一，见上海古籍出版社编《宋元笔记小说大观》，上海古籍出版社 2001 年版，第 2687 页。
② （宋）叶梦得《石林燕语》，中华书局 1984 年版，第 60 页。
③ （宋）司马光《涑水记闻》卷一，中华书局 1989 年版，第 20 页。
④ 苗书梅等点校《宋会要辑稿·崇儒四》，河南大学出版社 2001 年版，第 234 页。

时,极力强调"本朝以儒立国"①,重视经史在以文治国中的作用。对此,宋代统治者多有明确表示。宋太宗曾对近臣说:"王者虽以武功克定,终须用文德致治。朕每退朝,不废观书,意欲酌前世成败而行之,以尽损益也。"②真宗对邢昺云:"勤学有益,最胜他事。且深资政理,无如经书。朕听政之暇,惟文史是乐,讲论文艺,以日系时,宁有倦耶!"③由这些史料可以看出,从经史典籍中寻求治国之道是统治者积极倡导的文化意识与主张。

但要把以文治国的策略,特别是从历史中获取治国之道的意识,长久地贯彻下去,仅靠积极提倡还是不够的。统治者还必须提供一种制度保障,使士子深刻认识到历史学习与个人利禄仕途、事业前程密切关联,自觉地重视历史的学习。这主要是通过科举制度实现的。宋代科举有进士、制科、九经、五经、三史、三礼、三传、明经之别。其中,前二科最受重视。在继承唐代以诗赋取士的基础上,进士科"自咸平景德以来,省试有三场。一日试诗赋,一日试论,一日试策,诗赋可以见辞艺,论策可以见才识"④。特别是宋仁宗庆历四年(1044),范仲淹主持政治革新,本着"复古劝学"的目的,基于"有司束以声病,学者专于记诵,则不足尽人材"⑤的现实考虑,明确提出:"先试论策,使工文辞者言古今治乱,简其程序,使得以逞问以大义,使不专记诵。"⑥反映出以论策考核士子历史知识的意识。其后,科举政策虽然发生了一些变化,但以论策考察历史知识,成为统治者的一贯主张。如,绍兴七年,宋高宗在回答礼部侍郎吴表臣时,明确表示:"诗赋止是文词,策论则须通知古今,所贵于学者,修身齐家治国以治天下,专取文词亦复何用。"⑦至于制科考试,主要以策论为主。"凡应诏者,先具所著策、论五十篇缴进。两省侍从参考之,分为三等,次优以上,召赴秘阁,试论六首,于《九经》《十七史》《七书》《国语》《荀》《扬》《管子》《文中子》内出题。"⑧至于九经、三史等经史性科目,自然多以古代儒家思想、典制、人物等历史性知识作为考核内

① (宋)陈亮《龙川集》卷一《上孝宗皇帝第三书》,文渊阁《四库全书》影印本,台湾商务印书馆1986年版,第509页。
② (宋)李焘《续资治通鉴长编》卷二三,中华书局1992年版,第1册,第528页。
③ (宋)江少虞《事实类苑》卷三,文渊阁《四库全书》影印本,台湾商务印书馆1986年版,第23页。
④ (宋)章如愚《群书考索》后集卷三二,文渊阁《四库全书》影印本,台湾商务印书馆1986年版,第445页。
⑤ (元)脱脱等撰《宋史》卷一五五《选举志一》,中华书局1985年版,第3613页。
⑥ (元)马端临《文献通考》卷三二《选举》,浙江古籍出版社2007年版,第304页。
⑦ (宋)李心传《建炎以来系年要录》卷一一三,上海古籍出版社1992年版,第538页。
⑧ (元)脱脱等撰《宋史》卷一五六《选举志二》,中华书局1985年版,第3649页。

容。特别是明经科，自宋仁宗嘉祐二年（1057）增设以来，不再侧重于记诵，而是"各问大义十条"，"策时务三条"①，也需要以丰富的经史知识进行分析。总而言之，与唐代以诗赋取士相比，在以文治国的策略下，宋代科举考试极其重视以策论等文体来考核士子的历史学识，从而强化了史学在士子心目中的地位。

同时，在仕途方面，是否具有历史才能，能否从历史中寻绎为社会现实政治所需的政理，也是官员获得统治者认可、升迁一大因素。《宋史·王蔺传》载："一日，上袖出幅纸赐之，曰：'比览陆贽《奏议》，所陈深切，今日之政恐有如德宗之弊者，可思朕之阙失，条陈来上。'蔺即对曰：'德宗之失，在于自用遂非，疑天下士。'退即上疏，陈德宗之弊，并及时政阙失。上嘉纳之。迁起居舍人。"②《宋史·黄裳传》载："裳每劝讲，必援古证今，即事明理，凡可以开导王心者，无不言也。绍熙二年，迁起居舍人。"③《宋史·李大性传》载："服阕，进《典故辨疑》百篇，皆本朝故实，盖网罗百氏野史，订以日历、实录，核其正舛，率有据依，孝宗读而褒嘉之。擢大理司直，迁敕令所删定官，添差通判楚州。"④由此可见，是否具有历史才能，并从中探寻政理，对官员的仕途升迁都产生着较大影响。这种选任机制使士子纵使已步入仕途，也必须保持着对历史的关注。

与前代相比，宋代的书籍刊刻、印刷技术得到了很大提高。为保证以文治国策略的顺利实施，宋代统治者非常注重书籍的刻印。当时的国子监、崇文院等文化教育机构，其职能之一就是负责刻印。国子监有专门下辖机构印书钱物所，后改为国子监书库官。"掌印经史群书，以备朝廷宣索赐予之用，及出鬻而收其直以上于官。"⑤崇文院也负责"校勘及抄写书籍，雕造印版"⑥。在雕印活动中，宋代极重史书。仅以北宋初期为例。真宗咸平三年（1000），"十月，诏选官校勘《三国志》《晋书》《唐书》"。"五年，校毕，送国子监镂板。"⑦真宗乾兴元年（1022），"十一月，判国子监孙奭言：'刘昭注补《后汉志》三十卷，盖范晔作之于前，刘昭述之于后，始因亡逸，终遂补全，其于《舆服》《职官》足以备前史之阙。乞令校勘雕印颁行。'从之……天圣二年（1024）送本监镂板"⑧。以上仅是就朝

---

① （元）脱脱等撰《宋史》卷一五五《选举志一》，中华书局 1985 年版，第 3615 页。
② （元）脱脱等撰《宋史》卷三八六《王蔺传》，中华书局 1985 年版，第 11854 页。
③ （元）脱脱等撰《宋史》卷三九三《黄裳传》，中华书局 1985 年版，第 12001 页。
④ （元）脱脱等撰《宋史》卷三九五《李大性传》，中华书局 1985 年版，第 12048 页。
⑤ （元）脱脱等撰《宋史》卷一六五《职官志五》，中华书局 1985 年版，第 3916 页。
⑥ 程俱撰，张富祥校证《麟台故事校证》，中华书局 2000 年版，第 28 页。
⑦ 苗书梅等点校《宋会要辑稿·崇儒》，河南大学出版社 2001 年版，第 211 页。
⑧ 苗书梅等点校《宋会要辑稿·崇儒》，河南大学出版社 2001 年版，第 216 页。

廷官刻而言。另外，还有坊刻、家刻。特别是坊刻，多以经济利益为中心，追逐科举时风，印刻了较多的历史性书籍，也使士子获得、学习史书便捷起来。在唐代时期，书籍多靠抄写而不易得。到了宋代，伴随着雕印技术的应用，经史典籍在实现批量化生产的同时，也实现了社会普及化、民间化。它不再是为上层阶级独占的文化珍宝，一般士庶之家也很容易获得。《续治通鉴长编》卷六〇载："景德二年（1005），五月戊申朔，幸国子监阅书库，问祭酒邢昺书板几何，昺曰：'国初不及四千，今十余万，经史正义皆具。臣少时业儒，观学徒能具经疏者百无一二，盖传写不给。今板本大备，士庶家皆有之，斯乃儒者逢时之幸也。'"①苏轼在《李氏山房藏书记》中说："余犹及见老儒先生，自言其少时，欲求《史记》《汉书》而不可得，幸而得之，皆手自书，日夜诵读，惟恐不及。近岁市人转相摹刻诸子百家之书，日传万纸，学者之于书，多且易致如此。"②就反映了在雕印技术条件下经史典籍的社会普及化。

受统治者的积极提倡、科举考试的规定、官员升迁导向等因素影响，同时，经史典籍又实现了普及化，士子非常重视历史学习。由于历史知识涉及政治、经济、思想、典制等内容，非常繁复，学习起来费时费力，因此宋代士子博览强记，力学、苦学成风。《宋史·丁度传》载："度强力学问，好读《尚书》，尝拟为《书命》十余篇。大中祥符中，登服勤词学科……度著《迩英圣览》十卷、《龟鉴精义》三卷、《编年总录》八卷，奉诏领诸儒集《武经总要》四十卷。"③《王刚中传》载："刚中博览强记。绍兴十五年进士第二人……每侍讲，极陈古今治乱之故，君子小人忠佞之辨……无他嗜好，公退惟读书著文为乐。有《易说》《春秋通义》《仙源圣纪》《经史辨》《汉唐史要览》《天人修应录》《东溪集》《应斋笔录》，凡百余卷。"④《王当传》载："幼好学，博览古今，所取惟王佐大略……遂著《春秋列国名臣传》五十卷，人竞传之。（王）当于经学尤邃《易》与《春秋》，皆为之传，得圣人之旨居多。又有《经旨》三卷，《史论》十二卷，《兵书》十二篇。"⑤可见，通过博览强记，苦力为学，宋代士子完成了从唐代纯粹文辞到文章学问之士的转换，文史通融，富有历史学识，成为突出的主体文化特征。这种特征使他们可以参与到史学阵营中，成为其中的主要学者，也可以把宋代的史学思想、精神真正渗透到史论诗的

---

① （宋）李焘《续资治通鉴长编》卷六〇，中华书局 1992 年版，第 1333 页。
② 孔凡礼点校《苏轼文集》，中华书局 1986 年版，第 359 页。
③ （元）脱脱等撰《宋史》卷二九二《丁度传》，中华书局 1985 年版，第 9761～9764 页。
④ （元）脱脱等撰《宋史》卷三八六《王刚中传》，中华书局 1985 年版，第 11862～11864 页。
⑤ （元）脱脱等撰《宋史》卷四三二《王当传》，中华书局 1985 年版，第 12848 页。

创作中。

二、以史为鉴、探求治道的史学精神与史论诗

以史为鉴是中国古代史学的优良传统。从先秦的"殷鉴不远，在夏后之世"①，到"唐代的"多识前古，贻鉴将来"②，这些认识说明：古代社会始终在关注着历史的鉴戒意义、功能。到了宋代，由于统治者实行了以文治国的政治体制，对经史所具有的现实作用是站在国家文化策略的高度来看待的，因此史鉴思想、精神更为成熟与深刻。每位帝王对此均有深识。如太宗对宋琪等人云："朕性喜读书，开卷有益。每见前代兴废以为鉴戒。"③真宗尝谓大臣王旦等曰："经史之文，有国家之龟鉴。保邦治民之要，尽在是矣。然三代之后，典章文物，制度声名，参今古而适时用，莫若《史》《汉》，学者可不尽心焉！"④仁宗尝谓辅臣云："朕听政之暇，于旧史无所不观，思考历代治乱事迹以为监戒。"⑤这些言论多被视为宋代的"祖宗圣训"，说明"以史为鉴"已被抬升到前所未有的文化高度。在司马光《资治通鉴》那里，统治者的这种史鉴意识体现得更加充分。治平三年，英宗命司马光设局于崇文院，编辑《历代君臣事迹》。四年十月，编辑成后，神宗因此书"鉴于往事，有资于治道"⑥，赐名《资治通鉴》，并为之序。

一种史学思想、精神的提倡固然重要，但它能否对社会产生重大影响，还要看时人对它的接受状况。应当说，史鉴精神、思想在初唐时期已比较成熟，但它的接受、应用主体主要是以李世民、魏征等为代表的政治家，接受群体的范围是有限的。到了宋代，随着注重经史、以文治国的国家政治策略的确立，以及士子文史通融文化人格的构建，史鉴思想、精神不再仅仅局限于帝王重臣等少数政治人物，而是为广大的士子所认可与接受。这一点仅从《新唐书·艺文志》与《宋史·艺文志》"史类"所载的史著名称即可看出。前者所载的以"鉴"字命名

---

① 《诗经·大雅·荡》，(唐)孔颖达疏《毛诗正义》，北京大学出版社 1999 年版，第 1161 页。

② 唐高祖《命萧瑀等修六代史诏》，(宋)宋敏求《唐大诏令集》卷八一，商务印书馆 1959 年版，第 466 页。

③ (宋)江少虞《事实类苑》卷二《祖宗圣训》，文渊阁《四库全书》影印本，台湾商务印书馆 1986 年版，第 20 页。

④ (宋)江少虞《事实类苑》卷三《祖宗圣训》，文渊阁《四库全书》影印本，台湾商务印书馆 1986 年版，第 25 页。

⑤ (宋)王应麟辑《玉海》卷五十四"乾兴天和殿御览"条，广陵书社 2007 年版，第 1033 页。

⑥ (元)胡三省《新注资治通鉴序》，见(宋)司马光著、(元)胡三省音注《资治通鉴》，中华书局 1956 年版，第 28 页。

的史著,寥寥无几,仅贺兰正《举选衡鉴》、王行先《律令手鉴》与李崇《法鉴》等三部,都是属于职官、刑法方面的著作,还不能称为传统意义上的史鉴著作。而后者所载,数量众多,如李焘《续治治通鉴长编》、袁枢《通鉴纪事本末》、张栻《通鉴论笃》、石介《唐鉴》、范祖禹《唐鉴》、李舜臣《江东十鉴》、彭龟年《内治圣鉴》、李淑《三朝训鉴图》、欧阳安永《祖宗英睿龟鉴》、喻观能《孝悌类鉴》等。这还不包括遗漏的著作在内。如,《宋史·文苑传》载:"(江休复)少强学博览,为文淳雅,尤善于诗……著《唐宜鉴》十五卷、《春秋世论》三十卷,文集二十卷。"①可知,江休复有《唐宜鉴》一著。可以说,与唐代相比,这些史著均以"鉴"字为书名,数量丰富,充分说明以史为鉴已衍变成一种社会化思潮,在士林中广为普及,得到了前所未有的标举与倡扬。

在以史为鉴精神广泛渗透于士林的条件下,当士子以诗的文体形式表达对历史的评论与反思,即进行史论诗创作时,必然会以这种精神作为指导。宋王得臣《麈史》卷中载:"张颂公美,颍昌人,举进士不第,尝馆于吾家义方斋。畏谨自律,读书外口不及他事,然好吟诗……尝咏唐君臣得失之迹与其治乱之辨,可为世鉴者凡百篇。元丰末,至京师欲上之。会永裕不豫,囊其书归。有志而不达,惜哉!"②又南宋末期,徐钧著有史论组诗《史咏集》,《全宋诗》辑录为两卷。关于此集的编撰目的、旨趣,黄湝序云:"金华兰溪徐章林先生夙有闻家庭所传先儒道德之说,而犹精于史学,凡司马氏《资治通鉴》所记君臣事实可以寓褒贬而存劝戒者,人为一诗,总一千五百三十首,命之曰史咏。其大义炳然一本乎圣经之旨,诚有功于名教者也。"③又,陈普创作了数量繁多的史论诗,如《杜预》云:"晋武良心独未亡,娟家渎礼自多妨。洛中冠盖无多日,元凯春秋亦短长。"其自注云:"晋武欲行丧礼,良心也。即位之初,蔚然贤主……为其臣者,当其欲行丧礼之时,遂其良心,导之以古训,扩其心而充之,事事以丧礼为准则,成汤可及,尧舜亦可为矣,运祚讵可量哉。裴秀、傅玄苟偷无识,杜预《春秋》之学亦为邪说以沮之,使其良心不继,荒怠日生,既终皇太后丧,而声色宴游之事作,始终如两人。盖礼乐者,久长深远之具,晋室得非其道,乱亡不久,故有贤君而不生良佐,

① (元)脱脱等撰《宋史》卷四四三《文苑传》,中华书局1985年版,第13092~13093页。
② (宋)王得臣《麈史》卷中,见上海古籍出版社编《宋元笔记小说大观》,上海古籍出版社2001年版,第2册,第1351页。
③ (宋)黄缯《徐见心先生史咏后序》,见(清)阮元《宛委别藏》第104册徐钧《史咏集》,江苏古籍出版社1988年版。

始虽暂治,终于大乱。此则创业垂统者之所当戒也。"①可以看出,无论是史论体专集的编撰,还是具体的诗作,都贯穿着强烈的史鉴精神与意识。

以史为鉴是就历史的现实政治功能而言的。要达到这个目的,士子必须在纷纭多变的历史表象中,探寻历史发展演变的原因,从而总结出治国为政之道。而历史的发展演变涉及人事、自然、经济、军事、地理等多重因素,是诸种历史因素合力的结果。其中,人是历史活动的主体。从这个角度出发,宋代鉴戒史学思想最重视人在历史活动中的作用与影响。欧阳修云:"予述本纪,书人而不书天。"②二程云:"治则有为治之因,乱必有致乱之因,在人而已矣。"③范祖禹云:"其治未尝不由君子,其乱未尝不由小人,皆布在方策,显不可掩。"④叶适云:"天下之祸,无大于莫之使而自亡;自亡者,非天也,其人而已矣。"⑤这些都表现出从人事角度解释历史发展演变的思想意识。在这种史鉴思想的影响下,史论诗对历史治乱兴亡的解释虽然角度各异,具体结论也不尽相同,但总体上讲,很少从经济、自然、地理等因素考虑问题,多立足于人事,表达对历史的认知。如刘敞《览古二首》其一云:"固国不须险,用兵不须强。域民在所守,威敌在所良。由余仕诸戎,秦穆警封疆。晏子犹在齐,范昭识难亡。小国有其人,大国岂易当。奈何亿万师,牧野遂煌煌。"⑥认为国家的安危和地理险要、兵力强盛等没有太大的关系,主要在于国家是否有由余、晏子等贤臣良才,揭示了能否重用贤才与国家安危的关系。苏轼《读王衍传》云:"文非经国武非英,终日虚谈取盛名。至竟开门延羯寇,始知清论误苍生。"⑦指出以王衍为代表的士子清谈成风,不关心国事,无是非之心,导致了西晋社稷动荡,生灵涂炭。刘克庄《秦纪》云:"土广曾吞九云梦,民劳因起一阿房。人皆怜楚三户在,天独知秦二世亡。"⑧其认为秦国一统后,不恤民情,过度劳役、压迫民众,是其灭亡的主因。可以看出,三诗对国家

---

① 北京大学古文献研究所编《全宋诗》,北京大学出版社 1998 年版,第 43836 页。

② (宋)欧阳修《新五代史》卷五九《司天考》,中华书局 1974 年版,第 705 页。

③ (宋)程颢、(宋)程颐著《河南程氏粹言》卷一,(宋)程颢、(宋)程颐著,王孝鱼点校《二程集》,中华书局 1981 年版,第 1214 页。

④ (宋)范祖禹《范太史集》卷三六《唐鉴序》,文渊阁《四库全书本》影印本,台湾商务印书馆 1986 年版,第 397 页。

⑤ (宋)叶适《水心别集》卷六《五代史》,刘公纯等点校《叶适集》,中华书局 1961 年版,第 724 页。

⑥ 北京大学古文献研究所编《全宋诗》,北京大学出版社 1992 年版,第 5737 页。

⑦ 冯应榴辑注,黄任轲、牛怀春校点《苏轼诗集合注》,上海古籍出版社 2001 年版,第 2426～2427 页。

⑧ 北京大学古文献研究所编《全宋诗》,北京大学出版社 1998 年版,第 36739 页。

安危存亡的认识观点各异,但均从人事角度进行解释,透露出"始知成败尽由人"①的历史发展意识。

在以人治、专制为特征的封建社会,国家的治理与衰败在很大程度上取决于最高统治者的为政能力、道德意识。宋人对此多有明确的理论表述。司马光上疏神宗云:"夫治乱安危存亡之本源,皆在人君之心。"②吕祖谦云:"人主一心,实治乱安危之所从出。"③冯椅云:"夫天下治乱,未尝不在乎君也。"④基于这种共同的思想认识,史论诗在从人事角度思考治乱兴废时,尤其注重从君主角度探寻兴亡之因。如,孔武仲《读梁武帝纪》云:"破除纲纪事虚空,可恨萧家一老翁。鱼烂土崩俱自取,不须侯景到江东。"⑤指出梁朝的乱亡不是由于侯景之乱,而是武帝长期佞佛、咎由自取的结果。王十朋《吴王夫差》云:"西施未必解亡吴,只为馋臣害霸图。早使夫差诛宰嚭,不应麋鹿到姑苏。"⑥其对传统的女色亡国论进行翻案,认为夫差听信奸臣的谗言才是主要原因。又,赵戣有《咏史》二十二首⑦,以时代为序,完全以历代立基开国帝王为史论对象,论述了自上古唐尧至后周太祖的历史演变情况,充分体现了君主为治乱本源的意识。

历史形态是极为繁富芜杂的,要充分发挥它的鉴戒作用,还涉及历史材料的取舍问题。在这方面,以司马光、朱熹为代表的人士有深刻的体认。司马光《进〈资治通鉴〉表》云:"每患迁、固以来,文字繁多,自布衣之士,读之不遍,况于人主,日有万机,何暇周览?臣常不自揆,欲删削冗长,举撮机要,专取关国家兴衰、系生民休戚,善可为法,恶可为戒者,为《编年》一书。"⑧朱熹撰有《资治通鉴纲目》,其编选之法是"大书以提要",具体而言是指"凡大书有正例,有变例,正例如始终、兴废、灾祥、沿革,及号令、征伐、杀生、除拜之大者,变例如不在此例,而善可为法,恶可为戒者,皆特书之也。"⑨同时,他在谈读史之法时说:"读史当

①　(宋)文同《读史》,见《全宋诗》,北京大学出版社 1992 年版,第 5360 页。

②　(宋)李焘《续治治通鉴长编》卷三五四,中华书局 1992 年版,第 8481 页。

③　(宋)吕祖谦《东莱吕太史文集》卷三《淳熙四年轮对劄子》,黄灵庚、吴战垒主编《吕祖谦全集》,浙江古籍出版社 2008 年版,第 57 页。

④　(宋)冯椅《厚斋易学》卷四八《易外传》,文渊阁《四库全书》影印本,台湾商务印书馆 1986 年版,第 793 页。

⑤　北京大学古文献研究所编《全宋诗》,北京大学出版社 1993 年版,第 10323 页。

⑥　北京大学古文献研究所编《全宋诗》,北京大学出版社 1998 年版,第 22690 页。

⑦　北京大学古文献研究所编《全宋诗》,北京大学出版社 1998 年版,第 36825~36826 页。

⑧　李之亮笺注《司马温公集编年笺注》,巴蜀书社 2009 年版,第 86~87 页。

⑨　《御批资治通鉴纲目》卷首上《朱子序例》,文渊阁《四库全书》影印本,台湾商务印书馆 1986 年版,第 3 页。

观大伦理、大机会、大治乱得失。"①可以看出，要充分把握历史，发挥其鉴戒作用，就必须注重史料的区分、选择，重在把握关系国家兴衰治乱，具有垂法训诫意义的事件与人物。以这种史学意识为指导，南宋士子非常注重历史题材的选择。秦朝的灭亡、刘邦与项羽的胜败、汉武帝的文治武功是否可取、隋炀帝与隋朝的灭亡、唐玄宗与安史之乱等问题自然成为共同的关注点，史论诗自然也就表现出题材选择的典型性、趋同性。如，以秦亡为题材有邵雍《嬴秦吟》《始皇吟》，释智圆《读秦始本纪》，王安石《秦始皇》，张耒《读秦纪》二首，刘棐《咸阳》二首，王十朋《秦始皇》《二世》，刘克庄《读秦纪》七绝、《秦纪》、《二世》，常棠《秦皇庙》、萧澥《读秦纪》，等等。以安史之乱与唐明皇为题材的，有李觏《马嵬驿》、李周《华清宫》二首、郑獬《明皇》、杜常《骊山》、李鬷《骊山歌》、王十朋《明皇》、赵汝鐩《明皇》、王遂《读天宝诸公事》、唐士耻《咏史》等。共同的题材背后，实际上透露出注重史料选择的史鉴思想、精神对史论诗的影响。

三、疑经辨伪、不拘成说的史学精神与史论诗

宋朝建立之初，为了凸显文治气象，统治者开展了大规模的文献整理运动。太宗时，下诏校刻《五经正义》，"太宗以孔颖达《五经正义》刊板诏孔维与（李）觉等校定"②。真宗咸平二年（999），"（邢昺）受诏与杜镐、舒雅、孙奭、李慕清、崔偓佺等校定《周礼》《仪礼》《公羊》《穀梁春秋传》《孝经》《论语》《尔雅义疏》，及成，并加阶勋"③。官方也以此取士，强调严守经传注疏，不许标新立异。《文献通考》卷三〇《选举三》载："先是，（李）迪与贾边皆有声场屋。及礼部奏名，而两人皆不与。考官取其文观之，迪赋落韵，边论《当仁不让于师》，以'师'为'众'，与注疏异。特奏，令就御试。参知政事王旦议落韵者，失于不详审耳；舍注疏而立异，不可辄许，恐士子从今放荡无所准的，遂取迪而黜边。当时朝论大率如此。"④毫无疑问，在学风上，宋初承续的是一种汉唐章句义疏之学。这种拘守成说、不重思考的研治方式，很容易导致思想僵化。这与统治者从历史文化中全面汲取国家理道智慧的初衷实际上是相背离的。毕竟，仅仅通过文献典籍的整理与校勘，并号召士子学习，仅是一种重视文治的形式问题。要把以文治国的

---

① （宋）黎靖德编《朱子语类》卷一一，中华书局 1986 年版，第 196～197 页。
② （元）脱脱等撰《宋史》卷四三一《儒林传》，中华书局 1985 年版，第 12821 页。
③ （元）脱脱等撰《宋史》卷四三一《儒林传》，中华书局 1985 年版，第 12798 页。
④ （元）马端临《文献通考》，浙江古籍出版社 2000 年版，第 286 页。

国家文化策略真正深入地贯彻下去，必须在确立经典文献的法典地位后，通过对它们的研治、阐释，构建立足于宋朝自身现实文化需要的历史文化知识谱系。

在上述文化要求下，为了打破"笃守古义，无取新奇"①的文化局面，一方面，仁宗以后，朝廷通过士子最为看重的文化阵地——科场，传达对历代诸儒章句义疏之学的反思，引导士子实现学风的转换。如欧阳修在《武成王庙问进士策二首》中云："当汉承秦焚书，圣经未备，而百家异说不合于理者众，则其言果可信欤。"②苏辙在《河南府进士策问三首》首条云："至唐而传疏之学具，由是学者始会于一。数百年之间，凡所以经世之用，君臣父子之义，礼乐刑政之本，何所不取于此。然而穷理不深而讲道不切，学者因其成文而师之，以为足矣。是以间者立取士之法，使人通一经而说不必旧。法既立矣，俗必自此而变。盖将人自为说而守之耶，则两汉之俗是矣。将举天下而宗一说耶，则自唐以来传疏之学是矣。夫上能立法，以救弊而已，成其俗者，必在于士。将使二弊不作，其将何处而可哉。"③引导士子思索汉唐学风的意图是很鲜明的。另一方面，以欧阳修、石介、孙复、刘敞等为代表的有识之士，在极力批判前代的章句义疏之学的同时，积极提倡建立一种适应时代文化需要的学风。如，孙复在《寄范天章书二》中，对朝廷开科取士以经学大师的传注解说作为选录士人的标准甚为不满。他说："不知国家以王、韩、左氏、公羊、谷梁、杜、何、范、毛、郑、孔数子之说咸能尽于圣人之经耶？又不知国家以古今诸儒服道穷经者，皆不能出于数子之说耶？"而且，经过分析，他认为以上诸家对经典的注解，多有乖违圣人旨趣之处，因此没有必要立于太学。基于这种认识，他认为应当"重为注解，俾我六经廓然莹然，如揭日月于上，而学者庶乎得其门而入也"④。很明显，孙复几乎全面否定了汉唐以来的经学权威，提倡直指文本，自我诠经。可以说，在中晚唐赵匡、陆淳等为代表的《春秋》学派的启发下，宋代士子在研治经典时，多舍传求经，径指文本，极力倡导打破前人章句的束缚，最终形成了疑经辨伪、独抒己见的学术精神、风气。王应麟《困学纪闻》卷八引陆游之语云："唐及国初，学者不敢议孔安国、郑康成，况圣人乎！自庆历后，诸儒发明经旨，非前人所及，然排《系辞》，毁

---

① （清）皮锡瑞《经学历史》，中华书局 1959 年版，第 220 页。

② （宋）欧阳修《居士集》卷四八，洪本健校笺《欧阳修诗文集校笺》，上海古籍出版社 2009 年版，第 1188 页。

③ 苏轼《栾城集》卷二〇，陈宏天、高秀芳点校《苏辙集》，中华书局 1990 年版，第 355 页。

④ （宋）孙复《寄范天章书二》，见《孙明复小集》，文渊阁《四库全书》影印本，台湾商务印书馆 1986 年版，第 171~172 页。

《周礼》，疑《孟子》，讥《书》之《胤征》《顾命》，黜《诗》之《序》。不难于议经，况传注乎！"①就反映了这种学风的变化。

值得注意的是，这种学风的形成，在很大程度是以先秦史著《春秋》的研治而得以畅扬的。由于"尽孔子之心者大《易》，尽孔子之用者《春秋》，是二大经，圣人之极笔也，治世之大法也"②，为了探究治乱之道，以资世用，宋代士子极为重视《春秋》的研治。孙复《春秋尊王发微》、王晳《春秋皇纲论》、刘敞《春秋权衡》、萧楚《春秋辨疑》、叶梦得《春秋传》等著述，都是基于这种意识的撰述。这些著述始终体现着疑经辨伪、尽发己见的史学精神。如对于《春秋尊王发微》，陈振孙点评云："不惑传注，不为曲说，真切简易，明于诸侯大夫功罪，以考时之盛衰，而推见王道之治乱，得于经为多。"③《春秋》作为经史典籍，具有崇高的文化地位，其研治尚且可以不拘成说，大胆致疑。流风所及，宋人在涉及秦后历史时，自然更无拘束。如，据《玉海》卷四七，北宋时胡旦著有《汉春秋》一百卷，仁宗天圣时进呈朝廷。此著"因四百年行事，立褒贬著此书，以拟《春秋》"，"褒贬出胸臆"④。王珪《晁君墓志铭》云："（晁仲衍）又观司马迁、班固、范晔所论，其中或有过之者，因掎其失，折中其义，作《史论》三卷。"⑤

疑经辨伪的史学精神使士子在涉及经书史实时，往往敢于对传统的经史之义进行大胆的怀疑发难。此点在史论诗中有鲜明体现，如洪皓《郑人来渝平》、刘敞《哀三良》等。按诸宋赵与时《宾退录》卷二，洪皓"著《春秋纪咏》三十卷，凡六百余篇"，应是以《春秋》史实为题材内容的史论诗专集。《郑人来渝平》是其中一篇，诗云："郑人来鲁请渝平，姑欲修和不结盟。使宛归祊平可验，二家何误作隳（堕）成。"⑥所言史实见《春秋·隐公六年》："六年春，郑人来渝平。""渝平"二字，《穀梁传》《公羊传》均作"输平"，"输"与"渝"同从俞声，可通用。对于"渝平"事，《穀梁传》释云："'输'者，堕也。'平'之为言，以道成也。'来输平'者，不果成也。"⑦《公羊传》释云："输平者何？输平犹堕成也。何言乎堕成？败其成

①　（宋）王应麟著，翁元圻等注《困学纪闻》，上海古籍出版社2008年版，第1095页。

②　（宋）石介《泰山书院记》，（宋）石介著，陈直锷点校《徂徕石先生文集》，中华书局1984年版，第223页。

③　（宋）陈振孙著，徐小蛮、顾华美点校《直斋书录解题》卷三，上海古籍出版社1987年版，第58页。

④　"（宋）王应麟辑《玉海》卷四七"天圣《汉春秋》"条，广陵书社2007年版，第2册，第895～896页。

⑤　（宋）王珪《华阳集》卷五〇，文渊阁《四库全书》影印本，台湾商务印书馆1986年版，第374页。

⑥　（宋）赵与时《宾退录》卷二，上海古籍出版社编《宋元笔记小说大观》，上海古籍出版2001年版，第4154页。此诗《全宋诗》失辑。

⑦　承载《春秋穀梁传译注》，上海古籍出版社2004年版，第31页。

也。曰吾成败矣,吾与郑人未有成也。"①二家都认为郑国败坏毁弃了与鲁国的和好。而洪皓则据《春秋·隐公八年》:"三月,郑伯使宛来归祊",认为郑国实有弃怨结好的意、举。二家之失在于误把"渝(输)"解释为"堕",从而导致了对经文完全错误的理解。"三良"事见《左传·文公六年》:"秦伯任好卒,以子车氏之三子奄息、仲行、针虎为殉,皆秦之良也……君子曰:'秦穆之不为盟主也宜哉!死而弃民。先王违世,犹诒之法,而况夺之善人乎?……今纵无法以遗后嗣,而又收其良以死,难以在上矣。'君子是以知秦之不复东征也。"②《诗经·秦风·黄鸟》即言其事。《诗小序》云:"《黄鸟》,哀三良也。国人刺穆公以人从死,而作是诗也。"③其后,以王粲、曹植等为代表的作家在咏赞三良时,多基于《诗经》《左传》之义,进行情感抒发。而刘诗则云:"士为知己死,女为悦己容。咄嗟彼三良,杀身徇穆公。丹青怀信誓,夙昔哀乐同。人命要有讫,奈何爱厥躬。国人悲且歌,黄鸟存古风。死复不食言,生宁废其忠。存为百夫防,逝为万鬼雄。岂与小丈夫,事君谬始终。"其序云:"《秦风》有哀三良诗,刺穆公以人从死。后王粲作《哀三良》者,兴曹公以已事杀贤良也。陈思王亦作之者,怨已不及死者也。吾以哀三良仍有馀意,犹可赋诗,故复作焉。当有能知者。"④可见,刘诗从三良生死忠于其君的角度,肯定其殉葬之事,对《诗经》经义与王粲、曹植诸人的思想基调进行了大胆否定。通过这两首诗即可看出疑经辨伪的史学精神对史论诗的影响。

同时,疑经辨伪、不拘成说的史学精神,使士子不再以前人的经史之见为准绳,而是直接沿袭中晚唐《春秋》学派"不本所承,自用名学"⑤的学风,通过对历史事实的细致解读,表现自己的历史见识。罗大经《鹤林玉露》乙编卷三"博浪沙"载:"张子房欲为韩报仇,乃捐金募死士,于博浪沙中以铁椎狙击始皇,误中其副车。始皇怒,大索三日不获。未逾年,始皇竟死。自此,陈胜、吴广、田儋、项梁之徒始相寻而起。是褫祖龙之魄,倡群雄之心,皆子房一击之力也,其关系岂小哉! 余尝有诗云:'不惜黄金募铁椎,祖龙身在魄先飞。齐田楚项纷纷起,

---

① 王维提、唐书文《春秋公羊传译注》,上海古籍出版社 2004 年版,第 32 页。
② 杨伯峻编著《春秋左传注》,中华书局 1990 年第 2 版,第 546～549 页。
③ (唐)孔颖达疏《毛诗正义》,北京大学出版社 1999 年版,第 427 页。
④ 北京大学古文献研究所编《全宋诗》,北京大学出版社 1992 年版,第 5681 页。
⑤ (宋)欧阳修、(宋)宋祁《新唐书》卷二〇〇《仲子陵》,中华书局 1975 年版,第 5708 页。

输与先生第一机。'"①对于张良狙击秦始皇之事，史家虽有记述，但少有议论；士子在吟咏时，多泛泛而谈。如，晚唐胡曾《博浪沙》云："嬴政鲸吞六合秋，削平天下虏诸侯。山东不是无公子，何事张良独报仇。"②而罗氏则通过对史实的解读与辨析深入挖掘了张良博浪沙事的意义，认为它直接开启了反秦义事。又卷四"钓台诗"条载："近时戴式之诗云：'万事无心一钓竿，三公不换此江山。当初误识刘文叔，惹起虚名满世间。'句虽甚爽，意实未然。今考史籍：光武，儒者也，素号谨厚，观诸母之言可见矣。子陵意气豪迈，实人中龙，故有'狂奴'之称。方其相友于隐约之中，伤王室之陵夷，叹海宇之横溃，知光武为帝胄之英，名义甚正，所以激发其志气，而导之以除凶剪逆，吹火德于既灰者，当必有成谋矣。异时披图兴叹，岸帻迎笑，雄姿英发，视向时谨敕之文叔，如二人焉，子陵实阴有功于其间。天下既定，从容访帝，共榻之卧，足加帝腹，情义如此。子陵岂以匹夫自嫌，而帝亦岂以万乘自居哉！当是之时，而欲使之俯首为三公，宜其不屑就矣。史臣不察，乃以之与周党同称。夫周党特一士耳，岂若子陵友真主于潜龙之日，而琢磨讲贯，隐然有功于中兴之业者哉。余尝题钓台云：'平生谨敕刘文叔，却与狂奴意气投。激发潜龙云雨志，了知功跨邓元侯。'讲磨潜佐汉中兴，岂是空标处士名。堪笑史臣无卓识，却将周党与同称。'"③一般多认为严子陵是鄙弃富贵的高士。而罗氏则通过对史实的细致考辨，认为严子陵绝不是空有大名的隐士，而是激发帝志、对汉室中兴有重大影响的人物。深识灼见确实有别于前代史臣之论。由于立足于史实本身，而每个人对史实的解读多有不同。这必然会导致史论诗观点新颖，议论深入新奇，具有鲜明的创新性。这由罗氏之诗即可看出。

对于既定的历史事实，史家名儒、前贤时哲多有定论或评价。为了打破成说，宋代士子非常善于从不同的历史视角、因素思考问题，"在作史者不到处别生眼目"④，从而促成了翻案体咏史诗的盛行。王安石《商鞅》、项安世《黄州赤壁下》、金朋说《李密陈情表》、陈耆卿《读商君传二首》、陈普《张华》等诗，都是翻案体的代表作。如陈作云："大信之信本不约，至诚之诚乃如神。欲识唐虞感通

---

① （宋）罗大经《鹤林玉露》，见上海古籍出版社编《宋元笔记小说大观》，上海古籍出版 2001 年版，第 5 册，第 5269 页。

② 中华书局编辑部点校《全唐诗》卷六四七，1999 年版，第 7480 页。

③ （宋）罗大经《鹤林玉露》，《宋元笔记小说大观》，上海古籍出版社 2001 年版，第 5 册，第 5283～5284 页。

④ （宋）费衮撰，骆守中注《梁溪漫志》，三秦出版社 2004 年版，第 203 页。

处,泊然无物自相亲。""计事应须远作程,快心多酿后灾成。遁来关下无人舍,正为商君法太行。"其诗序云:"荆公诗云:'自古驱民在信诚,一言为重百金轻。今人未可非商鞅,商鞅能令政必行。'余谓鞅非诚信者,虑民不服,设徙木事以劫之,真诈伪之尤耳。欲政必行,自是一病,古人之治,正其本而已。行不行非所计也。荆公以新法自负,不恤人言,患正堕此,故余诗反之。"①本来王安石的《商鞅》已是翻案之诗,重在纠正世俗之见。陈氏又转为翻案,重在批判王氏之说。二人对商鞅的识见都非常深刻,但观点针锋相对,其原因在于二人观察历史的视角不同。再如陈普《张华》:"应是诸公爱阮咸,所天亦把付清谈。张林若责金墉后,当日张华死更甘。"自注云:"清谈以来,三纲久废。故张林诘张华,但责其不死太子,而不责其不死太后。真西山(真德秀)曰:世之论华者,皆曰成乾之谏不从而去,此其所以及祸也。愚谓不然,方杨太后之废也,三纲五典于焉扫地,华尝谏矣,而不见从,于是时隐身而去,乃全进退之节。华方安然进居相位,坐视杨后见弑而不能救,逆天背理,孰甚于此。孔子称由、求为具臣,曰:弑父与君,亦不从也。姑犹可弑太子,其不可废乎。故曰:华之当去,在杨太后见废之时,不在愍怀见废之日矣。"②针对西晋张华应于何时隐身而退,以免杀身之祸的问题,从西晋末年的形势及其所作所为的角度出发,力驳真德秀之说,分析细致,翻案有据。通过二陈之作可以看出,在不拘成说的史学精神影响下,当时翻案之风盛行。

四、以理观史、尊王为本的史学精神与史论诗

在宋代政权建立后,一些知识分子为了解决"国家与秩序的合法性危机","重新确立思想秩序"③,一方面对儒家经史典籍进行重新诠释,对传统儒义进行提炼、升华,建立以"道""理"为核心范畴的思想话语体系,增强了儒学的思辨性与形而上气质,实现了从传统儒学到以理学为主体的新儒学的成功转型。另一方面,本着"史者儒之一端"④的思想认识,宋代士子尤其是理学之士改变了宋代以前经史相离的文化形态,成功实现了史学指导思想的儒学化。由于史学思想是思想领域的一部分,是时代哲学思想在历史领域的一种反映。因此,要探讨宋代史学思想、精神必须注意分析此时期的哲学思想。

---

① 北京大学古文献研究所编《全宋诗》,北京大学出版社 1998 年版,第 35201 页。
② 北京大学古文献研究所编《全宋诗》,北京大学出版社 1998 年版,第 43837 页。
③ 葛兆光《中国思想史》第 2 卷,复旦大学出版社 2010 年版,第 170~171 页。
④ (宋)司马光著,(元)胡三省音注《资治通鉴》卷一二三,中华书局 1956 年版,第 3868 页。

　　在哲学观上，以二程、朱熹等为代表的儒者提出："天下之理一也，途虽殊而其归则同，虑虽百而其致则一。"①"宇宙之间，一理而已。"②他们认为"理"是宇宙的本原，万事万物在发展运动的过程中都体现、贯穿着"理"。其中，社会历史的发展演变更是如此。"盖皆此理之流行，无所适而不在，若其消息、盈虚、循环不已，则自未始有物之前，以至人消物尽之后，终则复始，始复有终，又未尝有顷刻之或停也。"③"易，变易也，随时变易以从道也。易也，时也，道也，皆一也。自其流行不息而言之，则谓之易，自其推迁无常而言之，则谓之时，而其所以然之理，则谓之道。时之古今，乃道之古今。"④罗点上书孝宗云："儒者之道，与天地相为终始，与古今相为表里，与风俗相为盛衰，与治乱相为升降。"⑤可以说，"理""道"作为本原性哲理范畴，一直贯穿于历史发展之中。历史的演变实际上是"道""理"的演变，治乱兴废的历史表象实际上是"道""理"的显晦强弱在社会发展中的体现。

　　这种历史发展根于"理""道"的史学精神对史论诗产生了很大的影响。一方面，由于"理""道"是宋儒提炼出的极具概括性的哲学范畴，宋代新儒学也以之为核心，实现了思辨性的加强与形而上品质的提升。以此为基础，与中晚唐时期⑥相比，宋代士子在表达对历史发展本质问题的思索时，往往以"理""道"为本，使史论诗的内蕴上升到哲学层面，体现出鲜明的历史哲学性质。这种性质与特征是前代所不具备的。如陈普《禹汤文武周公》云："千圣相承惟道一，忧勤惕厉意尤深。至诚之理元无息，有息良非天地心。"⑦于石《读史七首》其一云："厥初开辟浩难名，帝降而王绪可寻。百代相因三代礼，七弦何似五弦琴。时逢否泰有消长，道在乾坤无古今。所以孟轲生战国，欲承三圣正人心。"⑧另一方

---

　　① （宋）程颐《周易程氏传》卷三，（宋）程颢、（宋）程颐著，王孝鱼点校《二程集》，中华书局 1981 年版，第 858 页。

　　② （宋）朱熹《晦庵集》卷七〇《读大纪》，文渊阁《四库全书》影印本，台湾商务印书馆 1986 年版，第 383 页。

　　③ （宋）朱熹《晦庵集》卷七〇《读大纪》，文渊阁《四库全书》影印本，台湾商务印书馆 1986 年版，第 383 页。

　　④ （宋）朱熹《晦庵集》卷三九《答范伯崇同吕子约蒋子先》，文渊阁《四库全书》影印本，台湾商务印书馆 1986 年版，第 137 页。

　　⑤ （宋）袁燮《絜斋集》卷一二《罗公行状》，文渊阁《四库全书》影印本，台湾商务印书馆 1986 年版，第 154 页。

　　⑥ 关于此点，可参见拙作《中晚唐史学精神与史论体咏史诗》，《史学史研究》2010 年第 1 期。

　　⑦ 北京大学古文献研究所编《全宋诗》，北京大学出版社 1998 年版，第 43782 页。

　　⑧ 北京大学古文献研究所编《全宋诗》，北京大学出版社 1998 年版，第 44146 页。

面,本着"时之古今,道之古今"的历史哲学意识,士人在探究治乱时,往往以"道""理"作为着眼点,以道观史、行道多兴、废道则衰,成为基本的史论立场。如于石《读史七首》其六云:"莫言世事祇如棋,千载是非人共知。吾道废兴时否泰,人才进退国安危。诗书未火秦犹在,党锢无钩汉亦衰。覆辙相寻多不悟,抚编太息此何时。"①金朋说《五季梁主》云:"弑君杀父乱纲常,弟戮其兄促灭亡。上下交征仁义绝,背违天理应难昌。"②治乱兴衰系于"道""理"行废的史论立场是很鲜明的。

既然"理""道"一直贯穿于社会历史的发展中,因此史学研究应当以"理"为本,根本任务是透过历史变化的表象,探究其兴废存亡之"理"。程颐云:"凡读史,不徒要记事迹,须要识治乱安危兴废存亡之理,且如读高帝一纪,便须识得汉家四百年终始治乱当如何,是亦学也。"③朱熹云:"是其粲然之迹,必然之效,盖莫不具于经训史册之中,欲穷天下之理而不即是而求之,则是正墙面而立尔,此穷理所以必在乎读书也。"④这些都表达了以理观史,历史研究重在求理的史学精神。由于"理""道"是一个总体性的哲理范畴,是对宇宙中万事万物规则、性质的总括,具体到社会、历史而言,它必须再做出更准确的界定,从而为历史的分析、研治提供更明确的意义指向。在这种要求下,具有社会伦理道德符号意义的"义"字被冠诸"理"前,"义理"成为宋代更为看重、强调的史学研究概念。对此,宋人多有明确的理论表述。范祖禹在《进〈唐鉴〉表》曾明确提出,治史必须"稽其成败之迹,折以义理"⑤。杨时云:"《春秋》昭如日星,但说者断以己意,故有异同之论,若义理已明,《春秋》不难知也。"⑥朱熹云:"读书既多,义理已融会,胸中尺度一一已分明,而不看史书,考治乱,理会制度典章,则是犹陂塘之水已满,而不决以溉田。若是读书未多,义理未有融会处,而汲汲焉以看史为先务,是犹决陂塘一勺之水以溉田也。其涸也可立而待也。"⑦

---

① 北京大学古文献研究所编《全宋诗》,北京大学出版社 1998 年版,第 44147 页。

② 北京大学古文献研究所编《全宋诗》,北京大学出版社 1998 年版,第 32209 页。

③ (宋)程颢、(宋)程颐《河南程氏遗书》卷一八,(宋)程颢、(宋)程颐著,王孝鱼点校《二程集》,中华书局 1981 年版,第 232 页。

④ (宋)朱熹《晦庵集》卷一四《行宫便殿奏札二》,文渊阁《四库全书》影印本,台湾商务印书馆 1986 年版,第 236 页。

⑤ (宋)范祖禹《范太史集》卷一三《进唐鉴表》,文渊阁《四库全书》影印本,台湾商务印书馆 1986 年版,第 198 页。

⑥ (宋)杨时《龟山集》卷一〇《语录》,文渊阁《四库全书》影印本,台湾商务印书馆 1986 年版,第 194 页。

⑦ (宋)黎靖德编,王星贤点校《朱子语类》卷一一,中华书局 1986 年版,第 1 册,第 195 页。

在注重义理的史学精神的影响下，宋代史论诗多从纲常伦理、礼制教化等角度，探讨社会治乱兴废的根源，评价古今人物，发明史实之义，在历史认知上具有鲜明的道德化、义理化倾向。如张耒《项羽》云："沛公百万保咸阳，自古柔仁伏暴强。慷慨悲歌君勿恨，拔山盖世故应亡"[①]，认为是否"柔仁"是得失天下的主要原因，项羽慷慨悲歌的结局是由于他走向了"柔仁"的反面——"暴强"，因此其兵败灭亡是必然的。又，罗必元《卞壶墓》云："节义之风古所褒，清谈于晋视如毛。百年王谢丘墟了，惟卞将军墓最高。"[②]卞壶，东晋时人，在崇尚清谈的社会风尚下，勤于吏事，不苟同时好，忠于王室，为平定苏峻之乱苦战而死。此诗认为引领清谈风流的王、谢诸家名士已随历史的远逝而黯淡无名，只有卞壶以"节义之风"为世所褒，声名颇高。又，林同选择古代以孝著称的人物，著有《孝诗》一卷。仅以其《皇甫谧》为例："尽弃平生物，惟赉一孝经。死犹不忘孝，临没苦丁宁"题下注云："遗令平生之物皆无自随，为赉《孝经》一卷。"[③]可以看出，这三首诗都是以儒家的仁、义、孝等纲常伦理观念来进行史论，透露出鲜明的历史认知道德化、伦理化特征。同时，注重义理的史学观对史论诗的历史人物题材选择倾向也产生了很大影响。由于史论诗以人物评价为核心，面对众多的历史人物，宋代士子必须进行精心择取，以更好地体现义理。在此情况下，前贤名儒、高隐大德自然很容易走进士子的史论视野，褒儒颂隐成为史论诗的一大风气。如，王安石、薛季宣、陈普等有同题《孔子》，强至、刘克庄、舒岳祥等有同题《伯夷》；李复、刘克庄、叶茵等有同题《陶渊明》，题目稍异的还有刘攽《咏陶潜八首》、高吉《读渊明传》、范浚《陶潜咏》、苏洞《陶令》、徐钧《陶潜》等。以严陵为题的更是不胜枚举，如许中、林季仲、林洪、连文凤等有同题《钓台》，其他又有杨时《严陵钓台》、陈冠道《题严子陵钓台》、叶茵《严子陵》、李昂昂《过严子陵钓台》、史吉卿《严子陵钓台》、连文凤《钓台》、林景熙《谒严子陵祠》等。在此，以徐钧《孟轲》、舒岳祥《伯夷》、史吉卿《严子陵钓台》等为例。徐作云："战国谁能识道真，故将性善觉生民。七篇切切言仁义，功利场中有此人。"[④]舒作云："四海归周莫不臣，首阳山下饿夫身。清风万古何曾死，愧死当时食粟人。"[⑤]史作云："功

---

① 北京大学古文献研究所编《全宋诗》，北京大学出版社 1995 年版，第 13245 页。
② 北京大学古文献研究所编《全宋诗》，北京大学出版社 1998 年版，第 34357 页。
③ 北京大学古文献研究所编《全宋诗》，北京大学出版社 1998 年版，第 40623 页。
④ 北京大学古文献研究所编《全宋诗》，北京大学出版社 1998 年版，第 42829 页。
⑤ 北京大学古文献研究所编《全宋诗》，北京大学出版社 1998 年版，第 41014 页。

名束缚几英豪,无怪先生抵死逃。坐钓桐江一派水,清风千古与台高。"①可以看出,以这三诗为代表的上述作品多重在挖掘名儒高隐弘扬理道、鄙弃名利、注重操守的品格与精神,共同的人物选择与内涵主旨的背后,实际上反映了注重义理的史学精神对史论诗的影响。

"盖史之作,以才过人为主,其法必合于《春秋》。"②在很大程度上,宋代义理史学精神是以《春秋》学的研治而得以畅行的。为适应当时统治阶级思想文化建设的需要,宋代认为《春秋》蕴含着"经世之大法"③,因此极为重视《春秋》的研治。按诸《四库总目提要·经部·春秋类》,"春秋学"著作有 114 部 1138 卷,其中宋人撰 38 部 670 卷,为数最多。自孙复《春秋尊王发微》撰成以来,宋人虽然对具体问题有不同的认识,互有轩轾,但在《春秋》主旨上,均认可孙氏的尊王之义。如沈棐《春秋比事》认为:"春秋之义莫大于尊王,罪莫大于不尊王。"④李琪《春秋王霸列国世纪编》云:"《春秋》一经,总摄万事,而大本始于尊王。圣人盖谓尊卑不著,则人纪不建,而天理熄矣! 尚何万事之有存哉! 尊王之义设,而后是是非非昭明而不舛,此《春秋》所由作乎!"⑤吕大圭《吕氏春秋或问》云:"《春秋》之作,为尊王而作也。"⑥都表达出强烈的尊王为本的史学精神。

这种意识必然会导致宋代史论诗在进行义理探求时,始终以尊王为中心,具有鲜明的正统意识,多注重选择忠君为国、为维护民族利益而勇于献身,或篡位僭越、专权独断、违反君臣大义的人物,进行赞扬或贬斥,从而形成了极其鲜明的褒贬之风。如魏了翁《过屈大夫清烈庙下》、徐钧《屈原》、刘敞《朱云》、金朋说《折槛吟》、宋祁《读张巡故事》、朱松《睢阳谒双庙》、曾伋《题张许双庙》,李行中《读颜鲁公碑》、张元幹《拜颜鲁公像》、朱塾《颜鲁公画像》、胡舜举《颜鲁公祠》、陆游《读唐书忠义传》、徐钧《颜杲卿》、陈普《颜杲卿》等,分别以战国时屈原,汉代朱云,唐时张巡、许远、颜真卿、颜杲卿等爱国忠义之士为史论对象。而

① 北京大学古文献研究所编《全宋诗》,北京大学出版社 1998 年版,第 41063 页。
② (宋)吕南公《灌园集》卷一五《与饶元礼论史书》,文渊阁《四库全书》影印本,台湾商务印书馆 1986 年版,第 147 页。
③ (宋)石介《泰山书院记》,石介撰,陈直锷点校《徂徕石先生文集》,中华书局 1984 年版,第 223 页。
④ (宋)沈棐《春秋比事》卷三《不朝王而事齐晋》,文渊阁《四库全书》影印本,台湾商务印书馆 1986 年版,第 40 页。
⑤ (宋)李琪《春秋王霸列国世纪编》卷一,文渊阁《四库全书》影印本,台湾商务印书馆 1986 年版,第 184 页。
⑥ (宋)吕大圭《吕氏春秋或问》卷七《王使荣叔来锡桓公命》,文渊阁《四库全书》影印本,台湾商务印书馆 1986 年版,第 543 页。

金朋说《司马昭弑魏主》《五季梁主》《五季石晋》，蔡沈《读王莽传奇廖判府》，刘克庄《瞒操》《魏志》《汉儒》二首其一，郭居安《曹操》《司马懿》，徐钧《桓温》《安禄山》，陈普《侯景》，等等，则以篡位僭越或支持僭伪政权的人物为贬斥对象。在此，仅以张元幹《拜颜鲁公像》、陈普《侯景》二诗为例。张作云："吴兴祠堂祀百世，凛凛英姿有生意。坐令异代乾没儿，莫敢徜徉来仰视。唐家纲纪日陵迟，僭窃相连益昌炽。我公人物第一流，皇天后土明忠义。屹然砥柱立颓波，未觉羊肠躐坦履。欲回希烈叛逆心，老夫但知朝觐礼。年垂八十位太师，平生所欠惟死耳。死重泰山古所难，杞鬼窃柄犹偷安。安知我公本不死，汝曹有知当骨寒。丰碑法书屋漏雨，政与丹青照千古。天遣神物常守护，要使乱臣贼子惧。"[1]此诗把颜真卿置于"唐家纲纪日陵迟，僭窃相连益昌炽"的社会环境中，褒扬他的忠义精神，而尾句"要使乱臣贼子惧"则是对《春秋》尊王大义的直接表达。陈作云："曹操桓温不自持，跛侯面上雨淋漓。奸人何事乾坤里，一日雷霆十二时。"自注云："羞恶之心，奸雄不能减。曹操至强，桓温至忍，当其为不道时，皆流汗沾衣，况侯景哉。圣贤言语，道尽千万世人心事。"[2]侯景，南北朝时人，先叛东魏入梁，后发动变乱，叛梁自立。此诗通过他面见梁武帝时，"不敢仰视，汗流被面"[3]这一细节，表达对不尊王道、僭位不轨之人的严厉批判。可以看出，以这两首为代表的史论诗褒贬意识极其鲜明，透露出浓厚的正统意识。

---

① 北京大学古文献研究所编《全宋诗》，北京大学出版社 1997 年版，第 19900 页。
② 北京大学古文献研究所编《全宋诗》，北京大学出版社 1998 年版，第 43846 页。
③ （宋）司马光著，（元）胡三省音注《资治通鉴》卷一六二，中华书局 1956 年版，第 5010 页。

易学视野下的阮籍《咏怀诗》创作主旨分析

吕辛福[*]

摘　要：阮籍是魏晋时期少有的集易学与文学成就于一身的名士，阮籍易学思想对其文学创作主旨的影响，在《咏怀诗》中具有明显体现。结合阮籍《通易论》中的主要观点，从君臣秩序、隐逸慎言两个方面解读《咏怀诗》的创作主旨，可以深化人们对阮籍《咏怀诗》创作主旨的认识，对魏晋时期易学影响下的文学创作现象有具体了解。

关键词：阮籍；咏怀诗；《周易》；隐逸思想

《周易》研究在魏晋时期获得突破性发展，以王弼为首的义理学派成为思想界主流，相关学说对当时的文学创作带来显著影响。阮籍是魏晋时期少有的集易学与文学成就于一身的知名文士：从易学的角度看，"自周孔而下，通易如阮嗣宗者，未数见也"[①]；从文学的角度看，"阮旨遥深"又成为阮诗的重要特征，我们在他身上可以明显感受到易学对文学创作带来的影响。但学界有关阮籍的研究大多偏重阮籍的思想领域、文学领域[②]，能把二者结合起来谈阮籍易学思想对《咏怀诗》创作影响的文章并不多见。通过细读文本，从易学思想对文学主题的影响角度分析《咏怀诗》的创作主旨，可以为理解《咏怀诗》提供另外一种视角，从而加深人们对魏晋易学、文学关系的认识。

一、《周易》中的秩序观在《咏怀诗》中的体现

变化是《周易》的基本思想特征，《周易》中的变化往往都是矛盾对立的双方成对出现，具有对立转化的特征，当这种转化发展到某种程度，矛盾双方就会产生冲突，甚至导致质变。在人类社会一些社会关系的构成中，也具有对立性质，

---

* 吕辛福，文学博士，青岛科技大学和文化研究院副教授，硕士生导师。本文系国家社科基金后期资助项目"魏晋文人理想人格新变研究"（21FZWB009）阶段性成果。

① 徐芹庭《易学源流》，台湾编译馆 1987 年版，第 488 页。

② 按，相关文章可以参看吴云《二十世纪阮籍研究》，《天津师大学报》（社会科学版）2000 年第 6 期；王渭清《20 世纪 90 年代以来阮籍研究述评》，《宝鸡文理学院学报》（社会科学版）2004 年第 6 期。

为了避免关系的双方由对立走向对抗、引起混乱而给社会带来动荡和破坏，处于社会关系的对立双方各安其分、各守其位，对社会的稳定具有重要作用。

(一)阮籍理解的《周易》秩序观

阮籍易学思想总体上属于王弼以来的义理派，在《通易论》中阮籍从乾卦开始，依次摘取卦辞、爻辞中的词句，结合自己的理解，重新组合，连缀成文，用类似《序卦》的阐释方式，把六十四卦内容贯通融合为一，形成一个完整严密的理论体系。

阮籍认为《周易》是"往古之变经"①，主要用来讲述自然的变化之道，"覆焘天地之道，囊括万物之情"（《通易论》，载《阮籍集校注》，第 115 页），古代的圣贤依据其中的道理，推演人事，"后世圣人，观而因之，象而用之"（《通易论》，载《阮籍集校注》，第 108 页）。在《周易》对人事的影响和指引方面，阮籍主张把《周易》中"道至而反，事极而改"的哲理，与君主的治理天下结合起来，"'反'用应时，'改'用当务。应时，故天下仰其泽；当务，故万物恃其利。泽施而天下服，此天下之所以顺自然，惠生类也"（《通易论》，载《阮籍集校注》，第 115～116 页）。

阮籍在推论分析的过程中，不论是对自然变化，还是人事活动，都特别强调秩序的意义。《周易》是变经，但不是乱变，而是强调在自然变化中有一种可以观察、可以把握的不变之道，这种不变之道就是秩序。"《易》顺天地，序万物，方圆有正体，四时有常位，事业有所丽，鸟兽有所萃，故万物莫不一也……是故圣人以建天下之位，定尊卑之制，序阴阳之适，别刚柔之节"（《通易论》，载《阮籍集校注》，第 130～131 页）。

相应地在社会政治中，"人臣之行"与"大君之道"各有其规制，不能颠倒失序，"在上而不凌乎下，处卑而不犯乎贵"（《通易论》，载《阮籍集校注》，第 131 页）；对于社会上的"尊卑之制"，要严格遵守，"顺之者存，逆之者亡，得之者身安，失之者身危"（《通易论》，载《阮籍集校注》，第 131 页）。阮籍认为"尊卑有分，长幼有序""上下和洽"的社会才能"顺其理"（《通易论》，载《阮籍集校注》，第 110 页），这是他理想中的社会模式。

但是，结合阮籍所处时代的社会现实，我们发现阮籍易学思想中的君臣尊卑秩序观，在他的时代是不存在的。他看到的是现实社会中"君臣易位"的种种倒行逆施，他对此感到特别忧心，但"魏晋之际，天下多故，名士少有全者"②的时

---

① 陈伯君校注《阮籍集校注》，中华书局 1987 年版，第 105 页。按，下引该书只随文标注书名及页码。
② （唐）房玄龄《晋书》卷四九《阮籍传》，中华书局 1974 年版，第 1360 页。

局又让阮籍不敢直言,在《咏怀诗》中,阮籍的君臣秩序观,只好借助讽刺和隐晦曲折的表现手法呈现出来。

(二)《咏怀诗》中君臣秩序观的体现

1. 对君臣守位上下和谐的正面赞美

在阮籍《咏怀诗》第四十二首中,"王业须良辅,建功俟英雄。元凯康哉美,多士颂声隆",阮籍表达出"王业须良辅"的观点,跟他《通易论》的看法具有相似之处。

据黄节《阮步兵咏怀诗注》考证,这首诗中出现的"元凯康哉美",是指上古五帝时的盛世景象。黄节引用《左传》指出:"昔高阳氏有才子八人,天下之民谓之八凯;高辛氏有才子八人,天下之民谓之八元。"[①]从整首诗的创作主题以及结尾处的"休哉上世士,万载垂清风"来看,阮籍此处引用"元凯",的确是与上古五帝时的理想社会状态有关。

对于高阳氏颛顼,司马迁的评价是:"静渊以有谋,疏通而知事;养材以任地,载时以象天,依鬼神以制义,治气以教化,絜诚以祭祀。"[②]其中对"依鬼神以制义",唐代司马贞解释为"鬼神聪明正直,当尽心敬事,因制尊卑之义"(《史记》卷一《五帝本纪》,第12页);对"治气以教化",司马贞解释为"理四时五行之气以教化万人也"(《史记》卷一《五帝本纪》,第12页)。

从司马贞的解释以及司马迁的评价可以看出,高阳氏颛顼是一个贤明君主的形象,他治理天下依据的就是《周易》。"静以有谋""通而知事",以及"养材以任地,载时以象天",依四时五行之气来教化民众,制定尊卑之义,这些都跟阮籍在《通易论》中的认识相符合,"圣人的作法不止是顺人道而为,同时也是顺天道而为"[③]。

再看《史记》中对高辛氏帝喾的记载。高辛氏"聪以知远,明以察微。顺天之义,知民之急。仁而威,惠而信,修身而天下服。取地之财而节用之,抚教万民而利诲之,历日月而迎送之,明鬼神而敬事之","其动也时,其服也士"(《史记》卷一《五帝本纪》,第13页);司马贞《史记索隐》称高辛氏"举动应天时,衣服服士服,言其公且廉也"(《史记》卷一《五帝本纪》,第14页)。高辛氏的做法顺

---

① 黄节《阮步兵咏怀诗注》,人民文学出版社1984年版,第53页。

② (汉)司马迁《史记》卷一《五帝本纪》,中华书局1959年版,第11页。下引该书只随文标注书名及页码。

③ 高晨阳《阮籍评传》,南京大学出版社1994年版,第108页。

天应时，察微知远，敬事鬼神，体现了对自然的尊重，在此基础上，人事活动才能"仁而威，惠而信，修身而天下服"（《史记》卷一《五帝本纪》，第13页），这与阮籍《通易论》中的观点是一致的。

对于"八元""八凯"，在《史记·五帝本纪》中记载更为详细。"昔高阳氏有才子八人，世得其利，谓之'八恺'。高辛氏有才子八人，世谓之'八元'。此十六族者，世济其美，不陨其名。至于尧，尧未能举。舜举八恺，使主后土，以揆百事，莫不时序。举八元，使布五教于四方，父义，母慈，兄友，弟恭，子孝，内平外成"（《史记》卷一《五帝本纪》，第35页）。"八元""八凯"正是辅佐王业的"良辅"，是舜帝时治理天下的得力助手，在他们的帮助下，上古"内平外成"的社会局面得以出现。

阮籍诗中的"元凯康哉美，多士颂声隆"即指此。蒋师爚认为阮籍在诗歌末尾"仍眷眷元凯之美"（陈伯君注引蒋师爚语，《阮籍集校注》，第331页），这是阮籍对元凯盛世君臣和谐发出的由衷赞美，描绘了他心中尊卑有序、秩序井然、上下和谐的理想社会治理模式。

2. 对违背君臣之道行为的不满

除了在《咏怀诗》中表达了君臣守位上下和谐局面的正面赞美，阮籍也对违背君臣之道的现实表达了不满，这在第十首、第十一首、第五十一首、第七十五首中都有所体现。

如第十首，"北里多奇舞，濮上有微音。轻薄闲游子，俯仰乍浮沉。捷径从狭路，僶俛趋荒淫"；第十一首，"三楚多秀士，朝云进荒淫。朱华振芬芳，高蔡相追寻。一为黄雀哀，涕下谁能禁"。两首诗中都出现了"荒淫"一词，历代注者大都指出这两首诗的创作与齐王芳被废、曹爽被诛有关。《三国志·魏书·三少帝纪》载，司马师谋废齐王芳，奏闻皇太后。皇太后陈齐王芳之罪状："皇帝芳春秋已长，不亲万机，耽淫内宠，沈漫女德，日延倡优，纵其丑谑；迎六宫家人留止内房，毁人伦之序，乱男女之节；恭孝日亏，悖傲滋甚，不可以承无绪，奉宗庙。"[1]裴松之注引《魏书》还提到一些细节，齐王芳"日延小优郭怀、袁信等于建始芙蓉殿前裸袒游戏"[2]，这实际上就是阮籍诗中"轻薄闲游子""僶俛趋荒淫"的影射内容。

曹爽辅政之后，失君臣之道，"私取先帝才人七八人，及将吏、师工、鼓吹、良

---

[1] （晋）陈寿撰，（南朝宋）裴松之注《三国志》卷四《魏书·三少帝纪》，中华书局1959年版，第128页。

[2] （晋）陈寿撰，（南朝宋）裴松之注《三国志》卷四《魏书·三少帝纪》，中华书局1959年版，第129页。

家子女三十三人,皆以为伎乐。诈作诏书,发才人五十七人送邺台,使先帝倢伃教习为伎",又"擅取太乐乐器,武库禁兵。作窟室,绮疏四周,数与晏等会其中,饮酒作乐"①,其荒淫无耻、目无纲纪于此可见一斑。阮籍诗中对此不能直言之,故用"朝云进荒淫""高蔡相追寻""黄雀哀"典故来影射讽刺。

二、《周易》隐逸慎言思想在《咏怀诗》中的体现

阮籍把自己的锋芒隐藏起来,甘心做一个"朝隐"的文人。他虽在曹魏政权和司马氏政权中任职,却从不问政事,即便是主动谋任步兵校尉,也只是喜欢步兵厨营的三百斛酒而已,并不主事,这是阮籍全身远祸、明哲保身的政治策略。他在《咏怀诗》中多处流露出了远游、遗世、退隐的想法,表达了对上古隐逸高士巢父、许由、伯夷、叔齐以及汉代商山四皓的钦敬。《咏怀诗》中反复出现的这种隐逸情怀,与阮籍接受《周易》隐逸思想的影响是分不开的。

(一)《周易》中的隐逸思想

《周易》中的慎言、隐遁思想主要体现在乾卦、坤卦、蛊卦、遁卦以及泰卦、否卦中,《易传》中也存在不少隐逸观点,这构成了《周易》易学思想的重要方面。

在《乾卦》中,主要的隐逸思想体现在"潜龙勿用"说上。《文言》释之曰:"龙德而隐者也。不易乎世,不成乎名;遁世无闷,不见是而无闷;乐则行之,忧则违之,确乎其不可拔,潜龙也"②;《朱子语类》云:"如说'潜龙勿用',是自家未当出作之时,须是韬晦方始无咎,若于此而不能潜晦,必须有咎"③,又曰"潜龙勿用,其理谓当此时只当潜晦,不当用"④;李鼎祚《周易集解》指出:"天地之气有升降,君子之道有行藏"(《周易译注》,第2页),当社会环境的发展不利于君子施展抱负时,就要养精蓄锐,暂行潜藏,不可施用。

在《坤卦》中,"括囊,无咎无誉"也被认为是慎言、隐遁思想的体现。"囊"是用来贮物的,《易经》取此作象,孔颖达认为是"譬心藏知"⑤;"括囊"即束紧囊口,

---

① (晋)陈寿撰,(南朝宋)裴松之注《三国志》卷九《魏书·曹爽传》,中华书局1959年版,第284~285页。

② 黄寿祺、张善文《周易译注》,上海古籍出版社2004年版,第10页。下引该书只随文标注书名及页码。

③ (宋)黎靖德编,王星贤校《朱子语类》,中华书局1986年版,第885页。

④ (宋)黎靖德编,王星贤校《朱子语类》,中华书局1986年版,第1656页。

⑤ 十三经注疏整理委员会整理《十三经注疏·周易正义》,北京大学出版社2000年版,第34页。下引该书只随文标注书名及页码。

"闭其知而不用"（《周易正义》，第 34 页），比喻闭口不言、隐居不出，"无咎无誉"即"不与物忤、功不显物"的意思；《文言》解释曰："天地闭，贤人隐"，"盖言谨也"（《周易译注》，第 33 页）；《象》曰："慎不害也"，也就是说在世道不好的时候，要谨慎小心不能乱说话，这样就不会招惹祸害。阮籍的"至慎""口不臧否人物"，可谓深得《坤卦》"括囊"之要旨。

至于《蛊卦》中的"不事王侯，高尚其事"，则向来被古代高贤隐士奉为圭臬。《周易正义》对"不事王侯，高尚其事"的解释是，"不复以世事为心，不系累于职位，故不承事王侯……身既不事王侯，志则清虚高尚，可法则也"（《周易正义》，第 111 页）。

《周易》的隐逸思想在《遁卦》中表现更为明显①，在前人分析《周易》隐逸思想的有关文章中多有引用。"遁：亨，小利贞"，《经典释文》对"遁"的解释是："隐退也，匿迹避时，奉身退隐之谓也"（《周易译注》，第 252 页）；《周易正义》指出，《遁卦》是"阴长之卦"，"小人方用，君子日消。君子当此之时，若不隐遁避世，即受其害"（《周易正义》，第 171 页），《象》曰："君子以远小人"（《周易正义》，第 172 页），《周易正义》进一步分析初六爻辞认为："小人长于内，（君子）应出外以避之"（《周易正义》，第 172 页）。

至于《泰卦》和《否卦》，其中的隐逸思想也值得重视，这主要体现在君子与小人势力的此消彼长方面。在《否卦》中，当天地不交、君臣上下不合的时候，正是小人之道渐长、君子之道渐消的时候，"有道则仕，无道则隐"，作为君子应该戒防小人，避其锋芒，"以俭德避难，不可荣以禄"（《周易译注》，第 107 页）。

（二）阮诗隐逸思想的呈现及其与《周易》的关系

《咏怀诗》创作主旨向来有"阮旨遥深"之说，除了"忧生"和"刺讥"，组诗中还表达了阮籍的隐遁、远游思想。据笔者简单统计，在八十二首作品中，流露"归隐""远游""遗世"思想的作品大概有二十四首，占 29%，接近三分之一，这是一个值得重视的现象。学者赵沛霖强调，"出世思想从萌生、形成、发展和直到把它作为处事原则"是贯穿《咏怀诗》始终的"思想线索"②；高晨阳指出，阮籍在

---

① 按，《遁卦》对后世隐逸行为的影响，可以参看：曲丰《〈遁〉卦与葛洪的隐逸思想》，《周易研究》2011 年第 5 期，第 83～87 页；侯敏《"遁乃得通"与"终南捷径"——〈周易〉中的隐遁思想及其对盛唐隐逸之风的影响》，《哈尔滨工业大学学报》（社会科学版）2002 年第 2 期。

② 赵沛霖《论阮籍〈咏怀诗〉——出世思想与〈咏怀诗〉发展的三个阶段》，《北京大学学报》（哲学社会科学版）2010 年第 3 期。

《咏怀诗》中设计的一条摆脱人生难题的重要道路就是"山林间的隐逸"①,他要"到山林之中寻求一片干净的乐土,走一条出世的道路"②,在"超现实的隐逸世界去追求自己的理想"③。

笔者认为,《咏怀诗》中的隐逸思想大致可以归为三类,一类表现为对前代高贤逸士的追慕,一类表现为对当代奸臣小人的疏离,还有一类表现阮籍摆脱名利、谨言慎行的隐逸志趣。下面结合有关诗篇具体分析。

1. 仰慕前贤

伯夷、叔齐隐于首阳山的故事在《咏怀诗》中有直接体现,分别是第九首与第六十四首。以第九首为例,"步出上东门,北望首阳岑。下有采薇士,上有嘉树林。良辰在何许,凝霜沾衣襟。寒风振山岗,玄云起重阴。鸣雁飞南征,鹍鹆发哀音。素质游商声,凄怆伤我心",其中流露出了阮籍对夷、齐高行的追慕之意。刘履评曰:"此篇托言出望首阳,想夫伯夷、叔齐采薇而隐者,得其所矣"(《阮籍集校注》,第 245 页);王夫之认为,从"'良辰在何许'以下四十字,字字有夷齐在,呼之欲出"(《阮籍集校注》,第 245 页),诗中寄言夷、齐,感叹贤臣远去、邪臣当道。

第四十二首中,阮籍写道"园绮遁南岳,伯阳隐西戎。保身念道真,宠耀焉足崇"。"园绮"即商山四皓中的东园公与绮里季,是秦汉之际德高望重的高士,隐于终南山,后来辅佐太子刘盈登基之后就退隐不仕;"伯阳"即老子,老子"居周久之,见周之衰,乃遂去","隐于流沙之西"(《史记》卷六三《老子韩非列传》,第 2141 页)。阮籍举三位隐士的事例在于说明要知时进退,"时有否泰,事多盈乖,故欲思园、绮南岳,伯阳西戎,为保哲之计"(《阮籍集校注》,第 330 页);李光地《榕村诗选》选此首并注云,"时人皆有忧生之嗟焉,阮籍以韬晦自免,情见乎词"(《阮籍集校注》,第 330 页),指出阮籍诗歌内容除却"忧生",还有"韬晦"的一面。

在七十四首中,"咄嗟荣辱事,去来味道真。道真信可娱,清洁存精神。巢由抗高节,从此适河滨",诗中思想与第四十二首相似,借助上古高士人物巢父、许由体现自己守道保真之内在精神。

① 高晨阳《论〈咏怀诗〉的思想倾向及其在阮籍哲学体系中的地位》,《山东社会科学》1991 年第 2 期。
② 高晨阳《论〈咏怀诗〉的思想倾向及其在阮籍哲学体系中的地位》,《山东社会科学》1991 年第 2 期。
③ 高晨阳《论〈咏怀诗〉的思想倾向及其在阮籍哲学体系中的地位》,《山东社会科学》1991 年第 2 期。

2. 不与小人争长

如第十六首，"朔风厉严寒，阴气下微霜。羁旅无俦匹，俛仰怀哀伤。小人计其功，君子道其常。岂惜终憔悴，咏言著斯章"，方东树认为这是"春秋笔法"，"君臣常道终不可改，惜小人逆节贪功，为乱臣贼子，己岂能与彼为匹哉"（《阮籍集校注》，第 274 页），不与小人为匹，哪怕"终憔悴"也要坚持走自己的正道。

第二十一首："云间有玄鹤，抗志扬哀声。一飞冲青天，旷世不再鸣。岂与鹑鷃游，连翩戏中庭"，诗中的玄鹤与鹑鷃，分别比喻现实中的自己与小人，意思是自己"欲与玄鹤为俦，远举云中，不欲与凡禽同居局促之地也"（《阮籍集校注》，第 286 页）。

其他如第二十四首："蟋蟀在户牖，蟪蛄号中庭。心肠未相好，谁云亮我情。愿为云间鸟，千里一哀鸣"；第四十三首，"鸿鹄相随飞，飞飞适荒裔。双翮凌长风，须臾万里逝。朝餐琅玕实，夕宿丹山际。抗身青云中，网罗孰能制。岂与乡曲士，携手共言誓"。这两首诗中的"云间鸟""鸿鹄"象征君子，而"蟋蟀""蟪蛄""乡曲士"以及第五十六首中的"倾侧士""谗夫"，第五十八首中的"蓬户士"等则都是喻指小人，彼此对立明显。

3. 反映阮籍对功名利禄的蔑视与恬淡安贫、谨言慎行的态度

如第六首："膏火自煎熬，多财为患害。布衣可终身，宠禄岂足赖"；第八首："如何当路子，磬折忘所归。岂为夸与名，憔悴使心悲"，此诗旨意，黄节以沈德潜"为知进而不知退者言"之说为是（《阮籍集校注》，第 239 页）；第三十首："驱车出门去，意欲远征行。征行安所如，背弃夸与名。夸名不在己。但愿适中情"；第四十首，"修龄适余愿，光宠非己威"；第四十一首："荣名非己宝，声色焉足娱"；第五十七首，"翩翩从风飞，悠悠去故居。离麾玉山下，遗弃毁与誉"；第七十二首，"性命岂自然，势路有所由。高名令志惑，重利使心忧"。上述几首诗中阮籍"背弃夸与名""遗弃毁与誉"的做法，是他淡泊名利、疏离政治的一种心态体现。

另有部分诗篇体现了阮籍安贫守真、谨言慎行的思想。如第三十四首，"临觞多哀楚，思我故时人。对酒不能言，凄怆怀酸辛。愿耕东皋阳，谁与守其真。愁苦在一时，高行伤微身。曲直何所为，龙蛇为我邻"，诗中的"对酒不能言，凄怆怀酸辛"与第三十三首中的"终身履薄冰，谁知我心焦"一样，体现的是阮籍"至慎"的性格特点。

"愿耕东皋阳，谁与守其真"，可以看出阮籍潜藏归隐之志，与《辞蒋太尉辟命奏记》中所云"方将耕于东皋之阳，输黍稷之税，以避当途者之路"体现出的崇

尚自然、不乐仕进思想是一致的(《辞蒋太尉辟命奏记》,载《阮籍集校注》,第60页)。而"曲直何所为,龙蛇为我邻"则是明显化用了《周易·系辞》语句,即"尺蠖之屈,以求信也;龙蛇之蛰,以存身也"(《周易正义》,第358页)。"信"通"伸",孔颖达注曰,"尺蠖之虫,初行必屈者,欲求在后之信也。言信必须屈,屈以求信,是相须也。'龙蛇之蛰,以存身'者,言静以求动也"(《周易正义》,第359页)。阮诗中的"曲直何所为"即《系辞》中尺蠖屈伸之意,而"龙蛇为我邻"即用《系辞》"龙蛇之蛰,以存身"之意,寓意自己像龙蛇蛰伏存身一样隐居待时。

再如第五十九首:"河上有丈人,纬萧弃明珠。甘彼藜藿食,乐是蓬蒿庐";第七十四首:"猗欤上世士,恬淡志安贫"。在这两首诗中,阮籍举"河上丈人"与"上世士"用以自况,抒发自己安贫乐道的隐逸志趣。

结合上述分析可知,阮籍诗中的确表现出较为明确的隐逸思想,甚至有些诗篇直接化用了《周易》语词,这与他对《周易》的理解和接受有关。他不是通过"隐"来求仙问道、寻求肉体的长生,而是通过"隐"来与俗世划清界限,不与小人同流合污,这是与道家隐逸显著不同的地方。学者高晨阳在分析阮籍诗中的隐逸思想时指出,阮籍的隐逸思想"不是渊源道家的理论,而是来源于另外一个文化思想系统"[①],但高晨阳并没有具体论证分析这"另外一个文化思想系统"到底是哪种思想。依据本文前面的分析,笔者认为阮籍《咏怀诗》中的隐逸思想与《周易》思想的渊源关系更为密切,可补充人们对《咏怀诗》的理解和认识,这也是魏晋时期易学影响文学创作的一个典型体现。

三、阮籍易学思维与理想人格的关系

既然从《咏怀诗》中可以发现如此较为清晰的易学思维特征和易学内涵,那么阮籍在《咏怀诗》中借助易学帮助思考人生命运、思考人格范型,就显得顺理成章。从这个视角分析《咏怀诗》中的部分诗句可以发现,阮籍对世事的认知带有强烈的易学变化思维特征。这些诗句大多涉及自然意象的盛衰、荣枯变化,如盛开的桃李花鲜艳迷人,但桃李的繁华却不能持久,"视彼桃李花,谁能久荧荧","荧荧桃李花,成蹊将天伤";再如阴阳变化、日月沉浮,都是自然成理,非人力所能为,由自然规律推导出人事命理,发现人事有盈冲、生死道无常,富贵、荣名、繁华都转瞬即逝,不能久长。

阮诗中的变化思维,虽然有对《周易》的借鉴,但又受到阮籍性情以及人生

---

① 高晨阳《阮籍评传》,南京大学出版社1994年版,第197页。

经历的影响，带有强烈的个性特征，那就是多指由盛变衰，这与《周易》中对立面互相转化是不同的。《周易》中的变化是双向的，如"泰卦"与"否卦"相对，但从爻辞发现，"泰"中有向"否"转化的因素，"否"也有转化为"泰"的可能，"损卦"和"益卦"也是如此。但阮诗中的变化是单向的，往往指向的是一种悲戚和衰落，这就给整首诗蒙上了"哀"的色彩。

《咏怀诗》中的第八首、五十六首、五十八首、五十九首、七十五首、八十二首中都有成对出现的对立事物：第八首中的"燕雀"与"黄鹄"构成对立关系；第五十六首中的"鹡鸰"与"佞邪子""逸夫""倾侧士"构成对立关系；第五十八首中的"长剑客"与"蓬户士"构成对立关系；第五十九首中的"河上丈人"与"缤纷子"构成对立关系；第七十五首中"梁东芳草"与"明哲士""便娟子"构成对立关系；第八十二首中的"木槿"与"西山草"也构成对立关系。阮籍处理存在对立关系的意象时并不是平均用力，而是在对比描述中有所侧重，或者指向政治哲理，或者指向理想人格。把握了阮诗中对立思维的构思特征，在理解《咏怀诗》的创作旨趣时就不会产生太大的误解和偏差。

《咏怀诗》中的许多动物、植物、人物意象，都具有理想人格的比拟作用，这类意象的使用，也是一种象征思维的体现。阮诗中常出现的这类人格意象有凤凰、玄鹤、鸿鹄、高鸟、海鸟、鸣鹤、幽兰、朱草、修竹、琅玕、芝英、华草、芳草、丹禾、园绮、颜闵、夷齐、巢由等。这些意象往往与作为它们对立面的人格意象成对出现。

在阮籍《大人先生传》一文中，"大人先生"是阮籍塑造的一个全新人格形象。大人先生"飘飖于天地之外，与造化为友，朝飧汤谷，夕饮西海"（《阮籍集校注》，第 171 页），"含奇芝，爵甘华，嚼浮雾，飡霄霞，兴朝云，扬春风，奋乎太极之东，游乎昆仑之西"（《阮籍集校注》，第 185 页），阮籍塑造这个形象的目的，在于通过一个夸张的人物形象，与现实中的"君子""儒者""隐士"形象进行比较，进而展现大人先生身上寄托的理想人格。

在《咏怀诗》中，也有类似"大人先生"的人格形象。如第五十八首："危冠切浮云，长剑出天外。细故何足虑，高度跨一世。非子为我御，逍遥游荒裔。顾谢西王母，吾将从此逝。岂与蓬户士，弹琴诵言誓。"这首诗中的"吾"虽没有指出具体是谁，但从描述中，可以发现这是一个跟"大人先生"类似的形象。结尾"岂与蓬户士，弹琴诵言誓"是一种对比手法，有意讽刺一些拘守礼法的俗儒，整首诗的意图是在赞扬一种理想人格类型，人格意象的象征意义非常明显。

再如七十三首："横术有奇士，黄骏服其箱。朝起瀛洲野，日夕宿明光。再抚四海外,羽翼自飞扬。去置世上事,岂足愁我肠。一去长离绝,千载复相望。"诗中的"奇士"也是一位"大人先生"。这位"奇士"居无定所,自由随意,潇洒随性,与世无争,是阮籍理想人格的精神写照,作为其对立面的人格形象虽未出现,但隐然若现。阮诗中这种夸张的人物形象总是带有一定的人格象征意味。

以阮籍对《周易》的理解,他对《周易》中变化的双向特征有清晰认知。他认为,"《易》之为书也,覆焘天地之道,囊括万物之情,道至而反,事极而改","君子思患而预防之,虑其败也。通变无穷,周则又始,刚未出,阴在中,柔济不遗,遂度不穷"(《阮籍集校注》,第115~117页)。但他在现实中看不到事物向好发展的可能,好的事物中道夭亡,恶的事物却不断膨胀发展,越是了解《周易》,就越是对现实事物的发展感到不可理喻。这种单向穷途式的无解,带来的常常是内心的苦闷和焦虑①。所以也就不难理解阮诗中有关变化的意象大都是由盛变衰。也许正因如此,阮籍才如此强烈地呼吁一种大人先生人格的出现。

四、结语

《咏怀诗》的艰深难懂历来有名,传统的解读大多出于"以诗证史"的思路。这种思路存在不足,对阮籍政治思想的把握,多数时候是出于后人的臆测,牵强附会的成分很大。如对第八首的解读,对于"灼灼西颓日",唐代五臣张铣认为"颓日喻魏",对于"回风吹四壁",注解为"回风喻晋武"(《阮籍集校注》,第239页),这都是与史实不符的随意曲解,在阮籍作品中都难以找到恰当的证据。前代注家这种用阮诗中某词比喻某某政治人物、某某政治事件的解读方式在《咏怀诗》中大量存在,某种程度上更加遮蔽了阮诗的内在旨趣。在对阮籍《咏怀诗》的解读过程中,如果我们能够结合阮籍思想中的易学特征,从阮籍哲学思想的内在稳定性和延展性角度来理解《咏怀诗》的内在旨趣,则更容易理解和把握《咏怀诗》的创作主旨。

---

① 按,《晋书》卷四九《阮籍传》记载,现实生活中的阮籍,时常"率意独驾,不由径路,车迹所穷,辄恸哭而反"(第1361页),这是阮籍内心苦闷的一种体现。

"自家刑国":萧梁皇权叙事的形塑与更化

孙　宝[*]

摘　要:齐梁易代文书对萧衍进行"西伯"、刘秀、"桓文""昆彭"、周武王等多重形象的塑造,促进了萧梁由"汤武革命"向"自家刑国"的孝治转型。萧梁儒佛并弘,在魏晋"二圣"书写传统下构建以萧顺之、萧衍为核心的帝系框架,并衍生出"储副"(萧统、萧纲)、"帝子"(萧绎)、藩王(高祖五王)、皇宗戚属等相关的皇权叙事类型。《丹阳上庸路碑》即是萧纲"储副"形象塑造的产物。太清之乱致使萧梁家国一体的皇权叙事模式发生异变,降北梁士涉及荆楚风物的书写则开启了北朝文化版图南扩的先声。

关键词:萧梁;家国一体;萧衍;"二圣"

秦汉以来"家天下"成为了解皇帝制度的"根本关键",家国思想则是构建帝国意识形态的核心要素之一。其儒学论述背后往往隐含着复杂的权力关系,体现了各个王朝特定的文化策略和王道理想。[①] 梁朝与萧衍"自我得之,自我失之"的密切联结[②],更是塑造出南朝最具君主个人色彩的皇权文化。萧衍汲取儒、释、道共通的伦理政治思想,推广皇室孝德文仪,从而建立起"自家刑国,自国刑家"的家国同治模式。[③] 他还以礼乐、文教等手段进行政治化统合,注重以章表、诏奏、诗赋、碑铭等文学形式宣扬、巩固统合的成果。故而作为伴生产物的萧梁皇权文学,又带有鲜明的"诚为国政,实亦家风"的"家国"特征。[④] 此外,萧梁皇室成员及裴子野、徐陵、张缵、沈炯等文界中坚在"虞舜、夏禹、周文、梁

---

　*　孙宝,曲阜师范大学孔子文化研究院教授。

　①　邢义田《天下一家:皇帝、官僚与社会》,中华书局 2011 年版,第 14~18 页;林聪舜《儒学与汉帝国意识形态》,上海人民出版社 2017 年版,第 2~7 页。

　②　(唐)姚思廉撰《梁书》卷二九《高祖三王传》,中华书局 1973 年版,第 437 页。

　③　(梁)萧绎撰,许逸民点校《金楼子校笺》卷四《立言篇上》,中华书局 2011 年版,第 831 页。

　④　(唐)姚思廉撰《梁书》卷二九《高祖三王传》,中华书局 1973 年版,第 433 页。另,关于先秦、秦汉以降"国""家"概念的衍化,参见〔日〕尾形勇著,张鹤泉译《中国古代的"家"与国家》,中华书局 2010 年版,第 194~197 页。

武，万载之中，四人而已"①的叙事方向下，又拓展了针对储君、帝子的叙事类型。随着梁末皇权体系崩解，北周、北齐深度介入后梁时代的再造过程，梁朝 50 年不可避免地成为北朝吞并南朝大势的转捩期。② 加之长江中上游地区为北周所占据，降北梁士涉及荆楚人事的书写则开启了北朝文化版图南扩的先声，并从精神层面加速了"北方的中国统一运动"。③ 因此，梳理萧梁家国一体政治范式的肇生、更化过程，当有助于揭示南朝皇权叙事文学的复杂化和丰富性特征。

一、萧衍开国文书中的形象塑造及其定型

一般认为，魏汉、宋晋、齐宋易代之君为寻求政统合法性，多将"汤武革命"与"尧舜禅让"的话术杂糅为一。④ 概观萧梁建立的过程，萧衍因局势变化而反复取舍"西伯"、刘秀、"桓文""昆彭"、周武王等角色定位，并持续操弄其各自对应的政治话语，直至最终将开国建朝定性为"高、光征伐"与"汤武革命"的糅合样态。⑤ 这种多面形象的塑造既是萧梁国运开启的逻辑始点，也是萧衍建梁后推行孝治、重塑"斯文"的政治根基。其大致经历了三个阶段的转换。

其一，齐东昏侯永泰元年（498）七月出任雍州刺史，至齐东昏侯永元二年（500）十一月起兵，由"西伯"、刘秀变为周武王。齐武帝永明八年（490）萧顺之被杀是萧衍与萧齐内阋的始因⑥。此后萧鸾、萧宝卷大肆屠戮王室、勋旧，萧衍当受鲁肃建议孙权"鼎足江东，以观天下之衅"的启发，确立了以郢州、雍州士马"虎视其间，以观天下"的战略。⑦ 在这一阶段，萧衍着力经营雍州，据周文王初封雍州伯而有"西伯"之名而断定在雍州"勤行仁义，可坐作西伯"⑧。不仅如此，萧衍与张弘策的对谈中还据《后汉书·邓晨传》自比刘秀，运用"纬象"放言"梁、

---

① （梁）萧绎撰，许逸民点校《金楼子校笺》卷一《兴王篇》，中华书局 2011 年版，第 155、209～210 页。

② 周一良《论梁武帝及其时代》，氏著《魏晋南北朝史论集》，北京大学出版社 1997 年版，第 338～368 页。

③ 姚大中《南方的奋起》，氏著《姚著中国史》，华夏出版社 2017 年版，第 3 册，第 96 页。

④ 楼劲《魏晋以来的"禅让革命"及其思想背景》，《华东师范大学学报》（哲学社会科学版）2017 年第 3 期。

⑤ （晋）干宝《〈晋纪〉论晋武帝革命》提出"尧舜内禅""汉魏外禅""汤武革命"与"高、光征伐"等四种政权转移模式。见（唐）李善等《六臣注文选》卷四九《史论上》，中华书局 1987 年版，924 页下～925 页上。

⑥ 赵以武《梁武帝及其时代》，凤凰出版社 2006 年版，第 22～24 页；庄辉明《萧衍评传》，上海古籍出版社 2018 年版，第 25～27 页。

⑦ （晋）陈寿《三国志》卷五四《吴书·鲁肃传》，中华书局 1964 年版，第 1268 页；（唐）姚思廉撰《梁书》卷一《武帝纪上》，中华书局 1973 年版，第 4 页。

⑧ （唐）姚思廉撰《梁书》卷一《武帝纪上》，中华书局 1973 年版，第 3 页。

楚、汉当有英雄兴"①。这种比附与其刻意将胞兄萧懿比作刘縯有关。② 刘縯为刘秀之兄，好侠养士，终为更始帝刘玄所害。萧懿平叛裴叔业、崔慧景后被赐死，正与刘縯结局相近。萧懿之死为萧衍起兵提供了绝佳借口，任昉《百辟劝进今上笺》就突出萧衍得到死讯后"据鞍辍哭，厉三军之志；独居掩涕，激义士之心"的情节，而这正是刘秀因刘縯被杀而"独居，不御酒肉，坐卧枕席有涕泣处"③的再现。其实，早在齐武帝永明八年（490）沈约《齐故安陆昭王碑》就据以表现萧鸾因萧缅去世而"独居，不御酒肉，坐卧泣涕霑衣"④的情形。这说明刘縯之于刘秀的政治关联已是南朝的《史》《汉》常识。是以萧衍注重借萧懿与刘縯的相似性唤取广泛的舆论同情，并增强自身比拟刘秀吊民伐罪的说服力。萧衍文僚撰制檄文时亦利用萧懿事件的震动效应，以起到丑化萧宝卷而归化异己势力的作用。如萧衍《移京邑檄》大加宣扬萧懿遭冤杀的不公，控诉"昏君暴后，未有若斯之甚者"；檄文还采择《尚书·泰誓》所载周武王孟津誓师的章句结构与伐纣措辞，极力贬斥萧宝卷为"扰乱天常，毁弃君德，奸回淫纵"⑤的"独夫"。这已然将萧懿之死嵌入了"汤武革命"的叙事框架，也是"高、光征伐"向"汤武革命"转化的话语基础。正因萧懿对萧梁建国的特殊价值，萧衍于即位当日就对其褒崇追赠。此后萧绎延续上述话术，其《答群下劝进令》"甫闻伯升（按，刘縯字）之祸"⑥句，即将萧纲比作刘縯而自比刘秀。萧懿之子萧渊明在梁末"武皇之子，无复一人"的前提下以"宗室之长"自居，为达到取代萧方智而"定我邦家""家国无虞"的目的，也重申了"据鞍辍哭，虽绍霸图，独居掩涕，终讨家怨"⑦的叙事惯例。

其二，永元二年（500）十一月至齐和帝中兴元年（501）十二月攻陷建康，由周武王变为"桓文""昆彭"。萧衍起兵后"武王伐纣"说不利于笼络其他地方势力，迫于形势只得借鉴宋、齐立少主而行禅代的做法，与萧颖胄共推萧宝融为帝，其政治目标则降格为"废昏立明"而成"桓文之业"。⑧ 以"桓文"喻匡乱之臣本是魏晋常用手法，刘宋易代文书又发展出以"桓文"与"昆彭"共指中兴之臣的

① （唐）姚思廉撰《梁书》卷一一《张弘策传》，中华书局 1973 年版，第 206 页。
② 曹道衡《兰陵萧氏与南朝文学》，中华书局 2004 年版，第 74～76 页。
③ （汉）刘珍等撰，吴树平校注《东观汉记校注》卷九《冯异传》，中华书局 2008 年版，第 317 页。
④ （唐）李善等《六臣注文选》卷五九，中华书局 1987 年版，1103 页上。
⑤ （唐）姚思廉撰《梁书》卷一《武帝纪上》，中华书局 1973 年版，第 7 页。
⑥ （唐）姚思廉撰《梁书》卷五《元帝纪》，中华书局 1973 年版，第 119 页。
⑦ （陈）徐陵撰，许逸民校笺《徐陵集校笺》卷六《为贞阳侯与太尉王僧辩书》，中华书局 2008 年版，第 600～602 页。
⑧ （唐）姚思廉撰《梁书》卷一一《张弘策传》，中华书局 1973 年版，第 206 页。

固有称谓。如傅亮为刘裕作《九锡文》"夏殷资昆彭之伯，有周倚齐晋之辅……翼治扶危，靡不由此"，[1]即为其例。"昆彭"为夏朝昆吾、殷商大彭的简称，《史记·殷本纪》《史记·楚世家》《说苑·敬慎》《孔子家语·六本》等所载昆吾、彭祖均为夏、商末期"斩刈黎民如草芥"的奸雄[2]，《白虎通义·五霸》则将其连同豕韦氏、齐桓公、晋文公归入"五霸"，并塑造为"行方伯之职，会诸侯，朝天子，不失人臣之义"[3]的形象。韦孟作为豕韦氏后人，曾以《谏诗》"肃肃我祖，国自豕韦……迭彼大彭，勋绩惟光"[4]颂美豕韦氏、大彭的盛绩。此后，边让《章华赋》称鬻熊"超有商之大彭兮，越隆周之两虢"[5]，曹植《武帝诔序》称曹操"德美旦奭，功越彭韦"[6]，均是"昆吾""大彭"的历史性塑造正面化之证。另据《史记·五帝本纪》《史记·楚世家》，昆吾为彭祖长子，历经夏、殷而封于大彭，亦即后来的彭城。刘裕起家、定霸均在彭城，傅亮比之为"昆彭"正在情理之中。萧衍攻入建康后以大司马、中书监承制，就是依照晋安帝元兴三年（404）刘裕以大司马、中书监总揽朝政之例。因此，任昉也借鉴傅亮禅代文书而将萧衍比为"昆彭"。如《策梁公九锡文》称萧衍"韦、彭、齐、晋，靖衰乱于殷、周"，《梁王令》称"望昆、彭以长想，钦桓、文而叹息"，[7]等等。事实上，萧衍并无在彭城的仕历，上述大致是从文书层面照搬刘宋禅代流程的体现。

其三，中兴元年（501）十二月至二年（502）四月，由"桓文""昆彭"转为"武王-刘秀"的叠合身份。为了尽快"膺天改命，光宅区宇"[8]，萧衍搬用汉晋、宋齐多以皇太后临朝称制而行禅代的惯伎，于中兴二年（502）正月主动将承制权让渡给宣德太后，并以后者名义循序进位相国、梁公、梁王。与此同时，效仿宋齐诸帝登基前制造符瑞的做法，由延陵、兖州等地集中上报瑞应，直至四月接受萧宝融"禅让"而建立梁朝。可以说，短短四个月正是萧衍及其文僚塑造"汤武革命"绾合"高光征伐"开国模式的关键期。如任昉《策梁公九锡文》悉数萧衍十四项中兴之功，并特意突显其"司隶旧章，见之者陨涕。请我民命，还之斗极"的勋劳。所谓"司隶旧章"，指刘秀于王莽末兼代司隶校尉时老吏泣称："不图今日复见汉

① （梁）沈约撰《宋书》卷二《武帝纪中》，中华书局1974年版，第37页。
② （清）陈士珂辑，崔涛点校《孔子家语疏证》卷四《六本》，凤凰出版社2017年版，第109页。
③ （清）陈立撰，吴则虞点校《白虎通疏证》卷二，中华书局1994年版，第60～61页。
④ （汉）班固《汉书》卷七三《韦贤传》，中华书局1964年版，第3118页。
⑤ （南朝宋）范晔《后汉书》卷八〇下《边让传》，中华书局1973年版，第2641页。
⑥ 赵幼文《曹植集校注》卷一，人民文学出版社1998年版，第198页。
⑦ （唐）姚思廉撰《梁书》卷一《武帝纪上》，中华书局1973年版，第16、25页。
⑧ （梁）萧子显撰《南齐书》卷三八《萧颖胄传》，中华书局1972年版，第674页。

官威仪！"①这就赋予萧衍新政以光武中兴的气象。沈约则参照《后汉书·光武帝纪》耿纯劝进刘秀之词，以"士大夫攀龙附凤者，皆望有尺寸之功……公自至京邑，已移气序，比于周武，迟速不同"②，进一步在"高光征伐"与"汤武革命"的双重结构下，建议萧衍重塑皇权。另外，任昉《百辟劝进今上笺》强化"大宝公器，非要非距，至公至平，当仁谁让？"③的皇权"公器"意识，似乎潜在运用了《六韬·发启》"天下者非一人之天下，乃天下之天下也。取天下若逐野兽，而天下皆有分肉之心"④的论调。"分肉"论与"逐鹿"论成为刘邦、刘秀夺取政权的理论根基⑤，也变为萧衍在"公器"开放性争夺中"当仁谁让"的口实。《宣德皇后玺书》又结合汉魏、晋宋皇权转移的史证，以"公天下"理论赋予萧衍禅位开国的正当性。同时，还依据《周易·鼎卦》《革卦》与五德终始之义，宣扬"取新之应既昭，革故之征必显"⑥的必然性。由上可知，萧梁建国正是以"高光征伐"促成"汤武革命"的过程。

尽管萧梁建立后不断强化"革命"建国的意识⑦，萧衍却不否认自身"武王-刘秀"的双重比附特征。其《敬业赋序》就坦承："朕不得以比汤武，汤武亦不得比朕。汤武是圣人，朕是凡人，此不得以比汤武。但汤武君臣义未绝，而有南巢、白旗之事。朕君臣义已绝，然后扫定独夫，为天下除患。以是二途，故不得相比。"⑧所谓"君臣义已绝"，正是指萧懿被杀之事。结合前述萧懿与刘縯的相似性，足以说明刘秀开国才是萧衍参照的直接模板。⑨ 不过，魏晋以来君主为构建本朝帝系，多在即位诏中将先皇与自身类比为"二圣"（周文王、武王）或"三

---

① （南朝宋）范晔《后汉书》卷一《光武帝纪上》，中华书局 1973 年版，第 10 页。
② （唐）李延寿撰《南史》卷五七《沈约传》，中华书局 1975 年版，第 1411～1412 页。
③ （唐）姚思廉撰《梁书》卷一《武帝纪上》，中华书局 1973 年版，第 21 页。
④ 唐书文译注《六韬·三略译注》，上海古籍出版社 2012 年版，第 33～34 页。
⑤ 侯旭东《逐鹿或天命：汉人眼中的秦亡汉兴》，《中国社会科学》2015 年第 4 期。
⑥ （唐）姚思廉撰《梁书》卷一《武帝纪上》，中华书局 1973 年版，第 29 页。
⑦ 如（唐）萧绎《郢州都督萧子昭碑铭》"皇梁革命，钦若前经"[（唐）许敬宗编，罗国威整理《日藏弘仁本文馆词林校证》卷四五七，中华书局 2001 年版，第 186 页]，《高祖武皇帝谥议》"类帝禋宗，革命创制"（《萧绎集校注》，第 1012 页），等等。萧衍《敬业赋序》亦特意提及早年雍州起兵后"有双白鱼跳入舳前，义等孟津，事符冥应"一事。[（清）严可均校辑《全梁文》卷一，（清）严可均校辑《全上古三代秦汉三国六朝文》，中华书局 1958 年版，2950 页上]"白鱼入舟"自汉代以来即固化为武王孟津会盟以灭纣的征祥，萧衍则借以作为以革命形式完成禅代的表征。
⑧ （清）严可均校辑《全梁文》卷一，（清）严可均校辑《全上古三代秦汉三国六朝文》，中华书局 1958 年版，2950 页上。
⑨ 有关刘秀崛起、刘秀集团形成、东汉建立等问题，参见陈苏镇《〈春秋〉与"汉道"：两汉政治与政治文化研究》，中华书局 2020 年版，第 454～493 页。

圣"（周文王、武王、成王）。① 既然"汤武革命"论为萧衍自比周武王提供了依据，为了效法魏晋"二圣"或"三圣"帝系传统，将萧顺之追认为"西伯"或"文皇帝"就成了务实的选择。② 如萧纲即位诏"太祖文皇帝含光大之量，启西伯之基。高祖武皇帝道洽二仪，智周万物"③，即为显例。梁简文帝大宝二年（551）十月，萧纲、萧大器相继被杀，沈炯代王僧辩等人劝进萧绎称："太祖文皇帝徇齐作圣，肇有六州。高祖武皇帝聪明神武，奄冢天下……丽正居贞，大横固祉。四叶相系，三圣同基。"④这里则确立了萧顺之、萧衍、萧纲的"三圣"模式。萧绎即位改元诏沿袭了这一模式，又特别指出萧纲"地侔启、诵，方符文、景"。汉文帝刘恒初封代王，而后称帝，至六朝已变为藩王即帝位的政治隐喻。⑤ 萧绎将萧纲与刘恒对举，也是为自身称帝寻求理据。不过，为了以"天下者高祖之天下"⑥的说辞承续帝统，萧绎大肆诛戮萧纲、萧统遗嗣，可谓"近舍周典，上循商制"⑦。江陵陷落后，萧衍、萧纲、萧绎构成"三后"统绪。⑧ 按照杜预注《左传·昭公三十二年》"三后"为尧、舜、禹的说法，其内涵已与"三圣"大相径庭。在梁、陈之交"州州自帝，郡郡称王"⑨的政局下，徐陵代笔《禅位陈王策》"我高祖应期抚运，握枢御宇，三

① 如曹髦、司马炎、司马睿、萧昭文、陈顼乃至高演《即位改元大赦诏》，均为其例。分见（唐）许敬宗编，罗国威整理《日藏弘仁本文馆词林校证》卷六六九，中华书局 2001 年版，第 330、331、332～333、338、344 页。

② 田丹丹《萧梁太祖追认与历史书写》，《学术探索》2014 年第 6 期。

③ （唐）姚思廉撰《梁书》卷四《简文帝纪》，中华书局 1973 年版，第 105 页。

④ （唐）姚思廉撰《梁书》卷五《元帝纪》，中华书局 1973 年版，第 117 页。

⑤ 如陆机以司马颖"得遐迩心，将为汉之代王"；[（梁）沈约撰《宋书》卷三〇《五行志一》，中华书局 1974 年版，第 882 页]刘义隆以宜都王被迎称帝，刘湛指斥其心腹王华、王昙首"若非代邸之旧，无以至此"[（梁）沈约撰《宋书》卷六九《刘湛传》，中华书局 1974 年版，第 1816 页]；刘义恭劝进刘骏即位亦称"张武抗辞，代王顺请"[（梁）沈约撰《宋书》卷六一《武三王·刘义恭传》，中华书局 1974 年版，第 1646 页]；谢朓《始出尚书省》以"青精翼紫轪，黄旗映朱邸"句[（唐）李善等《六臣注文选》卷三〇，中华书局 1987 年版，567 页上]颂美萧鸾由西昌侯即位；朱场称王琳"立功代邸，效绩中朝"[（唐）李百药撰《北齐书》卷三二《王琳传》，中华书局 1972 年版，第 432 页]，是对王琳翊戴湘东王萧绎称帝而言；陈蒨肯定侯安都"飞骖代邸，预定嘉谋"[（唐）姚思廉撰《陈书》卷八《侯安都传》，中华书局 1972 年版，第 148 页]，将其临川王府比作"代邸"；至于陈顼即位诏，则自诩"何但代王之五让"[（唐）姚思廉撰《陈书》卷五《宣帝纪》，中华书局 1972 年版，第 76 页]。

⑥ （唐）姚思廉撰《梁书》卷五《元帝纪》，中华书局 1973 年版，第 120 页。

⑦ 魏收《北齐武成帝即位改元大赦诏》，（唐）许敬宗编，罗国威整理《日藏弘仁本文馆词林校证》卷六六八，中华书局 2001 年版，第 345 页。

⑧ 如徐陵《为贞阳侯答王太尉书》"家国丧乱，于今积年。三后蒙尘，四海沸腾"[（陈）徐陵撰，许逸民校笺《徐陵集校笺》卷七，中华书局 2008 年版，第 694 页]，《封陈公九锡诏》"雪三后之劲仇，夷三灵之巨慝"[（陈）徐陵撰，许逸民校笺《徐陵集校笺》卷一一，中华书局 2008 年版，第 1374 页]，等等。

⑨ （陈）徐陵撰，许逸民校笺《徐陵集校笺》卷八《答诸求官人书》，中华书局 2008 年版，第 913 页。

后重光,祖宗齐圣"①之"三后"即为尧、舜、禹之义。其淡化了萧梁开国所含汤武革命的属性,也预示着"三圣"叙事模式已宣告终结。

二、萧衍皇族孝治路径与"斯文"重塑

西汉以降,开国叙事一般绕不开"顺天易姓"与"改制以明天命"两大主题。②萧梁概莫能外。建梁之初,萧衍就借鉴"江左以来,代谢必相诛戮"③的皇族治理困境,反思"我自应天从人"与"天下士大夫"之间的内在关系④,从而在稳定皇族内部权力秩序的前提下,寻求绾合"皇权—门阀"政治的逆取顺守之道。不仅如此,"应天从人"的符命造作只是王朝草创期的舆论手段,只有借助更为系统的礼法文教建制,才能使之落实为自觉的士民观念。是以萧衍颁定《梁律》以严明威权与法责,又拓宽选官渠道,劝教兴化。其中修纂《五礼仪注》是"经国家,利后嗣……为国修身,于斯为急"的首务,而撰定宫庙舞乐、兴造殿阙寺观等礼制建筑也不失为"俾万世之下,知斯文在斯"⑤的文治象征。如前所述,萧梁大致遵循魏晋"二圣"或"三圣"的王朝叙事策略,加之"三圣"家天下的政权模式已在西晋、北魏派生出以"家国"孝治为核心的礼教体系,这在客观上又为萧梁由"汤武革命"向"自家刑国"的孝治转型预设了发展方向。

萧衍"自家刑国,自国刑家"的人伦治理体系以孝义为核心,既有三教共通的理论基础⑥,也是贯穿皇族、世族、黎庶各阶层的政治伦理通则。为了实现"汤

---

① (陈)徐陵撰,许逸民校笺《徐陵集校笺》卷一二,中华书局 2008 年版,第 1568 页。

② 李冬军《孔子圣化与儒者革命》,中国人民大学出版社 2004 年版,第 213~216 页。

③ (唐)姚思廉撰《梁书》卷三五《萧子恪传》,中华书局 1973 年版,第 508 页。

④ (唐)姚思廉撰《梁书》卷五〇《文学传下》,中华书局 1973 年版,第 727 页。按,梁初皇权认同薄弱,诸如颜见远殉齐、萧宝卷余党叛乱、陈伯之谋反、王亮元日朝会"辞疾不登殿,设馔别省,而语笑自若"[(唐)姚思廉撰《梁书》卷一六《王亮传》,中华书局 1973 年版,第 268 页]等事件,均说明萧梁亟需重塑本朝的皇权秩序。

⑤ (唐)姚思廉撰《梁书》卷二五《徐勉传》,中华书局 1973 年版,第 379、383 页。

⑥ 除儒家经典外,道教经典《太平经》《灵宝天尊说洪恩灵济真君妙经》《葛仙翁太极冲玄至道新传》均宣扬忠孝仁义或忠信孝敬,见吕锡琛著《道家道教与中国古代政治》,湖南人民出版社 2002 年版,第115~116 页;佚名《正诬论》"佛与周孔,但共明忠孝信顺,从之者吉,背之者凶"(僧祐撰、李小荣校笺《弘明集校笺》卷一,上海古籍出版社 2013 年版,第 75 页),释慧远《答桓太尉书》"佛经所明,凡有二科。一者处俗弘教,二者出家修道。处俗则奉上之礼,尊亲之敬;忠孝之义,表于经文;在三之训,彰于圣典;斯与王制同命,有若符契。"(僧祐撰、李小荣校笺《弘明集校笺》卷一二,上海古籍出版社 2013 年版,第 692 页)均为佛家迎合儒家伦理价值观的体现。其中慧远是佛教儒家化、世俗化的关键人物,可参见方立天《慧远与佛教中国化》,《中国人民大学学报》2005 年第 1 期。

武革命"向本朝文治的改制，萧衍效法司马炎、萧道成①，也突出自身"本自诸生，取乐名教"②的身份，以便为引领梁朝制礼作乐、崇文弘化奠定舆论基础。永嘉南渡以来，东晋南朝就难以摆脱"江南之地，盖九州之隅角"③的地方政权属性。为了化解"耻帝道皇居仄陋于东南"④的压力，萧衍在南北郊、明堂、雩坛、五郊坛、宗庙、社稷、籍田等诸多礼制事项中自我作古⑤，并不断完善礼乐文教系统，修缮国学礼馆、宫城殿阙等礼制建筑，以实现本朝"圣图重造，旧章毕新"⑥。由于释奠礼制与孔庙祭祀关乎儒家道统、国家治统的确立⑦，萧衍于梁武帝天监四年(505)六月立孔子庙，并创办五馆学，分遣博士、祭酒至州郡设学；于天监七年(508)下诏"建国君民，立教为首……思欲式敦齿让，自家刑国"⑧，这就表明了以皇族子弟为主体的国子学引导士民教化的意图。天监九年(510)三月，国子学建成后，萧衍下诏规定皇太子及王侯子弟"年在从师者，可令入学"⑨。据考，经由国子生策试入仕的皇族成员包括萧大临、萧大连、萧孝俨、萧映、萧恺、萧乾，外戚则有张缵、张缅、张绾、王质、王金、王劢、王通、王锡等。⑩ 至于萧衍诸子，则高选师友、文学予以专门授学。如萧统在明山宾、贺玚等名儒的训导下，尊崇"姬公之集，孔父之书"，践行"孝敬之准式"，儒学倾向鲜明；⑪萧绎则深得贺革、阮孝绪指授，早年撰《孝德传》《忠臣传》《丹阳尹传》等，其《上〈忠臣传〉表》即坦承"理合君亲，孝忠一体"的观念源于"早蒙丹扆之训"⑫。萧绎《郢州都督萧子昭

① 司马炎说："本诸生家，传礼来久。"[(唐)房玄龄等撰《晋书》卷二〇《礼志中》，中华书局1974年版，第614页]萧子显亦说："天子少为诸生，端拱以思儒业。"见(梁)萧子显撰《南齐书》卷三九《刘瓛、陆澄传论》，中华书局1972年版，第687页。

② (唐)姚思廉撰《梁书》卷一《武帝纪上》，中华书局1973年版，第22页。另外，《天监三年策秀才文》"朕本自诸生"[(唐)李善等《六臣注文选》卷三六，中华书局1987年版，682页上]，沈约《武帝集序》"日角之主，出自诸生"[(唐)欧阳询撰，汪绍楹校《艺文类聚》卷一四，上海古籍出版社1985年版，第269页]，许善心《梁史·序传》"武皇帝出自诸生，爰升宝历"[(唐)李延寿撰《北史》卷八三《文苑传》，中华书局1974年版，第2804页]，均为其例。

③ (唐)房玄龄等撰《晋书》卷七一《王鉴传》，中华书局1974年版，第1889页。

④ (唐)房玄龄等撰《晋书》卷九八《桓温传》，中华书局1974年版，第2575页。

⑤ 姜波《汉唐都城礼制建筑研究》，文物出版社2003年版，第133～140页。

⑥ (梁)沈约撰《宋书》卷一四《礼志一》，中华书局1974年版，第346页。

⑦ 雷闻《郊庙之外：隋唐国家祭祀与宗教》，生活·读书·新知三联书店2009年版，第61～62页。

⑧ (唐)姚思廉撰《梁书》卷二《武帝纪中》，中华书局1973年版，第46页。

⑨ (唐)李延寿撰《南史》卷七一《儒林传序》，中华书局1975年版，第1730页。

⑩ 张旭华《萧梁经学生策试入仕制度考释》，氏著《魏晋南北朝官制论集》，大象出版社2011年版，第211～212页。

⑪ 曹道衡《兰陵萧氏与南朝文学》，中华书局2004年版，第138页。

⑫ (唐)欧阳询撰，汪绍楹校《艺文类聚》卷二〇，上海古籍出版社1985年版，第367～368页。

碑铭》还进一步论证了"自家刑国"与"保家经国"的关联。其围绕萧衍从父弟萧昺的一生勋绩，称扬后者足为"保家经国，总括二韦……知人善使，自家形（刑）国"①的藩王典范。当然，萧梁其他皇族成员也不乏家国忠孝之士。② 这些都说明萧衍以家国一体论引领王朝文教的显著成效。

另外，萧衍舍道入佛，奉行儒佛并崇的文化政策，实现了礼乐完备、文学弘化的文治局面。③ 萧衍尤为注重运用文学手段将国家盛典转化为文林盛事，以起到扩大舆论传播的功效。兹以寺庙建造及其文事宣传为例。萧衍舍建康三桥旧宅而建成光宅寺及宝塔，堪称梁初以家舍国、以佛弘孝的标志性事件。寺以"光宅"为名，可近溯自天监元年郊天祭文"钦若天应，以命于（萧）衍……故能大庇氓黎，光宅区宇"④。沈约《光宅寺刹下铭序》沿用开国文书中"周武-刘秀"叠合叙事模式，将光宅寺比作周武王、刘秀故居；又因光宅寺"上帝之故居"⑤的属性，将其比作佛教释帝天所居的须弥山。萧绎《光宅寺大僧正法师碑》进一步申述"革命"开国的历程，并将萧衍塑造成征服四方的"轮转王"："皇帝革命受图，补天纽地。转金轮于忍土，策绀马于阎浮。"据《佛说长阿含经》，大善见王七宝之首为"金轮"，第三宝为"绀马"，二者均是"转轮圣王"的典型瑞象。⑥ "转轮王"观念作为佛教主要的王权观，在隋唐时期已经频繁用于论证君主统治的合法性。⑦ 在萧绎这里，则初步缀联"革命"论与"转轮王"观，以实现萧衍由"周武

① （唐）许敬宗编，罗国威整理《日藏弘仁本文馆词林校证》卷四五七，中华书局2001年版，第184～186页。

② 如萧纶是"及太清之乱，忠孝独存"[（唐）姚思廉撰《梁书》卷二九《高祖三王传论》，中华书局1973年版，第437页]的典型，萧纲自命"立身行道，终始如一"[（唐）姚思廉撰《梁书》卷四《简文帝纪》，中华书局1973年版，第108页]，萧绎自诩"为臣为子，兼国兼家"[（唐）姚思廉撰《梁书》卷五《元帝纪》，中华书局1973年版，第124页]，等等。

③ 中外学界关于萧衍佛教、政治史、思想史等方面的专题研究甚多，颜尚文《梁武帝的君权思想与菩萨性格初探》一文综述颇详，见氏著《中国中古佛教史论》，宗教文化出版社2010年版，第119～124页。关于萧衍文学、文化创绩的论著也较多，以曹道衡《兰陵萧氏与南朝文学》、赵以武《梁武帝及其时代》、庄辉明《萧衍评传》、林大志《四萧研究》（中华书局2007年版）、龚贤《佛典与南朝文学》（江西人民出版社2008年版）等为代表。

④ （唐）姚思廉撰《梁书》卷二《武帝纪中》，中华书局1973年版，第33页。

⑤ （梁）沈约著，陈庆元校注《沈约集校注》卷六，浙江古籍出版社1995年版，第193页。

⑥ 《萧绎集校注》，第1147～1153页。

⑦ 孙英刚《转轮王与皇帝：佛教对中古君主概念的影响》，《社会科学战线》2013年第11期。

王"向战无不胜的"转轮王"转换。至于萧衍晚年以"皇帝菩萨"自居①，则似乎是其自比"转轮王"意识的深化发展。此外，扩大光宅寺的政治影响，萧衍为开国勋臣沈约、范云、周兴嗣以下数十人铸像，并移置于光宅寺供奉；②为抬升光宅寺的宗教地位，又以法云为寺主，"创立僧制，雅为后则"③。差不多与建光宅寺同时，萧衍还进行了宫城刻漏、魏阙、日晷的建造。周兴嗣、陆倕等人奉敕撰制光宅寺碑与《铜表铭》《新刻漏铭》《石阙铭》，无不体现出"'与天作始'、创造历史的政治目的"④。

总体来看，制礼作乐是萧衍重塑本朝"斯文"的核心所在，家国孝治则是皇权形塑的关键内容。两者集经史思想、典章制度、器物建筑、文事宣传于一身，是多重运作的"混合"式产物。王朗曾回顾曹丕禅位典礼上"忽自以为处唐、虞之运，际于紫微之天庭"的盛大场景，感念禅代文书复活了"'受终于文祖'之言于《尚书》"与"'历数在躬，允执其中'之文于《论语》"的经典记述。⑤梁齐易代文书同样也营造了萧梁建国与西周"二圣"对接的想象、再塑空间，并生发出唐、虞复现的政权认同感。进入守成期后，萧衍奖擢勋旧，意在"建国开宇，藩屏王室"；册封藩王，则彰显"国礼家情，瞻济隆重"。⑥萧衍还规范藩王世子令、教、表疏等格式与称谓，⑦即使"诚为国政，实亦家风"的礼法秩序贯穿于皇族成员的行政日常之中，也使皇族家风定型为帝国家范，从而产生"自国刑家"的效应。如王僧辩径称："臣等或世受朝恩，或身荷重遇，同休等戚，自国刑家，苟有腹心，敢以死夺！"⑧此外，《五礼仪注》的颁行使"孝治天下，九亲雍睦"的国策深具操作

---

① 史载："(萧)衍每礼佛，舍其法服，著乾陀袈裟。令其王侯子弟皆受佛诫，有事佛精苦者，辄加以'菩萨'之号。其臣下奏表上书亦称衍为'皇帝菩萨'。"[(北齐)魏收撰《魏书》卷九八《岛夷·萧衍传》，中华书局 1974 年版，第 2187 页]上述所载指中大通元年六月，太清元年四月萧衍两次舍身同泰寺，"群臣以钱一亿万奉赎皇帝菩萨"。[(唐)李延寿撰《南史》卷七《梁本纪中》，中华书局 1975 年版，第 206、219 页]。另，《隋书·经籍志》载谢吴《皇帝菩萨清净大舍记》三卷，中大通六年双林寺傅大士上书称萧衍为"国主救世菩萨"。[见(陈)徐陵撰，许逸民校笺《徐陵集校笺》卷一〇《东阳双林傅大士碑》，中华书局 2008 年版，第 1229 页]

② (唐)许嵩撰，张忱石点校《建康实录》卷一七《高祖武皇帝纪》，中华书局 1986 年版，第 675 页。

③ (唐)道宣撰，郭绍林点校《续高僧传》卷五《义解篇初·释法云传》，中华书局 2014 年版，第 162 页。

④ 程章灿《重定时间标准与历史位置——〈新刻漏铭〉新论》，《中山大学学报》(社会科学版)2018年第 5 期。

⑤ 《三国志》卷三八《蜀书·许靖传》裴松之注引《魏略》，第 968 页。

⑥ (唐)欧阳询撰，汪绍楹校《艺文类聚》卷五一，上海古籍出版社 1985 年版，第 916、918 页。

⑦ (唐)魏徵等撰《隋书》卷二六《百官志上》，中华书局 1973 年版，第 728 页。

⑧ (唐)姚思廉撰《梁书》卷五《元帝纪》，中华书局 1973 年版，第 121 页。

性①，也提升了举国"穆穆恂恂，家知礼节"的礼制水平。② 诸如谢览、王暕等高门子弟，往往因兼具"名家"与"国华"的双重属性而成为"自国刑家"的典范。③ 这正与皇族"自家刑国"相辅相成，共同构建起萧梁孝治的礼法生态体系。至于刘孝绰及其规模可观的文学化家族，曾被萧绎誉为"孝乎惟孝，其德有邻。曰风曰雅，文章动神"④，刘孝绰则鼓吹"粤我大梁之二十一载……显仁立孝，行于四海"⑤。这种皇族与地方名族文学层面的默契互动，也促进了萧梁孝治文学在家国一体框架下的良性发展。

三、《丹阳上庸路碑》与萧纲"储副"、萧绎"帝子"塑造

如何委派、控御皇室宗亲势力，是汉魏以来的施政难题。为避免重蹈曹魏覆辙，晋武帝将以宗室诸王为主的分封格局扭转为以帝系诸王为主的皇权政治模式。⑥ 一定程度上，萧梁沿袭并强化了这种模式。在萧衍长期执政下，萧梁孕育出专对于太子、藩王的政治语言和文化。像舜、姬诵、刘庄、司马绍等史上知名孝子、太子，或者刘苍、刘德等好文藩王，均已被萧梁文、政两界改造成太子或藩王专属的政治表述。如萧统履行"隆家干国，主祭安民"⑦的太子政务之余，又引领天监、普通年间的文坛走向⑧，以至被过誉为具有"克念无怠，烝烝以孝"的"大舜之德"⑨。然而，"埋蜡鹅""采莲荡舟"事件致使萧统早故。萧衍汲取永明末萧子良、萧昭业叔侄宫斗的教训，终以萧纲为太子。⑩ 萧纲为了消弭"废嫡立庶，海内噂誻"的消极影响，⑪立储后仍积极延续萧统的文业与政治塑造。其不仅编纂《昭明太子传》五卷、《昭明太子集》二十卷，作《昭明太子集序》《上〈昭明

---

① （唐）姚思廉撰《梁书》卷二九《高祖三王传》，中华书局 1973 年版，第 433 页。

② （唐）姚思廉撰《梁书》卷三《武帝纪论》，中华书局 1973 年版，第 97 页。

③ （唐）姚思廉撰《梁书》卷一五《谢朏传》，中华书局 1973 年版，第 265 页。

④ 《萧绎集校注》，第 1240 页。

⑤ （梁）刘孝绰《昭明太子集序》，（梁）萧统撰，俞绍初校注《昭明太子集校注》附录一，中州古籍出版社 2001 年版，第 244 页。

⑥ 仇鹿鸣《从族到家：宗室势力与西晋政治的转型》，《史学月刊》2011 年第 9 期。

⑦ （唐）姚思廉撰《梁书》卷八《昭明太子传》，中华书局 1973 年版，第 170 页。

⑧ 傅刚《试论梁代天监、普通年间文学思想与创作》，《文学遗产》1998 年第 5 期。

⑨ （唐）姚思廉撰《梁书》卷八《昭明太子传论》，中华书局 1973 年版，第 173 页。

⑩ 较早系统探讨萧统"埋蜡鹅""采莲荡舟"事件政治意涵者，为曹道衡《昭明太子和梁武帝的建储问题》[《郑州大学学报》(哲学社会科学版)1994 年第 1 期]一文。辛明应《萧梁王室与荡舟记忆——兼释经史与文学意象的互文性》[《复旦学报》(社会科学版)2017 年第 6 期]，则论证了"采莲荡舟"史学叙事背后经史、文学共生的内涵。

⑪ （唐）李延寿撰《南史》卷五三《梁武帝诸子传》，中华书局 1975 年版，第 1312 页。

太子集〉〈别传〉等表》，还套用《梁公九锡文》14 种颂功模式，在《〈昭明太子集〉序》中颂美萧统的 14 种德行。该序盛赞萧统"恩均西伯，仁同姬祖"①，又将其纳入周汉以来名太子序列，使之与刘盈、曹丕并称。当然，萧梁易储后"储副"塑造的重心已向萧纲转移，原本比拟萧统的"夏启、周诵，汉储、魏两"②等太子话语随之成为萧纲的专属称谓。从思想文化层面，萧纲也不断强化自身影响，如《玉台新咏》的编纂就不乏宫教之用，③更有"为新变诗风拿出示范的实例，和《诗苑英华》《文选》相对抗"的深层动机。④ 对萧衍来说，其向来注重大兴国家工程以显示本朝"自国刑家"的皇权特质。如天监九年翻修栅塘作缘淮塘，敕命周兴嗣作《栅塘碣》；十二年（513）扩建太极殿，由王筠撰《上太极殿表》。两次土木兴造与文事宣传，均不离"四海为家，义存威重。万国来朝，事惟壮观"⑤的意图。正因如此，兴修土木也成为萧衍强化太子形象的手段之一。徐陵《丹阳上庸路碑》就提供了这方面的信息。

徐陵《丹阳上庸路碑》题中"上庸"词义不明，导致历来对该篇颂扬的碑主存有歧疑。⑥ "庸"与"容"在中古音中同属钟韵、平声、余封切，是为同音字，故"上庸"即为"上容"。徐陵《丹阳上庸路碑》之"上庸"，实指萧衍以萧纲名义所修上容渎。据《景定建康志·疆域志二》，吴大帝赤乌八年（245），孙权始凿破冈渎，迄至萧纲立太子后，萧衍为避萧纲讳而改破冈渎为破墩渎；又因该渎窄浅淤塞难以行舟，而于句容县东南五里另开上容渎。值得一提的是，孙吴开凿破冈渎之前，三吴地区至建康的漕运一般先沿长江行 80 多千米抵京口而后转至建康。京口作为长江入海口，相关江域备受到海水倒灌的侵扰，本来的顺下却如同逆行，加之风高浪急，故而导致《丹阳上庸路碑》所说"涛如白马，既碍广陵之江。山曰金牛，用险梅湖之路"⑦的航运风险。破冈渎、上容渎开通后，太湖流域经破冈渎至秦淮、建康的路程缩短为 60 千米，且不必再经受京口江域海潮的考验，

---

① （梁）萧统撰，俞绍初校注《昭明太子集校注》附录一，中州古籍出版社 2001 年版，第 249 页。

② （唐）姚思廉撰《陈书》卷二四《周弘正传》，中华书局 1972 年版，第 306 页。

③ 许云和《南朝宫教与〈玉台新咏〉》，《文献》1997 年第 3 期。

④ 沈玉成《宫体诗与〈玉台新咏〉》，《文学遗产》1988 年第 6 期。另，傅刚也认为《文选》与《玉台新咏》是萧统、萧纲作为太子"主持文事的不同阶段所代表的不同文风和文学观"的体现，见氏撰《〈玉台新咏〉与〈文选〉》，《中国典籍与文化》2003 年第 1 期。

⑤ （梁）王筠撰，黄大宏校注《王筠集校注》卷上，中华书局 2013 年版，第 10 页。

⑥ 清人吴兆宜《徐孝穆集笺注》以碑主为萧纲，而许逸民则归之为萧绎，见（陈）徐陵撰，许逸民校笺《徐陵集校笺》卷九《丹阳上庸路碑·题解》考论，中华书局 2008 年版，第 1051～1054 页。

⑦ （宋）周应合《景定建康志》卷一六《疆域志二·堰埭》"破冈埭"条，王晓波、李勇先、张保见等点校《宋元珍稀地方志丛刊》甲编 2，四川大学出版社 2007 年版，第 799 页。

航运的经济性和安全性大为提升。① 作为沟通三吴与建康漕运的新航道，上容渎对萧梁中后期建康都市圈的持续性发展贡献不小。② 因此，《景定建康志》说："梁朝四时遣公行陵，乘舴艋自方山至云阳……徐陵《上容路碑》有云：'涛如白马，既碍广陵之江。山曰金牛，用险梅湖之路。莫不欣兹利涉，玩此修渠。'"③由上引"徐陵《上容路碑》"及碑文来看，至迟南宋时此碑题名尚未讹作"上庸路碑"。至于"上容路"，则是沿上容渎两岸所筑的堤路，目的在于方便上容渎沿岸的水陆运输。丹徒是齐梁皇陵的所在地，破冈渎或上容渎则是齐梁皇室自建康至丹徒四时行陵的便捷通道。徐陵碑文"专州典郡，青凫赤马之船。皇子天孙，鸣凤飞龙之乘。莫不欣兹利涉，玩此修渠。乍拥节而长歌，乃扠金而鸣籁"④等句，实为上容渎及堤路修竣后萧梁皇王、公卿顺渠前往丹徒行陵的场景。由于三十卷六朝古本《徐陵诗文集》及宋人编本《徐陵诗集》均散佚不传，现存《徐陵集》实为明人重编本。⑤ 明人辑录《徐陵集》时，偶有不熟悉梁陈时代的汉语复音词及相关地名，却喜欢逞臆剜改，就造成了今传《徐陵集》中诸多中古新词的异化现象。⑥ "上容"讹为同一反切的"上庸"，大致也是如此。鉴于上容渎与萧纲密切相关，徐陵以东宫学士身份撰制《丹阳上庸路碑》实属分内之职。由碑文前半部分"我大梁之受天明命，劳己济民，有道称皇，无为曰帝"与铭文末句"帝德惟厚，皇恩甚深。观乎禹迹，见我尧心"来看，全篇充满了对于萧衍天命帝德、振儒兴佛、弘文劝化的颂美，其主旨当与周兴嗣《栅塘碣》、陆倕《石阙铭》、王筠《上太极殿表》相近。不过，上容渎毕竟为萧纲而兴造，故萧纲实为《丹阳上庸路碑》"碑主"萧衍之外的第二主角。碑文"震维举德，非曰尚年。若发居鄘，犹庄在汉"⑦句，即颂赞萧纲以姬发、刘庄为成长样板，某种意义上也预示着萧统时代的"储副"话语已正式被萧纲所承继。

有意思的是，萧绎《金楼子·戒子篇》亦提及"上容"。其云："东方生戒其子

---

① 郑肇经《太湖水利技术史》，农业出版社 1987 年版，第 173～174 页。

② 张学锋《六朝建康都城圈的东方——以破冈渎的探讨为中心》，武汉大学中国三至九世纪研究所编《魏晋南北朝隋唐史资料》第 32 辑，上海古籍出版社 2015 年版，第 76～80 页。

③ (宋)周应合《景定建康志》卷一六《疆域志二·堰埭》"破冈埭"条，王晓波、李勇先、张保见等点校《宋元珍稀地方志丛刊》甲编 2，四川大学出版社 2007 年版，第 799 页。

④ (陈)徐陵撰，许逸民校笺《徐陵集校笺》卷九，中华书局 2008 年版，第 1056 页。

⑤ 刘明《〈徐陵集〉编撰及版本考论》，《天中学刊》2018 年第 6 期。

⑥ 吴金华、崔太勋《中古语词的异化与还原——以〈徐陵集校笺〉为例》，浙江大学汉语史研究中心编《汉语史学报》第 9 辑，上海教育出版社 2010 年版，第 129～134 页。

⑦ (陈)徐陵撰，许逸民校笺《徐陵集校笺》卷九《丹阳上庸路碑》，中华书局 2008 年版，第 1056 页。

上容:'首阳为拙,柱下为工。饱食安步,仕以易农。依隐玩世,诡时不逢。'"①萧绎所引出自《汉书·东方朔传赞》:"非夷齐而是柳下惠,戒其子以上容"。颜师古注:"容身避害也。"②《太平御览·人事部·鉴戒下》引《东方朔集》亦说:"(东方)朔将仙,戒其子曰:'明者处世,莫尚于中庸……首阳为拙,柱下为工;饱食安步,以仕代农。依隐玩世,诡时不逢。'"③所谓"莫尚于中庸"即"尚庸",亦即《汉书·东方朔传赞》之"上容"。萧衍是否借上容溇之名告诫萧纲做一名"尚庸"(或"上容")太子,实难仅凭字面遽下按断。不过,萧纲《答徐摛书》自称:"山涛有云:东宫养德而已……竟不能黜邪进善,少助国章,献可替不,仰裨圣政。以此惭遑,无忘夕惕。"④已见其东宫事权捉襟见肘。加之萧衍儒、玄、释并宗,萧伟、萧绎、萧伯游等宗室成员多究玄义,萧纲则最称典型。其于大同末至太清年间频繁在玄圃自讲《老》《庄》,或听朱异讲《周易义》,以致何敬容讽刺:"昔晋代丧乱,颇由祖尚玄虚,胡贼殄覆中夏。今东宫复袭此,殆非人事,其将为戎乎?"⑤因此,萧纲梁末崇玄的思想变化,或恐与上容溇之"尚庸"的双关意涵有关。

萧绎不仅与萧纲文事交流密切,还曾因私通宫人李桃儿被后者包庇,故政治上颇为依附丁贵嫔与萧纲。⑥ 萧衍曾以"吾家之东阿"称许萧纲⑦,意在萧纲能从文事层面辅翼萧统。萧纲如法炮制,又以"文章未坠,必有英绝领袖之者,非弟而谁?"⑧来抬举萧绎,萧绎自然成为萧纲"储副"话语建构的主力。如其《〈法宝联璧〉序》说:"周颂幼冲,用资端士;汉盈末学,取凭通议……我副君业迈宣尼,道高启笙之作。声超姬发,宁假卞兰之颂……汉用戊申,晋维庚午。增晖前曜,独擅元贞。"⑨"周颂""孟侯"均指周成王姬诵,"汉盈"则指汉惠帝刘盈;"汉用戊申",指汉光武帝建武十九年(43)六月戊申日刘秀册封刘庄为太子,事详《后汉书·光武帝纪下》;"晋维庚午",则为晋元帝太兴元年(318)三月庚午晋元帝立司马绍为太子,事见《晋书·元帝纪》。上述两次立储均为汉晋史上的著名事

① (梁)萧绎撰,许逸民点校《金楼子校笺》卷二《戒子篇》,中华书局 2011 年版,第 470 页。
② 《汉书》卷六五《东方朔传》,第 9 册,第 2874 页。
③ (宋)李昉等撰《太平御览》卷四五九《人事部一百》,中华书局 1966 年版,2112 页上。
④ (唐)欧阳询撰,汪绍楹校《艺文类聚》卷二六,上海古籍出版社 1985 年版,第 480 页。
⑤ (唐)姚思廉撰《梁书》卷三七《何敬容传》,中华书局 1973 年版,第 533 页。
⑥ 曹道衡《兰陵萧氏与南朝文学》,中华书局 2004 年版,第 218 页。
⑦ (唐)姚思廉撰《梁书》卷四《简文帝纪》,中华书局 1973 年版,第 109 页。
⑧ (唐)姚思廉撰《梁书》卷四九《文学·庾肩吾传》,中华书局 1973 年版,第 691 页。
⑨ 《萧绎集校注》,第 842 页。

件①，这与徐陵《丹阳上庸路碑》将萧纲比作姬发、刘庄并无二致。

不过，《金楼子·戒子篇》引述东方朔"上容"说后还置案语说："详其为谈，异乎今之世也。方今尧舜在上，千载一朝，人思自勉，吾不欲使汝曹为之也。"②可见，萧绎以萧衍治下臻于尧舜盛世而排斥"上容"哲学。萧绎志不在小，裴子野、刘显、萧子云、张缵等人则是其"帝子"塑造的主力。如裴子野《丹阳尹湘东王善政碑》说："猗欤帝子，日就月将。疏爵分品，奄有潇湘……行成师范，文为丽则……我王显允，洵美且丽……光赞大朝，庶民济世。"③裴子野化用谢朓《新亭渚别范云诗》"洞庭张乐地，潇湘帝子游"句④，将萧绎出镇荆州视为继承萧衍龙飞之地"潇湘"的勋业，还有效化解《九歌·湘夫人》"帝子降兮北渚，目眇眇兮愁予"语境下"目眇眇"所含萧绎"眇一目"的暗示，客观上生成了萧绎效仿萧衍立足荆楚、问鼎皇权的特定指向。正因如此，萧绎忌惮属僚轻率使用"帝子"一词。史载，萧绎"尝游江滨，叹秋望之美。（刘）谅对曰：'今日可谓帝子降于北渚。'王有目疾，以为刺己。应曰：'卿言目眇眇以愁予邪？'从此嫌之。"⑤尽管刘孝绰"唯服谢朓，常以谢诗置几案间，动静辄讽味"⑥，其子刘谅却对谢朓诗"讽味"不足，更未意识到裴子野重置"帝子""潇湘"的毗连意象后对萧绎产生的政治意义。另外，侯景乱后萧绎因王伟檄文"湘东一目，宁为赤县所归"之句，下令"以钉钉其舌于柱，剜其肠"⑦，更见其忌讳之深。

萧绎为萧衍第七子，在王室兄弟中被称"七官"，侄辈则称之为"七父"。⑧ 自中梁武帝大通三年(531)至简文帝大宝二年(551)，萧统、萧综、萧绩、萧续、萧纶、萧纲先后去世，萧绎在"高祖五王"中"代实居长"。按照"以德以长"的"先王之通训"，萧绎自然可以"比以周旦，则文王之子；方之放勋，则帝挚之季"⑨。建康陷落之初，萧绎静待时局恶化，拒绝以太尉身份承制勤王："吾于天下不贱，宁

① 《萧绎集校注》于"汉用戊申，晋维庚午"句下注："'汉用'二句待考。"(第859～860页)
② (梁)萧绎撰，许逸民点校《金楼子校笺》卷二《戒子篇》，中华书局2011年版，第470页。
③ (唐)欧阳询撰，汪绍楹校《艺文类聚》卷五二，上海古籍出版社1985年版，第943～944页。
④ (唐)李善等《六臣注文选》卷二〇，中华书局1987年版，385页下a。
⑤ (唐)李延寿撰《南史》卷三九《刘孝绰传附传》，中华书局1975年版，第1012～1013页。
⑥ 王利器《颜氏家训集解》卷四，中华书局1993年版，第298页。
⑦ (唐)李延寿撰《南史》卷八〇《贼臣传》，中华书局1975年版，第2018页。
⑧ (唐)姚思廉撰《梁书》卷五五《河东王萧誉传》，中华书局1973年版，第830页；(唐)令狐德棻等撰《周书》卷四八《萧詧传》，中华书局1971年版，第858页。
⑨ (唐)姚思廉撰《梁书》卷五《元帝纪》，中华书局1973年版，第117～118、119页。

俟都督之名？帝子之尊,何藉上台之位?"①无独有偶,《金楼子序》亦述及"余于天下为不贱焉"②,出自周公诫伯禽"我文王之子,武王之弟,成王之叔父,我于天下亦不贱"③,足见萧绎太清之初以"周公"置换其"帝子"的意图。此后,萧绎又自塑"出《震》等于勋、华,明让同于旦、奭"④的地位。如其讨伐侯景、萧栋檄文说:"侯景,项籍也;萧栋,殷辛也。赤泉未赏,刘邦尚曰汉王;白旗弗悬,周发犹称太子。"⑤正是据《史记·项羽本纪》《史记·殷本纪》自比刘邦、姬发。至于徐陵《与王僧辩书》称颂萧绎"受命中兴,光宅天下。泰宁琐琐,安敢执鞭?建武栖栖,何其扶毂?"⑥则彻底抛开了将萧纲拟作司马睿、司马绍的话语模式,而实现将萧绎由"帝子"至"旦、奭"乃至武王的话语塑造。

四、梁末皇权叙事变异与北方文化疆域南扩

侯景之乱不仅是南北政局丕变的分水岭⑦,也是南方正统论由盛而衰的拐点。颜之推《观我生赋》哀叹"自东晋之违难,寓礼乐于江湘。迄此几于三百,左袵浃于四方"⑧,即为其证。另外,梁末国玺经辛术之手送至邺城,萧詧《愍时赋》"悲晋玺之迁赵"句亦是以"白版天子"自嘲。⑨因此,陈庆之所谓"正朔相承,当在江左。秦皇玉玺,今在梁朝"⑩已不攻自破。萧衍皇权叙事的诸多定式也在这一阶段发生异化:

其一,抑建康而崇江陵,消解建康礼制建筑的王权象征属性,使"自家刑国"的治国框架沦为地方本位的"有家无国"。萧绎为保障荆楚地缘利益而属意定都江陵,徐陵附和说:"何必西瞻虎踞,乃建王宫;南望牛头,方称天阙?"⑪以山为

---

① (唐)李延寿撰《南史》卷八《梁本纪下》,中华书局 1975 年版,第 234 页。

② (梁)萧绎撰,许逸民点校《金楼子校笺》,中华书局 2011 年版,第 1 页。

③ (汉)司马迁《史记》卷三三《鲁周公世家》,中华书局 1959 年版,第 1518 页。

④ (唐)姚思廉撰《梁书》卷五《元帝纪》,中华书局 1973 年版,第 129 页。

⑤ (唐)姚思廉撰《梁书》卷五《元帝纪》,中华书局 1973 年版,第 119 页。

⑥ (陈)徐陵撰,许逸民校笺《徐陵集校笺》卷六,中华书局 2008 年版,第 533 页。

⑦ 李万生《侯景之乱与北朝政局》,中国社会科学出版社 2003 年版,第 1~5 页。

⑧ (唐)李百药撰《北齐书》卷四五《文苑·颜之推传》,中华书局 1972 年版,第 619 页。

⑨ (唐)令狐德棻等撰《周书》卷四八《萧詧传》,中华书局 1971 年版,第 861 页。另史载:"乘舆传国玺,秦玺也。晋中原乱没胡,江左初无之,北方呼晋家为'白版天子'。"见(梁)萧子显撰《南齐书》卷一七《舆服志》,中华书局 1972 年版,第 343 页。

⑩ 范祥雍校注《洛阳伽蓝记校注》卷二《城东·景宁寺》,上海古籍出版社 1978 年版,第 117~118 页。

⑪ (唐)姚思廉撰《梁书》卷五《元帝纪》,中华书局 1973 年版,第 130 页。

"天阙"似可溯源至秦始皇"表南山之颠以为阙"①。此后，东晋以宫城正午方位的牛头山双峰为建康天阙，宋齐则选择梁山、博望山为之，且均不建象阙。不过，天阙只是京都的地理标志，不具备周礼体系下宫城象阙的政务、礼制功能。是以天监七年(508)萧衍实施何胤"树双阙"以明皇权威仪的建议，在宫城端门、大司马门外作神龙阙、仁虎阙。两阙与太极殿构成了宫城的朝政中枢空间，阙门既是帝宫居处与外界区分的标志，又是官民上章、辟召隐逸、外事观礼等活动实施的重要场所。② 陆倕奉敕撰《石阙铭》，更是凸显了"梁朝建立之合法性与正义性"③。只是《石阙铭》认为晋宋"假天阙于牛头，托远图於博望，有欺耳目，无补宪章"④，到徐陵这里却成了论证江陵无"天阙"亦可建都的依据。大宝二年十月萧纲被弑后，萧绎仿效刘义隆宣扬"有紫云如车盖，临江陵城"⑤。王僧辩随之进言："陛下继明阐祚，即宫旧楚……惟王可以在镐，何必勤勤建业也哉！"⑥不过，周弘正、王褒等人仅赞同江陵的陪都地位，且警告"黔首万姓，若未见舆驾入建邺，谓是列国诸王，未名天子"⑦的舆情导向。这说明江陵与建康的帝都之争亦是帝系王统之争。庾信《哀江南赋》悼惜"昔江陵之中否，乃金陵之祸始。虽借人之外力，实萧墙之内起"⑧，即是其精要概括。

其二，"桓文"叙事的扭曲。梁末诸藩内轧不断，"桓文"作为中兴之臣的政治寓意屡被消解，甚至还转指宇文泰、宇文邕。如萧绎请求西魏诛讨萧纪说："子纠亲也，请君讨之。"⑨其径引《左传·庄公九年》鲍叔牙给鲁庄公书信之辞，虽以齐桓公自比，却立足齐国宫廷内斗的史实，全无"继踪曲阜，拟迹桓文"的"五霸"属性。⑩ 萧渊明在北齐军事护送下南下与萧方智争位，徐陵代笔与徐州刺史裴之横的信中鼓吹"礼秩""威武""文物""羽卫"均旷古未有的"皇齐大德"，又斥萧方智为"童蒙"，并援引"昔桓公始反，管仲亲射其车。重耳初还，吕、郤终

---

① 辛德勇《越王勾践徙都琅邪事析义》，《文史》2010 年第 1 期。

② 渡边信一郎《宫阙与园林——三—六世纪中国皇帝权力的空间构成》，〔日〕渡边信一郎著，徐冲译《中国古代的王权与天下秩序》，中华书局 2008 年版，第 97～114 页。

③ 程章灿《象阙与萧梁政权始建期的正统焦虑——读陆倕《石阙铭》》，《文史》2013 年第 2 期。

④ (唐)李善等《六臣注文选》卷五六，中华书局 1987 年版，1037 页下 b。

⑤ (唐)姚思廉撰《梁书》卷五《元帝纪》，中华书局 1973 年版，第 117 页。

⑥ (唐)姚思廉撰《梁书》卷五《元帝纪》，中华书局 1973 年版，第 118 页。

⑦ (唐)姚思廉撰《陈书》卷二四《周弘正传》，中华书局 1972 年版，第 309 页。

⑧ (唐)令狐德棻等撰《周书》卷四一《庾信传》，中华书局 1971 年版，第 741 页。

⑨ (宋)司马光《资治通鉴》卷一六五《梁元帝承圣二年》，中华书局 1976 年版，第 5098 页。

⑩ (唐)姚思廉撰《梁书》卷五《元帝纪》，中华书局 1973 年版，第 116 页。

焚其室"①，自比在莒国、秦国翼护下返国践位的齐桓公、晋文公。萧詧在西魏扶持下即位，"上疏则称臣，奉朝廷正朔"，故作《愍时赋》感叹说："忽值魏师入讨，于彼南荆。既车徒之毾赩，遂一鼓而陵城。同窦生之舍许，等小白之全邢。"②据《左传·隐公十一年》，郑庄公灭许国后，以郑大夫公孙获领兵居许国西偏，命许庄公居东偏，从而将许国变为郑国的托管政权；又《韩非子·说林上》载，晋国伐邢国之际鲍叔建议齐桓公坐观成败，"晚救之以敝晋，齐实利。待邢亡而复存之，其名实美"③。由上可知，萧詧自比许庄公、邢君，而将宇文泰喻作郑庄公、齐桓公。不宁唯是，梁明帝天保十年（571），华皎至襄阳向卫公宇文直陈请："梁主既失江南诸郡，民少国贫。朝廷兴亡继绝，理宜资赡，岂使齐桓、楚庄独擅救卫复陈之美。望借数州，以裨梁国。"④可见，华皎在萧詧"齐桓救卫"的基础上，并联《左传·宣公十一年》楚庄王杀夏征舒而以陈国为县之典，同样将齐桓、楚庄比拟宇文邕而自甘为附庸之国。

其三，操弄忠孝之名，导致家国一体的政治道德体系崩坏。萧绎在侯景乱前一直强调皇室家教与萧梁开国守成的关系，其《上〈忠臣传〉表》就将"求忠出孝"溯源至"羲轩改物，殷周受命"⑤，从而把萧梁教化与黄帝、周武王的圣王传统连结，客观上促进了萧梁建国后的文教转型。因此，王筠《答湘东王示〈忠臣传〉笺》加以鼓吹说："孝实天经，忠为令德，百行攸先，一心靡忒……东平获誉为片言，临淄见称文辞小道，孰若理冠君亲，义兼臣子？"⑥此后，萧恪、萧大款、萧大成、萧圆正、张缵等人又援引《上〈忠臣传〉表》的忠孝观，将萧绎塑造为"忠为令德，孝实天经。地切应、韩，寄深旦、奭"的典型。⑦徐陵则称萧绎"忠诚冠于日月，孝义感于冰霜"，并将其平叛侯景赋予"家冤将报"与"国害宜诛"的双重意涵。⑧然而，萧绎表面标举"吾于天下不贱"的口号，实则借萧衍之名以控御诸藩、统制州镇。故而，梁末文士忠孝立场日益模糊，如赵伯超、周石珍、严亶、伏知命、王克、元罗、殷不害、周弘正等人均曾为侯景僭伪政权所用。对此，颜之推

---

① （陈）徐陵撰，许逸民校笺《徐陵集校笺》卷七，中华书局 2008 年版，第 685 页。
② （唐）令狐德棻等撰《周书》卷四八《萧詧传》，中华书局 1971 年版，第 859、861~862 页。
③ （战国）韩非著，陈奇猷校注《韩非子新校注》卷七《说林上》，上海古籍出版社 2000 年版，第 464 页。
④ （唐）令狐德棻等撰《周书》卷四八《萧詧传》，中华书局 1971 年版，第 864 页。
⑤ （唐）欧阳询撰，汪绍楹校《艺文类聚》卷二〇，上海古籍出版社 1985 年版，第 367 页。
⑥ （梁）王筠撰，黄大宏校注《王筠集校注》卷上，中华书局 2013 年版，第 29 页。
⑦ （唐）姚思廉撰《梁书》卷五《元帝纪》，中华书局 1973 年版，第 115 页。
⑧ （唐）姚思廉撰《梁书》卷五《元帝纪》，中华书局 1973 年版，第 129 页。

不由感叹："家有奔亡，国有吞灭，君臣固无常分矣！"①至于萧詧，亦因称藩异国而难脱"杀人父兄，孤人子弟，人尽仇也，谁与为国"的骂名，②遑论逆转萧梁"溥天之下，斯文尽丧"③的败局。

自梁元帝承圣元年(552)至陈后主祯明三年(589)，南方荆楚、三吴区块之争已演变为北周、北齐介入后的南北之争。当时南兖州、秦郡、阳平、历阳等州郡尽归北齐所有，益州、巴州等巴峡以东地区及荆州、襄阳则并入北周版图。④其连带效应并非像王僧辩所言"荆陕沦覆，正是江北数县"⑤而已，梁末王朝叙事的地域、政统、文化空间因之而大大压缩，以江南地理为依托的"国"的概念也日渐淡化。尤其南人入北后，北地作为永嘉南渡前的"父母之邦国"⑥，往往使亲族观念替代国家意识，并促生南北间序族认亲、连缀宗脉的活动。诸如沈炯《归魂赋》、庾信《哀江南赋》、颜之推《观我生赋》、徐陵《在北齐与宗室书》均在开篇历述族系，其用意大致如此。与此同时，巴蜀、荆楚易主也带来长江中上游地理文学沦为异邦文化资产的风险。如北周地志《周地图志》就大量著录巴蜀、荆楚郡邑的政区沿革、物产风俗、山川地理、人文掌故。如"夏水"条说："夏水合潜水，同入汉。自汉入潜水，为七里河。即屈原逢渔父，与言'濯缨''鼓枻'而去，是此也。"⑦如此一来，屈原行吟江畔、渔父对谈的典实就衍化为北周域内的文化资源。其实，早在东晋之初，郭璞即"以中兴，王宅江外，乃著《江赋》，述川渎之美"。⑧赋中讴歌岷山、峨眉、巴梁、巫峡、江津、荆门、淮湘、沅澧、浔阳、柴桑、五湖、三江、江都等长江沿线的壮阔水文、风物、历史，就旨在为东晋立国江南提供地域上的文化支持，也暗含"勠力报国、完成渡江北伐、恢复中原的崇高目的"⑨。

---

① 《颜氏家训集解》(修订本)卷四《文章篇》，第 258 页。

② (唐)令狐德棻等撰《周书》卷四八《萧詧传》，中华书局 1971 年版，第 860、862 页。

③ (唐)李百药撰《北齐书》卷四五《文苑·颜之推传》，中华书局 1972 年版，第 623 页。

④ 胡阿祥《六朝疆域与政区研究》，学苑出版社 2005 年版，第 116～124 页。

⑤ (陈)徐陵撰，许逸民校笺《徐陵集校笺》卷六附王僧辩《答贞阳侯书》，中华书局 2008 年版，第 632 页。

⑥ (唐)欧阳询撰，汪绍楹校《艺文类聚》卷七九，上海古籍出版社 1985 年版，第 1358 页。

⑦ 佚名《周地图志》，王谟辑《汉唐地理书钞》，中华书局 1962 年版，182 页上。按，王谟《周地图志叙录》认为《隋志》《唐志》均不著《周地图志》撰人姓名，只有罗苹注《路史》引作"宇文护造"，"然亦别无考证"。王谟辑《汉唐地理书钞》，中华书局 1962 年版，182 页下。

⑧ (唐)李善等《六臣注文选》卷一二《江赋》题下李善注引《晋中兴书》，中华书局 1987 年版，236 页下 b。

⑨ 参见王德华《述长江之美，寄中兴之望——郭璞〈江赋〉解读》(《古典文学知识》2010 年第 6 期)、赵沛霖《中国历史上第一次南北对立与郭璞的〈江赋〉》[《上海师范大学学报》(哲学社会科学版)2014 年第 1 期]考论。

郭璞还特意提及"悲灵均之任石,叹渔父之棹歌",以作为长江"经纪天地,错综人术"的佐证之一①,足见屈原、渔父已是荆楚江域文化的典型代表。只是侯景乱后,这一文化象征已转为北周所有。有鉴于此,萧詧《愍时赋》不由痛陈:"彼云梦之旧都,乃标奇于昔者。验往记而瞻今,何名高而实寡!……徒揄扬于宋玉,空称嗟于司马。南方卑而叹屈,长沙湿而悲贾。余家国之一匡,庶兴周而祀夏。忽萦忧而北屈,岂年华之天假!"②至于萧绎在征讨侯景檄中,亦如实描述了"偃师南望,无复储胥、露寒。河阳北临,或有穹庐毡帐"的江南乱象。萧贲大概受"江南文制,欲人弹射"③的风习影响,径直批评说:"圣制此句,非为过似。如体目朝廷,非关序贼。"④所谓"体目",即构造字谜隐语之法。⑤直至唐初,该法仍得以应用。⑥萧贲意在劝诫萧绎不应将朝廷覆灭写的如同哑谜,而应彰显檄文"植义扬辞,务在刚健……必事昭而理辨,气盛而辞断"⑦的特征。然而,萧绎误认为萧贲暗讽其"何补金陵之覆没"⑧的过错,故将其下狱饿死、戮尸,甚至还作《怀旧传》加以诬毁。这种敏感态度抑制了江南地区的政治批判,反而在庾信(《哀江南赋》)、颜之推(《观我生赋》)、萧圆肃(《淮海乱离志》)、萧大圜(《梁旧事》)等入北梁士的推动下,使北地大兴梁亡反思风潮。

另外,北周占据蜀岷、荆楚地域,获得了与西南诸夷开展朝贡贸易的渠道,也掌握了南下岭南、东指建康的战略主动权。随着北周官员在上述地域任职,相关的官方文书、文人诗笔大量增加。这就意味着北周的文化版图得以南扩,

① (唐)李善等《六臣注文选》卷一二,中华书局 1987 年版,245 页上 a,244 页下 a。

② (唐)令狐德棻等撰《周书》卷四八《萧詧传》,中华书局 1971 年版,第 862 页。

③ 《颜氏家训集解》(增补本)卷四,第 279 页。

④ (唐)李延寿撰《南史》卷四四《齐武帝诸子传》,中华书局 1975 年版,第 1106 页。

⑤ (梁)刘勰著,詹锳义证《文心雕龙义证》卷三,上海古籍出版社 1989 年版,第 549～550 页。另,祖保泉译作:"以体解文字为窍门而设谜。体,体解、拆开。目,窍门。"参见氏著《文心雕龙解说》卷三,安徽教育出版社 1993 年版,第 284 页。

⑥ 《册府元龟》卷三一九"宰辅部·褒宠"载:"马周为中书令,太宗尝体目群臣,各有其词。体周曰:'材惟献替,秀出珪璋。去山东而蹑承明,辇河南而践金马。因时耀彩,似菊露之结重岩。回进腾芳,如兰风之出幽径。'又神笔赐飞白书:'鸾凤凌云,必资羽翼。股肱之寄,诚在忠良。'"[王钦若等编纂,周勋初等校订《册府元龟》(校订本)卷三一九,凤凰出版社 2006 年版,第 3608 页]按《庄子·马蹄》说:"白玉不毁,孰为珪璋?"故李世民"秀出珪璋"句,意指"马"字。又《国语·鲁语》"忠信为周",则"诚在忠良"实指"周"字。"耀彩""腾芳"作为光与气味也有周遍之义。

⑦ (梁)刘勰著,詹锳义证《文心雕龙义证》卷四,上海古籍出版社 1989 年版,第 780～783 页。

⑧ (唐)姚思廉撰《梁书》卷六《敬帝纪论》,中华书局 1973 年版,第 152 页。按,有学者以"体目"作比方、比拟解,认为萧贲作为南齐宗室遗臣对梁有亡国之恨,故反讽萧梁覆灭实属罪有应得。见林维民《铅刀集》"萧绎为何怒而杀萧贲"条,吉林人民出版社 2001 年版,第 187～188 页。

而庾信、王褒、沈炯等降北南士则充当了南扩的桥梁。由徐陵《折杨柳》"江陵有旧曲，洛下作新声"①来看，"江陵旧曲"转换为"洛下新声"的过程中必然灌注北朝政权的正统立场。因此，降北南士笔下的荆楚风物看似促进了三峡、白帝城、江陵、襄阳等山川、城邑意象的北传，事实上却是北朝皇权意识对南土逆向伸张的载体。庾信《周柱国大将军纥干弘神道碑》杂取荆楚地记、乐府、碑颂以塑造纥干弘平定南土的勋绩，就是这方面的显例。其云："公受命中军，迅流下濑，遂得朝发白帝，暮宿江陵，猿啸不惊，鸡鸣即定。"②上述源自盛弘之《荆州记》："至于夏水、襄陵，沿溯阻绝。或王命急宣，有时云：'朝发白帝，暮至江陵。'其间一二千里，虽乘奔御风，不为疾也。""每晴初霜旦，林寒涧肃，常有高猿长啸，属引凄异。空岫传响，哀转久绝。"③小尾郊一认为，《荆州记》是李白《早发白帝城》"朝发白帝彩云间，千里江陵一日还。两岸猿声啼不住，轻舟已过万重山"的最早出典。④然而，"朝发白帝，暮至江陵"与"高猿长啸，属引凄异"分别出现在《荆州记》的不同段落，庾信当是将"白帝""江陵""猿啸（或"啼"）三者整合书写的先驱。鉴于李白深受庾信诗赋影响⑤，恐怕庾信此碑才是李诗的直接来源。只是李诗后来居上，"白帝""江陵"已由庾碑中的军事重镇转变为李氏笔下的自然名胜而已。不止如此，庾碑也可能效法了梁鼓吹曲辞《巫山高》。《巫山高》本为汉鼓吹十六曲之一，萧衍为颂扬建梁阐运的历程，将十六曲改制为十二曲，并更换新题。其中《巫山高》改为《鹤楼峻》，"言平郢城，兵威无敌"⑥。检看萧绎、范云、费昶、王泰所作《巫山高》，均以表现荆门、巫峡的奇绝景致为主，当跳出了《鹤楼峻》作为开国史诗的政治窠臼。费昶还因"善为乐府，又作鼓吹曲"，被萧衍誉为"才意新拔，有足嘉异"⑦。这说明《巫山高》的自然化描写得到当朝的认可。另外，萧绎《巫山高》《青溪山馆碑》均涉及巫峡急湍猿鸣的情节，体现了诗、碑笔法互通的特点⑧。这也正是庾碑受《巫山高》影响的可能性所在。应该说，

---

① （南朝宋）郭茂倩编《乐府诗集》卷二二《横吹曲辞二》，中华书局1979年版，第328、329页。

② （北周）庾信撰，倪璠注，许逸民校点《庾子山集注》卷一四，中华书局1980年版，第839页。

③ （宋）李昉等撰《太平御览》卷五三《地部一八》，中华书局1966年版，259页上～页下。

④ 〔日〕小尾郊一著，邵毅平译《中国文学中所表现的自然与自然观——以魏晋南北朝文学为中心》，上海古籍出版社2014年版，第210页。

⑤ 何世剑《论李白对庾信诗赋的承传接受》，《中国文化研究》2010年春之卷，第102～110页。

⑥ （唐）魏徵等撰《隋书》卷一三《音乐志上》，中华书局1973年版，第304～305页。

⑦ （唐）李延寿撰《南史》卷七二《文学传》，中华书局1975年版，第1783页。

⑧ 如萧绎《巫山高》"巫山高不穷，迥出荆门中。滩声下溅石，猿鸣上逐风。树杂山如画，林暗涧疑空"〔（南朝宋）郭茂倩编《乐府诗集》卷一七《鼓吹曲辞二》，中华书局1979年版，第239页〕，就与《青溪山馆碑》"清风远至，响猿鸣于巫峡。西邻百丈之穴，南带千仞之水"（《萧绎集校注》，第1202页）诸句十分相似。

"南国多奇山,荆巫独灵异"①的自然风致经由庾信融汇荆楚地记、诗、碑后的书写,不仅渲染了纥干弘立功南土的豪壮风概,也美化了北周趁萧梁内乱而侵夺岷蜀、荆楚的军事活动。值得一提的是,沈炯《归魂赋》"鸟虚弓而自陨,猿号子而腹裂。历沔汉之逶迤,及楚郡之参差"②句,以"鸟陨""猿号"写沔汉、楚郡所见。徐陵《司空章昭达墓志铭》写章昭达平定闽州陈宝应势力说:"鸣蛇之洞,深谷隐于苍天。飞猿之岭,乔树参于云日。宜越艇而登峤,蒙燕犀而涉江。威武纷纭,震山风海。"③又以"鸣蛇""飞猿"构织瓯越的生物景观。显然,两者均与庾信"猿啸(不惊)＋鸡鸣(即定)"的结构相似。这种荆楚、瓯越、沔汉地理风物描写手法的趋同性,当由江南相近的地缘特征所决定。自梁至唐,江陵、白帝、襄阳、福州等城市先后经历了由军事重镇、割据都城到经济、文化名城的转化,其山川形胜、名物风土也纷纷进入唐代主流文化视野。④ 追本溯源,庾信、徐陵、沈炯等人既推动了荆楚、瓯越地理文学的北传,无形中也加速了北朝文化版图的南扩,进而从文化层面为隋唐一统南北奠定了精神基础。

总之,萧衍"自家刑国,自国刑家"的治国方略,源自开国文书"高光征伐""汤武革命"与"二圣"叙事糅合之后所确立的政治框架,也是受命改制的必然选择。家国一体论作为萧梁皇权叙事的核心要义,不仅框定了皇朝文学的书写方向,也左右了文坛迭代的进程。除了"四萧"的引领外,参与禅代文书或皇家碑铭的撰制者,往往也是萧梁文坛不同阶段的执牛耳者。当家国观念融入萧梁宗教政治与权力运作的综合体系后,经由文学的折射,萧梁开国诏册、太子与帝子的斯文塑造以及梁末乱世文书都呈现出兼具史学与文学经典的双重特征。虽然梁末家国孝治体系崩解导致皇权叙事异变,纵观萧纲、萧詧、萧绎、庾信、沈炯、颜之推等以"忠孝节义"为主旨的撰述,其中自不乏"其大者,和其声以鸣国家之盛,次亦足以抒愤写怀……彼至性至情,充塞于两间蟠际不可渐灭"⑤的特质,一定程度上也将六朝皇权叙事文学推向顶峰。从历史发展的角度来看,陈宣帝太建十一年(579)三月徐陵《皇太子临辟雍颂》颂美陈顼、陈叔宝父子"惟忠

---

① (晋)虞羲《巫山高》,逯钦立《先秦汉魏晋南北朝诗》,中华书局 1983 年版,中册,第 1605 页。
② (唐)欧阳询撰,汪绍楹校《艺文类聚》卷七九,上海古籍出版社 1985 年版,第 1359 页。
③ (陈)徐陵撰,许逸民校笺《徐陵集校笺》卷一〇,中华书局 2008 年版,第 1334 页。
④ 张伟然《唐人心目中的文化区域及地理意象》,李孝聪主编《唐代地域结构与运作空间》,上海辞书出版社 2003 年版,第 385～393 页。
⑤ (清)纪昀著,孙致中、吴恩扬、王沛霖等校点《纪晓岚文集》第 1 册卷九《〈冰瓯草〉序》,河北教育出版社 1991 年版,第 186～187 页。

惟孝，自家刑国。乃文乃武，化成天下"①，也仅仅复制了萧梁"自家刑国"的口号，终因陈朝皇权"合法性资源严重不足"②，并未推进"自家刑国，自国刑家"的孝治模式。不过，正如刘师知《侍中沈府君集序》所言："敦厚之词，足以吟咏情性，身之文也。贞固之节，可以宣被股肱，邦之光也。然此者君之小道，犹曰余行，何则？德之所本，教之所由，实乃孝笃天伦，义感殊类，有美于斯，郁为高士……夫盛烈清微，便传乎帝载。遗文余论，被在乎民谣者。斯所以没而犹彰，死且不朽。"③在刘师知看来，"贞固""孝笃""义感"等道德属性赋予了沈炯"遗文"不朽的意义，这代表了陈朝文士对于忠孝文学题材艺术价值的肯定态度。只是其将"敦厚之词""贞固之节"视为"小道""余行"，"孝笃""义感"视为"德之所本，教之所由"，则是六朝孝大于忠的固有意识的流露。迄至隋唐，这一意识却悄然发生转化。如杨坚积极吸纳许善心、柳彧等萧梁遗少推扬的家国忠孝观念。④ 尤其柳彧力谏杨坚"孝惟行本，礼实身基，自国刑家，率由斯道"⑤，正是萧梁家国一体政治遗产持续传播的显证。此后，李世民出于为玄武门之变辩护的目的，一改六朝忠孝对立的观念而强调忠君先于孝亲。⑥ 考察其"孝者，善事父母。自家刑国，忠于其君，战陈勇，朋友信，扬名显亲，此之谓孝"⑦的说辞，其中亦多少受到萧梁家国一体论的启发。杰·D. 怀特曾指出，传统社会中的合法性叙事"告诉人们相信什么、如何行动、在一生中可以希望什么。通过叙事传播的规范和规则，为那些相信叙事的人确立了社会联系以及社会的、政治的和经济的实践"⑧。这大致符合萧梁皇权叙事的特质，而萧梁又是南朝乃至隋唐皇权叙事的缩影。

---

① （陈）徐陵撰，许逸民校笺《徐陵集校笺》卷三，中华书局 2008 年版，第 210 页。

② 牟发松《陈朝建立之际的合法性诉求及其运作》，《中华文史论丛》第 83 辑，第 232 页。

③ （唐）欧阳询撰，汪绍楹校《艺文类聚》卷五五，上海古籍出版社 1985 年版，第 998～999 页。

④ 如许善心续修、增补其父许亨《梁史》为七十卷，专门设置《孝德传》《诚臣传》《列女传》《藩臣传》与《权幸传》《羯贼传》《逆臣传》《叛臣传》，从"忠孝"与反"忠孝"角度揭示梁末官场的两极分化。杨坚不以其《梁史·序传》称颂"有梁之兴，君临天下，江左建国，莫斯为盛"为忤，反而誉之为"既能怀其旧君，即我诚臣"。见（唐）李延寿撰《北史》卷八三《文苑传》，中华书局 1974 年版，第 2084、2801 页。

⑤ （唐）魏徵等撰《隋书》卷六二《柳彧传》，中华书局 1973 年版，第 1482 页。

⑥ （后晋）唐长孺《魏晋南朝的君父先后论》，氏著《魏晋南北朝史论拾遗》，中华书局 1983 年版，第 248 页。

⑦ （后晋）刘昫等《旧唐书》卷二四《礼仪志四》，中华书局 1975 年版，第 917 页。

⑧ 〔美〕杰·D. 怀特著，胡辉华译《公共行政研究的叙事基础》，中央编译出版社 2011 年版，第 136 页。

从《相国清河王挽歌》见北魏礼制沿袭
与文化认同

刘少帅*

摘　要：温子昇所作《相国清河王挽歌》为应制之作，诗歌精致委婉，牵涉温子昇仕宦前景与正光、孝昌年间时事。北朝挽歌与丧葬之礼结合，与挽郎同为丧葬礼仪的构成要素。北朝以礼法构建起的伦理纲常制度系治国之本，以孝为途径，展现北魏鲜卑对汉文化的认同，以达到衣冠文士尽在中原，宣示正统地位的目的。

关键词：《相国清河王挽歌》；元怿；丧礼；文化认同

一、隐曲的时事：《相国清河王挽歌》与元怿的两次葬礼

《汉魏六朝百三家集》有《温侍读集》，收录《相国清河王挽歌》诗。此诗系温子昇悼念相国清河王元怿之作。诗歌五言四句，短小精致："高门讵改辙，曲沼尚余波。何言吹楼下，翻成《薤露》歌！"①温子昇并未正面歌颂元怿德行，而是以隐晦的方式将时事蕴于其中：温子昇运用高门、曲沼、吹楼等意象雕画清河王生前荣耀，以《薤露》结尾，感慨今非昔比，物是人非，空留楼阁飞宇，光景如画；但"讵改辙""尚余波"，又暗喻清河王高节不失、清风仍存；而"吹楼"则以石崇姜绿珠坠楼之典，表述元怿与石崇同样为小人所谗毁的境遇。元怿乃孝文帝之子，是北魏元氏贵族汉化改革的代表人物，博涉经史，有文才。彭城王元勰曾夸其"风神外伟，黄中内润"②。胡太后亦曾将辅佐肃宗重任交予元怿。元怿尽心辅佐，"以天下为己任"③。在备受恩宠的情况下，元怿的宅邸也雕梁画栋、高耸入云。《洛阳伽蓝记》卷四"城西冲觉寺条"记载，元怿宅邸西北有高楼，"俯临朝

---

*　刘少帅，文学博士，青岛农业大学人文学院讲师，研究方向为魏晋南北朝文学与文献学。本文系青岛农业大学高层次人才科研基金项目(1119715)"北朝迁都之际的文人创作考察"阶段性成果。

①　康金声《温子升集笺校全译》，山西古籍出版社 2000 年版，第 140 页。
②　(北齐)魏收撰《魏书》卷二二《元怿传》，中华书局 1974 年版，第 591 页。
③　(北齐)魏收撰《魏书》卷二二《元怿传》，中华书局 1974 年版，第 592 页。

市，目极京师"①；宅邸内亭台楼阁俱全，有儒林馆、延宾堂，形制如华林园中清暑殿，而"儒林""延宾"之名也可见元怿文学之好与延客之趣。

辅政期间，元怿与"居权重，荣赫一世"②的元叉产生嫌隙，而元叉为胡太后妹婿，颇受荣宠——胡太后常与肃宗至叉父元继处，通宵欢饮。元叉因此擅权揽政，在朝廷内部培养亲党，朝堂之上亦多有恃宠放恣之举。元怿因元叉骄盈，将其"裁之以法"③，二人自此结怨。北魏孝明帝正光元年（520），元叉联合刘腾谗言于肃宗，将元怿囚禁于门下省，矫诏处死，彻底控制了朝政。元怿被害震惊朝野，令人悲恸，"咸以哲人云亡，邦国殄瘁"④。更有不少夷人为其割面："朝野贵贱，知与不知，含悲丧气，惊振远近。夷人在京及归，闻怿之丧，为之劈面者数百人。"⑤由这些史料可见，元怿在当时具有相当大的政治与社会影响力，其被害似乎预示着朝局将更加黑暗、百姓的生存将更加艰难，"自此灾旱积年，风雨愆节，岁频大饥，京师尤甚。四方愤惋，所在兵兴，七镇继倾，二秦覆灭，百姓流离，死者太半"⑥。直至孝明帝正光五年（524），胡太后联合肃宗、高阳王元雍等清除了元叉势力，朝廷混乱与民不聊生的局面才在一定程度上得到缓解。

在元叉控制朝政的前期，元怿"久不得葬"。正光四年（523）春，孝明帝始追封元怿为范阳王，"以礼加葬"⑦；而直到孝明帝孝昌元年（525）元叉被赐死，元怿才真正地以宗亲王室的规格改葬于"瀍西邙阜之阳"⑧。元怿改葬之礼规格隆重，"銮辂九旒，虎贲班剑百人，前后部羽葆鼓吹，辒辌车一，依彭城武宣王故事。其黄屋左纛，依汉大将军霍光故事。备锡九命，谥曰文献，礼也。皇舆临送，哀恸圣衷，乃命史臣镌芳玄室"⑨。彭城武宣王即彭城王元勰，朝廷依其故事改葬元怿，可以说是宗室丧礼的最高礼节。⑩《洛阳伽蓝记》中记载稍有出入："孝昌元年，太后还总万机，追赠怿太子太师、大将军、都督中外诸军事，假黄钺。给九

---

① （北魏）杨衒之著，周祖谟校释《洛阳伽蓝记校释》，中华书局 2010 年版，第 127 页。
② （北齐）魏收撰《魏书》卷一六《元叉传》，中华书局 1974 年版，第 402 页。
③ （北齐）魏收撰《魏书》卷二二《元怿传》，中华书局 1974 年版，第 592 页。
④ 《元怿墓志》，赵超《汉魏南北朝墓志汇编》，天津古籍出版社 1992 年版，第 173 页。
⑤ （北齐）魏收撰《魏书》卷二二《元怿传》，中华书局 1974 年版，第 592 页。
⑥ 《元怿墓志》，赵超《汉魏南北朝墓志汇编》，天津古籍出版社 1992 年版，第 173 页。
⑦ （北齐）魏收撰《魏书》卷九《肃宗本纪》，中华书局 1974 年版，第 234 页。
⑧ 《元怿墓志》，赵超《汉魏南北朝墓志汇编》，天津古籍出版社 1992 年版，第 173 页。
⑨ 《元怿墓志》，赵超《汉魏南北朝墓志汇编》，天津古籍出版社 1992 年版，第 173 页。
⑩ 高二旺称元勰丧礼仪节较之前冯诞等增加了虎贲、班剑百人与辒辌车，"代表了北魏一朝宗室丧礼的最高礼节"。元怿葬礼"依彭城武宣王故事"，即也是最高礼节的体现。（高二旺《魏晋南北朝丧礼与社会》，上海古籍出版社 2017 年版，第 119 页。）

旒銮辂、黄屋、左纛、辒辌车,前后部羽葆鼓吹,虎贲班剑百人,挽歌二部,葬礼依晋安平王孚故事。"①安平王孚即司马孚,三国曹魏至西晋初年宗室重臣,在"高平陵事变"中曾协助司马懿控制京师,后又督军防御吴、蜀的进攻,为司马氏政权的形成与稳固做出了重要贡献。元怿的葬礼"依晋安平王孚故事",赐给九旒銮辂、黄屋左纛,辒辌车、挽歌二部、羽葆鼓吹、武贲班剑百人,这种高规格的依"故事"丧仪,成为体现元怿政治地位与功绩的一种方式。② 同时,元怿的两次葬礼亦皆为当权者稳定社会民心之举——胡太后的干预、孝明帝的亲临以及对元怿封号的追赠,使改葬之礼尤为隆重,而这对安抚惶惶民心作用非常。

在宗亲王室逝世之后,朝廷为之举办符合其身份的葬礼本为正常现象,正光四年(523)的元怿葬礼记录在《魏书·肃宗本纪》中仅寥寥几笔,但言孝明帝追封元怿为范阳王并以礼葬之,其规格亦与胡太后重新揽政后的改葬之礼颇有简繁之距。温子昇《相国清河王挽歌》即作于此时③。温子昇其人虽富文才,为常景、李神俊等人知赏,并于孝明帝熙平元年(516)补御史之职,但并未显名;直至正光五年(524),其担任广阳王元渊东北道行台郎中、军国文翰皆出自其手,名声才逐渐为外人所知。

值得注意的是,正光四年(523)刘腾去世时,元叉仍然活跃于肃宗周围。而之前因皇帝"富于春秋"将政权委以元怿、凡事必要询问元怿的胡灵太后,亦仍被囚禁,其大权旁落,自然无法为元怿的葬礼做出任何贡献。肃宗"以礼葬之"的深层意义,在于安稳胡灵太后情绪,并稳定政局与民心。因此温子昇为元怿作挽歌,就不得不顾及朝堂上的政治现实与自身处境,既要应制而作又要构思巧妙,这使得其挽歌形成了"无一字说元怿却处处写元怿"的特色——此举或为温子昇后来"名声始盛"埋下了伏笔。

二、哀婉的政治之歌:北魏的挽歌与挽郎

元怿的改葬丧仪中出现的"挽歌二部"是丧礼的组成部分。北朝挽歌多为

---

① (北魏)杨衒之著,周祖谟校释《洛阳伽蓝记校释》,中华书局 2010 年版,第 129 页。

② 参见室山留美子《关于葬礼中的"依故事"》。高二旺指出这种丧礼依故事的实行,"一方面解决了当朝丧制中遇到的疑难问题,有助于确立和强化等级制度,另一方面也造成政治制度和文化上的继承关系,更好地显示出政权的合法地位,这一切都有助于维护统治秩序"(高二旺《魏晋南北朝丧礼与社会》,上海古籍出版社 2017 年版,第 156 页。)。

③ 康金声《温子升集笺校全译》称此诗约作于 523 年。罗国威《温子昇年谱》认为此诗作于元怿被害的 520 年。本文从康金声说。

应制赠献之诗，吟咏对象乃是北朝王室宗亲与姻亲家族①。如北齐文宣帝去世时，"当朝文士各作挽歌十首，择其善者而用之。魏收、阳休之、祖孝徵等不过得一二首，唯思道独有八篇。故时人称为'八米卢郎'"②。可见挽歌创作具有官方性，是由朝廷发起的一定范围内的文士创作活动。北朝应制挽歌现存卢询祖《赵郡王配郑氏挽词》、卢思道《彭城王挽歌》《乐平长公主挽歌》以及祖珽《挽歌》，而温子昇《相国清河王挽歌》似也在此应制诗歌之列。北朝挽歌的创作是北朝注重丧礼，承袭汉魏以来礼制，体现文化认同的有效手段。

挽歌在先秦两汉时便已存在，颜之推在其《颜氏家训》中指出挽歌起源，称其"或云古者虞殡之歌，或云出自田横之客"③。虞殡即为送葬之歌，出自《左传·哀公十一年》中公孙夏命属下徒歌《虞殡》之事；而田横之客，赵曦明注引崔豹《古今注》："《薤露》《蒿里》，并丧歌也。田横自杀，门人伤之，为作悲歌，言人命如薤上之露，易晞灭也；亦谓人死魂魄归乎蒿里，故有二章。至李延年乃分为二曲，《薤露》送王公贵人，《蒿里》送士大夫庶人，使挽柩者歌之，世呼为挽歌。"④

挽歌被纳入朝廷丧葬礼仪、反映丧礼习俗，应在汉魏时期。按《晋书·礼志》中记载，挽歌出于汉武帝役人之歌，声辞哀婉凄切："汉魏故事：大丧及大臣之丧，执绋者挽歌，新礼以为挽歌出于汉武帝役人之劳歌，声哀切，遂以为送终之礼。"⑤两汉与曹魏时期大臣在大丧礼上皆有"执绋者挽歌"之举，是为送终之礼，《后汉书·礼仪志》引丁孚《汉仪》载："永平七年，阴太后崩，晏驾诏曰：'柩将发于殿，群臣百官陪位，黄门鼓吹三通，鸣钟鼓，天子举哀。女侍史官三百人皆著素，参以白素，引棺挽歌，下殿就车，黄门宦官引以为出宫省。"⑥挚虞亦指出挽歌在丧礼中的重要性，称："挽歌因倡和而为摧怆之声，衔枚所以全哀，此亦以感众。虽非经典所载，是历代故事。《诗》称'君子作歌，惟以告哀'，以歌为名，亦无所嫌，宜定新礼如旧。"⑦是以挽歌作为官方丧葬礼仪之一在两晋时期得以延续。

挽歌不仅体现丧礼习俗，也在魏晋南北朝呈现"以悲为美"的审美观念与娱乐性的特征。战乱频仍的时局与朝不保夕的命运，使魏晋成为自我意识彰显的

---

① 王宜瑗《六朝文人挽歌诗的演变和定型》，《文学遗产》2000 年第 5 期。王宜瑗注意到北朝挽歌与从魏晋时期承袭而来的表达文人自我意识的挽歌不同。北朝挽歌回归到与政治相关的赠献挽歌上来。

② （唐）李延寿撰《北史》卷三〇《卢玄附卢思道传》，中华书局 1974 年版，第 1075 页。

③ （北齐）颜之推著，王利器集解《颜氏家训集解》，上海古籍出版社 1980 年版，第 264 页。

④ （北齐）颜之推著，王利器集解《颜氏家训集解》，上海古籍出版社 1980 年版，第 265 页。

⑤ （唐）房玄龄等撰《晋书》卷二〇《礼志》，中华书局 1974 年版，第 626 页。

⑥ （南朝宋）范晔《后汉书·礼仪志》，中华书局 1965 年版，第 3151 页。

⑦ （唐）房玄龄等撰《晋书》卷二〇《礼志》，中华书局 1974 年版，第 626 页。

时代。这种强烈的自我意识使士人哀叹生命易逝、韶华难再,并体现在挽歌的创作中。《世说新语·任诞》载张骥"酒后挽歌甚凄苦,桓车骑曰:'卿非田横门人,何乃顿尔至致?'"①张骥于酒后悲情作唱传统挽歌,实是悲悼自身的境遇。挽歌还成为魏晋文士任性疏诞的外在显现。"海西公时,庾晞四五年中喜为《挽歌》,自摇大铃为唱,使左右齐和"②。其调哀婉凄怆却为时人所好。袁山松出游,"每好令左右作挽歌"③,与好于斋前种松柏的张湛为时人所共称,谓之"张屋下陈尸,袁道上行殡"④(《世说新语·任诞》)。袁山松与桓伊、羊昙并称为"三绝",三人皆善乐者。桓伊之绝,便是所唱《挽歌》。此时期文士有意识地进行挽歌创作,使挽歌向抒发己志的抒情性文体靠拢。《颜氏家训·文章》称挽歌"皆为生者悼往告哀之意。陆平原多为死人自叹之言,诗格既无此例,又乖制作本意"⑤。南朝文人承袭魏晋风度,对挽歌进行音韵辞藻的加工。沈约在《宋书·自序》中称沈亮著诗、赋、颂、诔、挽歌等文体,共 189 篇。挽歌与诗、赋等一起成为文人创作的对象。鲍照《代蒿里行》跳出对亡者送丧之礼的传统描写,而注重抒发个人感受。汉魏晋时期的挽歌传统一脉相承。《风俗通义·佚文》云:"时京师殡婚嘉会,皆作魁㯔,酒酣之后,续以挽歌"⑥,似其具有一定的娱乐性质。范晔与司徒左西属王深宿广渊处,"夜中酣饮,开北牖听挽歌为乐"⑦。北朝时期亦有为他人作挽歌与自挽者,如孝文帝对冯熙、冯诞二父子宠爱非常,冯诞去世,元宏亲作碑文及挽歌,"词皆穷美尽哀,事过其厚"⑧。宋道玙,少而敏俊,因任元愉法曹行参军,祸及自身,临死所挽歌词,"寄之亲朋,以见怨痛"⑨。《北史·尔朱文略传》载,尔朱荣子文略,俊爽多才,为文襄所重,后因诛杀马匹与婢女,送与平秦王而下狱。文略于狱中"弹琵琶,吹横笛,谣咏倦极,便卧唱挽歌"⑩,实乃是对自己的命运有清晰的认知,以歌自挽。

与挽歌相关的挽郎,亦为北朝丧葬礼仪的构成要素。北朝承继魏晋时期挽

① (南朝宋)刘义庆撰,余嘉锡笺疏《世说新语笺疏》,中华书局 2011 年版,第 655 页。
② (唐)房玄龄等撰《晋书》卷二八《五行志》,中华书局 1974 年版,第 836 页。
③ (南朝宋)刘义庆撰,余嘉锡笺疏《世说新语笺疏》,中华书局 2011 年版,第 654 页。
④ (南朝宋)刘义庆撰,余嘉锡笺疏《世说新语笺疏》,中华书局 2016 年版,第 655 页。
⑤ (北齐)颜之推著,王利器集解《颜氏家训集解》,上海古籍出版社 1980 年版,第 264 页。
⑥ (东汉)应劭著,吴树平校释《风俗通义校释》,天津人民出版社 1980 年版,第 443 页。
⑦ (梁)沈约撰《宋书》卷六九《范晔传》,中华书局 1974 年版,第 1820 页。
⑧ (北齐)魏收撰《魏书》卷八三《冯诞传》,中华书局 1974 年版,第 1822 页。
⑨ (北齐)魏收撰《魏书》卷七七《宋翻传》,中华书局 1974 年版,第 1690 页。
⑩ (唐)李延寿撰《北史》卷四八《尔朱文略传》,中华书局 1974 年版,第 1764 页。

郎选拔标准,要求挽郎须为当时有声誉的名士子弟。《世说新语·纰漏》载:"任育长年少时,甚有令名。武帝崩,选百二十挽郎,一时之秀彦,育长亦在其中。"①作为有"令名"的"俊彦",年轻的任瞻被选为晋武帝司马炎的挽郎(担任挽郎成为士族子弟进入仕途的敲门砖)。又如崔㥄美仪容、善举止,为宣武帝挽郎,后释褐太学博士,累迁散骑侍郎;刁柔少好学,博闻强记知礼仪,熟稔门第族谱,为宣武帝挽郎;裴宽在13岁时便为孝明帝挽郎,释褐员外散骑侍郎。崔孝宗"历涉经史,有文学武艺。以世宗挽郎,除冀州镇北府墨曹参军、太尉记室参军"②。张士恢为世宗挽郎,后于正光中入侍,为肃宗元诩所宠信。此外,张华《武帝哀策文》中记载:"倡者振铎,挽夫齐声。"③又,"笳箫寥咽,挽夫齐声"(《晋康帝哀策文》)。④ 即挽歌为一人倡之,众人和之的"相和歌",这使得"善音律"成为北地选取挽郎的重要标准,如檀翥好弹琴,为王涌所欣赏,即以"名家子为魏明帝挽郎"⑤。挽郎成为时人追捧之职,以此获得入仕"是一种值得夸耀的经历"⑥。民间亦有挽郎群体,杨衒之《洛阳伽蓝记》记载北魏孝明帝熙平二年(517)京师的狐截人发事件,主人公便是居住在洛阳城里的挽郎孙岩。在作者笔下,挽郎成为沟通生人与亡者的媒介,生者之思以挽郎之音传递给逝去的亲故。总体而言,北魏对挽郎的选拔承袭自汉魏,清流名士子弟以此作为入仕途径,门第士族也以家族子弟入选挽郎而倍感荣光;而朝廷将挽歌与挽郎纳入丧葬礼俗中,则是在重用儒生的基础上研习礼乐制度,体现对汉文化的高度认同,存在着彰显其正统地位的内在心理动机。

三、袭旧与革新:北魏的丧礼重视与文化认同

"礼为为政之本"之观念,使北魏统治者有意借助汉人儒生的力量、运用传统礼乐观念去构建鲜卑的礼法制度,以此作为其宣示正统地位并与南朝抗衡的手段之一。此过程中,李冲、崔光、刘芳、常景等人做出重要贡献。在日常生活中引礼以则成为北地注重礼制的主要方式。王肃入魏,以男子是否有笄与刘芳

① (南朝宋)刘义庆著,余嘉锡笺疏《世说新语笺疏》,中华书局 2011 年版,第 785 页。
② (北齐)魏收撰《魏书》卷五六《崔巨伦传》,中华书局 1974 年版,第 1251 页。
③ (唐)欧阳询撰,汪绍楹校《艺文类聚》卷一三《帝王部》,上海古籍出版社 1999 年版,第 247 页。
④ (唐)欧阳询撰,汪绍楹校《艺文类聚》卷一三《帝王部》,上海古籍出版社 1999 年版,第 252 页。
⑤ 可见"名家子"也可成为进入仕途的途径。檀翥为高平金乡人,六世祖为檀毓,晋步兵校尉。父亲檀江,太常少卿。
⑥ 黄桢《新出北齐〈赫连迁墓志〉考释》,《文物世界》2016 年第 4 期。

展开争论。刘芳引《礼》辩之,又引《礼记》《周礼》讨论建立庠序之所。"三礼"成为儒生规谏帝王贵族宗室、构建礼法制度的主要依据。常景引古之礼法反对高肇为其妻平阳公主居户制服;崔光引《礼记》劝谏胡太后不应有违礼仪,数次临幸王公宅第。士人学习《礼》《传》成为普遍现象。《颜氏家训·勉学》称:"自古明王圣帝,犹须勤学,况凡庶乎! 此事遍于经史,吾亦不能郑重,聊举近世切要,以启寤汝耳。士大夫子弟,数岁以上,莫不被教,多者或至《礼》《传》,少者不失《诗》《论》。"①文士《诗》《礼》的传承基于统治者对儒学的重视与提倡。自永嘉之乱,礼乐文章殆尽。"太祖初定中原,虽日不暇给,始建都邑,便以经术为先,立太学,置五经博士生员千有余人。"②其目的在于从经书中寻求礼乐之道以治国。"岂不以天下可马上取之,不可以马上治之,为国之道,文武兼用,毓才成务,意在兹乎?"③太武帝认识到儒学作为文的重要性,他统治时期,儒林成欣荣之象。《北史·儒林传》载:"太武始光三年春,起太学于城东。后征卢玄、高允等,而令州郡各举才学。于是人多砥尚,儒术转兴。"④孝文帝锐情文学,"钦明稽古,笃好坟典"⑤,儒学之士蔚然特起。因统治者的支持与鼓励,儒林呈郁郁之景。"莫不縻以好爵,动贻赏眷"⑥,这种举措激励了儒学在北魏的复兴。至元恪时,全国范围内大选儒生作为小学博士。"虽黉宇未立,而经术弥显。时天下承平,学业大盛。故燕齐赵魏之间,横经著录,不可胜数。大者千余人,小者犹数百。"⑦北魏的四海承平为儒学营造了适宜发展的环境。上行下效的社会风气也促使北朝儒学得以延续。

北魏崇尚儒学,以《礼记》授习为盛。《北史·儒林传序》称:"诸生尽通《小戴礼》。于《周》《仪礼》兼通者,十二三焉。"⑧北魏由上而下形成讲习经史的风气,孝文帝亲自讲授《丧服》;宣武帝元恪于正始三年(242)"为京兆王愉、清河王怿、广平王怀、汝南王悦讲《孝经》于式乾殿"⑨。可见北魏统治者相当重视"孝""礼"等传统儒家观念,提倡《礼》《孝经》等经学典籍的传授,重视丧礼的承续与创新。

---

① (北齐)颜之推著,王利器集解《颜氏家训集解》,上海古籍出版社 1980 年版,第 141 页。
② (北齐)魏收撰《魏书》卷八四《儒林传》,中华书局 1974 年版,第 1841 页。
③ (北齐)魏收撰《魏书》卷八四《儒林传》,中华书局 1974 年版,第 1841 页。
④ (唐)李延寿撰《北史》卷八一《儒林传》,中华书局 1974 年版,第 2704 页。
⑤ (北齐)魏收撰《魏书》卷八四《儒林传》,中华书局 1974 年版,第 1842 页。
⑥ (北齐)魏收撰《魏书》卷八四《儒林传》,中华书局 1974 年版,第 1842 页。
⑦ (北齐)魏收撰《魏书》卷八四《儒林传》,中华书局 1974 年版,第 1842 页。
⑧ (唐)李延寿撰《北史》卷八一《儒林传》,中华书局 1974 年版,第 2708 页。
⑨ (唐)李延寿撰《北史》卷四《魏本纪》,中华书局 1974 年版,第 137 页。

　　礼法勾连起北地门第士族强大而又错落的枝繁叶茂的体系，是"北方宗族社会的联系纽带"①。门第又与丧礼关系密切。钱穆在其《略论魏晋南北朝学术文化与当时门第之关系》中指出："家族间之亲疏关系，端赖丧服资识别，故丧服乃维系门第制度一要项。"②与南朝相似，北地亦有治丧服者。索敞以儒学见称，"以《丧服》散在众篇，遂撰比为《丧服要记》"③。北魏统治者注意到丧礼对政治的影响。元怿曾指出丧礼的重要地位："臣闻百王所尚，莫尚于礼，于礼之重，丧纪斯极。"④元氏贵族重视丧礼。孝文帝涉猎经史，实行汉化改革，于清徽堂亲自为群臣讲解《丧服》；元顺则以《礼记》中"妇人夫丧，自称未亡人，首去珠玉，衣不被绵"⑤的记载，来讽谏胡灵太后妆容华丽外出游幸之事。与丧礼密切联系的孝道，也成为北魏统治者关注的焦点之一。"作为孝道的重要表现途径，丧礼成为朝廷对社会各阶层实行控制的一个重要工具。"⑥国家鼓励因孝道而产生的居丧行为，并将其作为稳定社会与构建伦理制度的手段，其儒家道德内核并未消失。北朝佛教思想盛行，普罗大众皆期冀在为佛教造像与佛教信仰中获得精神上的安宁。然而儒家作为传统思想，仍对百姓具有道德约束力，统治者亦希望百姓与大臣通过因孝而产生的居丧过度的情感体验，"移孝于忠"⑦，来保持对当权者的忠心。居丧是孝道的表达途径，为时人称赞并引领社会风尚，如崔浩居丧尽礼，即为时人所称赞。按理说，居丧尽礼足以体现孝道，但统治者似乎更提倡和鼓励"过礼"，似乎这才是真正意义上的孝道。例如，张彝因母过世，居丧过礼，对母亲之孝尽数体现在送葬途中，不乘车马而步行千里，以致"颜貌毁瘠"⑧。此举受到时人赞誉，孝文帝亦遣使慰问。而统治阶层更是亲作表率：孝文帝因冯太后过世而"毁慕过礼"⑨；其叔元澄亦"居丧以孝闻"⑩，于为母亲孟太妃服丧期间形容枯槁，"居丧毁瘠"⑪，为当世称之；元澄子元顺，亦有孝心，因其父亡逝，"哭泣呕血"⑫。

① 蔡丹君《鲜卑贵族与北魏洛阳文学风气的形成》，《民族文学研究》2018 年第 2 期。
② 钱穆《中国学术思想史论丛》，三联书店 2009 年版，第 145 页。
③ （北齐）魏收撰《魏书》卷五二《索敞传》，中华书局 1974 年版，第 1162～1163 页。
④ （北齐）魏收撰《魏书》卷一〇八《礼志四》，中华书局 1974 年版，第 2806 页。
⑤ （北齐）魏收撰《魏书》卷一九《元顺传》，中华书局 1974 年版，第 482 页。
⑥ 高二旺《丧礼与魏晋南北朝社会控制》，《郑州大学学报》（哲学社会科学版）2017 年第 2 期。
⑦ 高二旺《丧礼与魏晋南北朝社会控制》，《郑州大学学报》（哲学社会科学版）2017 年第 2 期。
⑧ （北齐）魏收撰《魏书》卷六四《张彝传》，中华书局 1974 年版，第 1428 页。
⑨ （北齐）魏收撰《魏书》卷一三《皇后列传》，中华书局 1974 年版，第 330 页。
⑩ （北齐）魏收撰《魏书》卷一九《元澄传》，中华书局 1974 年版，第 462 页。
⑪ （北齐）魏收撰《魏书》卷一九《元澄传》，中华书局 1974 年版，第 473 页。
⑫ （北齐）魏收撰《魏书》卷一九《元顺传》，中华书局 1974 年版，第 481 页。

这也成为时人表达至孝的一种方式。《魏书·孝感传》中记载，张升与仓跋皆因居丧而"吐血数升"①，成为时人楷模。"居丧过礼"的情感体验不仅不会被节制，还为统治者提倡，这又关切此时期的政治需要。冯太后去世，孝文帝哀伤至极，居丧过礼。穆亮便上表劝谏孝文帝，指出这种过礼之举是天现不祥的诱因，希望孝文帝以朝廷百姓为己任。孝文帝则称，至孝可通达天地，假若干旱不雨之象仍在，则证明孝心还不够深厚。孝文帝此举实是有树立典范的目的，欲借此巩固政权，稳定民心。孝道为内核的丧礼制度，乃是"缘情制礼"的突出表现。常景表称"丧纪之本，实称物以立情；轻重所因，亦缘情以制礼"②。李彪针对以往丧礼制度的不完善之处，提出独到见解，得到孝文帝的肯定与支持。李彪表曰：

圣魏之初，拨乱返正，未遑建终丧之制。今四方无虞，百姓安逸，诚是孝慈道洽，礼教兴行之日也。然愚臣所怀，窃有未尽。伏见朝臣丁父忧者，假满赴职，衣锦乘轩，从郊庙之祀，鸣玉垂绥，同节庆之醮；伤人子之道，亏天地之经。愚谓如有遭大父母、父母丧者，皆听终服。若无其人有旷庶官者，则优旨慰喻，起令视事，但综司出纳敷奏而已，国之吉庆，一令无预。其军戎之警，墨缞从役，虽惄于礼，事所宜行也。如臣之言少有可采，愿付有司别为条制。③

北魏初，朝臣在服丧期满之后，便脱下丧服，穿戴锦衣乘坐华轩，这种行为悖于伦理与天地之道。李彪建议，"如有遭大父母、父母丧者，皆听终服"④。孝文帝采纳并逐条施行，使北朝丧礼制度在吸收前代礼制基础上又发生革新。时李彪出使南朝，南主客郎刘绘设雅乐，为李彪所辞，原因在于冯太后去世，正值丧期，雅乐演奏不合时宜。刘绘对北魏的丧礼制度质疑，李彪解释乃是对礼仪制度进行改革，"可谓得礼之变"⑤。此时期南朝也极为重视丧礼，涌现出大量研究丧服及相关问题之作，《隋书·经籍志》记载相关文章 50 多篇。刘绘对不遵古而行的北魏丧礼制度进行诘难，亦是置身于正统地位而言。钱穆指出，此时期南朝武力不及，民族自尊心强烈激发，南北朝处于对峙局面，士大夫渴望正统在于己处；而对于勤力汉化的北魏统治者来说，亦希望掌控衣冠士族与宣示正统地位——对"三礼"与丧礼重视之故，于此可见一斑。

---

① （北齐）魏收撰《魏书》卷八六《孝感传》，中华书局 1974 年版，第 1886 页。
② （北齐）魏收撰《魏书》卷八二《常景传》，中华书局 1974 年版，第 1801 页。
③ （北齐）魏收撰《魏书》卷六二《李彪传》，中华书局 1974 年版，第 1389 页。
④ （北齐）魏收撰《魏书》卷六二《李彪传》，中华书局 1974 年版，第 1389 页。
⑤ （北齐）魏收撰《魏书》卷六二《李彪传》，中华书局 1974 年版，第 1390 页。

儒学文化背景下的
古代文学与文化研究

论《国语》编排原则兼及编者问题

宁登国*

摘　要: 现存《国语》一书,虽然各"语"之间呈现出类型多样、驳杂不纯的特征,但这并不意味着《国语》"语"料在整体编排上是随意堆积、混乱无序的。其实,《国语》在周、鲁、齐、晋、郑、楚、吴、越等八国的排列顺序、每国语料的先后编排、相关语料的集中组合等方面,都有着编者独特的纂修原则和目的。弄清这一点,也为考察《国语》的成书及编者问题提供了一个很有说服力的视角。

关键词:《国语》;编排原则;左丘明

现存《国语》一书,各国语料之间差别很大。在数量上,有的多至数十则,如《晋语》达 92 则;有的仅 1 则,如《郑语》。在内容上,或记时人之言,或叙前世成败之事,长短不一。在风格上,或深厚浑朴,或尖颖恣放。《国语》呈现出体例不一、类型多样、驳杂不纯的特征。清代以来的许多书目如《四库全书总目》、《郑堂读书记》(周中孚撰)、《汉学堂丛书》(黄奭撰)、《中国善本书提要》(王重民撰)等,都将《国语》归入史部"杂史类"。不过,《国语》之"杂",是就其各国"语"料之间表现形态和思想内容风格的差异性而言的,这并不意味着《国语》"语"料在整体编排上也是随意堆积、混乱无序的。事实上,仔细考察《国语》八国"语"料之间及各国内部"语"料的先后次序、分类布局,则会发现,《国语》众"语"料之间是井然有序、浑然一体的,有着编者的独特选排原则和目的。弄清这一点,也为考察《国语》的成书及编者问题提供了一个很有说服力的视角。

一、八国次序的政治考量

《国语》以国为别,先后存录了周、鲁、齐、晋、郑、楚、吴、越等八国共 243 则语料①。对于周王朝和七个诸侯国之间的这种排列次序,许多学者早就敏锐地指出蕴含其中的编纂意图。清人董增龄认为这种排序是基于诸侯国与周王室

---

*　宁登国,山东聊城大学文学院教授,从事先秦两汉文学研究。

①　据上海师范学院古籍整理组校点本《国语》(上海古籍出版社 1978 年版)统计。

关系之远近及贡献之大小的考量，他说："《国语》首以周，殿以越。周何以称国？穆王时周道始衰……虽号令止行于畿内，而为天下共主，故首列焉；次鲁，重周公之后，秉礼之邦也；次齐，美桓公一匡之烈也；次晋，见其主盟十一世，有夹辅之勋，且文公之伯继乎桓也；次郑，郑出厉王，与诸姬为近，又与晋同定王室也；次楚次吴，以其为重黎之后，泰伯之裔，不使其迹之湮没弗彰也；终之以越，见闽蛮强而中夏无伯主。"①白寿彝先生认为，《国语》八国的这种编排次序是按照周与鲁、齐、晋、郑的关系，诸夏与蛮夷的关系来安排的。他解释说："全书二十一卷，首列周语三卷，这还是从宗周时期沿袭下来的尊周的传统。这个传统在春秋时期虽已经是大大地动摇了，但周旧日的威望仍有一定程度上的保留而为名义上的'共主'。次鲁语二卷，齐语一卷。这由于齐鲁是宗周建立的股肱之国，在春秋时期也还是东方大国。《国语》对于这两个股肱之国，先鲁后齐，是安排了一定次序的。次晋语九卷，郑语一卷。这是在宗周末年以后，逐渐兴起的国，是对周平王东迁尽了力量的。《国语》把夹辅平王东迁的这两个股肱之国位于宗周建立时的两个股肱之国的后边，而对于这两个后起的股肱之国，先晋后郑，也是有个一定的次序的。再次，楚语二卷，吴语一卷，越语二卷。这是所谓荆蛮之国，自当排在中原各国之后，而在三国之间也是有个兴起先后的顺序的。"②这种对《国语》八国次序排列的解释从总体上来说是有一定合理性的，它符合周代社会"尊尊""亲亲""内外"的正统观念，甚为公允。但若仔细分析，则会发现这样的解释又存在许多难以自圆之处。

（1）若着眼于周与其他诸侯国亲疏远近的关系，作为异姓的齐国何以能够排在晋、郑等姬姓国的前面？而作为姬姓的吴国则又缘何排在芈姓楚国的后面？周代是以血缘关系为纽带的宗族社会结构，同姓诸侯因为与王室的天然血缘联系而拥有政治优越感和优先发展权，故常被称为"兄弟之国"或"股肱之国"。

（2）若着眼于对周王室贡献的大小，那么政绩平平、内乱不断的鲁国为何能够排在功勋赫赫的齐、晋之前？而"主盟十一世，有夹辅之勋"的晋国则又缘何排在齐国之后？若考虑"文公之伯继乎桓"的称霸先后因素，那么最先称雄的郑国为何又被排在了晋国之后呢？

所以，《国语》八国先后排列次序的内在理路不能以这种粗线条的描述统而论之，而应结合自西周以来确立的严格的等级制度和数百年来各国在政治舞台

---

① （清）董增龄《国语正义》，巴蜀书社 1985 年版，第 11 页。
② 白寿彝《国语散论》，《人民日报》1962 年 10 月 16 日。

上的政治影响力以及《国语》编者的特定立场等因素进行综合分析。首先，周代是一个以分封制和宗法制为根本特征的社会，由此相应形成"尊尊"和"亲亲"两大传统精神支柱，此即《礼记·中庸》所谓"亲亲之杀，尊贤之等，礼所生也"①，而讲究等级高下和亲疏远近则是其中首要之义。《左传·昭公十三年》记载子产的话说："昔天子班贡，轻重以列，列尊贡重，周之制也。"这表明西周诸侯的政治待遇是按照班爵的顺序、爵位的高低以及与周王室的亲疏远近来排序的。诸侯也根据各自不同的爵位承担着不同的义务。《国语》中多次提到的诸侯盟会时争班争长之事便鲜明体现了他们欲据此爵位制度以尽可能达到本国利益最大化的目的的外交心态。如，《鲁语上》晋文公欲分诸侯以曹地，鲁国重馆人便建议臧文仲说："晋不以固班，亦必亲先者，吾子不可以不速行。鲁之班长而又先，诸侯其谁望之？"《吴语》载黄池之盟，"吴晋争长未成，边遽乃至，以越乱告"。这些都清楚地表明，班爵之义、长幼之序实是维系诸侯国之间等级有序的最为重要的精神纽带。《礼记·王制》云："王者之制禄爵，公、侯、伯、子、男，凡五等。"②《孟子·万章下》亦云："北宫奇问曰：'周室班爵禄也，如之何？'孟子曰：'……尝闻其略也：天子一位，公一位，侯一位，伯一位，子、男同一位，凡五等也。'"③根据周初实行的这种五等封侯爵制，《国语》八国中，除周为"天下共主"外，鲁、齐、晋为侯爵，郑为伯爵，楚、吴为子爵，越国无封爵。在这样一个等级序列中，郑国，作为"伯南"④之国，被安排在鲁、齐、晋国之后，楚、吴之前，便不难理解了。据《左传·桓公六年》记载，鲁国受齐国之托在安排各国受饩的先后顺序时，便是按照封爵高下，把郑国排在了后面，"郑忽以其有功也，怒，故有郎之师"⑤。《国语》编者所遵循的这种等级排序原则，也与其在语料选择时侧重选取那些维护君臣等级之礼的编纂动机是一致的：如《周语上》穆王征犬戎，师出无名，破坏了畿服制，祭公谋父力谏不听，结果"荒服不至"；《周语中》襄王欲以狄伐郑，并纳狄女，富辰即以"内诸夏，外夷狄"之礼谏之；《周语中》刘康公因鲁国叔孙宣子、东门子家奢侈而预言其将家亡，其根据便是"为臣必臣，为君必君"之礼；《鲁语上》宗有司以宗庙昭穆制度谏阻夏父弗忌蒸跻僖公；《齐语》记载葵丘会盟齐桓公受天子

---

① （汉）郑玄注，（唐）孔颖达疏《十三经注疏·礼记正义》，中华书局1980年版，第1629页。
② （汉）郑玄注，（唐）孔颖达疏《十三经注疏·礼记正义》，中华书局1980年版，第1321页。
③ （汉）赵岐注，（宋）孙奭疏《十三经注疏·孟子注疏》，中华书局1980年版，第2741页。
④ 《国语·周语中》富辰云："郑，伯南也。"王肃解释说："郑，伯爵而连男言之，犹言曰公侯，足句辞也。"（汪远孙《国语三君注辑存》，道光振绮堂刊本第9页）
⑤ （晋）杜预注，（唐）孔颖达疏《十三经注疏·春秋左传正义》，中华书局1980年版，第1750页。

赐胙，以礼下拜，守为臣之道；《晋语四》寺人勃鞮以"君君臣臣，是谓明训"求见晋文公；《晋语八》栾氏之臣辛俞以"事君以死，事主以勤"之语对晋平公；等等。这类史料遍布全书。面对春秋时期礼崩乐坏、诸侯力征的混乱政治现实，《国语》编者的这种以诸国侯爵高下为依据的编排原则在一定程度上体现了其力图恢复和重建上下等级有序社会秩序的良苦用心。

其次，从《国语》选取的除周、鲁以外的其他六国来看，它们都是在春秋政治舞台上曾经陆续称霸一时、极具影响力的诸侯国，因此，在优先考虑爵位等级的前提下，这六个国家又分别按照称霸时间先后进行排列，于是便有了齐、晋、楚、吴、越的排列次序。郑国君主虽然没有被列入"春秋五霸"，但郑庄公时，"处挟天子以令诸侯之地位，又纠结大齐、强鲁，近攻宋、卫、陈、蔡，甚至击败周王所率之联军，纵横一时，几于霸主"[1]，从而拉开了春秋争霸的历史序幕。而且郑国在春秋中期又是晋楚两国争霸的关键棋子，是"春秋中之枢纽也"[2]，因此入选。《国语·郑语》一卷，特录史伯与郑桓公的一番对话，独具慧眼地分析、预言当时王道衰微以后，天下诸侯势力消长之趋势，如"王室将卑，戎狄必昌""若周衰，(楚)其必兴矣""姜、嬴、荆芈，实与诸姬代相干也""凡周存亡，不三稔矣"等，并建议桓公为保国之计，东寄孥与贿于虢、郐之地，这些预言均为此后历史事实所一一验证，不可不谓运筹帷幄，高瞻远瞩，总揽全局。

至于史伯提及的代兴之"秦国"语料为何没有被《国语》编者单独列出，而散见于《晋语》之中，大概也与上述编者的"尊尊"观念和秦国自身的政治地位有关。对此，俞志慧先生在《〈国语〉的文类及八〈语〉的遴选背景》一文中有精到的分析："秦穆所霸者在西戎，而上文所谓'盟主'，则是在中原文化圈里的地位，正如楚、吴、越之争长，非得不远千里跑到中原上国来，这或许是尊王的时代意识使然，也或许是叙述者的文化观、历史观在起作用。当然，霸西戎也是霸，但观《国语》之'霸'，同时又有'尊王'之意，霸西戎自与中原文化圈之'尊王'无关，况且其影响于中原政治、文化者非常有限，故而秦穆公时的秦国还只能算作地区性大国。"[3]

这里还有一个疑问，那就是"主盟不若齐晋之强，地势不及秦楚之大"的"积弱之国"[4]——鲁国，为何却被排在紧邻周的位置？其实，在"郑庄小霸"之前，鲁

---

① 童书业《春秋左传研究》，上海人民出版社 1980 年版，第 313 页。
② (清)高士奇《左传纪事本末·凡例》，中华书局 1979 年版，第 5 页。
③ 俞志慧《〈国语〉的文类及八〈语〉的遴选背景》，《文史》2006 年第 2 辑。
④ (清)高士奇《左传记事本末·小国交鲁》，中华书局 1979 年版，第 151 页。

国是当时最有影响力的诸侯国。一方面,鲁国为周公长子伯禽始封之国,不仅获得了许多其他诸侯所没有的显赫册封和殊荣:"分鲁公以大路、大旗,夏后氏之璜,封父之繁弱,殷民六族,条氏、徐氏、萧氏、索氏、长勺氏、尾勺氏,使帅其宗氏,辑其分族,将其类丑,以法则周公。用即命于周。是使之职事于鲁,以昭周公之明德。分之土田、陪敦、祝、宗、卜、史,备物、典策,官司、彝器;因商奄之民,命以伯禽,而封于少皞之虚"①,而且还被列为诸侯之长,"鲁之班长而又先"②,成为与王室关系最为亲近的国家。另一方面,在国际政治舞台上,鲁国也是春秋初年的一个强国。在隐公、桓公以及庄公在位这段时间里,鲁与各国交战中"只一败于齐,而四败宋,两败齐、一败卫、燕。直至齐桓称霸前夕,鲁之国势尚甚强,不亚于齐"③。鲁桓公十三年(前 699),鲁国与纪、郑联合,一度大败齐、宋、卫、燕四国,这都充分表明鲁国在春秋初期国势之强盛。除此以外,笔者认为,鲁国的这种独特位置也与《国语》编者左丘明身为鲁人的特定身份有关,对此,下文将有论析。

至此,《国语》编者选录周、鲁、齐、晋、郑、楚、吴、越八国语料的编纂意图和排序原则已十分清晰:首先根据春秋时期诸侯各国在当时国际政治舞台上曾一度独领风骚的霸主影响力,选择这八个国家语料作为纂修对象,并按照其称霸时间先后进行初次排序,即应为周、鲁、郑、齐、晋、楚、吴、越;其次,根据自西周以来确立的森严的五等爵制,对应这八个国家相应的爵位高下进行二次排序,于是便有了周、鲁、齐、晋、郑、楚、吴、越的最终排序,因此,这样的一个序列是《国语》编者参照各国"综合国力"和"尊尊""亲亲"的分封制度综合考量的结果,蕴含了编者辨尊卑、别内外、正名分以宗周定尊、崇德尚礼的政治理想。

二、语料编年的内在序列

《国语》语料大多没有明确的时间记载,不像《左传》事事年月具体,时间清晰,因此,《国语》易给人以凌乱、杂凑之感,如清人崔述就说:"《左传》之文,年月井井,事多实录,而《国语》荒唐诬妄,自相矛盾者甚多;《左传》纪事简洁,措辞也多体要,而《国语》文辞支蔓,冗弱无骨,断不出于一人之手明甚。"④事实上,尽管《国语》各国语料多寡不一,风格各异,但每国语料按照事件发生时间先后编排

① (晋)杜预注,(唐)孔颖达疏《十三经注疏·春秋左传正义》,中华书局 1980 年版,第 2134 页。
② (清)徐元诰撰,王树民、沈长云点校《国语集解·鲁语上》,中华书局 2002 年版,第 154 页。
③ 童书业《春秋左传研究》,上海人民出版社 1980 年版,第 45 页。
④ (清)崔述撰,顾颉刚编订《崔东壁遗书》,上海古籍出版社 1983 年版,第 395 页。

得井井有条,历历有序,俨然一编年体史书。如《周语上》自"穆王将征犬戎"至"襄王使太宰文公及内史兴赐晋文公命"14 则语料,即按照周穆王、恭王、厉王、宣王、幽王、惠王、襄王的在位时间先后排列的。据宋庠《国语补音》目录中附注云,有些版本在《晋语》一至九标题外也有标注武公、献公、襄公、厉公、悼公、昭公等晋国君主称号以表明语料相应时间。如果说这样的时间序列还是粗线条勾勒的话,那么我们再以《鲁语上》16 则语料(表 1)为例进行说明。

表 1 《鲁语上》16 则语料

序号	时间	事件	序号	时间	事件
1	公元前 684 年	曹刿论战	9	公元前 625 年	展禽论祭爰居非政之宜
2	公元前 671 年	曹刿谏庄公如齐观社	10		文公欲弛孟文子、郈敬子之宅
3	公元前 670 年	匠师庆谏庄公丹楹刻桷	11	公元前 625 年	宗有司谏夏父弗忌改昭穆之常
4	公元前 670 年	夏父展谏宗妇觌哀姜用币	12	公元前 608 年	里革更书逐莒太子仆
5	公元前 666 年	臧文仲如齐告籴	13	公元前 608 年	里革谏鲁宣公勿罛鱼
6	公元前 634 年	乙喜膏沐犒齐师	14	公元前 575 年	子叔声伯辞邑
7	公元前 632 年	臧文仲说僖公请免卫成公	15	公元前 573 年	里革论君之过
8	公元前 629 年	重馆人谏臧文仲速行亲晋	16		季文子论妾马

这 16 则语料原本都没有明确的时间记载,表 1 中每则语料前面的时间都是笔者据《左传》《史记》等史书相关记载考证出来的。可以看出,除第 10、16 两则材料无法确定具体年代外,其他 14 则材料自公元前 684 年至前 573 年均按照事件发生时间先后顺序排列,次序井然,有条不紊,清晰地表明了《国语》语料间的编年性质。《鲁语下》22 则材料也接续《鲁语上》时间自公元前 569 年"叔孙穆子论宴享之乐"至公元前 483 年"仲尼非难季康子以田赋"继续编年排列。这表明《鲁语》上、下部分原为一体,之所以分别上、下,应是后人为便于阅读或抄写而为。至于其他语上、下之分或一、二……之分,也是如此。其作俑者,始于宋庠,他在其《国语补音》目录后自注云:"其间唯一国有二篇或三篇者,则加上、中、下以为别。"①至于《晋语》一至九之数字标识,则始自清人徐元诰,他在其《国

---

① (宋)宋庠《国语补音》,文渊阁《四库全书》本,台湾商务印书馆 1986 年版,第 189 页上栏。

语集解》目录下也自注云:"本书不著卷弟,其目录次序胥依《补音》本,唯于晋语诸篇每加数字别之,便于检阅,非其旧也。"①

至于其他两则未能确考时间的语料,可以根据《国语》的这一编年性质,能够大致确立一个时间坐标。第 10 则语料,因其前后两则语料都发生在公元前 625 年,所以可以确定"文公欲弛孟文子、邧敬子之宅"也应发生在这一年;第 16 则语料,根据其上一则"里革论君之过"发生在公元前 573 年,其后一则材料"叔孙穆子聘于晋"发生在公元前 569 年,于是可以大致断定"季文子论妾马"一事应发生在公元前 573 年至前 569 年这五年之间。有时,《国语》的这一编年性质,还能为判定版本校勘正误提供一定的依据,如《周语中》"富辰谏襄王以狄伐郑及以狄女为后"章,首句"襄王十三年,郑人伐滑","公序本""明道本"及韦昭注皆作"十三年"。清人汪远孙据《左传》载有襄王十三年(前 639)和十七年(前 635)两次郑伐滑之事而断定此处应为"襄王十七年",徐元诰《国语集解》据以改正。但周襄王十七年为公元前 635 年,这与上一则"内史兴论晋文公必霸"(前 649)和下一则"襄王拒晋文公请隧"(前 636)不能形成先后编年,因此可以断定,"襄王十三年"就是《国语》原本的材料,《国语》编者将其编年于此,也正据此年。

由于《国语》中的语料大多没有明确的时间记载,因此学者们一般认为《国语》旨在"明德",并不在意事件发生的具体时间。但事实上,《国语》不仅每一国语料都是按时间先后排列的,全书 243 则语料,自《周语上》"祭公谏穆王征犬戎"首则直至《越语下》"范蠡乘轻舟以浮于五湖"最后一则也都是按编年先后依次排列的。《国语》的这一编年性质也启示我们:《国语》中的这些语料原应与《左传》一样有着明确的时间记载,后来编者在纂修时因侧重语料的"务用明德于民"的教化性质而淡化或模糊了时间概念。《国语》现存语料中存留的零星时间记载,大概即为这些语料原初的存在形态。

三、以类相从的史体雏形

《国语》各国语料在总体上遵循编年排序的前提下,还尽量做到将同一人物或同一事件相关的语料编排在一起,属辞比事,以类相从,开后世史书人物传记或纪事本末体之先河。

首先,《国语》240 余则语料中,有许多语料便是以某一特定人物为中心进行集中编排的。如《周语》中有关单襄公的四则预言材料,分别记载了单襄公论陈

---

① (清)徐元诰撰,王树民、沈长云点校《国语集解·附录》,中华书局 2002 年版,第 599 页。

"必亡"、论郤至"不可久"、论"晋将有乱"、论晋周"将得晋国"，言辞笃厚中肯，分析透彻精到，而且所论皆为事后一一验证，活脱脱将一个见微知著、料事如神、饱含忧患意识的谋臣形象刻画出来，给人留下极深的印象。除因编年需要，第一则材料后面穿插了另外两则材料，其余三则材料都集中编排在了一起。又如《鲁语下》较为突出的有关公父文伯之母的八则材料，全部纂合在一起，分别从不同事件、不同角度地对这一女性进行多方位地摹写和表现，集中突显了一位教子有方、深明大义、通情达理的智慧女性形象。而且，其中后面四则语料所附孔子对公父文伯之母的评论又与紧接而来的有关孔子三则语料"仲尼论大骨""仲尼论楛矢""仲尼非难季康子以田赋"交接起来，起承得当，巧妙自然。其他如《齐语》中管仲的语料、《晋语》中申生、郭偃、晋文公、范文子、晋悼公、叔向的材料、《吴语》中申胥的材料、《越语》中范蠡的材料等等，都是如此。这种类似集锦式的人物片段，虽然缺少事件之间的连贯性和情节性，但无意之中已多向度、多视角地刻画了众多个性鲜明的历史人物形象，初具后世传记文学的雏形。尤其是为文史学家所津津乐道的晋文公形象，通过《国语》《左传》空前的笔力与篇幅将其个人经历及称霸过程抒写得如此跌宕起伏、摇曳多姿、生动完整，实属少见。

其次，《国语》虽然载录了大量的人物之"语"，但这些语料类型不一，形式多样，俞志慧先生按其表达方式，从总体上分为重在记言和重在记事的两类，分别称之为"言类之语"和"事类之语"。其中，"事类之语"主要指那些围绕某一特定历史事件进行精心选裁，工巧布局，具有明显历史故事特色的语料。[1] 如《晋语一》集中围绕"骊姬之乱"这一中心，先后择取"史苏、郭偃论晋将及难""史苏论骊姬必乱晋""里克、丕郑、荀息论晋献公废太子立奚齐""郤叔虎谏伐翟""优施教骊姬远太子""士蒍谏献公以太子从军""优施教骊姬谮申生""申生伐东山""骊姬谮杀太子申生"等九则语料，如连珠贯串，将这一事件的起因、经过及结果生动曲折地叙述出来，环环相扣，逐次展开，原始要终，首尾完整。此外，如《晋语三》"惠公归国"事、《晋语四》"重耳之亡"事、《晋语七》"悼公复霸"事、《吴语》"夫差争霸"事、《越语》"勾践灭吴"事等等，都属此类。这种以事类为主、以纪年为辅而进行的原始要终的史料纂修体式，实开后世史书纪事本末体之先河。南宋朱熹在称赞袁枢《通鉴纪事本末》便于学者检阅的同时，也将此纪事本末体视为《国语》之流"。[2]

---

① 俞志慧《〈国语〉的文类及八〈语〉的遴选背景》，《文史》2006 年第 2 辑。

② （宋）朱熹《朱文公文集》卷八一《跋通鉴纪事本末》，台湾商务印书馆 1979 年版，第 1461 页。

四、《国语》的流传及编者问题

先秦古籍的流传，大都经历一个由单篇别行到最后成书的长期过程。那么，上述今本《国语》的篇卷内容与编排原则是否与古本《国语》保持一致？是否反映了《国语》初编者的真实意图？这需要我们先对现存《国语》的版本流传情况做一大致了解。据《孔丛子·问答》："陈王涉读《国语》，言申生事。"①《史记·太史公自序》云："左丘失明，厥有《国语》。"②《汉书·司马迁传》云："司马迁据《左氏》《国语》，采《世本》《战国策》，述《楚汉春秋》。"③由这些文献记载可知，在秦汉时代，《国语》一书已经编定流传。从《史记》征引《国语》来看，《周本纪》有1/3史料来自《周语》，《郑世家》《越世家》也多参用《郑语》《越语》，这表明司马迁所看到的《国语》与今传本差别不是很大。班固《汉书·艺文志》云："《国语》，二十一篇"④。《隋书·经籍志》载："《春秋外传国语》二十卷（贾逵注）；《春秋外传国语》二十一卷（虞翻注）；《春秋外传章句》一卷（王肃撰，梁二十二卷）；《春秋外传国语》二十二卷（韦昭注）；《春秋外传国语》二十卷（晋五经博士孔晁注）；《春秋外传国语》二十一卷（唐固注）。"⑤其中，贾逵所作《春秋外传国语》二十卷，唐人李贤在《后汉书·贾逵传》："尤明《左氏传》《国语》，为之《解诂》五十一篇"一句后注云："《左氏》三十篇，《国语》二十一篇也。"⑥又韦昭注《春秋外传国语》二十二卷，《旧唐书·经籍志》作二十一卷。由此可见，自汉以后，《国语》二十一之篇（卷）数，实为其定数，"其后或互有损益，盖诸儒章句烦简不同，析简并篇，自名其学，盖不足疑也"⑦。若以清人汪远孙《国语三君辑注》中辑存的贾逵注文与今本《国语》相对照，可以看出，东汉贾逵所见到的《国语》内容和顺序与今本《国语》完全一致⑧。不过，《隋志》所载贾逵、虞翻、王肃、孔晁、唐固等注本自唐宋以来便湮没无闻，唯三国韦昭注本幸存于世。它赖北宋"公序本"和明道二年（1033）椠本得以流传至今。由此可见，尽管《国语》在流传过程中，"其间虽或鲁

① （秦）孔鲋《孔丛子》，文渊阁《四库全书》本。
② （汉）司马迁《史记》卷一三〇《太史公自序》，中华书局1959年版，第3300页。
③ （汉）班固《汉书》卷六二《司马迁传》，中华书局1962年版，第2737页。
④ （汉）班固《汉书》卷三〇《艺文志》，中华书局1962年版，第1714页。
⑤ （唐）魏徵等撰《隋书》卷三二《经籍志一》，中华书局1973年版，第932页。
⑥ （南朝宋）范晔《后汉书》，中华书局1965年版，第1235页。
⑦ （宋）宋庠《国语补音叙》，文渊阁《四库全书》本，台湾商务印书馆1986年版，第191页上栏。
⑧ （清）汪远孙《国语三君注辑存》，道光振绮堂刊本。

鱼"，"诸本题卷次叙各异"①，但《国语》的卷数和内容自秦汉至今基本一致，并无太大变化。

至于《国语》一书的最终编定者，自司马迁在《太史公自序》和《报任安书》中两次提到"左丘失明，厥有《国语》"以后，这一观点陆续被历代学者，如班固、王充、韦昭、孔晁、刘知幾、司马光、晁公武、王世贞、章太炎等所接受，成为学界占主流的观点。自宋代以后，虽有学者对此观点提出异议，否定左丘明之说，甚至近代一度就《左传》作者问题发生过激烈争论，但因未能提出令人信服的证据，多为推测之论，旧说并未能被推翻。张以仁先生曾著文专就这些异说之根据予以一一详细驳正，理直气壮，旧说愈坚②。这里，通过对《国语》编纂原则的具体考察，从另一个侧面进一步印证了"左丘明说"这一传统观点。

（1）鲁国被安排在仅次于周的位置，除了上述与其自身的政治地位和国际影响力有关以外，也与编者左丘明"鲁君子"的特定身份有着密切关系。据司马迁《史记·十二诸侯年表序》，左丘明"因孔子史记具论其语，成《左氏春秋》"③，这里的"孔子史记"应指鲁《春秋》，表明左丘明编纂《左传》是以鲁《春秋》为主，以鲁国为本位，这与《孔子世家》载孔子作《春秋》"据鲁，亲周，故殷"④的立场是一致的。因此，左丘明编纂《国语》时"尊鲁"于诸霸国之前，洋溢着"秉礼之邦"的优越感，便不难理解了。司马迁修《史记》，也是以《春秋》为典范，自觉担当起史书应有的"善善恶恶"的政治功能，因此《史记·十二诸侯年表》中的十二诸侯先后次序基本沿用了《国语》的这一排序，也体现了其强烈的崇鲁倾向。

（2）《国语》各国之"语"皆按年月编年、井然有序的事实，也进一步表明《国语》最终成于一人之手，左丘明"采录前世穆王以来，下迄鲁悼智伯之诛……以为《国语》"⑤之说，洵然不诬。有学者根据《国语》的记事时间下限至公元前453年"晋阳之围"及《晋语九》出现的卒于公元前425年的"赵襄子"之谥，断定与孔子同时代的左丘明不会活至此时而编书。如宋代郑樵在《六经奥论》中说："自获麟至襄子卒已八十年，使丘明与孔子同时，不应孔子既没七十八年之后，丘明

---

① （宋）宋庠《国语补音叙》，文渊阁《四库全书》本，台湾商务印书馆 1986 年版，第 189 页上栏。

② 张以仁《从司马迁的意见看左丘明与〈国语〉的关系》，《历史语言研究所集刊》（52），1981 年，第 651～680 页。

③ （汉）司马迁《史记》卷一四《十二诸侯年表》，中华书局 1959 年版，第 510 页。

④ （汉）司马迁《史记》卷四七《孔子世家》，中华书局 1959 年版，第 1943 页。

⑤ （清）徐元诰撰，王树民、沈长民点校《国语集解·附录〈国语解叙〉》，中华书局 2002 年版，第 594 页。

仍能著书。"①程端学、尤侗、朱熹等人也表达了类似意见。对此,张以仁先生重新推算孔子之卒年至赵襄子之卒年,期间不过 54 年,并据钱穆《先秦诸子系年》所附《诸子生卒年约数》表统计所得,推论左丘明活到 70 乃至 80 余岁,并不奇特,能够在晚年完成《左氏春秋》和《国语》的编撰。②

按照古书通例,受多种条件的限制,先秦古书在编次成书之前大多"单篇别行"③,分合无定,如《尚书》、大小戴《礼记》、《战国策》等。《国语》也是如此,《晋书·束晳传》所载魏襄王墓中所藏的"《国语》三篇"④、1987 年湖南慈利战国竹简中的《吴语》佚文⑤,即为明证。及至左丘明,乃在汇集此类材料基础之上,进行了编辑加工,编成《国语》。后来晋代的孔衍也曾搜集春秋战国时期的材料,编辑了《春秋时国语》和《春秋后国语》,曾自比于左丘明,可以想见《国语》的成书也与此相仿。因此,笔者认为,在未有铁证推翻旧说之前,维持原有观点是最好的选择。毕竟西汉之世,去古未远,以马迁之学识,之史才,之史德,两称"左丘失明,厥有《国语》",必非妄语。

综上所述,《国语》作为一部载录西周至春秋时期诸侯各国"嘉言善语"的议论总集,在看似松散、驳杂的组织形式背后却有着独特的谨严编排原则:在选录的周、鲁、齐、晋、郑、楚、吴、越八国的排列次序中,隐含了编者综合考量各国政治影响力和西周以来严格的五等爵制以重构等级有序社会的良苦用心;《国语》243 则语料之间,自始至终按照事件发生时间先后顺序编排,井然有序,有条不紊,具有明显的编年性质;《国语》编者在编排语料时,已充分考虑到以类相从的原则,或以同一人物为中心,或以同一事件为中心进行属辞比事,排列组合,开后世史书人物传记或纪事本末体之先河。而这也进一步表明《国语》最终成于一人之手,在没有确凿证据出现之前,不能轻易否定传统左丘明之说。因此,任何形式的背后往往都隐藏着丰富的内容,沿着这一思路去重新审视《诗经》十五国风、《战国策》十二国别、《史记·十二诸侯年表》的编排原则,或许也会对深入理解编者的编纂动机和用世意图有一定的帮助和启示作用。

---

① (宋)郑樵《六经奥论》卷四《春秋经》,文渊阁《四库全书》本,台湾商务印书馆 1986 年版,第 92 页下栏。

② 张以仁《从司马迁的意见看左丘明与〈国语〉的关系》,《历史语言研究所集刊》(52),1981 年,第 651~680 页。

③ 余嘉锡《余嘉锡说文献学·古书通例》,上海古籍出版社 2001 年版,第 238 页。

④ (唐)房玄龄等撰《晋书》卷五一《束晳传》,中华书局 1974 年版,第 1433 页。

⑤ 张春龙《慈利楚简概述》,艾兰、邢文编《新出简帛研究》,文物出版社 2004 年版,第 8 页。

文化规约与演剧兴盛

——论明代文化政策影响下的民间戏剧生态

王 斌*

摘　要：禁戏政策是明代官方文化制度中的重要一环。对民间演剧而言，禁戏政策在明初即已表现出鲜明的压制、规约、引导相伴生的复合性影响。在明初以面向民间、高扬禁戏为表征的政令背后，含有将戏剧活动引向社会教化功用的目的。进入明代中后期，相当部分禁戏政令已经失去效力，就整体态势而言，民间演剧的传播接受进入兴盛期；同时，部分地方政府基于官员个人以社会伦理道德为标尺对演剧所做的评判，对禁戏政令条款加以重申，使当地民间演剧活动遭受限制、某类演剧活动甚至被禁止。对上述文化史实的考述、分析，可以窥探到民间俗文化生发路径的广泛性、传播接受进程的自发性和自觉性，也折射出明代民间演剧生态环链脆弱、游走于政策框架内的规约化一面。

关键词：明代戏剧；文化政策；民间演剧；传播接受

终明一朝的官方文化体系中，禁戏政策是一个引人瞩目的建构成分：它于明初即于全国推行，虽然在明中叶以降，明显趋于废弛，但对戏剧活动的管理职能和控制作用并未因此走向消亡。民间演剧以演剧为形式，直接面向构成"民间"的社会各阶层实现话语传播功能，因此，从明初起，它就是明代官方文化政策有所偏重的管理对象。

同时，民间演剧的传播空间和接受人群，实际遍布全国。从整个明代的戏曲传播接受历程来考察，这种情况导致明廷禁戏政令管控的效力，往往因之空间的巨大与人数的众多，而呈现出逐渐失效的态势。在律令和法规出现难以为继的苗头后，明廷又往往会继续追加新的条款以重申原有规约，从而不断保持对全国演剧活动的管控能力与效度。民间演剧则在这些新旧条款之间，不断找

---

*　王斌，戏剧戏曲学博士，曲阜师范大学文学院副教授，当前研究兴趣为明代文化制度与文学表达。本文系 2015 年度教育部社科青年基金项目"国家话语、儒家审美、民间文化的并存与融构——明清戏曲社会传播接受研究"（15YJC751039）阶段性成果。

寻合法化、合理化的生存空隙,最终在明中后期禁戏政令趋于废弛大背景下,呈现出繁荣兴盛的发展态势。

一、勾栏与赛社:明初禁戏的"张""弛"之辨

勾栏是宋元时期常见的城市中戏剧及其他伎艺的主要演出场所,作为早期的商业剧场,其场上演剧具有固定化、经常化、职业化的特征,这使勾栏演剧成为当时城市演剧的核心代表。赛社本是以祈福禳灾为目的祭祀活动,其以祭祀过程中的演剧娱神为突出特征,在宋元时期成为乡村演剧的重要载体。明初厉行禁戏,使这两者都受到了相当程度的影响。

元时"内而京师,外而郡邑,皆有所谓勾栏者。辟优萃而隶乐,观者挥金与之"[①]。勾栏是高度商业化的专门演剧场所。在全国的大城市中,据学界研究、考证,勾栏集中的地区当时有大都、真定、东平、平阳、开封、洛阳、松江、金陵、杭州,还可能有昆山、婺州、湖州、京口、沂州、武昌等[②]。由此可见民间演剧盛况之一斑。

延至明初,禁戏政策使民间演剧受到了一定冲击。明太祖在洪武四年(1371)春,"严内城门禁之法","有以兵器、杂乐到门者,论如律"[③]。将杂乐与兵器同视为作乱之物,以禁绝的方式强行终止其在内城的传播。此外,还在服饰方面对乐人做出歧视性的特殊规定,用以区别身份:"教坊司伶人制常服绿色巾,以别士庶之服,女妓冠裙不许与庶民妻同","所以别良贱也"[④]。对伶人乐工卑微身份的强调加大了其他社会阶层与演员间的隔阂。在明代重兴儒学、科举选士的大环境下,原为"书会才人"重要成分的文人们转而投身科举,同时也因服饰禁令所强调的身份差异进一步与戏剧活动拉开距离,出现了"士大夫耻留心词曲"[⑤]的局面,终使服务于民间演出、为演剧提供剧本的"书会才人"体制趋于瓦解。此外,"士大夫耻留心词曲"不独意味着整个文人阶层退出戏剧的编写,也意味着文人群体不再参与剧本的整理,所以出现了"杂剧与旧戏文本皆不

---

① (元)夏庭芝《青楼集志》,俞为民、孙蓉蓉编《历代曲话汇编·唐宋元编》,黄山书社 2006 年版,第 469 页。

② 赵山林《中国戏曲传播接受史》,上海人民出版社 2008 年版,第 116 页。

③ (明)余继登撰,顾思点校《典故纪闻》,中华书局 1981 年版,第 40 页。

④ (明)何孟春《余冬序录》,周光培编《历代笔记小说集成·明代笔记小说》第 7 册,河北教育出版社 1995 年版,第 12 页。

⑤ (明)何良俊《曲论》,《中国古典戏曲论著集成》第 4 册,中国戏剧出版社 1959 年版,第 6 页。

传"①的戏剧文本流传断层。

文人笔记、日记、信札等资料，往往是除出土剧本之外，研究民间演剧的重要原典，而明初时"士大夫耻留心词曲"在实际上使演剧信息难以出现于这类文人资料中，因此明初民间演剧到底处于何种状态，确难究其实。笔者在此试推之。

朱权作于洪武三十一年(1398)的《太和正音谱序》云制此书目的在于"为乐府楷式，庶几便于好事，以助学者万一耳"；②朱有燉作于永乐四年(1406)的《春风庆朔堂传奇引》云"是编之作，聊复助文人才士席间为一段风流佳话耳"③。表明似乎洪武、永乐时期尚有相当多的人对戏曲感兴趣，文人才士虽"耻留心词曲"但还是可以从娱乐的角度在宴会中欣赏演剧。

另外，史料记载，洪武年间(1368—1398)建两座御勾栏于南京，据考证非皇帝驾临时，百姓可入内观看商业性演剧④。又"立富乐院于乾道桥"，"专令礼房吏王迪管领，此人熟知音律，又能作乐府。禁文武官及舍人不许入院，止容商人出入院内"。⑤可知富乐院系官方为增加收入、面对商人开放的妓乐场所。根据《坚瓠八集》卷三《瞽识王教师》所记，在宣德三年(1428)齐宁王薨后，其王府乐曲教师还曾在北京观"江斗奴演《西厢记》于勾栏"⑥，可见自洪武至宣德(1368—1435)的近70年间，南北两京的民间演剧活动，特别是商业性的演剧活动，都不曾断绝。在这种商业性民间演剧于勾栏之中仍有其传播空间的条件下，有"好事"者根据《太和正音谱》学作"乐府"，或文人才士于席间欣赏《春风庆朔堂传奇》，便是十分合理的了。

虽然明太祖是明廷禁戏政策的始作俑者，而且他在宫廷内以"古乐之诗，章和而正。后世之诗，章淫以夸"⑦的认识推尊古乐、抑制俗乐，却没有发出政令废止民间演剧，相反，仍对勾栏演剧有所保留，究其主因，大概可从洪武二十二年(1389)颁布的《大明律》中得到答案：在法律中，规定了演员和剧本内容禁止以古代帝王、忠义臣子为表演对象，但也追加说明了宽宥性的内容——在教化世道民心的各类剧情中，装扮"历代帝王后妃、忠臣烈士、先圣先贤神像"不受禁令

① (明)何良俊《曲论》，《中国古典戏曲论著集成》第4册，中国戏剧出版社1958年版，第6页。
② (明)朱权《太和正音谱序》，《中国古典戏曲论著集成》第3册，中国戏剧出版社1959年版，第11页。
③ (明)朱有燉《春风庆朔堂传奇引》，吴毓华编《中国古代戏曲序跋集》，中国戏剧出版社1990年版，第32页。
④ 廖奔《中国古代剧场史》，中州古籍出版社1997年版，第133页。
⑤ (明)刘辰《国初事迹》，中华书局1991年版，第12页。
⑥ (清)褚人获《坚瓠八集》，《笔记小说大观》第15册，江苏广陵古籍刻印社1983年版，第262页。
⑦ (清)张廷玉等《明史》，中华书局1974年版，第1507页。

限制,①这表明明廷有意引导教化性内容戏剧的发展,以潜移默化的方式使观剧者受到相关道德伦常观念的灌输。

而作为村野之中常见的演剧活动载体,迎神赛社就没勾栏演剧那么幸运了。明初文人梁寅在洪武三年(1370)尚见村民为求雨而迎龙神并演剧娱神,他描述道:"走龙祠以祈灵,荐牲俎以陈礼,旌幢绚兮九霄,笙鼓訇兮百里,娱以优伶,杂以士女。"②明太祖也曾命人在南京城内行乡野"打春"之戏,"沿街鸣锣,跳唱乞米"③。但根据《大明会典》卷一六五《礼律》"祭祀·禁止师巫邪术"条目的记载来看,洪武末年,明廷发布新的法令,已经严禁这类演出活动。在之后不久的永乐四年(1406),淮安地区更是发生了"里社赛神,诬以聚众谋不轨,死者数十人"④的悲剧。

从根本上说,明廷禁限迎神赛社的目的在于防止不法者借机聚众闹事,以及防止在祭祀各种鬼神的过程中产生或传播有害于王朝统治的思想,故而只保留"春秋义社",以符合封建伦常标准的神祇为祭祀对象。显而易见,这种限定使得乡野中以赛社为载体的演剧次数和演剧内容均大为减少,阻滞了其发展进程。

从该条律的执行情况来说,整个明朝时期,地方政府官员多遵循此条文精神,将"春秋义社"之外的乡野祭祀活动列为禁绝对象。商辂对此有阐释云:"圣王之制祭祀也,法施于民,则祀之。以死勤事、以劳定国,则祀之。能御大灾、捍大患,则祀之。非此者即为淫祀。"⑤地方官员们为杜绝"淫祀",还往往更进一步地将该类祭祀活动发生的地点——神庙、祠堂作为捣毁的目标,即形成了在明代地方志与文人笔记中频频出现的禁毁"淫祠"现象。以《玉光剑气集》记载的明初至成化时期(1465—1487)地方吏治情况为例:洪武中期张昺为铅山县令,"凡淫祠,悉毁之"。⑥ 成化年间,张弼"出知南安,毁淫祠,为社学"。⑦ 此外有官员也用较温和的手段来制止民间"淫祀":周瑛在成化八年(1472)"知广德,著

① (明)姚广孝等《明太祖实录》,江苏国学图书馆传抄本,第 11 页。

② (明)梁寅《石门集》卷一《喜雨赋》,清光绪刊本影印本。

③ (明)李诩《戒庵老人漫笔》,中华书局 1982 年版,第 22 页。

④ 光绪《淮安府志》,见《中国方志集成·江苏府县志辑》第 54 册,江苏古籍出版社 1990 年版,第 154 页。

⑤ (明)商辂《重建西庙记》,见嘉靖《淳安县志》卷一五,上海古籍出版社 1981 年版。

⑥ (清)张怡撰,魏连科点校《玉光剑气集》,中华书局 2006 年版,第 320 页。

⑦ (清)张怡撰,魏连科点校《玉光剑气集》,中华书局 2006 年版,第 323 页。

《祠山杂辨》，以戒民尚鬼"①。在官员们积极毁"淫祠""戒民尚鬼"的行动之下，民间赛社自然在本时期走向萎靡。

综上所述，我们可以看到，明代初期禁戏政策中，政府对勾栏演剧和乡野赛社做出了两种特征相反的举措：明廷在一定程度上扶持勾栏演剧，在南北两京勾栏演剧的形式均得以继续保留；而对乡野赛社，明廷则严加禁限，禁绝了除"春秋义社"外的所有赛社活动。但在这一张一弛的特征区别之后，都有着同样的思想钳制目的：对勾栏演剧的保留，意在实现演剧内容的教化功用；禁绝"淫祀"而独尊"春秋义社"，也在于通过单纯的"春秋义社"之祭，向人民灌输封建纲常、伦理道德观念，并杜绝"淫祀"在鬼神崇拜形式下可能传播于民间的抗争意识、反抗行为。

二、禁戏政令：渐趋失效与地方性重申

在明代中后期，禁戏政令的一部分具体条款渐渐失去效力。相应地，一些地方官员力图通过重申禁戏政策，来保持其约束力。这使民间演剧在客观上获得了一个相对宽松的环境，并在该时期呈现出繁盛态势。

明廷禁戏政策实际自尚属明前期的宣德时期（1426—1435）即开始暴露出废弛的趋向。虽然明太祖时期《大明律》已对官员宿娼妓、女乐作出了相应惩处规定，但在相去不足 50 年的宣德年间，相应的条文已明显失去了对官僚群体应有的约束力，当时官员盛行"私家饮酒辄命妓歌唱"之风，甚至还有不少人留宿女乐歌妓，进而影响到朝廷政务的正常进行。② 从史料的记叙中可以明确看到，随着时移势易，在处于社会上层的官僚阶层中，明初厉行的禁戏政令正在迅速丧失效力。由此引申下来，当禁戏政策不能约管官员时，其松弛态势也很可能在民间得到映射，一些条款呈现出松动甚至失效的态势。

从实际上看，至少从明宣宗的继任者明英宗时期起，禁戏政策对民间的约束力下降，已十分明显：英宗正统年间（1436—1449），京城民间忽然盛行歌唱的《妻上夫坟》小曲哀婉凄厉，士大夫们皆认为是不祥之音，英宗本人也"命五城兵马司禁捕"③，但终究不能刹止民间传唱风气。从这个事例中可见，民间对于词曲的传播和受纳程度已经颇为广泛与高效，其传唱人群、传播效度远超朝廷管

---

① （清）张怡撰，魏连科点校《玉光剑气集》，中华书局 2006 年版，第 321 页。
② （明）余继登撰，顾思点校《典故纪闻》，中华书局 1981 年版，第 167 页。
③ （清）张怡撰，魏连科点校《玉光剑气集》，中华书局 2006 年版，第 15 页。

控能力之所及。因此,明廷虽然按照明初禁戏政令的管理章法和禁制约束的思维,继续推行强力弹压的手段,但实际上已经不能形成有效震慑和规约效果。

又如,天顺四年(1460)有官员上奏,"教坊司裕如工乐妇,僭用服饰,正统年间已尝禁革而犹不遵法度",并且至今已经"多端僭礼不可胜计"①。可见,倡优乐工的服饰僭越问题愈演愈烈,从正统至天顺 20 多年间,一直没能有效解决;而且僭越表现不仅仅是服饰问题,还是"多端僭礼不可胜计",僭越范围也呈现扩大的趋势。一言以蔽之,此时朝廷法令的约束力已严重下降。而随着朝廷和地方政府对服饰僭越现象的逐步失控,到了万历时期,谈及"国初之制,伶人常戴绿头巾",乐妇"不许金银首饰","不许锦绣衣服"等禁令于当前的执行情况,徐复祚云"今不知此制矣"②。

又如对丧葬演剧之禁方面:洪武初年,明太祖曾经下旨禁止民间在丧葬场合使用戏曲、歌唱等形式。但到了明中叶正德初,尚书张升等人所条陈的十三事政务中,又开列了"近年京城军民之家丧事甚违礼制",入殓、出殡等重要丧葬仪式中使用戏曲、唱曲、音乐鼓吹等。③ 朝廷因此对失效的禁令加以重申。而到了明末崇祯时期,北京富户出殡仍然有"延优娼扮十二寡妇征西故事"④的记载,可知该条禁令也丧失效力。

虽则中央政府的禁令屡屡失效,但地方上,在明中后期多有官员对之重申。如福建长汀"郡城迎春日,胥役辈赁鬼面,装扮雷神","又有一种市井为舞小鬼者,正月十一起至元宵止,沿街于人家跳舞。明崇祯七年(1634)春,张直指应星按厅禁之"⑤,是变相地对禁"淫祀"的延续;叶稠"嘉靖八年(1529)知县,毁淫祠,建陈石堂书院"⑥;吕坤《实政录》记载了自己万历年间(1573—1620)治理山西时发布的政令内容,要求山西各地在祭祀神灵、丧葬仪式中"俱不许招集倡优",倡优"不许与良家一样装束",禁止官员与百姓随意招徕倡优进行娱乐活动,外地流入山西的演剧人员一律被冠以"诱财坏俗"的罪名而驱逐出境;等等⑦。这些

---

① (明)李贤等《明英宗实录》,江苏国学图书馆传抄本,第 1379 页。

② (明)徐复祚《花当阁丛谈》,周光培《历代笔记小说集成·明代笔记小说》第 11 册,河北教育出版社 1994 年版,第 79~80 页。

③ (明)杨廷和等《明武宗实录》,江苏国学图书馆传抄本,第 837 页。

④ (明)刘若愚《酌中志》,北京古籍出版社 1994 年版,第 122 页。

⑤ 光绪《长汀县志》卷三三,成文出版社 1967 年版,第 532 页下栏。

⑥ 万历《福宁州志》卷八,《日本藏中国罕见方志丛刊》,书目文献出版社 1991 年版,第 177 页。

⑦ (明)吕坤《实政录》卷四,《北京图书馆古籍珍本丛刊》第 48 册,书目文献出版社 1988 年版,第 156~157 页。

悉数沿袭了明代初年规约化禁治演剧唱曲活动的政令内涵。

明廷禁戏政令的失效与地方官员对其重申，两者间有着明显的因果关系：正是因禁戏政令具体条款的效力渐失，地方官员才通过重申其内容来保障在一定地域上的约束力。但是在民间演剧日趋发展、在所难禁是大势所趋的背景下，禁令的重申也有时于事无补。如嘉靖《武康县志》载，当地在清明节前夕就开始以村为单位，组织大规模的集体演剧活动，"叫嚣豕突，如颠如狂"，"前令桂公禁之，息已数载，今复炽矣"①。这种重申，很难恢复禁戏政策的效能。实际上，在明朝中后期，明代民间演剧无论在城市或是在乡村，都迎来了它的辉煌期。

三、民间演剧：明中后期的兴盛状态

在明朝前期，东南沿海地区的民间演剧，就传播接受态势而言，已具备了带有复炽可能的意味。在明宪宗时期，江浙地区的南戏盛行，演员被称为"戏文子弟"，其演技已达到相当高的程度，能"令人闻之，易生凄惨"，更能以男扮女"往往逼真"。②

弘治时（1488—1505），唐寅说："予外叔祖西岩秦氏，博极群书，尤精音律，尝应试南都，以八月既望，纵步桃叶渡，三吴仕女靓妆炫服，游者如堵。已而六馆英豪，平康姝丽，笙歌杂沓，画舫鳞次，西岩乃浩歌《念奴娇序》一阕，低回慷慨，旁若无人，环桥而听者，不可胜记也。"③盛装丽服，环桥而听的盛况，可以折射出当时南京人对词曲的喜爱。

而后在弘治、正德之间（1488—1521），徐霖"能自度曲为新声，伎乐满前，无日不畅如也"④。同时期的祝允明、唐寅也好与倡优、歌女相交，联系到这一时期北方有康海、王九思以杂剧闻名并与乐工和乐妓相过从的史实，似乎表明明初时期"士大夫耻留心词曲"的局面正在悄然改变。这种改变不仅带来了士大夫家班随后的兴盛，更使文人高质量的创作推进民间演剧发展出现了可能。

尔后直至万历时期，借助民间演剧日盛的传播力量，"四大声腔"先后流传开来，戏班也十分繁盛。如以潘允端《玉华堂日记》记录为例，万历时期（1573—1620）上海除了"松江梨园"之外，还有来自余杭、太平、绍兴、余姚等来自多个地区的不同戏班；潘之恒的《鸾啸小品》则记叙有郝可成小班、兴化小班、长兴某

① 嘉靖《武康县志》卷三，上海古籍出版社1981年版，第10页b。
② （明）陆容撰，佚之点校《菽园杂记》，中华书局1985年版，第124页。
③ （明）唐寅《唐伯虎全集》，中国书店出版社1985年版，第267页。
④ （明）周晖《二续金陵琐事》，《南京稀见文献丛刊》本，南京出版社2007年版，第337页。

250

班、虎丘某班、虞山班等。

与之同时，迎神赛社也得到了充分发展。在安徽地区，"歙、休之民，于正月三月间，迎神赛会"，"设俳优、狄鞮胡舞、假面之戏"①。万历二十八年（1600），歙县迎春赛会，"设戏台三十六座，由来自吴越名优及徽商之家戏班伶人献艺竞技，演出各种传奇。潘之恒《亘史》叹曰：'从来迎春之盛，海内无匹，即新安亦仅见也。'"②可见在徽商的支持下，歙县的赛会活动已经脱离了比较原始的装扮鬼神故事、以娱神为目的的阶段，而向着曲艺竞争、娱乐性的方面发展。而在铜陵县，立春"邑宰率官属迎春于东郊，邑人装故事迎春，观土牛色以占灾祥"，正月十五也是满城歌唱、演剧之声不绝于街头巷尾。③ 似乎当时官员不以禁限民间演剧活动为要务，反是在立春的狂欢中，官民一体，其乐融融。

在福建福宁州地区，迎神赛会发展的比较缓慢，万历时期（1573—1620）仍是鬼神之戏为主："元正十日有舞鬼之戏，土神诞辰有乐神之筵。或奉神像出游，前导俳优，列锦罗珍，醵金宴会，穷日连旬。"④

此外，还有的赛社演剧以严苛、认真闻名：

陶堰司徒庙，汉会稽太守严助庙也。岁上元设供，任事者聚族谋之终岁……十三日，以大船二十艘载盘轮，以童崽扮故事，无甚文理，以多为胜。城中及村落人，水逐陆奔，随路兜截转折，谓之"看灯头"。五夜，夜在庙演剧，梨园必倩越中上三班，或雇自武林者，缠头日数万钱。唱《伯喈》《荆钗》，一老者坐台下，对院本，一字脱落，群起噪之，又开场重做。越中有"全伯喈""全荆钗"之名起此。⑤

这类演剧离赛社重在祭祀的本意更远，反倒像是对伶人全面技能的苛刻考察，一字脱落就重新开场，更显得有点戏谑意味。

而参与到演剧兴盛局面之中的，还有秦楼楚馆的歌妓舞女。如明代万历后期，南京旧院的尹春，"专工戏剧排场，兼擅生、旦"，曾扮《荆钗记》之王十朋，"老梨园自叹不及"。⑥歌妓对演剧的态度十分认真，《陶庵梦忆》记录江南歌妓将演剧视为风流韵事，能够体现自己的技能水平，因此往往拼命学习职业化的演剧

① 嘉靖《徽州府志》卷二，《北京图书馆古籍珍本丛刊》第29册，书目文献出版社1988年版，第67页。
② 《中国戏曲志·安徽卷》编辑委员会编《中国戏曲志·安徽卷》，中国ISBN中心1993年版，第42页。
③ 嘉靖《铜陵县志》卷一，上海古籍书店1964年版，第16页a。
④ 万历《福宁州志》卷二，《日本藏中国罕见方志丛刊》，书目文献出版社1991年版，第34页。
⑤ （明）张岱著，袁丽校点《夜航船》，汕头大学出版社2009年版，第568页。
⑥ （清）余怀著，李金堂校注《板桥杂记（外一种）》，上海古籍出版社2000年版，第22页。

技艺,以求在演出中博取更高声望。① 而她们也因此成为明代为数不多的女串客,职业伶人式的搬演态度和高超的技艺水平,在以男性为主导的串客舞台上获得了极高赞誉。

明代中后期,民间演剧活动十分繁盛。这得益于本时期民间演剧的参与群体和受众群体的范围均十分广泛,便于戏剧的普及、传播和接受;也得益于民间演剧形式的多样性,使得它能够在不同的演剧生态下孕育、成长。同时,明廷禁戏政策在这个时期的废弛趋向也为它的繁盛提供了一定的宽松发展条件。而演剧活动的繁盛,也反作用于禁戏政策,加速了禁戏政策的废弛。

四、阻滞:禁戏政策的地方性效力

虽然在明代中后期禁戏政策中的一部分条令已经失去效力,但作为上层意识形态在戏剧领域的投射,禁戏政策和它所引导的文人舆论仍旧分别因地方政府对禁戏政令的重申和占据了以道德教化、纲常伦理观念为核心的评价体系的制高点,对民间演剧的发展形成了一定的阻滞作用。

在中央政策方面,《万历野获编》记载,隆庆时期(1567—1572)刑部尚书葛守礼、万历时期(1573—1620)礼部尚书沈鲤,均曾动议再像明初那样厉行禁戏,禁绝倡优,但都未能实施;同时,还有大臣认为永乐时期(1403—1424)以来官员灯节十日假期之循例,"灯事嬉娱,为臣子堕职业,士民溺声酒张本,请禁绝之"②。这些动议的出现足以说明该时期民间演剧的发展路线绝非一帆风顺,而是时刻处在禁戏回潮的威胁中。

而在地方上,通过地方政令的威力,禁戏政策对当地演剧活动产生了阻滞作用。

在禁戏政令方面,地方政府尤其注重对乡镇演剧的控制。如松江地区在万历年间,每年二、三月举行祭祀东岳大帝等神明的活动中,都会聚众搬演戏剧,并形成了无论丰年还是歉收,均使用奢侈道具的惯例:如"各镇赁马二三百匹"、演员使用金珠翠花装饰帽子等等。此外,还在道路和桥梁上铺设防雨布幔。影响所致,观者如堵。但到了后来"按院甘公严革,识者快之"。③

从迎神赛会和演剧活动本身来看,其实都无犯禁之举。但在儒家惜民力、

---

① (明)张岱著,袁丽校点《夜航船》,汕头大学出版社 2009 年版,第 595 页。
② (明)沈德符撰《万历野获编》,中华书局 1959 年版,第 16 页。
③ (明)范濂《云间据目钞》,《笔记小说大观》第 13 册,江苏广陵古籍刻印社 1983 年版,第 113 页。

重农本的角度来说，演剧之中使用马群、华服、贵重道具，以及布幔防雨这类的奢靡举动，均是劳民伤财、百害无益的事；特别是当饥馑歉收之年，仍旧举办这类活动，有违常情，似乎更像是在攀比奢华程度，于是引发了当政者的注意，"按院甘公严革"。从这个事例我们可以看到，当时的某些迎神赛会确实有其太过奢侈的不当之处，需要被纠正。同时，"按院甘公严革"的举动更像是出于个人道德评判的"物议"，而非来自《大明律》写定的"官刑"（因为各乡镇能年年举行于二三月的赛会，很可能即洪武末期修订《大明律》所唯一认同的"春秋义社"）。换而言之，在当时的禁戏体制下，某地的赛社演剧或者民间演剧很可能因一部分道德评判上的诟病而彻底被禁止——从这个角度看，当时迎神赛会的环境可谓"险恶"。

无独有偶，崇祯时(1628—1644)临海知县王某甫到任就颁"下车十禁"，"禁酒肆唱妓，以省浪费"条云：

> 照得当今赋紧岁俭，小民十分缩节，尤恐衣食不周，何可浪费，以速冻馁。访知本县酒馆数多，专窝游唱，表里为耗，凡浪子光棍，呼朋结党，及小民之为事公庭，赴县征比者，衙门胥役，往往拉入肆中，欢歌畅饮，一食万钱，虽至典衣借债而不顾……今行禁约，为此示仰各酒肆知悉。①

从内容看，为细民节财、防止"一食万钱"耗光家产的悲剧发生，是这位王某的立法出发点，有着浓厚的敦人伦、促风化的意味。而且还特别指出"衙门胥吏"不应入酒肆听曲，似乎也有正官吏风气的意思在其中。同时需要看到，抛离了其中的道德批判因素，还带有鄙薄唱曲演剧的思维在其中：认为"游唱"不应出现于酒肆，酒肆与"游唱"结合即为"窝藏"。这一带有禁戏意识先入为主的禁令，恰好印证了上一段我们看到的问题，即民间演剧的环境"险恶"，民间演剧随时可能被禁令所终止。

这一时期的士人舆论也突出道德标尺的作用，如以下三则：

> 若夫《西厢》《玉簪》等，诸淫媟之戏，极宜放绝，禁书坊不得鬻，禁优人不得学。违则痛惩之，亦厚风俗、正人心之一助也。②

---

① 王利器编《元明清三代禁毁小说戏曲史料》，"崇祯十年二月临海县知县禁酒肆唱妓"条，上海古籍出版社1981年版，第95页。

② （明）陶奭龄《小柴桑喃喃录》，王利器编《元明清三代禁毁小说戏曲史料》，上海古籍出版社1981年版，第268页。

蓄戏子妓女俊仆在家，致启邪淫，一日为十过。纵妻女听弹词，一次三十过。[1]

有一种俗人，如佣书、作中、作媒、唱曲之类，其所知者势利，所谈者声色，所就者酒食而已；与之绸缪，一妨人读书之功，一消人高明之意，一浸淫渐渍，引入于不善而不自知，所谓便辟侧媚也。为损不小，急宜警觉。[2]

前者从"厚风俗正人心"而论，中者以戒"邪淫"、保持个人道德和维持家庭伦理着眼，后者则从个人学识、眼界、修身的综合标准来衡量：三者都提出了禁绝词曲之道的观念。在明代中后期民间演剧如火如荼的背景下，这样的声音究竟能具备多大的影响力和钳制力，已经值得怀疑了。

五、结语

从文化权力的建构历程考察，在明代前期，禁戏剧政策具有强大的控制效用，官方有意识地以一张一弛的两种形式，对乡村赛社演剧和城市勾栏演剧进行规约化管理，在演剧的内容、形式、观众群体甚至演剧人员的身份疏离方面，都以文化律令的形制，进行了清晰的范畴界定与禁忌限制，力图引导由作者、作品、演员、观众所构成的整个戏剧场域，向体现封建纲常教化的方向发展。

而在明代中后期，禁戏政策在渐趋废弛的情况下，地方政府对禁戏政令的重申，对迅猛发展的民间演剧活动起到了一定的阻滞作用。这种作用建构在对演剧活动进行封建伦理道德评判的基础上，政府所具有的行政强制力保证了它的部分实现。

结合民间演剧发展状态的兴衰脉络向度，我们还可以看到，明代民间演剧活动有其复杂生态系统，这一系统中的不同要素，在相应的历史条件下，与官方文化管理行为构成了对应的复杂表现。首先，民间演剧在形式上有着多样化和多重性的特征，这种情况反作用于明初官方文化政策的制定与执行，所以会有对乡村赛社演剧和城市勾栏演剧进行区别化管控的情况出现。

其次，民间演剧作为集合了娱乐诉求、节庆仪式、神灵崇拜、宗教意识、民间狂欢等多种话语指向于一体的俗文化传统和"民间"这一复杂性人群集合的群体记忆，有着其自身的生发规律和传播接受范式，其在明代中后期的兴盛态势，

---

① （明）袁黄《袁了凡杂著四种》，王利器编《元明清三代禁毁小说戏曲史料》，上海古籍出版社1981年版，第301页。

② （明）高攀龙《高子遗书》卷一〇，王利器编《元明清三代禁毁小说戏曲史料》，上海古籍出版社1981年版，第173页。

反映出民间演剧有着生发路径的广泛性、传播接受进程的自发性和自觉性,这些特征并不完全受制于禁戏政令的牵制,在具体的社会历史条件下,还反制了禁戏政令实际执行中的效度、力度。

再次,由于在文化场域中,长久以来的话语权力的分割布局形成的习惯性归属,"民间"被定置在低于"官方"的权力地位,受制甚至受排斥于"权威"的话语属性赋格。这种情况使得在"民间"场合进行的俗文化活动,在中国古代的政治系统中,往往需要接受来自官方文化政策的检视与牵引。明代的民间演剧也是在此背景下,在一定程度上遵循政策条令的具体内容,接受规约化的限制与引导。而即使在明代中后期,禁戏政令趋于废弛、效度降低的宽松环境下,部分地区的民间演剧活动还会在官方重申禁令,或者标榜封建伦理道德标准的条件下遭受限制,某类演剧活动甚至被禁止。这反映了明代民间演剧,其生态环链有着脆弱的一面,政令系统背后的"官方"权力和封建纲常伦理背后的"权威"话语,都有可能扭断其传播接受的任意环节。因此,民间演剧即使在禁戏政令趋于废弛的条件下,依然呈现出游走于政策框架内、服从管控的规约化特征。

王士禛笔记小说家学渊源探赜

贺 琴*

摘 要: 清人王士禛的笔记小说在清代有重要影响,也是王氏家族文化中的一部分,在创作动因、功能观、审美观等方面皆渊源有自。王氏笔记与笔记小说的创作一方面出于消遣自娱,另一方面则出于"立言"的焦虑。为使这种立言的方式具有更大的价值,王氏重视笔记小说的教化与补史的功能,并形成重实与尚奇的审美观。王士禛笔记小说承接家族观念,同时,受到清初特殊的政治社会环境与王士禛个人境遇、学养的影响,他的笔记小说在宗教态度、社会态度上出现了新变,并将神韵诗的韵味融入了小说中,形成了自己的特点,在清初笔记小说中具有代表性。

关键词: 王士禛;笔记小说;创作动因;功能观;审美观;家学渊源

清代王士禛以诗学领袖康熙诗坛,诗学之外有大量的杂著,如《皇华纪闻》《陇蜀余闻》《池北偶谈》《居易录》《香祖笔记》《古夫于亭杂录》《分甘余话》等,包含了内容丰富、数量较多的笔记小说,在清代笔记小说中有重要位置,也引起了学界的重视①。目前的成果或将王士禛笔记小说放在中国小说发展的大历史环境中考察,或专注于其观念、倾向、作品阐释等,忽略了王士禛个人成长、学养形成的家族与地域因素。事实上,王士禛的笔记小说是其家族家族文化传统中的重要方面,是王氏文化基因的一部分。

王士禛出于有"江北青箱"之誉的新城王氏,跨越明清两代,著述浩繁。笔记杂著是其家族著述中的重要部分。王士禛曾祖王之垣有《历仕录》《炳烛编》

---

* 贺琴,博士,中国海洋大学文学与新闻传播学院讲师,研究方向为明清诗学与文献。本文系山东省高校"儒家文化与文学关系研究"青年创新团队项目"儒学转向与汉、宋、明文学新变研究"(2020RWC004)阶段性成果。

① 如刘叶秋《历代笔记概述》(中华书局 1980 年版)、宁稼雨《中国志人小说史》(辽宁人民出版社 1991 年版)、苗壮《笔记小说史》(浙江古籍出版社 1998 年版)、张明主编《王士禛志》(山东人民出版社 2009 年版)等都曾论及《池北偶谈》《皇华纪闻》等杂著中的小说,将王士禛笔记小说放在笔记、小说发展史的纵向历程中关照,肯定了王士禛笔记小说在清初笔记小说中的代表性;文珍的《王士禛笔记小说研究》将王士禛的笔记小说分为志怪、志人两类分析故事类型、人物形象等。

《摄生编》《百警编》等,祖父王象晋有《清寤斋心赏编》《翦桐载笔》《救荒成法》《普渡慈航》等,其兄王士禄有《读史蒙拾》、《朱鸟逸史》(佚)、《宾实别录》(佚)等。可以说,笔记与笔记小说是新城王氏家族文学传承的重要方面,王士禛的笔记体小说创作在动因、心理、功能、审美等方面都受到了家族文化的影响。

由于王士禛家族的笔记小说都收录在笔记杂著中,在进入论述前,有必要对"笔记"与"笔记小说"作出界定。笔记既是古代的一种文体,也是一种著述体式。它的特点是随笔记录,不拘体例,题材内容十分广泛,举凡考论经史、掌故旧闻、史地考证、随笔琐记议论杂说、志怪谈异等皆囊括在内。正因为如此,笔记中也包括了现代意义上的"小说"。结合王士禛家族的笔记杂著特点,文中所言"笔记小说"指的是被编于王氏笔记杂著中的小说,因而王氏笔记小说创作动因、功能观、审美观等实际上是在"笔记"这个大的概念统摄下形成的。

一、创作动因:自娱与立言

古代笔记与小说联系紧密,往往被归于小说中。中国古代"小说"的概念与现代小说的概念不同。自班固在《汉书·艺文志》中著录"小说家"之后,小说被认为是"街谈巷语,道听涂说之所造"的一类作品。班固引孔子"虽小道,必有可观者焉,致远恐泥,是以君子弗为也"的说法,笔记小说也就成为"小道"的一类。换言之,文人并不将其看作正统的、经典的著作,而是一种具有很大随意性的,展现个人兴趣、见闻的一种文类或文体。

笔记小说既为"小道",也就与曹丕所言"经国之大业,不朽之盛事"的"文章"有了差距,文人传统的文章、论著,本于经典,态度严肃,而笔记小说则为余事,是在闲暇之时消磨岁月途径,消遣自娱也就成为笔记创作的一种普遍动因。新城王氏家族的笔记创作一个重要的动因就是自娱,王之垣的《历仕录》是其致仕里居之后对一生为官经历的回顾,王象晋的《清寤斋心赏编》《翦桐载笔》《普渡慈航》等也创作于闲暇之时。《清寤斋心赏编题词》云:

余性迂,一切技巧玩好既不解契嗜好;余性钝,一切篇章藻翰又无能撰结。时把一编藉以遣日,而性又善忘,才抛卷,便如隔世异日偶尔遭值,恋不忍释,如久游乍归,遇亲戚故旧话生平契心事,依依不忍舍去,则心之欣艳在是,而因以寄焉。①

---

① (明)王象晋《清寤斋心赏编》,《四库全书存目丛书·子部》第139册,齐鲁书社1997年版,第499页。

王象晋自言生性迂钝，不能完成"篇章藻翰"之类的文章大业，由于迂钝善忘，读书过程中有所触动、启发过后即忘，为便于记忆，闲暇时随笔记录，而其爱好也正在于此。王之垣也有类似的表达："往哲格言懿行载诸简编，若珠海玉山，纷错焜耀。予披对记忆，不能委置未安，暇中采华挹润当意者，手录成编。"①可见他们创作笔记既是由于对前人书中精彩篇章的喜爱，也是消磨时间的一种方式。

王氏大量笔记杂著的创作既出于消遣自娱，也出于"立言"。中国古代文人士大夫立身处世首先追求"立德"，其次"立功"，再次"立言"。建功立业、实现人生价值是他们主要的目标。然而，并非每个文人都能做到立德立功。当人生理想不能实现时，"立言"成为文人士大夫普遍的选择，而笔记具有随意性、庞杂性、消遣性，可以不拘体例，自由创作，成为文人士大夫在传统经史、诗文之外"退而求其次"的选择。

明清两代，王士禛家族勤于著述，涉及经、史、子、集，范围广泛，这本身体现了王氏重"立言"的特点。在笔记的创作上，"立言"更是深层的动力。王象晋就曾经表达过"立言"的焦虑：

> 夫士自燥发业儒，俯首朝夕，瀎神千古，上之歓藻润皇猷，黻黼帝治，泽溉地轴，声敷天壤；次凭三寸柔翰，创千秋大业，藏之名山洞府，自成不磨。下即稗官野乘，片语单言，聊足劝惩，亦快心目，岂其浮生浪死，泯泯莫莫，与草木同朽已哉！

> 不佞通籍以来，乘使槎、耽家食者踰四之三，中间侍交戟、逐京尘不满五稔。而又冗散栖身，优游卒岁，朝政国纪之大凡，后渠天禄之秋文既无从窃窥，兼之赋材驽庸，学植陋劣，又不能网罗百氏，熔铸一家，心窃愧之。②

王象晋序中将文章分为三个层次。其一为润饰鸿业，歌咏太平，黻黼帝治。其二为著书立说，藏之名山，成不朽之功业。实际上就是"立言"，这里的"言"指的还是传统的经史文章。其三为借稗官野乘，片语单言，劝惩人心，寓意教化。这里指的就是笔记与笔记小说。王象晋又自述其入仕以后浮沉宦海、优游岁月，不能上窥朝政国纪，才性学问不够深厚，无所作为，对此深感焦虑和愧疚。正是在这种"立言"的焦虑之下，完成了《翦桐载笔》、《清寤斋心赏编》等笔记杂著。

王氏家族中，王象晋的这种"立言"的焦虑并不是个例，王士骊也有类似的

---

① （明）王之垣《炳烛编》，香港天马图书有限公司1999年版，序第1页。
② （明）王象晋《翦桐载笔》，《四库全书存目丛书·子部》第243册，齐鲁书社1997年版，第461～462页。

表达：

> 余庚寅生，今年周花甲，虽未笃劳，而头颇如许，潦倒弥甚，切思幼而失学，长而无述。既不能隐居以乐其志，又不能寻绎以求其道，进退两无所底，静夜思之，良用惭叹。今岁夏至之后，酷暑倍常，挥汗之余，或读书偶得，或有所感而书，随手所录如干条，名之"漫录"。虽不敢云学古有获，亦以识前言往行，庶几少裨身心云尔。①

王士骊回顾自己幼而失学，长而无述，年近花甲，愈觉无所成就，进退失据，颇为惭愧，故而创作了《庚寅漫录》，详论读书之道，实际上也深受"立言"传统的影响。

消遣自娱与著述立言的创作动因在王士禛这里内化、升华为一种深刻的爱好和动力。他一生著述等身，笔耕不辍，创作了大量的笔记杂著，以读书、著述自娱，完成立言之事业，不论是在京师为官还是奉使外出，皆有所创。顺治十三年（1656），王士禛尚未出仕，与徐夜游长白山，撰有《长白山录》；康熙十一年（1672），典试四川，途中有《蜀道驿程记》；康熙二十三年（1684），奉使祭告南海，有《粤行三志》《南来志》《北归志》《广州游览小志》《皇华纪闻》；康熙三十五年（1696），奉使祭告西岳、西镇、江渎，有《秦蜀驿程后记》；康熙二十四年至二十八年（1685—1689）丁忧里居期间，有《池北偶谈》；康熙二十八年至康熙四十年（1689—1701）在京师有《居易录》《香祖笔记》；康熙四十三年（1704）罢归里居以后，撰有《古夫于亭杂录》《分甘余话》。笔记与笔记小说的创作可以说与诗文一样，是王士禛一生的坚持，其创作的动因也离不开自娱与立言。《池北偶谈》是其里居期间闲暇之时与友人所论文章、经史、典故、历史、言行、神异，及其京师为官二十年所记闻见的长期积累，是公事之余消遣自娱的一种方式。《浯溪考》乃是在退食之暇杂考旧志旧著所作，《香祖笔记》为公退之暇，辄著书自娱，殆无虚日。王士禛创作《古夫于亭杂录》与《分甘余话》时，已为古稀之年，体力精神大不如前，但仍然以笔记立言，自序云：

> 余老矣，目昏眵不能视书，跬步需杖，白日坐未久即欠伸思卧，讵复劳神于泓颖之间，以干老氏之戒。然遣闷送日，非书不可，偶然有获，往往从枕上跃起书之……②

---

① （清）王士骊《庚寅漫录》，国家图书馆藏稿本。
② （清）王士禛《古夫于亭杂录》，袁世硕主编《王士禛全集》，齐鲁书社 2007 年版，第 4825 页。

仆生逢圣世，仕宦五十载，叨冒尚书，年踰七袠，迩来作息田间，又六载矣。虽耳聋目眊，犹不废书。有所闻见，辄复掌录。①

两部笔记著作都是在王士禛年老体衰、目昏耳聩之际，但"遣闷送日，非书不可"，可见笔记创作已经不仅仅是一种消遣自娱的方式，而是已经内化为王士禛的爱好与习惯，这种习惯形成的内在动力实际上来自立言治学的生命价值追求，正如韩菼《皇华纪闻序》中所言："古君子毕生皆问学之地，况以畏简书之心犹不敢暇逸，岂仅光华于道路而已。"②

笔记既可以消遣自娱，又是"立言"的最简单便捷的途径，而对于"立言"来说，被视为"小道"的笔记似乎又难以承担起这样的严肃使命，因此，王氏赋予笔记以教化人心、补充正史的功能，使笔记这种"立言"的方式具有更大的价值。

二、功能观：教化与补史

王氏家族成员对于笔记功能的认识，首先以教化为主，这里的教化既是面向社会普遍的价值观，也是为了家族内教育子孙。教化的内容主要有三个方面：一是身心性命之学；二是家族建设、教育子孙；三是阐明因果报应，教人向善。

王氏家族颇为重视身心性命之学，他们既追求生理上的健康长寿，也追求精神世界的丰富完善。王氏成员中，王象晋、王士禧颇通医学。王象晋著有医学著作《保安堂三补简便验方》，在医学方面有重要贡献，王士禛也受到其家族的影响，在其《居易录》《香祖笔记》等笔记中记录了一些验方。王之垣的《摄生编》专论养生，认为人本来有精元气，而在后天的成长过程中被各种欲望所消耗，故人不能长寿久存，而"摄生"就是要使人与生而来的元气与游魂重新聚集，以返未生之初。《炳烛编》论"修己""摄生"也与身心性命有关，并强调精神上的修养。王象晋的《清寤斋心赏编》"葆生要览"论养生，"淑身懿训"重在修心，"佚老成说"专论老年以后的身心修养，"书室清供""林泉乐事"专论居所、环境，实际上也与身心修养有关。

王氏家族的笔记中另一个重要的功用是家族建设、教育子孙，反映出其家族文化。在笔记中，王氏成员从读书、科举、为官、处世等各个方面论为人处世与读书之理。王之垣的《历仕录》对自己为官期间面对官场请托、贿赂、纠纷等种种事件的记载，最直接的目的和功用就是警示子孙，他以亲身经历为子孙示

---

① （清）王士禛《分甘余话》，袁世硕主编《王士禛全集》，齐鲁书社 2007 年版，第 4949 页。

② （清）王士禛《皇华纪闻序》，袁世硕主编《王士禛全集》，齐鲁书社 2007 年版，第 2657 页。

范,教育王氏后代子孙在政治生活中能够正色立朝,也传授了一些行走官场的经验,如他反复提到自己做官时与赵贤、徐学谟等人相契,并得友人之助益居多,实际上是指明在官场的待人接物之道。又如记其两次宦游途中遇大风雪、强人的经历,特为"行路之戒",而这也成为王氏子孙不敢忘记的训示。王士禛后来在写给其子启沆的《手镜录》中嘱托夏季出门也要带足衣物,以防风雨骤寒,并云:"此少闻于方伯赠司徒公者,四五十年守之不敢忘。"①王士骐《庚寅漫录》讲读书之法,同时也讲为人处世、家族观念,如勤俭治家、兄弟友爱、忍让之道等等,其功能也是在于教育子孙。

教化内容的第三个方面是阐明因果报应,引人向善,这方面的内容在王氏笔记中最为丰富和特殊,它们往往以小说故事的形式呈现出来,即笔记小说,王士禛的笔记小说在创作思想上深受其家族传统的影响。《炳烛编》中的故事是为阐明观点服务的,如"阴德"与"报应"两部分,非常明确地表明恶有恶报、善有善报,劝人向善。王象晋的《翦桐载笔》中所记录的也主要是这类故事,其自序云:"其有荒唐不根、劝戒无裨者,置勿论。虽蝉噪蛙鸣,无当钟吕之奏,而褒善戒恶,聊以备谕俗之资耳。不贤识小博,奕犹贤,盖亦窃附于孔氏家法云。"②王象晋的《普渡慈航》《救荒成法》核心是为劝善,反映了他悲天悯人的思想。《赐闲堂集》"琐谈"部分的小说教化目的十分明确,其自述云:"以下数段原无足纪,每见世人贪财货、恣情欲、冀幸所难得,汲汲皇皇,如恐不及,往往福未获而祸先之,因绎旧闻劝之册末。"③其中《逞势遗殃》《嗜赌倾家》《纳妓渎伦》《采补伤生》《蓄戏招祸》《侈费败家》,写社会上欺人、赌博、纳妓、采补、奢侈等恶行所带来的严重后果,往往以某大司马、名家子、缙绅为主角,警戒世人。小说中宣扬教化、警醒世人,是晚明时期的一种较为普遍的现象,以"三言二拍"为代表,有挽救世道人心的目的,反映了晚明时期的世风颓败。王象晋的这些小说也有相似特点。

王氏家族中王象晋与王士禛创作的笔记小说最多,他们的笔记小说一个共同的主题就是以因果报应故事教化人心。王象晋《楚春元阴德传》写万历间(1573—1620)楚中一春元赴试途中,宿直隶清丰镇中。半夜对门起火,春元见一年及笄女子赤身来,遂请其入房中躲避,而自己在立于门外。是年春元落第,归途中听闻此女已嫁人。三年后,春元再次赴考,闱中邻号一少年将其污卷赠

---

① (清)王士禛《手镜录》,袁世硕主编《王士禛全集》,齐鲁书社 2007 年版,第 3648 页。

② (明)王象晋《翦桐载笔》,《四库全书存目丛书·子部》第 243 册,齐鲁书社 1997 年版,第 462 页。

③ (明)王象晋《赐闲堂集》,《山东文献集成》第三辑第 24 册,山东大学出版社 2010 年版,第 783 页。

予春元，春元由此考中。榜发后二人谈及旧事，发现少年即女子之夫，并为少年解开其妻赤身避火之心结。这个故事涉及女子名节，且春元与女子丈夫机缘巧合的相遇与恩报，都为说明春元思无邪、救人危难，冥冥中自有福报。王象晋评论云："甚哉！名节之所重也，楚士救一人，无妄念，可不谓隐德乎？以博一第亦天理报应之常。"①《王宫詹侠仆传》写重庆人王非熊天启初年回乡为其祖父母祝寿，遇奢寅造反占据重庆，仆从三人从乱中救出其祖父母的故事。王象晋认为，两位老者能得救，固然是三个仆人之功，但根本上还是由于王非熊孝感动天的缘故，"予闻公长者居家孝友，事两尊人无遽色，无疾言，事每先意以承孝浃庭闱，神鉴之矣"②。王士禛的笔记小说中也有大量的有关因果报应的故事，如《张巡妾》写张巡杀妾作军粮，13世以后转世为会稽徐葂。25岁时腹部长肿块，将死之时，才知是小妾报仇所为。又如《卢昭容》写古月头陀两膝忽患疮，痛入骨髓，百余人不能医。某日疮突然自言其为梁时卢昭容，前世被古月头陀所害，今来报复，医不能治，对佛忏悔尚可。这类故事在内涵、观念上受到佛教因果报应观念的深刻影响。

与家族长辈相比，王士禛笔记小说中增加了大量的表彰节烈信义的内容，他重视笔记"蓄德"的功能，前言、往行能够引人向上，助人蓄德，因而忠孝、节烈、信义、孝行等的故事在王士禛笔记小说中占据了较大的比重，这是一种有意识的记录，如他在《薛佩玉》一则中说"予年来访求殉节者，谨书之"③。这种自觉的访求与记录一方面出于对这些忠孝节义之人的钦敬，认为他们当留名青史，反映他的补史意识；另一方面，对嘉言懿行的表彰，体现了他的儒家情怀。《皇华纪闻》中记录了大量明清易代战乱中忠义殉节之人，如《潜山忠孝》《太湖忠义》《酒浆忠义》《陈在中》《王子美》《郭裕》等。还有对孝行、信义、清正等品行的记述，如植孝子事母至孝，每食必跪献；赵孝子为母求药；何孝子励志为父报仇；蔡蕙冒死为父申冤；王东皋廉洁自持，久在铨曹，一介不取。他还塑造了大量节烈女子的形象，如《梁指妹》《王烈女》《节义》《抱松女》《双烈》《丁贞女》《山中烈妇》《李道甫妾》《张氏》《烈妇》等，都记述女性的气节操守。这一类故事不同于其他忠孝节义故事之处，是往往会加上一些超乎常理、颇为神异的情节，如抱松女为救婆母以身相代，又不愿受辱被害，死后三日犹抱松不仆；黄梅节妇植双柘

① （明）王象晋《翦桐载笔》，《四库全书存目丛书·子部》第243册，齐鲁书社1997年版，第467页。
② （明）王象晋《翦桐载笔》，《四库全书存目丛书·子部》第243册，齐鲁书社1997年版，第471页。
③ （明）王士禛《池北偶谈》，袁世硕主编《王士禛全集》，齐鲁书社2007年版，第2968页。

于夫墓,牛啮左树五寸,节妇抚柘痛哭,柘一夕而生;民家女夫死守节,母家要其再嫁,其自缝新衣,跃山溪而死,死后其衣结不可解。这些超现实的情节增加了故事神秘色彩,同时也是为了加深对女性节烈之行的印象。王士禛不仅写人的节烈信义,也写物的忠义,如《义犬》《义虎》《义赢》等,处处体现着他对忠孝、信义等儒家伦理道德的肯定和追求。王士禛笔记中对大量的这类人、物的记载在深层次上也寄寓着王士禛自己的家族情怀。明清易代,新城王氏三次遭受战乱,家族中众多成员坚守城池,以身殉难,这既是一种家族创伤,也是一种时代创伤。王士禛在笔记小说中表彰节烈,未尝不是出于对家族创伤的补偿心理。

王士禛家族对笔记教化人心的认识,从明至清都具有稳定的传承性。能够形成这样的传承,是因为他们创作的思想立场是以儒家思想为立足点。王氏家族以道义立身,家族文化重视孝悌、敦睦、忠孝、勤俭、恭让、廉洁、慎独等伦理道德,都是以儒家为基础的。同时,因果报应故事类型的大量创作,是佛家思想渗透的结果。

除了教化人心,王士禛进一步辨析笔记的源流,将笔记与笔记小说提高到与经史等同的地位,他认为笔记可以补史、备史:

古书目录,经史子集外厥有说部,盖子之属也。《庄》《列》诸书为《洞冥》《搜神》之祖,亦史之属也。《左传》《史》《汉》所纪述,识小者钩纂剪截,其足以广异闻者亦多矣。刘歆《西京杂记》二万许言,葛稚川以为《汉书》所不取,故知说者史之别也。唐四库书乙部史之类十三有故事杂传记,丙部子之类十七有小说家,此例之较然者也。六朝已来代有之,尤莫盛于唐宋。唐人好为浮诞艳异之说,宋人则详于朝章国故、前言往行,史家往往取裁焉,如王明清《挥麈三录》、李心传《建炎以来朝野杂记》之属是也。[①]

王士禛追溯《洞冥记》《搜神记》《西京杂记》等笔记的源流,说明笔记属于史部,《庄子·逍遥游》中有言:"《齐谐》者,志怪者也。《谐》之言曰:'鹏之徙于南冥也,水击三千里,抟扶摇而上者九万里,去以六月息者也。'"[②]后人由此认为《齐谐》即记怪异之事的作品,加上《庄子》《列子》奇特怪异、跌宕恣肆的风格,王士禛认为《庄子》《列子》就是志怪小说之祖;葛洪《西京杂记跋》云,刘歆本欲撰《汉书》但未完成而亡,故只存杂记,故而王士禛说"说者史之别也",而唐代故事

---

① (明)王士禛《居易录自序》,袁世硕主编《王士禛全集》,齐鲁书社 2007 年版,第 3673 页。
② (战国)庄周著,王先谦集解,方勇导读整理《庄子》,上海古籍出版社 2009 年版,第 1 页。

杂记、小说家归属于史部也显然从《西京杂记》例。唐宋以后笔记出现了新的变化，即浮诞艳异之说与朝章国故、前言往行之类。显然，王士禛在这里把笔记分为了志怪、稗史、艳异小说、典章、言行等，而在这些类别中，王士禛最为推崇的就是宋代以后有补于史的笔记。他在《蓉槎蠡说序》中明确地说："说部之书，盖子史之流别，必有关于朝章、国故、前言、往行，若宋王氏《挥麈三录》、邵氏《前后闻见录》之属，始足为史家所取衷"①，又谈及自己的《池北偶谈》《香祖笔记》《古夫于亭杂录》等笔记，认为虽与《挥麈三录》《前后闻见录》相比未知如何，但也可备掌故、资考据，于世不为无补。

正是基于笔记"备史""补史"的认识，王士禛在其笔记中自己所见闻的清初典章制度、朝野政事、街谈巷议，乃至于神怪故事都事无巨细地记录下来。故韩菼序其《皇华纪闻》，认为"读《渔洋集》而知诗，读是集而知史"②，王源也以为"上可正往事之诬，下可备史氏采择，大可以阐幽，小可以资博物"③。

三、审美观：重实与尚奇

王氏在笔记与笔记小说创作上以实录、雅驯为审美标准，赋予笔记这种"立言"方式以严肃的创作态度，而另一方面，在笔记小说的创作中又追求故事的传奇性，与传统笔记小说审美特征相一致。

王氏家族的笔记小说追求实录，他们将一些神怪故事也看作信史。王象晋的《翦桐载笔》中的故事得自友朋传闻。在叙述时，通过讲述者的亲历、见闻来证明事件的真实性。如《王京卿义妾传》中的王京卿，"予在都门得交，公磊落光明，绝无世俗依阿态"④。《王孺人再生传》开篇即说明王孺人为其岳母，死而复生的之事是其岳父张奇谟所述，最后又评曰："世人谓阴曹最幽，在恍惚有无间，今视孺人事，何明白较著也"⑤，认为阴曹地府之事也是真实的存在。

出于笔记备掌故、资考据的补史功能，王士禛也以笔记及笔记小说为信史。他记录了大量的奇闻逸事，涉及神怪异能，往往要说明某事为某人为其说，或其曾亲见某事、某人，或某事发生于何时，给予一个确凿的证据，以强调真实性，如《陈玉笥》记陈玉笥被杨生花殴打、剜目，伤重濒死，被三位神人救回，且双目复

① （清）王士禛《蚕尾续文集》，袁世硕主编《王士禛全集》，齐鲁书社 2007 年版，第 1997 页。
② （清）王士禛《皇华纪闻序》，袁世硕主编《王士禛全集》，齐鲁书社 2007 年版，第 2657 页。
③ （清）王士禛《皇华纪闻序》，袁世硕主编《王士禛全集》，齐鲁书社 2007 年版，第 2658 页。
④ （明）王象晋《翦桐载笔》，《四库全书存目丛书·子部》第 243 册，齐鲁书社 1997 年版，第 472 页。
⑤ （明）王象晋《翦桐载笔》，《四库全书存目丛书·子部》第 243 册，齐鲁书社 1997 年版，第 474 页。

原,最后官至户部主事,王士禛特言"予在京师见之"①;《荆州镜冤》讲述荆州某子昧下女鬼的古镜遭到报复的故事,最后点明"郑礼部次公(日奎)在成都说"②;《魏舍人妾》写魏麟征前生欠姑苏女子五十金,今世来索偿,事毕离去,文后注明"此康熙辛亥春正月事也"③;张巡妾之事也是"庚申在京师,其(徐蒍)门人范思敬说"④。这些都是对故事的补充说明,目的是表明事有所据。

王士禛笔记小说中对家族及山左地区前贤、友人神异之事也有记录,并认为是确有其事,如记录其先祖初夫人的来历:王氏先祖初夫人为诸城人,及笄时为大风吹至新城曹村,嫁与王氏先祖琅琊公。万历间吴门伍袁翠《林居漫录》记此事,后嘉兴贺灿然《漫录驳正》以为此为语怪,不足为信,而王士禛强调"此乃实录"。又如高祖王重光之妻刘太夫人九十大寿之日,王之垣命工匠镕抚楚时二铜瓜,"忽成峰峦洞壑之状,及南极老人、西王母、八仙之形,无不酷肖"⑤。再如其叔祖王象节原配毕孺人节烈殉夫,葬后双鹤翔于墓所。他还在《古夫于亭杂录》中对王象晋的小说《张襄宪公远虑传》的本事进行考证,认为《清明上河图》初本招祸之事中的"豪贵"即为严世蕃,增强了这个故事的可信度。其他如邢侗、左懋第、孙廷铨等山左闻人,以及傅山、蒋超、施闰章、刘体仁等诗友的逸闻轶事,都是王士禛的友人。有关他们的记载也就增强了真实性。

与实录相联系的,是思想内核上的崇尚雅驯,这与王氏家族的儒家立场有关。整体而言,王氏家族的笔记与笔记小说在思想上较为保守正统,不论是教化人心,还是以实录补史,都体现出崇尚雅驯的审美特点。王士禛在《蓉槎蠡说序》中认为天地之道变化日新,发挥旁通,取之不尽,用之不竭,而穿凿附会者不轨于正,为支离流荡之词,有害于人心风俗,尤不可取。"支离流荡之词"是脱离正途,不雅驯的,所以是不足取的。韩菼评价《皇华纪闻》"直书即目,简而足信,质而不俚,兴寄于云烟杳霭之间,而托付于谨严尔雅之义,真有叙事之才"⑥。王源也认为《皇华纪闻》文笔"雅炼洁朴,不在《闻见》《挥麈》二录下。"⑦宋荦在《香祖笔记序》中为"雅驯"划定了三个标准:人品高,师法古,兴会佳,"兼是三者,其

---

① (清)王士禛《池北偶谈》,袁世硕主编《王士禛全集》,齐鲁书社 2007 年版,第 3323 页。
② (清)王士禛《池北偶谈》,袁世硕主编《王士禛全集》,齐鲁书社 2007 年版,第 2340 页。
③ (清)王士禛《池北偶谈》,袁世硕主编《王士禛全集》,齐鲁书社 2007 年版,第 3330 页。
④ (清)王士禛《池北偶谈》,袁世硕主编《王士禛全集》,齐鲁书社 2007 年版,第 3447 页。
⑤ (清)王士禛《池北偶谈》,袁世硕主编《王士禛全集》,齐鲁书社 2007 年版,第 3049 页。
⑥ (清)王士禛《皇华纪闻序》,袁世硕主编《王士禛全集》,齐鲁书社 2007 年版,第 2657 页。
⑦ (清)王士禛《皇华纪闻序》,袁世硕主编《王士禛全集》,齐鲁书社 2007 年版,第 2658 页。

立言必雅驯，足以信今而传后，若稗史野乘，摭拾浮诞不经之言，用以夸示三家村农及五都市儿耳，大雅捧腹，无无取焉"①。而王士禛为"今世之古人"，其笔记贯穿经史、表彰文献，正符合雅驯的标准，这一点也是王氏家族笔记的共同特征。

王士禛笔记追求实录，但具体到笔记小说，"实录"成为一种主观意愿，客观的呈现则体现出尚奇的特点，追求故事的离奇、情节的曲折跌宕，颇具文学性。这种特点实际上也来自家族笔记小说的传承。

从创作心理来说，笔记小说一定程度上都有一种猎奇的心理，王氏家族的笔记小说也不例外。王象晋的笔记小说绝大部分内容都是对奇闻逸事的记录，描摹细致、曲折离奇，融入了小说笔法。如《丹客记》写道士几次故作高深，引诱缙绅，先是飘然而去。而后缙绅遍索城中，得之于城隍庙，邀请至家中留宿，又被拒绝。第二日为炼铸金银，又故作神秘，不以示人。获得缙绅的信任后，再提出进一步要求，在后园亭中安炉设鼎，与缙绅相谈甚欢。某日出游后，携缙绅三百金再不见踪迹。故事到此似乎就结束了，缙绅知道上当受骗，受到了教训，侧炉碎鼎，毁其亭作马厩。但是转而又来一少年，携其母亲与仆人求见。至此处，悬念又起：此少年是谁？与之前的道士有无关系？事情将会如何发展？作者娓娓道来，少年言其父已亡，而自己官司缠身，被遣戍。缙绅怜其身世，遂留住家中。少年以纪念亡父为名，主动要求住在旧亭中，数日后消失不见，唯留铜香筋一双、帖一缄，但谢昨岁相待之厚。原来当日道士并未将三百金带走，而是埋在亭中。少年能冒充故人之子也是缙绅之前与道士谈话泄露的信息，而少年之仆从实出身乐户，"母亲"实为妓女所扮。至此真相大白，缙绅终于自此再不谈炉火事。这个故事讲述缙绅两次受道士欺骗，多设悬念，使情节一波三折，曲折宛转。另如《王宫詹侠仆传》写三个仆人入城救人的情节也是跌宕起伏。王象晋的笔记追求情节的曲折起伏，故事的离奇动人，而与一般笔记的粗陈梗概不同。

王士禛笔记体小说在其祖父基础上更进一步，成就较高，以《梨花渔人》《濮州女子》《剑侠》《女侠》《宋道人传》《林四娘》《荆州镜冤》等为代表。他塑造的女鬼、濮州女子、林四娘等女性形象，带给平凡人不同寻常的神奇经历。宋道人入山，先遇山中老僧，又被王姓者诬陷，再入深山寻找老僧学道，经历数次惊险方觅得老僧行踪，情节跌宕，引人入胜。剑侠、女侠也都具有神秘、传奇色彩，两个人物的出场都做足了铺垫。《女侠》先是有县役押解官银，被人盗走，而后随店主人去求女尼，女侠才正式亮相。"牵一黑卫出，取剑臂之，跨卫向南山径去，其

① （清）王士禛《香祖笔记》，袁世硕主编《王士禛全集》，齐鲁书社 2007 年版，第 4457 页。

行如飞,倏忽不见。"一连串的动作表现女侠的本领高强,神乎其技。不久便持盗者人头而返,驴背负数千金,不见苦累。最后再宕一笔,写女侠的容貌:"高髻盛粧,衣锦绮,行缠罗袜,年十八九,好女子也"①,一个英姿飒爽、行侠仗义的女侠形象便呈现在读者面前。剑侠的塑造也是如此:某中丞派小吏押送三千金至京师,途中失窃,归告中丞。中丞以小吏妻儿为要挟,让小吏追回金子。小吏在一位老叟的引导下,进入深山,"行不知几百里,无复村疃。至三日,踰亭午抵一大市镇","比入市,则肩摩毂击,万瓦鳞次"。小吏所经深山、市镇皆为渲染剑侠的神秘。及至见到剑侠,"堂中惟设一榻,有伟男子科跣坐其上,发长及骭,童子数人执扇拂左右侍"②。剑侠终于出现,然而事情又有了新的转折,男子并未将失金归还给小吏,而只给一纸书。中丞见书色变,释放了小吏的家人,并免其赔偿,这里又设一悬念。作者最后才给予解答,原来剑侠在书信中斥责中丞贪纵,并早已以中丞夫人的头发做出警告。整篇故事悬念迭出,扑朔迷离。对于剑侠,作者着墨不多,但通过铺垫、渲染,使这个人物形象跃然纸上。

从王象晋到王士禛,王氏笔记小说跨越了晚明、清初两个时期,尚奇的审美特征一以贯之,但细究各自小说中的"奇",又有所差异。王象晋笔记小说中的"奇",是一种俗世之奇,尽管有些小说描写了阴间幽冥之事,但整体而言,多写现实日常生活中的奇事,更加关注世俗社会,如清官断冤、义仆救主、方士行骗、僧人淫乱等等,都是着眼于现实生活中的奇人奇事。王士禛笔记小说中的奇,则更多地融入了奇幻色彩,女鬼、老僧、道人等等,具有超现实的神秘能力,通过他独特的叙事方式呈现出来,形成了不同的韵味。

四、王士禛笔记小说的新变

王士禛的笔记小说受到家族文化的影响的同时,也出现了一些新变,主要表现在宗教态度、现实态度的转变与小说诗化,体现出了他的"文人之笔"。

王士禛家族文化以儒家思想为核心,兼出入于佛、道。王之垣《炳烛编》辑录古哲言论,以道家为主。王象晋著《金刚经直解》《普渡慈航》等,对佛学有自己的见解。《清寤斋心赏编》以道家思想为基础论养生。明代王象艮、王象益、王象明、王象晋等人与僧人多有交往。清初王士禄、王士禛更是将佛禅引入诗学中,形成独特的创作风格。佛、道也渗入了王氏的笔记小说中,但值得注意的

---

① (清)王士禛《池北偶谈》,袁世硕主编《王士禛全集》,齐鲁书社 2007 年版,第 3489 页。
② (清)王士禛《池北偶谈》,袁世硕主编《王士禛全集》,齐鲁书社 2007 年版,第 3421~3422 页。

是,明清两代王氏的宗教态度是有所差别的,主要体现在王象晋和王士禛的笔记小说中。

王象晋对于佛家、道家的思想经义有较深入的体悟和认同,王氏家族佛、道文化的形成也很大程度上与他有关,佛家的因果报应思想、道家的修身养性之说都是王象晋所欣赏和认同的。但是,他对于现实中的佛家与道家十分不满,在其笔记小说中,僧人与道人恰恰都是破坏佛、道精神的负面形象:《赐闲堂集》中《清客谈玄》《丹士炼鼎》《羽流望气》均写方士、僧人利用人们求长生、贪财的心理行骗的故事,《翦桐载笔》中的记录更为详细,《燕僧记》《邹民避役记》《游僧兰若记》《丹客记》等皆与僧人、尼姑、方士有关。《燕僧记》讲两书生挟妓登临游玩,遇一僧人,被僧人恐吓,留下妓女供其淫乐;《邹民避役记》讲述邹平人成某为避徭役外出,先后遇到僧人、尼姑淫乱之事;《游僧兰若记》讲述某乡绅好佛,在城东建一庵,招四方游僧居其中,一日因撞破僧人囚禁妇女,险被灭口;《丹客记》讲某缙绅嗜炼金,两次被一道士欺骗。僧人、道人这种负面形象不仅是呈现在王象晋的小说中,在晚明时期的小说、戏曲中,和尚、尼姑、道士也往往扮演着传言递简、暗中勾通男女、败坏风俗的角色。这些负面形象反映了晚明时期的世风,王象晋对此表现出明确的深恶痛绝的态度。

王士禛笔记小说中也写到一些僧人生活豪奢,横行不法,如山东诸城的金和尚,仗旗人金中丞之势力,常住在诸城九仙山古刹中,占腴田,起甲第,居别墅,鲜衣怒马,歌儿舞女,豪家士族所不及,以势利横行不法 30 年,死后财产被其僧徒、假子所瓜分,反映了清初僧人仗势不法的社会现象,与王象晋小说中僧、道故事有相似之处。但这类故事在王士禛的笔记体小说中是极少数。他对僧、道并不像王象晋那样表现出明确的排斥,而是本着客观的态度记录他们的异能。如张大悲好仙术,能画地为限,牛不能出,以泥丸为食,坐卧处往往有云气;何公冕少遇异人授符箓,能役鬼神,手巾沥水以灌溉町畦;戚无何为方外士,能拔搔头捕巨鱼;张谷山能瞬间往来两千余里为其兄嫂传书递信;老神仙能使死者复生,诸如此类,所关注的都是僧人、道人不同于常人的神奇技能。也有些故事描述他们独特的个性,如:

颠和尚者,长安人,踪迹诡异。蜀臬某迎之成都,礼拜甚恭。而往往面斥之,言无忌惮。尝食犬肉,帽檐插花一枝,引群丐游行市中。入昭觉,见丈雪禅师,诙嘲不屑,禅师颇敬惮焉。一旦,骑马出城数里,语厮隶曰:"吾归矣。"径舍骑徒步去。臬追赆,不受。往来秦、蜀栈中,所至,辄画达摩像施人。归,至长安,数日,遂坐化。人言是初祖游戏震旦耳。①

僧天花者,山东人,不持戒律,酗酒亡赖,人皆恶之。游方至河西务居焉,而饮酒食肉如故。久之,人颇厌苦。天花一日大市牛酒,召邻里毕集,酒酣,念众曰:"吾行脚至此,久渎诸檀越,今将行矣,聊此言别。"轰饮至夜半,起曰:"吾明早乃行,居士辈留此勿归。须送我乃返耳。"众疑其所为,去留各半。比天晓,索汤沐浴,拜佛竟,呼众曰:"居士珍重,吾行矣。"入室趺坐而化。②

颠和尚蔑视高官、权威,簪花食肉,游行闹市;天花僧不持戒律,饮酒食肉,坐化前轰饮夜半,与人告别。二者皆行为狂诞,与传统僧人不同,带有晚明时期狂禅的特点,也不同于王象晋笔记体小说中那些杀人行骗的僧人、道士,而带有一种独特的意象化的性质。

从对社会现实的态度而言,王象晋笔记小说中对于官场恶习、科举舞弊、社会黑暗等都有所针砭。如《王孺人再生传》讲述其岳母因生子死而复生之事,反映阴司夫人为一己之私舍人魂魄、取人性命。《阳邹生孝感传》讲述邹生之母垂危,邹生列酒肴、烧纸钱以祝祷,使其母延寿数日,讽刺不论是阴间还是阳间,不论是鬼使还是胥吏,都以钱行事。《王廷尉平反传》讲述王廷尉平反冤案的故事。王廷尉任陕西阳城县令时,从不冤人入罪。某日大风,大道边井中发现一具无名尸体,王廷尉下令缉拿凶手。县中有一无赖,当日午后在其姐家休息,甚为疲惫,面色有异,且距离杀人之处不远。凶案发生后,人们就怀疑凶手是他,即便是他的姐姐也有所怀疑,于是衙役将他捉拿归案。王廷尉再三研究此案,证据确凿,就此结案,但心中始终不能释怀。一日审讯一囚犯时,囚犯自招曾杀人投尸井中。问其时间,正是大风晦暗之日。王廷尉恍然大悟,想要平反此案。胥吏再三劝他,认为一旦平反,会于官声不利,令上司见疑。王廷尉曰:"吾期使邑无冤民足矣,遑为己之一官计耶? 即缘此而罢归田里,心甘之矣。"③并为被冤之人昭雪。故事赞扬王廷尉不为一己之私替人昭雪的品行,但其中胥吏劝王廷尉时所言恰恰反映了官场的一些"潜规则":即便有冤情,但为自己名声、利益,也不予平反。王象晋对这种现象颇为不满,认为官场中暴虐自私、视人命如草芥者自不必说,有一类人"足已好胜,自雄己断,或作意低昂,矫矫为名,高贤不

① (清)王士禛《陇蜀余闻》,袁世硕主编《王士禛全集》,齐鲁书社 2007 年版,第 3618~3619 页。
② (清)王士禛《居易录》,袁世硕主编《王士禛全集》,齐鲁书社 2007 年版,第 4102 页。
③ (明)王象晋《翦桐载笔》,《四库全书存目丛书•子部》第 243 册,齐鲁书社 1997 年版,第 468 页。

肖，则有间矣"①，不论是刚愎自用者还是沽名钓誉者，皆当自省。

王象晋的这些笔记小说体现出儒家干预现实的精神，这与晚明时期政治腐败、社会黑暗、世风日下的时代背景有关。而王士禛的笔记小说则与现实拉开了距离，写神异、超自然之人事，或客观记录，如能治病救人、预知福祸的黄衣人，在陆地仪仗森然，行驶如飞的官船，能生死人的老神仙，乃至于其兄长王士禄去世后体散异香，等等；或阐明因果报应，如刘龙山梦中受神人指点，多行善事，赈济灾民，后其孙、曾孙分别探花、状元及第；乔仲伦乐善好施，其妻年四十九生子；刘约不因未婚妻失明悔婚，后登进士，生四子皆为名臣；古月头陀两膝生疡，宛如人面，乃因梁时所害卢昭容索报；等等。记录人物，王士禛所关注的主要是意在教化人心儒家伦理道德。武林女子王倩玉有诗才，已有婚约而与其表兄沈生相悦而越礼。王士禛一方面欣赏其才华，另一方面认为其淫奔失行。高要梁指妹因未婚夫病卒，素衣为位而哭，晨昏不辍，后自缢相殉。王士禛肯定其守节之行。卢沆遇宣宗谦恭而受知擢第，贾岛、温庭筠因微行傲忽致遭贬谪，是为轻薄之戒。诸如此类，王士禛都是站在正统道德的立场进行记录和评判。即便涉及明清易代时的一些人物，也极少触及清兵入关之事，而往往以张献忠、李自成为反面对象，表彰将领、平民、妇女的节义。王士禛一生仕途顺利，身居高位，思想较为正统保守，所以他的笔记小说中体现出的思想倾向与其身份地位相一致，同时也与他所处的清初较为特殊的政治环境有关。

受"神韵"诗学的影响，王士禛笔记小说体现出诗化的倾向，其笔记小说叙事、表达方式也呈现出与神韵诗相似的含蓄蕴藉、善造意境的特征。这一点也与其家族笔记小说传统相区别。王象晋的笔记体小说借鉴了史传文学的传统，小说题目冠以"传""记"，内容往往以人物为中心，记录人物的行迹、遭遇等，每则故事最后往往要加上"王生曰"，加以评论。如《王廷尉平反传》表达自己为官以仁为本、无愧于心的理念，"语云'吾求其生而不可得，则死者于我亦无憾也'，仁哉斯语，吾愿持三尺者三复之也"②；《楚春元阴德传》认为春元与少年的闱中相遇为天所定，春元"困之于三年之后，又假手燕士而后第，且燕士者号胡以比邻？卷胡以点污？胡以信其必中？如观大文胡以授之？果售如探囊，机缘巧合，不爽毫怨，皆天也"③，而假如楚春元三年前即及第，之前所救女子清白不能

---

① （明）王象晋《蓟桐载笔》，《四库全书存目丛书·子部》第 243 册，齐鲁书社 1997 年版，第 469 页。
② （明）王象晋《蓟桐载笔》，《四库全书存目丛书·子部》第 243 册，齐鲁书社 1997 年版，第 469 页。
③ （明）王象晋《蓟桐载笔》，《四库全书存目丛书·子部》第 243 册，齐鲁书社 1997 年版，第 467 页。

分明，抱丑终身，因而也是天定。其余如《阳邹生孝感传》对鬼使爱财的议论，《王孺人再生传》对于父母子女缘分的观点，《王京卿义妾传》对王京卿与其妾品行的评价，都是作者在借小说故事阐发观念。这与司马迁"太史公曰"的功能是相同的，都是为了从事件中阐述个人的观念、情志与理想。

与王象晋相比，王士禛则将自己的意向隐藏在故事中，与作品拉开距离，进行客观记述，不加评论，既在于教化，也在于补史。如《蜀府鬼》：

> 献贼据成都，以蜀王府为宫，所居人鬼相触。一日，闻后殿有歌吹声，自往视之，见有数十人，手持乐器，而皆不见其首，大惊仆地，乃移居北城楼，不敢入宫。①

这则故事以明清易代为背景，蜀府之鬼的出现与张献忠入四川有关，实际上带有一定的倾向性，但王士禛并不明确表达，只是单纯地记录，这样的隐身叙述方式与其神韵诗含蓄蕴藉的审美倾向异曲同工。又如《林四娘》中林四娘形象的刻画，也是采用作者隐身的叙述方式，从陈宝铛的视角出发，勾勒出一个美丽劲爽而又充满感伤的女性形象，并通过林四娘抒发世事变幻的感慨。林四娘本是明衡王宫嫔，宠绝伦辈，但不幸早死，葬于宫中。数年后明朝灭亡，其魂魄犹恋故墟，而衡王宫殿已然荒芜，故而借陈宝铛亭馆宴客。即便宴会的欢声笑语，也无法抹去林四娘的感伤："酒酣，四娘叙述宫中旧事，悲不自胜，引节而歌，声甚哀怨，举坐沾衣罢酒。"②林四娘的身份来历与她的悲伤感怀共同构成了这个故事的凄美风格，营造出诗一般的意境，颇具神韵诗的美感。

五、结语

笔记小说是王士禛家族文化传承中的重要部分，王士禛大量笔记杂著中的小说，在创作动因、观念、审美等方面都渊源有自。笔记创作的随意性及消遣自娱的创作动因，使王氏的笔记内容涵盖广泛而芜杂，也为尚奇的笔记小说提供了创作空间，而立言的目的，则为教化、补史的功能、重实录的审美观提供了依据。将王士禛家族的笔记小说放在古典小说历史中去关照，可以发现，王氏笔记小说在主观创作态度上是对六朝志人、志怪传统的回归，他们以奇闻逸事为信史，与"游心寓目""发明神道之不诬"的六朝小说一致。王氏笔记小说仍然以

---

① （清）王士禛《池北偶谈》，袁世硕主编《王士禛全集》，齐鲁书社 2007 年版，第 3351 页。
② （清）王士禛《池北偶谈》，袁世硕主编《王士禛全集》，齐鲁书社 2007 年版，第 3364 页。

儒家伦理道德、佛家因果报应等思想为内核，保守正统。他们力图通过教化的功能赋予笔记这类著述以严肃的社会、家族使命。他们的笔记小说也极力向正统经史、诗文等靠拢，而缺乏明清时期植根于市井、俗文化的小说的独立性，因此成就不高，不及王氏的诗学成就。但王氏家族的笔记小说创作观念、传统，无疑对王士禛有不可忽视的影响，他的笔记小说正是在继承家族传统的基础上，融合了时代、个人的思想与审美而完成的。

将王士禛笔记小说放在家族传统中考察，能够明确地发现他的新变，不论是对僧、道故事的客观记录，面对社会现实的正统立场，还是小说的诗化，根本来说，反映的都是王士禛美学思想中对"清远"的追求。这种"清远"，既是在清初特殊的政治文化环境下与现实保持的一种"远"的距离，也是他的创作中追求的一种不即不离而又引人回味的境界。与其祖辈相比，清初仕途顺利，身居高位的王士禛所处的社会环境已经与晚明时期的世风日下、危机四伏不可同日而语，他对宗教、社会现实的态度，既是大环境的影响，也是其身世际遇的自然产物，而在这种大环境下形成的"神韵"诗说，显然不仅体现在他的诗学中，也渗透到了其笔记小说的创作中，形成了自己的特点，在清初的笔记小说中具有一定的代表性。

"贵胄女学堂"与晚清北京女子教育

黄湘金*

摘　要："贵胄女学堂"是慈禧拟于宫内设立的皇族女学堂。它的倡设,最早见于1904年动议的"毓坤会",1906年端方、荣庆为其正式命名。以该学校的特殊性质,它本应对晚清女子教育产生积极影响。不过,"毓坤会"和"贵胄女学堂"始终只停留于倡议、争议阶段,并未真正创建。"贵胄女学堂"胎死腹中,体现了晚清政治风云对女子教育事业的直接干扰和女学本身的脆弱性。与此同时,北京士人对女学事务颇为积极,晚清时期北京曾存在过的女学堂达60所之多,它们大多由民间士人推动兴建,与但闻其名的"贵胄女学堂"形成相映成趣的风景。

关键词:贵胄女学堂;晚清北京;女子教育

引言:戊戌之后的女学氛围

在近代妇女史上,对女性生活影响最大的因素,莫过于新式女子教育。今天学者一般将1898年创建的"中国女学会书塾"(又称"中国女学堂""经正女学")视为国人自办的社会化女子教育的起点。作为维新运动的产物,"中国女学会书塾"亦因政治斗争而终:1900年,经元善通电反对"己亥立储",遭清廷通缉,逃亡海外,女学堂主事无人,只得关闭。此后新式女学的命运,成为晚清士人关注女性问题时的重点。

可以确定的是,新式女子教育并没有随昙花一现的"中国女学会书塾"而终止。经元善在1902年的演说中便引用佛偈,对此前提倡、主持女学的同道予以"播种者"的身份追认,认为当年是"下第一粒粟之萌芽",对后来者的跟进,他非常乐观。[①] 而此年《大公报》对女学堂在南方四处开花的描绘,更让人兴奋:"南

---

　　* 黄湘金,博士,中国海洋大学文学与新闻传播学院教授、博士生导师,主要从事中国近代女子教育、近代女性文学研究。本文系泰山学者工程专项经费(tsqn201909059)的阶段性研究成果。
　　① 剡溪聋叟(经元善)《第一次女学会演说》,《女报》第2期,1902年6月6日。

方通商口岸，自上海开通女学后，经莲珊太守首倡捐建女学堂之议，自是而苏，而浙，而无锡，而武昌，相继踵起，又膨月张而至于湘粤。女子无不发愤自强，日以讲学为事。"①现今碍于所见，文中提到的各女学堂之情状已难考索。② 目前可知的在"中国女学会书塾"之后，"癸卯学制"颁行前创办的女学，较著名的有兰陵女学（苏州，1901）、严氏女塾（天津，1902）、务本女学（上海，1902）、爱国女学（上海，1902）、城东女学（上海，1903）、宗孟女学（上海，1903）、湖南第一女学堂（长沙，1903）等，多由士绅自发自为倡建。民间有志兴学而持观望态度者当不在少数，则此时政府上层对于女学堂之态度至为重要。而作为"首善之区"的北京，女学堂的普及情况对全国也具有表率意义。

一、慈禧与"毓坤会"

1902 年的北京，仅有教会女校贝满女学堂、长老会女校、慕贞女书院③，并无自办女学堂。当年曾有满族官员禀请庆亲王奕劻设立八旗女学堂，"庆邸然之。后以见阻于八旗各都统，遂罢是议"④。这是我所见到的关于国人在北京自办女学的最早报道。今天看来，北京风气远不如南方开化，京中官员反需借上海出版的《女报》来改变其对"开女智、兴女学"的成见。⑤

也是在同一年，《大公报》刊登热心读者的白话来稿，建议自上而下推广女学：太后先在宫中创设女学堂，再明降谕旨，令京中王公大臣、各省文武官员，每家设立女学。不出五年，风气必然大开，女学堂遍及全国。在此文中，最让我留意的是对宫廷女学堂的设想：

皇太后先在宫里，立一座女学堂，考选几位中国女教习。也不必炫异矜奇，只要通文识字、举止安详的，就算合格。皇太后、皇后，也不必言定入学，就求随时振作鼓励着点，那风气自然就开的快了。宫里的宫娥秀女，共有若干名，开一个清册，分为几班，除去当差侍奉的时候，得工夫就按班入学。⑥

---

① 《天津拟兴女学议》，《大公报》1902 年 7 月 1 日。

② 据廖秀真统计，至 1903 年，全国有女学堂 6 所。廖秀真《清末女学在学制上的演进及女子小学教育的发展（1897—1911）》，李又宁、张玉法编《中国妇女史论文集》第 2 辑，商务印书馆 1988 年版，第 224 页。当时女学肯定不止此数。

③ 刘宁元《北京近现代妇女运动史》，北京出版社 2009 年版，第 23 页。

④ 《时事要闻》，《大公报》1902 年 6 月 18 日。

⑤ 《顽石点头》，《大公报》1902 年 9 月 12 日。

⑥ 《就中国现势筹女学初起之办法》，《大公报》1902 年 10 月 14 日。

就晚清女子教育的实践来看,地方开明士绅是最主要的推动力量,因而此文对兴女学路径的想象显得不合实际。不过,作者将推广女学的起点定位于慈禧太后,也并非全无因由。就现在能看到的材料而言,慈禧对女报、女学等时新潮流,是以一个开明者的形象出现的。如《大公报》称由于京官转呈,慈禧在宫中能够读到在上海出版的陈撷芬主编的《女报》(1903 年更名为《女学报》)。①再加上其自身的性别因素,很容易被设想成为新式女子教育的赞助者、推动者。而《女学报》透露出来的消息,确实可以坐实这种猜想:

> 太后为轸念中国女学之不振,乃将平日所览之《女报》,谕令大公主等各阅一分,并有设立女学堂意,命大公主主其事。俟新建之大学堂工竣,即以现在马神庙公主府之大学堂作为女学堂。八旗中有志入学者,准来堂肄习。此事原因,实由去年日本内田公使夫人力陈东洋女学之兴,故有感慈意云。②

报道中的公使夫人即日本驻华大使内田康哉妻子内田政子,与慈禧关系亲密。1902 年 8 月 17 日日本《报知新闻》曾称:"今日在北京政界而生擒西太后者谁乎? 内田夫人也。"③大约 1902 年慈禧在接见内田政子时,对方谈及日本女学之盛,引起了慈禧对于国内女学蔽锢的感触,因而有意在京城兴建女学堂,收录八旗女子入学,追步日本女学。而在同年,慈禧亦同意了湖北巡抚端方的开女学堂之请,"有饬令鄂省试办之说"④。这当是次年开办的湖北幼稚园附设女学堂的最早缘起。⑤

至 1903 年,京城里已经有了朝廷即将兴办女学堂的传闻。京师大学堂师范馆总教习服部宇之吉的夫人服部繁子曾经回忆,当年内务府大臣诚璋出面请服部宇之吉起草兴女学计划。此举很可能是出于慈禧的旨意。因为涉及从日本聘请女教师的问题,这一计划并未马上实施。⑥ 而在近代女子教育史上,于京师大学堂校址上创建女学堂的设想并无下文,此处很可能是慈禧心血来潮的冲动。不过,步武日本女学的意趣和视恭亲王奕䜣长女荣寿公主(即报道中的"大

---

① 《时事要闻》,《大公报》1902 年 7 月 26 日。
② 《各省女学汇志·京城女学堂》,《女学报》第 1 期,1903 年 2 月。
③ 社员某《尺素六千纸》,《新民丛报》第 17 号,1902 年 10 月。
④ 《请开女学》,《女报》第 5 期,1902 年 9 月。
⑤ 关于端方与此幼稚园附属女学的研究,可参阅潘崇、马晓雪《清末女子教育发展的困境——以湖北幼稚园附设女学堂为例》,《河南理工大学学报》(社会科学版)2009 年第 2 期。
⑥ 〔日〕服部繁子著,高岩译《回忆秋瑾女士》,郭延礼编《秋瑾研究资料》,山东教育出版社 1987 年版,第 169 页。

公主")为女学主事人的安排,已然为后来的"贵胄女学堂"之提议埋下了伏笔。

所谓"贵胄女学堂",指由皇公贵族开办,对女性亲属、族裔或秀女、婢女实施教育的学校。宫廷或皇室内的女子教育古已有之,如班昭就曾入宫担任过后妃的教师;又如宋若昭被唐穆宗封为"尚宫","后妃与诸王、主率以师礼见"①。但皇室创办较大规模的学校推行女子教育,在晚清之前未见记载。进入 20 世纪后,在"兴女学"潮流的影响下,先后出现了蒙古喀喇沁郡王贡桑诺尔布创办的毓正女学堂②与肃亲王善耆创办的和育女学堂。毓正女学堂于 1903 年 12 月开办,1909 年停办。由于地处僻远,其影响基本仅限于蒙古地区。而据服部宇之吉主编的《北京志》,和育女学堂于 1905 年开办。③ 奇怪的是,京城内外的报刊似乎都忽视了该校的存在,就我所见,对此竟无任何记载。彼时被多家报刊跟踪报道的皇族女学,唯有 1905 年起倡建的"贵胄女学堂"。而此前倡议的"毓坤会",则可看作是"贵胄女学堂"兴起的先声。

1904 年 10 月 11 日,《大公报》刊登了宫廷将设毓坤总学会的消息:

皇太后命裕朗西之女公子在三海中择一处开设毓坤文会,并准在外设立分会一节,已见他报。兹据内侍传说,该文会设在中海,名为"毓坤总学会",每日讲习浅近文法及各国语言文字。凡王公大臣之福晋、夫人及五品以上之命妇、女子均准入总学会听讲。其分会则官绅商民之妇女,凡身家清白,不论已学未学,均可入会听讲云云。果尔,则女学之兴盛当不远也。④

1904 年初颁行的"癸卯学制"中,唯《奏定蒙养院章程及家庭教育法章程》捎带提及女子教育,但态度十分保守,认为"中国此时情形,若设女学,其间流弊甚多,断不相宜",其意"在于以蒙养院辅助家庭教育,以家庭教育包括女学"。⑤《大公报》消息中的"毓坤文会"虽然是学会名义,有人也认为其"仅仅研究语言文字,以备赐宴各国公使夫人之时为之通译,似于立会之宗旨,犹未窥见其大者

① (宋)欧阳修、(宋)宋祁撰《新唐书》卷七七《宋若昭传》,中华书局 2000 年版,第 2870 页。
② 关于毓正女学堂的情形,可参考娜琳高娃《试述蒙古族第一所近代女子学校——毓正女学堂》,《内蒙古师范大学学报》(哲学社会科学版)1992 年第 4 期。
③ 〔日〕服部宇之吉著,张宗平、吕永和译《清末北京志资料》,北京燕山出版社 1994 年版,第 208~209 页。
④ 《女学将兴起点》,《大公报》1904 年 10 月 11 日。
⑤ 《奏定蒙养院章程及家庭教育法章程》,璩鑫圭、唐良炎主编《中国近代教育史资料汇编·学制演变》,上海教育出版社 1991 年版,第 394、395 页。

也"①,但实质显然是皇族女学,放在其时其地,已算难能可贵。消息详细记载了学会创办人、开设地点、授课内容、学员资格,这都暗示出毓坤文会开办在即。在"总会"之外设立"分会"、允许民籍妇女入学的设想,显示出主办者的宏大气魄。如能以慈禧为首自上而下地推广女学,北京女界的沉寂现状又何愁不能打破?《大公报》难掩兴奋之情,也就可以理解了。

稍后,上海的《时报》对"毓坤会"的消息进行了后续报道:

探闻近日皇太后因从裕朗西京卿之女公子奏请,拟在南海之内创设女学,赐名毓坤会。凡王公贝勒之福晋、格格,及京员三品以上之命妇、女子均着报名入会,学习东西文。已奉懿旨,特派裕女公子经理其事云。②

毓坤会主办者和授课内容均没变动,唯有开办地点已具体选定了"三海"(南海、北海、中海)中的南海,汉族女性的入学门槛也由"五品命妇"提升至"三品命妇"。课程中开设"各国语言文字",大异于传统宫廷女学,颇具有现代意味,其实是与主办者的个人趣味有关。1903 年的《大公报》称,"裕朗西之女公子,颇得皇太后欢心,不时入内,二人皆衣洋装"③。二人即是容菱(1882—1973)和德菱(1886—1944),通英、法语,曾在清宫中担任翻译,颇为慈禧宠爱。④ 而且,在议设毓坤会后不久,容菱、德菱及其母亲又拟设八旗女学,"专收旗民幼女,以期培植女才"⑤。以德菱姊妹主持毓坤会,可谓无二之选。

就在北京女界和报界翘首期盼中,毓坤会却迟迟未见下文。直到次年初,据《警钟日报》透露出来的消息,毓坤会之所以停滞不前,乃是因为慈禧对女学的看法出现了变化:

湖南革命狱始兴,学界骤为之暗;上海谋刺案继起,政界大为之惊。京师则尤甚,有无关系者均视作密切问题。俄使更番警告,联派党咸有戒心。连日枢府与管学大臣互谒密商,颇聋观德[听]。各学堂学生骄态锐减,有失其常度者。星期出游,亦甚寥寥。西后因学堂迭现怪象,意滋不悦。前拟设毓坤会兴女学,亦中止矣。⑥

---

① 刘锦藻《清朝续文献通考》卷 114,《学校》21,浙江古籍出版社 2000 年影印本,第 8730 页。

② 《奏设毓坤会续闻》,《时报》1904 年 10 月 22 日。

③ 《时事要闻》,《大公报》1903 年 5 月 24 日。

④ 夏仁虎《旧京琐记》,《枝巢四述·旧京琐记》,辽宁教育出版社 1998 年版,第 98 页。

⑤ 《八旗女学》,《大公报》1904 年 11 月 15 日。

⑥ 《京师政界学界近闻》,《警钟日报》1905 年 1 月 6 日。

消息中所涉先后事件，指 1903 年春开始兴起的"拒俄运动"、1904 年秋冬在长沙流产的华兴会起义以及当年 11 月上海发生的万福华刺王之春案。前两事，留日学生和国内新式学堂出身的学生都充当了中坚力量，因而清政府对在校学生的日常活动极为警惕，极易产生过度反应。再加上近臣对当前男女学堂的大小"流弊"的渲染，动摇了慈禧对于女学的热忱，毓坤会之事也就意兴阑珊了。

1905 年 5 月《大公报》又有"毓坤会"的消息，但记者语气已经十分犹疑，在按语中言："上年即闻有此等传说，究竟不知确否。"①事实上，德菱在两月前赴上海照看病重的父亲，离开了清宫。② 从此在《大公报》上，再无毓坤会的消息。

二、"贵胄女学堂"考详

创设毓坤会的倡议就此消歇，但慈禧对女学堂的兴趣不久之后又再度高涨，此时不能不提的人物即是端方。1905 年 7 月，端方被任命为出洋考察宪政五大臣之一。在逗留北京期间，利用面见"慈圣"谢恩的机会，端方大力强调女学堂的重要性，颇得慈禧称允。在致湖北女学生的电报中，他提到自己曾四次晋谒慈禧，"即女学亦经面奏，慈圣亦以为然"③。在两人的会面中，端方可能还提及皇族女学之事。《大公报》的社论透露，端方"力陈以兴办华族女学校为要"，虽然"群疑众谤"，但得到了慈禧的支持，"慈圣于此事垂注尤殷，将由内廷拨款，以为天下倡"。④ 稍后的《顺天时报》也记载，慈禧对端方之奏请"极为垂意，已饬内务府筹拨经费若干，以为开办华族女学校之用"⑤。此华族女学校并未立即兴办，但不久后慈禧授意，"特准将西山旃檀寺改为女学，无论华族编氓皆可就学"⑥。此旨一出，令民间有志入学的女性倍感鼓舞，"太后于今立意，要想倡兴女学，正是要使我们中国人要人人发愤，人人好学"⑦。

1905 年 12 月 10 日晚，《南方报》记者从北京发来电报，称"两宫面谕庆邸

---

① 《太后拟兴女学之传闻》，《大公报》1905 年 5 月 15 日。
② 德龄著，顾秋心译《清宫二年记》，江苏教育出版社 2006 年版，第 210 页。德菱、容菱，现通称德龄、容龄，在二人的回忆录中，均未提及毓坤会之事。
③ 《端午帅致鄂省女学生电稿节略》，《南方报》1905 年 9 月 28 日；《端午帅电致鄂省女学生》，《大公报》1905 年 10 月 8 日。
④ 《论女学所以兴国》，《大公报》1905 年 10 月 13 日。
⑤ 《开办华族女学校》，《顺天时报》1905 年 10 月 18 日。
⑥ 《各省教育汇志》，《东方杂志》第 2 卷第 11 期，1905 年 12 月 21 日。
⑦ 鹭《太后倡兴女学之意》，《南方报》1905 年 10 月 11 日。

（按：即庆亲王奕劻），仿贵胄学堂例筹办皇族女学"。① 可见皇族女学之筹设，前有端方之意见，近则有陆军贵胄学堂之刺激。慈禧要求仿办女学，显有示教育平等之意。而《大公报》1906 年初的报道则更加详细：

> 闻内廷人云，日前召见军机大臣时，两宫垂询贵胄学堂规模，催饬赶紧开办。并云外洋重女学，而中国此等风气未开，拟俟贵胄学堂办有成效，再设皇族女学，专收王公府第郡主、格格入学肄习，以期输入文明，咸知爱国等谕云云。②

消息中"专收王公府第郡主、格格"的学员标准，正与毓坤会一脉相承。另据直隶《教育杂志》转录《津报》的消息，参与筹办皇族女学的尚有庆亲王奕劻、肃亲王善耆夫人、荣寿公主及陆伯英侍郎之夫人等。③ 而消息所用"贵胄女学堂"的名字，最终为该学堂定名。

在此后关于皇室女学的报道中，慈禧太后一直是最有力的推动者。她在召见学部官员时，便难掩迫切之情：

> 闻学部尚书曾于日前面奉懿旨，以中国女学尚未发达，亟宜设法推广，以期家庭教育日渐讲求云云。故华族女学之章程近日又复提议也。④

此条消息中提及的女学名称——"华族女学"，较前文中的"皇族女学"略有不同。事实上，"华族女学"即为日本皇室女学之名。1885 年 11 月从日本"学习院"独立出来的华族女学校，凭借其得天独厚的优势，不久即成为日本最具影响力的女子学校，"日本女学校，当以此为翘楚"。⑤ 华族女学校因此成为中国朝野考察日本教育时必不可少的去处⑥，其学监下田歌子也成为中国女子教育界的知名人物。清宫倡议皇室女学而拟以"华族女学"名之，可能寓有向其取镜之意。

更值得关注的是慈禧对端方考察女学报告的反应。1905 年 12 月，端方与

---

① 《面谕筹办皇族女学》，《南方报》1905 年 12 月 11 日。
② 《深宫注重女学》，《大公报》1906 年 1 月 14 日。本文所引 1906 年与 1907 年《大公报》资料，多条已由夏晓虹先生于《晚清女学中的满汉矛盾——惠兴自杀事件解读》（收入氏著《晚清女性与近代中国》一书，北京大学出版社 2004 年版，第 223～256 页）一文中使用。
③ 《设立贵胄女学堂续闻》，《教育杂志》（天津）第 22 期，1906 年 1 月。
④ 《两宫注意女学》，《大公报》1906 年 3 月 8 日。
⑤ 方燕年《瀛洲访学记·华族女学校》，王宝平主编《晚清中国人日本考察记集成：教育考察记》，杭州大学出版社 1999 年版，第 457 页。
⑥ 如载振、吴汝纶、严修东游，均参观过此华族女学校，与下田歌子会晤。最有趣者，1904 年徐念慈撰科幻小说《月球殖民地小说》，有言："昨接到玉环小女的信，已进东京华族女学校。"（《中国近代小说大系》，江西人民出版社 1989 年版，第 240 页。）

戴鸿慈一行出洋考察宪政时，慈禧即命其考察东西洋各国女学，随时报告。途中学部又奉旨再次电谕其考察女学。① 1906 年 4 月，《顺天时报》有报道称："闻日前端、戴二大臣来有电奏，系陈明美国女学校之章程及一切内容，最为完备，中国女学亟宜仿行。两宫览奏，颇为欣悦。现已拨内帑十万两，派肃邸之姊葆淑舫夫人先行组织师范女学一所。"②此消息被多次转载，影响颇大。《申报》读者即乐观地预想此举之效应："登高而呼，众山皆应。女界光明之发现，将普照于中国全境。"③联系到此前关于皇族女学的报道，在一般读者看来，慈禧的慷慨很可能是因皇族女学而发。如徐锡麟在写给党人的信中，提及"皇太后现捐银十万，开贵胄女学堂"，作为其在满洲人中"可谓通晓时务者"的证据。④

次月，庆亲王奕劻也有"贵胄女学堂"之奏请，"以便饬令各王府之郡君、格格及满汉二、三品各大员之女子入学肄业"⑤。而最重要的契机则来自考察宪政归来的端方。据夏晓虹先生考证，1906 年 8 月 13 日，慈禧单独召见归国不久的端方。⑥ 端方在召对时，肯定有关于女学数事，因为据几天后《大公报》报道："考政大臣端午帅于前日面奏两宫，请饬学部速立女学堂章程规则，兴办女学，以开风气。闻已奉旨饬学部妥拟一切矣。"⑦趁此次朝见机会，端方很可能还递呈了一份重要奏折——《请设立中央女学院折》。这份由梁启超捉刀的奏章⑧，其中心议题是："于京师设立中央女学院，以开全国之风气，而为各省之模范。"⑨该办法想必与慈禧此前对于皇族女学的提倡一拍即合，因此很快宫廷中即有"贵胄女学"的消息传出：

闻学部人云：本部近日会议设立贵胄女学，所有一切章程均仿照日本华族女学，量为增减。并闻此事之发起，庆邸、泽公及午帅均极赞成，不日当可具折

① 《电谕考查女学》，《大公报》1906 年 4 月 7 日

② 《拨帑开办女学》，《顺天时报》1906 年 4 月 26 日。

③ 《论地方官宜注重女子教育》，《申报》1906 年 5 月 14 日。

④ 徐锡麟《致某》（十），徐乃常编《徐锡麟集》，中国文史出版社 1993 年版，第 60 页。据编者推测，收件人疑为陶成章。

⑤ 《议设贵胄女学堂》，《南方报》1906 年 6 月 25 日。

⑥ 夏晓虹《梁启超代拟宪政折稿考》，氏著《梁启超：在政治与学术之间》，东方出版社 2014 年版，第 37 页。

⑦ 《奏兴女学确闻》，《大公报》1906 年 8 月 21 日。

⑧ 关于梁启超为考察宪政五大臣草拟报告之事的详细考证，见夏晓虹《梁启超代拟宪政折稿考》一文。

⑨ 《请设立中央女学院折》，《梁启超代拟宪政折稿考》附录，夏晓虹《梁启超：在政治与学术之间》，东方出版社 2014 年版，第 67 页。

奏请。①

前本报纪端午帅奏请举办女学一事,业与荣大军机商议一切规则,名为贵胄女学堂,其学生以三品以上之大员幼女为合格云。②

经过商议,端方与荣庆最终将其命名为"贵胄女学堂"。以源远流长的"贵胄"一词代替"皇族"和"华族"为皇室女学定名,既对应了已经开办的"陆军贵胄学堂",也与日本的"华族女学校"区别开来。关于学生资格,"三品以上之大员幼女"的规定则与前次开设未成之"毓坤会"遥相呼应。

虽然端方对于美国的女学颇有好感③,但比较日本和欧美各国的女学情形之后,议设中的贵胄女学堂还是预备借鉴日本的华族女学校。日本华族女学校规模宏大,学制健全,为"天皇及王公大臣,凡华族之女子肄业之所。分为初等小学、高高[等]小学、初等中学、高等中学,凡四科,各三年,以一年为一级,满六岁以上、十八岁以下者得入学。"④作为楷模的华族女学校,为拟想中的贵胄女学堂铺设了美好的前景。而据端方在9月30日外城女学传习所开学典礼上的演讲透露:"皇太后屡次询及女学,拟开办一高等之学堂。诸生在此毕业后,即可升入,为皇太后门生,何等体面!"⑤言辞中的"高等女学堂",因其学生是"皇太后门生",很可能即指将来的贵胄女学堂——也就是说,预设中的贵胄女学堂除了提供初等教育之外,还会为皇族及平民女子开设高等教育,可见此时慈禧对贵胄女学堂所寄期望之深切。

虽然在朝廷内有慈禧太后、庆亲王奕劻和学部尚书荣庆的支持,在地方有端方等大员的倡议,贵胄女学堂的成立却并不顺利。最先遇到的阻力,即来自湖广总督张之洞。1907年初,他即致电学部,表明他对兴办女学的谨慎态度:"张香帅热心学务,人所公认。独于女学雅不谓然,以为中国人民程度尚低,此时倡兴女学,未免稍早。闻于日前有电达学部,详陈此时兴办女学之流弊。未

① 《贵胄女学决意设立》,《大公报》1906年9月15日。
② 《女学将兴》,《大公报》1906年9月18日。
③ 1906年,江亢虎创办的外城女学传习所开学,端方出席了开学典礼,"演说西洋女学情形,而尤推重美国"。见《外城女学传习所开学志盛》,《顺天时报》1906年10月4日。
④ 方燕年《瀛洲访学记·华族女学校》,王宝平主编《晚清中国人日本考察记集成·教育考察记》,杭州大学出版社1999年版,第456页。实则日本华族女学校学生并不限于贵族女子,"华族女子之外,有相当资格之女子亦许其入学"。见〔日〕大隈重信等《日本开国五十年史》第6册之《女子教育》,商务印书馆1929年版,第104页。
⑤ 《开学纪盛》,《大公报》1906年10月10日。

知枢密诸公亦表同情否？"①张之洞电文并未直接针对声势渐涨的贵胄女学堂，但作为朝廷重臣，其意见不容忽视，此番议论对贵胄女学堂的影响也近乎立竿见影：

> 闻内廷人云：两宫每于召见学部堂官时，必垂询推广女学办法，实注意设立贵胄女学之举。近因某督臣奏陈女学之弊，是以犹疑。日前荣尚书召见时，两宫与之讨论良久，谕以中国风气尚未大开，欲兴女学，必须先订完善章程，然后再行试办，逐渐推广。事宜缓而不宜急，以昭慎重。是以开办贵胄女学之说已从缓议矣。②

在 1906 年学部成立之前，张之洞对新式教育相当积极，是倡导改造传统教育、肯定和推广新式教育的前驱，但在科举停废后，面对新、旧学乾坤颠倒的时势，他的办学方略的主导倾向也从倡行新学转而为旧学卫道。③对于创兴女学堂之事，此前的《南方报》称其"素不注意"。④不久之后，慈禧接见某位贤王，问及女学章程和官立女学时，"皇太后默然不答，恐有不满意于女学"⑤。贵胄女学暂缓兴办，可能是慈禧因为张之洞等人的反对而出现了动摇，或是因为朝野舆论而做出的策略性让步。好在女学堂章程奏定已于时不远——3 月 2 日，《大公报》登载女学章程"业经议妥，将于开印后入奏"⑥。六天之后，《奏定女子小学堂章程》和《奏定女子师范学堂章程》正式颁布实施。而在同一天，《大公报》上刊载的消息，令关心贵胄女学堂的读者欣喜不已：

> 贵胄女学堂事，政府已会同学部妥议，约于春间即可开办。闻荣寿公主已面奉皇太后慈旨，充当贵胄女学堂总监督。⑦

1904 年颁行的癸卯学制中，女学"流弊甚多，断不相宜"，而此时则认为"女子教育，为国民教育之根基"，"欲求贤母，须有完全之女学"，⑧贵胄女学堂的兴办自是名正言顺。

---

① 《香帅电陈女学宜缓》，《大公报》1907 年 1 月 7 日。
② 《贵胄女学之阻力》，《大公报》1907 年 1 月 26 日。
③ 关晓红《晚清学部研究》，广东教育出版社 2000 年版，第 182～183 页。
④ 《鄂省官设女学之传闻》，《南方报》1906 年 3 月 12 日。
⑤ 《奏设女学难成》，《大公报》1907 年 2 月 22 日。
⑥ 《女学章程议定》，《大公报》1907 年 3 月 2 日。
⑦ 《贵胄女学总监督得人》，《大公报》1907 年 3 月 8 日。
⑧ 《女子师范学堂章程》，舒新城编《中国近代教育史资料》，人民教育出版社 1961 年版，第 804 页。

被慈禧指派为总监督的荣寿公主是恭亲王奕䜣长女,幼年颇得咸丰皇帝喜爱,与志端婚后五年即守寡,长侍于慈禧身边,"恭谨持正,终身得太后之宠,有时进谏,太后亦多采纳之"①。有趣的是,类似于容菱、德菱姊妹,荣寿公主对英文亦有兴趣②。但其任贵胄女学堂总监督一职并未成为定议。不久之后,《申报》刊载消息,透露此事引起了北洋亲贵袁世凯的注意,而他密保推荐的人选,则是京津女界中享有大名的吕碧城。袁氏认为吕"才优品卓,堪充贵胄女学堂总办之选"③。吕碧城荣膺贵胄女学堂监督之职的最大资本,不为才华出众,而是她主持北洋女子公学的经历。北洋女子公学成立于1904年初冬,吕碧城为创始人之一,并主持全校教务。1907年夏,日本国民新闻社社长德富苏峰参观天津公立女学堂时,曾对吕碧城大加赞扬。④ 北京报界则称其为"近日女界中独一无二的名家"⑤。而且北洋女子公学的学生大多为官宦闺秀,与筹议中的贵胄女学堂性质相似,吕氏自己就曾认为女子公学"有日本华族女学之概"⑥,时人也将其比于华族女学校学监下田歌子⑦。袁世凯对吕碧城的推重,自然不足为奇。

而本月另一消息,却也说明慈禧与学部官员在总监督人选上的犹豫:

皇太后注意女学,开办贵胄女学堂一节,听说要举行圣公的夫人为总办,可不知确不确。前两天学部荣尚书召见的时候,皇太后垂问女学情形,已派荣尚书编订贵胄女学章程,打算赶快兴办。⑧

而上海《寰球中国学生报》则称贵胄女学堂"以衍圣公母为总办"⑨。此处"衍圣公"即为孔令贻⑩。其妻陶淑猗,为山东大名知府陶式鋆之女,1905年方

① 信修明《荣寿固伦公主》,信修明著,方彪等点校《老太监的回忆》,北京燕山出版社1992年版,第120页。
② 《最新眉语:荣寿公主习西文》,《女报》(上海苏报馆)第5期,1902年9月2日。
③ 《直督密保贵胄女学堂总办》,《申报》1907年4月13日。
④ 《日本国民新闻社长德富苏峰先生参观天津公立女学堂演说》,《京话日报》1907年7月2日。
⑤ 《吕女士为慈善会来京》,《北京女报》1907年3月14日。
⑥ 吕碧城《北洋女子公学同学录序》,李保民笺注《吕碧城诗文笺注》,上海古籍出版社2007年版,第203页。
⑦ 1904年"寿椿庐主"《读碧城女史诗词即和舟过渤海原韵》云:"下田歌子此其风,人格巍然女界中。教育热心开化运,文明初不判东西。"李保民笺注《吕碧城诗文笺注》,上海古籍出版社2003年版,第9页。
⑧ 《谕订贵胄女学章程》,《北京女报》1907年4月28日。
⑨ 《议设贵胄女学》,《寰球中国学生报》第5、6期合刊,1907年6月。
⑩ 孔子直系后裔中,自北宋至和二年(1055)起,每代中有一位被封为"衍圣公"。孔令贻于光绪三年(1877)袭封,为76代衍圣公。

归孔令贻为继室。^① 相较而言，孔令贻母彭氏^②显然更有资格担任贵胄女学堂的总监督：彭氏为原工部尚书彭蕴章孙女，1887年农历十月，彭氏入京为慈禧六旬"万寿"祝寿，多次谒见慈禧，并受赏赐^③；1906年夏，慈禧又曾召见孔令贻母子；1907年春，为彭氏六十寿辰，孔令贻进京叩见慈禧，为彭氏求赐匾额。二月初五（3月18日），慈禧面谕军机大臣："衍圣公孔令贻之母彭氏著赏给御书匾额一方，并准其自行建坊。"御书匾额为"为世礼宗"。^④ 孔令贻此行，触动了慈禧在贵胄女学堂监督人选一事上的考量。委任彭氏担任此职，取其老成持重，且生于书香世家，是传统"公宫宗室"之教教员的中意人选；另一方面，以其汉籍身份而总办清宫贵胄女学，很可能包含着弥合彼时女学中的满汉矛盾的思虑。

慈禧及学部官员在监督人选上迟迟难决，可见贵胄女学堂这一新生事物引起的广泛关注和朝廷的慎重态度。但对报界和女界而言，何人任监督并非关键，最重要的是早日开办，因而在报道相关新闻时，总有企盼和催促语气。对于贵胄女学堂的难产，《申报》称是因为近有"某侍御条奏，谓学部所订女学章程尚未妥洽，拟请饬部重加改订，俾臻完善等语。两宫览奏，颇涉犹豫，是以此事遂暂置勿议"^⑤。御史奏陈改订女学章程的消息，也可以在《大公报》得到印证。^⑥ 此时关于慈禧态度转变的说法，可能只是报纸的猜测。但可以确定的是，随着对女学堂批评的累积，慈禧的立场又一次动摇。

5月下旬，御史张瑞荫奏陈杜绝女学流弊^⑦，针对的即是京城内外哄传一时

---

① 柯兰《我的外祖父孔令贻》，氏著《千年孔府的最后一代》，天津教育出版社1999年版，第48页。

② 吴县《彭氏宗谱》未载孔令贻母彭氏之名，但据《彭翼仲五十年历史·怀庆之行》："应太夫人玉峰姊之召，调查孔府祭产，藉以瞻谒林、庙"，彭翼仲为彭氏堂弟，可知"玉峰"若非其字，必即其名。见姜纬堂、彭望宁、彭望克编《维新志士、爱国报人彭翼仲》，大连出版社1996年版，第99、100页。

③ 《清慈禧太后与七十六代衍圣公孔令贻母、妻对话并赏赐物品》，孔府档案5476号，中国社会科学院近代史研究所中华民国史研究室等编《孔府档案选编》（上册），中华书局1982年版，第24～29页。

④ 时鉴、张河《道近中庸、儒型未坠的衍圣公孔令仪》，时鉴总编《孔孟之乡名人名胜名产》，山东大学出版社1996年版，第459页。又《大公报》1907年3月19日（二月初六）"邸抄"栏记"二月初五日，召见衍圣公、军机"。

⑤ 《贵胄女学又生阻力》，《申报》1907年4月19日。

⑥ 《奏驳女学新程》，《大公报》1907年4月7日。

⑦ 《请杜女学流弊》云："张侍御瑞荫日昨具折奏陈，以女学初兴，流弊甚多，非严行杜绝，恐难进步。请饬学部速筹办法，通饬京外女学，切实遵行，以期整顿。闻已奉旨依议。"《大公报》1907年5月26日。其原折大意为："女学设渐多，恐滋流弊。春秋运动会，不宜排队入场；江南赈捐，不宜躬自卖物，登台演唱。"见刘锦藻《清朝续文献通考》，卷114《学校》21，浙江古籍出版社2000年影印本，第8730页。

的四川女学堂学生杜成淑拒译学馆学生屈彊函之事①,慈禧对女学的意见显然与前时有别:

> 据内廷消息,日前有某福晋与皇太后论及女学之事,太后谕云:现在各省学务士气嚣张,多流于邪僻。若再兴办女学,则将来办理不善,更足滋生流弊。女学一途,必俟国人遍受普通教育,始可再议兴办云。

虽然《大公报》编辑对此"风闻"以按语加以驳斥,认为:"此消息不可信。不兴女学,安有普通教育? 此说殊矛盾耳。"②然而,此消息极有可能是真实的。证之以《申报》的报道,慈禧对贵胄女学堂的热忱已大为减退。当某亲王在奏对时再次提及此事,慈禧的答复是"妥慎筹办",这与亲王"意在速成"的思路形成明显反差,因而此次慈禧的回答很可能是推诿之词。③

1907 年上半年,关于贵胄女学堂的消息频繁传出,吊足了读者的胃口。而就在大家翘首以待时,7 月间浙江的秋瑾案件,让筹备中的女学堂再次陷入停顿。7 月 15 日,秋瑾因徐锡麟刺杀安徽巡抚恩铭一案受牵连,以谋反罪被害于绍兴轩亭口。此后几月内,北京城里已近乎草木皆兵,关于女革命党的消息也时有所闻。④ 而秋瑾先后为留日女学生、浔溪女学堂教习的身份,也提示着女学生、女学堂与女革命党之间的密切联系,因此秋案也成为守旧者批评女子教育的重要借口。

秋瑾就义后不久,即有某举人由都察院代奏,请禁京外女学,"堂堂中国,文固不需此女学士,武亦不求此娘子军。去岁川中邑宰之女,玷于劣生;迩时浙省主政之妻,竟为戎首。前事可鉴,后辙宜防,拟恳通谕疆臣,一体裁撤"⑤。其请求裁撤女学的事由,一为杜成淑与屈彊之事,一为浙江秋瑾之案。随后又有翰林院侍读周爰诹奏陈学务祛弊八法,经报纸披露后,全国舆论为之哗然。周爰诹之奏折,针对的是留日学生和国内新式学堂中潜滋暗长的革命风潮;而论女学一条,尤为苛严——"所有女学堂,已开的都应停止,未开的不准再开"⑥。自然,贵胄女学堂即属于"未开的不准再开"一类。明眼人一看即知,此论乃因秋

---

① 关于此事的详细考索,可见夏晓虹《新教育与旧道德——以杜成淑拒屈彊函为例》,收入氏著《晚清女性与近代中国》,北京大学出版社 2004 年版,第 38~66 页。

② 《停办女学之风闻》,《大公报》1907 年 6 月 26 日。

③ 《贵胄女学造就师范》,《申报》1907 年 6 月 12 日。

④ 《怎么这们些女革命党呀》,《北京女报》1907 年 8 月 10 日。

⑤ 《请禁女学》,《大公报》1907 年 8 月 12 日。

⑥ 《预备立宪时代特别的条陈》,《北京女报》1907 年 8 月 14 日。

瑾之事而起，"自演出秋女士流血之惨剧以来，士夫中请封禁女学堂者，已不一其人"①。《北京女报》主笔张展云则以"因噎废食"来批评周爰诹的条陈："他必说，因为秋瑾那回事。咳，秋瑾的事，替他呼冤的，正不知有多少；他是不是革命党，到如今也没有定评。难道真因这模糊影响的事，害及全国女学吗？"②虽然学部与政务处以"风气所开，殊难强禁"③作为周爰诹奏禁女学的答复，但其给全国女学以及贵胄女学堂带来的阴影仍不容忽视。

1907 年 9 月，《大公报》上的消息，证实贵胄女学堂的开办确实停滞多日，而且其阻力另有出处：

> 创兴贵族女学一事，政府久经提议，迄未办有端倪。溯其原因，闻系前吏部某尚书面奏各省女学流弊滋多，贵族关系全国听闻，徜[倘]有误会，未免大伤国体云云，以致延宕至今。刻经袁尚书向各大军机力辩此说，谓其真同因噎废食矣。④

报道中的"前吏部尚书"当指 6 月 19 日卸任吏部之职、专任军机大臣的鹿传霖⑤，"袁尚书"即新任军机大臣兼外务部尚书的袁世凯。事实上，鹿传霖对新式教育的恶感并不自此时始：早在 1902 年 8 月，管学大臣张百熙奏呈学堂章程，"军机大臣鹿传霖多方挑剔，闻因章程中有星房虚昴星期停课之语，以为与中国古例不合；又闻各种新学名目，亦多吹求"⑥。三天之后的《北京女报》针对鹿传霖的阻挠，认为"伤国体的事甚多，可不关乎开办女学"，同时还透露出"袁、张两大军机，皆很注意贵胄女学，打算奏请开办"的努力。⑦

停议多日之后，直至 11 月，此事方才重新提起："学部张相国于召见时，慈宫面谕开办贵胄女学，并谓此项经费由内库拨给云云。"⑧而在另一则报道中，贵胄女学堂开办的地点和总办人选也一并确定：

> 日昨某邸面奏皇太后，请以南海地方建立贵胄女学，以为全国女学之表率，当蒙慈宫嘉允。一切开办经费，统由内帑发给，并将派某邸夫人为总办。开学

---

① 《请看预备立宪时之女学》，《大公报》1907 年 8 月 16 日。
② 展云（张展云）《短评：周爰诹谘请停止女学》，《北京女报》1907 年 8 月 14 日。
③ 刘锦藻《清朝续文献通考》，卷 114《学校》21，浙江古籍出版社 2000 年影印本，第 8730 页。
④ 《贵族女学之阻力》，《大公报》1907 年 9 月 17 日。
⑤ 钱实甫《清代职官年表》，中华书局 1980 年版，第 326 页。
⑥ 《时事要闻》，《大公报》1902 年 8 月 26 日。
⑦ 《贵胄女学堂的反动力》，《北京女报》1907 年 9 月 20 日。
⑧ 《慈宫论办贵胄女学》，《大公报》1907 年 11 月 10 日。

之日，慈宫拟亲幸云。①

　　在倡议和争议之间，1907 年关于开办贵胄女学堂的报道如此众多，却始终未能付诸实施；而进入 1908 年，关于贵胄女学的消息又渐趋沉寂，以致大员闺秀到达学龄时，因无此贵胄女学堂，只得进入江亢虎所办的女学传习所就学。《北京女报》在报道此条消息时，语气中已有不满和讥嘲："贵胄女学堂，吵嚷了一两年，那知道实在没有影儿！"②然而，在 1908 年的京津媒体中，这是仅有的两条提及贵胄女学堂的新闻之一，另一条也见于《北京女报》："前两天，两宫召见张中堂，足有一点钟的工夫，听说问的是贵胄法政学堂并贵胄女学的章程，谕令办理周密，以期造就人材。"③《贵胄法政学堂章程》1909 年 4 月 8 日由宪政编查馆拟订④，而贵胄女学之章程，虽早在 1906 年 10 月即由庆亲王奕劻"将章程入奏"⑤，却一直未见下文。

　　此年 5 月，曾拟担任贵胄女学堂监督的彭氏病逝⑥，可看成是对贵胄女学的反讽；而 1908 年 11 月 15 日慈禧太后的逝世，贵胄女学堂之议更是失去了最大的推动力。1909 年春天，贵胄女学堂又提议开办，其缘由是实现慈禧的"遗志"⑦，且《顺天时报》称："学堂将及开办，而监督已经派定肃邸之姊葆淑舫女士"，"现闻规模已备，不日将行开办"⑧。不过，就事态发展看，此次只是摄政王载沣的一时兴起罢了。

　　贵胄女学堂最后一次议办是在 1909 年秋天，倡议人希望"以为振兴女学之表率"，然而阻力依然巨大：

　　独某相国对于此事，谓须详慎妥议，严定章程，再行奏明办理。⑨

　　① 《倡立贵胄女学堂》，《直隶教育杂志》丁未年第 17 期，1907 年 12 月。在稍晚的《四川教育官报》中，"某邸"则被坐实为庆亲王奕劻（《奏设贵胄女学》，《四川教育官报》丁未第 12 册，1908 年 1 月）。
　　② 《贵女入传习所》，《北京女报》1908 年 3 月 5 日。
　　③ 《垂询贵胄学务》，《北京女报》1908 年 7 月 28 日。
　　④ 《宪政编查馆：奏遵设贵胄法政学堂拟订章程折（并单）》，潘懋元、刘海峰编《中国近代教育史资料汇编·高等教育》，上海教育出版社 2007 年版，第 178 页。
　　⑤ 《设贵胄女学之先声》，《大公报》1906 年 10 月 25 日。
　　⑥ 《衍圣公太夫人逝世》，《北京女报》1908 年 5 月 5 日。
　　⑦ "闻枢府某大老以大行太皇太后前曾有拟设贵胄女学堂之举，未克成立，现拟会同学部奏请实行，以竟慈圣之遗志云。"（《贵胄女学之组织》，《大公报》1909 年 2 月 13 日）"据内廷消息，隆裕皇太后前曾谕商某福晋，拟追述孝钦显皇太后之遗志，设立贵胄女学堂一所，以为全国女学之表率。"（《皇太后提倡女学》，《大公报》1909 年 4 月 4 日）
　　⑧ 《派定贵胄女学堂监督》，《顺天时报》1909 年 3 月 13 日。
　　⑨ 《议办贵胄女学》，《大公报》1909 年 9 月 29 日。此处"某相国"可能指体仁阁大学士鹿传霖。

所谓"详慎妥议，严定章程"云云，一望即知为敷衍之词。即使不计 1904 年的毓坤会之倡设，而从 1905 年倡议"贵胄女学堂"算起，时间已经流逝了四年，其计议不可谓不慎，贵胄女学堂却空有其名。

在此条新闻之后，贵胄女学堂再无音信。当初被女界寄予厚望的贵胄女学堂，自始至终，都只是一份停留在纸上的蓝图。而百弊丛生的清政府，也已时日无多。

贵胄女学堂之倡设，历时数年却最终不了了之，似乎难以理解。以倡议者之地位、宫廷女学之性质而言，其办学条件是京城内外女学堂难以比肩的。那些其他女学堂为之所苦的问题，如办学经费、学校建筑、教学仪器、师资与生源，在贵胄女学堂都可以轻而易举解决。学堂章程既有东京华族女学校可以效法，国内许多卓有成效的女学堂也堪借鉴。《北京女报》1907 年在解释其所以缓办时称，"监督、教员，一时还没有人；又因为款项没筹出来，所以才迟延没办"①，这些其实都无关大局。最为紧要的，是提议者慈禧对于女子教育的立场并不坚定，其在贵胄女学堂问题上数次摇摆，导致了学堂的流产。

服部繁子曾经回忆，慈禧对于女子教育的态度并不明朗，"有人说太后也有这个意思，也有人说太后没这个意思"②。而就"贵胄女学堂"议设过程看，她也缺乏始终如一的支持立场。端方等人劝说设学之重要，慈禧以之为然；反之，若有人反对贵胄女学堂，慈禧亦会认同。1905 年 9 月，《南方报》透露慈禧在召见端方时曾说："我何尝不许开女学，但伊等不以为然耳。"所谓"伊等"，即指慈禧左右禁近之臣。③ 此语表明，虽然慈禧个人对女学堂时有好感，但作为朝廷之主，不仅在政治上需要考量、平衡各方意见，在贵胄女学堂之事上，她也是小心谨慎，缺乏主见与魄力，显得犹豫不决，而且态度时有反复。

贵胄女学堂在倡议过程中一波三折，先挫于张之洞之阻挠，继阻于秋瑾之案，再阻于鹿传霖之奏章，从中亦可见女子教育与晚清政治的紧张关系。1907 年之后，虽然《奏定女学堂章程》予女学堂以合法地位，但在晚清特殊的时局中，女子教育并未获得完全自足的发展空间。女学堂多因启蒙之迫切而设立，又会因为突发的政治风潮和社会舆论的批评而面临生存危机。北京淑慎女学校总理葆淑舫郡主认为，中国女学"贵重也真贵重，危险也真危险"，希望"总别使有

---

① 《贵胄女学堂快开办了》，《北京女报》1907 年 5 月 6 日。

② 〔日〕服部繁子著，高岩译《回忆秋瑾女士》，郭延礼编《秋瑾研究资料》，山东教育出版社 1987 年版，第 168 页。

③ 《慈圣非不以女学为然》，《南方报》1905 年 9 月 11 日。

人弹他一指头,也别让意外的风潮过来侵犯";①箴宜女学堂总理继识一则感慨"人言之可畏,不可不防",②正是主事者的典型心态。而毓坤会和贵胄女学堂因为地处宫中,对于政治力量的攻击或压制,基本上没有缓冲的空间,因而首当其冲地成为政治风波、人事变动的牺牲品。

三、晚清北京女子教育揽要

贵胄女学堂议而未果,倡设者视其为京城乃至全国女学堂表率的愿望自然无从实现,好在京师女子教育并非如宫廷女学一般全无成绩。戊戌以降,社会化的女子教育作为新政之一的重要性,已经渐成开明官员和士绅的共识,在全国展开了一场影响深远的"兴女学"运动,取得了令人瞩目的成果。但晚清的女子教育亦有不尽如人意处,其中之一就是地域分布的不平衡。③ 今天提及晚清的女学实践,学者最先想到的是上海和天津的兴学成果。与天津邻近的北京,其兴女学的成绩却相形暗淡:根据学部的不完全统计,1907 年直隶省有女学堂121 所(天津所占比重最大),而北京的女学堂数目为 12 所。④ 不过,历史的真实图景远比统计数字更为生动。刘宁元先生在查阅大量文献的基础上,于著作《北京近现代妇女运动史》中开列 1901 至 1911 年间在北京创立的教会女学、自办女学 31 所,⑤而本人根据《顺天时报》《北京女报》和《大公报》等媒体的报道,勾勒出开办于 1903 至 1911 年的北京女学堂达 60 所(详情见本文附录)。

需要说明的是,这只是一份比较谨慎的考证工作,它们基本上可以确定曾经存在过。在此之外,京津媒体还有不少关于倡办女学的报道,如《大公报》称,1903 年,东文学社将于 5 月上旬开设女学堂,教员已经从日本聘定;⑥1904 年裕庚妻女拟设八旗女学堂,"专收旗民幼女,以期培植女才"⑦;1906 年诚璋独任巨款,购觅房舍,拟在安定门净土寺设立北城第一女学堂⑧;等等。由于缺少后续

---

① 葆淑舫《萌芽》,《北京女报》1908 年 2 月 8 日。
② 爱新觉罗·继识一《女界刍言》,《北京女报》1908 年 8 月 27 日。
③ 乔素玲《中国近代女学地域分布探析》,《中国历史地理论丛》2003 年第 2 辑。
④ 转引自乔素玲《中国近代女学地域分布探析》一文。统计数字不含教会学校。
⑤ 刘宁元《北京近现代妇女运动史》,北京出版社 2009 年版,第 24~28 页。但该书并未著录资料来源,且行文时有错讹,如将"振懦女学"误书为"振儒女学",将创办健锐营公立女学校的"玉崑峰"误为"王崑峰",将创办宏育女学的"孟艺斋"误为"孟艺齐"。
⑥ 《将设女学》,《大公报》1903 年 4 月 26 日。
⑦ 《八旗女学》,《大公报》1904 年 11 月 15 日。
⑧ 《组织女学》,《大公报》1906 年 10 月 3 日。

的消息，不能肯定所议是否实现，因而未计入此项统计中。饶是如此，60 所这一数字已经大大超出了统计者的预期，可以极大丰富今人对于晚清北京女子教育的认知。如关于北京最早的女学堂究竟是哪所，学者一般根据《北京志》的说法，定为豫教女学堂①；或依江亢虎的叙述，定为外城女学传习所②。然而在《大公报》的记载中，我们至少可以上溯至 1903 年开办的萧山馆女学堂。至于北京各年份所存女学堂的数目，官方给出的最高数字是 1907 年的 12 所③，民众的兴学热情显然被低估了。

可以看到，自 1905 年下半年开始，北京的女子教育即进入快速发展的阶段。是年 7 月至 12 月，共开办了 14 所女学。当年北京的兴学实绩，也引起了京外人士的肯定与仿效，如直隶布政使和按察使就认为，"京津各处女学盛兴，而省城独付缺如"，因而有在保定设女学堂之议。④ 值得注意的是，之前的"癸卯学制"并未承认新式女学堂的合法性，由此可见北京民间士绅兴女学之热情。而 1907 年《奏定女学堂章程》颁布后，对女学虽有促进作用，如继识一即因学部"有敕立女学之谕，因就尚毅女塾加班扩充，改曰箴仪女学校"⑤，但就女学堂开办的数目看，其对女子教育的激励作用，并不是特别明显。

即便处于天子脚下，北京的女子教育事业，基本上是士绅自发自为，这与学部和京师督学局的作为形成鲜明对照。在 60 所女学堂中，除了农工商部官办的职业学校绣工科和京师首善第一女工厂外，属于官办的只有京师女子师范学堂、京师女子师范学堂附属小学堂、京师官立第一初等小学堂、两等女子小学和内城贫民教养院附设女蒙学堂 5 所，其他皆由士绅私立或同人公立。教育行政部门在女学问题上的表现，并不算称职。1908 年，江亢虎拟赴欧游历，所办的外城女学传习所和内城女学传习所禀请学部接办。因为两校经费来源并不稳固，学部在此问题上态度数变，"忽而派员接收，忽而暂不接收，忽而毋庸接收，忽而诬以解散，忽而诿以为难，忽而责以自行筹画。信口开合，有意反汗"⑥。江亢虎"不忍半途而废，只得再办一年，并且运动两洋（原承担传习所部分经费的南洋

① 〔日〕服部宇之吉著，张宗平、吕永和译《清末北京志资料》，北京燕山出版社 1994 年版，第 207 页。
② 《女学展览会详记》，《顺天时报》1909 年 10 月 1 日。
③ 廖秀真《清末女学在学制上的演进及女子小学教育的发展》，李又宁、张玉法编《中国妇女史论文集》第 2 辑，商务印书馆 1988 年版，第 225 页。
④ 《保阳女学将开》，《南方报》1905 年 10 月 31 日。
⑤ 《继识一女士小传》，《京师教育报》第 32 期 1916 年 7 月。
⑥ 《江亢虎在内城女学传习所第二周年纪念会京津女学第四次展览会演说》，《顺天时报》1909 年 5 月 9 日。

大臣端方与北洋大臣袁世凯），照旧担任经费，好不容易学部才仍如原议接收"①。这可能与学部的经费紧张有关。而在中城女学传习所的立案问题上，则反映出教育行政部门的墨守成规和敷衍塞责。1909 年初，江亢虎开办中城女学传习所，立校前向京师督学局递呈办学材料，请督学局向学部立案，被督学局拒绝，"碍难转呈立案"②。传习所开学四月之后，仍未能立案，这让江氏十分愤懑，"呈请批准，亦尽吾礼而已。督学局惧部诘，仆固不惧部诘也；督学局不立案，仆更不必求其立案也"③。江亢虎与学部、督学局的冲突，说明先进士人的兴学实践已远远走在管理制度的前面，因而教育行政部门显得十分被动。

在 60 所女学堂中，影响较大的除了京师女子师范学堂外，仅有四川女学堂、振懦女学堂、豫教女学堂、外城女学传习所、淑慎女学堂、箴仪女学堂、内城女学堂几所。其他大部分女学堂为今天的教育史所未载，即便是晚清京津媒体的记者，也未访得某些女学堂名字。大多数女学堂规模小，存在时间短。如萧山馆女学堂开学时，"是日到学堂者仅一生"④。一月后入学者增至四人⑤；但仅及半年，就因教习南归而停办⑥。再如华学涑所办之实践女子职业学校，首次拟招生 100 名⑦，但实际仅录得 20 余名⑧。而二龙坑瑞氏、宝氏所设之女学堂，皆"经费不敷，因陋就简"⑨。官方之所以未能统计到女学堂的确切数字，其规模过小、旋起旋灭是重要原因。

在影响北京女学堂发展的众因素中，以经费问题最为关键。新式女学堂的开办与维持需要大量经费，支出远非旧时私塾能比。如豫教女学堂每月费银400 余两⑩，开办 3 年以来，沈钧"已垫用银一万五千两之谱"⑪。而"比年以来，

---

① 江亢虎《在江西义务女学讲演词》(1920 年 10 月 5 日)，《江亢虎博士演讲录》第 1、2 集，南方大学出版部 1923 年版，第 37 页。

② 《女学呈请立案》，《大公报》1908 年 12 月 27 日。

③ 《江亢虎在内城女学传习所第二周年纪念会京津女学第四次展览会演说》，《顺天时报》1909 年 5 月 11 日。

④ 《女学已开》，《大公报》1903 年 5 月 2 日。

⑤ 《纪女学堂》，《大公报》1903 年 6 月 4 日。

⑥ 《纪女学堂》，《大公报》1903 年 10 月 26 日。

⑦ 《女学日见发达》，《神州日报》1907 年 5 月 17 日。

⑧ 恽毓鼎《恽毓鼎澄斋日记》，浙江古籍出版社 2004 年版，第 357 页。

⑨ 《各省教育汇志》，《东方杂志》第 2 卷第 11 期，1905 年 12 月 21 日。

⑩ 《豫教女学招生》，《顺天时报》1908 年 1 月 19 日。

⑪ 《记豫教女学停课事》，《顺天时报》1907 年 10 月 19 日。

各私立学校相继起，往往不能旋踵而仆，或虽不至遽仆，而功效卒未如所期"①，最重要的原因，即是经费匮乏。1908 年，《北京女报》有读者称："女学堂为甚么少呢？十中居九，都是经费不足。已经成立的，还不能支持；未经成立的，谁也不敢多事啦。"②在各私立、公立女学堂中，除了慧仙女工学校因获慧仙遗产，得有办学经费外，其他均无稳定经费来源，处处捉襟见肘。如淑范女学堂因"经费难支，屡次停课"③；1907 年冬，淑慎女学堂也"因经费不足，未能开学"④，龚镜清任监督的实践女子职业学校开办仅及半年，成绩颇著，"唯堂中经费过绌，不能支持"，龚只得乞援于友人恽毓鼎。恽氏集旅京同乡"谋资助之策"，众人"虽咸赞叹不置，恐未有实力也"。⑤据说顺天府尹孙宝琦对女学颇为关心，"女学传习所、豫教女学堂、振懦女学堂、淑范女学堂等处，均由经理人先后具呈请款，一律批准，酌量大小拨款"⑥。不过，每月仅补助西城私立第一两等女学堂经费 50元⑦，显然无法与女学堂的支出相抵。被称为京城女学之冠的外城女学传习所和内城女学传习所⑧，亦时时为经费所苦。外城女学传习所开学后不久，即"经费支绌异常。开办费二千余元，全由创办人筹垫，常年经费虽经顺天府奏准津贴千二百元，然尚不及其预算五分之一"⑨。两校经费，"创办的时候，由发起人四处募捐，共得七千余元。又有天津富绅某，独捐一千两，（由顺天府专折奏请奖励，奉旨给予'乐善兴学'字样。）都作为修饰置办费用。学年经费，顺天府补助一千八百元，（后因备荒经费提出后停止。）北洋补助二千两，现又增加一千二百两。每年学生学费，约收一千两内外。捐款每年约二百金。两所支销甚多，入不敷出，每年尚亏二千两上下。全由发起人设法弥补"⑩。1909 年，江亢虎称："内外城开办以来，出入相抵外，所胎已及六千余元。"⑪1908 年 8 月，江氏禀

① 《内外城女学传习所募捐启》，《大公报》1907 年 2 月 25 日。
② 无我来稿《喜而不寐》，《北京女报》1908 年 3 月 13 日。
③ 《李翰林热心女学》，《北京女报》1908 年 4 月 20 日。
④ 《淑慎女学堂开学招生广告》，《北京女报》1908 年 5 月 15 日。
⑤ 恽毓鼎《恽毓鼎澄斋日记》，浙江古籍出版社 2004 年版，第 357 页。
⑥ 《京兆热心学务》，《大公报》1907 年 4 月 26 日。
⑦ 《西城女学招生》，《大公报》1907 年 3 月 27 日。
⑧ 《详记外城女学传习所八大特色》，《顺天时报》1906 年 12 月 25 日；《参观内城女学传习所记》，《顺天时报》1907 年 5 月 16 日。
⑨ 《记外城女学传习所》，《四川学报》丙午第 10 册，1906 年 11 月。
⑩ 《女学调查·内外城女学传习所》，《北京女报》1908 年 2 月 14 日。
⑪ 《江亢虎在内城女学传习所第二周年纪念会京津女学第四次展览会演说》，《顺天时报》1909 年 5 月 9 日。

请学部接收内外城女学传习所时言:"内外城传习所,常年经费只需五六千金,除已有的款(按:即袁世凯等承担的开办经费)三千二百金,及收入学费约千金外,其须大部筹措者,不过千余金,仅当官立女子师范三十分之一。而造就人数,则两倍之。"①较之官立的京师女子师范学堂的财大气粗,更见江亢虎维持传习所之不易。

在北京女子教育事业的推进过程中,满汉共襄其事,基本上不存在民族畛域。如"官话字母女义学"主事者三人诚厚荃、高子江、花兰生,其中诚氏显然是旗人。而"方巾巷女学堂"的创办人为张少培、英显斋,后者亦是旗人。淑范女学堂创办者英显斋、文时泉二人,亦是旗人。译艺女学堂则由清宗室爱新觉罗·昆冈之夫人倡设,湖南人谢祖沅创办。这些学堂的学生都是满汉兼招。在女学堂的办学实践中,出现过数位非常活跃的旗人。如崇芳先是创办了振懦女学堂,后参加了箴仪女学堂周年纪念会②,接着又出席了立强女学的开学仪式③。再如诚璋先是作为发起之人,创办了"北锣鼓巷女学堂",后又长期担任慧仙女工学校的总办。更让人惊叹的是,有数位旗人女性视兴女学为毕生职志。长白元氏二女士启蒲仙、启梅仙,"凤饶才德,父母早卒,誓死不嫁。前以所得家资二万金,设元氏女学于东单牌楼④,所招学生"无论满汉,均准一律陆续报名"⑤。再如创办培根女学堂的英林,亦是终身未嫁,自言"忝长校务,勉竭愚诚,矢以鞠躬尽瘁死而后已"⑥。箴仪女学堂总理爱新觉罗·继识一(荆州将军祥亨女),矢志不字。父丧后,"即舍宅建箴宜学校,又舍田六百亩、园九十亩,典易钗钏佐之。十年中,糜金钱一万余圆"⑦。学龄女子"不论满汉,均可来堂报名"⑧。1916年,继识一病逝,据该校统计,其所捐田房各产共计银 21250 两,合银圆 3 万元以上。⑨

值得留意的是,虽然学部和京师督学局在北京女子教育问题上的作为不尽

① 江亢虎《上学部第一呈(光绪三十四年七月)》,《江亢虎文存初编》,现代印书馆 1944 年版,第 52 页。
② 《纪箴仪女学堂纪念会》,《北京女报》1908 年 4 月 3 日。
③ 《女学开学再志》,《北京女报》1908 年 5 月 7 日。
④ 《八旗元氏女学堂扩充》,《直隶教育杂志》丁未年第 8 期,1907 年 6 月 25 日。
⑤ 《八旗元氏女学校招生广告》,《顺天时报》1907 年 3 月 16 日。
⑥ 孟丁《培根学校四十纪念 英林校长八秩大寿》,《上智编译馆馆刊》第 2 卷第 6 期,1947 年 10 月。
⑦ 林纾《箴宜女学校碑记》,氏著《畏庐三集》,中国书店 1985 年影印本,第 66 页。
⑧ 《公立箴仪女学堂招生广告》,《顺天时报》1907 年 3 月 2 日。
⑨ 《呈教育总长(九月七日)》,《京师教育报》第 35 期 1916 年 11 月。

人意，但有少数亲王和官员表现抢眼。肃亲王善耆在自己府邸内开办和育女学堂，并任内外城女学传习所和淑慎女学堂的赞助员①；克勤郡王崧杰将旧宅让与内城女学传习所，亦担任内外城女学传习所赞助员②；喀喇沁王贡桑诺尔布将京城王府借给豫教女学堂。这都是难能可贵的举动。创立豫教女学堂的沈钧是候选同知；开办3座女学传习所的江亢虎，其另一重身份是刑部主事。此外，前岳州知府、农工商部副部郎魏震，先是创办了西城第一民立女子小学堂，后又倡设京师首善第一女工厂和京师蚕业讲习所。而两江总督兼南洋大臣端方，居京期间赞助女学也是不遗余力。淑慎女学堂开办时，他即捐款400元，并任赞助员。③ 外城女学堂开学时，他也出席开堂仪式，"慨然捐助开办费一百元，并允代为设法资助常年经费"④。被革职后，又勉力接收中城女学传习所，不久又出资创办陶氏两等女子小学。这说明部分亲贵和官员已经认识到了女子教育的重要性，以个人力量或借职位之便推动京城女学发展。

京城女学的另一特点，是来自日本的教育经验成为女学成长的重要资源。女学堂初创时，因为传统的男女授受之碍，男性不便担任教职，所以多面临着师资匮乏的问题。晚清北京侨居着较多日籍士人，其家眷往往接受过教育，因而不少女学堂都聘请日籍女教师。在附录统计中，日人担任教务的有和育女学堂、"方巾巷女学堂"、豫教女学堂、外城女学传习所、内城女学传习所、淑慎女学堂、慧仙女工学校。另外，根据汪向荣的研究，聘请日人的女学堂尚有淑范女学堂。⑤ 这些基本上是北京当时最具影响力的女学校。此外，亦有部分留日女学生归国后进入北京的女子教育界。如1907年内城女学传习所开学时，江亢虎曾"函托燕斌女士，在东洋女留学界中，代聘教员来京，担任教育，务期尽美"⑥，至1909年暑假后开学，《顺天时报》记载："三城各科教习，曾在日本留学的共有六人。"⑦日本帝国妇人协会附属实践女学校最早的中国毕业生陈彦安，1904年随丈夫章宗祥入京时，"即拟在京创设女学一处"⑧，后来则成为西城私立第一两

---

① 《女学调查·内外城女学传习所》，《北京女报》1908年2月15日；《女学调查·淑慎女学堂》，《北京女报》1908年2月27日。
② 《女学调查·内外城女学传习所》，《北京女报》1908年2月15日。
③ 《女学调查·淑慎女学堂》，《北京女报》1908年2月27日。
④ 《外城女学传习所开学志盛》，《顺天时报》1906年10月4日。
⑤ 汪向荣《日本教习》，中国青年出版社2000年版，第78页。
⑥ 《参观内城女学传习所记》，《顺天时报》1907年5月17日。
⑦ 《三城女学传习所开学》，《顺天时报》1909年9月4日。
⑧ 《拟设女学》，《大公报》1904年12月23日。

等女学堂的首批教习。

日本经验影响京城女学风气的另一途径,是日籍士女在参加女学校活动时发表演说,予学生以潜移默化的作用。如服部宇之吉在豫教女学堂和外城女学传习所的开学仪式上,都发表演说,"谓中国女子教育,必以造就贤母良妻为目的,而不可专造就独立自活之女子者"①。此次演说经过报刊的揭载,影响巨大,成为此后京城内外女学界中"贤母良妻"派的重要思想依据。而豫教女学堂在章程中将"贤母良妇"定为教育宗旨,当与服部夫妇有直接关系。

女学堂的开办,对于传统的"女子无才便是德"之观念,自然是极大的突破。但另一方面,与京城的政治氛围相一致,北京的女子教育在起始阶段,整体上相当保守,基本上实行的是"贤母良妻"的教育宗旨,要求学生服饰朴素,气象温良,最多只是"求能自立,作一个益家益国的女国民"②。因而对"女豪杰"主义持压制态度,于校内的平权自由思想更是极为警惕。自强女学校的创办人张愚如认为:"我创办女学,非仅为开通风气起见,实所为挽回风气起见。当此之际,新学始兴、邪说蜂起的时候,最要紧的四个字,就是'防微杜渐'。必须把宗旨持定,才不能误入歧途。"③1908 年 9 月 1 日和 10 月 25 日,京师女子师范学堂在京中先后招考新生,其国文考题分别是"知识与礼教并进说""女学注重工艺以裨家计说"④,可见其将来的施教旨趣。当年筬仪女学堂夏季修身课程考试题为"女子四行以德为首"和"治安大道固在丈夫,有智妇人胜过男子"⑤,则表明该校既强调以德为先,又要求学生具备自立精神。而实践女子职业学校在重阳之日郊游时,"一路上整齐严肃,从从容容,绝没有一个言笑的"⑥。此等气象,只能属于晚清的京师女学界。它既与同时南方女学生的气质不尽相同,又与"五四"时代北京女学生的风貌形成鲜明对照,。

不过,对于晚清北京女学生的价值取向,也不能一概而论。值得留意的是江亢虎的兴学宗旨。早年在日本接受过社会主义和"无家庭主义"洗礼的江氏,

---

① 《京师外城女学传习所开学演说词(论中国女子教育之目的)》,《四川学报》丙午第 10 册,1906年 11 月。

② 英林女士《培根女学堂开学演说》,《大公报》1908 年 5 月 4 日。

③ 张愚如《立强女学校创始记》,《北京女报》1908 年 5 月 4 日。

④ 《女子师范学堂考试题》,《北京女报》1908 年 9 月 2 日;《师范学堂考试题目》,《北京女报》1908年 10 月 26 日。

⑤ 《公立筬仪女学堂戊申夏季季考试题》,《北京女报》1908 年 7 月 3 日。

⑥ 《实践女学堂旅行》,《北京女报》1908 年 10 月 6 日。

1910 年便宣称："在今日论女学，当主张世界主义，不宜主张家庭主义。"①传习所的毕业生唐群英和傅文郁，毕业后成为同盟会会员，后又加入江亢虎创办的"中国社会党"②，继而成为民初女子参政运动的斗士，当与其早年在传习所接受的教育有关。

就学校的性质而言，晚清北京女学堂实施的主要是普通教育，师范教育与职业教育相辅而行。学校规模不一，课程设计亦繁简有别。功课少者如萧山馆女学堂，只教国文与浅近英文。"报房胡同女学堂"每日功课仅是"午时宣讲白话报，早晚读书识字，待文理稍通后，即加入英文、算学等科"。振懦女学堂、豫教女学堂课程则很齐备，而外城女学传习所据说"课程完密，名誉日起。凡女子普通科学，无 不备，计十四门"③。值得注意的是，虽然《奏定女子小学堂章程》对女子小学的教科有严格规定，但 1907 年之后的女学堂并未完全按照章程办，像怀新女学社的读经、东语、博物诸课程，均不在学部规定范围内。此外，虽然不少学堂根据女学生的特点和将来家务活动的需要，开设缝纫、刺绣、编物、造花等方面的课程，但大多只是普通教育的辅助和补充。真正属于职业教育的，大约只有农工商部绣工科、京师首善第一女工厂、京师蚕业讲习所和豫教女学堂附设女工艺厂、外城女学传习所艺术科。"崇实女学校"由于资料欠缺，不能确定其具体性质。至于慧仙女工学校，《北京志》虽记载"以机织科为主"，但以该校"华族贵胄居其大半"的学生出身，似不像职业学校。实践女子职业学校虽以"职业"为名，就其开学半年"学生有能作六百余言史论者"④的成效看，其宗旨亦似不在实业。实施师范教育的，除了京师女子师范学堂外，尚有外城女学传习所、八旗元氏女学、箴仪女学堂、内城女学传习所。这些学校都曾开办过师范科。

1907 年，学部曾经统计，北京共有女学堂 12 所，女学生 661 人，后一数字远远落后于江苏（4198 人）、直隶（2523 人）、四川（2246 人）、云南（1027 人）⑤，与其作为首都的政治地位并不相称。在此后北京女子教育的推进过程中，最令人期待的，当属京师女子师范学堂的创立。学部准设此女学堂，本有作为全国榜样

---

① 《嵩阳开会》，《顺天时报》1910 年 3 月 24 日。
② 黄彦《中国社会党述评》，上海中山学社编《近代中国》第 14 辑，上海社会科学院出版社 2004 年版，第 131 页。
③ 《纪外城女学传习所》，《大公报》1906 年 10 月 30 日。
④ 恽毓鼎《恽毓鼎澄斋日记》，浙江古籍出版社 2004 年版，第 357 页。
⑤ 转引自乔素玲《中国近代女学地域分布探析》，《中国历史地理丛刊》2003 年第 2 辑。

之意,要求"妥定章程,以期画一,而为各省模范"①。消息一出,立即成为京城女学界关注的焦点。《北京女报》视为"特大要闻"②,箴仪女学堂总理继识一更难掩兴奋之情,"万里阴薶[霾],豁然开朗;红日初升,大地光明。官立女师范学堂成立,实为我女界千载奇逢,所当额手同庆,不禁手之舞之,足之蹈之",将尚处于筹设阶段的女子师范视为"通国女学之冠"③。在京师女子师范学堂之事上,学部一改其推诿、拖沓之陋习,从准奏黄瑞麒之请(1908 年 7 月 4 日)到借地开学,仅用了 4 个月时间。其原拟先招简易科学生 100 名④,但实际在全国范围录取了 145 名,可见该校在尽力满足学生的求学愿望。在北京首次录取的 42 名新生⑤中,有 25 人来自内外城女学传习所(师范科 20 人,艺术科 5 人)⑥,2 人来自实践女子职业学校⑦,1 名来自箴仪女学堂⑧。当年北京的优秀女学生,已被其网罗大半。北京作为全国的政治和学术中心,京师女子师范学堂在经费、师资、生源方面的优势是其他城市的女子师范难望项背的。随着社会的变革,京师女子师范学堂在全国女学界的中心地位逐渐凸显,学生举动日益为人瞩目。

四、结语

通过本文的研究,我们看到,朝堂之上"贵胄女学堂"的议设始终伴随着京城民众的兴学实践,两者形成鲜明的对照。虽然宫廷希望将"贵胄女学堂"作为北京乃至全国女学的表率,但北京的女学先进显然未将此语当真。"贵胄女学堂"有名无实,而都中女学的成绩算是差强人意。晚清京城女学虽不及天津与上海成效卓著,但亦可圈可点。伴随着京师女子师范学堂的后来居上,北京作为女子教育重镇的地位逐渐得到确立,在现代中国的教育史、妇女运动史乃至文学史上都占据了重要位置。⑨ 这时再返观晚清北京的女学,先行者们筚路蓝

---

① 《学部注意各省女师范》,《直隶教育官报》己酉第 2 期,1909 年 3 月 6 日。
② 《特大要闻:官立女子师范大学堂一准要办的了》,《北京女报》1908 年 6 月 29 日。
③ 爱新觉罗·继识一《女界刍言》,《北京女报》1908 年 8 月 27 日。
④ 《京师女子师范学堂招生》,《大公报》1908 年 8 月 16 日。
⑤ 《北京女子师范学校沿革纲要》,璩鑫圭、童富勇、张守智编《中国近代教育史资料汇编·实业教育 师范教育》,上海教育出版社 2007 年版,第 796 页。京师女子师范学堂在京先是招录了 42 名女生,后又补录了 20 名学生。
⑥ 《传习所送考师范生》,《北京女报》1908 年 9 月 3 日。
⑦ 《女学生谢别校长教员》,《北京女报》1909 年 10 月 28 日。
⑧ 《箴仪女学堂只送一名学生入师范学堂》,《北京女报》1908 年 9 月 17 日。
⑨ 关于京师女子师范学堂直至北京女子高等师范学校这一段历史的研究,可参见何玲华《新教育·新女性:北京女高师研究》,中国社会科学出版社 2007 年版。

缕的努力，在以自己的方式践行历史使命的同时，也为现代女子教育事业的壮大和"新女性"的出世，做了必要的储备与过渡。

附录：

晚清北京①女学堂一览

（1）萧山馆女学堂。校址在前门外西河沿中间路北萧山会馆。课程包括汉文与浅近英文。教习为汤文端公（汤金钊）孙女汤馥、汤徵。② 该校于 1903 年 4 月 29 日开学，③当年 10 月关闭。④

（2）顶银胡同女塾（校名为本文作者拟）。校址在顶银胡同，为文质卿开办，不收学费。功课有算学、东文、物理、习字、史学、伦理、读本、地理，教员除文质卿外，尚有"蕙如女史"。该校约于 1903 年 5 月开办，见报时已有学生 15 名。⑤

（3）养新女学堂。校址设五道庙《启蒙画报》馆，开办人为报馆主人彭翼仲。学生限 8 至 15 岁，缠足者不收。（但招收缠而复放者，且学费减半。）⑥该学堂广告初见于 1903 年 5 月 14 日《大公报》。半年后有学生 10 余名，"课程以认字讲解为宗，兼课算术及浅近科学。程度虽不甚高，而规律颇秩然不紊"⑦。是年冬，曾因严寒而停课。⑧《启蒙画报》于 1904 年底停办，但该校至少在 1905 年 4 月还存在。⑨

（4）四川女学堂。由川人杜德舆、黄铭训夫妇开办，曾拟延请秋瑾为教习，校址在南城绳匠胡同杜宅。⑩ 该校于 1904 年 3 月 21 日开学，教习为"日本某教员之夫人"，学生十余人。⑪ 1906 年改为公立，校址迁四川营四川会馆旧馆（明

---

① "北京"仅指北京城，不包括顺天府治下其他州县。统计的学校类型仅限国人自办女学堂，不含教会女学校。

② 《女学起点》，《大公报》1903 年 4 月 20 日。

③ 《女学已开》，《大公报》1903 年 5 月 2 日。

④ 《纪女学堂》，《大公报》1903 年 10 月 26 日。

⑤ 《设立女塾》，《大公报》1903 年 5 月 6 日。

⑥ 《启蒙画报馆开办女学广告》，《大公报》1903 年 5 月 14 日。

⑦ 《察视规则》，《大公报》1903 年 12 月 2 日。

⑧ 《女学暂停》，《大公报》1903 年 12 月 6 日。

⑨ 《大公报》统计北京的女学堂，有自办女学堂两所，其中位于"五道庙"的即是该校。《最近北京学堂调查表》，《大公报》千号增刊，1905 年 4 月 13 日。

⑩ 《创设女学》，《大公报》1904 年 2 月 1 日。

⑪ 《纪女学堂》，《大公报》1904 年 3 月 25 日。

代女将秦良玉驻军处),扩大招生规模。学堂以"涵育德性,养成女子普通知识"为宗旨,课程分修身、国文、历史、地理、珠算、图画、手工、外国文、音乐、体操诸科。倡办人为王善荃、杜德舆。① 四川公立女学堂于 1906 年 4 月 28 日开学②,监督为曾光岷夫人,管理员为钮德荫夫人,教习为刘仲良女、萧履安女、庄幹卿夫人及日人尾崎夫人。学生约 80 名。③

(5)十景花园胡同女学堂(拟)。约创办于 1904 年 3 月。《大公报》称:"十景花园某志士创办女学堂一区,学生报名者甚多。未悉其内容何如。"④

(6)船板胡同女学堂(拟)。校址在船板胡同,由北新桥温仲春捐款二千金设立,于 1904 年 11 月(或稍早)开学。聘请女教师 3 人,"分上中下三斋",不收学费。⑤

(7)和育女学堂。由肃亲王善耆在府邸试办。该学堂在川岛浪速夫人的协助下,聘请木村芳子担任教务,王妃任监督,于 1905 年 3 月开学,首先招收公主、嫔妃等 13 人。仿日本华族女学校规模,分设小学科、中学科及特别科三类。⑥ 1907 年美国驻华大使之妻康格夫人在信中称,"肃亲王开办了自己的学校,教育自己家中的女儿们和侄女们"⑦,指的就是该校。

(8)绳匠胡同女学堂(拟)。校址在南城外绳匠胡同,于 1905 年 7 月前开办,不久即停办。⑧

(9)东单女蒙学舍(拟)。校址在东单牌楼邮政局前小报胡同刘宅,1905 年 7 月 3 日开学。教习为张兰芳之女,头班设额 10 名。课程除汉文外,还拟添设英文、算学。⑨

(10)喜公府女学堂(拟)。校址在地安门外喜公府,于 1905 年 7 月(或之

① 《四川女学堂简章照录》,《大公报》1906 年 3 月 15 日;《四川女学堂简章照录续稿》,《大公报》1906 年 3 月 16 日;《四川女学扩充学额》,《大公报》1906 年 7 月 26 日。
② 《女学纪盛》,《大公报》1906 年 5 月 3 日。
③ 《女学将开》,《大公报》1906 年 4 月 29 日。
④ 《创办女学》,《大公报》1904 年 4 月 7 日。
⑤ 《各省教育汇志》,《东方杂志》第 1 卷第 10 期,1904 年 12 月 1 日。
⑥ 〔日〕服部宇之吉著,张宗平、吕永和译《清末北京志资料》,北京燕山出版社 1994 年版,第 208 页。
⑦ 〔美〕萨拉·康格著,沈春蕾、孙月玲、袁煜等译《北京信札——特别是关于慈禧太后和中国妇女》,南京出版社 2006 年版,第 307 页。
⑧ 《女学萌芽》,《大公报》1905 年 7 月 16 日。
⑨ 《新立女蒙学舍》,《大公报》1905 年 7 月 10 日;《纪女蒙学》,《大公报》1905 年 7 月 14 日;《女学萌芽》,《大公报》1905 年 7 月 16 日。

前)开办。①

(11)官话字母女义学。校址在东四牌楼北六胡同内、月牙胡同路东,由王续荫母将家宅捐出,诚厚莽、高子江、花兰生三人主其事。大约于 1905 年 7 月开学②。

(12)振懦女学堂。1905 年 8 月 14 日开学。校址在西四牌楼北前毛家湾,创办人为旗人崇芳(字秋浦)。③ 分甲、乙两班,甲班所授课程为国文、家政、算术、中国历史、中国地理、世界地理、物理、体操、铅笔画、音乐、唱歌;乙班为修身、国文、算术、体操、音乐、唱歌。1906 年有职员 2 人,教员 6 人,学生 53 人。④ 1907 年,聘得曾淑慎(夏同龢妻)担任该校编物义务教员。⑤ 1909 年 9 月迁往西四牌楼拐棒胡同常氏宅。⑥ 民初更名为"振懦女子小学校",视学员称"该校开办极早,经费亦极绌。空空妙手,几等无米为炊"⑦。

(13)励本女蒙学堂。校址在南城外珠巢街光禄寺胡同,1905 年 8 月 20 日开学。教习为张淑宾女士。⑧

(14)方巾巷女学堂(拟)。开办于 1905 年 8 月(或之前)。校址在崇文门内方巾巷,创办人为张少培、英显斋。女教习除全雅贤、葆淑舫外,另有名誉教员木村芳子。⑨

(15)豫教女学堂。由沈钧创办,于 1905 年 8 月 30 日开学。⑩ 校址在东单牌楼二条胡同,以造就"贤母良妇"为办学宗旨,分寻常科与高等科。寻常科功课为修身、国语、算术、历史、地理、图画、声歌、裁缝、手艺、游艺、体操,高等科功课为修身、国文、算术、历史、地理、格致、家事、图画、声歌、裁缝、手艺、体操、游艺,另可加习外国文,先试办寻常科。总经理人沈钧,经理人服部宇之吉,女经理服部繁子、沈贞淑(吴大澂族妹、沈钧之妻),教习为李淑贞、比利时人林氏及

---

① 《女学萌芽》,《大公报》1905 年 7 月 16 日。
② 《官话字母女义学招生》,《大公报》1905 年 7 月 14 日。
③ 《京师私立各学堂一览表》,《学部官报》第 8 期,1906 年 12 月 6 日。
④ 《振懦女学堂》,京师督学局编辑《京师督学局一览表》,1907 年版,第 26 页。
⑤ 《振懦女学堂教员得人》,《直隶教育杂志》丁未年第 2 期,1907 年 3 月。
⑥ 《振懦女学将乔迁》,《顺天时报》1909 年 9 月 15 日。
⑦ 荣绶《查视私立振懦女子小学校报告》,《京师教育报》第 16 期,1915 年 5 月。
⑧ 《学界进步》,《大公报》1905 年 7 月 31 日;《女学续志》,《大公报》1905 年 8 月 2 日。
⑨ 《女学将兴》,《大公报》1905 年 8 月 28 日。
⑩ 《记豫教女学堂》,《大公报》1905 年 9 月 11 日。

日人服部繁子、佐伯园子、加美田操子。[1] 学生 60 余名,多为"世族国秀"。[2] 因堂址过于狭隘,1906 年搬迁至干面胡同喀喇沁王旧邸[3],并于该宅堂东附设女工艺厂,分织布、绣花、编物、机器缝衣四门。[4] 1908 年,由于王府被喀喇沁王收回,女工艺厂停办。[5] 当年农历六月下旬,沈钧将该校迁至东单牌楼南麻线胡同,并添招女学生数十名,"新生报名者甚多,并皆为名门淑媛"。[6]

(16)淑范女学堂。由旗人英显斋、文时泉创办,校址在东总布胡同,于 1905 年 9 月 3 日开学[7],曾聘葆淑舫为教员[8]。至 1906 年 10 月,该校有职员 2 人,教员 5 人,学生 80 人。[9] 主事人曾几经更易。1906 年由俊千良、张少培接手,后因两人赴日留学,改由恩雨堂代理。[10] 1907 年曾因款绌而停课。[11] 义务教员有汪禾青(汪康年夫人)、董志谨、毓仲芳、毓淑媛等。[12]

(17)陶氏女学堂。由陶氏开办,校址在丁字街,于 1905 年 9 月开学。功课以国文、舆地、算学、历史为主,兼习中西女工。首次拟招收学生 40 名,年龄自七八岁至十五六岁为合格。[13]

(18)二龙坑瑞氏女学堂(拟)。校址在二龙坑,由瑞氏设立,大约于 1905 年12 月(或稍早)设立。[14]

(19)二龙坑宝氏女学堂(拟)。校址在二龙坑,由宝氏设立,大约于 1905 年12 月(或稍早)设立。《东方杂志》称瑞氏、宝氏所设之女学堂,"惟经费不敷,因陋就简"[15]。

(20)报房胡同女学堂(拟)。校址在报房胡同,为刘某创办,大约于 1905 年12 月(或稍早)开学。每日功课,午时宣讲白话报,早晚读书识字,待文理稍通

---

① 《北京豫教女学堂章程》,《东方杂志》第 2 年第 12 期,1906 年 1 月 9 日。
② 《贤哉喀喇沁王》,《大公报》1906 年 3 月 15 日。
③ 《女学将移》,《大公报》1906 年 4 月 5 日;《蒙王兴学》,《大公报》1907 年 2 月 7 日。
④ 《女工艺开厂》,《大公报》1906 年 12 月 10 日。
⑤ 《女工场停办消息》,《大公报》1908 年 3 月 7 日。
⑥ 《豫教女学堂之迁移》,《顺天时报》1908 年 8 月 1 日。
⑦ 《京师私立各学堂一览表》,《学部官报》第 8 期,1906 年 12 月 6 日。
⑧ 《女学调查·淑慎女学堂》,《北京女报》1908 年 2 月 24 日。
⑨ 《京师私立各学堂一览表》,《学部官报》第 8 期,1906 年 12 月 6 日。
⑩ 《淑范女学堂改良》,《北京女报》1908 年 8 月 20 日。
⑪ 《淑范女学堂又开学了》,《北京女报》1908 年 2 月 27 日。
⑫ 《李翰林热心女学》,《北京女报》1908 年 4 月 20 日。
⑬ 《京师创立女学》,《南方报》1905 年 9 月 8 日。
⑭ 《各省教育汇志》,《东方杂志》第 2 卷第 11 期,1905 年 12 月 21 日。
⑮ 《各省教育汇志》,《东方杂志》第 2 卷第 11 期,1905 年 12 月 21 日。

后，即加入英文、算学等科。①

（21）内城女学堂（拟）。由某福晋创办于 1905 年 12 月，"专教满汉妇女粗浅国文、工艺"。《大公报》称其已"觅有地址，先行开办"②。

（22）梁氏女塾。大约于 1906 年初开学。由内阁中书梁济夫人及女儿兴办。③ 校址在梁氏宅第，教员尚有刘醒虎。1906 年 2 月，曾保送数名学生至北洋高等女学堂肄业。④

（23）外城女学传习所。先是 1905 年冬，京师大学堂东文助教江亢虎在西单牌楼报子街库资胡同开始筹设女学传习所，初拟分为两班，"一为年长不能入学堂者而设，专习初级师范；一为年幼者入学堂之预备"，借宗人府国氏宅为校舍。⑤ 1906 年 3 月 4 日举行入学考试，3 月 11 日开学，功课有国文、算术、体操、唱歌、物理、习字、地理、格致等。⑥ 因校舍过窄，拟就金鱼池金台书院旧址改办⑦，遭鹿传霖、徐世昌、严修等顺直同乡的反对而作罢。⑧ 后迁往绳匠胡同豫章学堂旧址，定名为"外城女学传习所"⑨，于农历八月十三日（9 月 30 日）开学⑩，此日遂成外城女学传习所纪念日。设初等科、师范科、艺术科，并附设七日班及佣学班。⑪ 江亢虎自任总理，女监督为梁仲怿母⑫，图画教习王女士，算术兼音乐教习韩女士，理科兼体操教习陈女士，国文教习孙女士，编物、造花教习赤羽若枝子，另有李教习（张之洞侄媳）、张教习（梁济夫人）等。⑬ 1910 年春，江亢虎赴欧留学，外城女学传习所与内城女学传习所改由京师督学局接收续办。⑭

---

① 《各省教育汇志》，《东方杂志》第 2 卷第 11 期，1905 年 12 月 21 日。

② 《女学将兴》，《大公报》1905 年 12 月 31 日。

③ 《女学将兴》，《大公报》1905 年 12 月 28 日。

④ 《保送女学生》，《大公报》1906 年 2 月 13 日。

⑤ 《创设女学传习所》，《时报》1906 年 1 月 17 日；《女学调查·内外城女学传习所》，《北京女报》1908 年 2 月 13 日；江亢虎《在江西义务女学讲演词》（1920 年 10 月 5 日），《江亢虎博士演讲录》第 1、2 集，第 37 页。

⑥ 《记女学传习所》，《大公报》1906 年 3 月 8 日。

⑦ 《奏设金台女学堂》，《大公报》1906 年 7 月 15 日。

⑧ 《往还尺牍二则》，《大公报》1906 年 8 月 9 日。

⑨ 《女学调查·内外城女学传习所》，《北京女报》1908 年 2 月 13 日；《三城女学传习所开学》，《顺天时报》1909 年 9 月 7 日。

⑩ 《外城女学传习所开学志盛》，《顺天时报》1906 年 10 月 4 日。

⑪ 《外城女学传习所招生广告》，《顺天时报》1906 年 8 月 10 日。

⑫ 《女学调查·内外城女学传习所》，《北京女报》1908 年 2 月 14 日。

⑬ 《详记外城女学传习所八大特色》，《顺天时报》1906 年 12 月 25 日。

⑭ 《学部接管内外城女学》，《顺天时报》1910 年 1 月 13 日。

(24)官话字母女义塾。校址在西单牌楼二龙坑西头麻豆腐作坊胡同。据《大公报》，该校于1906年3月10日开学，课程除字母外，另设蒙学(汉文)、初学(笔算)二科。① 不知该校与前"官话字母女义学"有无关系？

(25)译艺女学堂。由文渊阁大学士昆冈夫人等倡设②，谢祖沅创办，校址设顺治门内化石桥③。"专以通晓各国语言文字，及娴习各项工术体操为宗旨"，"由学部大臣核准代奏请旨设立"。学费较昂，寄宿生每年需缴洋银108元，不寄宿者每年72元。④ 1906年4月14日开学⑤，首次招生78名⑥。1907年有职员6人，教员5人，学生40人。分甲乙两班：甲班课程为读经、讲经、国文、算术、历史、地理、编物、东文、英文、体操、图画，乙班课程为国文、体操。⑦

(26)西城第一民立女子小学堂。由农工商部副部郎魏震创办。校址在辟才胡同。拟招收13岁以下女生20名。教员为刘熙贤女士及郑鞠如之夫人。大约于1906年6月开学。⑧

(27)农工商部绣工科。1906年6月27日开学，共招收女生80名，沈寿任总教习，余兆熊为总理，副总教习沈立，教习金静芬、俞志勤、李群英、蔡群秀、朱心柏，三等教习沈静兰，画师杨羡九。⑨ 校址在西单牌楼磨盘院，学生年龄在12至20岁为合格。不收学费，只纳膳费。⑩ 学生于习绣外，兼习粗浅国文、粗浅图画，学校规则仿日本美术女子职业学校暨女子美术学校。⑪ 1909年另迁新址，扩充招生。⑫

(28)崇实女学堂。由"某志士"创办，校址在魏染胡同，"闻其内容之宗旨，专注重实业"。定于1906年7月6日开学。⑬

---

① 《女义塾招生》，《大公报》1906年2月26日。
② 《议设译艺女学堂》，《大公报》1906年1月6日。
③ 《京师私立各学堂一览表》，《学部官报》第8期，1906年12月6日。
④ 《译艺女学堂章程三十条》，《顺天时报》1906年2月21日。
⑤ 《译艺女学开学有期》，《大公报》1906年4月15日。
⑥ 《译艺女学揭晓》，《大公报》1906年4月9日。
⑦ 京师督学局编辑《京师督学局一览表》，1907年版，第26页。
⑧ 《女学招生》，《大公报》1906年6月3日；《第一女学聘定教员》，《大公报》1906年6月7日；《各省教育汇志》，《东方杂志》第3卷第7期，1906年8月14日。
⑨ 黄云鹏辑注《清农工商部绣工科总理余兆熊禀帖》，苏州市地方志编纂委员会办公室编《苏州史志资料选辑》(总第21辑)，1996年版，第101页。
⑩ 《绣科招生》，《大公报》1906年6月13日。
⑪ 《商部绣工科广招女生告白(附规则十四条)》，《商务官报》丙午第6期，1906年6月。
⑫ 《本部奏绣工科扩充办理情形折》，《商务官报》己酉第6期，1909年4月。
⑬ 《设立崇实女学堂》，《顺天时报》1906年7月4日。

(29)北锣鼓巷女学堂（拟）。由诚裕如、崇松石、乐绶卿发起组织，校址在北锣鼓巷。《大公报》称该校"所定章程甚为完备"，"日间即出示招生"。① 大约于1906年7月（或稍后）开学。

(30)济良所女学堂（拟）。1906年8月6日开学。由薛女士担任教习，讲授初浅国文。②

(31)兴化初级女学堂。由张愚如、张亚雄父女创办，校址设新街口小帽胡同。③ 首次拟招生20名④。1906年8月（或稍早）开学。总理兼教务长张立强（疑即张亚雄），总理庶务兼教员沈启华，教员王丽侬。⑤

(32)淑慎女学堂。由肃亲王善耆姊妹葆淑舫郡主创办，校址在东单牌楼北水磨胡同葆氏宅。定于1906年11月24日举行入学考试，当在稍后开学。⑥ 次年春租赁对门善化试馆为校舍。校名由彭翼仲题写，取《诗经》"淑慎其身"之义。⑦ 总理由葆淑舫自任，教员有日本常田氏（授体操、唱歌、图画）、刘楚芸（授修身）、龚女士（编物）、丁有臻（算学）、马女士（修身）、苑女士（修身），监学刘女士，经理吉嘉甫、惠立三、沙诗民、周聘臣，司事福星垣，司账董汉卿。⑧ 1909年春因款绌停办。⑨

(33)敦本女学堂。大约于1906年冬开办，校址在朝阳门拐棒胡同，创办人孟艺斋、桂椿年。《大公报》称"已禀请督学局立案"，"刻已出示招生"⑩。

(34)端本女学堂。由"有级学堂"（男校）创办人凤林、朱旭东发起，初拟命名为"有级女学"，校址在东安门内南池子嘛嘎拉庙西。《大公报》所载该校广告称"聘请中外品学兼优女士、汉文教员，专授国文各科学（'各'疑为衍字）"，拟招15岁以内学生30名。⑪ 京师大学堂体操教习丁启盛允为该校义务教员⑫。

---

① 《京师又设女学堂》，《大公报》1906年7月20日。
② 《济良所已设学》，《大公报》1906年8月10日。
③ 《女学发达》，《大公报》1906年4月3日。
④ 《女学发达》，《大公报》1906年6月16日。
⑤ 《来函》，《大公报》1906年8月31日。
⑥ 《学务两志》，《大公报》1906年11月17日；《女学开办纪念会》，《大公报》1907年11月15日。
⑦ 《女学调查·淑慎女学堂》，《北京女报》1908年2月24日。
⑧ 《女学调查·淑慎女学堂》，《北京女报》1908年2月25日。
⑨ 《第二淑慎女学堂招生启》，《顺天时报》1909年3月11日。
⑩ 《女学发达》，《大公报》1906年10月22日。
⑪ 《有级女学堂招生广告》，《大公报》1906年9月23日；《有级学堂添设中学豫备科并设女学》，《中华报》1906年9月24日。
⑫ 《义务教员》，《大公报》1906年10月18日。

后定名为"端本女学堂"。《大公报》称其拟于 1906 年 12 月 5 日举行入学考试，大约稍后开学。[①]

（35）西城私立第一两等女学堂。校址在辟才胡同京师第一蒙养院内。学生年龄以 10 至 15 岁为合格。自 1907 年 3 月 28 日起接受学生报名，4 月 12 日截止。[②] 当于稍后开学。冯克嶷担任监学[③]，教习尚有陈彦安（章宗祥妻）、禄少英，并从振懦女学聘请教习来校授课[④]。1909 年彭翼仲之女彭清相从北洋女子公学毕业后，亦来该校担任图画、音乐教习。[⑤] 该校在民国仍存。

（36）毓坤女学堂。该校位于西城，"系贵胄宝女士所设"[⑥]，大约于 1907 年春天开学[⑦]。当年秋，因为经费支绌，由经理宝幼翔向江亢虎提议，将该校并入内城女学传习所。[⑧]

（37）初等女义塾。由毓坤创办，大约于 1907 年春天开学。京师督学局认为，该校"因经费无多，未能遽臻完备。然该经理人热心办事，不辞艰苦，深堪嘉尚"[⑨]。不知该校与前"毓坤女学堂"有无关系。

（38）慧仙女工学校。俗称"慧仙女学堂"。校址在安定门净土寺，于 1907 年 3 月 9 日开学。[⑩] 该校由慧仙（已故工部郎中承厚之妻额者特氏）在遗嘱中捐助家产兴办，光绪帝和慈禧都曾赏赐匾额。[⑪] 该校以机织科为主，另收普通科学生，[⑫]由日人野口芳子和冈田ウノ教织物[⑬]，教员孔氏（孔繁淦夫人，劳乃宣女）授国文、算学，诚璋（字裕如）担任总办。[⑭] 学生以"华族贵胄"居其大半[⑮]。据诚璋

---

① 《女学发达》，《大公报》1906 年 11 月 25 日。

② 《立女学堂》，《顺天时报》1907 年 4 月 3 日。

③ 《冯章两女士在乐贤会之演说》，《大公报》1907 年 11 月 19 日。

④ 《西城女学招生》，《大公报》1907 年 3 月 27 日。

⑤ 《琐事杂志·眉生弟子》，《顺天时报》1909 年 12 月 25 日。

⑥ 《各省教育汇志》，《东方杂志》第 4 年第 9 期，1907 年 10 月 31 日。

⑦ 《设立女学》，《大公报》1907 年 4 月 14 日。

⑧ 《毓坤女学之归并》，《顺天时报》1907 年 8 月 24 日。

⑨ 《批遵女学定章》，《南方报》1907 年 3 月 7 日。

⑩ 《女学两志》，《大公报》1907 年 2 月 28 日。

⑪ 《御赐女学堂匾额》，《京话日报》1906 年 8 月 31 日；《女学汇志》，《大公报》1907 年 3 月 25 日。

⑫ 〔日〕服部宇之吉著，张宗平、吕永和译《清末北京志资料》，北京燕山出版社 1994 年版，第 209 页。

⑬ 《各级各类学校延请日籍教师在华日本教习分布表（1897—1909 年）》，朱有瓛主编《中国近代学制史料》（第 2 辑上册），华东师范大学出版社 1987 年版，第 49 页。

⑭ 《慧仙女学校访聘教员》，《北京女报》1908 年 7 月 9 日。

⑮ 《女学特色》，《大公报》1907 年 3 月 15 日。

叙，该校"突遭壬子正月之变，款存商号，被劫一空，校脩不继，因是停辍"①。

(39)启彬女学堂(拟)。由启彬创办。《大公报》称该校拟于1907年3月15日考试，3月19日入学，"并禀准学部立案，民政部保护"②。

(40)八旗元氏女学堂。由长白元氏二女启蒲仙、启梅仙创办，校址初拟设崇文门内箭厂胡同，后移东单牌楼。拟招收学生80名，年龄自10岁至18岁为合格，学费二元。报名截止日期为1907年3月13日，同月15日举行入学考试，19日开学，③"聘定日本古田君之夫人为教员"④。开学后因缺额太多，拟续行招生数十名。⑤ 是年暑假拟聘请吕汶经营女学堂，扩大招生规模，增设女师范。⑥ 当年6月，外城女学传习所教习赤羽若枝子假该校设立"美术研究会"，教授中国妇女及旅京日籍女性。⑦

(41)初级女学堂(拟)。校址在克勤郡王崧杰府邸东花园内。大约于1907年4月开学。《大公报》称其由"克王之太福晋"设立，"刻已修葺讲堂操场，并置备书籍"⑧。康格夫人1907年9月22日在给侄儿信中说："克勤郡王府内也办了一所很好的学校"⑨，指的就是此女学堂。

(42)箴仪女学堂。校址在东四牌楼北六条班大人胡同。先是1906年3月25日，继识一女士创办尚毅女塾。1907年，《奏定女学堂章程》颁行，尚毅女塾改设为箴仪女学堂。⑩ 学生年龄自10～16岁为合格。定额40名，分高等、初等两班，高等每月学费一元，初等五角。自2月27日至3月28日为报名日期，3月30日入学考试，⑪4月13日开学，继识一自任总理。⑫ 6月扩大招生⑬。1908

① 《纪"慧仙女工学校碑"》，肖纪龙、韩永编著《北京石刻撷英》，中国书店2002年版，第127页。
② 《女学两志》，《大公报》1907年2月28日。
③ 《八旗女学招生》，《顺天时报》1907年2月28日；《女学定期开学》，《顺天时报》1907年3月9日。
④ 《女学开办》，《大公报》1907年3月21日。
⑤ 《八旗元氏女学校招生广告》，《顺天时报》1907年3月16日。
⑥ 《八旗元氏女学堂扩充》，《直隶教育杂志》丁未年第8期，1907年6月25日；《扩充女学师范》，《大公报》1907年7月7日。
⑦ 《日本美术研究会》，《直隶教育杂志》丁未年第8期，1907年6月25日；《研究美术》，《大公报》1907年6月2日。
⑧ 《女学两志》，《大公报》1907年2月28日。
⑨ 〔美〕萨拉·康格著，沈春蕾、孙月玲、袁煜等译《北京信札——特别是关于慈禧太后和中国妇女》，南京出版社2006年版，第307页。
⑩ 周邦道《继识一》，氏著《近代教育先进传略》(初集)，"中国文化大学"出版部1981年版，第427页。
⑪ 《公立箴仪女学堂招生广告》，《顺天时报》1907年3月2日。
⑫ 《箴仪女学堂开学》，《北京女报》1907年4月14日。
⑬ 《女学扩充》，《大公报》1906年6月6日。

年避溥仪之讳,更名为"箴宜女学堂"。① 1909 年附设师范班②;1910 年曾筹设"培育妇人讲习所","专以养成妇德、改良家庭教育为宗旨"③;1912 年更名为"京师私立箴宜女子小学校"④。

(43)植本女学堂。由"某志士"兴办,校址在西四牌楼。定于 1907 年 4 月 15 日举行入学考试,大约稍后即开学。⑤

(44)内城女学传习所。由江亢虎创办,校址在克勤郡王石驸马街王府旧邸,于 1907 年 4 月 15 日进行入学考试。⑥ 4 月 21 日开学,暂由江氏夫人代为管理;⑦后聘请程德华女士为监督⑧。分师范班、艺术班、高等班、初等班⑨,5 月又添设半日班⑩,10 月添设裁缝科⑪。当年夏天,曾聘请东京第三高等女学校毕业生山名多喜子来校担任手工教习。⑫ 1910 年春,由京师督学局接办。

(45)怀新女学社。由怀宁籍女士舒寿懿创办,校址在贾家胡同内达局子营。于 1907 年 5 月(或稍后)开学。要求学生以 12～18 岁为合格。课程分习字、读经、历史、东语、算学、音乐、博物、体操⑬。

(46)实践女子职业学校。由农工商部主政华学涑(字实甫)等设立,校址在粉房琉璃街堂子胡同,以"养成女子普通知识、家庭教育为宗旨"。学额 100 名,年龄在 13～30 岁间皆为合格。学生分选科与本科两种,功课有国文、算学、针绣等。本科学制两年,选科一年。⑭ 1907 年 5 月 26 日报名截止,6 月 2 日"考验入学"⑮。男总理为刘树楠,"襄理是陈君诸人",女总理为王敬履(龚镜清夫人)、

① 《女学改定名称》,《大公报》1908 年 12 月 4 日。

② 《箴宜女学附设新班》,《大公报》1909 年 3 月 28 日;《核准附设女子师范》,《大公报》1909 年 4 月 6 日。

③ 《妇人讲习所之成立》,《大公报》1910 年 3 月 17 日。

④ 《私立箴宜小学校》,邓菊英、李诚编《北京近代小学教育史料》,北京教育出版社 1995 年版,第 1104 页。

⑤ 《女学汇志》,《大公报》1907 年 3 月 25 日。

⑥ 《女学传习所招生》,《顺天时报》1907 年 3 月 27 日。

⑦ 《参观内城女学传习所记》,《顺天时报》1907 年 5 月 17 日。

⑧ 《三城女学传习所开学》,《顺天时报》1909 年 9 月 5 日。

⑨ 《女学汇志》,《大公报》1907 年 3 月 25 日。

⑩ 《女学两志》,《大公报》1907 年 5 月 11 日。

⑪ 《女学招生》,《大公报》1907 年 10 月 6 日。

⑫ 《女学教习到京》,《顺天时报》1907 年 5 月 22 日。

⑬ 《女学日见发达》,《神州日报》1907 年 5 月 17 日。

⑭ 《实践女子职业学校招生》,《顺天时报》1907 年 5 月 16 日。

⑮ 《女学日见发达》,《神州日报》1907 年 5 月 17 日。

李金垣（华楚材夫人）、李振英（陈介眉夫人）及王、李二女士。教员除王、李二人外，还有义务教习徐蕴玉（沈公辅夫人）、施元仪（郭光三夫人）、程璋华（彭星伯夫人）。① 另聘请日本常田女士教授体操和毛笔、铅笔画等。校中事务主要由监督龚镜清承担。② 1908年，夏龚氏夫妇赴蒙古喀喇沁王府，校务由李君磐接任。③ 当年9月开学时，管理员（兼教课）为何志学（北洋女师范学堂毕业生），另有沈、郭、王、吴诸女士任教务。④

（47）健锐营公立女学堂。由京西健锐营各武职人员捐俸公立⑤，发起人为玉崑峰、广梦九、恩石林等。校址设于厢蓝旗官学堂，首次招生25名。大约于1907年12月开学。⑥

（48）立强女学校。张愚如、张亚雄父女从兴化女学堂退出后，另创办立强女学校。⑦ 发起人尚有刘荣魁、聚云章、恩润泉、邓逸安、鲁荫卿、黄养田、陆达夫、王子真。校址原设德胜门大街，于1908年5月1日开学。⑧ 是年冬迁往宝禅寺西口，于11月9日重新开学。⑨

（49）培根女学堂。1908年5月3日开学⑩。该校由英杕女士（英敛之妹）创办，校址在西安门内真如镜胡同口内路西英氏家宅。以"培正女德，作家庭教育之根本"为宗旨，功课以国文、修身、算学、女红、体操为必修科，音乐、图画为随意科。不收学费。英杕任堂长，教员为莲勋、钊勋、王振坤、王玉如、怀清（可能是英敛之弟媳英怀清），皆为女士，男经理为马万程、陆振华、志恺、英秀。⑪ 1909年春，添招高等班与初等班各20名。⑫ 民初更名为"私立培根女子初高等小学校"。1913年迁往西安门内新开路永佑庙⑬。

---

① 《参观实践女子职业学校记》，《顺天时报》1907年11月7日。

② 《再记实践女子职业学堂最近事》，《顺天时报》1907年11月15日。

③ 《实践女子职业学校职员更动》，《北京女报》1908年4月14日。

④ 《实践女子职业学校开学》，《北京女报》1908年9月4日。

⑤ 《筹款办女学堂》，《南方报》1907年9月21日。

⑥ 《创设女学》，《大公报》1907年6月8日；《健锐营女学开办》，《大公报》1907年12月7日。

⑦ 张愚如《立强女学校创始记》，《北京女报》1908年5月4日。

⑧ 《女学开学再志》，《北京女报》1908年5月7日。

⑨ 《女学开办有期》，《北京女报》1908年11月5日。

⑩ 《培根女学堂开学了》，《北京女报》1908年5月6日。

⑪ 《培根女学堂开学小启》，《大公报》1908年4月21日；《培根女学堂招生广告》，《大公报》1908年4月21日。

⑫ 《培根两等女学堂招生广告》，《大公报》1909年1月28日。

⑬ 《培根女学开会志盛》，《大公报》1913年4月10日；赵毅《京师第一学区教育状况简明表》，邓菊英、高莹编《北京近代教育行政史料》，北京教育出版社1995年版，第886页。

(50)京师女子师范学堂。由学部准允御史黄瑞麒之奏请而设立。傅增湘为首任总理,校址暂借琉璃厂八角琉璃井医学馆。先设简易科。1908 年 9—10 月,先后在京师、武昌、苏州招考学生,再加上北洋女子师范和北洋高等女学堂保送的学生,共收录学生 145 名。11 月 3 日开学。1910 年 5 月,傅增湘任直隶提学使,学堂总理由江瀚代理。8 月,位于宣武门内石附马大街的新校舍告成。10 月 11 日,任命喻长霖为总理。是年,相继添招完全科、简易科学生。1912 年 6 月 21 日,教育部任命吴鼎昌为校长。7 月 13 日,更名为"北京女子师范学校"。[①] 1919 年 4 月,更名为"北京女子高等师范学校"。

(51)宏育女学堂。1908 年 11 月 14 日开学[②]。由发起人孟艺斋、许子秀、王寿山、单三等公立,教员为成韵华、世静云、济书青、孟竞华。[③] 校址在朝阳门内北小街南弓匠营。原拟招收学生 40 名[④],年龄自 8 岁至 13 岁为合格[⑤],但开学时仅有 13 名学生[⑥]。1911 年春扩充学额,添招蒙学、医学两班,每班拟招 40 名。[⑦] 该校民国初年更名为"私立宏育女学校"[⑧]。

(52)内城贫民教养院附设女蒙学堂。由内城贫民教养院开办,校址在西四牌楼北石碑胡同,以"扩充教育,启发寒门女国民"为宗旨,要求学生年龄 8 岁以上,16 岁以下,不收学费。报名日期为 1908 年 12 月 12—22 日。当于稍后开学。[⑨]

(53)中城女学传习所。创办人江亢虎,校址原在东安门内蒲桃园胡同翔千学堂旧地,于 1909 年 1 月 6 日开学。[⑩] 暑假后开学,迁往隆福寺西口弓弦胡同内口袋胡同,监督由上学期教习济书青女士充任。[⑪] 因江亢虎游学在即,该校于 1909 年 12 月 30 日由端方接办。[⑫] 而端方则乞援于京师女子师范学堂总理傅增

① 《北京女子师范学校沿革纲要》,璩鑫圭、童富勇、张守智编《中国近代教育史资料汇编·实业教育 师范教育》,上海教育出版社 2007 年版,第 796~797 页。

② 《宏育女学开学》,《北京女报》1908 年 11 月 16 日。

③ 《公立宏育女学堂启》,《北京女报》1908 年 4 月 6 日。

④ 《女学堂成立》,《北京女报》1908 年 10 月 15 日。

⑤ 《宏育女学成立》,《顺天时报》1908 年 10 月 15 日。

⑥ 《女学出榜》,《北京女报》1908 年 11 月 10 日。

⑦ 《女学招生》,《北京新报》1911 年 2 月 8 日。

⑧ 张兆荫《查视私立宏育女学校报告》,《京师教育报》第 22 期,1915 年 11 月。

⑨ 《附设女戒烟所与女学堂》,《顺天时报》1908 年 12 月 18 日。

⑩ 《中城女学传习所开办招生广告》,《北京女报》1908 年 12 月 11 日;《中城女学传习所要开办了》,《北京女报》1908 年 12 月 11 日。

⑪ 《三城女学传习所开学》,《顺天时报》1909 年 9 月 5 日。

⑫ 《端制军维持女学》,《顺天时报》1910 年 1 月 4 日。

湘,希望由傅氏出面,改为学部官办。①

(54)京师首善第一女工厂。该工厂实为女子职业学校,由度支部左侍郎绍英与农工商部参议魏震等倡设,于京津官绅筹资 17000 余两开办。农工商部每月补助银 300 两,首善工厂每年拨银 1000 两用于常年经费。② 校址在西单牌楼北辟才胡同。分速成科与完全科。速成科一年毕业,课程为识字、珠算、家政、卫生;完全科三年毕业,课程为识字、珠算、笔算、家政、习字。两科都需进行织布、毛巾、造花、绘画、编物、绣工、缝纫方面的实习。皆不取学费。③ 管理员由京师第一蒙养院监学冯克嶷担任,刺绣科教员聘定农工商部绣工科教习沈静兰,"又有日本女教习一员,复由江宁约定高等学堂毕业之吴女士充编物科教员兼为厂中总稽查"④。于 1909 年 1 月 30 日举行入学考试⑤,录取完全科、速成科学生各 80 名,2 月 12 日开学⑥。

(55)第二淑慎女学堂。1909 年春,淑慎女学堂总理葆淑舫在"罄其家之所积,复集款以补助"女学后,"心力交瘁",决定停办学堂。该校师范科学生与教习商议,合力续办该校,名曰"第二淑慎女学堂"。校址迁东华门外大阮府胡同路北。设初等小学科(一年毕业,招七岁至九岁女生)、小学科(二年毕业,招 10 岁至 14 岁女生)、师范科(一年毕业,招 13 岁以上女生),每科招收 20 人。1909 年 3 月 20 日举行入学考试,3 月 22 日开学。⑦

(56)京师蚕业讲习所。由鹿传霖、严修、魏震、鹿学檀等倡设⑧,开办经费由长芦商人捐助一万元⑨,余由顺天、直隶官绅筹资,农工商部每年拨给经费银三千两。校址在宣武门二龙坑。所招女生,分科教授,两年毕业。⑩ 要求学生年龄在 15 岁以上、30 岁以下,曾毕业于女子小学或"虽未入学而国文通顺"。报名处在

---

① 《端方致傅学使函》,转引自张海林《端方与清末新政》,南京大学出版社 2007 年版,第 351 页。
② 《农工商部奏首善第一女工厂办有成效请恳准立案折》,《政治官报》第 1007 号,1910 年 8 月 18 日。
③ 《京师首善第一女工厂招考女工徒广告》,《顺天时报》1909 年 1 月 16 日。
④ 《首善第一女工厂开办》,《顺天时报》1909 年 2 月 16 日。
⑤ 《考验女工厂学生》,《顺天时报》1909 年 2 月 2 日。
⑥ 《首善女工厂开厂有期》,《河南白话科学报》第 41 期,1909 年 3 月 3 日。
⑦ 《第二淑慎女学堂招生启》,《顺天时报》1909 年 3 月 11 日。
⑧ 《筹办京师女子蚕桑传习所公启》,《直隶教育官报》己酉第 1 期,1909 年 2 月 20 日;《前湖南岳州府知州魏震、农工商部郎中鹿学檀呈筹设京师女子蚕业讲习所请立案批》,《学部官报》第 114 期,1910 年 3 月 21 日。
⑨ 《捐助经费》,《顺天时报》1909 年 5 月 11 日。
⑩ 《本部具奏顺直官绅筹设京师蚕业讲习所由部拨款补助等折》,《商务官报》己酉第 14 期,1909 年 6 月 22 日。

首善第一女工厂,报名截止日期为 1909 年 8 月 12 日,次日举行入学考试。① 开办之初,由浙江购办桑秧 1 万株,雇桑工 2 名。所聘教习姚淑孟、蔡任,为杭州蚕桑女学堂毕业生。大约于 1909 年秋开学②。1911 年夏曾拟设女子家政专修科③。

(57)京师官立第一女子初等小学堂。由京师督学局禀准学部创办,校址设手帕胡同。功课为修身、国文、算术、体操。学生年龄 10 至 12 岁为合格。定于 1909 年 9 月 21 日入学考试,稍后即开学。④

(58)陶氏私立女子小学。端方接办江亢虎之中城女学传习所后,更名为陶氏私立女子小学(端方旧姓陶氏),于 1910 年春天开学。⑤ 1911 年春名"陶氏私立女子两等小学堂"。时拟添招高等、初等学生共 30 名,定于 2 月 16 日举行入学测试。招生广告称其教育宗旨为:"以启发女子应有普通知识并养成女子高尚道德为主。"⑥1912 年更名为"私立陶氏女子高等小学",时任校长为何焕典。⑦

(59)两等女子小学。内城女学传习所和外城女学传习所由京师督学局接收后,改名"两等女子小学",招录 14 岁以下女生。定于 1910 年 3 月 5 日前报名,3 月 9 日举行入学考试。⑧ 当于稍后开学。

(60)京师女子师范学堂附属两等小学堂。由京师女子师范学堂附设,校址在石附马大街。首次招录学生 130 名,编为高等科一个班,初等科三个班,于 1910 年 9 月 19 日开学。⑨ 1912 年,更名为"国立北京女子师范学校附属小学校";次年,教育部将东铁匠胡同图书编译局拨充该校校舍。⑩

---

① 《京师蚕业讲习所招考女生广告》,《大公报》1909 年 8 月 10 日。
② 《京师蚕业讲习所纪事》,《浙江教育官报》第 12 期,1909 年 8 月 25 日。
③ 《奏办京师蚕业讲习所附设女子家政专修科招生广告》,《大公报》1911 年 7 月 15 日。
④ 《官立女小学堂之发轫》,《大公报》1909 年 9 月 12 日;《京师督学局纪事(二)》,《北京教育志丛刊》1992 年第 3~4 期,第 121、122 页。
⑤ 《端制军热心教育》,《大公报》1910 年 2 月 26 日;《女学改名》,《顺天时报》1910 年 3 月 5 日。
⑥ 《陶氏私立女子两等小学堂添招学生广告》,《大公报》1911 年 2 月 9 日。
⑦ 《呈请拨助两校经费》,《大公报》1912 年 5 月 19 日。
⑧ 《女学改名》,《顺天时报》1910 年 3 月 5 日。
⑨ 《北京女子师范学校沿革纲要》,璩鑫圭、童富勇、张守智编《中国近代教育史资料汇编·实业教育 师范教育》,上海教育出版社 2007 年版,第 797 页。
⑩ 《第二次中国教育年鉴(1948 年版)所载北平各高等学校概况》,王学珍、张万仓编《北京高等教育文献资料选编:1861—1948》,首都师范大学出版社 2004 年版,第 1006 页。

从勾栏演剧到串戏、清唱：
明代乐妓戏曲活动流变考述

张艺馨　王　斌*

摘　要：明代官方长期厉行"戏禁"，其中针对士大夫阶层的种种限制，以及对戏曲从业人员的歧视政策，在明前期造成了相当程度的士、妓交流的沉寂。为规避禁戏条令，士大夫阶层发展出以"小唱"代替乐妓伴宴的习尚，这在"戏禁"有所松动、士妓交流有所复苏的明中后期，影响了乐妓戏曲活动的具体形态变化；在勾栏面向大众的扮装演剧记载大为减少，原为元代乐妓职能之一的演剧在晚明蜕变成为"串戏"，同时与文人士夫密切相关的清唱活动记录大量增加。整个流变走势呈现出明显的雅化趋向。

关键词：乐妓；明代戏曲；雅化；戏禁；传播接受

明代乐妓于勾栏、妓院以及文人宴会等非官方场合下的戏曲演出，作为民间演剧活动的重要组成部分，一方面具有源出民间的俗文化特征，另一方面又因自历代以来文士、乐妓交流活动的紧密，而含带相应的雅文化性质。入明以来，随着演剧活动在文人中的日益传播，乐妓演剧向着雅文化性质更趋明显的方面发展。在其发展过程中，明廷出于缙绅文人与乐妓之间的阶层贵贱之别、严肃官风吏治的立场，以相关禁戏条令对乐妓群体包括演剧活动在内的整个音乐活动进行限制，这对乐妓演剧的正常发展造成一定阻滞、冲击，同时也在客观上对乐妓演剧活动的雅化走向有所促进。本文试就此详析之。

一、明初禁戏政策与士、妓交流的沉寂

至迟在南宋时期，乐妓便已成为杂剧表演中的重要参与者。如《梦粱录》云

---

*　张艺馨，曲阜师范大学文学院 2021 级学生，当前研究兴趣为明代笔记叙事与士大夫文化心理。王斌，戏剧戏曲学博士，曲阜师范大学文学院副教授，当前研究兴趣为明代文化制度与文学表达。本文系 2021 年度教育部人文社科基金青年项目"明代'戏禁'文献整理与戏曲生态研究"（21YJC751027）阶段性成果。

"散乐传学教坊十三部,唯以杂剧为正色"①,而"杂剧中末泥为长,每一场四人或五人"②。南宋后期杭州的士庶"筵会或社会,皆用融合坊,新街及下瓦子等处散乐家,女童装末,加以弦索赚曲,祗应而已"③。

在元代,乐妓更是基本承担了杂剧系统中"旦"的角色演出任务。夏伯和《青楼集志》云:"'杂剧'则有旦、末。旦本女人为之,名妆旦色"。又云,到元代末期为止,元朝统治"殆将百年,天下歌舞之妓,何啻亿万,而色艺表表在人耳目者,固不多也"。④ 张择《青楼集叙》亦云:"兹记诸伶姓氏"⑤。朱经《青楼集序》既云:"历历青楼歌舞之妓",又云:"优伶则贱艺,乐则靡焉"。⑥ 可见乐妓扮演杂剧中的旦角是当时演剧通例,故有上述乐妓、女伶合论之述。从"内而京师,外而郡邑,皆有所谓构栏者,辟优萃而录乐,观者挥金与之"⑦的记叙中可看出,当时乐妓的演出活动主要是在勾栏这类公共剧场进行,具有鲜明的民间演剧的俗文化性质。

在戏曲于元代大行其道的背景下,身为名伶的乐妓与知名文人、官员的交流也颇多,如《青楼集》所记张怡云、曹娥秀、解语花、顺时秀、小娥秀、杜妙隆等乐妓,与史天泽、赵孟頫、商正叔、高克恭、姚燧、卢挚、王元鼎、张九思等公卿、名士之间交往密切,或在这些文人、大臣的宴会中歌唱侑酒,或得其题赠诗文、词曲,或受其题词、赠画。此外,还有一些官员、文人婚娶乐妓,如平章张九思娶喜春景为妾,邓州王同知娶王金带为妾,平章贯只歌娶金兽头为妾,陈云峤娶王巧儿为妾,等等。从这些记载来看,相当多的元代知名文人、高官与乐妓相狎,反映出在元代有一定名望、地位的上层文人心目中,欣赏乐妓的歌舞、戏曲表演,乃属文人雅文化活动的范畴,因此并不避忌,纷纷以题赠乐妓为常事。

而进入明代,自明初直至弘治时期以前,其间 120 多年(1368—1488)的时间跨度中,从当时及后世文人的笔记、诗文等文献来看,虽然对本时期一些乐妓的侑酒歌唱活动有一定记载,但与弘治、正德之世直至明末的乐妓活动记录对比,则在篇什上偏于稀少,其中有关乐妓擅演剧,或是在勾栏等公共剧场进行演

---

① (南宋)吴自牧《梦粱录》,山东友谊出版社 2001 年版,第 285 页。
② (南宋)吴自牧《梦粱录》,山东友谊出版社 2001 年版,第 286 页。
③ (南宋)吴自牧《梦粱录》,山东友谊出版社 2001 年版,第 287 页。
④ (元)夏伯和《青楼集志》,《中国古典戏曲论著集成》第 2 册,中国戏剧出版社 1959 年版,第 7 页。
⑤ (元)张择《青楼集叙》,《中国古典戏曲论著集成》第 2 册,中国戏剧出版社 1959 年版,第 6 页。
⑥ (元)朱经《青楼集序》,《中国古典戏曲论著集成》第 2 册,中国戏剧出版社 1959 年版,第 15~16 页。
⑦ (元)夏伯和《青楼集志》,《中国古典戏曲论著集成》第 2 册,中国戏剧出版社 1959 年版,第 7 页。

剧或歌舞表演的记录，更不多见。在为数不多的记载中，以歌唱为著名者，有在《寓圃杂记》《坚瓠集》中有所记载的明初著名乐妓齐雅秀（按，《寓圃杂记》作"齐雅秀"、《坚瓠集》作"齐亚秀"），其曾为"三杨"内阁聚会侑酒、在明成祖的宫廷宴会上进行表演，但关于其演剧活动、特别是于勾栏之中面向民间受众的演出活动，则尚待发掘。此外，《坚瓠集》中有关于其女江斗奴的记载，向我们展示了当时乐妓于勾栏演剧的情况：

> 江斗奴演《西厢记》于勾栏，有江西人，观之三日，登场呼斗奴曰：'汝得虚名耳！'指其曲谬误并科段不合者数处。斗奴恚，留之，乃约明旦当来。而斗奴不测，以告其母。明旦亚秀设酒，俟其来，延坐告之曰："小女艺劣，劳长者赐教。恨老妾瞀，不及望见光仪。虽然，尚有耳在，愿望高唱以破衰愁。"客乃抱琵琶而歌。方吐一声，亚秀即曰："乞食汉非齐宁王教师耶？何以绐我？"顾斗奴曰："宜女不及也。"客亦大笑。命斗奴拜之，留连旬月，尽其艺而去。①

按，明太祖第七子、齐王朱榑暴毙于宣德三年（1428），齐雅秀在此处提及其谥号云"齐宁王"，可见已经是宣德三年之后发生的事情。从这则材料中可以看到：宋元以来形成的乐妓演剧于勾栏的传统形式，在这一时期还有所保留；类似《青楼集》所记载的小玉梅传艺于女儿小梅枝、李芝仪传艺于女儿童童这种乐妓群体中母女演剧、歌唱技艺相传的情况，也发生于齐雅秀、江斗奴母女之间——由以上两点可以推测，至少在明代宣德时期，乐妓仍旧保留着宋元以来参与演剧、学习技艺的传统。

而与乐妓演剧传统尚得一定程度沿袭的情况相比照，原本兴盛于元代的文士、乐妓之间交流的情况，则在入明后明显弱化。兹以最易成为文士、乐妓交流文学载体的散曲创作为例，按谢伯阳《全明散曲》所录，由元入明的王子一、刘兑、谷子敬至活跃于弘治到嘉靖初年的祝允明、徐遵诲、钱福、徐霖为止，其间一百六十七十年的时间跨度中，共计 50 名散曲作者的 1 587 片（套）小令、套数作品录入。而明确涉及乐妓、女伶的作品，仅有兰楚芳、汤式、贾仲明、朱有燉、史忠、刘龙田、陈铎 7 人所写的 30 余首作品，可见反映文士、乐妓交流的相关题材作品比重较小，加之 7 位作者中，朱有燉为藩王、陈铎为世袭军职之家出身、刘龙田为书商，皆身份特殊，非传统意义上通过科举、乡荐进入仕途或者以儒学、文学闻名一方的文人才士——因此传统意义上的文人作者不过 4 人，其作品数量

---

① （清）褚人获《坚瓠八集》，《笔记小说大观》第 15 册，江苏广陵古籍刻印社 1984 年版，第 262 页。

亦递减至 7 片（套）。如此少的作家和作品数量，无疑反映出明初以来相当长一段时期内，文士与乐妓之间的交流并不活跃。

全部的 30 余片（套）作品，其内容涉及题赠乐妓、戏谑性地嘲笑乐妓、悼亡女伶、代人劝说乐妓从良、代人责骂乐妓、劝诫他人勿要沉迷于乐妓声色等几个方面，值得注意的是，代人劝说乐妓从良、劝诫他人勿要沉迷声色的作品皆出于朱有燉、陈铎两位出身优于一般文士的贵族作者之手。具体来说为：朱有燉的套数《北南吕·一枝花》"代人劝歌者从良，歌者乡外乐籍中角伎，善于歌舞"、《北南吕·一枝花》"代友人劝从良伶者"，小令《南双调·柳摇金》"戒漂荡"、《南双调·柳摇金》"再戒漂荡"，陈铎的小令《南仙吕入双调·玉抱肚》"嘲人滥于花酒"（同题小令 6 片）、《北中吕·朝天子》"戒甥好嫖"，共计 11 片（套），几近涉及文士、乐妓交流性质作品总量的 1/3。这一现象表明，一部分贵族出身的文人作家，对乐妓活动的疏离也在增强，尽管也参与乐妓活动、创作一些赠送给乐妓的文学作品，如朱有燉、陈铎均写有标题为"赠妓"的小令、内容皆是正面赞扬乐妓的才艺、相貌，但在参与这类活动的同时，观念上也表现出在"存天理、灭人欲"的理学思想及官方禁戏意识影响下，"正统文人"对乐妓有所排斥的态度，在对乐妓的评价、接受方面，形成了"既就还休"的矛盾。

笔者认为，这一矛盾心态的出现，以及同时期普通文士与乐妓交流活动减少的现象，均折射出相较于之前的元代，乐妓在明初以来其社会评价、特别是在文人群体中评价地位的下降。在元代多年不行科举的背景下，马致远、郑光祖等文人多沉沦下僚，相当部分文人作为书会才人进行戏曲创作，甚至粉墨登场参与戏班演剧，使书会才人身份的下层文士与杂剧中多承担装扮旦角任务的乐妓产生了直接的接触；加之唐宋以来文人士大夫以歌妓、女乐表演侑酒、题赠乐妓的文化传统一直得以延续，使乐妓与上层文人继续发生交流、联系，文人、乐妓交流的频繁，促进了乐妓在元代文人文化圈中实际声誉的抬升，因此才出现了《青楼集》所记载的众多乐妓通过展现杂剧技艺、侑酒时的唱曲或填曲才艺等，不仅以妆旦演剧在勾栏中博得美誉，也使名声重于文人巨卿之中。

与元代相比，明太祖朱元璋自建立吴政权时期开始，便实行科举制以选拔人才，明政权建立后又颁布近乎勒令文人投效的《大诰》，并多次通令全国举荐文士入朝，这些举措重新提升了文人的社会地位，客观上催生了文人与作为社会底层"倡优贱役"组成部分的乐妓之间的疏远倾向。同时，程朱理学在明太祖统治早期即已成为钦定的儒学正统，获得主流意识形态的强势地位，其主导的极端重视伦理秩序、压抑人性欲望等观念，使寓情乐妓歌唱、演剧活动，成为一般文人意识上受到批评、否定的行为，不再像唐宋元时期那样更多地被认可为文人儒雅风流的体现。如解缙在明太祖末期的奏疏《大庖西上封事》中，就站在理学家维护"天道人伦"的视角上，抨击"官妓非人道之所为"，并认为应"禁绝娼优，俾于变之民不迁于淫巧"，实际上将乐妓、伶人视为以歌舞、演剧来传播"淫巧之思"、破坏社会秩序的"罪魁祸首"。①

不唯如此，明初以来，明廷以成文法令、诏谕等形式，在衣饰方面确立鲜明的"士庶良贱"阶层之别，使社会意识中的阶层隔阂理念，具象化于外表装束之中：明太祖洪武三年（1371）已规定"乐妓，明角冠、皂褙子，不许与民妻同"②，后来又在洪武十二年（1379）、十三年（1380）、二十二年（1389）、二十四年（1391）又多次颁令，对服饰方面的乐妓与平民之间"良贱之别"进行更加细化规定和修改。至洪武二十四年颁令时，内容已变更为："女妓，冠、褙不许与庶民妻同"，庶民妻女"带以蓝绢布为之，女妓无带，所以别良贱也"。③ 从早先的仅在冠、褙方面进行区别，衍化到附加以衣带有无作为良、贱服饰一项区别，可见其间禁戏政令对服饰之别的细苛程度的逐渐深化。随着这类政令从明太祖统治初年直到统治后期不断重申，伴之其内容上的翻新、细节之别的强化，无疑也催动着包括文人士大夫群体在内的社会各其他阶层，对乐妓群体的疏离态度的滋长。

此外，为保持勤政清廉的官风和方正朴质的士风，明廷还先后于宣宗宣德、英宗正统年间发布政令，分别对"大小官私家饮酒辄命妓歌唱"④、各地官学生员"挟妓饮酒"⑤两种情形加以禁止。参照后来成化、弘治间（1465—1505）陆容所云"今携妓宿娼有禁，甚至罢职不叙"⑥，万历年间（1573—1620）沈德符所述"宋世学士赴院，开封府点集优伶供应，至用女妓；况本朝止役乐工，以供词臣"⑦，可以清楚地看到，这类禁令具有长久的法律效力，一直至明代后期。

禁止官员、生员挟妓饮宴、饮酒的政令，起到了以法律形式将文人群体与乐妓间的接触加以禁断的作用，在一定程度和一定时期内，有力地阻断了唐宋元三代以来一直作为文人雅文化传统的文人、乐妓间交流的延展；而其持续长久

---

① （明）解缙《大庖西上封事》，（清）黄宗羲编《明文海》，中华书局 1987 年版，第 350 页。
② （清）张廷玉《明史》卷六七《舆服志三》，中华书局 1974 年版，第 1654 页。
③ （明）何孟春《余冬序录》，周光培编《历代笔记小说集成·明代笔记小说》，河北教育出版社 1995 年版，第 12 页。
④ （明）余继登撰，顾思点校《典故纪闻》，中华书局 1981 年版，第 167 页。
⑤ （明）余继登撰，顾思点校《典故纪闻》，中华书局 1981 年版，第 213 页。
⑥ （明）陆容撰，佚之点校《菽园杂记》，中华书局 1985 年版，第 14 页。
⑦ （明）沈德符撰《万历野获编》，中华书局 1959 年版，第 272 页。

的效力，又使文人、乐妓之间的阻断作为新的传统，固化于明前期直至明末的文人群体特别是其中的官员士夫之中。虽然从文献资料看，类似明英宗、代宗时期昌平侯杨俊与京师娼女高三相狎①、刑部尚书俞士悦公子俞钦玉于成化年间（1465—1487）"游京师，客死教坊妓家"②的例证也并不鲜见，说明这些禁令在执行时的严格程度已大打折扣、其禁断的影响也并不能囊括全部文人、全体官员，但我们应当看到，正是因其有着贯穿有明一朝的法令效力的持久性，才会屡屡在各个时期被陆容、沈德符等人提及，反映出这些禁令的内容作为一种行为、观念的准则，已植入文人意识之中，被不同世代的文人所认可和墨守。

因此，在明代重视文人举用，文人群体地位迅速抬升，程朱理学的"天理""人欲"之说助力于排斥文人、乐妓间交往接触，明廷禁戏政令从服饰方面的歧视性内容甄别良贱、强化乐妓群体作为"贱役"的外在特征，特别是禁断文人群体与乐妓之间的接触，中断了长期以来的文人、乐妓间交流的传统。这几方面因素的合力作用下，明初以来，乐妓的社会地位便迅速"稳定"于"贱役"之中，社会评价也明显较元代为低，文人群体与之接触亦减少。在这种情况下，乐妓活动的相关记载、特别是演剧记载少见于文人笔记、诗文资料中，便不足为怪了。

二、明代中前叶以降士、妓交流的复苏

进入弘治、正德时期（1488—1521）以后，文人、乐妓间交流又渐趋密切，见于当时及后世记载者逐渐增多。如《明语林》记"京陵马姬，行二，善饮，众客颓废，姬神寂然。李太史本宁在坐，羡曰：'吾每恨步兵犹是男子，今转女郎'"③，《枣林杂俎》记"燕伎马玉，擅美北里，山阴余状元煌欲娶之。偶朱锦衣（按，锦衣卫南镇抚司金书朱寿宜）席上侑歌，歌《琵琶记》中'满城中，许多公与侯，何须羡状元'，余意顿沮"④，黄省曾《吴风录》亦云"至今吴中士大夫，画船携妓登山。而虎丘则自太守胡缵宗创造台阁数重，四时游客争集，寺如喧市，妓女如云"⑤，均反映了弘治、正德时期直至明末，文人群体中狎妓、以乐妓歌唱侑酒现象的盛行。狎之不足，还以知名于时的文人狎客来品评乐妓色艺，对其进行排序，对

---

① （明）王琦撰，张德信点校《寓圃杂记》，中华书局 1984 年版，第 52 页。
② （明）陆容撰，佚之点校《菽园杂记》，中华书局 1985 年版，第 172 页。
③ （清）吴肃公著，陆林点校《明语林》，黄山书社 1996 年版，第 83 页。
④ （清）谈迁著，罗仲辉、胡明校点校《枣林杂俎》，中华书局 2006 年版，第 621 页。
⑤ （明）黄省曾《吴风录》，（清）袁景澜撰，甘兰经、吴琴校点《吴郡岁华纪丽》，江苏古籍出版社 1998 年版，第 2 页。

此，李金堂注解《板桥杂记》中"品藻花案，设立层台，以坐状元。二十余人中，考微波第一，登台奏乐，进金屈卮"时，即总结云："此处所记，即'征歌选妓'之类，为名士与名妓的'风流韵事'。这类事情所在多有，就南京而言，明朝弘、正以来，颇为盛行，至万历末达于鼎极。所品评之有影响者，如'金陵十二钗''秦淮四美人''秦淮八艳'。"①

在这些文人、乐妓交流活动相关记录中，也不乏明显违反禁戏政令之规定者。明代不仅有禁令约束文武官员挟妓饮宴，还在《大明律》中明确规定："若有犯挟妓饮酒者，公侯伯罚俸一年，不许侍卫管军管事。都督以下，革去见任管事，带俸差操。"②而参照实例，可以看到这一时期该条款已在相当程度上丧失约束力：嘉靖时期(1522—1566)，胡宗先任直浙总督之初，"开府浙中，值迎春节，张筵江馆"，"选伎女二百人侍，每十人以佳者一人领之"；③徐达十世孙徐君青荫袭军职，官至南明中军都督府都督，其在明末"每当夏月，置宴河房，曰选名妓四五人，邀宾侑酒"④。此外，文人不顾名教道学的风评物议，婚娶乐妓、置为姜室的现象也屡见不鲜，如《枣林杂俎》记"故太学吴兴茅元仪姜杨宛，本吴娟也，善琴书"⑤，《板桥杂记》记明末马娇"归贵竹杨龙友"⑥，朱小大"归昭阳李太仆"⑦，卞敏"归申进士维久"⑧，顾媚"归合肥龚尚书芝麓"⑨，董白"归辟疆为侧室"⑩，等等。

这些乐妓与文人间交流趋于紧密甚至明显违背相关禁令的现象，反映出随着时间推移、时代发展，乐妓的歌唱、演剧等音乐活动，所受到的来自禁戏政令的阻滞有趋于减退的迹象；也说明在乐妓群体尚且存在的环境下，古已有之并且在唐代以来兴盛于士夫官绅中的狎妓行为，实际已成为文人文化传统中的一部分，难以为一时的禁令所彻底禁绝——这也是造成禁令效力衰减趋向的一个主因。除此之外，针对乐妓音乐活动的禁限出现松动、法令效力衰减的趋向，其成因还包含其他的方面。

---

① (清)余怀著，李金堂校注《板桥杂记(外一种)》，上海古籍出版社 2000 年版，第 50 页。
② (明)申时行《大明会典》卷一六一《律例二》，《续修四库全书》，上海古籍出版社 2002 年版，第 696 页。
③ (清)吴肃公著，陆林点校《明语林》，黄山书社 1996 年版，第 306 页。
④ (清)余怀著，李金堂注《板桥杂记(外一种)》，上海古籍出版社 2000 年版，第 58 页。
⑤ (清)谈迁著，罗仲辉、胡明校点校《枣林杂俎》，中华书局 2006 年版，第 604 页。
⑥ (清)余怀著，李金堂校注《板桥杂记(外一种)》，上海古籍出版社 2000 年版，第 42 页。
⑦ (清)余怀著，李金堂校注《板桥杂记(外一种)》，上海古籍出版社 2000 年版，第 45 页。
⑧ (清)余怀著，李金堂校注《板桥杂记(外一种)》，上海古籍出版社 2000 年版，第 39 页。
⑨ (清)余怀著，李金堂校注《板桥杂记(外一种)》，上海古籍出版社 2000 年版，第 30 页。
⑩ (清)余怀著，李金堂校注《板桥杂记(外一种)》，上海古籍出版社 2000 年版，第 35 页。

　　一者,明前期以来社会经济的发展,带动了各阶层崇尚奢靡、追求耳目声色享受的风气。早在社会相对安定、经济趋于繁荣的成化、弘治时期(1465—1505),就有人指出,作为社会构成中相对富裕的群体,文人士夫为官后,享受"饮食衣服、舆马宫室、子女妻妾,多少好受用"①。而在嘉靖(1522—1566)中后期,社会中的尚奢风气进一步发展,已达到"代变风移,人皆志于尊崇富侈,不复知有明禁,群袭蹈之"②的程度。世人在尚奢风气的引导下屡屡犯禁,势必对各项禁令效力的维持产生了极大的冲击。如在相关良贱有别的服饰禁令的影响下,"弘治正德初,良家耻类娼妓。自刘长史更仰心髻效之,渐渐因袭,士大夫不能止",至嘉靖中期,已经发展至"近时冶容,尤胜于妓,不能辨焉"③的程度。这种良家女子与乐妓在冶容方面的逐渐"趋同",反映出在当时一般人心目中良贱服饰之别的藩篱已经破除,而且这一过程中"士大夫不能止",也折射出士大夫所代表的道学理念、道德规范的力量在这场风气代变中所起的阻止作用之微弱。

　　二者,明代王阳明"心学"、李贽"童心"说等理论的盛行,使明代中后期的文人们冲破了理学"灭人欲"等观念的束缚,对乐妓歌舞活动往往采取较为通达、而非峻拒和禁绝的态度。《明史》云:"明初诸儒,皆朱子门人之支流余裔,""守儒先之正传,无敢改错";而在"别立宗旨,显与朱子背驰"的王阳明"心学""门徒遍天下,流传逾百年,其教大行"的冲击下,"嘉、隆而后,笃信程、朱,不迁异说者,无复几人矣"。④ 在这种理学禁锢趋于消解、思想风气为之一新的环境下,虽然仍有不少文人固守理学强调的修身养性、着意声色之防,以类似嘉靖丙辰进士赵灼"入官二十年,声伎之奉不接于耳"⑤的态度峻拒乐妓歌舞,但也有不少人将流连声色视为心性自由的表现加以肯定:如陈继儒即认同朱良规所云"天之风月,地之花柳,人之歌舞,无此不成三才"⑥的观念,肯定了对"人之歌舞"的欣赏欲求;袁宏道则自喻"有人隔帘闻堕钗声而不动念者,此人不痴则慧,我幸在不痴不慧中"⑦,肯定声色作为人性正常欲望的同时,也讽刺"不动念者"违背常理的"痴傻"、假道学做派的"诈慧"。在这种观念的影响下,一些地区在明代中

　　① (明)陆容撰,佚之点校《菽园杂记》,中华书局 1985 年版,第 16 页。
　　② (明)张瀚著,盛冬铃点校《松窗梦语》,中华书局 1985 年版,第 140 页。
　　③ (清)谈迁著,罗仲辉、胡明校点校《枣林杂俎》,中华书局 2006 年版,第 557 页。
　　④ (清)张廷玉《明史》卷二八二《儒林传一》,中华书局 1974 年版,第 7222 页。
　　⑤ (明)李绍文著,刘永翔点校《云间人物志》,《明清上海稀见文献五种》,人民文学出版社 2006 年版,第 215 页。
　　⑥ (明)曹臣著,陆林点校《舌华录》,黄山书社 1996 年版,第 87 页。
　　⑦ (明)曹臣著,陆林点校《舌华录》,黄山书社 1996 年版,第 89 页。

后期"宴会或邀妓杂坐宾筵,视为雅客,若非曲中人"①的现象出现,也就不足为奇了。

三者,一些知名文士以与乐妓的交流活动特别是歌唱、演剧活动为雅人韵事,这既是唐宋元以来文人、乐妓交流风习的延续,也助长了乐妓与文人交流风气在禁戏政令下的蔓延与复炽。其典型者,为正德至嘉靖时期并称于文坛的康海、王九思二人:"康德涵六十,征名伎百人为百岁会。既毕,了无一钱,第持笺命诗,送王邸处,置曰:'差胜锦缠头也。'时鄠杜王敬夫名位差亚,而才情胜之。倡和词章,流布人间,为关西风流领袖。浸淫汴、洛间,遂以成俗。"②康海大合乐妓,受到王九思物质方面的支持。而作为"关西风流领袖",两人的行为有着相当的影响力,"浸淫汴、洛间,遂以成俗"虽然似仅指两人的文学唱和而言,但也是这种影响力的体现。后来顾大猷曾"访问康、王遗伎","歌残曲,道故事",这种通过乐妓追索康、王往事的做法,本身又被目为"风流慷慨"之事,乃至于明末清初时仍为"长安少年至今传之"。③ 又如齐王孙朱国华,"以文采风流厚自标置",在"万历甲辰(1604)中秋,开大社于金陵,会海内名士,分赋受简,百二十人。秦淮名妓马湘兰以下四十余人,咸相为缉文墨,理弦歌",被目为"承平盛事","至今白下艳称之"。④ 可见对当时的文人而言,在文学聚会中以乐妓服侍其间,已非有损于个人品行、应予抵制的行为,而是走向代表着"盛事""风流"的方向,成为全城为之艳羡的雅事。

三、乐妓演剧传统之变与禁戏政策的影响

虽然禁戏政令在明代弘治、正德时期以降,其对乐妓歌唱、演剧活动的约束力呈现衰减的趋势,但并不意味着禁戏政策对具体乐妓活动的影响就此也随之全面消解。由于禁戏政令相关各项条款虽然或出于诏令或出于法律,但在实际上已经几近构成一个严密的政策体系,并在法理上有着延至明末的效力、得到长期执行,因此禁戏政策仍具有一定的管控效力。但是与明初以来相当一段时期,禁戏政策的影响突出表现为文人、乐妓交流的疏离态势不同,作为禁戏政策长期影响的反馈,在这一时期其影响更明显而直接地表现为乐妓演剧活动本身

---

① 崇祯《松江府志》卷七《风俗·俗变》"声伎之变"条,《日本藏中国罕见地方志丛刊》,书目文献出版社 1991 年版,第 188 页上栏。

② (清)吴肃公著,陆林点校《明语林》,黄山书社 1996 年版,第 225 页。

③ (清)张怡撰,魏连科点校《玉光剑气集》,中华书局 2006 年版,第 668 页。

④ (清)张怡撰,魏连科点校《玉光剑气集》,中华书局 2006 年版,第 664 页。

所产生的变化方面。

从一些资料看，乐妓演剧作为自元代以来的常见的活动，在明代中后期仍在一定程度上活跃于民间赛社场合：如田汝成《西湖游览志余》云，杭州迎春赛会时，"选集优人、戏子、小妓，装扮社伙，如《昭君出塞》《学士登瀛》《张仙打弹》《西施采莲》之类"①；范濂《云间据目钞》记载，松江地区嘉靖末年以来"每年乡镇二、三月迎神赛会"，后来"又增妓女三四十人，扮为《寡妇征西》《昭君出塞》，色名华丽尤甚"②，又在"万历辛卯，郡有奸徒二十余人忽谋建小武当于南门外"，并以"迎祖师登殿"为名举行赛社活动，动用"戏子、妓女约十余班，鼓乐旌灯无算"③；等等。

与乐妓演剧在赛社场合的活跃相比，本为元代所盛行的乐妓面向民间受众、于勾栏之中的演剧活动，则随着勾栏这一公共演剧场所在明代的衰颓，走向萎靡，乐妓的音乐活动也多转向面向私人小众的唱曲为主，元代本有的装扮杂剧旦角、在勾栏中进行的公共演剧传统，也逐渐转变为面向熟客的私人化、客串性质的"串戏"。造成这一转变的成因众多，其中源出禁戏政策的一些具体影响不容忽视。约成书于崇祯时期（1628—1644）的白话小说集《鼓掌绝尘》其第三十三回《乔小官大闹教坊司 俏姐儿夜走卑田院》中有段关于南京地区乐妓生活的描述：

> 张秀却不过意，一日与陈通道："哥哥，小弟几年不到构栏里去，不知如今还有好妓女么？"陈通道："张大哥，你还不知道，近来世情颠倒，人都好了小官，构栏里几个绝色名妓，见没有生意，尽搬到别处去赚钱过活。还有几个没名的，情愿搬到教坊司去习乐当官。"④

此所谓"小官"即指俊俏青年男子，"构栏"即"勾栏"，其含义在这里由演剧场所转指为妓院。民间"世情颠倒，人都好了小官"则突出地反映了禁戏政策具体条令所衍生的影响、对乐妓群体的冲击——考之明人笔记资料，当时"小官"乃与"小唱"密切相关：

> 今天下言男色者动以闽广为口实，然从吴越至燕云，未有不知此好者也。

① （明）田汝成《西湖游览志余》，上海古籍出版社 1980 年版，第 354～355 页。
② （明）范濂《云间据目钞》，《笔记小说大观》第 13 册，江苏广陵古籍刻印社 1983 年版，第 113 页。
③ （明）范濂《云间据目钞》，《笔记小说大观》第 13 册，江苏广陵古籍刻印社 1983 年版，第 113 页。
④ （明）金木散人《鼓掌绝尘》第三十三回《乔小官大闹教坊司 俏姐儿夜走卑田院》，《古本小说集成》，上海古籍出版社 1991 年版，第 972～973 页。

陶谷《清异录》言："京师男子举体自货，迎送恬然。"则知此风唐宋已有之矣。今京师有小唱，专供缙绅酒席，盖官伎既禁，不得不用之耳。其初皆浙之宁绍人，近日则半属临清矣，故有南北小唱之分。然随群逐队，鲜有佳者。间一有之，则风流诸缙绅，莫不尽力邀致，举国若狂矣。此亦大可笑事也。外之仕者，设有门子以侍左右，亦所以代便辟也，而官多惑之，往往形之白简，至于娟丽儇巧，则西北非东南敌矣。①

小唱在莲子胡同，门与倡无异，其殊好者，或乃过于倡，有耽之者，往往与托合欢之梦矣。倡家见客，初叩头惟谨，今惟小唱叩头，然非朝士亦否也。小唱出身，山东临清、浙江之宁绍，朝士有提挈之者，或至州县佐贰，次则为伶人。②

京师自宣德顾佐疏后，严禁官妓，缙绅无以为娱，于是小唱盛行，至今日几如西晋太康矣……甲辰乙巳间，小唱吴秀者最负名。首揆沈四明冑君名泰鸿者，以重赂纳之邸第，嬖爱专房，非亲狎不得接席。③

可见宣德时期废止官员挟妓饮宴后，男性"小唱"在缙绅宴会中取代了乐妓原有的侑酒歌唱职能，并最终朝向男色方面发展，"门与倡无异"即表明了这一性质；而一旦"小唱"中有"佳者"，在"风流缙绅"中可引起"举国若狂"的追捧，则反映了当时其风气于上层文人间的盛行。发展到晚明时期，"小唱"见客时虽按理应沿袭娟妓叩头礼节，但"非朝士亦否也"，反映出"小唱"作为男色风气，经历了一个由缙绅群体到社会其他群体的自上而下的传播过程，因此光顾"小唱"者也不仅限于作为"朝士"的缙绅群体——很可能"小唱"所代表的男色风气被目为文人风流雅事而受到其他各社会群体的追捧，是以出现了这一由缙绅及于民间的自上而下风气的传播与盛行，以至《鼓掌绝尘》所谓"人都好了小官"，"构栏"中的名妓反倒没了生意。

在这种背景下，"小唱"的音乐活动，对同样与文人群体关系密切的乐妓音乐活动产生影响，也就不足为奇：在"小唱"于宣德以降逐步兴起后，其所承担的主要表演形式为清唱，"小唱"因向男色方面的发展而带动的社会各群体的追捧，则附带着也推动了清唱的盛行，由是与文人文化活动相关联的乐妓音乐活动，也就在明代逐渐呈现出了重清唱的趋向。如《警世通言》第二十四卷《玉堂春落难逢夫》、《鼓掌绝尘》第十二回《乔识帮闲脱空骗马 风流侠士一诺千金》中

---

① （明）谢肇淛《五杂组》，上海书店出版社 2001 年版，第 146 页。
② （明）史玄《旧京遗事》，北京古籍出版社 1986 年版，第 25 页。
③ （明）沈德符撰《万历野获编》，中华书局 1959 年版，第 621 页。

的描写：

（王三官初见玉堂春时）公子上坐，鸨儿自弹弦子，玉堂春清唱侑酒。弄得三官骨松筋痒，神荡魂迷。①

老鸨要生心科派，设一大席酒，搬戏演乐，专请三官、玉姐二人赴席。②

到了次日，俞公子果然整酒在杏花亭上，特请林二官人与娄公子。又去叫了两个粉头陪酒，一个名唤刘一仙，一个名唤秦素娥。他两个元是汴京城中数一数二的妓者，一个品得好紫箫，一个唱得好清曲。大凡士大夫人家，有着酒便来寻他两个官身。③

刘一仙道："俞相公，如今的清客都吹着纸条儿，合了曲子，因此我们衍衍家就不道品箫了。"娄公子道："二位可晓得吹纸么？"刘一仙道："奴家略学些儿。"娄公子道："便请教一个儿罢。"刘一仙遂向衫袖里拾出小小一块白纸条儿，这秦素娥就将一柄棋盘金的扇子，按着腔板，低低唱道："……"④

其中可见，玉堂春、刘一仙、秦素娥都以清唱侑宴，而且玉堂春很可能并不像元代乐妓那样善于装扮演剧，因此老鸨需要另寻其他人等"搬戏演乐"以榨取王三官财物；刘一仙、秦素娥则"一个品得好紫箫，一个唱得好清曲"，也不涉及演剧。从"大凡士大夫人家，有着酒便来寻他两个官身"来看，文人士夫的宴会场合也以清唱为尚，而非乐妓扮装演剧；而乐妓音乐活动受此影响，也尽量模仿清曲家的习尚，"吹着纸条儿，合了曲子，因此我们衍衍家就不道品箫了"，呈现出"文人所好，乐妓效之"的文化影响。

与小说中的描写相对应，现实中的乐妓音乐活动也对元代以来的装扮演剧传统呈现出一定的疏离态势。余怀记晚明南京地区"名妓仙娃，深以登场演剧为耻，若知音密席，推奖再三，强而后可，歌喉扇影，一座尽倾，主之者大增气色，缠头助采，遽加十倍"⑤。张岱则云："南曲中妓，以串戏为韵事，性命以之。"⑥两处记载一曰"深以登场演剧为耻"，一曰"妓以串戏为韵事"，看似矛盾，实际为一

① （明）冯梦龙《警世通言》第二十四卷《玉堂春落难逢夫》，人民文学出版社1956年版，第343页。
② （明）冯梦龙《警世通言》第二十四卷《玉堂春落难逢夫》，人民文学出版社1956年版，第343页。
③ （明）金木散人《鼓掌绝尘》第十二回《乔识帮闲脱空骗马 风流侠士一诺千金》，《古本小说集成》，上海古籍出版社，第381页。
④ （明）金木散人《鼓掌绝尘》第十二回《乔识帮闲脱空骗马 风流侠士一诺千金》，《古本小说集成》，上海古籍出版社，第382～383页。
⑤ （清）余怀著，李金堂校注《板桥杂记（外一种）》，上海古籍出版社2000年版，第11页。
⑥ （明）张岱《陶庵梦忆》，汕头大学出版社2009年版，第595页。

种现象：正是乐妓群体中生成了以演剧为耻的心态，所以登场演剧并不常于秦楼楚馆，乐妓只在"知音密席"且"推奖再三"的情况下演剧，以"缠头助采，遽加十倍"的声价之贵、对"主之者大增气色"的个人名誉之影响，因而成为带有雅文化色彩的韵事；而且因演剧效果的好坏涉及乐妓自身声价和"主之者"知音识曲之名的增损，是故"性命以之"，搬演态度十分认真。张岱《陶庵梦忆·过剑门》中后半部分的叙述也涉及这一点："杨元、杨能、顾眉生、李十、董白以戏名，属姚简叔期余观剧"，实际就是余怀所说的"知音密席"这种情况。而张岱此次观剧并进行相应指导后，"嗣后曲中戏，必以余为导师，余不至，虽夜分不开台也。以余而长声价，以余长声价之人而后长余声价者，多有之"①，表明了在乐妓"深以登场演剧为耻"的前提下，以演剧闻名的乐妓与善于点拨演剧技艺的文人之间，声价、名望有着明显的互相影响。

同时，值得注意的是，与余怀"深以登场演剧为耻"所述相呼应，张岱称呼乐妓演剧为"串戏"，意即指乐妓演剧已不是像元代《青楼集》所记乃为乐妓中常见甚至属于其音乐职能之一的活动，而是转变为客串性质的非职业性演出，乐妓也因此成为明代演剧活动中身份特殊的女性串客。而且这类串戏活动也在场合、文化范畴上与元代乐妓的勾栏演剧不同：勾栏演剧是面向民间各群体、各层阶的商业性演剧，带有浓郁的俗文化气息；而晚明的乐妓串戏乃是在少量知音熟客的宴集中进行，观赏者也基本是有相当音乐欣赏水平和文化程度的文人雅士，因此这类串戏活动成为私人场合下、带有雅文化色彩的"韵事"。

尽管串戏被抬升为"韵事"，但晚明时期秦淮乐妓中以演剧知名者数量并不多，除了张岱所提到的"杨元、杨能、顾眉生、李十、董白以戏名"之外，参之沈德符《顾曲杂言》、余怀《板桥杂记》，则不过增补曾于万历甲辰(1604)赴吴中为王稚登贺寿而演出《北西厢记》的马湘兰、巧孙，以及擅唱北曲的万历末期乐妓传寿，明末"专工戏剧排场，兼善生、旦"②的尹春等数人而已。其余知名乐妓，则多以清唱或琴、箫等器乐的演奏出名，如：李大娘小大"置酒高会，则合弹琵琶、筝，或狎客沈云、张卯、张奎数辈，吹洞箫、笙管，唱时曲。酒半，打十番鼓③，卞赛、卞敏姐妹皆善于"画兰鼓琴"④，顿文"学鼓琴，雅歌《三叠》，清泠泠然，神与之浃，

---

① （明）张岱《陶庵梦忆》，汕头大学出版社 2009 年版，第 595～596 页。
② （清）余怀著，李金堂校注《板桥杂记（外一种）》，上海古籍出版社 2000 年版，第 22 页。
③ （清）余怀著，李金堂校注《板桥杂记（外一种）》，上海古籍出版社 2000 年版，第 27～28 页。
④ （清）余怀著，李金堂校注《板桥杂记（外一种）》，上海古籍出版社 2000 年版，第 37～38 页。

故又字曰琴心云"①,沙才"善弈棋、吹箫、度曲"②,马娇"知音识曲,妙合官商,老伎师推为独步"③,等等,反映出晚明秦淮乐妓对演剧串戏并非全然热衷,清曲演唱仍旧是其音乐活动中的主要构成。

四、余论

元以来的乐妓充当旦角、进行扮装演剧的传统至晚明呈现出明显的中断态势。由于有关乐妓心态等的记载不明,乐妓群体轻视扮装演剧的成因尚无明确的资料以形成相应论据,但笔者认为考查这一问题时,以下几点的影响不可忽略。

(1)长期以来音乐欣赏讲求"丝不如竹,竹不如肉"的传统,使清唱因其趋近自然的美学特征,在社会的传统认识上有相当的认可度与美誉度,自元代《唱论》至明代《方诸馆曲律》,凡论唱曲,均以清唱为歌唱技艺中之至高者,这也反映出清唱长期以来受到文人追捧。而明代缙绅大夫宴席之上"小唱"的盛行,更进一步促进了清唱活动在文人雅文化圈的繁荣,进而成为文人雅文化音乐活动的一个标识。这也促使与文人文化活动密切相关的乐妓音乐活动,向着重视清唱的新习尚发展。

(2)与清曲形成对照的是,职业性的演剧活动地位在明代禁戏政策影响下,社会评价和文化地位迅速降低。在保守文人看来,职业伶人的演剧不过是"戾家把戏"演"我家生活"④。而受此影响,明代文人的曲学著作对伶人也所记甚少或忽略不计。如李开先《词谑》的"词乐"部分,广记全国范围内的知名清曲家及"小唱"和"家乐"性质的善歌唱仆、乐工,偶涉及演剧者,仅为串戏的良家子弟颜容,通篇绝无出身江湖戏班或教坊司伶人的记载,可见优伶作为职业演剧人员,在身份认同方面与清曲家、"小唱"、"家乐"成员、业余串客之间的巨大差异。这种歧视性的评价体制,也势必影响到乐妓对元代以来承担扮旦演剧职能这一传统的承袭。

(3)明代禁戏政策下职业演剧人员地位低下:虽然笼统上讲"倡优隶卒"四者皆属"贱业",但"倡、优"之间在明代仍有一定的层级区别,如明初以来所制定

---

① (清)余怀著,李金堂校注《板桥杂记(外一种)》,上海古籍出版社 2000 年版,第 40 页。
② (清)余怀著,李金堂校注《板桥杂记(外一种)》,上海古籍出版社 2000 年版,第 41 页。
③ (清)余怀著,李金堂校注《板桥杂记(外一种)》,上海古籍出版社 2000 年版,第 43 页。
④ (明)朱权《太和正音谱序》,《中国古典戏曲论著集成》第 3 册,中国戏剧出版社 1959 年版,第 24 页。

的着装制度中，"乐妓，明角冠，皂褙子，不许与民妻同"；而作为教坊司伶人之妻女的"教坊司妇人"，则"不许戴冠，穿褙子"。① 这意味着在身份上，伶人及其妻女比乐妓尚且低一等，在这种背景下，乐妓选择包括清唱在内的其他音乐活动，而耻于演剧，从而不与备受歧视的伶人为伍，也就是情理之中的了。

---

① （清）张廷玉《明史》卷六七《舆服志三》，中华书局 1974 年版，第 1654 页。

和刻本《王阮亭诗选》考论

贺 琴*

摘 要:《王阮亭诗选》是江户时期较早的王士禛诗选,编者韩珏有意为初学者树立典范,指明路径,以金荣《渔洋山人精华录笺注》为底本,对王士禛诗作进行了精选,反映了他明确的反对清新宋诗风、推崇唐诗的诗学倾向,是江户中后期唐宋诗之争的产物。这种由清人而及唐、宋的选本批评方式反映了当时汉诗学观念的多元化,在江户后期诗坛具有代表性。

关键词:《王阮亭诗选》;韩珏;清新宋诗风;宗唐

清初王士禛以神韵诗学主盟康熙诗坛,其诗文集如《渔洋诗钞》《渔洋文略》《渔洋山人精华录》在清中期以后传入日本,对江户诗坛的理论与创作都产生了较大影响。江户后期出现了一些日本学者、诗人选编的王士禛诗歌选集,反映了不同阶段、不同流派日本诗人对王士禛诗学的接受。《王阮亭诗选》是现存较早的和刻本王士禛诗选,体例与选目上都体现出编者明确的诗学倾向,是江户中后期诗坛风气转移背景下的产物。

一、编者韩珏及其编选目的

《王阮亭诗选》刻于文化十年(1813),伊势津文台屋庄左卫门刊活字印本,四周双边,上单鱼尾,版心上方题"王阮亭诗选",下方标页码,半页八行,行十六字,分为"乾""坤"二集,卷首依次载文化八年编者韩珏所撰自序、《渔洋山人精华录》程哲原序、《渔洋山人戴笠像》、凡例、文化八年孙福公裕(1791—1853)跋,及诗选目录。此书六卷,分体编次,卷一为五言古诗 34 首(目录为 32 首),卷二为七言古诗 19 首,卷三为五言律诗 28 首,卷四为七言律诗 26 首,卷五为五言绝句 12 首,卷六为七言绝句 73 首,共选入王士禛诗作 192 首。

韩珏(1772—1830),名山口凹巷,别姓韩,字联玉,又字大年,号杨庵、巅庵。生于山田一志久保町(今三重县伊势市),本为远山文圭次子,人称长二郎,后为

---

* 贺琴,博士,中国海洋大学文学与新闻传播学院讲师,研究方向为明清诗学与文献。

会弥町师职山口氏养嗣,改姓山口,称角(觉)太夫。韩珏是江户后期的汉诗人,松下忠《江户时代的诗风诗论——兼论明清三大诗论及其影响》将其列为第三期七十二位诗人之一,他与河崎敬轩(1772—1818)、北条霞亭(1780—1823)等成立恒心诗社,并建立乡校。恒心诗社是江户后期伊势山田的一个地域性诗社,主要成员有韩珏、北条霞亭、河崎敬轩、西村维祺、东梦亭等①,文化十年社员聚会的锄雨亭落成时,韩珏曾有诗云:"社拟月泉快吾意,时振衰弱流海邦。"②可见恒心社有意效仿宋末元初月泉吟社。韩珏是恒心社的盟主,对成员的汉诗创作多有指导,东梦亭云:"凹巷先生好称故人门生诗,见其所不妥帖,辄必苦思改之,如吾诗然,甚至全篇涂抹,不存一字,故吾社诗斐然可观。"③社员高木舜民的《呆翁竹谱》、北条霞亭的《霞亭涉笔》《嵯峨樵歌》皆经韩珏笔削。韩珏交游广泛,他是皆川淇园门人,又曾从菅茶山学,与梁川星岩、龟田腾斋等皆有交往。梁川星岩云:"昌黎心折孟东野,何逊肩随范彦龙"(《初逢韩联玉》)④,菅茶山云:"尤忻今世昌黎伯,温藉终非木疆人"(《呈韩联玉》)⑤,皆以韩愈比之。韩珏在汉诗的理论、创作、诗坛活动等方面都有所建树,其《樱叶馆全集》《绿窗诗话》今未见传本,《东奥记行》《天桥纪行》《芳野游稿》《游月濑记》等,收录在《纪行日本汉诗》中。《游月濑记》记载游览月濑梅林(今属奈良县)之胜,以七律、七绝颂之,"清新高妙,与梅花争格,远近传诵而属和,世间乃知有月濑实从先生始"⑥。当时诸多汉诗人如菅茶山、冈本花亭、北条子让、西村昌言、河崎敬轩等皆有唱和。龟田鹏斋云:"势南诗人以韩联玉、北条子让(霞亭)二子为翘楚焉,当今秉笔者皆许之"⑦可见山口凹巷在江户后期诗坛有一定影响。

---

① 关于恒心社的成员、活动等情况,可参看〔日〕山本佐贵《近代后期诗社的学习活动——以伊势山田恒心社为例》(近世後期の詩社における学習活動—伊勢山田恒心社を事例として—),《広島大学大学院教育学研究科紀要》,2001 年第三部。

② 〔日〕东梦亭《锄雨亭随笔》,蔡镇楚主编《域外诗话珍本丛书》(第 5 册),北京图书馆出版社 2006 年版,第 4 页。

③ 〔日〕东梦亭《锄雨亭随笔》,蔡镇楚主编《域外诗话珍本丛书》(第 5 册),北京图书馆出版社 2006 年版,第 18～19 页。

④ 〔日〕梁川星岩《星岩甲集》,〔日〕富士川英郎、〔日〕松下忠、〔日〕佐野正巳编《诗集日本汉诗》(第十六卷),东京汲古书院 1990 年版。

⑤ 〔日〕菅茶山《黄叶诗后编·卷五》,〔日〕富士川英郎、〔日〕松下忠、〔日〕佐野正巳编《诗集日本汉诗》(第九卷),东京汲古书院 1985 年版。

⑥ 〔日〕韩珏《游月濑记》,〔日〕富士川英郎、〔日〕佐野正巳编《纪行日本汉诗》(第二卷),东京汲古书院 1991 年版。

⑦ 〔日〕龟田鹏斋《骥蠡录序》,〔日〕河崎敬轩《骥蠡日记》卷首,〔日〕富士川英郎、〔日〕佐野正巳编《纪行日本汉诗》(第三卷),东京汲古书院 1992 年版。

　　韩珏在汉诗创作、理论、诗社活动之外，还编选汉诗集，有《王阮亭诗选》《苏州高太史二诗钞》，后者选明代高启之诗，今未见传本。《王阮亭诗选》六卷收入《和刻本汉诗集成》补编第四辑中，长泽规矩也解题著录为"（山本）珏（凹巷）编"①，"日本所藏中文古籍数据库"亦著录为"山本珏"。然检索文献，并无"山本珏"相关信息。根据韩珏的经历，其 14 岁成为山口氏的养嗣，继承了山口氏的御师之职，改姓山口。以"山口珏""山口凹巷"检索文献，其生平、著述等皆有迹可循，且《王阮亭诗选》卷一题名为"势南韩珏联玉"，松下忠亦以"山口凹巷"称之，长泽规矩也著录为"山本珏"未知何故。江户时期改姓的情况较多，韩珏姓氏由"远山"改为"山口"，至于是否有改姓"山本"的情况，尚未有直接的证据，故难以判断长泽规矩也著录是否有误。然"山本珏"确会造成一定的困惑，在文献检索及研究过程中需要注意。

　　关于《王阮亭诗选》的体例，韩珏在《凡例》中云：

　　先生本集编年不分体，今余所撰各体分部，不由年次，欲使初学从其所索古诗，自古诗新体，自新体连读通观也。

　　本集附先生季表，今独存程圣跋序，序中可见先生一世用力于诗之大要，故年表则省而从简。

　　金氏笺注剖毫析厘，出处历然具载，不为无功，但子才类书之诮亦坐之，今去注脚，间存一二，以便初学。先生尝云"解识无声弦指妙，柳州那得并苏州？"苟解无声，何须饶舌说到，世之与子才者亦那知此。

　　初撰遇佳境妙处，必加圈点，要使读者眼精易注，及再誊附剞劂，误漏之，恨不可补，然诗之佳恶固在全篇，其可摘句嘉赞者，本集尚多，有之断而不取焉。②

　　从《凡例》来看，《王阮亭诗选》的底本是金荣的《渔洋山人精华录笺注》（下文简称"笺注"）。王士禛《渔洋山人精华录》刻于清康熙三十九年（1710），分古、今体编次，康熙四十九年（1720），昆山人金荣编《笺注》，至雍正十二年（1734）完成并刊刻，体例上由分体改为编年，并附有《渔洋山人自撰年谱》。根据大庭修《江户时代唐船持渡书研究》所附《齎来书目》《书籍元帐》《商舶载来书目》等的记载，《笺注》最早在宽政六年（1794）东传日本，此后在弘化、嘉永年间多次传

---

①　〔日〕长泽规矩也《和刻本汉诗集成补篇》（第 20 辑），东京汲古书院 1977 年版，第 1 页。
②　〔日〕韩珏《王阮亭诗选》，日本文化十年（1813）刊本，卷首。

入①。《渔洋山人精华录》作为王士禛诗歌的选本，流传广、影响大。在金荣的《笺注》，惠栋的《训纂》传入日本后，江户汉诗人、学者多以之为底本对王士禛诗歌进行再次选定，韩珏的《王阮亭诗选》是其中较早的一种，距离《笺注》最初传入日本不到 20 年。

韩珏编选此集目的是为日本汉诗初学者确立典范，集中字行间有反点及送假名的符号，便于日本读者理解和学习，在体例上也打破了金荣《笺注》的编年体例，而分体编次，"欲使初学从其所索古诗，自古诗新体，自新体连读通观也"。作为精选本，《王阮亭诗集》未载《年谱》，仅录程哲原序，以明王士禛生平大概。金荣《笺注》对王士禛诗的背景、本事、典故出处等做了细致的注解，但对于初学者来说未免艰深。韩珏删去注解，简存一二，以便初学。最后，此集本有圈点，但刊刻时误漏，今书中亦未有体现，侧面说明集中之作应是经过了编者审慎品评之后所选，是其审美意趣的体现。

作为恒心诗社的领袖，韩珏在江户后期诗坛有一定的声望，他编选《王阮亭诗选》是为初学者指明路径，确立审美典范，以期改变宋诗风影响下的轻浮风气，因此在其中表达了明确的批评观念。

二、批评观念：对宋诗风的拒斥

《王阮亭诗选》出现在江户后期清新宋诗风兴起的时期，然而，从自序及所选之作来看，韩珏在此集中表现出对这种趋势的不满，有明确的批评意识，自序云：

余六七年前著《绿窗诗话》，其中论王阮亭曰："清朝诗人当以阮亭为第一。阮亭叠用故事，多下注脚，袁子才诮之，谓为类书，不近诗。然集中窥王、孟者，是尤其得意处，岂子才辈所能企哉？"云江府诗家多兴子才，盖为淫靡所魅，道眼不高之故乎。尝欲撰阮亭佳诗以示初学，亦未果。今兹辛未孟春，属少暇，因终前志。闻江府以诗相竞者，率止绝句，视人作古体，若律诗，稍少涉奇。古者谓伧父，后时好而晒之。呜乎，绝句亦难。然诸体中尤其以风韵胜，不关学力，又其好处，一见易知者莫若绝句。故肤浅轻敏之徒趋其易为，力急于庾之而喜人。至不难解者，如体裁则甘受杨万里、袁宏道辈余唾，抑亦紫色蛙声，所不必论列也。有一士人少学画，颇解，再上所题只句片语，便以风流好尚自负。偶来余斋

---

① 《渔洋山人精华录笺注》在宽政六年（1794）传入 2 次，弘化三年（1846）传入 1 次，嘉永五年（1852）传入 1 次。

中,晚经史曰:"是等书何关我事?"其喜新奇学,不务根本,千里同弊,非可叹之甚乎。江府殷盛,五方所辐凑,乃流毒之被世亦速,殆不可救云。撰阮亭诗初学宜读者,何至于此六朝三唐及宋、元、明皆可博涉通览,独有斯撰? 姑举其近者,是亦喻人之法。其读之一二兴起者,庶或回颓风以知正始之归矣。①

　　韩珏的自序表明其编选《王阮亭诗选》有明确的指向性,他对当时的诗坛风气颇为不满,总体上指出了体裁与风气上的两大弊端:其一,在体裁上,时人好学绝句,而不重古体、律诗,流于轻浮;其二,多学袁枚、杨万里,喜新奇而不务根本,"为淫靡所魅,道眼不高之故"。韩珏认为王士祺之诗为清人第一,六朝、三唐、宋、元、明皆可博涉通览,故以之为范本,为初学者指明路径,意图纠正时弊。

　　不论是体裁还是风格,韩珏所针对的显然是江户后期诗坛上盛行的清新性灵派诗风。江户时期的诗风在元禄(1688—1703)后,以荻生徂徕为代表的萱园派(又称古文辞派)与以木下顺庵为代表的木门派倡导复古,使文学脱离了经学的附庸地位,唐诗、明诗盛行一时。宽政(1789—1800)以后,随着萱园派拟古弊病的日益凸显,诗坛风气开始转变,之前受萱园派影响的诗人、学者如六如上人、市河宽斋、良田蜕岩等反思弊端,将目光转向宋诗。山本北山在抨击萱园派的同时,倡导袁宏道的性灵说,主张清新性灵,推动宋诗风大盛。韩珏编选《王阮亭诗选》正是清新性灵诗风兴起的时期,而他的诗学倾向与时人不同,以古文辞派的观念针对当时的诗坛风气提出批评,序中所言的现象在江户后期诗坛皆有不同程度的表现。

　　首先,关于体裁,日本汉诗自五山文学时期逐渐形成辨体意识,绝句开始流行,至江户后期蔚然成风,"当世诗人专精神役此一体,故巧于七绝者多矣"②。很多汉诗人以绝句尤其是七绝为长,如六如上人、市河宽斋、大洼诗佛、菊池五山、藤井竹外等,清新性灵派宋诗风对绝句流行起到了较大的推动作用,菊池五山论古体诗与七绝云:"弦外有音,味外有味,会到此境二十八字即摩尼宝珠,何必造八万四千塔方始为至哉?"③清新性灵派诗人还刊刻了较多的绝句选本:市河宽斋(1749—1820)编选杨万里、范成大、陆游绝句为《三家妙绝》;大洼诗佛与山本谨选《宋三大家绝句》,与菊池五山选《广三大家绝句》;馆柳湾编《中唐二十

　　① 〔日〕韩珏《王阮亭诗选》,日本文化十年(1813)刊本,卷首。
　　② 〔日〕广濑淡窗著,张宇超编译《广濑淡窗汉诗集》,上海大学出版社 2018 年版,第 190 页。
　　③ 〔日〕菊池五山《五山堂诗话》,蔡镇楚主编《域外诗话珍本丛书》(第 2 册),北京图书馆出版社 2006 年版,第 388～389 页。

家绝句》《晚唐百家绝句》;等。这种风气一直延续到明治以后。日本对七绝的偏好首先是从创作实践中形成的一种习惯,绝句简短,较易入门,皆川淇园的汉诗就以七绝入手,曾云:"其于体,当先从绝句始,绝句用辞不多,篇法易习之已熟,则虽古诗、律体篇法既亦皆成于其中矣。"①广濑淡窗也有类似的观点:"学诗之前后,童子无学之辈,先学绝句,次律诗,次古诗。若学力既备而后学诗者,则由古诗入而及律绝。若先古诗后律绝,由本及末,则顺;若先律绝后古诗,由末及本,则逆,不如事之顺。然古诗非学力不能作,故不得不先律绝,亦所谓倒行逆施也。"②可见,由绝句入手是一种较为有效的速成之法。其次,七绝的盛行,也与江户后期诗社林立的背景有关:"当今于三都流行之体,无盛于七绝,是为引贵人及町人之富贵者入其社中而为之计策也。如此之辈,才为素读之事,便欲称为诗人,故于绝句之外无处用力焉。主盟者知其情,故称诗之妙在绝句。又抄录古今之诗集,专取七绝而行于世。冀入社者之多,其书易行耳。"③七绝成为标榜声气、招徕门人的一种有效的手段,有较为实际的功利性目的。这种功利性一是为满足初学者创作的成就感需求;二是扩大社团声势,为社团吸引富贵之人入社。然而,绝句盛行之下,其弊端也显而易见,如韩玞序中所言"故肤浅轻敏之徒趋其易为,力急于庾之而喜人,至不难解者",绝句"非关学力",较为易学,一些学诗者止步于此而不求根柢,流于轻浮。

其次,从江户后期诗坛的创作风气而言,韩玞序针对诗坛推崇杨万里、袁宏道提出批评,认为不仅在体裁上拾人余唾,在风气上务喜新奇,道眼不高,并导致诗坛的淫靡。而其最为不满的是袁枚对王士禛的批评。袁枚在《仿元遗山论诗》其一云:"不相菲薄不相师,公道持论我最知。一代正宗才力薄,望溪文集阮亭诗。"④他评价王士禛"才力薄",并认为王氏"到一处必有诗,诗中必用典,可以想见其喜怒哀乐之不真矣"⑤。袁枚对王士禛的批评随着二人诗集、诗话等传入日本,在江户诗坛也形成了壁垒较为分明的两种阵营,如长野丰山所言:"王阮亭、袁子才论诗各有得失,近日诗流喜子才者骂阮亭,学阮亭者排子才,所谓以

---

① 〔日〕皆川淇园《淇园诗话》,蔡镇楚主编《域外诗话珍本丛书》(第 5 册),北京图书馆出版社 2006 年版,第 594 页。
② 〔日〕广濑淡窗著,张宇超编译《广濑淡窗汉诗集》,上海大学出版社 2018 年版,第 166 页。
③ 〔日〕广濑淡窗著,张宇超编译《广濑淡窗汉诗集》,上海大学出版社 2018 年版,第 166 页。
④ (清)袁枚著,王英志编《袁枚全集新编》(第 3 册),浙江古籍出版社 2015 年版,第 644 页。
⑤ (清)袁枚著,王英志编《袁枚全集新编》(第 8 册),浙江古籍出版社 2015 年版,第 87 页。

宫笑角,以白诋青,不亦固乎?"①随着清新性灵派的盛行,袁枚的诗风、诗论风靡一时,由此也带来创作风气的变化,松下忠将"诗坛的淫靡"视作江户第三期诗坛(1760—1836)的特征之一,具体表现为艳诗淫风、狂诗及竹枝词的大量出现,其中不乏当时影响较大的诗家,如大窪诗佛、中岛棕隐等人的香奁体、竹枝词在当时颇为流行,引领一时潮流。津阪东阳批评当时以竹枝写情诗的风气:"如国雅者流好咏花柳闲情,甚或藉之为花鸟使,辞气鄙倍,使人不胜闻,夫以移风易俗之具,反为诲淫诱邪之媒。"②这种风气在韩珏看来,正是清新宋诗风所导致的,故而在序中批驳袁枚、杨万里、袁宏道等人。韩珏的这种观点并非个例,长野丰山、斋藤拙堂、古贺侗庵等人也持类似观点。长野丰山将袁枚与王士禛相对比,认为:"袁子才《随园诗话》,其所喜只是香奁、竹枝,亦可以见其人品矣。子才意气欲驾渔洋而上之,然其才学不足望渔洋,何能上之耶?"③当然,江户后期诗坛风气的变化是文化下移过程中对市民文化的一种反映,同时也是汉诗本土化进程中的一环,而清新宋诗风的推动作用也不容忽视。

从诗歌体裁到创作风气,韩珏对于清新宋诗风影响下的诗坛在观念上颇不认同,所以编选《王阮亭诗选》为初学者之示范,"回颓风以知正始之归",纠正诗坛的弊端。韩珏为何将王士禛诗作为初学者典范?其原因在于"清朝诗人当以阮亭为第一"。这样的评价一方面是因为王士禛为康熙时期诗坛领袖,创作成就高;另一方面,王士禛诗歌中所体现的冲淡平和的个人志趣与韩珏本人颇为相合。韩珏有《冬夜书怀》诗云:"泛览从吾好,经生不自期。却于开卷外,别有会心时。落霰鸣寒屋,回风寂夜帷。此情谁解者,拊几古人知?"④诗中所谓"经生不自期",反映了江户后期诗坛经学与辞章分离、诗文获得独立地位的趋势,大量的专业诗人亦出现在这一时期,韩珏不以"经生"自居,而于诗文"别有会心",既是时代风气使然,也是其自身趣向的体现。韩珏好游历,"性好游山水"⑤,崇尚悠然自得的生活。王士禛的山水清音、自然神韵与其在精神上达到

①〔日〕长野确《松阴快谈》卷三,蔡镇楚主编《域外诗话珍本丛书》(第五册),北京图书馆出版社2006年版,第307页。
②〔日〕津阪东阳《夜航诗话》卷二,蔡镇楚主编《域外诗话珍本丛书》(第五册),北京图书馆出版社2006年版,第59页。
③〔日〕长野确《松阴快谈》卷三,蔡镇楚主编《域外诗话珍本丛书》(第五册),北京图书馆出版社2006年版,第302页。
④〔日〕韩珏《王阮亭诗选》,日本文化十年(1813)刊本,卷首。
⑤〔日〕韩珏《天桥纪行》,〔日〕富士川英郎、〔日〕佐野正巳编《纪行日本汉诗》(第2卷),东京汲古书院1991年版。

了契合。因此，韩珠十分推崇王士禛。他对于袁枚、蒋世铨等人对王士禛的批评很不满，不仅在自序中对袁枚予以批驳，在《凡例》里特拈出蒋世铨《论诗杂咏》中"唐贤临晋书，真意苦不足"一句，认为与蒋氏"奈何愚贱子，唐宋分藩篱"。"寄言善学者，唐宋皆吾师"相抵牾，"盖唐、宋各自一代诗，晋、唐之于书亦然，若必于晋，非深知书者，心余此评欲驱先生，反自攻也"。蒋世铨批评王士禛诗"真意"不足，韩珠则从"唐贤"与"晋书"延伸到唐、宋诗之争，反驳蒋世铨，并言其诗"豪宕而不纯，读者勿惑"①，极力回护王士禛。而在《王阮亭诗选》中，韩珠通过体例、选目等方面选裁表达了他崇尚唐诗的审美趣味。

三、选目检讨：山水清音与唐诗轨范

《王阮亭诗选》从《渔洋山人精华录》1600余首诗中选出191首，是经过韩珠深入品评后的精选本，集中反映了他的辨体意识、审美意趣，所选作品的体裁、出处、年份等颇能反映出韩珠的个人风格偏好。

从体裁上看，结合江户后期诗坛好作绝句的风尚及流弊，韩珠在《王阮亭诗选》中首先明确了他的辨体观念，自序和对《王阮亭诗选》的体例编排上都能看出他对诗歌体裁的重视。他不满于时人好以绝句为能事而不求根柢的轻浮之风，在选王士禛诗时，打破了金荣《笺注》的编年体例而分体编次。这种做法实际上是由重人到重诗的一种转化，将读者的阅读重点从所选作者的经历、行迹等的阐释转向以作品为重心，将各种体裁中的佳作直观地呈现出来。《王阮亭诗选》所选王士禛诗作诸体兼备，在数量上以七言绝句最多，选入73首；其次是五言古诗，选入33首；五言律诗28首、七言律诗26首、七言古诗19首，数量较为均衡；五言绝句最少，选入12首。尽管韩珠对时人好作、好选绝句不满，但从王士禛的各体诗创作成就来说，七绝本来就是其优长之处，在江户以后的诗坛也有较高的认可度。"渔洋之七绝，乃李白、王昌龄以后始见之也。"②村瀬裘的《清百家绝句》、服部知孝的《清十家绝句》、梁川星岩的《清六大家绝句钞》、中岛一男的《清廿四家诗》、土屋荣的《清百家绝句》等，皆选入了王士禛的七绝。因此，在选诗时韩珠也并未作有意的规避，仍以七绝为多。而在绝句之外，韩珠尤其重视古体，在编排上先古体、后今体，欲使初学者由古而新，达到追本溯源、连读通观的目的，所选王士禛五古、七古数量与五律、七律相当。韩珠对诗歌体裁

① 〔日〕韩珠《王阮亭诗选》，日本文化十年（1813）刊本，卷首。
② 〔日〕广濑淡窗著，张宇超编译《广濑淡窗汉诗集》，上海大学出版社2018年版，第192页。

的重视与他作为诗人的创作经验与创作观念有关。韩珽本人的诗歌创作亦不拘于七绝一体,好作古体、排律等长篇。北条霞亭称赞其《小滨逆旅夜酌示北条子让五古百二十韵》:"一气呵成,浩浩十二百言,无论其格调之高华,自初予志学执交于君,中间十四五年,诸友存亡之感,四方游历之迹,吊古之慨,揽胜之乐,及平素履历,以至今日纤纤综叙,无复遗笔,可不谓大作哉!"①,并将此诗作为《嵯峨樵歌》序文,置于书前。孙福公裕谓韩珽"古今列朝诸体靡不博涉究览"②,可见韩珽是以自己的博涉通览的创作观念和经验纠正诗坛专好一体、不求深学的弊病,从而为后学指明路径。

《王阮亭诗选》中所选诗歌以金荣《笺注》年份系之,选诗数量最多的年份是康熙十一年(21首),其次是顺治十七年(14首)、康熙二十四年(14首)。结合王士禛一生的创作历程,这三个年份恰在其司理扬州、使蜀、使粤三个时期,他在外为官、出使、游历,离开了平淡的京师生活,在山水旅途中与自然、古人对话,思友伤己,兴发感慨,创作上取得了很高的成就,尤其是扬州五载和入蜀的《蜀道集》的诗歌,被视为王士禛唐音与宋调的两个典型阶段,而使粤时所作《南海集》虽有宏放之处,实则返归唐音,境界愈加成熟。韩珽大量选入这三个阶段诗歌,在此基础上,又通过体裁、风格等的选裁弱化王士禛的"宋调",凸显其唐诗的审美趣味。

扬州时期是王士禛奠定诗学地位的重要时期。从顺治十七年(1660)至康熙四年(1665),王士禛在扬州五载。江南的明山秀水激发了他的创作灵感,他以丰富的诗歌描绘山水,清隽悠远,格调明快。而他与往来于扬州的遗民、文人的广泛交游也成为其确立诗坛地位的契机。如《渔洋诗话序》所言:"文章江左,烟月扬州,人海花场,比肩接迹。入吾室者,俱操唐音,韵胜于材,推为祭酒。"③王士禛通过创作和交游确立了他以唐诗为审美规范的诗学地位。若将扬州五载视作一个整体,《王阮亭诗选》中对此期诗作选入最多,共50首,占总数的1/4,且多录此期登临游览之作,体裁以七绝、七律为多。王士禛早期神韵诗的代表作如《再过露筋祠》《秦淮杂诗》《真州绝句》等皆有选入,同时,王士禛诸名士的唱和如康熙三年(1664)红桥修禊所作《冶春绝句》、康熙四年(1665)水绘园修

---

① 〔日〕北条霞亭《嵯峨樵歌》,〔日〕富士川英郎、〔日〕松下忠、〔日〕佐野正巳编《诗集日本汉诗》(第9卷),东京汲古书院1985年版。

② 〔日〕韩珽《王阮亭诗选》,日本文化十年(1813)刊本,卷首。

③ (清)俞兆晟《渔洋诗话序》,(清)王士禛著,袁世硕主编《王士禛全集》,齐鲁书社2007年版,第4749页。

禊所作《上巳辟疆招同邵潜夫陈其年修禊水绘园》等也在其中,较全面地展现了扬州时期王士禛的文学活动和创作成就。

王士禛康熙十一年(1672)典试入蜀所作之诗被认为是其中年学宋的代表成就,历来评价很高。盛符升云:"其诗高古雄放,观者惊叹,比于韩、苏海外之篇。"①江户时期的和刻本王士禛诗选也对入蜀之诗颇为重视,如相马肇《王渔洋诗钞》中此期作品最多,且各体兼备。《王阮亭诗选》中虽然在数量上也以康熙十一年所作诗最多,但实际上却通过选目、体裁、风格等方面的处理弱化了入蜀诗的影响。其选目简列如下:

五古:《香山寺月夜》《晚望翠微寺》《雨中怀彭羡门回示叶讱庵》《渭桥怀古》《马鞍岭》《七盘岭》

五律:《遇仙桥即事》《秭归夜泊》《天马山雨行》

七律:《沔县谒诸葛忠武侯祠》《武功道中》《龙山驿雨》《晚登夔府东城楼望八阵图》

七绝:《卢师山》《裂帛湖杂咏六首》录三、《骊山怀古》三首、《夹江道中》

从选目来看,首先,《香山寺月夜》《晚望翠微寺》《雨中怀彭羡门回示叶讱庵》《卢师山》《裂帛湖杂咏》7首诗歌作于王士禛入蜀之前,并非《蜀道集》中的作品,且风格平淡隽永,如"清晖一相照,万象皆澄鲜"(《香山寺月夜》),"山风冷吹烟,斜日乱溪水"(《晚望翠微寺》),等等。这些诗营造幽静恬淡的境界,有唐人的明丽风调。其次,除去以上7首,其余14首入蜀时期的作品各体数量均衡,但未选入七言古诗,这恰与王士禛被人所称道的入蜀佳作有所背离。王士禛的入蜀之作最能体现宋诗特征的是五七言长篇,如《广武山》《龙门阁》《登高望山绝顶望峨眉三江作歌》《登蛤蟆碚》等,以议论入诗,着意刻画,激越豪宕,近于韩愈、苏轼、陆游等人,皆为入蜀诗中佳作。《王阮亭诗选》中尽管也选入了《七盘岭》《晚登夔府东城楼望八阵图》《沔县谒诸葛忠武侯祠》等,但多气韵沉雄,近于杜诗,如"南下画眉关,远色叠诸岭"(《马鞍岭》),"楚天摇落后,何处采江蓠"(《秭归夜泊》),"遗民衢路还私祭,不独英雄血泪斑"(《沔县谒诸葛忠武侯祠》),等等。此类诗化用杜意,如以格调论之,尚在唐人格调中,与五七言长篇中典型的宋诗风格有一定的距离。所以,整体来说,《王阮亭诗选》中所录入蜀诗并未

---

① (清)盛符升《蚕尾续诗集序》,(清)王士禛著,袁世硕主编《王士禛全集》,齐鲁书社2007年版,第1156页。

能反映王士禛宗宋诗风的真实面貌，而是有所偏离，故而削弱了其宗宋的风格印象。

王士禛康熙二十四年使粤有《南海集》，陈恭尹评曰："虽不及《蜀道》之宏放，而天然处乃反过之。"①《南海集》仍有师法宋诗之处，但总体风格较入蜀时期自然、平淡，是王士禛返归唐音的过渡。《王阮亭诗选》从中选入 14 首，亦未选七言古诗，以五古、七绝为多，如《自白鹿洞至三峡涧》《三峡桥》《栖贤寺》《自锦绣峰下至东林寺》《烈山》等作，虽有峭拔之处，但总体来说，触物起兴，情思悠远，同为山水之作，与入蜀时期的宋诗风调相比更趋平淡，近于唐诗的审美趣味。

扬州、入蜀、使粤三个时期的诗歌在《王阮亭诗选》中占总数的一半，此外，王士禛康熙三十五年奉使祭告西岳的《雍益集》中诗作选入 6 首，在其晚年诗作中选出数量最多。可以看出，韩珪十分看重王士禛的出使行役之作，原因就在于王士禛出使行役的经历及途中对山水风物的描绘与韩珪自己的志趣相近，这一点在韩珪的创作中可以得到印证。韩珪有较多的纪行诗，所刻《东奥记行》《天桥纪行》《芳野游稿》《游月濑记》等都有游历纪行之作。《王阮亭诗选》也反映出韩珪的这种个人偏好。

韩珪对王士禛诗作在体裁、风格上的选择实际上反映了他的宗唐的诗学观，一方面，为纠正江户后期诗坛不务根本的弊端，他强调由古体而新体，并对王士禛诗歌的选裁做到诸体兼备；另一方面，在具体的选目中又避免突出王士禛中年学宋的特征，以最能体现王士禛诗学旨趣的山水清音作为主体呈现，从而表达他的崇尚唐诗的审美趣味。

四、结语

总体而言，《王阮亭诗选》的倾向性十分明显。韩珪在自序、凡例中对清新宋诗风予以严词批判，又在具体的选诗过程中凸显王士禛诗歌的唐诗审美。尽管它是一部清人诗选，但最终指向是唐诗。韩珪反驳袁枚对王士禛的批评，认为"集中窥王、孟者是尤其得意处，岂子才辈所能企哉？"落脚点在唐代王维与孟浩然。王士禛推崇盛唐，尊王、孟，得唐诗之神韵，韩珪推王士禛为清人第一。韩珪的这种批评方式在江户中后期诗坛是一种普遍的现象。随着清人著述的大量东传，清诗进入江户诗坛的视野，与唐诗、宋诗、明诗共同影响着诗坛的风气。文化年间韩珪编选《王阮亭诗选》时，正处于唐、宋诗争衡的阶段。六如上

---

① （清）王士禛《分甘余话》卷二，袁世硕主编《王士禛全集》，齐鲁书社 2007 年版，第 4984 页。

人、山本北山、市河宽斋等排击明诗，鼓吹宋诗；而皆川淇园、柴野栗山、中井竹山等为矫正古文辞派的模拟剽窃弊端，由明诗而上溯唐诗，主张学习盛唐。皆川淇园谈诗"特于精神格调缱绻致意，而一以盛唐为标准，钱、刘以下则不屑"①。韩珪作为皆川淇园的门人，在宗唐诗观上一脉相承。而无论是宗唐派还是宗宋派，在评价唐诗、宋诗时，往往援引清人观点加以佐证，王士禛、袁枚则代表了唐诗与清新宋诗的两种成就，清诗成为评价唐、宋诗的途径和方式。正如广濑淡窗所言："清人之诗为学唐诗之阶梯"②，韩珪站在宗唐的立场，通过对王士禛诗的选裁来倡导唐诗的审美规范。这种通过选本由清人而唐、宋的批评方式反映了江户中后期诗坛观念的多样性与汉诗批评的成熟，具有典型性和代表性。

---

① 〔日〕皆川淇园《淇园诗话》，蔡镇楚主编《域外诗话珍本丛书》（第 5 册），北京图书馆出版社 2006年版，第 584 页。

② 〔日〕广濑淡窗著，张宇超编译《广濑淡窗汉诗集》，上海大学出版社 2018 年版，第 186 页。

先"数"后"名"：论住世罗汉信仰的生成路径

王鹤琴*

摘　要：在佛陀涅槃叙事框架下发展出的住世罗汉信仰是佛教史上比较特殊的一类信仰形态，因为承担于四方护法的宗教职能，所以呈现出特定数目的人物组合方式。本文首先考察了起源于印度、经中亚传播到汉地与藏地的十六罗汉信仰：先确定罗汉数目，后确定罗汉名单的生成路径。十六之数的确定与四方相关。十六罗汉名单虽呈现一定的变动，但在汉地由于《法住记》的译出而稳固下来。十八罗汉作为本土产物是在中国文化土壤中政治谶言与神秘数字观念影响下，对十六罗汉信仰生成路径的模仿与成功再造。由于缺少经典文本的支撑，加上唐宋变革以来知识下移难以在非官方注目的信仰层面获得权威认定，十八罗汉的名单一直未能固定下来。

关键词：十六罗汉；十八罗汉；《法住记》；本土化

大乘佛教的罗汉信仰主要表现为对住世罗汉的崇拜。所谓住世罗汉，即住世护法利生、不入涅槃之阿罗汉，主要包括十六罗汉、十八罗汉和五百罗汉三种组合。住世罗汉从其出现之始便呈现出以特定数目为一组的独特面貌，在后来的演变过程中虽然因为罗汉名号、位序不同衍生出多个信仰传统，但"数"的统一最终保证了这类信仰形态的稳固。这种先确定罗汉数目后确定罗汉名单的过程，就是本文将要探讨的住世罗汉信仰先"数"后"名"的生成路径。十六罗汉作为域外输入的佛教信仰形态，其起源遵循了印度佛教方位守护神的传统；而十八罗汉作为本土产物，是结合中国文化土壤中政治谶言与神秘数字对十六罗

　＊　王鹤琴，历史学博士，青岛大学历史学院副教授，主要从事中国佛教史研究。本文在 2021 年 9 月于青岛举行的"儒学、经学与古代文学"山东省青年学者（代表）论坛上宣读讨论，得到与会专家学者的建议。后经笔者与方圆博士合作修改，以《中国罗汉信仰的域外起源及本土再造——以十六、十八罗汉的生成路径为中心》为题发表于《西南民族大学学报》（人文社会科学版）2022 年第 3 期。此次收入论坛文集，保留了当初因篇幅所限删节的部分。本文系国家社科基金青年项目"宋元明清时期中国罗汉信仰研究"（19CZJ012）的阶段性成果，引用藏内佛教文献，均使用 CBETA2022 版电子佛典文本，并据其格式标注。

汉的模仿与再造。

一、由"四"到"十六"：方位与住世罗汉的起源

在公元四五世纪译成汉文（或在汉地编撰出）的几部佛典里，出现了佛陀临入涅槃时付嘱四大声闻住世护法的记载，如《佛说弥勒下生经》(T453)云：

> 世尊告迦叶曰：吾今年已衰耗，向八十余，然今如来有四大声闻，堪任游化，智慧无尽，众德具足。云何为四？所谓大迦叶比丘、屠钵叹比丘、宾头卢比丘、罗云比丘。汝等四大声闻，要不般涅槃，须吾法没尽，然后乃当般涅槃。大迦叶亦不应般涅槃，要须弥勒出现世间，所以然者，弥勒所化弟子，尽是释迦文弟子，由我遗化，得尽有漏。①

该段落亦见于《增一阿含经》(T125)"十不善品"中佛说弥勒下生部分②。《佛说弥勒下生经》译者未知，《增一阿含经》有可能抄的早期译本。③ 佛陀嘱咐大迦叶、屠钵叹、宾头卢和罗云在佛法没尽之前，不入涅槃，游方教化，并特意提到大迦叶要等待弥勒出世。关于这四大声闻，在摩诃僧祇部律典《舍利弗问经》(T1465)④中亦有记载：

> 舍利弗复白佛言："云何如来告天帝释及四天大王云，我不久灭度，汝等各于方土护持我法。我去世后，摩诃迦叶、宾头卢、君徒般叹、罗睺罗四大比丘，住不泥洹，流通我法？"佛言："但像教之时，信根微薄，虽发信心，不能坚固，不能感致。诸佛弟子，虽专到累年，不如佛在世时，一念之善，其极慊至，无复二向。汝

---

① （西晋）竺法护译《佛说弥勒下生经》，《大正藏》第 14 册，第 422 页。

② （东晋）瞿昙僧伽提婆译《增一阿含经》卷四四，《大正藏》第 2 册，第 788 页。

③ 《佛说弥勒下生经》，《大正藏》标为竺法护所译是错误的，《出三藏记集》标为失译，因此译者未知，《增一阿含经》有可能抄的它的早期译本。见林屋友次郎《经录研究（前篇）》，岩波书店 1941 年版，第 141～215 页。关于《增一阿含经》的研究，可参考 Michael Radich, "On the Ekottarikāgama T125 as a Work of Zhu Fonian"（《论〈增一阿含经〉的译者应是竺佛念》），*Journal of Chinese Buddhist Studies*（《中华佛学学报》），no. 30, 2017, pp. 1-31. 此条注释承蒙我的同事林乾教授教示，他对竺佛念译经的研究值得关注，见林乾、何书群（Michael Radich）《竺佛念所"译"大乘经典的计算机辅助文本分析研究》，《世界宗教文化》2020 年第 6 期，第 16～22 页。

④ 船山彻推论《舍利弗问经》不是一个纯印度原典的翻译，而是在中国并且是在法显回国后才产生的一部律典。辛嶋静志则认为，《舍利弗问经》反映了自 4 世纪末至 5 世纪初巴特利普特那大小乘佛教混合的实际情况，因此它不是在中国伪造的，而是一部印度人编写的经典。见〔日〕船山彻《经典の偽作と编集—〈遗教三昧经〉と〈舍利弗问经〉》，京都大学人文科学研究所编《中国宗教文献研究》，临川书店 2007 年版，第 83～107 页；〔日〕辛嶋静志《何为判断疑伪经之根据——以〈盂兰盆经〉与〈舍利弗问经〉为例》，方广锠主编《佛教文献研究》第一辑，广西师范大学出版社 2016 年版，第 201～237 页。

为证信，随事厚薄，为现佛像、僧像，若空中言，若作光明，乃至梦想，令其坚固。弥勒下生，听汝泥洹。"①

这里的"四大比丘"就是《弥勒下生经》中的"四大声闻"（宾头卢和君徒钵叹的前后顺序不同），除了等待弥勒下生外，此处特意强调了罗汉住世与佛弟子供养僧宝之间的关联。该经还叙述弗沙蜜多罗王在位时毁塔灭法、残害四众：

五百罗汉登南山获免，山谷隐险，军甲不能至故。王恐不洗，赏募诸国，若得一首，即赏金钱三千。君徒钵叹阿罗汉及佛所嘱累流通人，化作无量人，捉无量比丘、比丘尼头，处处受金，王诸库藏一切空竭，王益忿怒。君徒钵叹现身入灭尽定，王自加害，定力所持，初无伤损。次烧经台，火始就然，飚炎及经，弥勒菩萨以神通力，接我经律上兜率天。②

周叔迦认为，这里的"君徒钵叹阿罗汉及佛所嘱累流通人"即是君徒钵叹与迦叶、宾头卢、罗云等。③

最早的住世罗汉即大迦叶、君徒般叹、宾头卢和罗睺罗这四位。从佛陀在嘱托四大比丘之前先嘱托四大天王各于方土护法来看，四大住世罗汉与四大天王一样，起初是根据四个方位来规划的。④ "顾在此世护法，非一人之力所能独任。盖僧众者，四方僧众（cāturdiśa-saṃgha）也。由此观念，随生四方护法之说。"⑤

此外，在《优婆塞五戒威仪经》（T1503）⑥中，佛临涅槃时"敕四大声闻及六应真"在其灭度后"尽应受请"。⑦ 这里虽没有提及他们的名号，但从文意来看，亦为住世罗汉，且与《舍利弗问经》一样强调了四众弟子对僧宝的供养。因此，

---

① 失译《舍利弗问经》，《大正藏》第 24 册，第 902 页。

② 失译《舍利弗问经》，《大正藏》第 24 册，第 900 页。

③ 周叔迦《大阿罗汉难提密多罗所说法住记略注》，《周叔迦佛学论著全集》第 6 册，中华书局 2006 年版，第 2962 页。

④ 《佛说十二游经》（T195）中有"四方分配四主"之说："阎浮提中有十六大国，八万四千城，有八国王、四天子。东有晋天子，人民炽盛；南有天竺国天子，土地多名象；西有大秦国天子，土地饶金、银、璧玉；西北有月氏天子，土地多好马。"见（东晋）迦留陀伽译《佛说十二游经》，《大正藏》第 4 册，第 147 页。伯希和（Paul Pelliot）《四天子说》对这一传说的起源、交换过程作了研究，见《冯承钧西北史地著译集：蒙哥》，中国国际广播出版社 2013 年版，第 26～38 页。

⑤ 〔法〕莱维、孝阀那著，冯承钧译《法住记及所记阿罗汉考》，上海商务印书馆 1933 年版，第 137 页。

⑥ 大野法道认为此经是在南朝宋武帝永初二年（421）至文帝元嘉八年（431）之间于中国形成的，编辑者或许受到了求那跋陀（367—431）的指导，故此经译者被传为求那跋摩。见〔日〕大野法道《大乘戒经の研究》，理想社 1954 年版，第 385～386 页。

⑦ （南朝宋）求那跋摩译《优婆塞五戒威仪经》，《大正藏》第 24 册，第 119 页。

这里的"四大声闻"很可能指的就是大迦叶、君徒般叹、宾头卢和罗睺罗。只是这"六应真"不见他处有载，具体不明。

综上所述，住世罗汉是在佛陀涅槃这一主题背景之下产生的。佛陀付嘱四大罗汉不入涅槃，目的有三：护法传法（与佛教法灭思想有关）、等待弥勒（与对未来佛的授记有关）、受请利生（与佛弟子供养僧宝有关）。

除了四大声闻这一组住世罗汉外，《入大乘论》（T1634）又提到了住世护法的十六大声闻：

> 又复若言实是魔说，如斯语者，弥勒菩萨亦应遮止。又尊者宾头卢、尊者罗睺罗，如是等十六人诸大声闻，散在诸渚，于余经中亦说有九十九亿大阿罗汉，皆于佛前取筹护法，住寿于世界。东方弗婆提渚、麦渚、粟渚、师子渚、阎浮渚、大阎浮渚、跋提梨伽处、罽宾，乃至阿耨大池，诸贤圣等皆住，守护佛法。若言摩诃衍是魔所说者，则为佛法之大患也，诸贤圣等悉应遮断。是故当知言魔说者，皆是妄语，空作斯说。又大菩萨诸贤圣等皆护大乘，是摩诃衍绍三宝种，不令断绝。[1]

莱维和沙畹认为，十六罗汉是在每个方位上安置一组四大罗汉产生的。[2] 虽然这种地舆分配在《入大乘论》里没有体现，不过在下面我们将要讨论的《大阿罗汉难提密多罗所说法住记》（以下简称《法住记》）里，十六罗汉的全部名号及其眷属数目、住地等皆一一列出，其中前五位罗汉的住所是四方加中央的配置，说明十六罗汉与方位确实存在紧密关系。而在藏文佛教文献里还存在一种十六罗汉的顺序，以东方罗怙罗尊者为第一，然后依次按东南西北四个方向进行安置，最后至北方第十六尊者巴沽拉结束。[3] 这亦可作为十六罗汉方位起源说的明证。

《入大乘论》直接在题名中点出自己的大乘分类，其中住世的十六大声闻与弥勒菩萨"皆护大乘"，遮止诽谤大乘者。同样作为住世护法的罗汉，十六罗汉所护之法为大乘。由此可见，十六罗汉与四大罗汉的差异似乎不在于时间之先后而在于派别之不同[4]。十六罗汉是在佛教"四方护法神"传统下形成的，表现在名号、与方位的关系以及角色功能等方面与四大罗汉有一定的相关性。十六这一数目的确定不是因为具名罗汉的相继加入而渐次完成的。因为住世罗汉

---

[1] （北凉）道泰等译《入大乘论》，《大正藏》第 32 册，第 39 页。

[2] 〔法〕莱维、〔法〕沙畹著，冯承钧译《法住记及所记阿罗汉考》，商务印书馆 1933 年版，第 54 页。

[3] 张长虹《汉藏佛教的交流与融合：汉藏罗汉名号与座次考》，《中华文化论坛》2020 年第 6 期。

[4] 〔法〕莱维、〔法〕沙畹著，冯承钧译《法住记及所记阿罗汉考》，商务印书馆 1933 年版，第 66 页。

与四方相结合的独特情况,十六罗汉是首先确立了十六这一数目后再完备其人员名单的。《入大乘论》产生于4世纪后半叶①,其中只出现了宾头卢、罗睺罗两位罗汉的名号和九个住地,正是十六罗汉成立初期不成熟形态的反映。而对任何一种信仰形态来说,信仰对象的名号是必不可少的部分。作为以团队面貌呈现的十六罗汉信仰来说,需要确认团队中每位成员的名号,这个工作是由《法住记》这部经典完成的。

二、十六罗汉名单在经典中的固化及在实践中的变化

《法住记》现存汉文本、藏文本和于阗文本三种,关于这三个版本的比较研究,最重要的成果是陈瑞翾的博士论文《〈大阿罗汉难提密多罗所说法住记〉：佛教传统下一个"活的"文本》(The Nandimitrāvadāna：a living text from the Buddhist tradition)。《法住记》的汉文本由玄奘译于唐高宗永徽五年(654);藏文本译于11世纪早期,名《圣庆友譬喻》(以下为行文方便,用藏文本《法住记》指称);于阗文本刻在一片木板上(现藏俄罗斯科学院东方学研究所圣彼得堡分所,编号SI 1929),其制作时间很可能是8世纪②。除了这三个版本外,学者很早就发现于阗文佛典集成《赞巴斯塔书》第22章是SI 1929底本的一个改写本,其中关于十六罗汉名号的记载与SI 1929一致,且二者都将第十五位尊者的名号写错为Aśoka(这与汉、藏文本《法住记》不同),进一步证实了二者在文本上的亲缘性。③ 关于《赞巴斯塔书》的成书时间,传统看法是不会早于7世纪,甚至可能是在8世纪,马吉(Mauro Maggi)将其提早到5世纪后期,陈瑞翾认可这一判读并据此推论出SI 1929的底本在5世纪之前传到于阗,而这一底本与汉、藏文本《法住记》存在一定的文本传承关系。④ 段晴⑤、刘屹⑥等通过对《赞巴斯塔

---

① 按坂本幸男的考证,《入大乘论》为坚意(活跃于约350—400年间)造,道泰(活跃于437—439年间)译。见〔日〕小野玄妙、〔日〕丸山孝雄等编《佛书解說大辭典》,大東出版社,1933—1936〔缩刷版1999〕,第8卷,第352~353页。

② Ruixuan Chen, *The Nandimitrāvadāna：A living text from the Buddhist tradition*, Leiden University, 2018, p. 54.

③ Ruixuan Chen, *The Nandimitrāvadāna：A living text from the Buddhist tradition*, Leiden University, 2018, pp. 53-54.

④ Ruixuan Chen, *The Nandimitrāvadāna：A living text from the Buddhist tradition*, Leiden University, 2018, p. 54.

⑤ 段晴《大方广佛花严经修慈分》,《于阗·佛教·古卷》,中西书局2013年版,第62页。

⑥ 刘屹《〈赞巴斯塔书〉第24章中的"法灭"故事》,朱玉麒主编《西域文史》第十三辑,科学出版社2019年版,第79~80页。

书》内容的研究，更倾向于坚持七八世纪成书说。汉文本《法住记》与藏文本在十六罗汉的名号及顺序上不尽相同，当分别译自同一经典的不同文本①，且通过对勘两个译本的罗汉名号及还原他们的梵文，可以推测两个译本的底本语言为梵文。而由于 SI 1929 的内容在十六罗汉名号之后就中止了，《赞巴斯塔书》第 22 章作为一个改写本又不包含《法住记》的框架叙事（frame narrative），因此依托这两种文献只能重构于阗文本《法住记》底本的微少部分。② 只能说，曾经存在过《法住记》的印度祖本，5(或 7)—11 世纪这一佛籍在中亚、汉地和藏地被不断翻译出来并在流传过程中产生了改写本和衍生本③，而其中记载的十六罗汉名号为那里的大乘佛教信徒所熟悉。

于阗、汉、藏文本的《法住记》中的十六罗汉名单虽然存在一定的出入，但整体上呈现出一致性，这是由经典的成立所固化的。然而在信仰实践的过程中，十六罗汉名单却出现了多个变种，这不仅是十六罗汉信仰先"数"后"名"生成路径的回响，而且表明对这一信仰形态来说，在数目固定的前提下，信徒并不追求名号与顺序的精确统一。

在汉地，汉译《法住记》在罗汉信仰领域占据权威地位。在各种有关十六罗汉的图像、文本等信仰载体上，罗汉的名号基本都是按照《法住记》中的记载来呈现的。虽然有的出现了个别差异，但并不构成一种"另外的"汉文十六罗汉名单。不过，敦煌地区出土的一幅罗汉图像却清楚地表明在藏译《法住记》之前存在一种"另外"的十六罗汉名单；同时，敦煌出土的三件包含十六罗汉名号的于阗文书也颇值得注意。

大英博物馆藏有一幅来自敦煌第 17 窟的纸本迦理迦像，其下方的藏文题记清楚地表明图中的僧人是十六罗汉中的第四位迦理迦，眷属 1100 阿罗汉。这与藏文本《法住记》不同（座次第七，眷属 1000 阿罗汉），而与 13 世纪初喀且班钦所作《尊者礼供》的顺序（以因揭陀尊者为第一，阿密特尊者为第十六）相

---

① 陈智音《关于十六阿罗汉的名称及藏译汉问题》，李国庆、徐鸿主编《天禄论丛——中国研究图书馆员学会学刊(第 7 卷)》，广西师范大学出版社 2017 年版，第 131～149 页。

② Ruixuan Chen, *The Nandimitrāvadāna：A living text from the Buddhist tradition*, Leiden University, 2018, pp. 54-55.

③ 陈瑞翾指出，作于 8 世纪晚期或 9 世纪早期的《于阗国授记》模仿了《法住记》，这从二者都有出自一位阿罗汉之口的关于法灭的描述可以看出。见 Ruixuan Chen, *The Nandimitrāvadāna：A living text from the Buddhist tradition*, Ph. D dissertation, Leiden University, 2018, pp. 51-52. 朱丽双认为《于阗国授记》成立于 830 年，见朱丽双《〈于阗国授记〉的成立年代研究》，朱玉麒主编《西域文史》(第九辑)，北京：科学出版社，2014 年，第 109～119 页。

同。关于该纸本画的断代，松本荣一认为其制作年代在唐末五代(9 世纪晚期至10 世纪中期)[1]，陈瑞翾采用 9 世纪早期至中期说[2]。无论如何，在藏文本《法住记》译出之前西藏已经存在一种"另外的"十六罗汉名单，这是毋庸置疑的。陈瑞翾进一步指出，这一独特的十六罗汉名单是在外部(汉地，或更有可能是于阗)刺激下最先产生于吐蕃帝国(618—842)的边缘地区(证据首现于敦煌)，11世纪早期当《法住记》的藏译者进行翻译时貌似并不知晓这一名单的存在。[3] 在藏地的宗教实践上，虽然《法住记》被收入圣典之中，然而受欢迎的却是这一"另外的"十六罗汉名单。

陈瑞翾将三件包含十六罗汉名号的于阗语文书 OR. 8210/S. 2471、IOL Khot 83+84、IOL Khot S. 46 与 SI 1929 作了比较，发现 OR. 8210/S. 2471 作者很可能只记得十六罗汉中的七位，而把剩下的多半数全部以佛典中著名的佛弟子来代替，这表明对于作为团队出现的十六罗汉来说，个体名号不会对信仰功效产生太大影响。IOL Khot 83+84 和 IOL Khot S. 46 虽然与《法住记》中的罗汉名号有一些差异，但整体上相去不远。不过出现在 SI 1929 和《赞巴斯塔书》第 22 章中的第十五位罗汉的错误名号(Aśoka)，在这两件文书中都得到了修正(Ajita)，可见这两件文书的源头肯定不同于 SI 1929 底本这个系统。《法住记》文本的流传相当复杂，不同文本通过交叉影响产生变化，这种变化虽然不是结构性和本质上的，但却让经典系统内的十六罗汉名单在固化的同时亦呈现一定的波动。[4]

至此，综合以上两部分的内容，我们可以将十六罗汉信仰的生成路径概括如下：四方→十六之数→定名排序→某一名单权威化(主要体现在经典中，实践环节并不固守)。成熟完备的十六罗汉信仰确立之后，汉地又出现了一组十八罗汉，下面我们将探讨十八罗汉的起源与流变。

---

① 〔日〕松本荣一著，林宝尧、赵声良、李梅译《敦煌画研究(上册)》，浙江大学出版社 2019 年版，第293~295 页。

② Ruixuan Chen, *The Nandimitrāvadāna：A living text from the Buddhist tradition*, Leiden University, 2018, p. 135.

③ Ruixuan Chen, *The Nandimitrāvadāna：A living text from the Buddhist tradition*, Leiden University, 2018, pp. 134-135.

④ Ruixuan Chen, *The Nandimitrāvadāna：A living text from the Buddhist tradition*, Leiden University, 2018, pp. 65-70.

三、十八罗汉：先"数"后"名"路径的本土模仿

与从域外传来的"正统"的十六罗汉不同，十八罗汉完全是中国本土的产物。对于十八罗汉的起源，以往学者多言其是在十六罗汉的基础上增加两位而成，这只注意到两者在名单上的袭用。十八罗汉信仰的确立其实亦遵从了先"数"后"名"的路径。十八这个数目是在传统文化土壤中孕育出来的，与十六无关，只有到确立十八罗汉名号的时候，由于没有经典依据，才回到十六罗汉这里，在《法住记》名单的基础上增加最后两位罗汉的名号。由于对多出来的两位罗汉究竟是谁这一问题产生了不同意见，遂形成了十八罗汉的不同名单。后来，在民间信仰里面甚至出现了抛开十六罗汉名号为十八罗汉重新命名的情况。这种先"数"后"名"的信仰路径，让十六罗汉与十八罗汉呈现出相似性，都有多种罗汉名单，且不同的名单制作者都不怀疑其功效。不同的是，十六罗汉因为有一部核心文本《法住记》从而存在一种相对固定的名单结构，且处于主流地位；缺失这一环的十八罗汉表现出更大的开放性和包容性，当然这并不影响在几个不同的名单中有一个是更受信众认可的。

关于十八罗汉的最早记录，见《文苑英华》卷八百六十收录的李华《杭州余杭县龙泉寺故大律师碑》[①]，碑文又见《全唐文》卷三百一十九[②]。僧人道一于唐玄宗天宝十三载(754)春，"忽洒饰道场，端理经论，惟铜瓶、锡杖留置左右。具见五天大德、十八罗汉，幡盖迎引，请与俱西。二月八日，恬然化灭"。于向东[③]、王惠民[④]、李博昊[⑤]等人都注意到这则史料，其中于向东认为此则记载不可信，原因是唐、五代文献中没有发现其他有关十八罗汉的记载，李昉在收录时可能误将原碑中的"十六罗汉"记录为"十八罗汉"[⑥]。近期杭州烟霞洞罗汉造像题记的新发现表明吴越国时期已有十八罗汉造像(详见下文)，因此不可贸然否认此条史料的准确性。

英国学者沃特斯(Thomas Watters)早在 1898 年就指出十八罗汉的起源与

---

① (宋)李昉等编《文苑英华》卷八六〇，中华书局 1966 年版，第 4538～4539 页。

② (清)董诰等编《全唐文》卷三一九，中华书局 1983 年版，第 3234 页。

③ 于向东《五代、宋时期的十八罗汉图像与信仰》，《民族艺术》2013 年第 4 期。

④ 王惠民《十六罗汉图与十六罗汉图榜题底稿》，《敦煌佛教图像研究》，浙江大学出版社 2016 年版，第 118 页。

⑤ 李博昊《论后蜀的文治政策与〈花间集〉的编纂原则》，《学术研究》2018 年第 5 期。

⑥ 于向东《五代、宋时期的十八罗汉图像与信仰》，《民族艺术》2013 年第 4 期。

唐代的十八学士有关，他还注意到十八这个数字对于唐王朝来说具有非同寻常的意义，因为统治者的姓氏"李"拆开即"十八子"。① 虽然沃特斯的观点在西方学术界受到重视，然而一直未能为国内学者所关注。沃特斯所说"十八子"即在中国中古历史上产生重要影响的"十八子"谶，它是从更早的"李弘应王"的谶言发展出来的，中古僧徒亦曾参与过谶言的制作与传播。关于李氏与"十八子"谶的研究成果颇多。冯渝杰注意到李氏谶言与战国末以来儒生所宣扬的"帝王师"思想和两汉之际兴起的"辅汉"思潮之间的内在关联。② 从汉高祖封十八列侯始，"十八"这一数字带上了政治文化色彩；至唐，其政治意蕴愈加浓厚，突出表现就是十八学士的确立。唐太宗在做秦王时曾开文学馆，杜如晦、房玄龄、于志宁、苏世长、薛收、褚亮、姚思廉、陆德明、孔颖达、李玄道、李守素、虞世南、蔡允恭、颜相时、许敬宗、薛元敬、盖文达、苏勖 18 人以本官兼文学馆学士，后薛收卒，召刘孝孙补之，复命阎立本画像，褚亮作像赞，题 18 人名字、籍贯、官爵，号"十八学士"。③ 武则天、唐玄宗时皆有效仿。李博昊认为这种行为带有以政治力量引导文化发展的意味，亦含有成人伦、助教化的政治动机。在文学领域唐代一些诗文集在编纂时选录作家数量皆 18 位，如许敬之编纂《翰林学士集》、殷璠编《丹阳集》，乃是受到十八学士之说的影响。这些诗文集或与宫廷宴饮相关，或带有教化的动机，而佛教十八罗汉的说法在唐五代时期开始出现并流行，或受十八学士的影响。④ 于向东虽然怀疑《杭州余杭县龙泉寺故大律师碑》中出现十八罗汉的可信性，他也觉察到唐代流行的十八人物说法及有关图像，可能对十八罗汉信仰与图像的起源产生了重要影响。⑤ 不过正如朱俸奭（Bong Seok Joo）所言，沃特斯未能就十八罗汉与十八学士之间的联结寻找出历史或理论的线索⑥，仅从政治、文化领域流行十八人物推导出十八罗汉的起源仍然是不够的，另一个不容忽视的参照对象是"庐山十八贤"。

东晋时期，庐山慧远曾与一百二十三人结社，共期西方，后来发展出"莲社"

---

① Thomas Watters, "The Eighteen Lohan of Chinese Buddhist Temples", *The Journal of the Royal Asiatic Society of Great Britain and Ireland*, 1898, pp. 345-346.

② 冯渝杰《"汉家"的光影——中古刘、李、张氏神化的历史与宗教背景》，《复旦学报》（社会科学版）2020 年第 2 期。

③ （宋）欧阳修、（宋）宋祁《新唐书》卷一〇二《褚亮传》，中华书局 1975 年版，第 3976～3977 页。

④ 李博昊《论后蜀的文治政策与〈花间集〉的编纂原则》，《学术研究》2018 年第 5 期。

⑤ 于向东《五代、宋时期的十八罗汉图像与信仰》，《民族艺术》2013 年第 4 期。

⑥ Bong Seok Joo, *The Arhat Cult in China from the Seventh through Thirteenth Centuries：Narrative，Art，Space and Ritual*, Princeton University, 2007, pp. 128-129.

的名字以及"十八高贤"的传说。关于这一传说的确立时间,汤用彤[①]、孙昌武[②]、李剑锋[③]、林韵柔[④]等学者都曾作过研究,基本认为中唐时已经存在。孙昌武特别强调中唐文人如白居易等在其中起了重大作用。当时净土法门兴盛,弥陀信仰广泛流行于士大夫间,文人与僧侣结社亦是一时风气,慧远等人结社的风范正成为追模的对象,传说正是在这样的背景下形成并流传开来。[⑤]《杭州余杭县龙泉寺故大律师碑》在记叙僧人道一与士大夫阶层的交游时,提到"庐山师友,今古一时",说明确有慕慧远结社之风。中唐时慧远和庐山在净土传统中变得重要[⑥],围绕在庐山慧远周围的士大夫形象日益突出,逐渐形成了"十八高贤"的传说[⑦]。《杭州余杭县龙泉寺故大律师碑》作于唐肃宗乾元初到上元中(758—761)[⑧],此时正是庐山十八高贤传说孕育初兴之时,碑文中出现了十八罗汉且作为接引僧人往生西方净土的圣众,这是相当引人注目的。就目前资料尚不能推断十八高贤与十八罗汉的产生究竟孰先孰后,可以明确的是不会相差太远,基本上是在同一个时期——中唐初期或者中唐之前盛唐晚期产生的。佛教里的这两组十八人物团体又是在同一个社会背景下诞生的,那就是十八学士所引领的十八人物团体在政治、文化领域的风行。

另外需要注意的是,佛教中与十八这一数目有关的人物团体最早出现于隋代费长房的《历代三宝纪》:"始皇时,有诸沙门释利防等十八贤者,赍经来化。始皇弗从,遂禁利防等。夜有金刚丈六人来,破狱出之。始皇惊怖,稽首谢焉。"[⑨]唐代法琳上书驳傅奕,引释道安、朱士行等《经录》目云:"始皇之时,有外

---

① 汤用彤《汉魏两晋南北朝佛教史》,商务印书馆 2015 年版,第 292~297 页。

② 孙昌武《慧远与"莲社"传说》,《五台山研究》2000 年第 3 期。

③ 李剑锋《从接受史的角度蠡测陶渊明与慧远之关系——汤用彤先生〈十八高贤传〉伪作说补正》,《九江师专学报》2003 年第 4 期。

④ 林韵柔《唐代佛教群体的记忆与信仰实践》,稻香出版社 2018 年版,第 195~261 页。

⑤ 孙昌武《慧远与"莲社"传说》,《五台山研究》2000 年第 3 期。

⑥ 〔日〕野上俊静《慧遠と後世の淨土教—慧遠人間像の變遷—》,〔日〕木村英一编《慧遠研究·研究篇》,創文社 1961 年版,第 229~233 页。

⑦ 陈志远《地方史志与净土教——谢灵运〈庐山法师碑〉的"杜撰"与"浮现"》,《六朝佛教史研究论集》,博扬文化 2020 年版,第 261 页。

⑧ 岑仲勉在《读全唐文札记》中指出,该碑"约天宝十三年[载](754)作",此说不确。碑文中以"本州"指代杭州,据李华《云母泉诗序》"乾元初……华贬杭州司功","上元中……华溯江而西,次于岳阳",则此碑当作于 758—761 年其居杭州期间。岑说见《读全唐文札记》,收于氏著《唐人行第录(外三种)》,中华书局 2004 年版(所据为中华书局上海编辑所 1962 年版),第 296 页;李华《云母泉诗序》见(宋)李昉等编《文苑英华》卷七一六,中华书局 1966 年影印本,第 3699 页。

⑨ (隋)费长房《历代三宝纪》卷一,《大正藏》第 49 册,第 23 页。

国沙门释利防等一十八人贤者,赍持佛经来化始皇。始皇不从,乃囚防等。夜有金刚丈六人来,破狱出之。始皇惊怖,稽首谢焉。"①汤用彤指出："其言出道安、朱士行录云云,乃为佛徒伪造","远于事实"。②然而,即便十八罗汉的出现与"始皇时释利防等十八贤来华"这一传说有关,这一传说本身乃中国佛徒之造作,亦非佛教舶来之叙事。

晚唐诗人对于十八高贤共结莲社的典故非常熟悉,诗文中多有引用,从中可以看出庐山东林寺曾有十八高贤的"影堂"或"真堂",即供奉他们画像的厅堂。而在吴越国时期的杭州,十八罗汉造像也相当流行。据《永明智觉禅师方丈实录》③,延寿禅师(904—975)曾于永明寺法华台"后山东面石壁间,造石佛观音像各三身,并十八罗汉"④。从地理位置上讲,杭州及其附近地区很可能为十八罗汉的发源地。最早出现十八罗汉称谓的《杭州余杭县龙泉寺故大律师碑》坐标杭州余杭县,而文献和实物证据又将十八罗汉造像指向杭州,想必不是偶然的。在中国台湾地区的十八罗汉队伍里,除了梁武帝和宝志和尚,也有混入达摩和布袋和尚的情况。陈清香指出此四人的一个共同点就是都曾住过江南且他们的神通事迹皆曾流传于金陵、杭州一带⑤,这也反映出杭州(或其周边地区)与十八罗汉的密切关联。

2021年,在浙江省石窟寺调查工作中,浙江省博物馆历史文物部与杭州西湖风景名胜区钱江管理处在烟霞洞内的壁龛上新发现了九处五代吴越国时期的罗汉造像题记。这九处题记中有一处为历史上有著录的吴延爽造像记,吴延爽所造罗汉不具名;有七处记载了相对完整的罗汉信息,包络罗汉住地、位序和名号,与《法住记》内容相吻合;另有一处题记内容为"庆友尊者"。题记内容显示这一组罗汉造像同时开凿于后周太祖广顺三年(953)左右,造像题材为十八罗汉,是目前中国现存最早的十八罗汉造像组合的实例。⑥据洞内实景,这十八尊罗汉像是统一规划后按照一定次序开龛雕造于洞内东西两壁,前十六位按照

---

① (唐)道宣《广弘明集》卷一一,《大正藏》第 52 册,第 166 页。
② 汤用彤《汉魏两晋南北朝佛教史》,商务印书馆 2015 年版,第 8 页。
③ 此条史料最先由浙江省博物馆历史文物部馆员魏祝挺提醒注意,魏老师还亲自带领笔者前往净慈寺后山探访很可能为延寿造像的遗迹,对此深表感谢!
④ 王招国(定源)《永明延寿传记之新资料——中国国家图书馆藏〈永明智觉禅师方丈实录〉》,《佛教文献论稿》,广西师范大学出版社 2017 年版,第 349 页。
⑤ 陈清香《台湾寺庙十八罗汉像探讨》,氏著《罗汉图像研究》,文津出版社 1995 年版,第 375 页。
⑥ 魏祝挺、黎毓馨《杭州烟霞洞吴越国罗汉造像题记的新发现及初步研究》,《敦煌研究》2021 年第 6 期。

《法住记》所载十六罗汉的位序和名号，按照一个闭环的顺序，"庆友尊者"和吴延爽所造不具名罗汉分别对应第十七、十八两位。烟霞洞十八罗汉造像题记的发现对于我们理解十八罗汉名号确立的问题提供了关键信息。庆友（难提密多罗的意译）为《法住记》的传出者，将其纳入十八罗汉队伍中作为第十七位，同时最后一位则尚未定名，这印证了本文所讨论的十八罗汉起源先"数"后"名"的生成路径。另外，杭州石屋洞有广顺三年（953）僧愿昭镌庆友尊者记[①]，魏祝挺、黎毓馨认为，"这方题记从侧面证明这一龛有可能是一组十八罗汉造像的一部分"[②]。

关于十八罗汉名号现存最早的完整记录出自苏轼之手。宋哲宗元符三年（1100）苏轼从海南儋州贬所获赦北归，路过广东清远峡宝林寺时看见贯休所绘十八罗汉，作十八首赞言，一一注出罗汉名号，其中前十六位皆取自《法住记》，第十七位称为"庆友尊者"，第十八位称为"宾头卢尊者"。[③] 庆友尊者与烟霞洞造像题记相同；而宾头卢尊者作为原本不具名的十八罗汉，实为第一尊者宾度罗跋罗惰阇的重出。苏轼所记这份十八罗汉名单影响较大。宋高宗绍兴四年（1134）《江阴军乾明院五百罗汉碑》和《广西会仙山白龙洞五百罗汉尊号碑》于五百罗汉名号前皆列十八罗汉名号，也是第十七为庆友，第十八为宾头卢。有推论将《法住记》的传出者庆友和译者玄奘作为十八罗汉中多出来的两位，白化文认为这种设想极可能符合最早的事实，但岁久年深，已难以找到确切证明。[④] 魏祝挺、黎毓馨根据烟霞洞第十八不具名罗汉"其面相为中土老僧"，指出"有可能为《法住记》的译者玄奘"[⑤]。《法住记》明言庆友为六通罗汉，而玄奘去世后不久也出现了将他圣化为罗汉的情况[⑥]。为什么玄奘后来被宾头卢所取代，白化文认为恐怕由于中国古代的"夷夏"观念较强，不愿意把本国的玄奘法师和那十七位出身、年代、国籍都不同的外来户掺和在一起。[⑦] 有关西游故事的研究成果

① 浙江省博物馆《杭州石屋洞吴越国题刻》，中国书店 2019 年版，第 112 页。
② 魏祝挺、黎毓馨《杭州烟霞洞吴越国罗汉造像题记的新发现及初步研究》，《敦煌研究》2021 年第 6 期。
③ （宋）苏轼《自南海归过清远峡宝林寺敬赞禅月所画十八大阿罗汉》，孔凡礼点校《苏轼文集》卷二一，中华书局 1986 年版，第 626～629 页。
④ 白化文《中国的罗汉与罗汉画》，上海博物馆编《翰墨荟萃：细读美国藏中国五代宋元书画珍品》，北京大学出版社 2012 年版，第 315 页。
⑤ 魏祝挺、黎毓馨《杭州烟霞洞吴越国罗汉造像题记的新发现及初步研究》，《敦煌研究》2021 年第 6 期。
⑥ 刘淑芬《唐代玄奘的圣化》，《中华文史论丛》2017 年第 1 期。
⑦ 白化文《中国的罗汉与罗汉画》，上海博物馆编《翰墨荟萃：细读美国藏中国五代宋元书画珍品》，北京大学出版社 2012 年版，第 315 页。

或许能为我们理解这一问题提供新的视角。磯部彰在论及《大唐三藏取经诗话》时曾注意到玄奘三藏前世为宾头卢的形象,胡胜又发现在成书于宋元间的泉州傀儡戏《三藏取经》中三藏法师最终证果宾头卢尊者。① 宾头卢成为第十八尊罗汉,起初可能因为《法住记》的译者玄奘被视为第十八尊罗汉,而这个取代又与西游故事的累积、变动有关。

此外,有学者注意到苏轼记载的"另一份"十八罗汉名单。日本释徹定(1814—1891)编《罗汉图赞集》卷二收有苏轼在观蜀金水张氏画十八罗汉后所作《十八罗汉颂并序》,称十八罗汉为迦叶、军徒钵叹、宾头卢、那迦跋、罗堕、须跋陀、那俱罗、律陀、迦罗、跋蹉、瞿波迦、半陀、罗睺罗、(缺失)、(缺失)、婆那斯、呵逸多、周罗槃恃。德维瑟(M. W. de Visser)将这组名号还原为梵文,张长虹考察后发现后十六位实际上就是《法住记》中的第一至第十六位,只是将迦叶和军徒钵叹加在前面构成十八罗汉。② 陈清香亦有类似观点③。不过,《苏诗文集》卷二〇收有《十八大阿罗汉颂》,据其前跋文,苏轼谪居海南期间(1097—1100)从民间偶得蜀金水张氏画十八大阿罗汉,遂作此颂,其中并无十八罗汉的名号。④ 所以,笔者猜测《罗汉图赞集》中《十八罗汉颂并序》里的罗汉名号或许是后来添加进去的。

不管苏轼有没有记载过增加了迦叶和军徒钵叹的十八罗汉,这一名单在南宋末年僧人志磐所著《佛祖统纪》中被明确提出。志磐根据唐代僧人湛然的《法华文句记》"除四大罗汉、十六罗汉,余皆入灭",认为十八罗汉中的后两位应为住世四大罗汉中不在十六罗汉之列的两位,即迦叶和军徒钵叹。针对十八罗汉中的后两位为庆友和宾头卢的说法,志磐特意予以纠正,宾头卢为宾度罗的重复,而庆友是《法住记》的作者,不在住世之列。他还提到北宋僧人净觉所撰《罗汉礼赞文》就是增加了迦叶和军徒钵叹的十八罗汉⑤。组合了迦叶与军徒钵叹的十八罗汉名单在历史上也有一定的流传,山西长子崇庆寺北宋十八罗汉像与洛阳白马寺元代十八罗汉像中就有迦叶和君徒钵叹,而且白马寺罗汉像中的迦叶和君徒钵叹还被塑造成了降龙罗汉和伏虎罗汉。

降龙和伏虎作为图像特征进入到罗汉造型的时间非常早,陈清香认为唐代

---

① 胡胜《叠加的影像——从宾头卢看玄奘在"西游"世界的变身》,《文学遗产》2020年第5期。
② 张长虹《汉藏佛教的交流与融合:汉藏罗汉名号与座次考》,《中华文化论坛》2020年第6期。
③ 陈清香《台湾寺庙十八罗汉像探讨》,氏著《罗汉图像研究》,文津出版社1995年版,第360页。
④ (宋)苏轼《十八大阿罗汉颂》,孔凡礼点校《苏轼文集》卷二〇,中华书局1986年版,第586~591页。
⑤ (宋)志磐《佛祖统纪》卷三三,《大正藏》第49册,第319页。

时关于罗汉能降龙的立意已经形成，但尚不能肯定是否创作该类图像，而且降龙或伏虎并非同时进入十六或十八罗汉队伍，成组的十六或十八罗汉有时单有降龙尊者，有时单有伏虎尊者，有时兼备，有时都无。① 苏轼曾见到一尊同时伴有龙虎的罗汉，可见这两种动物在罗汉造型中起初亦不是必然分开的。降龙和伏虎被确立为罗汉名号的时间相当晚。乾隆皇帝曾对这个问题极感兴趣，他在藏传佛教高僧章嘉国师的影响下，不仅重新厘定了圣因寺藏罗汉图像的名号和顺序，而且将十八罗汉多出来的两位定为嘎沙鸦巴尊者（迦叶）和纳纳达密答喇尊者（庆友），并分别与降龙、伏虎二尊者对应。不过乾隆皇帝"在第十七、十八罗汉身份的问题上也曾反复纠结、修改"②，而增加了迦叶和庆友的十八罗汉名单并未流行。

受汉地罗汉图像的影响，藏地在十六尊者之外又增加了两名侍者，但是一直没有十八尊者的称谓，而且这两名侍者的加入有明显的先后顺序：达摩多罗在先，和尚在后。可以说，藏地"十六尊者加二侍者"的组合模式是一种"非典型的十八罗汉"，并不符合先"数"后"名"的生成传统。这两位侍者的形象与携虎行脚僧和布袋和尚有直接渊源，这为讨论他们的起源提供了线索。不过除了可以肯定其与汉地文化之间存在密切互动外，更为明确的结论目前并不易获得。③

中国台湾地区寺庙里供奉的十八罗汉有一种情况是在《法住记》所载罗汉梵文名号的基础上增加梁武帝和宝志禅师，只是顺序并不依从《法住记》；此外还有完全汉化的十八罗汉名号，多取法于罗汉形象，如长眉、开心等。④ 完全汉化的十八罗汉名单在民间信仰和民俗文化中产生影响，但并未被佛教界接受或采纳。陈清香将佛教十八罗汉的名单概括为六个版本，即在《法住记》十六罗汉的基础上增加：①庆友及宾头卢②达磨多罗与和尚③降龙和伏虎④迦叶和庆友

① 陈清香《降龙伏虎罗汉图像源流考》，氏著《罗汉图像研究》，文津出版社1995年版，第317～348页。
② 张长虹《汉藏佛教的交流与融合：汉藏罗汉名号与座次考》，《中华文化论坛》2020年第6期。
③ 十六尊者加侍者的组合在藏地罗汉图像中的呈现非常复杂：有时只见达摩多罗出现，有时达摩多罗与和尚同时出现；有时他们带头光，有时无头光；无头光时达摩多罗多为居士或者女人的形象；有头光时则为僧人样貌。可参 Stephen Little, "The Arhats in China and Tibet", *Artibus Asiae*, vol.52, no.3/4, 1992, pp. 255-263；张凌晖《十六尊者与二位侍从：藏密事续部修习仪轨中的汉传佛教渊源》，《世界宗教研究》2018年第5期；〔日〕松本荣一著，林宝尧、赵声良、李梅译《敦煌画研究（上册）》，浙江大学出版社2019年版，第295～301页（该书日文版出版于1937年，此据中译本）。而两位侍者进入西藏罗汉组合表现在文献上则比图像上更晚，迟至17世纪，具体历程可参张长虹《汉藏佛教的交流与融合：汉藏罗汉名号与座次考》，《中华文化论坛》2020年第6期。
④ 陈清香《台湾寺庙十八罗汉像探讨》，氏著《罗汉图像研究》，文津出版社1995年版，第360～367页。

⑤迦叶和军徒钵叹⑥梁武帝和宝志禅师。^① 这六个版本在历史上都可以找到立像供奉的例证。其中版本①和⑤在汉地较为多见，而版本②则是藏地的标准。

为了确立佛教正统地位，在确立本土制造的十八罗汉的名号时，首先将《法住记》里十六罗汉的名号全部吸纳进来。十八罗汉自其诞生之始好像就没有引起信徒对其"出身"与功效的怀疑，只是在这多出来的两位罗汉的名号问题上产生了分歧，形成了不同体系的十八罗汉名单。与十六罗汉一样，"数"的统一保证了十八罗汉作为一种组合式信仰形态的稳固与流行。从发生学的意义上讲，十八罗汉是在中国本土文化背景下模仿十六罗汉这一外来信仰形态先"数"后"名"生成路径的一次成功再造。

四、结语

在佛陀涅槃的主题框架下，发展出佛陀嘱托一组弟子不入涅槃、住世护法的叙事。因为四方护法是这组弟子的首要任务，所以这个人物组合呈现出与方位紧密相连的数字特征。作为链接过去佛释迦牟尼与未来佛弥勒之间的现世环节，住世罗汉在佛教众多信仰形态中占据了牢固而又独特的地位。十六罗汉在大乘佛教中的起源可能与西北印度或迦湿弥罗有关^②，然而于阗文献中的相关记载则提醒我们这一信仰形态在中亚的发展。有趣的是，在有关于阗的藏文文献中，佛陀嘱托八大神灵守护于阗，关于这八大守护神也有不同的名单。^③ 同为佛陀嘱托，同为四的倍数的组合形式，同为守护的职责，于阗八大守护神与十六罗汉这两种组合式信仰形态之间是否存在关联，值得关注。十六罗汉传播到汉地后流行开来，并在此基础上模仿、创造出新的组合形态——十八罗汉。在汉文化的刺激下，藏地在十六尊者之外渐次加入两位侍者，也构成了具有自己特色的佛教十八人物组合。

虽然在先"数"后"名"的发生学路径上，十六罗汉与十八罗汉有相似处，但二者的文化源头不同。十六罗汉是在印度方位文化体系下发展出来的，而十八罗汉则是在中国谶纬文化与"数"的政治哲学观念影响下的创造。十六罗汉名单在汉地经由佛典的翻译及译者本身的权威性获得了固定，而十八罗汉由于本

---

① 陈清香《台湾寺庙十八罗汉像探讨》，氏著《罗汉图像研究》，文津出版社 1995 年版，第 359～362 页。

② 〔法〕莱维、〔法〕孝阅纳著，冯承钧译《法住记及所记阿罗汉考》，上海商务印书馆 1933 年版，第 68 页。

③ 荣新江、朱丽双《于阗与敦煌》，甘肃教育出版社 2013 年版，第 273～298 页。

身没有经典文本支持，加之唐宋变革以来知识下移难以在非官方注目的信仰层面获得权威认证，故而其名单一直不能固定下来。清代乾隆皇帝虽然曾想予以固定，但终因积重难返以及他本身的游移不定，未能确立一个被大众接受的权威版本。[①]

与十六罗汉和十八罗汉有关，五百罗汉构成住世罗汉信仰的另一形式。不过五百罗汉作为佛经中常常出现的弟子组合，起初并非承担四方护法的责任，因此与十六罗汉各有自己的住地、眷属。五百罗汉常常集体出没。可能因为五百这个数字在佛教中常常并非实指，而且这个数目着实不小，一开始中土信徒并没有关注他们的名号，反而将其居所由"西域"搬到"东海"[②]，形成了中国佛教圣地格局中足以与文殊菩萨道场（五台山）相抗衡的五百罗汉道场（天台山）。到南宋时期，终有好事者从中外佛籍及历史中剪切拼凑，确立了五百罗汉的名单。这一过程虽不如十六、十八罗汉那般曲折动人，亦遵循了先"数"后"名"的生成路径。

罗汉信仰的一个突出表现是罗汉图像的大量生产与传播，这引发我们继续思考罗汉之"名"与"形"的问题。在藏地，罗汉的执物或印契等图像特征基于《尊者礼供和仪轨略摄》而得以固定下来，根据罗汉的图像特征可以辨识出他们的身份。[③] 汉地的罗汉则在名号与形象之间缺少对应关系，创作者可以自由发挥想象力或从现实生活中寻求灵感来源。借助画史文献及文人赞颂等我们依然可以对汉地流行的罗汉图像进行风格区分，其中最为流行的当属贯休系统的罗汉图，这与其逐渐"法物化"[④]及衍生出祈雨灵应等传说[⑤]有关。当然，这已大大超出本文所要讨论的范围。

---

① 张长虹《乾隆帝定名罗汉画名相考（上）》，《故宫博物院院刊》2021 年第 9 期。

② 王鹤琴《论天台山佛教圣地化的初期历史——以北齐〈赵郡王高叡修寺碑〉为中心》，《世界宗教研究》2020 年第 4 期。

③ 张长虹《汉藏佛教的交流与融合：汉藏罗汉名号与座次考》，《中华文化论坛》2020 年第 6 期。

④ 王霖《贯休〈十六罗汉图〉考——以杭州西湖圣因寺藏本为线索》，《新美术》2013 年第 5 期。

⑤ 〔日〕小林太市郎《禅月大师の生涯と藝術》，淡交社 1974 年版，第 358 页。

钱锺书的《论语》阐释

赵永江　王春晓*

摘　要：钱锺书的《论语》阐释在传统注疏的基础上，由于更新了注疏观念、扩大了参证范围、开拓了文学视野，从而实现了《论语》研究的突破。一是立足传统注疏，将阐释循环理论运用到经典阐释之中，实现了《论语》注疏方法的补充与拓展。二是融会道释，打通中西，在人类思想文化、共同心理诸层面阐释《论语》，而从中显明地呈现出推重儒学的倾向。三是重视《论语》文学性的阐释，深入探讨孔子形象、语言修辞及文学接受等问题。另外，钱氏笔记的《论语》阐释呈现出了复杂而微妙的"互文"关系，分析这种关系，可以具体理解钱锺书对《论语》意涵的阐释进程。

关键词：钱锺书笔记；《论语》注疏；思想；文学性

　　钱锺书所著诸种笔记有比较丰富的关于《论语》阐释的材料，其中《钱锺书手稿集·中文笔记》中有多达 70 多页的《论语》抄录与注疏，《容安馆札记》《谈艺录》《管锥编》也博引《论语》进行阐析与鉴赏，仅《管锥编》的引述就达 113 处①。总体看来，其《论语》阐释在传统注疏的基础上，由于更新了注疏理念，扩大了参证范围，开拓了文学视野，从而实现了《论语》研究的突破。其实，2000 多年来《论语》研究多集中于经学向度，从文学角度探析《论语》的著述则相当少见，除晚明李贽的《四书评》②外，其他研究多为零语散论。柳宏、宋展云在《〈论语〉文学研究 60 年》一文中指出，新中国成立 60 年来的《论语》研究，"文学研究色彩日趋浓厚，无论在研究的深度和广度上均表现出从经学向文学转变的趋向"。可以说，钱锺书的《论语》阐释集中地体现了这一趋向。目前学界对钱锺

---

　　*　赵永江，中国海洋大学文学与新闻传播学院 2020 级博士研究生，研究方向为中国古代文学。王春晓，山东省汶上县第一实验小学教师，研究方向为语文教学与传统文化教学。
　　①　路文虎《〈管锥编〉〈谈艺录〉索引》，中华书局 1990 年版，第 218～219 页。此统计仅为《管锥编》直接引用《论语》的次数，间接引用未计在内。
　　②　关于《四书评》作者问题参见任冠文《〈四书评〉辨析》，《文献》1999 年第 1 期。

书《论语》阐释的探讨，尚难得一见。① 基于此，本文拟对此进行研究。

一、立足注疏，知常通变

钱锺书在《管锥编》中以《论语》郑玄注发论，指出汉代及清代"汉学"者训诂之弊：

> 余寻绎《论语》郑玄注，尝笑其以《子路》章为政先务之"正名"解为"正书字"；清之为"汉学"者至以《述而》两言"好古"之"古"，解为"训诂"。信斯言也，孔子之道不过塾师训蒙之莫写破体、常翻字典而已，彼尸祝孔林者以及破孔户而据床唾堂者，皆视虿如轮、小题大做矣！盖学究执分寸而忽亿度，处把握而却寥廓，恢张怀抱，亦仅足以容学究；其心目中，治国、平天下、博文、约礼皆莫急乎而不外乎正字体、究字义。一经笺释，哲人智士悉学究之化身，要言妙道皆字典之剩义。俞氏之解老，犹郑君之注孔也……作者之圣、文人之雄，用字每守经而尤达权，则传注之神、笺疏之哲，其解诂也，亦不可知常而不通变耳。②

钱锺书此论本为批评俞正燮《癸巳存稿》把《老子》首章的"道"与"名"分别解为"言词"与"文字"而发。郑玄将《论语·子路》"必也正名乎"中的"正名"注为"正书字"，即书写标准字体，"莫写破体"；又有清代学者将《论语·述而》中的"信而好古"、好古敏求之"古"解为"训诂"。诚如钱锺书所言："清代以来，治子部者，优于通训解诂，顾以为义理思辨之学得用文字之学尽了之，又视玄言无异乎直说，蔽于所见，往往而有。"这样，本为义理思辨的大学之道被降至小学一途，注疏之道则"仅足以容学究"而已，这也正是汉儒之"拘"、清学之"琐"的体现。钱锺书揭示了经学的固有之弊，也提出了注疏的通达之道，即"知常而通变"。所谓"知常"，是指经学阐释应当以汉学为"根柢"，"通变"是指学者对经学的阐释以"精微"③作为学术境界。总而言之，钱锺书理想的注疏应该以深厚的训诂功夫为"根柢"，以"精微"的思想剖析作为根本追求。

钱锺书对《论语》的阐释不仅涉及传统注疏的训义、句读、辞气、义理等各个方面，而且在前人的基础上做了更为周备精覈的论析，在传统注疏鲜有涉足的

---

① 傅杰在《钱锺书说〈论语〉举隅》（见傅杰《文史刍论》，海豚出版社 2016 年版）中曾对一些问题做过探讨，其中并未涉及《钱锺书手稿集·中文笔记》及《钱锺书手稿集·容安馆札记》的材料，因此探讨不够全面，有些结论亦值得商榷。

② 钱锺书《管锥编》，中华书局 1986 年版，第 405～406 页。

③ 参见《四库全书总目·经部总叙》，中华书局 1965 年版，第 1 页。

文思辞采阐发方面更是自凿户牖，另辟蹊径，为《论语》的文学性解读打开了崭新的视域。

在词语训义方面，钱锺书广引诸家注疏，并对之加以辨析，往往一言解纷，令人折服。如辨析《论语·泰伯》"三年不至于谷，不易得也已"中的"谷"义，钱锺书引用了三家注疏：孔安国曰"谷，善也……所以劝人于学也"，皇侃疏云"言学三年者，必至于善道也"，孙绰曰"谷，禄也，云三年学足以通业，可以得禄"，后附注"邢疏从孔注"。也就是说，皇侃、邢昺均意从孔安国的注解，以"谷"为"善"；而钱锺书注云："孙说为长，使如孔说当曰'鲜矣'。"①可以看出，钱锺书并未从众，而是称许孙绰的观点，解"谷"为"禄"，并申说假使句意如孔安国所言，《论语》原句当为"三年不至于谷，鲜矣"，意为"从学三年不至于善道，是很少见的"，这样才符合孔安国"所以劝人于学"的解读。不得不说，"鲜矣"二字达到了"片言折狱"般的效果，体现了钱锺书对原典及注疏文情语境的精确把握。

钱氏笔记所注疏的字词颇多，其中"文德"一词的注疏最为周详细密。关于《论语·季氏》中的"文德"一词，钱锺书解为"政治教化"，"以别于军旅征伐"。但他从先秦典籍入手直论至章太炎的《国故论衡》，连类举似详加辨析，洋洋洒洒得出了七层义训，可谓充类至尽蔚为大观。② 在这番论析中，钱锺书大致按时间顺序梳理出"文德"词义演变的脉络。这样，包括《论语》在内的典籍中"文德"的古今词义各得其所。如此通透周备的辨析在历来注疏中是比较罕见的。

钱锺书的《论语》注疏中对语句的句读、辞气、修辞等也多有论及并时出己见。在句读方面，钱锺书亦参考了前人的不同理解，如《述而》《泰伯》中的两句，引白珽《湛渊静语》断句为"子在齐，闻韶三月，不知肉味"，又引断句为"民可，使由之；不可，使知之"一说，并认为"'可'者，民意以为可也，亦通"，且明言"未忆何出"③。按：这一说法见于晚清宦懋庸的《论语稽》，观其此句按语"于民，其可者，使其自由之；而所不可者，亦使知之"④，似为钱氏所本。

《论语·泰伯》云："出辞气，斯远鄙倍矣。"这里的"辞气"可以理解为语气、

---

① 钱锺书《钱锺书手稿集·中文笔记》第 15 册，商务印书馆 2011 年版，第 62 页。
② 钱锺书《管锥编》，中华书局 1986 年版，第 1502～1507 页。
③ 钱锺书《钱锺书手稿集·中文笔记》第 15 册，商务印书馆 2011 年版，第 61 页。傅杰在《钱锺书说〈论语〉举隅》（见傅杰《文史刍论》，海豚出版社 2016 年版，第 208 页）中曾将该句作为钱锺书"不欣赏的名句"，以句意涉"愚民"。其实《管锥编》中钱锺书以此释《老子》"非以明民，将以愚之"，仅举其一端而已，并无"不欣赏"之意。若依《中文笔记》中这一句读方法，该句则具"民本"思想，钱锺书言其"亦通"，可见并无成见。另外，目之所及，钱氏笔记中并未见钱锺书"不欣赏"的《论语》名句。
④ （清）宦懋庸《论语稽》，维新书店 1913 年版。该句标点为作者所加。

语调。对于《论语》辞气的评析历来有之，钱锺书尤其注重其微妙之处。如《公冶长》"十室之邑，必有忠信如丘者焉"，择皇疏其一说，解"必"为疑词，而非肯定语气，并注明"必作若解，《史》《汉》皆然"①。再如《卫灵公》"不曰'如之何？如之何？'者，吾未如之何也已矣"，钱锺书言："承两'如之何'而三焉，词气却迥异，亦文词之拈弄也。"②前两处"如之何"为模拟发问，后一处为无奈叹息，是为"迥异"。《容安馆札记》中又言"吾未如之何也已矣"中"如之何"为"问也"，"也已矣"则为"叹也"，也就是一句中含有两种语气；如同《雍也》章"汝得人焉耳乎哉"中的"乎"与"哉"一样，均为一句而"涵两意"③，这种解读可谓具体而精微。

钱锺书还在前人著述中寻求更为恰切的《论语》注解。在《中文笔记》中，钱锺书摘抄了郝懿行《晒书堂外集书》中论及孔子师徒问答语句详略的内容，认为郝氏之论"甚通脱，胜于前人"④。关于《述而》"志于道，据于德，依于仁，游于艺"句义，钱锺书言："阳明《传习录》卷下说此章甚妙。"⑤为方便理解钱氏之义，笔者将钱氏未录的《传习录》原文补录如下：

> 只"志道"一句，便含下面数句功夫，自住不得。譬如做此屋，"志于道"是念念要去择地鸠材，经营成个区宅；据德却是经画已成，有可据矣；依仁却是常常住在区宅内，更不离去；游艺却是加些画采，美此区宅。艺者义也，理之所宜者也。如诵诗、读书、弹琴、习射之类，皆所以调习此心，使之熟于道也。苟不知道而游艺，却如无状小子，不先去置造区宅，只管要去买画挂做门面。不知将挂在何处？⑥

这种解读"妙"处在于以一连串的比喻，形象地辨析出"志道""据德""依仁""游艺"等四者之间的密切关系。

钱锺书之所以能够对传统注疏有较大的突破，主要是因为使用了"阐释

---

① 钱锺书《钱锺书手稿集·中文笔记》第15册，商务印书馆2011年版，第50页。
② 钱锺书《管锥编》，中华书局1986年版，第844页。
③ 钱锺书《钱锺书手稿集·容安馆札记》，商务印书馆2003年版，第742页。本文的《容安馆札记》引文与标点均参考视昔犹今的博客(http://blog.sina.com.cn/u/1587015434)，手稿内容尤其是其漫漶处则据相关可确认信息查阅原典。由于钱锺书所据版本难以遍查，内容与现有版本出入之处，均按手稿所录。
④ 钱锺书《钱锺书手稿集·中文笔记》第15册，商务印书馆2011年版，第34～35页。
⑤ 钱锺书《钱锺书手稿集·中文笔记》第15册，商务印书馆2011年版，第55页。
⑥ 陈荣捷《王阳明〈传习录〉详注集评》，台湾学生书局1983年版，第311页。

循环"①的方法,对前人注疏溯其源,匡其失,这不仅是对孟子"不以文害辞,不以辞害志"方法的更为具体圆足的应用,也可视为训诂新学"据境求义"方法的充分补充与实践。②

另外,钱锺书对《论语》颇为重视,其《中文笔记》第 15 册现存有《论语》注疏手稿。因该稿尚未引起学界的充分关注,笔者在此略作介绍。

关于抄录底本问题,钱锺书采用的应该是知不足斋本皇侃《论语义疏》,其体式为"经—注—疏"。③ 钱锺书以此为底本进行摘录并注疏,自署篇题为《论语·何晏集解·皇侃义疏·邢昺疏》,其实《邢昺疏》是为研究之便另外抄缀的,附在了《皇疏》之后。因此,《中文笔记》第 15 册目录编者标题为"论语注疏二十卷[魏]何晏集解[宋]邢昺疏"并不恰当。④

这部分注疏共 73 页,正文部分抄录《论语》原文及原注疏,采用的方式为"经—注—皇疏—邢疏",页眉页脚处为钱锺书为《论语》及其原注疏做的补注,大多页面均有一至两条,除提示"参见《论语》"其他篇章以"本地风光"自证外,多引其他典籍对原注疏进行判析,称得上言简意赅、言必有中,因此具有一定的学术价值。其中,引述较多的是姚旅的《露书》,该书"口务明言,笔务露文",虽言"毛举掇拾,无关大指"⑤,但征引的六条义旨剖判甚明,也可见钱锺书不弃菅蒯、慧眼有识。引《太平广记》四条,以小说入注疏,阐义理,增文思,亦为钱氏特色。其补注语简意赅,言必有中,具有一定的学术价值

尚需提及的是,皇侃《论语义疏》曾于南宋时失传,至清乾隆年间(1736—1795)方从日本传回,钱锺书的一条注疏恰好反映了这两个时间节点。在《论文·公冶长》中,皇侃注公冶长逸事之后,钱锺书又补充了一条注疏:"吴骞《尖阳随笔》卷三。叶氏《海录碎事》亦记其事语小异,殆叶氏曾见《皇疏》而稍删改其文。"⑥吴骞为清代乾嘉时人;叶氏即叶廷珪,为北宋徽宗朝进士。二人笔记大致

---

① 钱锺书《管锥编》,中华书局 1986 年版,第 171 页。关于"阐释循环"的解读,参见李清良《钱钟书"阐释循环"论辨析》(《文学评论》2007 年第 2 期)、何明星《言不尽意与诠释循环》(《文艺研究》2008 年第 6 期)、何开四《〈管锥编〉循环阐论探微》(《当代文坛》1993 年 5 期)、焦亚东《在旁征博引的背后——钱钟书文学批评的逻辑起点与基本向度》(《长江学术》2008 年 2 月)。

② 参阅吴庆峰《训诂学新篇》中有关训诂求义方法的论述,中华书局 2020 年版,第 160~282 页。

③ 参见(梁)皇侃撰,高尚榘校点《论语义疏·前言》,中华书局 2013 版。

④ 尚需提及的是,《钱锺书手稿集·中文笔记》第 7 册目录标题为"论语二十篇[春秋]孔子"的两页内容其实是钱锺书抄录的民国报刊《论语》中的几则趣闻,内容与孔子无关,当为编者之误。

⑤ (清)永瑢等撰《四库全书总目》,中华书局 1965 年版,第 1105 页。

⑥ 钱锺书《钱锺书手稿集·中文笔记》第 15 册,商务印书馆 2011 年版,第 45 页。

成于《皇疏》传入与失传的时限。钱锺书均曾寓目，可见腹笥之广以及对《皇疏》的重视。

二、会通中西，推重儒学

史称《论语》皇疏"博极群言"，既择用何晏、江熙注本所辑录的众家之说，又博采郑玄、王弼、王肃等数十家注语[1]，以玄学思想注疏《论语》是其鲜明的学术特征。因其研精阐微，释义通达，曾在南朝梁至北宋数百年间影响甚巨，清代回传之后，甚至有学者"欲求之老庄，至不言读《论语》，而言读皇侃疏"[2]。钱锺书以《皇疏》为底本即立足于圆览博贯的阐释理念，以便于融通各家横向观照。如何晏注《论语·先进》"回也其庶乎屡空"，将"空"解为"财货空匮"之外，又增加"虚中""虚心"之解，而皇侃《论语义疏》发挥何注而言"圣人体寂而心恒虚无累""坐忘大通，此忘有主义"，钱锺书认为此为《皇疏》"阴取《庄子·人间世》之颜回'心斋'、《大宗师》之颜回'坐忘'，移释《论语》之颜回'屡空'"。[3]

钱锺书沟通儒道阐发义理，既藉二者不谋而合处通其骑驿，又于其道不同处辨其町畦。如他在释解《老子》第二章"万物作而不辞"之"辞"时，引《论语·阳货》"天何言哉？四时行焉，百物生焉"句作为参照，判定"辞"即"言辞"之"辞"；[4]又如，关于《老子》第四七章的"其出弥远，其知弥少"及四八章的"为道日损"句，钱锺书引《论语·述而》"仁远乎哉"参照，以明在迩求远、往而复返之旨。[5] 同样，《论语》义旨也可以用《老子》之言参证，这也是"阐释循环"的应有之义。再如关于《论语·先进》"颜渊死，子哭之恸"句，何晏《集解》引马融、孔安国皆谓孔子痛惜颜渊而"哀过也"，皇侃《义疏》云："人哭亦哭，人恸亦恸，盖无情者，与物化也。"则明显取之于《庄子》。钱锺书据此分判儒道之于人世哀乐的不同态度说："有哀乐而感不过甚，此儒家言也，有哀乐而感非切实，此道家言也；前所流露者，真情而中节得当，后所流露者、浅迹以安时应物。"[6]这番话将正常的情感流露分别推向儒家中庸之境与道家齐物之论，于二家肯綮之中辨明其分野。

---

① 参见（梁）皇侃撰，高尚榘校点《论语义疏·前言》。中华书局 2013 版。
② 钱锺书《谈艺录》，生活·读书·新知三联书店 2001 年版，第 677 页。
③ 钱锺书《管锥编》，中华书局 1986 年版，第 1131～1132 页。
④ 钱锺书《钱锺书手稿集·容安馆札记》，商务印书馆 2003 年版，第 2187 页。
⑤ 钱锺书《管锥编》，中华书局 1986 年版，第 451～452 页。
⑥ 钱锺书《管锥编》，中华书局 1986 年版，第 1105～1106 页。

皇侃注疏《论语》对道家之言有所取舍,在措辞上也有变化。如,关于《论语·公冶长》子贡言"夫子之言性与天道,不可得闻"之义,皇侃义疏云:"文章者,六籍也。六籍是圣人之筌蹄,亦无关于鱼兔矣。"钱锺书敏锐地指出皇侃的注疏出自何劭《荀粲传》"六籍虽存,固圣人之糠秕","而以'糠秕'词峻,易为'筌蹄'耳"。① "糠秕"当弃,"筌蹄"宜存,皇侃注经,自然不能弃经如"糠秕",不然则"小子何述焉"。

钱锺书在《谈艺录·序》中说:"东海西海,心理攸同,南学北学,道术未裂。"②"西海"即"二西",指的是释迦之"西"和耶稣之"西"。钱锺书博采中西典籍,相互阐释,以开阔的视野将诸多论题延展至空前的广度,而其目的不在"深究于义理",而是将其作为"沟通中西思想文化之修辞与观念的重要研究对象"。③

钱锺书多引前人著述揭示儒释两家的相通之处。如《容安馆札记》中引柳宗元《送僧浩初序》云:"浮屠诚有不可斥者,往往与《易》《论语》合,诚乐之,其于性情奭然,不与孔子异。"④《管锥编》中引宗炳《答何衡阳书》:"佛经所谓本无者,非谓众缘和合者皆空也……贤者心与理一,故颜子'庶乎屡空',有若无,实若虚也;自颜以下,则各随深浅而昧其虚矣。"⑤意下即为赞同二者之说,佛家言往往与儒家言暗合,如同佛经之"本无"则通于颜之"屡空"。钱锺书在阐释《颜渊》"君子之德风,小人之德草;草上之风,必偃"时亦言:"不能执两用中,固是一病,然极而反,或可转而上。学人资性之不高者,端赖此验进境,故禅家棒喝,即由斯道。"⑥儒家理想之境为中庸,儒者学而不固随风倒向一边,若至于极端,以佛家"棒喝"促其警醒,或可反转而上,这种说法则似为儒门提供法门,钱锺书从学思参悟的角度找出了儒释可相沟通之处。

对于《皇疏》援释入儒现象,钱锺书亦予以指出,如《论语·阳货》"性相近也,习相远也"章,钱锺书于《皇疏》下注云:"此节机调极类释氏书"。⑦ 当然,他又借朱熹《答吴公济》之言,指出以佛入儒之弊:"学佛而后知,则所谓《论语》者,乃佛氏之《论语》,而非孔氏之《论语》矣。正如用琵琶、秦筝、方响、觱篥奏雅乐,

---

① 钱锺书《管锥编》,中华书局 1986 年版,第 1103~1105 页。
② 钱锺书《管锥编》,中华书局 1986 年版,第 1 页。
③ 张治《钱锺书的佛典笔记及其修辞比较研究》,《中山大学学报》(社会科学版)2017 年第 5 期。
④ 钱锺书《钱锺书手稿集·容安馆札记》,商务印书馆 2003 年版,第 2009 页。
⑤ 钱锺书《管锥编》,中华书局 1986 年版,第 1280 页。
⑥ 钱锺书《钱锺书手稿集·容安馆札记》,商务印书馆 2003 年版,第 363 页。
⑦ 钱锺书《钱锺书手稿集·中文笔记》第 15 册,商务印书馆 2011 年版,第 97 页。

节拍虽同,而音韵乖矣。"①

钱锺书还援引释道二氏之说阐解《论语》,如注《论语·为政》"吾与回言,终日不违如愚"章云:

> 沈作喆《寓简》卷7谓此"无言之言,非复问答"。拟之于《庄子·知北游》。无为谓不答,狂屈欲言而忘,慧可无言,净名独默。(按见维摩诘所说经弟子品第三。参观《法华玄义一》下论圣默然。慧皎《高僧传》卷8,论兵者,不祥之器,不获已而用之;言者,不真之物,不获已而陈之。)②

与前人援释道二氏注疏《论语》的区别在于,钱氏阐释不是援之而"入"而是援之以"证":前者意在相融,后者意在相参;前者欲消弭疆界而三位一体,后者虽广开镜鉴而各自独立。对于释道相似而与儒家不同之境,钱锺书亦为摘出。如《列子·仲尼》中有"仲尼笑而不答",《庄子·田子方》中有"仲尼见之而不言","一笑一默,都将孔子写成彼法中人:其不言亦似净名之默然,其微笑亦似迦叶之破颜"。

钱锺书还敏锐地指出释道两家援儒以自重的缘由:

> 一则作者虽濡染释教,终属道流。倘言老子、尹文子"动容"向往"西方圣者",不啻竖降幡而倒却道家门庭架子。二则当时释道尚似偶阋墙之一家兄弟,若儒则外人耳;异端之仰止,胜于同道之标榜。③

其实,两家借儒自重,便是不如儒家正大之处。钱锺书认为程颢"顺事无情"之说已沾丐道家"异端"④,又斥责宋明理学诸儒,"流连光景,玩索端倪,其工夫乃与西土作者沆瀣一气"⑤。佛家还有"一大藏教是拭不净故纸"之类的"自污"之语,而《颜氏家训》言"故纸有《五经》辞义及贤达姓名,不敢秽用",则体现出对前贤的礼敬,钱锺书两相对比后赞许儒者之端重"异于禅人如此"。⑥ 观其用语,即知钱锺书对三家的态度。在生死境界上,钱锺书更是盛赞孔子通达之境超迈二氏:

---

① 钱锺书《管锥编》,中华书局1986年版,第1265页。
② 钱锺书《钱锺书手稿集·中文笔记》第15册,商务印书馆2011年版,第39页。
③ 钱锺书《管锥编》,中华书局1986年版,第500~502页。
④ 钱锺书《管锥编》,中华书局1986年版,第1107页。
⑤ 钱锺书《谈艺录》,生活·读书·新知三联书店2001年版,第672页。
⑥ 钱锺书《管锥编》,中华书局1986年版,第1103~1105页。

释老之言虽达,胸中仍有生死之见存,故有需于自譬自慰。庄生所谓"悬解",佛法所谓"解脱",皆尚多此一举。非胸中横梗生死之见,何必作达。非意中系念生死之苦,何必解脱。破生死之执矣,然未并破而亦破也;忘生死之别矣,然未即忘而亦忘也。宋儒所谓放心而未心放者是也。《论语·里仁》孔子曰:"朝闻道,夕死可矣",明知死即是死,不文饰自欺,不矜诞自壮,亦不狡黠自避,此真置死于度外者。《先进》孔子答季路问死曰:"未知生,焉知死",尤能斩绝葛藤。①

不仅释道二氏援儒自重,基督教东来亦援儒为助,钱锺书言:

孔子一人之口,或借以颂老犹龙,或借以赞佛为圣;及夫释与道哄,亦各引儒为助,三教间情事大类魏、蜀、吴三国角逐。明末耶教东来,亦复援儒而摈释,阅《辨学遗牍》可见;当时士夫因谓利玛窦之"学,远二氏,近儒,中国称之曰'西儒'"。②

利玛窦远离二氏,接近儒学,被称为"西儒",正为其传道之便。这是钱锺书梳理的基督教与儒学最早的接触,而钱本人学通中西,以西典阐释《论语》则可见东西"心理攸同"之处。钱学打通中西的问题,学界已多有探讨,在此略举数例。

钱锺书精通外语,其笔记使用的西方语言多达七种③。他在阐释《论语》时,多次征引西方的常用谚语、前贤名言等,进行词句注疏与义理阐发④。如对《里仁》"观过斯知仁矣"的《皇疏》语,钱锺书注云:"即 Aristotel 所谓 Virtue 过即 Vice 之旨。"⑤这就近乎以西方语言作注疏。有的篇章甚至引用了西方的俗谚,如《学而》的"无友不如己者",钱锺书即引用了"A man is known by his friends"及"Well, if a good man keeps company with a bad man, is the good man bad or is the bad man good"⑥,从不同角度做了有趣的阐释。再如对《述而》中的"游于

---

① 钱锺书《谈艺录》,生活·读书·新知三联书店 2001 年版,第 671 页。
② 钱锺书《管锥编》,中华书局 1986 年版,第 503~504 页。
③ 刘铮《钱锺书的第八度空间》,氏著《始有集》,浙江大学出版社 2012 年版,第 34 页。
④ 在《中文笔记》及"草稿"性质的《容安馆札记》中引用的外文,钱锺书大多未译出;而在《谈艺录》及管锥编中,钱锺书对引用的西语作了贴合自家文风的翻译,为了让行文浑然一体,将译文置前作为正文,而把西语原文加了括号置后。
⑤ 钱锺书《钱锺书手稿集·中文笔记》第 15 册,商务印书馆 2011 年版,第 43 页。
⑥ 钱锺书《钱锺书手稿集·中文笔记》第 15 册,商务印书馆 2011 年版,第 36 页。钱锺书录为"……is the good man or is the bad man good",这里据意补上了"bad"一词。

艺"问题,钱锺书引席勒的"造艺本于游戏之天性"(der Spieltrieb)①来阐释,以示东西方谈艺的暗合之处。而对《论语·子路》"曰：'既庶矣,又何加焉？'曰：'富之。'曰：'既富矣,又何加焉？'曰：'教之'"一章,钱锺书则博引法、德、英三种语言作阐释："饥肠鸣如雷,则良心之呼声弱如丝"(La voix de la conscience et de l'honneur est bien faible, lorsque les boyaux crient)、"人而能日日啜有羹、食有蔬与肉,则奉法守礼不待学而自能"(Es ist keine Kunst, ein ehrlicher Mann zu sein, wenn man täglich Suppe, Gemüse und Fleisch zu essen hat)、"若吾岁入五千金,吾亦克为贞淑之妇"(I think I could be a good woman if I had five thousand a year),以及柏拉图《理想国》中的"先谋生而后修身"(Get a livelihood, and then practise virtue)。② 以上四例,虽然语种不同,文风亦有雅俗庄谐之别,但对"饮食"之"大义"的认知与《论语》确有相通之处。

为阐释孔子临川叹逝的意涵,钱锺书引用了古希腊哲人赫拉克利特(Heraclitus)的名言"You could not step into the same rivers; for other waters are ever flowing on to you""Into the same rivers we step & do not step; we are & are not",并为之采取了贴近古贤语体的典雅译风："重涉已异旧水,亦丧故我；我是昔人而非昔人,水是此河而非此河。"③东西古代圣哲之言确有相通之处。赫拉克利特直接指向的是哲思,而孔子之言哲思之中更兼情思,具有多重意涵,以致成为"后世词人套语"。钱锺书曾在《中文笔记》中引李白"世间行乐亦如此,古来万事东流水"等六句诗为例阐发其文思。④

对比黑格尔所谓的"奥伏赫变"现象,钱锺书指出了经典文本中更为特殊的情况。他认为由于"心理事理,错综交纠",以致"赅众理而约为一字,并行或歧出之分训得以同时合训焉,使不倍者交协、相反者互成",也就是说文句中同一个词的相反两意可以并存。关于这方面的例子,钱锺书在《容安馆札记》中转引王应麟《困学纪闻》所言,《论语·子罕》"不舍昼夜"中的"舍",既可训为"舍弃",又可训为"止息"。⑤ 也就是说,这个句子既可以理解为水抓紧时间昼夜奔流,也可以理解为水不管昼夜不停奔流。这两种理解向度均有"奔流不息"之意,其中的意蕴又有精微的区别。这种微妙之处为"奥伏赫变"所未及。钱锺书指出汉

① 钱锺书《管锥编》,中华书局 1986 年版,第 1323 页。
② 钱锺书《管锥编》,中华书局 1986 年版,第 899 页。
③ 钱锺书《管锥编》,中华书局 1986 年版,第 933 页。
④ 钱锺书《钱锺书手稿集·中文笔记》第 15 册,商务印书馆 2011 年版,第 65 页。
⑤ 钱锺书《钱锺书手稿集·容安馆札记》,商务印书馆 2003 年版,第 1867 页。

语中这种修辞手法的运用"为黑格尔之先者千余年",足以使其"自惭于吾汉语无知而失言"。①

综上而言,钱锺书援参佛道阐解《论语》,言说之中却以儒学为正宗,认为孔子境界超越释道二氏;会通东西,但以前贤修辞早于西哲而自得,又论及基督教西来,疏离释道而援儒自重,其推重儒学之意不言而喻。有研究者认为《管锥编》是一部思想巨著,笺注古籍只是其形式与外衣,最终目的在全人类本性与观念的探究与抉发②;钱锺书的《论语》阐释融会道释、打通中西,推展至人类思想文化、共同心理诸层面的探讨,也充分体现了这一点。

三、论人衡文,旨归鉴赏

《汉书·艺文志》载:"《论语》者,孔子应答弟子时人及弟子相与言而接闻于夫子之语也。当时弟子各有所记,夫子既卒,门人相与辑而论纂,故谓之《论语》。"③由于《论语》记载了相关师门"应答"、弟子"接闻"之语,因此其对孔子形象的记载颇为真实丰满。钱锺书在阐释《诗经·淇奥》时,征引了《郑笺》"君子之德,有张有弛,故不常矜庄,而时戏谑"句,因论及孔子仪容:

> 《论语·学而》记孔子曰:"君子不重则不威",《尧曰》记孔子曰:"君子正其衣冠,尊其瞻视,俨然人望而畏之",《述而》状孔子之容止,亦曰"子温而厉,威而不猛,恭而安"。然《阳货》记孔子"莞尔而笑,"于子游有"前言戏之耳"之谑;《宪问》复载人传公叔文子"不言不笑",孔子以为疑;《公冶长》子欲"乘桴"而谓子路"无所取材",郑玄注曰:"故戏之耳";《雍也》述孔子谓仲弓曰:"犁牛之子骍且角",脱若《论衡·自纪》篇所言,仲弓为伯牛之子,则孔子亦双关名字为戏,正如《离骚》之"以兰为可恃,椒专佞以慢慆"之双关大夫子兰、子椒也。释迦则"恐人言佛不知笑故"而开笑口,且口、眼、举体毛孔皆笑;耶稣又悲世悯人,其容常戚戚,终身不开笑口。方斯二人,孔子"时然后笑",较得中道。④

与西土二圣或笑或悲相较,孔子无适无莫,从容中道,无疑是时时处于自然状态的"方内圣人"形象⑤。钱锺书认为孔子典型地体现了中庸之境界、中道之

---

① 钱锺书《管锥编》,中华书局 1986 年版,第 444～448 页。
② 爱默《钱锺书传稿》,百花文艺出版社 1992 年版,第 259 页。
③ 王先谦《汉书补注》,上海古籍出版社 2008 年版,第 2939 页。
④ 钱锺书《管锥编》,中华书局 1986 年版,第 91～92 页。
⑤ 钱锺书《管锥编》,中华书局 1986 年版,第 1106 页。

容止，其思想与形象内外合一。如果结合前面探讨的儒释道三家生死观，可见孔子在钱锺书著述中的崇高地位。钱锺书写于 1937 年 1 月 1 日的一则日记记录了与夫人杨绛探讨孔子与子路形象及师徒情感的内容，摘录如下：

> 季读《论语》，因与言：孔子性情语笑，跃然纸上，而经生学究将此老说成不近人情，可恨之至。孔子于门弟子偏爱颜渊，人之所知也，亦偏爱子路，则非善读书者不知。《论语》一书于三千弟子中，惟写子路最生气远出。孔子之斥子路，皆所谓其实深喜者。有欲效 Renan 之传耶稣作 biographie romancée，则子路宜如圣保罗耳。盖弟子三千，莫非威仪棣棣、文质彬彬，独子路太朴不雕，美质未学，犹存本色，最得师怜。孙行者谓唐僧独偏爱八戒，五台山僧怨智真长老袒护花和尚，此物此志也。作笔记。①

当时钱、杨二人尚在牛津大学读书，异国他乡，读《论语》过年，论孔子之性情、子路之生气及师徒相得之情，如叙家常而语多翻案，难得地展现出伉俪日常读书情境，而言辞中的连类举似的方式已近乎钱氏的学术著述方式，于《论语》人物形象剖析亦有补益。

自董仲舒"独尊儒术"之后，孔子的圣人形象不断强化，"求之过厚"的现象也因之出现。钱锺书在《容安馆札记》中曾引王若虚《滹南遗老集》："凡人有好则有恶，有喜则有怒，有誉则有毁，圣人亦何以异哉？而学者一以春风和气期之。凡忿疾讥斥之词，必周遮护讳而为之说。至于杖叩原壤，呼之为贼，范纯夫犹曰因才教诲，此过于厚者也。"②钱氏通过这类引用，旨在重申孔子的常人形象。其实《论语》之中，孔子对阳货、桓魋，甚至宰予、冉有等弟子都曾有过"忿疾讥斥之词"，若此等处亦一味"春风和气"，孔子便成为自己讥斥的"乡愿"了。钱锺书在强调孔子常人形象的同时，也梳理了孔子由圣人而成"仙人"的相关记载③。既孜孜以求"方内圣人"形象，又津津乐道"方外仙人"形象，这体现了钱氏对于行于中道的人生境界的崇尚与富于想象的浪漫情怀的推许。

---

① 钱锺书《钱锺书手稿集·中文笔记》第 1 册，商务印书馆 2011 年版，第 662 页。

② 钱锺书《钱锺书手稿集·容安馆札记》，商务印书馆 2003 年版，第 698 页。

③ 参见《管锥编》，有关内容摘录如下：《论语》仅言孔子兴浮海之叹，《孙子》遂言其造舟；崔鸿《十六国春秋》（汤球辑本）卷九六《北凉录》二记沮渠蒙逊谓刘炳曰："昔鲁人有浮海而失律者，……见仲尼及七十二子游于海中，与鲁人一木杖，令闭目乘之……鲁人出海，投杖水中，乃龙也。"则孔子真成漂洋之海客，从者七十二人，不独由也，饰虚坐实，有如此者。投杖事与葛陂龙无异，庾信《竹杖赋》所谓"送游龙于葛陂"，盖径以孔门为海上神仙，亦犹葛洪以墨子入《神仙传》矣。陆云《登遐颂》虽早列孔子于神仙，尚未道其异迹也。中华书局 1986 年版，第 1815、1816 页。

早在 1933 年,钱锺书在《中国文学小史序论》中就提出文学要旨"不在其体裁为抒作者之情,而在效用能感读者之情"的观点。对于《论语》这样一部纪实语录的文学成就,他推崇备至,指出在"移情悦性"方面,《论语》的"泠泠善语"跟《孟子》的"汩汩雄辞"、《庄子》的"澜翻云谲"一样,"视寻常秋士春人将归望远之作"有过之而无不及。又言:

> 孔孟老庄,班书马史,此固历古词流,奉为文学鸿宝者,效法乞灵,残膏余馥,沾溉百代,脱一笔抹杀,不与纪载,则后世文学所受之影响,无可考见矣。①

钱氏将《论语》的文学成就与历来视为"文学鸿宝"者等观,即便现在看来也是一种卓识。"泠泠善语"可以视为钱锺书对《论语》文风的评价。《庄子·逍遥游》中的"泠然善也",郭象注"泠然"为"轻妙之貌"②;吴均《与朱元思书》中"泉水激石,泠泠作响"③,"泠泠"一词用来形容溪声清越,这个义项正好与《孟子》的"汩汩雄辞"相对应,一"清"一"雄",均是从水声得来。钱锺书亦曾赞许范温的《潜溪诗眼》"《论语》《六经》,可以晓其辞,不可以名其美,皆自然有韵"一说④。综上,《论语》语言清畅自然,入耳入心,因此能"移情悦性";作为思想的载体,言之有文,行之至远,才能"沾溉百代"。

钱锺书曾说:"我想探讨的,只是历史上具体的文艺鉴赏与评判。"⑤前文已言及钱锺书对《论语》文学层面的具体阐析,下面更举几例。语言修辞一向为钱氏所重。如论《论语·乡党》"迅雷风烈必变"句法,钱锺书言与《楚辞·东皇太一》"吉日兮辰良"一样,同为"丫叉法"(chiasmus),即诗家所谓"迴鸾舞凤格"。又举《汉书·王莽传》"桃汤赭鞭,鞭洒屋壁"一例,钱锺书指出,"不曰'洒鞭'而曰'鞭洒',先以'鞭'紧承'赭鞭',后以'洒'间接'桃汤'",这种表述不仅具"错综流动"之美,于表意亦见优长。其后又举数十例诗文"以博其趣",且言"连类举似而掎摭焉,于赏析或有小补云"。⑥ 以此可见,钱锺书旁征博引正为具体的文学赏析。

在《中文笔记》中,钱锺书曾注《论语·颜渊》"子贡问政"一章云:

---

① 钱锺书《钱锺书散文》,浙江文艺出版社 1997 年版,第 486～487 页。
② 王先谦《庄子集解 庄子内篇补正》,中华书局 2012 年版,第 4 页。
③ 严可均《全上古三代秦汉三国六朝文》,中华书局 1958 年版,第 3305 页。
④ 钱锺书《管锥编》,生活·读书·新知三联书店 2007 年版,第 2123 页。
⑤ 钱锺书《七缀集》,生活·读书·新知三联书店 2002 年版,第 7 页。
⑥ 钱锺书《管锥编》,中华书局 1986 年版,第 858～860 页。

《三国志·魏书·二李臧文吕许典二庞阎传》李通子绪，绪子秉，裴注引王隐《晋书》载秉尝答司马文王问"因以为家诫曰：'……上曰，为官长当清当慎当勤……必不得已，于斯三者何先？或对曰清固为本……吾对曰……慎乃为大'"云云，乃倘不得全备之意何先，遂与子贡语气适反，谓首务之急也。①

子贡问政，于"足食""足兵""民信"三者"必不得已而去"，即言先舍弃哪一方面；而李秉于为官"当清当慎当勤"三者"倘不得全备"，所言为首选哪一方面。王隐《晋书》这部分内容采用的叙述方式明显取法于《论语》此章，但《论语》中"问政"论先弃，《晋书》中"论官"言首选，师生答问与君臣廷辩，语气仪态自是不同，对比可见《论语》人物描写的自然传神之处。

钱锺书似乎颇为重视《论语》对后世作者的影响。《容安馆札记》中广引唐文，梳理继承"夫子文章"的文坛巨子。其引李华《赠礼部尚书清河孝公崔沔集序》云："文章本乎作者，而哀乐系乎时。本乎作者，六经之志也；系乎时者，乐文武而哀幽厉也……夫子之文章，偃、商传焉，偃、商殁而孔伋、孟轲作，盖六经之遗也。屈平、宋玉哀而伤，靡而不返，六经之道遁矣。"此为梳理夫子文章的传承，并盛赞李华"《文心雕龙·宗经》以后，首拈六经为文章之本"的见地。又引《报袁君陈秀才避师名书》："当先读六经，次《论语》、孟轲书，皆经言。《左氏》《国语》、庄周、屈原之词，稍采取之，穀梁子、太史公甚峻洁，可以出入……其归在不出孔子……求孔子之道，不于异书"，进一步梳理后之作者。更引皇甫湜《答李生第二书》以"屈原、宋玉、李斯、司马迁、相如、扬雄之徒"继"圣人之文"。② 综上可以看出，唐代古文家梳理出历代尊崇并师法"圣人之文"的述者与作者，而这一"谱系"几乎将后世公认的文章大家都囊括其中了。

在《容安馆札记》第789则中，钱锺书评析杜甫《偶题》一诗时指出："按'法自儒家有'一句未见有说者，盖谓儒家者言，匪惟明道致治之本，亦为文章楷则，即彦和《雕龙·征圣篇》所云'征之周孔，则文有师'；《宗经篇》所云'文章奥府，群言之祖'"，"少陵则自道得力于儒，盖其藻鉴初不遗周公之籍、孔氏之书，文心诗眼足继彦和而开退之"。③ 这就揭示出杜甫以儒学为立身之本而以儒家典籍为"文章楷则"。在《谈艺录》中，钱锺书引孙豹人《涘堂文集》，称陶渊明"出处之节最可观"，是因为他"读《论语》极熟"，又举出陶诗"先师有遗训，忧道不忧贫"

---

① 钱锺书《钱锺书手稿集·中文笔记》第 15 册，商务印书馆 2011 年版，第 77 页。
② 钱锺书《钱锺书手稿集·容安馆札记》，商务印书馆 2003 年版，第 1951～1954 页。
③ 钱锺书《钱锺书手稿集·容安馆札记》，商务印书馆 2003 年版，第 2489～2490 页。

"朝与仁义生,夕死复何求"等为例,认为正是陶渊明其人其文俱出入《论语》,自觉排斥当时盛行的"老庄浮华"之风,才能"矫然自异于当时风会"。① 又言陆游"天姿和易",是因为其读《论语》,有取于"恕"道。②

以上为承继"圣人之文",成就不朽盛事之正例。当然,亦有反例,扬雄即为其一。钱锺书认为扬雄《法言》只是《论语》的"回响"与"临本",既仿其形式又假其思想;扬雄自言人学孔子而招致讥讽,其实自身亦为不免。③ 在《容安馆札记》中,此论更为尖锐,节引如下:

> 扬子云不解事,诚然。《法言》绝匙胜义,惟知减字、换字。陈骙《文则》卷上《戊》以王充《问孔》之于《论语》为"桀犬吠尧",而扬雄《法言》之于《论语》为"画虎类犬"。刘会孟《须溪集》卷七《答刘英伯书》谓子云"为遁词,为蔽意,终亦不得为奇"者……句法如《学行篇》云:"'颜苦孔之卓之至也。'或人瞿然曰:'兹苦也,只其所以为乐也欤?'"《五百篇》云:"或问:'天地简易,而圣人法之,何五经之支离?'曰:'支离盖其所以简易也'",亦易落俗套。④

第二个反例是关于文言虚词的运用。钱锺书因见朱谦之《老子校释》据"碑本"削去原文中的文言虚词,举冯景《与高云客论魏序》"海外盲儒发狂疾"为例,将《论语》首章删改为:"学时习,说;朋远来,乐;不知不愠,君子。"钱锺书虽未对冯氏这种处理方法直接评析,但对《老子校释》删去语气词作了剖析:

> 既以碑本为准,削去语助,如十章"载营魄抱一,能无离"以下凡六句,皆无"乎"字,而标点作"?"号。是意中仍据通行本有"乎"字,否则望文无从知为疑问语气。⑤

钱锺书认为作者移的就矢,根据原有的语气助词判断出了疑问语气,又删除助词,加了问号。又引《文心雕龙·章句》谓虚词"据事似闲,在用实切",由此我们就可以看出钱锺书对于删除《论语》语助的质疑。

以上两例所反映的处理方式无论是减字换字,故作高玄,还是删弃虚词,以示高古,均失去了《论语》的清畅自然。钱基博亦言上古文章"虚字未兴"而"木强寡神",至《论语》则虚词"无不具备",则上古"浑噩之语",易为《论语》"流利之

---

① 钱锺书《谈艺录》,生活·读书·新知三联书店 2001 年版,第 676 页。
② 钱锺书《谈艺录》,生活·读书·新知三联书店 2001 年版,第 387 页。
③ 钱锺书《谈艺录》,生活·读书·新知三联书店 2001 年版,第 497 页。
④ 钱锺书《钱锺书手稿集·容安馆札记》,商务印书馆 2003 年版,第 573 页。
⑤ 钱锺书《钱锺书手稿集·容安馆札记》,商务印书馆 2003 年版,第 2185 页。

词”，而"作者神态毕出"，"此实中国文学一大进步"。① 钱氏父子于此似有家学相承之处。

除了举出后世文人师法《论语》的正反两面之外，钱锺书还表现出一种"游于艺"的心态，对于借《论语》而发的谐谑之言时有论及。《容安馆札记》曾论《张氏藏书十种》第一种《箪瓢乐》中的《粥经》一篇，模仿《阳货》"小子何莫学夫诗"章，改写为"小子何莫吃夫粥，粥可以补，可以宣，可以腥，可以素。暑之代茶，寒之代酒"云云。② 此为因《论语》句法而成趣语。又举"假儒"读《论语》"郁郁乎文哉"为"都都平丈我"③，此为因字形而成笑枋。《管锥编》亦引《酒家佣》"但闻道可盗，须知姑不孤"，取谐音，"且以道经《老子》俪儒典《论语》"，以申"滑稽"之意④。此为因字音而成谐谑。近现代学人有以《论语》与西学相杂进行调侃的学林风气，钱锺书对此也有所辨析：

> 顾颉刚《古史辨·序》记章太炎笑今文家说"君子之道斯为美"为从俄罗斯到美利坚。余以为太炎见《翼教丛编》笑康、梁所言孔、墨之道乃"孔方兄"与"墨西哥"，因捏造此一说。江氏书记廖季平作《四变记》，以《诗》之"大球""小球"为"地球新义"，又解《论语》之"法语之言，能无从乎？改之为贵"为"法文比英文难学"。则章氏所云未为厚诬，亦或出廖氏耳。⑤

由于《中文笔记》与《容安馆札记》本身具有"私密性"，钱锺书时引谐谑之言，笔端可以略作放纵；相较之下，《管锥编》作为成书，取舍之间"言择雅驯"，这种谐趣不妨视为对"夫子莞尔"的一种回应。"滑稽"即为"乱异同"，是对正襟危坐状态的淆乱，也体现了经语雅言的俗文学化，从另一角度来说，这也丰富了儒学的一个侧面。

四、余论

钱锺书的四种笔记中，《谈艺录》《管锥编》是经作者整理出版的成书，《容安

---

① 钱基博《中国文学史》，中华书局 1993 年版，第 21 页。
② 钱锺书《钱锺书手稿集·容安馆札记》，商务印书馆 2003 年版，第 690 页。
③ 参见《钱锺书手稿集·容安馆札记》，商务印书馆 2003 年版，第 1759 页。相关内容摘录如下："卷八党怀英《村斋遣事》云：'烘斋睥睨音语粗，讽诵谁敢忘须臾。万中有一差锱铢，呷哑坐使为呻呼。'按《宾退录》卷六谓：'世传俚语谓假儒不识字者，以《论语》授徒，读"郁郁乎文哉"为"都都平丈我"。曹组元宠《题陈坦画村教学诗》云："此老方扪虱，众雏亦附火。想见文字间，都都平丈我。"'与此各极其妙。又按刘将孙《养吾斋集》卷五《寄窗选授教导》云：'居多平丈我'，自注：'放翁诗"都都平丈我"云云'，盖误忆也。"
④ 钱锺书《管锥编》，中华书局 1986 年版，第 317 页。
⑤ 钱锺书《钱锺书手稿集·中文笔记》第 1 册，商务印书馆 2011 年版，第 389 页。

馆札记》与《中文笔记》手稿是作者几十年间的日常笔札。由于四种笔记撰述的时间跨度以及作者的整理程度不同,其内容呈现出复杂的"互文性"①。如《中文笔记》中有以《露书》注疏《论语·阳货》"不有博弈者乎"一节,《谈艺录》则用来作《白瑞蒙论诗与严沧浪诗话》一则的"补订"而发明甚详②;再如上文论及的"文德"论,在《容安馆札记》中本是用于阐释杨泉的《物理论》,而在《管锥编》成书时则移至杨愔《文德论》条目下③,不仅文题相称,解读亦更为详赡。这种"互文性",既可以让我们看到钱锺书在不同的语境中对《论语》阐释的不同侧面,也可以看到钱锺书对《论语》意涵的不断发掘与提炼的过程。

如果结合钱锺书的其他著作,我们可以看出他对《论语》的探讨与运用几十年间从未间断,可以说贯穿了其文学创作及学术生涯的始终。其散文、小说等文学作品及学术论文对《论语》多有论及,现收入《七缀集》的《诗可以怨》④更是其学术论文的代表作之一。日常笔记是其学术的基点,这个基点是以传统注疏为基础的。杰出的注疏即是时代思想的缩影,承续前人的注疏也就意味着延续前人思想及学术的生命力;而实现《论语》注疏的突破,意味着他为传统经典的阐释找出了新途径,注入了新的活力。孔子强调"文质彬彬",钱锺书以圆览释道、博贯中西的方式,为《论语》儒学思想研究提供了重要参照;而对于《论语》人物形象、语言修辞、文学接受等文学层面的探讨也构成了钱锺书《论语》阐释的重要方面。以上,为了便于从不同视角切入探讨,文中强作分解,其实三个层面密不可分,共同构成钱氏阐释的有机整体。

---

① 参见王水照《钱钟书的学术人生》,中华书局 2020 年版,第 297 页。

② 参见钱锺书《钱锺书手稿集·中文笔记》第 15 册,商务印书馆 2011 年版,第 100 页。又及钱锺书《谈艺录》,生活·读书·新知三联书店 2001 年版,第 821 页。

③ 钱锺书《管锥编》,中华书局 1986 年版,第 1502~1507 页。

④ 关于《诗可以怨》的发表与著录,作者在《七缀集》中自注:"1980 年 11 月 20 日在日本早稻田大学文学教授恳谈会上讲稿。《文学评论》1981 年 1 期、《1981 中国文学研究年鉴》都刊登过。这是改定本。"曾收入《也是集》,后并入《七缀集》。见钱锺书《七缀集》,生活·读书·新知三联书店 2002 年版,第 115 页。